LA GUERRE DE 1914

RECUEIL DE DOCUMENTS

INTÉRESSANT

LE DROIT INTERNATIONAL

AVEC UN AVANT-PROPOS

DE

M. Paul FAUCHILLE

MEMBRE DE L'INSTITUT DE DROIT INTERNATIONAL
DIRECTEUR DE LA REVUE GÉNÉRALE DE DROIT INTERNATIONAL PUBLIC

TOME II
(DOCUMENTS 380 A 670)

PARIS

A. PEDONE, ÉDITEUR

LIBRAIRE DE LA COUR D'APPEL ET DE L'ORDRE DES AVOCATS

13, Rue Soufflot, 13

LA
GUERRE DE 1914

380

États-Unis d'Amérique. — Note du gouvernement américain, en date du 26 décembre 1914, au sujet du commerce américain avec les neutres, remise le 28 à l'ambassadeur des États-Unis à Londres pour être communiquée au gouvernement britannique.

Département d'État, Washington, 26 décembre 1914.

Monsieur,

La condition présente du commerce extérieur américain résultant des fréquentes saisies et détentions des cargaisons américaines destinées à des ports européens neutres est devenue assez sérieuse pour exiger un exposé sincère des vues du gouvernement américain, afin que le gouvernement britannique soit pleinement au courant de l'attitude des États-Unis vis-à-vis de la conduite qui a été tenue par les autorités britanniques pendant la présente guerre.

Je vous prie par conséquent de communiquer l'exposé suivant au principal secrétaire de Sa Majesté pour les affaires étrangères et de l'assurer en même temps qu'il est fait dans l'esprit le plus amical et dans la persuasion que la franchise servira mieux la continuation de relations cordiales entre les deux pays qu'un silence qui pourrait être inexactement interprété comme un acquiescement à une manière d'agir que mon gouvernement ne peut considérer que comme une infraction aux droits des citoyens américains.

Le gouvernement des États-Unis a considéré avec un souci croissant le grand nombre de vaisseaux chargés de marchandises américaines destinées aux ports neutres d'Europe, qui ont été saisis en haute mer, emmenés dans des ports anglais et détenus quelquefois pendant des semaines par les autorités britanniques. Durant les premiers jours de la guerre, le gouvernement américain a supposé que la manière d'agir adoptée par le gouvernement anglais était due à la soudaineté du commencement des hostilités et à la nécessité d'une action immédiate pour empêcher les marchandises de contrebande d'atteindre l'ennemi. Pour ce motif, il n'a pas été disposé à juger rigoureusement cette manière d'agir ou à protester contre elle avec vigueur, quoiqu'elle fût manifestement très préjudiciable au commerce américain avec les pays neutres de l'Europe. Ce gouvernement comptait avec confiance sur les grands égards que l'Angleterre a si souvent témoignés dans le passé envers les droits des autres nations et attend avec confiance le changement d'un mode d'action qui refusait au commerce neutre la liberté à laquelle il avait droit d'après la loi internationale.

Cette attente semblait être encore confirmée par la déclaration du Foreign Office faite au mois de novembre, d'après laquelle le gouvernement anglais était satisfait des garanties offertes par les gouvernements de Norvège, de Suède et de Danemark au sujet de la non exportation de marchandises de contrebande consignées à des personnes déterminées dans les territoires de ces gouvernements, et d'après laquelle également des ordres avaient

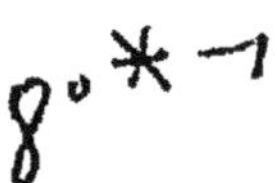

été donnés à la flotte anglaise et aux autorités douanières à l'effet de restreindre toutes atteintes à la liberté des vaisseaux neutres portant des marchandises ainsi consignées, sauf vérification des papiers de bord et de la cargaison.

Par suite, et c'est un sujet de profond regret que, bien que cinq mois environ se soient passés depuis le commencement de la guerre, le gouvernement anglais n'ait pas matériellement changé sa manière d'agir et ne traite pas avec moins de rigueur des vaisseaux et des cargaisons circulant entre des ports neutres dans l'exercice pacifique d'un commerce légal que les belligérants devraient protéger plutôt que de l'interrompre. On attend encore une plus large exemption de détention et de saisie, que l'on croyait avec confiance voir résulter de la consignation des marchandises à des consignataires déterminés et non « à ordre ».

Il est inutile de faire remarquer au gouvernement de Sa Majesté, ordinairement le champion de la liberté des mers et des droits de commerce, que c'est la paix et non la guerre qui est la relation normale entre les peuples, et que le commerce entre nations non belligérantes ne devrait pas être l'objet d'une immixtion de la part de celles qui sont en guerre, à moins que cette immixtion ne soit manifestement imposée par une nécessité impérieuse pour la protection de leur sûreté nationale, et alors seulement dans la limite où cette nécessité existe. Si ce gouvernement est réduit malgré lui à la conclusion que la manière de procéder actuelle du gouvernement de Sa Majesté envers les navires et les cargaisons neutres dépasse la limite de la nécessité manifeste imposée à un belligérant et constitue des restrictions aux droits des citoyens américains en haute mer qui ne sont pas justifiées par les règles de la loi internationale ou exigées par le principe de la sauvegarde nationale, ce n'est pas faute d'apprécier l'importance extraordinaire de la lutte dans laquelle la Grande-Bretagne est engagée, et ce n'est pas davantage sous l'empire du désir égoïste de se procurer des avantages commerciaux illégitimes.

Le gouvernement des États-Unis n'a pas l'intention en ce moment de discuter la légitimité de l'inscription de certains articles qui ont été compris par le gouvernement de Sa Majesté dans les listes de contrebande absolue ou conditionnelle. Quelque sujette à objection que pût sembler à ce gouvernement l'inscription de quelques-uns de ces articles, le principal objet de la présente plainte est le traitement des cargaisons d'objets de ces deux catégories destinées aux ports neutres.

Des articles inscrits comme contrebande absolue, expédiés des États-Unis d'Amérique et consignés à des pays neutres, ont été saisis et détenus par le motif que les pays auxquels ils étaient destinés n'en avaient pas prohibé l'exportation. Quelque peu justifiées que soient de pareilles détentions suivant l'opinion de ce gouvernement, les exportateurs américains sont en outre jetés dans la perplexité par l'apparente indécision dont les autorités britanniques font preuve en appliquant leurs propres règles aux cargaisons neutres. Par exemple, une cargaison de cuivre expédiée de ce pays à un consignataire déterminé en Suède a été détenue parce que, suivant la déclaration de la Grande-Bretagne, la Suède n'a pas mis d'embargo sur le cuivre. D'autre part, l'Italie ne s'est pas contentée de prohiber l'exportation du cuivre, mais, suivant les renseignements recueillis par le gouvernement américain, elle a mis en vigueur un décret d'après lequel les cargaisons à destination de consignataires italiens ou « à ordre » qui arrivent dans des ports italiens ne peuvent être ni exportées ni transbordées. La seule exception que fasse l'Italie porte sur le cuivre qui passe à travers le pays en transit pour un autre. Malgré ce décret, le Foreign Office anglais a jusqu'à présent refusé d'affirmer que les cargaisons de cuivre consignées à l'Italie ne seront pas molestées en haute mer. Les saisies sont si nombreuses et les délais si prolongés que les exportateurs n'osent pas expédier leur cuivre en Italie ; les lignes de navigation refusent de l'accepter et les assureurs de l'assurer. En un mot, un commerce légitime est grandement gêné par l'incertitude du traitement qu'il peut attendre de la part des autorités anglaises.

Le gouvernement des États-Unis sent qu'il est pleinement justifié en demandant à être informé de la manière dont le gouvernement britannique se propose de suivre la ligne de conduite qu'il a adoptée, afin que le gouvernement américain puisse déterminer les démarches nécessaires pour protéger ses citoyens pratiquant le commerce étranger dans l'exercice de leurs droits et contre les pertes sérieuses dont ils courent le risque par l'ignorance des hasards auxquels leurs cargaisons sont exposées.

Dans le cas de contrebande conditionnelle, la conduite du gouvernement britannique semble également au gouvernement américain injustifiée par les règles existantes de la pratique internationale. Par exemple, l'attention des États-Unis est dirigée vers ce fait qu'un certain nombre de cargaisons américaines saisies consiste en denrées alimentaires et autres articles d'un usage courant en tous pays, articles qui sont d'un commun accord considérés comme contrebande relative. Malgré cette présomption d'usage innocent reposant sur la destination à un territoire neutre, les autorités britanniques ont procédé à ces saisies et à ces détentions sans — du moins en tant qu'il est à la connaissance des États-Unis — être en possession de faits qui justifiassent la croyance raisonnable que les cargaisons eussent en réalité une destination belligérante, suivant l'interprétation donnée à ce dernier terme dans la langue du droit international. Un simple soupçon n'est pas une preuve, et le doute devrait être résolu en faveur du commerce neutre, non pas contre lui. Les préjudices pour le commerce de ces articles entre nations neutres résultant de l'interruption des voyages et de la détention des cargaisons ne sont pas entièrement réparés par le remboursement de dommages effectué aux propriétaires après que l'enquête n'a pas abouti à prouver la destination ennemie. Le tort est causé au commerce américain avec les nations neutres considérées comme un ensemble, par suite des hasards de l'entreprise et du détournement réitéré des marchandises des marchés établis.

Il semble aussi que des cargaisons de ce caractère aient été saisies par les autorités britanniques convaincues que, sans que ce soit originairement l'intention des expéditeurs, les cargaisons étaient en définitive à destination du territoire des ennemis de la Grande-Bretagne. Cette croyance se trouve cependant fréquemment réduite à une simple crainte, à raison des embargos qui ont été décrétés par les nations neutres, auxquelles elles sont destinées, sur les marchandises composant ces cargaisons.

L'idée que la consignation « à ordre » d'articles inscrits sur la liste de la contrebande conditionnelle et expédiés à un port neutre entraine une présomption légale de destination ennemie apparaît comme directement contraire à la doctrine précédemment adoptée par la Grande-Bretagne et exposée ainsi par lord Salisbury durant la guerre Sud-africaine : « Les denrées alimentaires, bien qu'ayant une destination hostile, ne peuvent être considérées comme contrebande de guerre que si elles sont pour les forces ennemies ; il n'est pas suffisant qu'elles soient susceptibles d'une telle utilisation, il faut qu'il soit manifeste que c'était en fait leur destination au moment de leur saisie ».

Sur la conception de la contrebande conditionnelle les vues du gouvernement américain sont en complet accord, et les armateurs américains étaient en droit de compter sur la doctrine historique, constamment maintenue par la Grande-Bretagne quand elle était belligérante aussi bien que quand elle était neutre.

Le gouvernement des États-Unis est tout prêt à admettre le droit du belligérant à visiter et rechercher en haute mer les navires des citoyens américains, ou d'autres navires neutres portant des marchandises américaines, à les retenir *quand il y a une évidence suffisante pour justifier la croyance que leur cargaison contient des articles de contrebande*. Mais le gouvernement de Sa Majesté, jugeant par l'expérience du passé, comprendra que le gouvernement américain ne peut pas admettre sans protestation que des navires américains ou des cargaisons américaines soient conduits et retenus dans des ports anglais en raison d'une présomption générale de contrebande ou de présomptions résultant de règlements municipaux qui sont clairement en contradiction avec les lois et les pratiques internationales. Le gouvernement américain croit et espère fermement que le gouvernement de Sa Majesté partagera la même opinion, qu'il adoptera une conduite plus conforme aux règles de l'usage international, que le gouvernement de la Grande-Bretagne a fermement sanctionnées pendant tant d'années, et qu'il traitera mieux dans l'avenir les droits des belligérants aussi bien que ceux des neutres.

Non seulement la situation présente est pitoyable au point de vue des intérêts commerciaux des États-Unis, mais une partie des grandes industries de ce pays souffre de se voir fermer des marchés qui leur étaient depuis longtemps ouverts dans des pays qui, tout en étant neutres, sont limitrophes des nations en guerre. Les producteurs et exportateurs, les Compagnies de navigation et d'assurances ont hâte, et non sans raison, de voir le commerce transatlantique affranchi de pratiques qui doivent sûrement et graduellement détruire leurs affaires et les menacent d'un désastre financier.

Le gouvernement des États-Unis, invoquant le sentiment de justice de la nation britannique qui s'est si souvent manifesté entre les deux pays, durant de longues années d'une amitié ininterrompue, exprime sa confiance que le gouvernement de Sa Majesté voudra supprimer les obstacles et les difficultés que sa politique actuelle crée au commerce des États-Unis avec les pays neutres d'Europe. Il espère que le gouvernement anglais voudra donner à ses officiers des Instructions propres à éviter que sans nécessité il soit porté préjudice à la liberté du commerce entre des nations qui sont éprouvées bien qu'elles ne participent pas au conflit, et qu'il voudra, dans le traitement à appliquer aux navires et aux chargements neutres, se conformer plus étroitement aux règles régissant les relations maritimes entre belligérants et neutres, qui ont reçu la sanction du monde civilisé et dont dans d'autres guerres la Grande-Bretagne s'est fait si fortement et si fructueusement l'avocat.

Pour conclure, il faut appeler fortement l'attention du gouvernement de Sa Majesté sur ce que la condition présente du commerce américain avec les pays neutres d'Europe est telle que, s'il n'y est pas remédié, elle risque de susciter des sentiments contraires à ceux qui ont si longtemps existé entre les peuples américain et britannique. De plus en plus, elle devient le sujet des critiques et des plaintes publiques. L'opinion s'accentue de plus en plus, et elle n'est pas entièrement injustifiée, que la politique anglaise actuelle à l'égard du commerce américain est responsable de la dépression de certaines industries qui dépendent des marchés européens. L'attention du gouvernement britannique est appelée sur ce résultat possible de sa politique présente qui montre jusqu'à quel point s'en étend l'effet sur la vie industrielle des États-Unis, et atteste l'importance de mettre fin à cette cause de récrimination.

BRYAN.

381

Grande-Bretagne. — RÉPONSE DU GOUVERNEMENT BRITANNIQUE DU 7 JANVIER 1915 A LA NOTE DES ÉTATS-UNIS D'AMÉRIQUE DU 26 DÉCEMBRE 1914, ADRESSÉE A L'AMBASSADEUR DES ÉTATS-UNIS A LONDRES POUR ÊTRE COMMUNIQUÉE AU GOUVERNEMENT AMÉRICAIN, AU SUJET DU COMMERCE AMÉRICAIN AVEC LES NEUTRES.

Foreign Office, 7 janvier 1915.

Excellence,

J'ai l'honneur de vous accuser réception de votre Note du 28 décembre (1).

Cette Note a été soigneusement examinée et les questions qui s'y trouvent soulevées ont été prises en considération ; en conséquence, une réponse sera adressée à Votre Excellence traitant en détail les situations indiquées et les questions sur lesquelles le gouvernement des États-Unis a attiré l'attention. Cet examen et la préparation de cette réponse exigeront nécessairement un certain temps ; aussi je désire vous adresser sans délai quelques observations préliminaires qui aideront, je l'espère, à éclaircir le terrain et feront disparaître quelques malentendus qui semblent exister.

(1) V. ci-dessus, p. 1.

Permettez-moi de vous dire de suite que nous reconnaissons entièrement l'esprit le plus bienveillant dont parle Votre Excellence et que nous désirons vous répondre dans le même esprit et dans la certitude que, comme Votre Excellence le fait remarquer, la franchise sera la meilleure manière d'assurer la continuation d'amicales relations entre les deux pays.

Le gouvernement de Sa Majesté est entièrement d'accord sur le principe énoncé par le gouvernement des États-Unis, à savoir qu'un belligérant ne doit empêcher le commerce entre des neutres que si cela est nécessaire pour protéger sa sûreté nationale et seulement dans la mesure où cela est nécessaire. Nous nous efforcerons de maintenir notre action dans les limites de ce principe : nous n'avons pas le droit d'empêcher le commerce fait de bonne foi entre les États-Unis et une autre nation neutre, mais nous avons le droit d'empêcher celui qui est fait en contrebande au profit d'une nation ennemie ; si jamais notre action sortait involontairement de ce principe, nous sommes tout prêts à donner des réparations.

Nous pensons que c'est une grande erreur de croire que nous avons en pratique gêné le commerce dans une large proportion. La Note de Votre Excellence semble rendre responsable le gouvernement de Sa Majesté de l'état actuel du commerce avec les nations neutres. Il y est en effet déclaré que, par l'action du gouvernement de Sa Majesté, les produits de grandes industries des États-Unis ont été exclus de marchés existant depuis longtemps dans des nations européennes qui, neutres, sont contiguës au théâtre de la guerre. Un tel résultat est bien loin d'être dans les intentions du gouvernement de Sa Majesté, et celui-ci regretterait profondément que ce résultat fût dû à sa manière de faire. Je n'ai pas pu obtenir des renseignements complets et concluants montrant ce qu'a été récemment l'état du commerce avec les nations neutres ; je peux seulement demander que de nouvelles informations soient données sur la question de savoir si le commerce des États-Unis avec les contrées neutres a été sérieusement affecté. Les seuls renseignements que j'aie sur le volume total du commerce sont ceux qui se rapportent aux exportations de New-York du mois de novembre 1914. Ces exportations sont les suivantes, en comparaison avec celles de novembre 1913 :

			Nov. 1913 Dollars	Nov. 1914 Dollars
Exportations de New-York pour :		Danemark.	558.000	7.101.000
—	—	Suède.	377.000	2.858.000
—	—	Norvège.	477.000	2.318.000
—	—	Italie	2.971.000	4.781.000
—	—	Hollande	4.389.000	3.960.000

Il est vrai qu'il peut y avoir eu une diminution dans l'exportation du coton. Et, à ce sujet, les renseignements de New-York ne peuvent pas nous guider. Mais le gouvernement de Sa Majesté a pris le plus grand soin de ne pas agir contre le coton, et celui-ci a été scrupuleusement maintenu sur la liste libre des marchandises.

Nous ne voulons pas attribuer une importance trop grande à des statistiques incomplètes ; les renseignements ci-dessus ne sont pas donnés comme concluants, et nous sommes prêts à examiner tout nouveau témoignage se rapportant à l'état du commerce avec les nations neutres, qui pourrait indiquer une conclusion différente ou montrer que c'est l'action du gouvernement de Sa Majesté en particulier, et non pas l'existence de l'état de guerre entraînant diminution du pouvoir d'achat et retrécissement du commerce, qui est la cause d'effets funestes sur le commerce avec les nations neutres.

Que l'existence d'un état de guerre sur une telle échelle ait eu un effet très funeste sur certaines grandes industries, comme celle du coton, cela est évident ; mais il est à supposer que cet état de choses est dû à la cause générale qu'est la diminution du pouvoir d'achat de pays comme la France, l'Allemagne et le Royaume-Uni, plutôt qu'à un empêchement du commerce avec les nations neutres. Dans la question du coton, il doit être rappelé que le gouvernement anglais a donné une aide spéciale, par l'entremise de la Bourse au coton de Liverpool, pour le réveil des transactions dans le commerce du coton, non seulement pour le Royaume-Uni, mais aussi pour beaucoup de nations neutres.

La Note de Votre Excellence se réfère en particulier à la détention du cuivre. Les renseignements, provenant de documents officiels pour l'exportation du cuivre des États-Unis en Italie pendant les mois durant lesquels la guerre a été en s'intensifiant jusqu'à la fin des trois premières semaines de décembre, ont été les suivants : *1913* : 15.202.000 lbs ; *1914* : 36.285.000 lbs.

La Norvège, la Suède, le Danemark et la Suisse ne sont pas séparés pendant cette période dans les documents des États-Unis, mais ils sont compris dans la rubrique « Autres parties d'Europe » (c'est-à-dire les parties d'Europe autres que le Royaume-Uni, la Russie, la France, la Belgique, l'Autriche, l'Allemagne, la Hollande et l'Italie) Les renseignements correspondants sous cette rubrique sont les suivants : *1913* : 7.271.000 lbs ; *1914* : 35.347.000 lbs.

Avec de tels documents, il y a une très forte présomption que les grandes quantités de cuivre envoyées dans ces pays ont été acquises non pour le propre usage de ceux-ci, mais pour celui d'un belligérant qui ne peut importer lui-même le cuivre. C'est pourquoi il est de toute nécessité pour la sûreté de son pays en guerre que le gouvernement de Sa Majesté fasse tout son possible pour arrêter une portion de cette importation de cuivre qui n'est, de toute évidence, pas destiné à des nations neutres.

Votre Excellence ne mentionne aucun chargement spécial de cuivre à destination de la Suède qui ait été retenu. Il y a cependant en ce moment quatre expéditions de cuivre et d'aluminium qui, quoique consignées d'une manière déterminée pour la Suède, sont, d'après des renseignements sûrs qu'a le gouvernement anglais, destinées à aboutir finalement en Allemagne.

Je ne puis croire que, en possession de tels renseignements et en présence des cas indiqués, le gouvernement des États-Unis veuille discuter le droit qu'a le gouvernement de Sa Majesté de déférer les cargaisons suspectes à une Cour des prises, et nous sommes convaincus qu'il ne peut être dans le désir ni du gouvernement, ni du peuple des États-Unis de faire violence au code international en faveur d'intérêts privés et d'empêcher ainsi la Grande-Bretagne de prendre les moyens légitimes qui sont en son pouvoir pour arriver à ce but.

Pour ce qui est de la saisie de fournitures alimentaires dont Votre Excellence fait mention, le gouvernement de Sa Majesté est prêt à accepter que ces fournitures alimentaires ne soient pas retenues et envoyées devant une Cour de prises sans une présomption qu'elles sont destinées aux forces armées de l'ennemi ou au gouvernement ennemi. Nous croyons que c'est cette règle qui a été suivie en pratique jusqu'ici. Mais, si le gouvernement des États-Unis a des exemples du contraire, nous sommes prêts à les examiner. Notre intention actuelle est de nous conformer à cette règle, quoique nous ne puissions pas indiquer une règle de conduite sans limite et sans condition à cause de la violation, par ceux contre lesquels nous nous battons, des principes reconnus de civilisation et d'humanité et à cause de l'incertitude de savoir jusqu'à quel point ces principes pourront être méconnus par eux dans l'avenir.

Depuis le 4 août dernier jusqu'au 3 janvier, le nombre de navires partis des États-Unis à destination de la Hollande, du Danemark, de la Norvège, de la Suède et de l'Italie a été de sept cent soixante-treize. Parmi ces navires, il y en a quarante-cinq dont les consignations ou les chargements ont été soumis à la Cour des prises. Quant aux navires eux-mêmes, huit seulement ont été envoyés devant la Cour des prises, et un de ceux-ci a depuis été relâché. Il est dans tous les cas essentiel, étant donné les conditions modernes de la navigation, que, lorsqu'il y a un motif réel de suspecter la présence de contrebande, les navires soient conduits dans un port pour être visités ; le droit de visite ne saurait être exercé d'une autre façon, et en dehors de cette manière de faire il faudrait complètement l'abandonner. Nous avons été avisés que des instructions spéciales ont été données d'embarquer du caoutchouc des États-Unis sous une autre désignation pour tourner l'interdiction, et de tels cas sont arrivés maintes fois. C'est seulement par la visite dans un port que de tels cas, quand ils sont soupçonnés, peuvent être découverts et prouvés.

La nécessité de l'examen dans un port peut être encore donnée par un exemple figuré avec le coton, cas qui ne s'est pas encore présenté. Le coton n'est pas spécialement mentionné dans la Note de Votre Excellence ; mais j'ai vu des comptes rendus publics faits aux États-Unis qui disaient que l'attitude du gouvernement de Sa Majesté avait été ambiguë et qu'elle était responsable de la dépression du commerce du coton. Il n'y a rien de fondé dans cette allégation. Le gouvernement de Sa Majesté n'a jamais mis le coton sur la liste de la contrebande ; il l'a durant toute la guerre maintenu sur la liste libre des marchandises, et chaque fois qu'il a été questionné sur ce point il a exposé son intention de suivre cette manière de faire. Mais des renseignements nous sont parvenus que, précisément, parce que nous avions déclaré notre intention de ne pas arrêter le coton, des navires chargés de coton seraient spécialement choisis pour transporter de la contrebande cachée, et nous avons été prévenus que du cuivre serait caché dans des balles de coton. Malgré les soupçons que nous avions, nous n'en avons pas pris motif pour retenir aucun navire transportant du coton ; mais, si nous venions à recevoir un avis qui nous ferait croire que dans un cas particulier un navire transporte des balles de coton contenant du cuivre ou une autre contrebande, la seule façon d'en avoir la preuve serait d'examiner et de peser les balles, et pour y arriver le seul moyen serait d'amener le navire dans un port. Dans un tel cas, ou dans tout autre, si la visite justifie l'acte du gouvernement de Sa Majesté, le cas sera porté devant une Cour des prises et jugé par la voie habituelle.

Que les décisions des Cours de prises anglaises n'ont pas été jusqu'à présent défavorables aux neutres, cela est évident par le jugement qui a été rendu dans le cas du *Miramichi*. Ce cas, qui a été jugé contre la Couronne, établit que l'expéditeur américain doit être payé, même quand il a vendu une cargaison C. I. F. (1) et quand le risque de la perte de la cargaison qu'il a expédiée ne doit pas lui incomber.

On a, de plus, reproché au gouvernement de Sa Majesté, quoique ce sujet ne soit pas traité dans la Note de Votre Excellence, que nos embargos sur l'exportation de certains articles, en particulier du caoutchouc, avaient nui aux intérêts commerciaux des États-Unis. Il est, naturellement, difficile au gouvernement de Sa Majesté de permettre l'exportation du caoutchouc des possessions anglaises (*British Dominions*) aux États-Unis à un moment où le caoutchouc est indispensable aux nations belligérantes pour continuer la guerre et quand un nouveau commerce d'exportation du caoutchouc des États-Unis s'est créé depuis la guerre à destination des neutres en quantités si importantes qu'il en est suspect. Il est impossible de permettre l'exportation de caoutchouc de la Grande-Bretagne, à moins que le droit du gouvernement de Sa Majesté d'envoyer les chargements de caoutchouc venant des États-Unis devant une Cour des prises ne soit admis alors qu'il suppose ces chargements destinés à un pays ennemi et qu'une certaine latitude d'action dans cette façon de faire ne lui soit accordée. Mais le gouvernement de Sa Majesté en est venu maintenant provisoirement à un arrangement avec les exportateurs de caoutchouc de la Grande-Bretagne qui permettra de donner des licences sous des garanties particulières pour l'exportation du caoutchouc aux États-Unis (2).

(1) *Note.* — Le terme C. I. F. veut dire que le *coût* de la marchandise (C), *l'assurance* (I), et le *fret* (F) sont à la charge du destinataire.

(2) *Note.* — Les Américains qui font emploi de caoutchouc signent un contrat dans des termes semblables aux suivants : « Par ceci nous acceptons que toutes les demandes de prix ou tous les achats que nous vous ferons pour un quelconque de vos produits seront dans chaque cas seulement pour un usage domestique ou pour être expédiés à la Grande-Bretagne, à la France ou à la Russie. Nous nous engageons nous-mêmes à cela et acceptons que l'exécution de ce contrat nous liera aussi longtemps que vous jugerez qu'il doit durer et qu'il ne pourra être annulé que par vous. — Nous acceptons de plus de nous soumettre à toutes les recherches qu'il vous sera nécessaire de faire et de vous donner toutes libertés de voir un ou tous nos livres, si vous nous en faites la demande, pour établir que nous n'avons pas exporté ou que nous n'avons pas vendu à un autre exportateur en violation de notre contrat. — Et de plus nous acceptons que tout ordre, même après qu'il aura été accepté par vous, puisse être annulé sans indemnité de notre part et à votre volonté, pour quelques causes que ce soit, aussi longtemps que l'état de guerre existera entre la

Depuis que la guerre a éclaté, le gouvernement des États-Unis a changé son ancienne façon de faire ; il a interdit la publication de manifestes avant trente jours depuis le départ des navires quittant les ports des États-Unis. Nous n'avions pas lieu de nous plaindre de ce changement et nous ne nous en sommes pas plaints. Mais l'effet de cette mesure doit être la difficulté de s'assurer de la présence de la contrebande et de rendre nécessaires, dans l'intérêt de notre sécurité nationale, l'examen et la détention de beaucoup plus de navires que ce serait le cas si l'ancienne façon de faire avait continué (1).

En attendant une réponse plus détaillée, je conclurai en disant que le gouvernement de Sa Majesté ne désire pas contester les principes généraux de droit international sur lesquels il comprend que la Note des États-Unis est basée, et qu'il désire restreindre son action au seul empêchement de la contrebande destinée à l'ennemi.

Le gouvernement de Sa Majesté est prêt, si un chargement venant des États-Unis se trouve retenu, à donner des explications sur la raison pour laquelle la détention a eu lieu, et il sera très heureux d'arriver à un arrangement de manière à éviter les erreurs et à réparer promptement les dommages causés injustement aux propriétaires neutres d'un navire ou d'une cargaison, parce que le gouvernement est très désireux, dans l'intérêt des États-Unis et des autres nations neutres, que l'action anglaise n'entrave pas l'importation normale et l'usage par les pays neutres de marchandises venant des États-Unis.

J'ai, etc.

E. Grey.

Grande-Bretagne et un autre pays. — Dans ce cas où nous offririons un ordre pour une expédition en dehors de ce pays (États-Unis), nous indiquerons dans chaque demande sa destination ».

(1) *Note.* — La façon de faire dont le secrétaire anglais des affaires étrangères se plaint ici a été depuis annulée. Elle a été en vigueur pendant trois mois environ. — L'avis suivant aux exportateurs (*Commerce Reports*, 6 janvier 1915, p. 50) indique la manière de faire américaine pour les manifestes : — « L'attention des exportateurs est respectueusement attirée sur l'importance d'avoir complets et exacts les manifestes pour les expéditions par mer à l'étranger, de façon a éviter les incidents dus au retard pour les rechercher pendant leur voyage. — Des cas se sont produits où les manifestes étaient incomplets ou inexacts et où il a été réclamé en disant qu'on avait cherché à cacher la nature des marchandises transportées. Même quelques cas seulement de cette sorte peuvent attirer le soupçon sur le reste du commerce américain, et à cause de ce manquement porter préjudice à notre commerce étranger. Quand un armateur devient en connaissance de cause complice dans de telles transactions, il peut en être responsable vis-à-vis de ses commettants, qui peuvent en souffrir injustement, ce qui de plus n'est pas une protection suffisante puisqu'il ne protège pas les autres expéditeurs qui ont à supporter des inconvénients à cause des occasionnels manquements de ceux qui signalent inexactement ou cachent le caractère de leurs expéditions. — Le gouvernement fait tous les efforts possibles pour assurer une marche continue du commerce américain et réduire au minimum ces retards qui sont inévitables dans une période de guerre. Il compte avec confiance sur la coopération du monde des affaires américain pour empêcher de telles actions de la part des expéditeurs qui augmentent sans nécessité les difficultés des affaires actuelles. — Si les expéditeurs désirent quelque aide dans la conduite de leurs affaires à l'étranger, le Département des finances (*Treasury Department*) leur fournira, en s'adressant au receveur des douanes (*Customs Collector*) de chaque port, un officier pour examiner le chargement du navire et pour certifier que le manifeste est complet et exact. — Comme précaution supplémentaire, il est conseillé aux expéditeurs d'accompagner le manifeste du navire d'une déclaration sous serment (*affidavit*) que les articles expédiés sont correctement indiqués par le manifeste et que les emballages ne contiennent rien d'autre que ce qui est indiqué. — Andrews J. Peters, *secrétaire des finances*. Approuvé par W.-J. Bryan, *secrétaire d'État* ; William C. Redfield, *secrétaire du commerce*. — Washington D. C., 4 janvier 1915 ».

382

Grande-Bretagne. — Nouvelle réponse du gouvernement britannique du 10 février 1915 a la Note des États-Unis du 26 décembre 1914, adressée a l'ambassadeur des États-Unis a Londres pour être communiquée au gouvernement américain, au sujet du commerce américain avec les neutres.

Foreign Office, le 10 février 1915.

Monsieur,

Votre Excellence a déjà reçu la réponse préliminaire que je vous ai envoyée le 7 janvier, en réponse à votre Note remise le 28 décembre au sujet de la saisie et de la détention de cargaisons américaines destinées à des ports neutres européens (1).

Depuis cette date j'ai eu une nouvelle occasion d'examiner les statistiques commerciales des États-Unis résumées dans les rapports des douanes, afin de voir si l'action guerrière de la Grande-Bretagne a été cause de quelque manière de la dépression commerciale que Votre Excellence dit exister aux États-Unis et aussi de voir si la saisie de navires ou de cargaisons faite par la marine anglaise a infligé des pertes aux propriétaires américains pour lesquelles notre organisation existante ne procurerait aucun moyen de réparation. En rassemblant les résultats de mon examen, je pense qu'il serait opportun de donner une étude générale des méthodes employées par le gouvernement de Sa Majesté pour arrêter le commerce de contrebande avec l'ennemi, en rapport avec le droit admis d'un belligérant d'arrêter un tel commerce, et aussi des mesures par lesquelles il s'est efforcé de satisfaire les réclamations et les plaintes qui lui ont été adressées de temps en temps par le gouvernement des États-Unis.

Vers la fin de votre Note du 28 décembre, Votre Excellence a décrit la situation produite par l'action de la Grande-Bretagne comme lamentable pour les intérêts commerciaux des États-Unis et a dit que beaucoup des grandes industries du pays souffraient parce que leurs produits n'étaient plus employés dans de très anciens marchés des pays neutres européens voisins des nations en guerre.

Il est malheureusement vrai que dans les temps actuels, alors que le commerce et la finance sont cosmopolites, toute guerre — et particulièrement une guerre d'une aussi grande amplitude que la guerre présente — a comme résultat une grave dislocation du commerce, même de celui de nations qui ne prennent aucune part à la lutte. Votre Excellence reconnaîtra que dans ce terrible conflit, dont le commencement n'est dû nullement à la responsabilité de la Grande-Bretagne, il est impossible pour le commerce de n'importe quelle nation d'échapper à tous dommages et à toutes pertes : pour ce fait, le gouvernement de Sa Majesté ne saurait être blâmé.

Je ne crois pas qu'il faille entendre le paragraphe que j'ai noté dans la Note de Votre Excellence comme se rapportant à ces conséquences indirectes de l'état de guerre ; je crois qu'il a trait plutôt à l'effet immédiat et direct de notre action de belligérant vis-à-vis des navires neutres et des cargaisons neutres en haute mer. Cette action a été limitée aux navires allant vers des ports ennemis ou vers des ports de pays neutres voisins du théâtre de la guerre, parce que c'est seulement par ces ports que l'ennemi introduit les fournitures dont il a besoin pour continuer la guerre.

Dans ma première Note j'ai indiqué le nombre de navires qui ont quitté les États-Unis pour la Hollande, le Danemark, la Norvège, la Suède et l'Italie et j'y ai montré que seulement 8 de ces 773 navires ont été envoyés devant la Cour des prises et que seulement 45 de ceux-ci ont été retenus temporairement pour permettre que certaines portions de

(1) V. ci-dessus, p. 1 et 4.

la cargaison fussent déchargées en vue de la procédure de la Cour des prises. Pour se rendre compte de l'effet de cette action navale, il est nécessaire de considérer les statistiques générales du commerce d'exportation des États-Unis durant les mois qui ont précédé l'ouverture de la guerre et celles des mois qui ont suivi cette ouverture.

En prenant les renseignements en millions de dollars, les exportations de marchandises des États-Unis pour les sept mois allant de janvier à juillet 1914 inclus ont été de 1.201, comparées à 1.327 pour les mois correspondants de 1913, soit une chute de 126 millions de dollars.

Pour les mois d'août, de septembre, d'octobre et de novembre, c'est-à-dire pour les quatre mois de guerre précédant l'envoi de la Note de Votre Excellence, les chiffres des exportations de marchandises ont été (toujours en millions de dollars) de 667, comparés à 923 pendant les mois correspondants de 1913, soit une chute de 256 millions de dollars.

Si, cependant, l'article particulier du coton est retiré de cette comparaison, les chiffres indiquent un résultat tout autre. De cette façon les exportations de toutes les marchandises autres que le coton venant des États-Unis durant les sept premiers mois de 1914 ont été de 966 millions de dollars contre 1.127 millions de dollars en 1913, soit une chute de 161 millions de dollars, ou 14 1/2 0/0. D'un autre côté, les exportations des mêmes articles durant les mois d'août à novembre se sont montées à 608 millions de dollars au lieu de 630 millions en 1913, soit seulement une chute de 22 millions ou moins de 4 0/0

Il est donc clair que, si le coton est exclu, l'effet de la guerre n'a pas été d'augmenter mais pratiquement d'arrêter la baisse des exportations américaines qui était en progrès au début de l'année. En fait, toute la baisse dans les exportations américaines qui est attribuable à la guerre, est due essentiellement au coton. Le coton est un article qui ne peut pas avoir été affecté par l'exercice de nos droits de belligérant, puisque, comme Votre Excellence le sait, il n'a pas été déclaré contrebande de guerre par le gouvernement de Sa Majesté, et les règles suivant lesquelles nous conduisons actuellement nos opérations de belligérant ne nous donnent aucun pouvoir, en l'absence d'un blocus, pour saisir ou arrêter le coton dans sa route vers une nation belligérante sur des navires neutres. Par conséquent, le coton n'a pas été touché.

Quant aux causes de la baisse dans les exportations de coton, je sens qu'il n'y a aucune nécessité pour moi de m'en occuper, parce que, quelles que puissent être ces causes, elles ne peuvent être trouvées dans l'exercice des droits belligérants de visite, de recherche et de capture ou dans notre droit général, étant en guerre, d'intercepter le commerce de contrebande pour notre ennemi. Les importations de coton pour le Royaume-Uni tombèrent aussi fortement que celles pour les autres contrées. Nul endroit ne sentit plus fortement l'ouverture des hostilités que les districts cotonniers du Lancashire où, pendant un temps, un nombre considérable de broches furent inactives. Quoique cet état de choses ait maintenant en grande partie disparu, la consommation de la matière première en Grande-Bretagne a temporairement beaucoup diminué. La même chose est certainement vraie pour la France.

Le résultat général est de montrer d'une façon convaincante que les opérations navales de la Grande-Bretagne ne sont pas la cause de quelque diminution dans le total des exportations américaines et que, si le commerce des États-Unis est dans l'état défavorable qu'indique Votre Excellence, la cause doit loyalement en être cherchée ailleurs que dans l'activité des forces navales de Sa Majesté.

Je peux ajouter que la circulaire rendue par le Département du commerce à Washington le 23 janvier constate une sensible amélioration dans le commerce étranger des États-Unis, ce que nous avons noté avec une grande satisfaction. Le premier paragraphe de cette circulaire vaut la peine d'être cité textuellement : « Une sensible amélioration dans notre commerce extérieur est indiquée par les derniers rapports du Département du commerce publiés par son Bureau du commerce extérieur et intérieur. Les ventes de produits d'alimentation et de certains genres de manufactures ont été extraordinairement grandes en novembre qui est la dernière période pour laquelle nous avons des renseignements détaillés. Durant ce mois les exportations se sont montées à 200 millions de dollars, c'est-à-dire au double du mois d'août dernier, moment où, à cause de l'ouverture de la guerre, notre commerce extérieur tomba au niveau le plus bas qui ait été atteint depuis beaucoup d'années. En décembre il y a eu une nouvelle amélioration, les exportations du mois étant évaluées à 246 millions de dollars, au lieu de 233 millions en décembre 1913, c'est-à-dire 4 millions au-dessous du record le plus haut établi en décembre 1912 ».

Un meilleur aspect de la situation est obtenu en examinant les chiffres mois par mois. Les exportations de marchandises pour les cinq derniers mois ont été (en millions de dollars) : août, 110 ; septembre, 156 ; octobre, 194 ; novembre, 205 ; décembre, 246.

L'ouverture de la guerre a produit aux États-Unis comme elle l'a fait dans tous les pays neutres, une désorganisation du commerce, aiguë mais temporaire. Depuis ce moment il semble y avoir eu une amélioration durable, puisque aujourd'hui les exportations des États-Unis se tiennent à un chiffre plus élevé qu'à la même époque de l'année dernière.

Avant de terminer avec les statistiques du commerce, dans le but de démontrer encore plus clairement, si cela est nécessaire, que les opérations navales de la Grande-Bretagne et de ses alliés n'ont pas eu un effet défavorable sur le commerce entre les États-Unis et les pays neutres, il est très utile d'analyser les chiffres d'exportations en Europe depuis l'ouverture des hostilités. Dans ce but, les pays européens devraient être groupés en trois catégories : la Grande-Bretagne et les pays combattant avec elle, les pays neutres, et les pays ennemis. Il m'est cependant impossible de grouper ces pays de cette façon satisfaisante, parce que les chiffres relatifs à l'exportation des États-Unis avec chaque pays n'ont pas été encore publiés. Dans le rapport préliminaire sur le commerce d'exportation des États-Unis avec les pays étrangers, seuls les principaux pays sont indiqués, et divers pays qui ont été classés séparément dans le rapport commercial et financier plus détaillé de chaque mois sont omis. Ces pays omis comprennent non seulement les pays scandinaves, dont les exportations sont particulièrement importantes dans cette question, mais aussi l'Autriche.

Dans la mesure où il est possible de partager les chiffres entre les catégories que j'ai indiquées ci-dessus, les résultats sont les suivants (tous les renseignements sont donnés en milliers de dollars) : Le total des exportations en Europe depuis le 1er août jusqu'au 30 novembre a été de 413.995 contre 597.342 en 1913. De ces exportations la Grande-Bretagne et ses alliés ont pris 288.312 contre 316.805 en 1913 ; l'Allemagne et la Belgique ont pris 1.881 contre 177.136 en 1913 ; tandis que les contrées neutres (parmi lesquelles l'Autriche-Hongrie est forcément comprise) ont pris 123.802 contre 103.401 en 1913.

La plainte générale de la Note de Votre Excellence était que l'action de la Grande-Bretagne nuisait au commerce des États-Unis avec les pays neutres. Les opérations navales de la Grande-Bretagne ne s'attaquent certainement pas au commerce des États-Unis avec le Royaume-Uni et avec les pays alliés, et cependant les exportations pour la Grande-Bretagne et ses alliés durant ces quatre mois ont diminué de plus de 28 millions de dollars, alors que les exportations pour les pays neutres et l'Autriche ont augmenté de plus de 20 millions de dollars.

La conclusion qui peut admirablement être tirée de ces chiffres, qui tous sont pris dans les rapports officiels publiés par le gouvernement des États-Unis, est que non seulement le commerce des États-Unis avec les pays neutres en Europe a été maintenu en comparaison avec les années précédentes, mais aussi qu'une part importante de ce commerce était, en fait, un commerce entrepris pour les pays ennemis, suivant, par les ports neutres, des routes auxquelles il était auparavant inaccoutumé.

Un parmi les grands inconvénients auxquels cette grande guerre expose le commerce de tous les pays neutres est sans aucun doute le sérieux manque de navires capables de faire des transports dans l'Océan, et la conséquence forcée de frets excessifs.

On ne saurait dire en toute justice que ce manque de navires soit causé par l'action de la Grande-Bretagne contre les navires neutres. Actuellement il y a seulement sept navires neutres qui attendent l'adjudication dans les Cours de prises de ce pays et trois dans ceux des possessions britanniques (British Dominions). Comme Votre Excellence le sait, j'ai déjà donné des instructions à notre ambassadeur à Washington pour rappeler à ceux qui sont intéressés à ces navires qu'ils peuvent demander à la Cour de relâcher les navires sous un cautionnement et, s'ils font ainsi, il est peu probable que la Couronne leur fasse opposition. Il n'y a donc aucune raison pour qu'une telle façon de faire ne soit pas favorablement accueillie par la Cour, et, si elle est acceptée, tous ces navires pourront de nouveau servir pour les transports commerciaux. Il n'y a maintenant qu'un navire neutre détenu dans ce pays en plus de ceux qui attendent l'adjudication dans la Cour des prises.

Tous les efforts ont été faits, dans les cas où il a été trouvé nécessaire de procéder contre certaines parties de la cargaison, pour assurer le prompt déchargement de la cargaison, et la remise en liberté du navire afin de lui permettre de reprendre son travail. La Grande-Bretagne souffre du manque de navires et de l'élévation du prix des frets d'une façon aussi aiguë, si ce n'est plus, que les autres pays. Le gouvernement de Sa Majesté a pris toutes les mesures qu'il trouvait en rapport avec ses intérêts de belligérant pour augmenter le tonnage qui peut servir au transport du commerce maritime. Les navires ennemis qui ont été condamnés devant les Cours de prises de ce pays sont vendus aussi vite que possible de façon à ce qu'ils puissent devenir utilisables ; et ceux qui ont été condamnés par les Cours de prises d'outre-mer sont amenés dans ce pays pour qu'ils puissent être vendus ici et être de nouveau remis en service actif.

Les difficultés ont été accentuées par les conséquences imprévues de la convention qui a été signée à la Haye en 1907 relativement au statut des navires marchands ennemis à l'ouverture de la guerre. Cette convention était un effort bien intentionné pour diminuer les pertes que la guerre peut imposer à des personnes innocentes. Elle stipulait que les navires marchands ennemis saisis par un belligérant dans les ports duquel ils se trouvaient à l'ouverture de la guerre, ne devaient pas être condamnés, mais devaient être simplement détenus pendant la durée de la guerre, à moins qu'ils n'eussent été libérés pendant les jours de grâce. Nous ne sommes pas arrivés à un arrangement avec le gouvernement allemand pour nous accorder réciproquement des jours de grâce, et les navires de commerce allemands se trouvant dans les ports anglais quand la guerre éclata ont été soumis à détention et non pas à condamnation. Le résultat normal a été de réduire encore plus la quantité de navires utilisables pour le commerce du monde. Donc, pour améliorer la situation, le gouvernement de Sa Majesté a eu recours au droit de réquisition qui lui était donné par la convention, de façon que ces navires puissent être remis en service actif.

Votre Excellence peut voir ainsi que le gouvernement de Sa Majesté fait tout son possible pour augmenter le nombre des navires utilisables. J'espère qu'il sera reconnu que la détention des navires neutres par le gouvernement de Sa Majesté en vue de capturer la contrebande dans sa route vers l'ennemi, n'a pas contribué à beaucoup près à la diminution du nombre de navires comme l'a fait la destruction des navires neutres par des mines sous-marines que l'ennemi a semées sans scrupule en haute mer, à beaucoup de milles de la côte, sur la route des navires de commerce. Jusque maintenant vingt-cinq navires neutres ont été indiqués comme détruits par des mines en haute mer ; sans parler des questions de la non observation des traités et des pertes de vies, il y a beaucoup plus de raisons de protester contre l'intervention d'un belligérant vis-à-vis de l'honnête commerce neutre au moyen de mines dispersées par l'ennemi que contre celle que l'Angleterre exerce suivant son droit en saisissant la contrebande.

J'espère que ce que j'ai dit ci-dessus sera suffisant pour convaincre le gouvernement de Votre Excellence que les plaintes que la politique navale de la Grande-Bretagne a empêché les expéditions des produits américains destinés à d'anciens marchés dans des contrées neutres d'Europe, sont fondées sur une erreur.

Pour rendre justice aux peuples de nos deux pays, j'aimerais que l'occasion actuelle fût prise pour expliquer la ligne de conduite que le gouvernement de Sa Majesté a suivie jusqu'ici, de façon à montrer que l'attitude qu'il a eue n'est d'aucune manière en opposition avec le principe général et fondamental du droit international, et indiquer tout le soin avec lequel il s'est efforcé de donner satisfaction aux réclamations qui ont été faites par le gouvernement des États-Unis de temps à autre durant la guerre sur ces points.

Personne actuellement ne discutera la proposition générale qu'un belligérant a le droit de capturer les marchandises de contrebande dans leur route vers l'ennemi : ce droit est maintenant consacré par un long usage et par un acquiescement général. Quoique ce droit soit ancien, les moyens de l'exercer varient et se développent avec les changements dans les méthodes et dans les moyens d'action du commerce. Il y a un siècle les difficultés du transport terrestre rendaient impraticable, pour un belligérant, d'obtenir des ravitaillements venant par mer à travers un pays neutre voisin. En conséquence, les actions de guerre de l'adversaire n'exigeaient, ni ne justifiaient aucune intervention contre les navires dans leur route vers un port neutre. Ce principe a été reconnu et légalisé dans les décisions que lord Stowell rendit sur la façon dont la capture de telles marchandises devait être faite.

L'avènement de la force à vapeur a rendu aussi facile pour un belligérant de se faire ravitailler par les ports d'une nation neutre voisine que par ses propres ports, et il a donc rendu impossible à l'adversaire de ne pas intervenir contre le commerce tenté par son ennemi, simplement parce que celui-ci avait choisi la route d'un port neutre.

Il n'est pas de meilleur exemple qui puisse être donné de la nécessité de contrecarrer ces nouveaux moyens d'expédier de la contrebande à l'ennemi par de nouvelles méthodes d'appliquer le principe fondamental du droit de capturer cette contrebande, que la ligne de conduite que le gouvernement des États-Unis trouva nécessaire de suivre durant la guerre civile américaine. C'est à ce moment que la doctrine du voyage continu fut appliquée pour la première fois à la capture de la contrebande, c'est-à-dire que pour la première fois un belligérant se trouva dans l'obligation de capturer des marchandises de contrebande dans leur route vers l'ennemi, bien qu'au temps de la capture elles fussent *en route* pour un port neutre, d'où elles devaient ensuite continuer leur voyage. La politique suivie par le gouvernement des États-Unis n'était pas en opposition avec les principes généraux déjà sanctionnés par le droit international, et elle ne rencontra aucune opposition de la part du gouvernement de Sa Majesté, quoique ce fut principalement sur des cargaisons anglaises et sur des navires anglais que portèrent les pertes et les inconvénients dus au nouveau développement de l'application de la vieille règle du droit international. Les critiques qui ont été dirigées contre la manière de faire des États-Unis vinrent, et viennent, de ceux qui virent dans les méthodes employées du temps de Napoléon pour la répression de la contrebande une limitation du droit lui-même, mais ils oublient de voir que si du temps de Napoléon les marchandises n'étaient pas capturées dans leur route vers un port neutre, ce n'est pas parce que leur destination première leur conférait un privilège, mais parce que la capture dans de telles conditions n'était pas nécessaire.

Les facilités que l'introduction des navires à vapeur et des chemins de fer a données à un belligérant d'introduire des marchandises de contrebande par des ports neutres ont créé pour son adversaire la difficulté additionnelle, quand il cherche à empêcher un pareil commerce, de distinguer parmi ces marchandises celles qui sont réellement destinées au commerce du pays neutre et celles qui sont en route pour l'ennemi. C'est une des nombreuses difficultés en face desquelles se trouva le gouvernement des États-Unis au moment de la guerre civile, et je ne peux faire mieux que de répéter les termes que M. Seward, alors secrétaire d'État, employa dans le cours de la discussion diplomatique qui s'éleva au sujet de la capture de marchandises allant à Matamoros et qu'on pensait destinées aux Insurgés : « Les neutres engagés dans un commerce honnête avec Matamoros doivent s'attendre à subir des inconvénients du blocus actuel de Brownsville et de la côte adjacente du Texas. Quoique le gouvernement regrette infiniment ces inconvénients, il ne peut renoncer à aucun de ses droits de belligérant pour favoriser la contrebande avec le territoire insurgé. En maintenant tous ces droits, il est certain que la nécessité de leur exécution, qui doit être déplorée par toute nation commerciale amie, sera plus rapidement terminée ».

Les occasions qu'a maintenant un belligérant de se procurer du ravitaillement par les ports neutres sont beaucoup plus nombreuses qu'il y a cinquante ans, et les conditions géographiques de la lutte actuelle donnent une nouvelle facilité à l'ennemi de faire une telle importation.

Nous sommes placés en face du problème d'arrêter un tel ravitaillement lorsqu'il est fait avec tous les avantages qui découlent d'une organisation bien préparée et d'une dépense non limitée. Si nos droits de belligérant sont maintenus, il est de la plus grande importance pour nous de distinguer entre ce qui est réellement *bona fide* un commerce destiné au pays neutre indiqué et le commerce fait pour un pays ennemi. Tous les efforts sont faits par les organisateurs de ce commerce pour cacher sa vraie destination, et si le commerce neutre innocent doit être distingué du commerce ennemi, il est indispensable que le gouvernement de Sa Majesté puisse faire et fasse une enquête minutieuse sur la destination des expéditions particulières de marchandises même au risque d'un léger retard pour les parties intéressées. Si ces enquêtes n'étaient pas faites, ou bien l'exercice de nos droits de belligérant devrait être abandonné, amenant la prolongation de la guerre et l'augmentation des pertes et des souffrances qui atteignent le monde entier, ou bien il serait nécessaire de se livrer sans distinction aux captures des marchandises neutres et à leur détention durant tout le temps nécessaire à la procédure devant la Cour des prises. Avec le système actuellement adopté, il a été trouvé possible de relâcher sans retard, et par conséquent sans perte appréciable pour les parties intéressées, toutes les marchandises dont la destination est reconnue innocente d'après les résultats des enquêtes.

Il se peut que le système de faire de telles enquêtes soit jusqu'à un certain point une nouveauté dans le fait qu'il a été pratiqué dans de plus grandes proportions que dans les guerres précédentes ; mais, si cela est indiqué à juste titre comme une nouvelle façon de faire, c'est une façon de faire qui est entièrement à l'avantage des neutres, et qui a été suivie afin de les soulager autant que possible des pertes et des ennuis.

Il y a un passage dans une Note que le Département d'État a adressée à l'ambassadeur anglais à Washington le 7 novembre auquel je pense qu'il serait bon de se reporter : « Dans l'opinion de ce gouvernement, le droit de visite et de recherche du belligérant exige que la recherche soit faite en haute mer au moment de la visite et que la conclusion de cette recherche se basera sur l'évidence trouvée sur le navire examiné et non sur les circonstances fournies par des sources extérieures ».

Le principe énoncé ici me paraît être en contradiction avec la pratique suivie en ces matières par le gouvernement des États-Unis aussi bien que par le gouvernement anglais. Ce n'était certainement pas la règle d'après laquelle le gouvernement des États-Unis agit soit pendant la guerre civile, soit pendant la guerre hispano-américaine ; cette règle n'a été non plus observée ni par le gouvernement anglais, ni, autant que je puisse me souvenir, par aucun autre gouvernement qui a eu à supporter une grande guerre navale. Comme principe, la règle me semble impossible pour les temps modernes. La nécessité de donner au belligérant capteur toute liberté d'établir par toutes les évidences à sa disposition la destination ennemie des marchandises expédiées a été reconnue dans toutes les décisions directrices des Cours de prises des États-Unis durant la guerre civile. Il n'est pas de plus clair exemple qui puisse être donné que la déclaration du rapporteur dans le cas du *Bermuda* (3 Wallace, 514) : « La destination finale de la cargaison dans ce voyage particulier était si habilement exposée qu'il n'était pas tout à fait facile de prouver, avec toute la certitude que les tribunaux américains exigent, l'intention qui, cela était évident, devait avoir réellement existé. Aussi pour la prouver il était nécessaire que la vérité fût tirée d'une série de sources cachées et déguisées, d'autres découvertes au fur et à mesure de l'instruction et tout à fait accidentellement, de coïncidences fortuites, et de faits accidentels ; leur classement et leur comparaison enfin vinrent largement, par leur force collective, en aide à l'évidence ».

Il n'est pas impossible que la suite de la guerre actuelle montre la nécessité d'assujettir l'action du belligérant à différents procédés qui peuvent au premier aspect sembler être un changement de l'ancienne pratique. Dans ma Note du 7 janvier, j'ai abordé quelque peu la question de la nécessité d'amener les navires dans un port afin de les y soumettre à une enquête réelle, si cette enquête est nécessaire ; je pense que je n'ai pas besoin de revenir sur ce sujet.

L'augmentation de la taille des navires exige dans bien des cas que le navire soit amené dans des eaux calmes, afin que même le droit de visite, indépendamment du droit de recherche, puisse être exercé. De nos jours un navire est capable de poursuivre son voyage sans tenir compte des conditions de l'atmosphère. Beaucoup de navires marchands neutres que nos officiers de marine arrêtent pour être visités en mer sont rencontrés par nos croiseurs dans des endroits et dans des conditions qui rendent impossible la mise à l'eau d'une embarcation. Les conditions atmosphériques pendant l'hiver dans l'Atlantique du Nord rendent souvent impossible pendant plusieurs jours à un officier de marine de monter à bord d'un navire qui fait route pour les pays scandinaves. Si on refuse à un belligérant le droit d'amener un navire marchand neutre, rencontré dans de telles conditions, dans des eaux calmes pour que l'officier visiteur puisse monter à bord, le droit de visite et de recherche deviendrait nul.

Le conflit actuel n'est pas le premier où cette nécessité s'est produite : durant toute la guerre civile, les États-Unis ont trouvé nécessaire d'amener dans les ports des États-Unis les navires pour déterminer si les circonstances justifiaient leur détention.

Le même besoin s'est fait sentir pendant la guerre russo-japonaise et pendant la deuxième guerre balkanique, où il arriva quelquefois que des navires anglais durent changer leur route et suivre les croiseurs à quelque endroit où le droit de visite et de recherche pourrait être plus convenablement exercé. Dans ces deux cas, l'exercice des droits du belligérant, quoique d'abord discuté par le gouvernement de Sa Majesté, fut à la fin accepté.

Aucune puissance, de nos jours, ne peut durant une grande guerre renoncer à exercer son droit de visite et de recherche. Des navires qui sont apparemment des navires de commerce inoffensifs peuvent être employés pour transporter et poser des mines et même être équipés pour lancer des torpilles. Le ravitaillement des sous-marins peut sans difficulté être caché sous d'autres cargaisons. La seule protection contre ces risques est de visiter et de faire une recherche à bord de chaque navire apparaissant dans la zone des opérations, et si les circonstances sont telles qu'elles rendent impossible son exécution au point où le navire est rencontré, le seul moyen pratique est d'amener le navire dans quelque endroit plus convenable au but cherché. Une telle manière de procéder ne doit pas être considérée comme un nouveau droit du belligérant mais comme une adaptation du droit existant aux conditions modernes du commerce. Comme tous les droits d'un belligérant, cette façon d'agir doit être exécutée avec les égards dus aux intérêts des neutres, et il serait déraisonnable de vouloir faire faire à un navire neutre de grands détours pour son exécution. C'est pour cette raison que nous avons fait tous nos efforts pour encourager les navires de commerce neutres, dans leur route vers des ports contigus au pays ennemi, à visiter un port anglais situé sur leur route, pour que l'examen nécessaire des papiers du bord et, au besoin, celui de la cargaison soient faits dans des conditions convenables pour le navire lui-même. Ne pas suivre cette indication peut forcer un navire qu'un officier de marine désire aborder, d'attendre pendant plusieurs jours jusqu'à ce que les conditions atmosphériques permettent la visite en mer.

Aucune guerre n'a encore été faite dans laquelle les neutres n'aient souffert occasionnellement d'actes injustifiés de la part d'un belligérant ; aucune nation neutre n'a dans le passé plus fréquemment que la Grande-Bretagne éprouvé ce fait. La seule façon de mettre d'accord les actes du belligérant avec les droits des neutres est pour le belligérant de créer une organisation appropriée par laquelle dans chaque cas les faits pourront être examinés et par laquelle de justes réparations pourront être obtenues individuellement par les neutres. Dans ce pays, cette organisation est obtenue par les pouvoirs qui sont conférés à la Cour des prises pour juger non seulement les captures, mais aussi les réclamations pour des dédommagements. L'ordre V, règle 2, des règles de la Cour des prises anglaise dit que, lorsqu'un navire a été capturé comme prise, mais

Documents manquants (pages, cahiers...)

NF Z 43-120-13

qu'il a été ensuite relâché par les capteurs, ou bien lorsqu'il a par perte, destruction ou toute autre cause cessé d'être détenu par eux, sans que des actes de condamnation aient été rendus, toute personne intéressée dans le navire (qui, selon l'ordre I règle 2, comprend aussi les marchandises), désirant faire une réclamation pour frais ou dommages causés par ce fait, devra faire une assignation comme il est indiqué par l'ordre II. Une assignation ainsi faite amènera un procès, qui suivra son cours ordinaire devant la Cour des prises.

Cette règle donne à la Cour des prises un ample pouvoir pour juger toute demande d'indemnité de la part d'un neutre à cause de l'action de nos forces navales contre un navire ou son chargement. La meilleure preuve qui puisse être donnée du jugement et de la modération avec lesquels nos officiers de marine exercent leur consigne est dans le fait que jusque maintenant aucun procès pour l'obtention d'indemnités n'a été présenté en se basant sur la règle que je viens d'indiquer.

C'est l'expérience habituelle de chaque guerre que les neutres dont les essais de faire un commerce clandestin sont anéantis par un belligérant ont coutume d'avoir recours à leur gouvernement pour demander que des réclamations diplomatiques soient faites pour eux et que des indemnités leur soient obtenues par cette voie. Quand un mode effectif de réparations leur est ouvert devant les tribunaux d'un pays civilisé par lequel ils peuvent obtenir une juste satisfaction pour toute violation de leurs droits contraire au droit des gens, la seule façon qui soit en accord avec un principe légitime est de s'en remettre à ce mode de réparation ; aucune action diplomatique ne devrait alors être entreprise par les neutres à moins que tous les moyens légaux n'aient été employés et qu'ils ne soient en mesure d'établir *prima facie* qu'il a été commis un déni de justice.

La façon de faire adoptée par le gouvernement de Sa Majesté durant la guerre civile américaine a été en parfaite concordance avec ce principe. Malgré les remontrances faites de beaucoup de côtés, ce gouvernement a eu pleine confiance dans les tribunaux de prises américains pour accorder réparations aux parties intéressées quand elles prétendaient avoir été injustement capturées par des navires de guerre américains, et il n'a présenté aucune réclamation avant que toute possibilité de réparations par ces tribunaux eût été épuisée. La même façon de faire a été adoptée pendant la guerre hispano-américaine : tous les sujets anglais qui se plaignaient de captures ou de détentions de leurs navires ont été envoyés devant les tribunaux de prises pour obtenir satisfaction.

Avant d'abandonner ce sujet, je peux rappeler à Votre Excellence que, sur sa demande, elle est maintenant renseignée immédiatement par ce Département sur les particularités de chaque navire sous pavillon américain qui se trouve détenu et sur chaque cargaison dans laquelle des citoyens américains semblent être parties intéressées. Non seulement le fait de la détention est notifié à Votre Excellence, mais, autant que cela est possible, les raisons pour lesquelles le navire ou la cargaison ont été détenus lui sont aussi communiquées ; cette concession permet à tout citoyen des États-Unis de faire de suite des démarches pour protéger ses intérêts.

Le gouvernement de Sa Majesté a fait aussi tout son possible pour assurer une rapide décision quand des navires sont annoncés dans des ports anglais. Il comprend que les propriétaires du navire et de la cargaison espèrent avec raison qu'une décision immédiate sera prise, pour savoir si le navire peut être autorisé à continuer son voyage et si sa cargaison ou une partie doit être déchargée et amenée devant la Cour de prises. Comprenant que les méthodes ordinaires de correspondance entre les différents Départements pourraient causer des retards susceptibles d'être empêchés par une autre méthode de procédure, il a établi il y a plusieurs mois un Comité spécial, où tous les Départements intéressés sont représentés. Ce Comité siège tous les jours, et il est composé d'un personnel spécial. Aussitôt qu'un navire arrive au port, tous les renseignements sont télégraphiés à Londres, et le cas est étudié à la première réunion du Comité, des démarches sont faites immédiatement pour qu'on mette en œuvre ce qui a été décidé. En adoptant cette procédure, il a été possible de réduire à un minimum les retards auxquels la navigation neutre est exposée par l'exercice des droits du belligérant, et par la néces-

prétend nullement reconnaître ou nier un droit quelconque des belligérants ou des neutres établi par le droit international; il considère qu'on doit envisager l'arrangement, s'il est acceptable pour les puissances intéressées, comme un *modus vivendi* fondé sur des questions d'opportunité plus que sur le droit fixé par les lois et n'engageant pas les États-Unis soit dans sa forme présente, soit dans une forme modifiée, avant qu'il ait été accepté par ce gouvernement.

BRYAN.

391

Allemagne. — COMMUNIQUÉ PRÉCISANT LES LIMITES DE LA ZONE DE GUERRE ALLEMANDE AUTOUR DE LA GRANDE-BRETAGNE, EN DATE DU 23 FÉVRIER 1915.

Berlin, 23 février 1915.

En considération du doute qui s'est élevé au sujet de l'extension vers le Nord des eaux entourant la Grande-Bretagne indiquées comme zone de guerre dans l'avis du 4 courant (1), il est communiqué à l'autorité que les îles Orkney (aussi bien que le Harbor-Kirkwall) et les îles Shetland sont comprises dans les limites de la zone de guerre, tandis que d'autre part les passages des deux côtés des îles Faroe ne sont pas considérés comme dangereux.

392

Allemagne. — RÉPONSE DE L'ALLEMAGNE A LA NOTE DES ETATS-UNIS D'AMÉRIQUE DU 20 FÉVRIER 1915 SUR LE TRAITEMENT DES NAVIRES ET DU COMMERCE NEUTRES, EN DATE DU 28 FÉVRIER 1915.

Le gouvernement allemand a pris connaissance avec un vif intérêt de la proposition du gouvernement américain que l'Allemagne et la Grande-Bretagne s'entendent sur certains principes relatifs à la conduite de la guerre maritime pour la protection des navires marchands neutres (2). Il y voit une nouvelle preuve des sentiments amicaux du gouvernement américain envers le gouvernement allemand auxquels l'Allemagne répond entièrement. — C'est aussi le désir de l'Allemagne que la guerre navale soit menée suivant des règles qui, sans restreindre unilatéralement l'un ou l'autre des États belligérants dans l'emploi des moyens de guerre, tiennent compte aussi bien des intérêts des neutres que des principes d'humanité. En conséquence, la Note allemande du 16 février (3) faisait déjà prévoir que la prise en considération de la déclaration de Londres par les adversaires de l'Allemagne créerait une nouvelle situation dont le gouvernement allemand serait volontiers disposé à tirer les conséquences.

Parlant de ce point de vue, le gouvernement allemand a soumis la proposition américaine à un examen attentif et il croit y reconnaître effectivement une base appropriée à la solution pratique des questions pendantes.

On remarque ce qui suit au sujet des différents points :

(1) V. ci-dessus, p. 20.
(2) V. cette proposition ci-dessus, p. 31.
(3) V. ci-dessus, p. 26.

1. En ce qui concerne le placement de mines, l'Allemagne serait prête à mettre en pratique la suggestion tendant à ne pas employer de mines flottantes et concernant la construction des mines ancrées. Elle est aussi d'accord avec l'apposition d'estampilles gouvernementales sur les mines qui seront posées. Par contre, elle estime qu'il ne convient pas à des puissances belligérantes de renoncer entièrement à l'emploi offensif de mines ancrées.

2. Le gouvernement allemand garantirait que les sous-marins allemands n'useraient de violences envers les navires marchands de n'importe quelle nationalité que dans la mesure où cela serait nécessaire pour user du droit de visite et de recherche. Si l'on découvrait la nationalité ennemie du navire ou la présence de contrebande, les sous-marins agiraient suivant les règles générales du droit des gens.

3. Ainsi que la Note américaine le prévoit, la restriction susmentionnée pour l'emploi des sous-marins suppose que les navires marchands ennemis s'abstiendront de l'usage d'un pavillon neutre et d'autres marques distinctives neutres. Ils s'abstiendront aussi de tout armement, de même que de toute résistance par la force, car une telle conduite, contraire au droit des gens, rendrait impossible aux sous-marins de se conformer au droit des gens.

4. La réglementation de l'importation légitime des vivres en Allemagne, proposée par le gouvernement américain, paraît, d'une manière générale, acceptable. La réglementation serait naturellement limitée aux importations par mer, mais elle s'étendrait aussi indirectement aux importations venant de ports neutres. Le gouvernement allemand serait donc disposé à donner des déclarations de la teneur prévue dans la Note américaine, de sorte que l'emploi exclusif des vivres et des denrées alimentaires importés seulement pour la population non combattante serait garanti. Le gouvernement allemand attache toutefois beaucoup de prix à ce que l'importation d'autres matières premières en usage dans le système économique des non combattants, y compris le fourrage, soit permise.

Dans ce but, les gouvernements ennemis devraient laisser parvenir librement en Allemagne les matières premières indiquées dans la liste libre de la déclaration de Londres et traiter les produits inscrits sur la liste de la contrebande conditionnelle de la même manière que les vivres et les denrées alimentaires.

Le gouvernement allemand espère que l'entente préparée par le gouvernement américain aboutira, en tenant compte des remarques ci-dessus, et qu'ainsi la navigation neutre pacifique et le commerce neutre pacifique n'auront pas à souffrir plus qu'il n'est absolument nécessaire des effets inévitables de la guerre navale. Ces effets diminueraient d'ailleurs considérablement si, comme il était indiqué dans la Note allemande du 16 février, on pouvait trouver le moyen d'exclure l'embarquement sur des navires de toute nationalité de munitions de guerre allant de pays neutres à pays belligérants.

Il faut naturellement réserver une décision définitive jusqu'à ce que le gouvernement allemand soit en mesure, grâce à de nouvelles communications du gouvernement américain, de connaître quels engagements le gouvernement britannique serait, de son côté, disposé à assumer.

Berlin, 28 février 1915.

Ministère des affaires étrangères,
VON JAGOW.

393

France et Grande-Bretagne. — Déclaration conjointe du gouvernement français et du gouvernement britannique annonçant les mesures prises pour arrêter les marchandises appartenant a des sujets de l'Empire d'Allemagne ou venant d'Allemagne ou expédiées sur l'Allemagne, en réponse aux tentatives de l'Allemagne pour empêcher le ravitaillement de la France et de la Grande-Bretagne, notifiée aux puissances neutres a la date du 1er mars 1915.

L'Allemagne a déclaré que la Manche (English Channel), les côtes Nord et Ouest de la France, ainsi que les eaux entourant les Iles Britanniques, sont zone de guerre, et elle a officiellement notifié que tous les navires ennemis rencontrés dans cette zone seront détruits, et que les navires neutres pourront y être en danger (1). C'est là, en réalité, une prétention de torpiller à vue, sans égard pour la sécurité des équipages et des passagers, tout navire marchant sous tout pavillon. Comme il n'est pas au pouvoir de l'Amirauté allemande de maintenir aucun bâtiment de surface dans ces eaux, cette attaque ne peut être pratiquée que par des moyens sous-marins. Le droit des gens et la coutume des nations, en ce qui concerne les attaques contre le commerce, ont toujours présumé que le premier devoir du capteur d'un navire marchand est de l'amener devant une Cour de prises où il puisse être jugé, où la régularité de la capture puisse être appréciée, et où les neutres puissent recouvrer les cargaisons. Couler une prise est, en somme, même un acte contestable, auquel on peut avoir recours seulement dans des circonstances extraordinaires, et après que des dispositions ont été prises pour assurer la sécurité de tout l'équipage et des passagers (s'il y a des passagers à bord). La responsabilité d'avoir à distinguer entre les navires neutres et les navires ennemis, ainsi qu'entre la cargaison neutre et la cargaison ennemie, incombe manifestement au bâtiment qui attaque et dont c'est le devoir de vérifier le statut et le caractère du navire et de la cargaison, ainsi que de mettre en sûreté tous les papiers, avant de le couler ou même de le capturer. De même, le devoir d'humanité consistant à assurer la sécurité des équipages des navires marchands, qu'ils soient neutres ou ennemis, est une obligation pour tout belligérant. C'est sur cette base que toutes les discussions antérieures sur le droit tendant à réglementer la conduite de la guerre sur mer ont procédé.

Aussi bien un sous-marin allemand est incapable de remplir aucune de ces obligations. Il n'exerce aucun pouvoir local sur les eaux dans lesquelles il opère. Il ne conduit pas ses captures dans le ressort d'une Cour des prises. Il ne porte aucun équipage de prise qu'il puisse mettre à bord d'une prise. Il n'employe aucun moyen efficace de distinguer entre un navire neutre et un navire ennemi. Il ne reçoit pas à son bord, pour en assurer la sécurité, l'équipage et les passagers du navire qu'il coule. Ses méthodes de guerre sont en conséquence entièrement en dehors de l'observation de tous les textes internationaux réglementant les opérations contre le commerce en temps de guerre. La déclaration allemande substitue à la capture réglementée la destruction aveugle.

L'Allemagne adopte ces méthodes contre des commerçants pacifiques et des équipages non combattants dans le but avoué d'empêcher des marchandises de toute nature (y compris les provisions pour l'alimentation de la population civile) de pénétrer dans les Iles Britanniques et la France septentrionale ou d'en sortir. Ses adversaires sont, en conséquence, contraints de recourir à des mesures de représailles en vue d'empêcher par réciprocité les marchandises de toute nature de pénétrer en Allemagne ou d'en sortir. Toutefois, ces mesures seront exécutées par les gouvernements français et britannique

(1) V. ci-dessus, p. 20 et 21.

sans risques pour les navires ni pour la vie des neutres et des non combattants, et en stricte conformité avec les principes de l'humanité.

En conséquence, le gouvernement français et le gouvernement britannique se considèrent comme libres d'arrêter et de conduire dans leurs ports les navires portant des marchandises présumées de destination, propriété ou provenance ennemies. Ces navires et ces cargaisons ne seront pas confisqués, à moins qu'ils ne soient sujets à être condamnés pour d'autres motifs. Le traitement des navires et des cargaisons qui auraient pris la mer avant cette date ne sera pas modifié.

1er mars 1915.

394

Etats-Unis d'Amérique. — Réponse du gouvernement des Etats-Unis a la Note de la France et de la Grande-Bretagne du 1er mars 1915, au sujet des mesures prises a l'égard du commerce allemand, en date du 5 mars 1915 et remise les 7 et 8 mars aux gouvernements intéressés.

Département d'Etat, Washington, 5 mars 1915.

La difficulté de déterminer l'attitude que nous devons prendre à la suite des déclarations française et anglaise projetant certaines mesures de rétorsion à l'égard du commerce avec l'Allemagne (1) provient de la nature des mesures proposées en tant qu'elles visent le commerce effectué par les neutres.

D'un côté, apparaît l'intention d'intervenir et d'arrêter tous les navires en provenance ou à destination de l'Allemagne, ce qui en réalité constitue un blocus des ports allemands. D'autre part, on n'affirme pas la règle du blocus d'après laquelle un navire essayant d'entrer dans un port allemand ou d'en sortir, quel que soit le caractère de son chargement, peut être condammé.

Le texte de la déclaration porte que « les gouvernements français et anglais se considèrent comme libres d'arrêter et de conduire dans leurs ports les navires portant des marchandises présumées de destination, provenance ou propriété ennemies ; ces navires et ces cargaisons ne sont pas confisqués, à moins qu'ils ne soient sujets à être condamnés pour d'autres motifs ».

La première phrase énonce un droit qui n'existe qu'en cas de blocus ; la seconde propose de traiter navire et cargaison comme s'il n'existait aucun blocus. Les deux ensemble aboutissent à proposer un système jusqu'ici inconnu du droit international.

Il en résulte que les neutres n'ont aucun moyen précis leur permettant de mesurer leurs droits et d'assurer la sécurité de leurs navires et de leurs cargaisons. La situation paradoxale ainsi créée devrait être changée et les puissances signataires de la déclaration devraient dire si, oui ou non, elles se fondent sur les règles régissant un blocus ou sur celles qui sont applicables quand il n'y a pas blocus.

La déclaration présente d'autres obscurités.

La dernière phrase citée indique que les règles de la contrebande seront appliquées aux cargaisons arrêtées. La règle, concernant les articles de non contrebande transportés sur navires neutres, est que les chargements doivent être relaxés et que les navires doivent être autorisés à continuer leur route. Cette règle ne peut pas, d'après la première phrase citée, être appliquée en ce qui concerne la destination. Que fera-t-on alors d'un chargement de marchandises de non contrebande arrêté en vertu de la déclaration ? La

(1) V. ci-dessus, p. 35.

même question peut être posée en ce qui concerne les chargements de contrebande conditionnelle.

Les commentaires qui précèdent s'appliquent aux chargements destinés à l'Allemagne. Les chargements provenant des ports allemands présentent, d'après les termes de la déclaration, un autre problème. Suivant les règles régissant les exportations ennemies, seules les marchandises appartenant à des sujets ennemis et embarquées sur des navires ennemis sont sujettes à saisie et à condamnation. Cependant, par la déclaration, on se propose de saisir et d'emmener dans un port toute marchandise « de propriété et d'origine » ennemies. Le mot « origine » est particulièrement significatif. L'origine des marchandises expédiées sur un territoire neutre à bord d'un navire neutre n'est pas et n'a jamais été un motif de confiscation, si ce n'est au cas d'un blocus déclaré et maintenu. A quoi équivaudrait alors la saisie dans le cas présent, si ce n'est à un délai imposé à la délivrance des marchandises ? La déclaration n'indique pas ce qu'on fera de tels chargements appartenant à un neutre ou à un sujet ennemi. Une règle différente sera-t-elle appliquée suivant la propriété ? S'il en est ainsi, sur quels principes de droit international s'appuyera-t-on ? Et, s'il n'y a pas de blocus déclaré et maintenu, d'après quelles règles le chargement d'un navire neutre sortant d'un port allemand pourra-t-il être condamné ? S'il n'est pas condamné, quelle autre solution légale y a-t-il alors, si ce n'est la relaxe ?

Tandis que le gouvernement des États-Unis admet parfaitement la possibilité que les méthodes de la guerre navale moderne, particulièrement dans l'usage des sous-marins à la fois pour les opérations d'attaque et de défense, puissent rendre matériellement impossibles les anciens moyens de maintenir un blocus, il n'en conçoit pas moins que l'on puisse prétendre avec une grande force qu'il doit y avoir également une certaine limite au « rayon d'action », spécialement si cette action des belligérants peut être considérée comme constituant un blocus. Certainement, cela créerait un sérieux état de choses si, par exemple, un navire américain chargé de marchandises d'origine allemande n'échappait aux croisières britanniques dans les eaux européennes que pour être pris par un croiseur devant New-York et conduit à Halifax.

BRYAN.

395

Grande-Bretagne. — MÉMORANDUM DU GOUVERNEMENT BRITANNIQUE EN RÉPONSE AUX ÉTATS-UNIS D'AMÉRIQUE, AU SUJET DES MESURES PRISES A L'ÉGARD DU COMMERCE ALLEMAND, EN DATE DU 13 MARS 1915, ET ADRESSÉ A L'AMBASSADEUR DES ÉTATS-UNIS A LONDRES.

Le 22 février dernier j'ai reçu la communication par Votre Excellence d'une Note identique adressée au gouvernement de Sa Majesté et au gouvernement allemand relativement à un arrangement sur certains points de la conduite de la guerre sur mer (1).

La réponse du gouvernement allemand à cette Note a été publiée (2), et il ne résulte pas de cette réponse que le gouvernement allemand soit disposé à abandonner la pratique de couler les navires marchands britanniques au moyen de sous-marins ; il est aussi évident d'après sa réponse que le gouvernement allemand ne veut pas non plus abandonner l'emploi des mines comme moyen d'attaque sur la haute mer, et se borner à en faire usage seulement dans un but de défense en deça d'une portée de canon des ports ainsi qu'il a été suggéré par le gouvernement des États-Unis.

(1) V. ci-dessus, p. 31.
(2) V. ci-dessus, p. 33.

Cela étant, il ne paraît pas nécessaire que le gouvernement britannique fasse d'autre réplique que de prendre note de la réponse allemande. Nous croyons toutefois devoir à cette occasion faire un exposé complet de la situation et de nos idées à son sujet.

Nous sommes sympathiquement reconnaissants au gouvernement des États-Unis du désir qu'il a témoigné de voir la guerre européenne conduite conformément aux règles antérieurement admises par le droit international et aux exigences de l'humanité. C'est de la sorte que les troupes britanniques se sont comportées dans la conduite de la guerre ; nous ne sachions pas que ces troupes, qu'elles soient maritimes ou terrestres, aient commis des actes répréhensibles soit dans la conduite des hostilités, soit dans le traitement des prisonniers ou des blessés.

Il en a été tout différemment de la part de l'Allemagne : 1° Le traitement infligé par les Allemands à la population civile de la Belgique et du Nord de la France a été signalé publiquement par les gouvernements belge et français, et par là nous avons connu ce qui avait été fait au début de la guerre. L'histoire moderne n'offre aucun précédent aux souffrances qui ont été infligées à la population inoffensive et non combattante dans le territoire soumis à l'occupation militaire des Allemands. Même les vivres nécessaires à la population furent confisqués, et il en a été ainsi jusqu'à ce qu'en Belgique une Commission internationale, largement alimentée par la générosité américaine et conduite sous les auspices de l'Amérique, soit venue au secours de la population, en obtenant du gouvernement allemand la promesse qu'on réserverait à celle-ci les vivres se trouvant encore dans le pays ; les Allemands ont toutefois continué de faire des levées en argent sur la population inoffensive pour l'entretien de l'armée allemande. 2° Nous avons de temps en temps reçu les plus terribles récits du traitement barbare auquel ont été soumis des officiers et des soldats anglais après qu'ils eurent été faits prisonniers, alors qu'ils étaient transportés vers des camps d'emprisonnement en Allemagne. Un ou deux exemples ont été déjà signalés au gouvernement des États-Unis, fondés sur des témoignages authentiques et de première main, qui rendent le doute impossible. Plusieurs témoignages ont été donnés des souffrances imposées aux prisonniers de guerre anglais dans les camps d'emprisonnement, ce qui contraste défavorablement, nous le croyons, avec le traitement des prisonniers allemands en Angleterre. Nous avons proposé, avec le consentement du gouvernement des États-Unis, qu'une Commission composée de fonctionnaires des États-Unis soit autorisée dans chacun des deux pays belligérants à examiner le traitement auquel sont soumis les prisonniers de guerre. Le gouvernement des États-Unis a été impuissant à obtenir du gouvernement allemand quelque réponse à cette proposition, et nous demeurons toujours dans l'anxiété et la crainte au sujet du traitement des prisonniers de guerre anglais en Allemagne (1). 3° Tout à fait au début de la guerre, un poseur de mines allemand a été découvert posant un champ de mines sur la haute mer. Ensuite des champs de mines ont été placés de temps en temps sans aucun avertissement, et, autant que cela peut être connu, toujours en haute mer : plusieurs navires, neutres aussi bien que britanniques, ont été détruits par ces mines. 4° A divers moments pendant la guerre, des sous-marins allemands ont arrêté et détruit des navires marchands anglais, faisant ainsi de la destruction des navires marchands une pratique générale, alors que, d'après les principes antérieurement admis, cette destruction ne peut être qu'une exception : la règle générale, à laquelle le gouvernement britannique a adhéré, est que les navires marchands ne peuvent être capturés qu'après avoir été jugés par une Cour de prises. Dans un cas, déjà signalé dans une Note au gouvernement des États-Unis, un navire neutre chargé de denrées alimentaires pour une ville non fortifiée de la Grande-Bretagne a été coulé. Un autre cas vient maintenant d'être indiqué où un croiseur armé allemand a coulé un navire américain, le *William P. Frye*, transportant une cargaison de blé de

(1) *Note.* — Le 3 avril 1915, un arrangement a été consenti par le ministère des affaires étrangères d'Allemagne pour permettre aux chefs des missions diplomatiques américaines et aux membres de celles-ci ou aux fonctionnaires consulaires qu'ils désigneront de visiter de temps en temps les camps de prisonniers de guerre ennemis (*Parl. Pap. Miscellaneous*, n° 11 (1915), Cd 7861).

Seattle à Queenstown. Dans les deux cas, les cargaisons étaient d'une manière présumable destinées à la population civile. Jamais les cargaisons, dans de telles circonstances, ne devraient être condamnées sans une décision d'une Cour de prises : à plus forte raison les navires ne devraient-ils pas être coulés. Il est à noter que ces deux cas se sont produits avant la détention par les autorités britanniques du *Wilhelmina* et de sa cargaison de denrées alimentaires dont le gouvernement allemand se prévaut pour justifier ses actes. Les Allemands ont annoncé l'intention de couler par des torpilles les navires marchands britanniques sans avertissement et sans aucun préparatif pour sauver l'équipage. Ils ont déjà réalisé leur intention vis-à-vis de navires neutres aussi bien que vis-à-vis de navires britanniques, et de nombreuses vies de non combattants et de personnes inoffensives, se trouvant sur des navires anglais non armés et sans défense, ont été en conséquence détruites. 5° Des villes non fortifiées, ouvertes et sans défense, mme Scarborough, Yarmouth et Whitby, ont été délibérément et de gaieté de cœur bombardées par des vaisseaux de guerre allemands, ce qui dans quelques cas a occasionné de nombreuses morts dans la population civile, en particulier parmi les femmes et les enfants. 6° Des aérostats allemands ont lancé des bombes sur la côte orientale de l'Angleterre, en des endroits qui n'étaient pas des points militaires ou stratégiques pouvant être attaqués.

D'un autre côté, je suis instruit que deux critiques ont été faites au sujet de l'action de la Grande-Bretagne : 1° On a dit que les autorités navales britanniques avaient aussi placé quelques mines ancrées en haute mer. Sans doute, mais les mines ainsi placées étaient des mines ancrées et construites de telle façon qu'elles devenaient inoffensives dès qu'elles allaient à la dérive, et des mines quelconques ne furent posées par les autorités navales britanniques que quelques semaines après que les Allemands eurent régulièrement mis en pratique la pose de mines en haute mer. 2° On a dit, en second lieu, que le gouvernement britannique s'était écarté du point de vue du droit international, qu'il avait antérieurement maintenu, que les denrées alimentaires destinées à la population civile ne doivent jamais être empêchées de lui parvenir, cette accusation étant fondée sur le fait que la cargaison du *Wilhelmina* a été déférée à une Cour de prises. Les considérations spéciales relatives à cette cargaison ont déjà été présentées dans un Mémorandum au gouvernement des États-Unis, et je n'ai pas besoin de les répéter ici. Puisque l'action d'arrêter toutes les denrées alimentaires est une conséquence admise du blocus, il ne peut pas y avoir de règle universelle basée sur des considérations de moralité et d'humanité qui soit contraire à cette pratique. Le droit d'arrêter les denrées alimentaires destinées à la population civile peut donc, dans certains cas, être admis si un « cordon » effectif contrôlant le commerce avec l'ennemi est établi, notifié et maintenu. En outre, indépendamment des droits résultant de l'action belligérante suivant la nature du blocus, quelques nations, ayant une opinion différente de celle des gouvernements des États-Unis et de la Grande-Bretagne, soutiennent que la suppression des vivres pour la population civile est un moyen naturel et légitime d'amener une pression sur un pays ennemi, comme cela se passe au cas d'une ville assiégée. Une pareille doctrine peut invoquer l'autorité du Prince de Bismarck et du Comte Caprivi, et il est à présumer en conséquence qu'elle ne répugne pas à la moralité allemande. Nous pouvons citer les déclarations faites à cet égard par le Prince de Bismarck et le Comte Caprivi. Le Prince de Bismarck, en répondant en 1885 à une demande de la Chambre de commerce de Kiel pour connaître les vues du gouvernement allemand sur la question du droit de déclarer contrebande les denrées alimentaires non destinées à des forces militaires, dit ce qui suit : « Je réponds à la Chambre de commerce que les quelques désavantages que peut faire éprouver aux intérêts de notre commerce et de nos transports le traitement du riz comme contrebande de guerre ne sauraient justifier notre opposition à une mesure qui a été jugée digne d'être prise en considération dans une guerre étrangère. Toute guerre est une calamité, qui entraine des conséquences fâcheuses non seulement pour ceux qui se battent, mais aussi pour ceux qui restent neutres. Ces maux peuvent facilement être augmentés par l'intervention d'une puissance neutre au sujet de la façon dans laquelle un tiers conduit la guerre, au désavantage des sujets de la puissance intervenante, et par ces moyens le commerce allemand pourrait courir des dangers plus grands que ceux résultant d'une interdiction provisoire du commerce du riz dans les eaux chinoises. La mesure en question a pour objet d'abréger la guerre en augmentant les difficultés de l'ennemi, et elle constitue un acte légitime si elle est appliquée impartialement à l'égard de tous les navires neutres ». Le Comte Caprivi, lors d'une discussion au Reichstag allemand le 4 mars 1892 sur l'importance de la protection internationale de la propriété privée sur mer, fit les déclarations suivantes : « Un pays peut être dépendant de son commerce pour ses vivres et ses matières premières ; de fait il peut être absolument nécessaire de détruire le commerce de l'ennemi... L'introduction clandestine d'approvisionnements dans Paris a été prohibée pendant le siège de cette ville ; de même un État est justifié à empêcher l'importation des vivres et des matières premières ». Actuellement le gouvernement britannique a, de concert avec le gouvernement français, déclaré franchement l'intention de répondre à la tentative allemande d'empêcher les approvisionnements de toute sorte de sortir des ports anglais ou français ou d'y entrer en arrêtant les approvisionnements à destination ou en provenance de l'Allemagne. A cette fin, la flotte britannique a établi un blocus, commandant effectivement par un « cordon » de croiseurs tous passages permettant d'aller en Allemagne ou d'en venir par mer. La différence entre les deux manières d'agir est que, si nous nous proposons le même but que l'Allemagne, nous voulons toutefois atteindre celui-ci sans sacrifier des vaisseaux neutres ou des vies de non combattants, et sans infliger aux neutres le dommage qui peut résulter du fait qu'un navire et sa cargaison sont coulés sans avertissement, examen ou jugement. Je puis encore ajouter que cette mesure est une conséquence naturelle et nécessaire des méthodes sans précédents, contraires au droit et à la morale, que l'Allemagne a commencé d'adopter dès les premiers jours de la guerre et dont elle a sans cesse tiré les conséquences.

Foreign Office, 13 mars 1915.

E. Grey.

396

Grande-Bretagne. — Réponse du gouvernement britannique a la communication des États-Unis du 5 mars 1915 au sujet des mesures prises a l'égard du commerce allemand, en date du 15 mars 1915, et adressée a l'ambassadeur des États-Unis a Londres.

Foreign Office, 15 mars 1915.

1. Le gouvernement de Sa Majesté a pris en sérieuse considération les questions que, d'après les Instructions de votre gouvernement, Votre Excellence m'a adressées le 8 courant (1) en ce qui concerne les mesures et leur mode d'application, indiqués dans les déclarations anglaise et française du 1er mars (2), pour restreindre le commerce de l'Allemagne. Votre Excellence a exposé, et expliqué en se référant à certaines éventualités, la difficulté pour les États-Unis d'adopter une attitude définie au regard de ces mesures à cause d'une incertitude sur leur rapport avec le commerce des pays neutres.

2. Je puis tout de suite assurer Votre Excellence que, soumis à la nécessité supérieure de restreindre le commerce allemand, le gouvernement de Sa Majesté a eu comme premier objet de diminuer le plus possible les incommodités pour le commerce neutre. Par la

(1) V. ci-dessus, p. 36.
(2) V. ci-dessus, p. 35.

copie annexée de l'ordre en Conseil qui a été publié aujourd'hui, vous pourrez voir qu'un grand pouvoir discrétionnaire est donné à la Cour des prises vis-à-vis du commerce des neutres, de telle manière qu'il pourra dans bien des cas être jugé légitime, et que les plus grandes précautions sont prises pour faciliter les réclamations des personnes intéressées dans toutes les marchandises placées sous la garde du Commissaire de la Cour des prises. Je pense que les craintes que manifeste Votre Excellence seront pour la plus grande partie dissipées par la lecture de l'ordre en Conseil, et qu'il n'est nécessaire pour moi que d'y ajouter ici quelques observations explicatives.

3. L'effet de l'ordre en Conseil est de conférer certains pouvoirs aux agents exécutifs du gouvernement de Sa Majesté. L'extension des pouvoirs que ces agents exerceront réellement et le degré de rigueur avec lequel les mesures du blocus autorisé seront mises en action sont des questions qui doivent dépendre des ordres administratifs donnés par le gouvernement et des décisions des autorités spécialement chargées de statuer vis-à-vis des différents navires et cargaisons, conformément aux circonstances de chaque espèce. Le gouvernement des États-Unis peut être certain que les instructions qui seront données par le gouvernement de Sa Majesté à la flotte ainsi qu'aux fonctionnaires des douanes et aux Comités exécutifs intéressés leur imposeront le devoir d'agir avec la plus grande célérité possible et de montrer dans chaque cas aux neutres toute la considération compatible avec le but poursuivi qui est, en un mot, d'établir un blocus empêchant les navires de transporter des marchandises à destination ou en provenance de l'Allemagne.

4. Le gouvernement de Sa Majesté éprouve la plus grande répugnance, au moment où il procède à l'établissement d'un blocus, à soumettre les navires neutres à toutes les pénalités attachées à la violation d'un blocus. Dans le désir d'alléger les charges que l'existence d'un état de guerre navale doit inévitablement imposer au commerce maritime neutre, il déclare son intention de s'abstenir tout à fait du droit, toujours reconnu aux belligérants en cas de violation d'un blocus, de confisquer les navires ou les cargaisons. Il se contentera d'arrêter les cargaisons à destination ou en provenance du territoire de l'ennemi.

5. En ce qui concerne le coton, les détails complets des arrangements projetés ont été déjà expliqués. On voudra bien admettre que tous les égards possibles ont été pris pour sauvegarder les intérêts légitimes du commerce américain du coton.

6. Enfin, en réponse à l'avant-dernier paragraphe de la Note de Votre Excellence, j'ai l'honneur de dire qu'il n'est pas dans notre intention d'empêcher les navires neutres de transporter une cargaison ennemie dont la nature n'est pas de contrebande en dehors des eaux européennes, y compris la Méditerranée.

Veuillez, etc...

E. Grey.

ANNEXE.

A la Cour du Palais de Buckingham, le 11 mars 1915.

Sa Majesté le Roi présent en Conseil,

Attendu que le gouvernement allemand a publié certains règlements qui, en violation des usages de la guerre, tendent à considérer les eaux entourant le Royaume-Uni comme une zone militaire, dans laquelle tous les navires britanniques et alliés seront détruits, sans respect pour la sauvegarde des vies des passagers et des équipages, et dans laquelle les navires neutres seront exposés au même danger en raison des incertitudes de la guerre navale,

Attendu que, dans un Mémorandum accompagnant lesdits règlements, les neutres ont été prévenus de ne faire aucun embarquement d'équipages, de passagers ou de marchandises sur des navires britanniques ou alliés ;

Attendu que de telles tentatives faites par l'ennemi donnent à Sa Majesté un droit incontestable d'agir par voie de représailles ;

Attendu, en conséquence, que Sa Majesté a décidé d'adopter certaines mesures afin d'empêcher les facilités de toute espèce pour atteindre ou quitter l'Allemagne, ces mesures ne devant pas toutefois mettre en péril les navires neutres et les existences de neutres ou de non combattants, et devant observer strictement les principes d'humanité ;

Et attendu que les alliés de Sa Majesté se sont associés à elle dans sa démarche maintenant annoncée pour faire obstacle au commerce de l'Allemagne ;

Sa Majesté a donc décidé, par et avec l'avis de son Conseil privé, d'ordonner, et elle a par le présent ordonné ce qui suit :

I. Un navire marchand qui a quitté son port de départ après le 1er mars 1915 ne sera pas admis à poursuivre son voyage vers quelque port d'Allemagne.

A moins que ce navire ait reçu une autorisation de passer, lui permettant d'aller à quelque port neutre ou allié dénommé dans l'autorisation, les marchandises se trouvant à bord devront être déchargées dans un port britannique, et placées sous la garde du Commissaire de la Cour des prises. Les marchandises ainsi déchargées, et qui ne constituent pas de la contrebande de guerre, devront, si elles n'ont pas été réquisitionnées pour l'usage de Sa Majesté, être restituées, par ordre de la Cour, dans tel délai que les circonstances indiqueront à celle-ci comme raisonnable, à la personne qualifiée pour les recevoir.

II. Un navire marchand qui a quitté un port allemand après le 1er mars 1915 ne sera pas admis à continuer son voyage avec les marchandises qu'il aura prises à bord dans ce port.

Toutes les marchandises embarquées dans un tel port devront être déchargées dans un port britannique ou dans un port allié. Les marchandises déchargées dans un port britannique seront placées sous la garde du Commissaire de la Cour des prises et, si elles n'ont pas été réquisitionnées pour l'usage de Sa Majesté, elles seront détenues ou vendues suivant la décision de la Cour des prises. Le prix des marchandises vendues sera déposé à la Cour, et il sera distribué de la manière que d'après les circonstances la Cour jugera convenable. Le produit de la vente de ces marchandises ne devra pas être versé par la Cour avant la conclusion de la paix, sauf sur la demande de l'officier compétent de la Couronne, à moins qu'il ne soit établi que les marchandises constituaient une propriété neutre avant la publication du présent ordre.

Rien dans les présentes dispositions ne doit empêcher la délivrance de la propriété neutre chargée dans un port ennemi sur la demande de l'officier compétent de la Couronne.

III. Tout navire marchand qui a quitté son port de départ après le 1er mars 1915, en route vers un port autre qu'un port allemand, transportant des marchandises ayant une destination ennemie ou qui sont propriété ennemie, peut être obligé de décharger ces marchandises dans un port britannique ou dans un port allié. Les marchandises déchargées dans un port britannique seront placées sous la garde du Commissaire de la Cour des prises, et, à moins qu'elles ne soient de la contrebande de guerre, elles devront, si elles ne sont pas réquisitionnées pour l'usage de Sa Majesté, être restituées par ordre de la Cour, dans tel délai que les circonstances indiqueront à celle-ci comme raisonnable, à la personne qualifiée pour les recevoir.

Cette disposition ne doit pas être appliquée dans les cas tombant sous l'application des articles II ou IV du présent ordre.

IV. Tout navire marchand qui a quitté un port autre qu'un port allemand après le 1er mars 1915, ayant à bord des marchandises qui sont d'origine ennemie ou sont propriété ennemie, peut être requis de décharger ces marchandises dans un port britannique ou dans un port allié. Les marchandises déchargées dans un port britannique seront placées sous la garde du Commissaire de la Cour des prises, et, si elles n'ont pas été réquisitionnées pour l'usage de Sa Majesté, elles devront être détenues ou vendues suivant la décision de la Cour des prises. Le prix des marchandises vendues sera déposé à la Cour, et il sera distribué de la manière que d'après les circonstances la Cour jugera convenable.

Le produit de la vente de ces marchandises ne devra pas être versé par la Cour avant la conclusion de la paix, sauf sur la demande de l'officier compétent de la Couronne, à moins qu'il ne soit établi que les marchandises constituaient une propriété neutre avant la publication du présent ordre.

Rien dans les présentes dispositions ne doit empêcher la délivrance de la propriété neutre d'origine ennemie sur la demande de l'officier compétent de la Couronne.

V. 1° Toute personne qui prétend avoir intérêt dans toutes marchandises (n'étant pas de la contrebande de guerre) placées sous la garde du Commissaire de la Cour des prises aux termes du présent ordre ou dans le prix de ces marchandises, ou qui prétend avoir quelque réclamation à faire au sujet des dites marchandises, peut aussitôt adresser devant la Cour des prises une assignation à l'officier compétent de la Couronne, pour obtenir l'ordre que les marchandises devront lui être restituées ou que le prix de celles-ci devra lui être payé ou tout autre ordre que les circonstances de la cause peuvent exiger.

2° Les usages et la procédure suivis devant la Cour des prises doivent, en tant qu'ils sont applicables, être observés *mutatis mutandis* dans toutes les poursuites résultant du présent ordre.

VI. Un navire marchand qui justifie avoir quitté un port britannique ou allié à destination d'un port neutre, ou qui a été autorisé à passer parce qu'il a ostensiblement pour destination un port neutre, mais qui se rend dans un port ennemi, doit, s'il est capturé dans un voyage subséquent, être passible de condamnation.

VII. Rien dans le présent ordre ne doit être regardé comme empêchant la capture et la condamnation des navires ou des marchandises en dehors des dispositions dudit ordre.

VIII. Rien dans le présent ordre ne doit empêcher le relâchement de ses dispositions au regard des navires marchands d'un pays quelconque qui déclare qu'aucun commerce à destination ou en provenance de l'Allemagne ou appartenant à des sujets allemands ne jouira de la protection de son pavillon.

ALMERIC FITZ ROY.

397

France. — Réponse du gouvernement français a la communication des Etats-Unis du 5 mars 1915 au sujet des mesures prises a l'égard du commerce allemand, adressée le 14 mars 1915 a Son Excellence M. Shark, ambassadeur des Etats-Unis a Paris.

Par sa lettre du 7 mars courant (1), Votre Excellence a bien voulu attirer mon attention sur les vues du gouvernement des Etats-Unis à l'égard de la récente communication des gouvernements de France et de Grande-Bretagne concernant une restriction à apporter au commerce avec l'Allemagne (2). D'après la lettre de Votre Excellence, la déclaration des gouvernements alliés représenterait, quant à son application, certaines incertitudes que le gouvernement américain souhaiterait voir dissiper afin de pouvoir régler l'attitude qu'il doit prendre.

Votre Excellence me signalait également que, tout en admettant parfaitement la possibilité d'employer des méthodes nouvelles pour répondre à l'emploi nouveau des bâtiments sous-marins, le gouvernement des Etats-Unis n'était pas sans appréhension à la pensée que les belligérants alliés, si leur action devait être considérée comme constituant un blocus, en vinssent à saisir dans les eaux voisines de l'Amérique des navires ayant pu échapper aux croisières établies dans les mers d'Europe. En accusant réception à Votre

(1) V. ci-dessus, p. 36.
(2) V. ci-dessus, p. 35.

Excellence de cette communication, j'ai l'honneur de lui faire connaître que le gouvernement de la République n'a pas manqué de se préoccuper du point de vue qui lui est signalé par le gouvernement des Etats-Unis et d'assurer, en les précisant clairement, les conditions d'application, en ce qui le concerne, de la déclaration des gouvernements alliés. Comme le gouvernement fédéral l'a si bien mis en lumière, les moyens utiles de pratiquer un blocus ne se peuvent complètement appliquer en présence de l'usage que l'Allemagne fait de ses sous-marins et également en ce qui concerne l'Allemagne en raison de sa situation géographique. Pour répondre au défi porté aux neutres aussi bien qu'à ses adversaires par le gouvernement impérial allemand, dans sa déclaration qu'il considérait les mers qui baignent la Grande-Bretagne et les côtes françaises de la Manche comme une zone militaire, qu'il en interdisait l'accès aux navires neutres, par suite des dangers qu'ils y couraient, les gouvernements alliés ont dû rechercher les mesures qu'ils pourraient prendre pour interrompre toutes les communications maritimes de l'Empire d'Allemagne et pour le tenir ainsi bloqué par la puissance maritime des deux alliés, tout en sauvegardant, dans la mesure du possible, les intérêts légitimes des neutres et en restant soucieux des droits de l'humanité qu'aucun crime de l'ennemi ne les décidera à enfreindre.

Le gouvernement de la République se réserve donc la faculté de faire conduire dans un port français ou allié tout navire portant une cargaison réputée allemande par son origine, par sa destination ou par son propriétaire ; mais il n'ira pas jusqu'à saisir le bâtiment neutre en dehors des cas de contrebande. La marchandise débarquée ne sera pas confisquée. Dans le cas où un neutre prouvera le droit de propriété sur une marchandise à destination de l'Allemagne, il aura toute liberté d'en disposer sous certaines conditions. Dans le cas où la propriété de la marchandise appartiendrait à un Allemand, elle sera simplement mise sous séquestre pour la durée de la guerre.

La marchandise de provenance ennemie ne sera mise sous séquestre que si elle est en même temps la propriété d'un ennemi. Celle qui appartiendrait à des neutres restera à la disposition de son propriétaire pour être renvoyée à son point de départ.

Ces mesures, comme le remarquera Votre Excellence, auront pour effet, tout en privant l'ennemi de ressources importantes, de ménager les droits des neutres et de ne pas porter atteinte à la propriété privée, puisque même le propriétaire ennemi ne subira que la suspension de la jouissance de ses droits pendant la durée de la guerre.

Désireux de donner aux neutres toutes facilités de faire valoir leurs droits, le gouvernement de la République a décidé de remettre au Conseil des prises, tribunal indépendant, la connaissance de ces questions ; et, afin d'imposer aux neutres le moins de troubles possible, il a spécifié que le Conseil des prises devrait statuer dans un délai de huit jours à partir du moment où sera saisie la marchandise.

Je ne doute pas, Monsieur l'Ambassadeur, que le gouvernement fédéral, mettant en comparaison, d'une part, les violences inqualifiables dont le gouvernement impérial allemand menace tous les neutres, les actes criminels, inouïs dans les annales maritimes, qu'il a déjà perpétrés contre la propriété des neutres, contre la vie de sujets ou de citoyens neutres et, d'autre part, les mesures respectueuses des lois de l'humanité et des droits des particuliers qu'ont adoptées les gouvernements alliés de France et de Grande-Bretagne, reconnaîtra sans doute qu'ils n'ont pas outrepassé leur droit strict de belligérants.

Je tiens enfin, en terminant, à vous assurer qu'il n'entre pas et qu'il n'est jamais entré dans les intentions du gouvernement de la République d'étendre l'action de ses croiseurs à l'encontre des marchandises ennemies au delà des mers européennes, la Méditerranée comprise.

DELCASSÉ.

398

États-Unis d'Amérique. — Note du gouvernement des États-Unis au gouvernement britannique en réponse aux Notes de ce gouvernement des 13 et 15 mars 1915, au sujet des mesures prises a l'égard du commerce allemand, en date du 30 mars 1915.

Département d'État, Washington, 30 mars 1915, nº 1343.

Le gouvernement des États-Unis a examiné avec soin les sujets traités dans les Notes britanniques des 13 et 15 mars et dans l'ordre en Conseil de la dernière date (1).

Ces documents étaient relatifs à des sujets de grave importance pour les neutres. Ils révélaient une apparence menaçante pour les droits de leur commerce et de leur trafic non seulement avec les belligérants, mais encore entre eux. Des explications étaient nécessaires pour éviter des difficultés. Le gouvernement des États-Unis, animé des sentiments de la plus sincère amitié, estime de son devoir de faire connaître avec clarté son opinion sur ces matières.

L'ordre en Conseil du 15 mars constituerait, si ses dispositions étaient réellement appliquées, une revendication en fait de droits illimités de belligérance sur le commerce neutre à l'intérieur de la zone européenne et une négation difficilement qualifiable des droits de souveraineté des neutres.

Le gouvernement des États-Unis entend montrer par cette Note qu'il ne peut y avoir de doute sur ce que sont ces droits. La souveraineté d'une nation sur ses propres navires et sur les citoyens qui naviguent sous son pavillon est nécessairement illimitée sur la haute mer en temps de paix; cette souveraineté ne souffre, en temps de guerre, d'amoindrissement qu'autant que l'usage ou le consentement des nations civilisées l'a autorisé par la reconnaissance d'un certain nombre de droits nettement déterminés pouvant être exercés par les nations belligérantes.

On a accordé à une nation belligérante le droit de visite et de recherche, ainsi que le droit de capture et de condamnation, s'il est trouvé après examen qu'un navire neutre est engagé dans un service non neutre ou transporte de la contrebande de guerre à destination du gouvernement ou des forces armées de l'ennemi. On a aussi concédé le droit d'établir et de maintenir un blocus des ports et des côtes de l'ennemi, et de capturer et condamner tout navire qui serait pris en train d'essayer de forcer le blocus. On a même accordé au belligérant le droit de retenir et de conduire dans ses propres ports, afin de les y soumettre à une enquête judiciaire, tous les navires qu'on soupçonne pour des raisons valables d'être engagés dans un service non neutre ou de contrebande, et de les condamner si le soupçon est confirmé. Mais tous ces droits, clairement définis en doctrine aussi bien qu'en pratique, ont jusqu'ici été regardés comme les seules exceptions permises au principe de l'universelle égalité de souveraineté en haute mer entre les belligérants et les nations qui ne sont pas en guerre.

Il est admis avec confiance que le gouvernement de Sa Majesté ne voudra pas contester la règle sanctionnée par une pratique générale que, malgré l'existence d'un blocus et l'application la plus rigoureuse de la doctrine de la contrebande à destination d'un territoire non bloqué, des marchandises d'un caractère innocent peuvent être transportées librement des États-Unis aux pays belligérants ou des pays belligérants aux États-Unis à travers des pays neutres sans être exposées aux sanctions frappant le commerce de contrebande ou le forcement de blocus, encore moins à la détention, réquisition ou confiscation.

Les règles de la déclaration de Paris de 1856 — parmi lesquelles se trouve celle que

(1) V. ci-dessus, p. 37, 40 et 41.

les navires libres rendent les marchandises libres — sont aujourd'hui âprement contestées par les signataires de cet engagement solennel.

Le gouvernement de Sa Majesté, comme le gouvernement des États-Unis, ont souvent et explicitement estimé que ces droits correspondent à une conduite convenable des belligérants envers les neutres dans la guerre sur mer. A ce sujet, je désire attirer directement l'attention sur l'opinion du « Chief justice » des États-Unis dans le cas du *Peterhof* qui se produisit lors de la guerre civile, et qui a été unanimement acceptée dans la sentence de la Commission arbitrale de 1871 à laquelle le cas avait été soumis à la requête de la Grande-Bretagne. Depuis ce moment jusqu'à la déclaration de Londres de 1909, adoptée avec modifications par l'ordre en Conseil du 23 octobre dernier (1), les droits en

(1) *Note.* — Voici le texte de cet ordre en Conseil n° 2, 1914, concernant la déclaration de Londres du 29 (et non du 23) octobre 1914, publié dans la *London Gazette* du 29 octobre 1914 :

1914, n° 1614. — A la Cour du Palais de Buckingham, le 29 octobre 1914. — Sa Majesté le Roi présent en Conseil. — Attendu que par un ordre en Conseil daté du 20 août 1914, il a plu à Sa Majesté de déclarer que durant les hostilités actuelles la convention connue sous le nom de déclaration de Londres devra, sous certaines additions et modifications y spécifiées, être adoptée et mise en vigueur par le gouvernement de Sa Majesté ; — Attendu que les dites additions et modifications étaient rendues nécessaires par les conditions spéciales de la présente guerre ; — Et attendu qu'il est désirable et permis maintenant de décréter à nouveau le dit ordre en Conseil avec des amendements de manière à rendre les moins grands possibles les obstacles occasionnés par la guerre au commerce neutre innocent ; — Maintenant, en conséquence, il a plu à Sa Majesté, par et avec l'avis de son Conseil privé, d'ordonner, et il est ordonné, par le présent, ce qui suit :

1. Pendant les hostilités actuelles, les dispositions de la convention connue sous le nom de déclaration de Londres, à l'exclusion des listes de contrebande et de non contrebande, seront, sous réserve des modifications ci-après, adoptées et mises en vigueur par le gouvernement de Sa Majesté.

Les modifications sont les suivantes :

1) Le navire neutre, dont les papiers de bord indiquent une destination neutre, et qui, malgré la destination résultant de ses papiers, se rend dans un port ennemi, reste passible de capture et de confiscation s'il est rencontré avant d'avoir achevé son voyage suivant.

2) La destination visée à l'article 33 de la déclaration de Londres (outre les présomptions posées à l'article 34) est présumée si la marchandise est consignée à ou pour un agent de l'État ennemi.

3) Nonobstant la disposition de l'article 35 de la déclaration de Londres, la contrebande conditionnelle est sujette à capture lorsqu'elle est trouvée à bord d'un navire à destination d'un port neutre, si la marchandise est consignée à ordre, ou si les papiers de bord n'indiquent pas le consignataire, ou encore s'ils indiquent un consignataire dans un pays ennemi ou occupé par l'ennemi.

4) Dans les cas visés dans le paragraphe précédent (3), il appartient aux propriétaires de la marchandise de prouver que la destination était innocente.

2. Lorsqu'il est démontré à un des principaux secrétaires d'État de Sa Majesté qu'un gouvernement ennemi tire d'un pays neutre, ou par transit dans un pays neutre, des approvisionnements pour ses forces armées, les mesures nécessaires seront prises pour qu'au regard des navires à destination dudit pays neutre l'article 35 de la déclaration de Londres ne soit pas appliqué. Cette mesure sera publiée dans la *London Gazette* et restera en vigueur jusqu'à ce qu'elle soit révoquée. Pendant ce temps, les navires transportant de la contrebande conditionnelle à un port dudit pays neutre ne seront pas exempts de capture.

3. L'ordre en Conseil du 20 août 1914, qui a ordonné l'adoption et l'exécution pendant les hostilités actuelles de la convention connue sous le nom de déclaration de Londres, avec les additions et modifications y spécifiées, est par le présent abrogé.

4. Le présent ordre sera cité ainsi : « Ordre en Conseil concernant la déclaration de Londres, n° 2, 1914 ».

Les lords Commissaires du Trésor de Sa Majesté, les lords Commissaires de l'Amirauté, et chacun des principaux secrétaires d'État de Sa Majesté, le Président de la division de la Preuve, du Divorce et de l'Amirauté à la Haute Cour de justice, tous autres juges des tribunaux de prises de Sa Majesté et tous gouverneurs, officiers et autorités, qui peuvent être intéressés, devront donner les instructions nécessaires en ce qui peut les concerner respectivement.

Almeric Fitz Roy.

question n'ont pas été sérieusement contestés par le gouvernement britannique. Aucune réclamation de la part de la Grande-Bretagne pour justifier une entrave à ces droits des États-Unis et de ses citoyens comme neutres ne pourrait être admise. Admettre une pareille réclamation serait, de la part du gouvernement des États-Unis, adopter une attitude de non neutralité vis-à-vis des ennemis actuels de la Grande-Bretagne, ce qui serait évidemment inconséquent avec les obligations solennelles que ce gouvernement a prises dans les circonstances actuelles. Et une telle réclamation équivaudrait, pour la Grande-Bretagne, à l'abandon et au mépris des principes qu'elle a activement et énergiquement soutenus en d'autres temps et dans d'autres circonstances.

La Note du principal secrétaire d'État pour les affaires étrangères de Sa Majesté qui accompagne l'ordre en Conseil et qui porte la même date a notifié au gouvernement des États-Unis l'établissement d'un blocus qui, défini par les termes de l'ordre en Conseil, comprend toutes les côtes et les ports de l'Allemagne et tout port ayant un accès possible au territoire ennemi. Mais un trait nouveau et tout à fait sans précédent de ce blocus, si nous admettons que ce mot convienne à la chose, c'est qu'il s'étend à de nombreux ports et à des côtes neutres, en interdit l'accès et soumet tous les navires neutres cherchant à s'en approcher aux mêmes suspicions que s'ils étaient destinés à des ports appartenant à des ennemis de la Grande-Bretagne et par conséquent les expose à des risques et à des sanctions inaccoutumés.

Ces restrictions, risques et responsabilités, auxquels sont exposés en haute mer les navires d'une puissance neutre, dépassent le droit de visite et de recherche ainsi que le droit d'empêcher le commerce de contrebande dont nous avons déjà parlé, et constituent manifestement un empiétement sur les droits de souveraineté des nations dont les navires ou le commerce sont ainsi atteints.

Le gouvernement des États-Unis, comme cela est naturel, n'oublie pas les grands changements intervenus dans les conditions et moyens de la guerre navale depuis que les règles relatives au blocus légal ont été formulées. Ainsi il est prêt à admettre que l'ancienne forme du blocus « fermé » avec un cordon de navires dans le voisinage immédiat des ports bloqués n'est plus praticable en présence d'un ennemi qui possède les moyens et la possibilité de faire une défense effective par l'emploi de ous-marins, de mines et appareils aériens ; mais il serait à son avis difficile de soutenir que, dans n'importe quelle sorte de blocus effectif, il est impossible de se conformer à l'esprit et aux principes essentiels des lois de la guerre. Si les nécessités de la situation semblent exiger que le cordon des navires formant le blocus soit étendu aux approches des ports et des pays neutres voisins, il paraît évident qu'il serait encore aisément possible d'observer la règle raisonnable et reconnue par le droit international qui prohibe le blocus des ports neutres en accordant une libre entrée et une libre sortie à tout trafic légitime avec les ports neutres à travers le cordon des forces de blocus. Ce trafic comprendrait, bien entendu, celui qui sortirait de la ligne de blocus en provenance du pays neutre et celui qui entrerait dans cette ligne à destination du pays neutre, à l'exception de la contrebande en transit pour l'ennemi. Une telle façon de procéder ne portera aucune atteinte aux droits du belligérant qui fait le blocus, puisque les navires bloquants auront le droit de visiter et d'enquêter à bord de tous les navires entrant en territoire neutre ou en sortant, droit dont ils étaient investis en fait, mais non en droit.

Le gouvernement des États-Unis note que dans l'ordre en Conseil le gouvernement de Sa Majesté donne comme motif de sa conduite, qui, il le sait, est sans précédent dans la guerre moderne, la nécessité où il estime avoir été mis d'user de représailles vis-à-vis de ses ennemis par les mesures de même nature que ceux-ci ont annoncé vouloir prendre et qu'ils ont jusqu'à un certain point adoptées. Mais le gouvernement des États-Unis, se rappelant les principes que le gouvernement de Sa Majesté a jusqu'ici scrupuleusement observés, interprète le motif ainsi donné par lui simplement comme une explication de l'activité extraordinaire déployée par les forces navales de Sa Majesté et non comme une excuse ou le prélude de quelque action illégale. Dans l'hypothèse où la conduite des ennemis actuels de la Grande-Bretagne serait démontrée entachée d'illégalité et de mépris pour les lois de la guerre sanctionnées par les nations éclairées, il ne peut être supposé, et le gouvernement des États-Unis ne suppose pas, un instant, que le gouvernement de Sa Majesté souhaite que le même reproche s'attache à ses propres actions ou qu'il veuille se prévaloir d'actes illégaux comme constituant, dans un certain sens ou degré, une justification de l'emploi de semblables procédés à l'égard des neutres.

C'est ainsi que le gouvernement des États-Unis interprète la Note du principal secrétaire d'État de Sa Majesté pour les affaires étrangères qui accompagne la copie de l'ordre en Conseil qui a été remise à l'ambassadeur des États-Unis auprès du gouvernement à Londres et qui a été transmise par celui-ci à Washington.

Le gouvernement des États-Unis prend acte avec plaisir que « une grande latitude a été accordée à la Cour des prises pour traiter les questions se rapportant au commerce des neutres d'une manière qui semblera juste dans les circonstances actuelles, et que les dispositions complètes sont prises pour faciliter les réclamations des personnes intéressées à toutes les marchandises remises à la garde du Commissaire de la Cour des prises, conformément à l'ordre en Conseil » ; que « le but de l'ordre en Conseil est de conférer certains pouvoirs aux agents d'exécution du gouvernement de Sa Majesté » ; que « la limite dans laquelle ces pouvoirs seront exercés actuellement et le degré de sévérité avec lequel les mesures du blocus autorisé seront appliquées sont des questions qui dépendront des ordres administratifs édictés par le gouvernement, et des décisions des autorités chargées spécialement d'examiner chaque navire et chaque cargaison, d'après les circonstances de chaque cas ».

Le gouvernement des États-Unis prend acte, avec une égale satisfaction, de la déclaration du gouvernement britannique que « les instructions qui seront données par le gouvernement de Sa Majesté à la flotte, aux officiers des douanes et aux Comités exécutifs leur feront sentir le devoir d'agir avec la plus grande promptitude possible, étant donné l'objet en vue, et de montrer dans chaque circonstance toute la considération pour les neutres compatible avec cet objet, et qui est, en résumé, d'établir un blocus pour empêcher les navires de transporter des marchandises à destination ou en provenance de l'Allemagne ».

Devant ces assurances formellement données au gouvernement des États-Unis, on espère en toute confiance que les pouvoirs étendus accordés par l'ordre en Conseil aux agents d'exécution de la Couronne seront restreints par des « ordres édictés par le gouvernement », à l'effet de donner à leur pouvoir discrétionnaire le moyen de modifier dans leur application pratique les dispositions de l'ordre en Conseil, qui, si elles étaient appliquées dans leur rigueur, violeraient les droits des neutres et interrompraient un commerce légitime. Se fiant à l'exécution fidèle des assurances données volontairement par le gouvernement de Sa Majesté, les États-Unis considèrent comme acquis que les navires marchands américains ne seront point empêchés de s'approcher des ports neutres situés sur la longue ligne de côtes visée dans l'ordre en Conseil, lorsqu'il sera reconnu qu'ils ne sont point porteurs de contrebande de guerre ou de marchandises destinées aux ports situés en territoire belligérant ou en provenant.

Le gouvernement des États-Unis a la plus entière confiance que le gouvernement de Sa Majesté adaptera ainsi sa pratique aux règles reconnues du droit international. Il est, en effet, manifeste que le gouvernement britannique, « en arrêtant les cargaisons destinées au territoire ennemi, ou en provenance », a adopté une méthode extraordinaire que, étant donné les conditions non usuelles prévalant dans la manière moderne de faire la guerre maritime, il sera difficile de faire rentrer dans les limites fixées jusqu'ici par le droit international. Bien que le lieu des opérations soit limité aux « eaux européennes, y compris la Méditerranée », l'étendue de haute mer indiquée est si vaste et le cordon de navires est si éloigné des territoires désignés, que les vaisseaux neutres doivent nécessairement traverser les forces bloquantes pour atteindre certains ports neutres importants que la Grande-Bretagne, comme belligérante, n'a pas le droit de bloquer, et que, en conséquence, on suppose qu'elle n'a pas l'intention de prétendre bloquer. Les ports scandinaves et [illegible]nois, par exemple, sont ouverts au commerce américain. Ils sont, en outre, libres, étant donné la manière dont l'ordre en Conseil est actuellement mis en pratique, de faire le commerce avec les ports baltiques allemands. Pourtant, c'est un élément essentiel d'un blocus qu'il pèse avec un poids légalement lourd sur tous les neutres.

Le gouvernement des États-Unis conclut, en conséquence, que les commandants des navires de guerre de Sa Majesté, chargés de maintenir le soi-disant blocus, recevront comme instructions d'éviter d'exécuter les mesures supprimant les communications, de manière à imposer au commerce neutre des restrictions plus lourdes que celles qui ont été considérées comme inévitables lorsque les ports d'un belligérant sont effectivement bloqués par les navires ennemis.

Les possibilités d'une interruption sérieuse du commerce américain, en vertu de l'ordre en Conseil, sont si nombreuses, les méthodes proposées sont si contraires aux usages, et elles semblent propres à constituer un empêchement et un embarras si grand au commerce neutre, que le gouvernement des États-Unis appréhende, si l'ordre en Conseil était exécuté strictement, un grand nombre des difficultés troublant son commerce légitime, qui imposeront au gouvernement de Sa Majesté de lourdes responsabilités pour des actes des autorités anglaises évidemment subversifs des droits des nations neutres sur la haute mer. On espère, par suite, que le gouvernement de Sa Majesté, ayant considéré ces éventualités, prendra les mesures nécessaires pour les éviter, et, dans le cas où, malheureusement, elles se produiraient, qu'il sera préparé à faire de complètes réparations pour tout acte qui, d'après les règles du droit international, constituerait une violation des droits de la neutralité.

Ainsi qu'il est déclaré dans la communication du 22 octobre 1914, « le gouvernement des États-Unis insistera pour que les droits et les devoirs des États-Unis et de ses citoyens dans la présente guerre soient définis par les règles existantes du droit international et par les traités des États-Unis, sans tenir compte des dispositions de la déclaration de Londres, et pour se réserver à lui-même le droit de formuler une protestation ou une réclamation dans chaque cas où les droits et les devoirs ainsi définis seraient violés et où il aurait été mis obstacle à leur libre exercice par les autorités du gouvernement britannique ».

BRYAN.

399

Grande-Bretagne. — MÉMORANDUM DU GOUVERNEMENT BRITANNIQUE REMIS AU GOUVERNEMENT DES ÉTATS-UNIS D'AMÉRIQUE SUR LES MESURES PRISES PAR LA GRANDE-BRETAGNE POUR DIMINUER LES CHARGES IMPOSÉES AU COMMERCE DES NEUTRES, ET SPÉCIALEMENT A CELUI DES ÉTATS-UNIS, EN DATE DU 17 JUIN 1915.

Foreign Office, 17 juin 1915.

1. Le gouvernement de Sa Majesté a, en des occasions variées, et notamment dans la communication qu'il a adressée à l'ambassadeur des États-Unis le 15 mars dernier (1), donné au gouvernement des États-Unis les assurances que son plus grand désir est de diminuer les inconvénients qui doivent inévitablement être causés au commerce neutre par l'existence d'un état de guerre sur mer, et en particulier par les mesures prises par les gouvernements alliés pour la restriction du commerce maritime de l'ennemi. A raison des représentations et des plaintes faites de temps en temps à ce Département par l'am-

(1) V. ci-dessus, p. 40.

bassadeur sur ce que des souffrances pécuniaires auraient été injustement infligées au commerce et à la navigation américaine par l'exécution de ces mesures, le gouvernement de Sa Majesté désire présenter les observations suivantes sur la manière dont il a en conséquence cherché à donner un effet pratique à ces assurances.

2. Il convient de rappeler qu'au moment où le gouvernement de Sa Majesté annonça ses mesures contre le commerce ennemi, il déclara son intention de renoncer tout à fait à l'exercice du droit de confisquer les navires ou les cargaisons, droit que les belligérants ont toujours jusqu'ici réclamé en cas de violations de blocus ; que, par l'article 5 du décret du 11 mars (1), il a été expressément décidé que toute personne se prétendant intéressée dans des marchandises soumises à la juridiction de la Cour des prises conformément à la disposition de ce décret pourrait immédiatement lancer une assignation contre l'officier particulier de la Couronne, de façon que les réclamants aient le droit d'instituer une procédure sans attendre une assignation du procureur général, et qu'ainsi sera écartée toute cause possible d'un grief légitime à raison d'un retard ; et enfin que l'assurance a été donnée au gouvernement des États-Unis que les instructions du gouvernement de Sa Majesté à sa flotte ainsi qu'aux officiers de douanes et aux officiers d'exécution imposeraient à ceux-ci l'obligation d'agir avec la plus grande activité possible et de montrer dans chaque cas aux neutres toute la considération compatible avec leur besogne qui est, spécialement, d'empêcher les navires de transporter des marchandises à destination ou en provenance des territoires de l'ennemi.

3. Les mesures précédentes avaient toutes eu pour but de diminuer les charges imposées au commerce maritime des neutres en général. Diverses concessions spéciales, qui ont été indiquées ou le seront plus loin, ont, toutefois, été faites au profit des citoyens des États-Unis.

4. Ainsi, le gouvernement de Sa Majesté, en ce qui concerne les expéditions de coton américain, a arrêté les dispositions d'un arrangement d'accord avec les représentants des intérêts cotonniers de l'Amérique. En acceptant le projet proposé, le principal représentant de ces intérêts a déclaré qu'il avait été concédé tout ce que les intérêts américains pouvaient proprement demander. Les dispositions en question, comme le sait l'ambassadeur des États-Unis, étaient les suivantes : 1) Tout le coton au sujet duquel des contrats de vente et des engagements de chargement auraient déjà été passés avant le 2 mars sera reconnu libre (ou acheté au prix du contrat s'il est arrêté), pourvu que le navire n'ait pas appareillé après le 31 mars ; 2) Le même traitement sera accordé à tout le coton assuré avant le 2 mars, pourvu qu'il n'ait pas été mis à bord après le 16 mars ; 3) Tous les chargements de coton pouvant se réclamer de la protection ci-dessus doivent être déclarés avant l'appareillage ; des documents devront être produits aux officiers consulaires ou à toute autre autorité indiquée par le gouvernement et des certificats devront en être obtenus.

5. Des expéditions considérables de coton ont déjà été soumises à cet arrangement, et dans certains cas les dates spécifiées dans l'arrangement ont été étendues en faveur des expéditeurs américains. Le *Board of Trade* a déjà payé une somme dépassant 450.000 £ à divers demandeurs américains, et toutes les demandes ont été satisfaites et continueront d'être satisfaites rapidement à mesure qu'elles sont présentées et que la preuve du titre peut être contrôlée. Si dans quelques cas des voyages ont été retardés, cela est dû au fait suivant qui a sérieusement embarrassé le gouvernement de Sa Majesté, à savoir qu'un certain nombre de consignations pour lesquelles les expéditeurs américains ont spécialement invoqué la protection de l'arrangement sont maintenant réclamées par des maisons suédoises et danoises, dont les titres de propriété, malgré l'action des expéditeurs américains, apparaissent dans certains cas comme valables et dans d'autres sont subordonnés à l'issue des assignations devant la Cour des prises.

6. Il a été expressément reconnu par les représentants spéciaux des réclamants américains, qui ont été en communication constante et directe avec le *Board of Trade*, que

(1) V. ci-dessus, p. 43.

toutes les réclamations soumises jusqu'ici à l'arrangement relatif au coton ont été réglées avec promptitude, aussitôt la production par les demandeurs des documents nécessaires. Il n'y a, dans le moment présent, aucune demande portée devant le gouvernement de Sa Majesté qui n'ait été payée, et les sommes payées dans le passé dépassent déjà considérablement celles réalisées par la vente des marchandises.

7. En ce qui concerne l'allégation plus générale d'un retard au sujet de la détention de chargements, les faits et les chiffres suivants peuvent être indiqués. Le nombre total de navires qui, étant sortis des ports des États-Unis depuis le commencement des mesures de représailles prises contre le commerce allemand, sont toujours détenus dans des ports du Royaume-Uni est de 27 ; sur ce nombre, 8 ont déchargé le coton que le gouvernement de Sa Majesté a accepté d'acheter conformément à l'arrangement mentionné. Des 19 navires restants, 7 seront libres de partir aussitôt que les articles de leur cargaison soumis à la Cour des prises auront été déchargés. Les 12 autres, dont 3 seulement sont des navires américains, sont détenus pendant qu'on enquête sur leurs consignations suspectes, et les détails des dates et des causes approximatives de leur détention sont fournis sur la liste annexée (1). Il faut observer que 8 ont été détenus pour une période de temps inférieure à une semaine et 3 pour une période de temps moindre de 15 jours ; la détention d'un de ces navires est due aux difficultés venant du transit à travers la Suède et la Russie.

8. Le gouvernement de Sa Majesté demeure convaincu que, devant une analyse impartiale des faits, il sera admis qu'aucune intervention arbitraire dans des intérêts américains, en ce qui concerne les cargaisons de coton, n'a été commise. En même temps que le payement de la quantité considérable des expéditions américaines et neutres continuellement engagées dans le commerce transatlantique, les chiffres et les dates cités dans le paragraphe précédent doivent faire ressortir la nature restrictive de toute intervention qui a pu avoir lieu et l'attention étroite avec laquelle les officiers compétents ont appliqué leurs instructions d'agir dans tous les cas avec célérité et avec la considération la plus grande possible pour les neutres.

9. Depuis que le gouvernement de Sa Majesté a été forcé de prendre ses mesures actuelles contre le commerce allemand, il a cherché spécialement à éviter autant que possible de causer des dommages inutiles aux intérêts des neutres en ce qui concerne l'exportation des marchandises d'origine allemande ; et, encore une fois, des concessions libérales ont été faites aux citoyens des États-Unis. D'après les règles rendues le 11 mars, des mesures sont prises pour l'enquête sur toutes les demandes neutres relatives à de telles marchandises dans les Cours de prises, et il est clair que ces demandes pourront être examinées avec justice et équité plus convenablement devant cette Cour que devant un tribunal judiciaire. Toutefois, pour déférer au désir formel du gouvernement des États-Unis, des arrangements ont été faits vers la fin de mars, aux termes desquels les citoyens des États-Unis qui peuvent désirer importer des marchandises d'origine allemande par la voie d'un port neutre sont autorisés à produire la preuve d'un payement à l'ambassade de Sa Majesté à Washington. Si une telle preuve est jugée satisfaisante, le gouvernement de Sa Majesté donne l'assurance que les marchandises dont s'agit ne seront pas empêchées dans leur transit et que les importateurs américains seront affranchis de la nécessité de soumettre leur affaire à la Cour des prises de Londres pour adjudication. Il y a quelques jours, le gouvernement de Sa Majesté a, de plus, consenti à reconnaître la propriété neutre des marchandises d'origine ennemie même si le payement n'en a pas eu lieu avant le 1er mars, pourvu qu'elles aient été le sujet d'un contrat F. O. B. d'une date plus ancienne et qu'elles soient arrivées dans un port neutre avant le 15 mars.

10. Un traitement spécial a aussi été accordé aux cargaisons de certains produits destinés aux États-Unis et déclarés indispensables aux industries du pays. Dans les Notes adressées à l'ambassadeur des États-Unis en avril et en mai, l'assurance a été donnée

(1) *Note.* — Cette liste ne figure pas dans la copie officielle américaine.

qu'on n'in ervlendrait pas, pendant le transit, contre des cargaisons réelles de matières tinctoriales, de potasse et de graines de betterave allemande.

11. Quand il est devenu évident qu'une grande quantité de marchandises ennemies passait toujours à travers des pays neutres, le gouvernement de Sa Majesté a considéré comme nécessaire de fixer une date précise après laquelle de pareilles expéditions devraient cesser de jouir de l'immunité spéciale, accordée en conséquence, d'être soumises à la Cour des prises. On a observé qu'une grande augmentation s'était produite dans le nombre des navires qui allaient de pays neutres en Amérique, et qu'une des principales lignes de vapeurs avait prévenu qu'au lieu d'un service par semaine elle ferait dorénavant un service quotidien. Dans ces conditions, il semble à peine possible que les marchandises d'origine ennemie achetées et payées avant le 1er mars n'aient pas été déjà embarquées pour leur destination. Le 1er juin a été en conséquence fixé comme la date après laquelle le privilège reconnu dans le cas de telles expéditions devrait cesser ; mais, encore une fois, une faveur spéciale a été accordée par l'extension de la date dans des cas exceptionnels jusqu'au 15 juin.

12. Les importateurs aux États-Unis ayant eu maintenant trois mois pour dégager leurs achats en territoire ennemi, le gouvernement de Sa Majesté pense que, en présence des circonstances indiquées, le gouvernement des États-Unis voudra bien reconnaître la grande considération qui a été donnée aux intérêts américains.

13. Cependant un nouvel appel est fait aujourd'hui au gouvernement de Sa Majesté pour que les expéditions de marchandises d'origine ennemie qui sont propriété américaine, si elles ont été payées avant le commencement de mars, puissent être embarquées sans être inquiétées après le 15 juin. Cet appel est basé principalement sur ces raisons : *a*) que le temps, qui était insuffisant, est déjà écoulé ; *b*) qu'aucune mention d'une limite de temps n'a été faite dans le décret du 11 mars ; *c*) que les preuves de propriété exigées par le gouvernement de Sa Majesté sont d'une nature précise et impliquent beaucoup de temps pour leur préparation.

14. La première raison (*a*) a déjà été examinée. En ce qui concerne les raisons (*b*) et (*c*), il est vrai que le décret du 11 mars ne contient la mention d'aucune limite de temps. Mais il semble qu'on peut considérer que la limite de temps a été établie seulement pour l'immunité spéciale accordée comme une exception au décret. En consentant à une enquête sur les demandes en dehors de la Cour des prises, le gouvernement de Sa Majesté a fait une concession amicale aux intérêts américains. En ce qui concerne la nature précise des preuves que le gouvernement de Sa Majesté a exigée, l'expérience a montré que cela était vraiment nécessaire.

15. Par déférence, toutefois, pour les représentations nouvelles de l'ambassadeur des États-Unis, le gouvernement de Sa Majesté a donné des ordres pour que, dans tous les cas qui peuvent avoir été spécialement soumis par l'entremise de l'ambassade anglaise à Washington ou directement au gouvernement de Sa Majesté à la date du 15 juin et avant ou après cette date, les marchandises soient admises à passer sans empêchement, si elles ont été expédiées d'un port neutre aux conditions déjà posées, malgré que l'expédition n'ait pas été faite avant le 15 juin.

16. Le gouvernement de Sa Majesté est aussi disposé à l'avenir à prendre en spéciale considération les cas qui lui seront présentés et qui impliqueront des souffrances particulières, si les marchandises y relatives sont demandées pour des gouvernements ou des municipalités neutres, ou pour des œuvres d'utilité publique, et quand il semble que le payement en a été fait avant le 1er mars 1915.

17. Avec les exceptions qui précèdent, le gouvernement de Sa Majesté regrette de ne pouvoir continuer à traiter par la voie diplomatique les cas individuels, mais il prendra des dispositions spéciales en considération de ces cas devant la Cour des prises.

18. Des plaintes ont été faites fréquemment à raison de retards injustes auxquels auraient été soumises des cargaisons américaines devant la Cour des prises. Un intéressant commentaire a été donné sur ce sujet par le Président de la Cour des prises dans le cas du chargement du vapeur *Dgecchee* le 14 courant. Sa Seigneurie, d'après la sténo-

graphie officielle, a fait les observations suivantes : « C'est une chose vraiment extraordinaire que, quand la Couronne est prête à agir, les réclamants viennent et disent : « Nous ne pouvons rien faire pendant six semaines ». Quelques jours avant la fin de la dernière session, j'ai reçu la demande d'un éminent avocat me pressant de fixer de suite la discussion d'un cas. Je l'ai fixée à une date à peu près de suite, c'est-à-dire au second jour de la session suivante. Alors les intéressés sont venus dire : « Nous voulons un ajournement de six semaines ».

19. L'avocat général a là-dessus remarqué : « Si je puis ainsi parler, une des raisons pour lesquelles je demanderais aujourd'hui pour le compte de la Couronne que l'affaire soit jugée aussitôt que possible, c'est parce qu'il y a un tel désir de l'Amérique et des citoyens américains qu'il n'y ait aucun retard, mais en fait on trouve que le retard vient d'eux ».

20. Le Président a alors déclaré : « Je sais cela, mais je ne veux pas en savoir l'explication ; je suis, en tout cas, désireux qu'il n'y ait aucun retard ».

21. Il est vrai qu'un certain nombre d'affaires relatives principalement à des cargaisons qui, consignées ouvertement à une personne dans un pays neutre, sont en réalité supposées être destinées à l'ennemi, sont demeurées pendantes durant quelque temps devant la Cour des prises. Le gouvernement des États-Unis a été prévenu que la plupart de ces cargaisons consistaient en viande et en saindoux, et que le retard à les amener pour l'adjudication a été dû généralement au fait que des négociations avaient été poursuivies pendant quelques semaines avec un représentant du principal des emballeurs de viande américains pour un arrangement amical en dehors de la Cour. Quand, à la fin, par suite de l'échec des négociations, le gouvernement de Sa Majesté décida que la poursuite serait continuée devant la Cour des prises, et que, à la requête des réclamants, la date la plus prochaine possible fut fixée pour l'audience, le conseil de ces derniers réclama un ajournement dans leur intérêt malgré que la Couronne fût, de son propre aveu, prête à procéder.

22. Le gouvernement de Sa Majesté est ardemment désireux d'éviter toutes les causes d'un retard facilement évitable en ce qui concerne des cargaisons et des navires américains qui peuvent être détenus. Aussi toutes les demandes ou représentations pouvant être faites à ce sujet par le gouvernement des États-Unis à l'occasion de cas particuliers seront toujours prises en sérieuse considération et toute indication pouvant être donnée sans préjudicier à la procédure devant la Cour des prises sera promptement communiquée. Mais le gouvernement peut difficilement admettre, sur la base des faits actuels, que des torts aient été réellement portés à des citoyens américains, et en conséquence il en appelle avec confiance à l'opinion du gouvernement des États-Unis éclairé par le présent Mémorandum.

400

États-Unis d'Amérique. — NOTE DU GOUVERNEMENT DES ÉTATS-UNIS AU GOUVERNEMENT BRITANNIQUE AU SUJET DES PRINCIPES DE DROIT APPLICABLES DEVANT LES COURS DE PRISES ANGLAISES, EN DATE DU 14 JUILLET 1915, COMMUNIQUÉE PAR L'ENTREMISE DE L'AMBASSADEUR DES ÉTATS-UNIS A LONDRES.

Département d'État, Washington, 14 juillet 1915.

A raison des différences qu'on sait exister entre les deux gouvernements sur les principes de droit applicables devant la Cour des prises statuant sur les affaires touchant aux intérêts américains, et afin d'éviter tout malentendu sur l'attitude des États-Unis à cet égard, vous êtes chargé d'informer le gouvernement britannique que, autant que les intérêts des citoyens américains sont en cause, le gouvernement des États-Unis entend insister pour que leurs droits soient soumis aux principes et règles du droit international, tels qu'ils ont été établis jusqu'ici, qui gouvernent le commerce neutre en temps de guerre, sans limitation ou altération par des ordres en Conseil ou toute autre législation intérieure du gouvernement britannique, et qu'il ne reconnaîtra pas la validité des décisions de la Cour des prises rendues sous la contrainte imposée par le droit intérieur anglais, en dérogation aux droits des citoyens américains d'après le droit international.

401

Grande-Bretagne. — Note du gouvernement britannique au gouvernement des États-Unis d'Amérique au sujet des mesures touchant le commerce pacifique résultant de l'emploi de sous-marins allemands, en date du 23 juillet 1915, adressée à l'ambassadeur des États-Unis à Londres.

Foreign Office, 23 juillet 1915.

1. Le 2 avril (1), Votre Excellence m'a envoyé une copie d'une communication contenant les critiques du gouvernement des États-Unis au sujet des mesures que la Grande-Bretagne a été contrainte de prendre à la suite des menaces portées au commerce pacifique par la conduite de l'Allemagne dans l'emploi des sous-marins. Cette communication a fait l'objet d'un examen des plus attentifs de la part du gouvernement de Sa Majesté.

2. J'ai apprécié pleinement l'esprit amical et la sincérité dont témoigne cette communication, et, répondant dans le même esprit, j'ai confiance que je serai capable de convaincre Votre Excellence, et aussi l'administration de Washington, que les mesures qui ont été annoncées étaient non seulement raisonnables et nécessaires en elles-mêmes, mais ne constituaient que l'adaptation des anciens principes du blocus aux circonstances particulières auxquelles nous avions à faire face.

3. J'ai à présent besoin de m'arrêter sur l'obligation qui incombe aux Alliés d'augmenter leur puissance de vaincre leur ennemi commun, afin de tirer vengeance de la violation des règles et des principes reconnus de la guerre civilisée dont il s'est rendu coupable pendant le présent conflit. L'attention de Votre Excellence a déjà été attirée sur quelques points de la conduite de l'ennemi dans le Mémorandum que je vous ai envoyé le 19 février (2). Depuis lors, le rapport de lord Bryce (3), basé sur l'examen d'une sincérité évidente d'experts légaux, qui a décrit les atrocités commises en Belgique, l'empoisonnement des puits dans l'Afrique allemande du Sud-Ouest, l'usage de gaz empoisonnés contre les troupes dans les Flandres, et finalement le torpillage du *Lusitania*, sans qu'il soit permis aux passagers et aux non combattants de sauver leurs existences, a montré qu'il était indispensable pour nous de ne pas laisser sans emploi tout moyen de nous défendre nous-mêmes.

4. Votre Excellence voudra bien se rappeler que dans mes Notes des 13 et 15 mars (4) j'ai exposé que les gouvernements alliés avaient l'intention de répondre à la tentative allemande d'empêcher l'entrée ou la sortie des ports anglais ou français des approvisionne-

(1) V. ci-dessus, p. 45.
(2) V. ci-dessus, p. 30.
(3) *Note.* — Rapport de la Commission sur les violations du droit des gens commises par les Allemands.
(4) V. ci-dessus, p. 37 et 40.

ments de toute espèce, en arrêtant eux-mêmes les marchandises en provenance ou à destination de l'Allemagne. J'ai lu la communication du gouvernement de Votre Excellence dans laquelle celui-ci ne met pas en question notre décision de nuire au commerce de l'ennemi, mais s'occupe seulement de la question de la légitimité des mesures particulières adoptées.

5. Dans les différentes Notes que j'ai reçues de Votre Excellence, le droit d'un belligérant d'établir un blocus des ports ennemis est admis comme un droit qui évidemment ne saurait avoir de valeur qu'autant qu'il donne le pouvoir au belligérant d'empêcher sur mer les exportations et les importations de l'ennemi. La prétention qu'il me semble que le gouvernement des États-Unis met maintenant en avant est que, si un belligérant se trouve dans une position telle que son commerce peut se faire par des ports neutres voisins aussi facilement que par les ports de son propre territoire, son adversaire n'a pas le droit de l'empêcher, et doit restreindre les mesures de blocus qu'il a prises de manière à laisser ouverte au belligérant cette façon de commercer.

C'est là une prétention que le gouvernement de Sa Majesté éprouve de la peine à accepter et qui lui paraît insoutenable au point de vue du droit comme à celui des principes de l'équité internationale. On ne saurait admettre qu'un belligérant viole quelque principe fondamental du droit international en appliquant un blocus de manière à empêcher le commerce de l'ennemi avec des pays étrangers à travers des ports neutres, si les circonstances font qu'une semblable application des principes du blocus soit le seul moyen de rendre celui-ci effectif. Le gouvernement des États-Unis, en vérité, a fait entendre qu'il est disposé, sous ce rapport, à tenir compte « des grands changements qui se sont produits dans les conditions et les moyens de la guerre maritime depuis que les règles juridiques concernant le blocus ont été formulées » et qu'il reconnaît que « la forme de constituer un blocus avec un cordon de vaisseaux dans le voisinage immédiat des ports qu'on veut bloquer n'est plus praticable en présence d'un ennemi ayant les moyens et la facilité de faire une défense effective par l'emploi de sous-marins, de mines et d'aérostats ».

6. Donc, la seule question qui peut se poser au regard des mesures possibles pour exécuter un blocus dans des limites aussi étendues que celles dont il est question est de savoir, pour employer les expressions de Votre Excellence, s'il est « conforme à l'esprit et aux principes des règles essentielles de la guerre ». C'est en considérant cette idée qu'il faut envisager notre action en tant qu'elle a rendu nécessaire une entrave au commerce neutre.

7. On peut noter à ce sujet qu'au temps de leur guerre civile les États-Unis se sont eux-mêmes trouvés dans la nécessité de déclarer un blocus de quelques 3.000 milles de côtes, alors que pour cette opération militaire le nombre de vaisseaux dont ils pouvaient se servir était au début très faible. Il était d'un intérêt vital pour la cause des États-Unis dans ce grand conflit qu'ils fussent à même d'empêcher le commerce des États du Sud. Les armées confédérées avaient besoin de recevoir des approvisionnements des pays de l'autre côté des mers, et ces approvisionnements ne pouvaient être obtenus par elles que par l'exportation du coton avec lequel elles les payaient.

Pour empêcher ce commerce les États-Unis ne pouvaient compter que sur un blocus. Les difficultés auxquelles les États-Unis devaient faire face étaient en partie dues au fait que le territoire neutre voisin constituait un centre convenable pour permettre d'introduire de ce territoire la contrebande dans le pays de leurs ennemis et dont le blocus pourrait être ainsi plus aisément rompu. Votre Excellence voudra sans doute se rappeler comment, pour trancher la difficulté nouvelle, on développa les anciens principes relatifs à la contrebande et au blocus, comment on appliqua et on exécuta la doctrine du voyage continu d'après laquelle les marchandises destinées à un territoire ennemi furent arrêtées avant d'avoir atteint les ports neutres d'où ils devaient être réexportés.

8. Les difficultés qui imposèrent aux États-Unis la nécessité de renoncer à quelques-unes des règles anciennes sont un peu de la même nature que celles auxquelles les Alliés ont maintenant à faire face au sujet du commerce de leur ennemi. Autour de l'Alle-

magne, il y a divers pays neutres qui lui offrent un moyen commode de lui permettre de faire le commerce avec les contrées étrangères. Grâce au réseau de chemins de fer et de cours d'eau qui couvre son propre territoire, les marchandises peuvent aller aisément de ses ports dans les pays neutres comme de ces pays dans ses propres ports. Un blocus qui serait limité aux ports ennemis laisserait ouvertes des routes par lesquelles tout le commerce de l'Allemagne peut se faire aussi aisément que par les ports allemands eux-mêmes. Rotterdam est vraiment le débouché le plus rapproché pour quelques-uns des districts industriels de l'Allemagne.

9. Comme contrepoids à la liberté avec laquelle un belligérant peut commercer au travers d'un pays neutre sans compromettre la neutralité de celui-ci, l'autre belligérant doit en toute justice pouvoir empêcher le commerce de son ennemi avant qu'il ait atteint le pays neutre, ou après qu'il l'a quitté, pourvu naturellement qu'il puisse établir que le commerce qu'il empêche est le commerce de l'ennemi et non pas un commerce qui est de bonne foi à destination ou en provenance d'un État neutre. Il semble, en conséquence, que, s'il est reconnu qu'un blocus est dans certains cas le moyen approprié pour intercepter le commerce d'un pays ennemi et si le blocus ne peut devenir effectif qu'en l'étendant au commerce ennemi se faisant au travers de ports neutres, une semblable extension est justifiable et est d'accord avec les principes généralement reconnus.

10. A l'objection qu'une pareille manière d'agir n'est pas directement admise par les écrivains faisant autorité, on peut répondre que les ouvrages des écrivains du droit international formulent les règles existantes beaucoup plus qu'ils ne donnent des indications pour l'adaptation de ces règles à des circonstances nouvelles. Votre Excellence peut se rappeler les termes excessifs par lesquels un groupe d'éminents jurisconsultes du droit international de tous les pays a condamné la doctrine admise par la Cour suprême des États-Unis dans l'affaire du *Springbok*, doctrine confirmée par la Commission de Washington en 1878. Mais les États-Unis et le gouvernement britannique ont envisagé les choses d'une manière plus large et moins superficiellement : la Grande-Bretagne, dont les nationaux avaient souffert par suite de l'extension et du développement des anciennes méthodes de blocus donnés par les États-Unis durant leur guerre civile, s'est abstenue de toute protestation contre les décisions qui avaient condamné les navires et les cargaisons de ses sujets.

11. Ce qui importe réellement à l'intérêt général est que les adaptations des anciennes règles ne doivent pas être faites sans qu'elles soient d'accord avec les principes généraux sur lesquels on admet qu'est basé le droit de belligérance. Il est aussi essentiel d'éviter aux neutres tout dommage non nécessaire. Certainement on peut affirmer que les décisions que nous avons prises pour empêcher les profits du passage de ou vers l'Allemagne se sont pleinement conformées à ces conditions. Nous ne nous sommes pas occupés des marchandises avec lesquelles nous n'aurions pas le droit d'intervenir par un blocus si la position géographique et les conditions de l'Allemagne à l'heure actuelle étaient telles que son commerce passât par ses propres ports. Nous avons pris le plus grand soin de ne pas empêcher le commerce qui est véritablement à destination ou en provenance de pays neutres. En outre, nous avons tempéré la rigueur que nos mesures pouvaient présenter pour les neutres en n'appliquant pas cette règle, qui était invariable sous l'ancienne forme de blocus, à savoir que les vaisseaux et marchandises se rendant à ou venant des ports bloqués sont susceptibles de condamnation.

12. La communication faite par l'ambassade des États-Unis le 2 avril indique comme une forme de blocus nouvelle et tout à fait sans précédent le fait que le blocus comprend certains ports et certaines côtes neutres et qu'il a pour effet de barrer l'accès vers eux. Il ne semble pas que nos mesures puissent être décrites de la sorte. Nos efforts ont tendu à faire une distinction entre le commerce des pays neutres et celui des pays ennemis ; ce que nous avons voulu, c'est qu'il n'y ait réellement d'empêchement du commerce avec les ports neutres que lorsque ceux-ci constituaient des ports d'accès ou de sortie pour le territoire ennemi. Il y a en ce moment certains ports neutres qui peuvent être considérés comme n'offrant des facilités que pour le commerce du pays neutre dans lequel ils sont

situés ; le seul commerce que nous nous proposons d'empêcher est celui de l'ennemi qui cherche à faire usage de ports neutres pour y faire transiter des marchandises à destination ou en provenance de son propre territoire.

13. Un des principaux passages du Mémorandum de Votre Excellence déclare que la souveraineté des nations neutres ne souffre en temps de guerre de diminution qu'en tant que la pratique et le consentement des nations civilisées l'ont limitée « par la reconnaissance de certains droits actuellement déterminés » qui sont considérés comme pouvant être exercés par les nations en guerre et qui se résument dans le droit de capture et de condamnation pour assistance hostile, pour transport de contrebande ou pour rupture de blocus. Il m'est permis toutefois d'indiquer que sur chacun des trois sujets mentionnés la pratique des nations n'a pas été en tout temps uniforme ou clairement déterminée et que la pratique d'une certaine nation maritime n'a pas toujours été constante.

14. Les conditions particulières pour la mise à exécution d'un blocus ont varié successivement. La nécessité d'une notification publique, la règle de l'effectivité, l'existence d'escadres bloquantes, le droit pour chaque vaisseau en particulier d'exiger un avertissement préliminaire que le blocus est en vigueur, sont des sujets sur lesquels des vues différentes ont prévalu dans les divers pays et sur lesquels la pratique de chaque pays s'est de temps en temps modifiée. Un principe qui est fondamental et qui a obtenu une reconnaissance universelle est que par le moyen du blocus un belligérant est en droit d'empêcher, d'une manière effective, le commerce sur mer de son ennemi.

15. Il en est de même en ce qui concerne la contrebande. Le principe fondamental est bien établi, mais en ce qui concerne les détails il y a une grande variété de vues. Parmi ceux-ci on peut mentionner la citation que vous faites de la déclaration de Paris, occasionnée sans doute par les passages se rencontrant dans le Mémorandum que j'ai envoyé à Votre Excellence le 1er mars (1), où il est dit que les gouvernements alliés voudraient rester libres de détenir et de placer dans un port les navires transportant des marchandises de destination, de propriété ou d'origine présumée ennemie, et par notre déclaration que des vaisseaux peuvent être requis de décharger les marchandises de propriété ennemie aussi bien que celles d'origine ou de destination ennemie.

17. Il n'est pas nécessaire de discuter l'extension dont la seconde règle de la déclaration de Paris est affectée par ces mesures et de se demander si elle peut être appliquée à tous comme entre la Grande-Bretagne et les États-Unis. Dans la pratique actuelle, toutefois, nous n'arrêtons pas les marchandises sur le seul fondement qu'elles sont la propriété de l'ennemi. Le but des mesures que nous avons prises est d'intercepter le commerce dans sa course en provenance ou à destination du pays ennemi. Il est certains cas où la preuve que les marchandises sont propriété ennemie établit d'une manière évidente qu'elles sont d'origine ennemie ou de destination ennemie, et c'est seulement dans ces cas que nous les détenons. Lorsque la preuve de la propriété ennemie n'apporte pas l'évidence de leur origine ou de leur destination, nous n'avons pas l'habitude d'arrêter les marchandises.

18. Le gouvernement de Sa Majesté est heureux de faire observer que les mesures qu'il a ordonnées n'ont pas d'effet préjudiciable sur le commerce des États-Unis. Les chiffres des mois récents montrent que les augmentations réalisées par la guerre au profit du commerce américain ont plus que compensé la perte des marchés allemand et autrichien.

19. J'ai confiance qu'à la lumière des explications précédentes il sera bien compris que les mesures auxquelles nous avons eu recours non seulement sont justifiées par les exigences de la situation, mais peuvent être défendues comme étant d'accord avec les principes généraux qui se recommandent eux-mêmes aux gouvernements des deux États. Je suis heureux de pouvoir assurer à Votre Excellence que nous continuerons d'appliquer ces mesures avec le plus grand désir d'occasionner le moins d'ennuis possible aux personnes engagées dans un commerce légitime.

J'ai l'honneur, etc...

E. GREY.

(1) V. ci-dessus, p. 35.

402

Grande-Bretagne. — Note du gouvernement britannique au gouvernement des États-Unis d'Amérique au sujet des principes applicables devant les Cours de prises, en date du 31 juillet 1915, remise a l'ambassadeur des États-Unis a Londres.

Foreign Office, 31 juillet 1915.

1. J'ai l'honneur d'accuser réception de la Note du 16 du mois courant (1), dans laquelle Votre Excellence veut bien me communiquer pour l'information du gouvernement de Sa Majesté l'opinion émise par le gouvernement des États-Unis, d'après laquelle, à raison des différences qui se trouvent exister entre les deux pays sur les principes de droit applicables aux cas portés devant la Cour des prises, il ne peut reconnaître la validité des règles de procédure suivies devant la Cour des prises de Sa Majesté et dérogeant aux droits des citoyens des États-Unis.

2. Il n'est pas indiqué à quelle divergence de vues le gouvernement des États-Unis se réfère en ce qui concerne les principes de droit applicables aux cas portés devant la Cour des prises. Je ne suis donc pas au courant des quelques différences existant entre les deux pays au sujet de ces principes.

3. Les Cours de prises britanniques, siégeant dans la forme ancienne d'une Commission, résolvent les cas qui viennent devant elles, en se conformant aux directions de l'Amirauté, au droit international et aux dispositions des lois et règlements en vigueur. Quant aux principes appliqués par les Cours de prises américaines, je note que dans le cas de l'*Amy Warwick* (2, Sprague, 125) il a été dit que les Cours de prises sont soumises aux instructions de leurs propres Souverains. A défaut de semblables instructions, leur compétence et leurs règles de décision doivent être déterminées par les pouvoirs reconnus à de pareils tribunaux et par les principes qui les gouvernent d'après le droit public et la pratique des nations. Il semble bien que les principes appliqués par les Cours de prises des deux pays soient identiques.

4. Pour bien éclairer l'attitude adoptée par les juges des Cours de prises britanniques à l'égard des deux sources de droit, à savoir la législation particulière de leur Souverain et les principes du droit international, je crois convenable de rappeler à Votre Excellence le passage classique du jugement de lord Stowell dans l'affaire du *Fox*, où le fameux juge déclara ce qui suit : « Une question a été posée : quel serait le devoir de la Cour en présence d'ordres en Conseil contraires au droit international ? On a soutenu, d'une part, que la Cour serait, en tout cas, obligée d'appliquer ces ordres ; de l'autre, que la Cour serait tenue d'appliquer la règle du droit international appropriée à l'espèce en cause, au mépris des ordres en Conseil. Cette Cour est tenue d'appliquer le droit international aux sujets d'autres pays dans les différentes relations où ils peuvent être engagés vis-à-vis de cette contrée et de son gouvernement. Voilà ce que les autres nations ont le droit de demander pour leurs sujets ; elles ont juste sujet de plainte s'ils ne l'obtiennent pas. C'est la loi non écrite de cette Cour, mise en lumière par ses décisions, recueillie du commun usage des nations. En même temps, il est strictement vrai que, d'après la Constitution de ce pays, le Roi en son Conseil possède le droit de légiférer pour cette Cour et a le pouvoir de donner des ordres et des instructions qu'elle est forcée de respecter et d'appliquer. Ces deux propositions, que la Cour est tenue d'appliquer le droit international et qu'elle est tenue de faire exécuter les ordres du Roi en Conseil, ne sont nullement en contradiction l'une avec l'autre : parce que ces ordres et ces ins-

(1) V. ci-dessus, p. 53.

tructions sont présumés conformes, dans les circonstances données, aux principes de la loi non écrite. Ces ordres ou bien contiennent des applications de ces principes aux cas qu'ils prévoient — cas qui, avec tous les faits et circonstances leur appartenant et constituant leur caractère légal, pourraient n'être qu'imparfaitement connus de la Cour elle-même ; — ou bien formulent des règles positives, en harmonie avec ces principes, appliquant aux matières qui l'exigent des règles plus exactes et mieux définies que n'en sauraient fournir ces principes généraux. La situation de cette Cour, relativement au pouvoir législatif du Roi en son Conseil, est analogue à celle des Cours de *common law*, relativement au pouvoir législatif du Parlement de ce Royaume. Ces Cours ont leur loi non écrite, les principes éprouvés de raison naturelle et de justice ; elles ont de même façon leur loi écrite dans les actes du Parlement qui sont des règles d'application des mêmes principes à des espèces particulières ou des règlements positifs d'accord avec eux, sur des matières qui resteraient trop indéterminées si elles étaient laissées à l'état de connaissances imparfaites que les Cours pourraient tirer de pures spéculations générales. Ce que serait le devoir des personnes qui président ces Cours, si elles étaient requises de faire exécuter un acte du Parlement qui contredirait ces principes, est une question qu'elles n'accueilleraient pas, je suppose, *à priori*, parce qu'elles ne doivent point accueillir *à priori* la supposition que pareille hypothèse puisse se réaliser. De même, cette Cour ne veut pas s'égarer dans des spéculations sur ce qui devrait être un devoir en une telle éventualité, parce qu'elle ne saurait, sans une extrême inconvenance, présumer que semblable éventualité puisse advenir. Et elle est on ne peut moins disposée à s'y livrer, parce que sa propre observation et sa propre expérience attestent la conformité générale de pareils ordres et instructions avec les principes de sa loi non écrite ».

5. Récemment, le passage qui précède a été cité et les principes qui y figurent ont été adoptés par le Président de la Cour des prises dans le cas du *Zamora*. Dans ce cas, sir S. Evans a dit : « J'exprime l'espoir et la croyance que les nations du monde ne s'imaginent pas que les ordres en Conseil seront rendus par le gouvernement de ce pays en une telle violation du droit international qu'on puisse concevoir que nos tribunaux de prises, en prenant en considération le droit international, devraient ne pas avoir égard et refuser obéissance aux règles de ces ordres ».

6. Dans la Note que j'ai envoyée à Votre Excellence le 23 juillet (1), je me suis efforcé de convaincre le gouvernement des États-Unis, et j'espère avec succès que les mesures que nous nous sommes trouvés forcés d'adopter, à raison des nombreux actes accomplis par nos ennemis en violation du droit de la guerre et des règles de l'humanité, étaient compatibles avec les principes du droit international. La légalité de ces mesures n'a pas encore fait le sujet d'une décision de la Cour des prises ; mais je veux profiter de l'occasion pour rappeler à Votre Excellence qu'il est possible à tout citoyen des États-Unis dont une réclamation est pendante devant la Cour des prises de prétendre qu'un ordre en Conseil concernant sa réclamation est contraire aux principes du droit des gens et, par suite, n'est pas obligatoire pour la Cour. Si la Cour des prises refuse d'accepter cette prétention et si, après qu'une telle décision a été maintenue en appel par le Comité judiciaire du Conseil privé de Sa Majesté, le gouvernement des États-Unis considère qu'il y a de sérieuses raisons de croire que la décision est incorrecte et méconnait les droits de ses citoyens, ce gouvernement a le moyen de soumettre la réclamation à la révision d'un tribunal international.

7. Le principe que les décisions des Cours nationales de prises peuvent être soumises à une révision internationale a été reconnu par la Grande-Bretagne dans l'article 7 du traité Jay de 1794 et par les États-Unis d'Amérique aux termes du traité de Washington de 1871. Votre Excellence voudra sans doute se rappeler que certains cas (connus sous le nom collectif de « cas *Matamoros* ») ont été déférés à la Commission établie par les articles XII-XVII du traité de Washington. Dans chacun de ces cas, des actions de prises avaient été intentées devant les Cours de prises des États-Unis, et dans chaque cas un jugement de la Cour suprême, c'est-à-dire la Cour en dernier ressort en matière de

(1) V. ci-dessus, p. 54.

prises avait été obtenu (1). Les États-Unis considèrent ces cas comme des exceptions, soutenant que lorsque des affaires doivent être jugées par les Cours de prises des États-Unis en première instance et en appel, la décision de la Cour d'appel est une décision définitive et qu'une plainte dirigée contre elle ne saurait être portée devant la Commission. Les États-Unis soulevèrent une exception dans ces cas, prétendant que puisqu'ils avaient été jugés par les Cours de prises américaines de première instance et d'appel, le jugement de la Cour d'appel était final et qu'aucune réclamation basée sur lui ne pouvait être faite devant la Commission. L'exception a été à l'unanimité abandonnée, et les cas ont été jugés; l'agent des États-Unis, dans ses rapports sur la procédure de la Commission, a établi que lui personnellement ne conservait aucun doute au sujet de la juridiction de la Commission comme un tribunal international pour reviser les décisions des Cours de prises américaines où les parties se disant lésées avaient poursuivi leurs réclamations par appel à la Cour de dernier ressort; comme cette juridiction, cependant, a été quelquefois mise en doute, il pensait qu'il serait désirable qu'un jugement formel par la Commission soit pris pour cette question.

8. Le même principe a été accepté à la fois par le gouvernement des États-Unis et par le gouvernement de Sa Majesté en 1907 à propos de l'établissement projeté d'une Cour internationale des prises, bien que certaines difficultés d'ordre constitutionnel eussent conduit le gouvernement des États-Unis à proposer que le recours à une Cour internationale des prises, à propos d'une décision de la Cour suprême des États-Unis, devrait avoir lieu sous la forme d'une action directe en indemnité du préjudice causé par la capture.

9. Il est donc évident que le gouvernement des États-Unis et le gouvernement de Sa Majesté ont tous deux accepté le principe que les décisions d'une Cour de prises nationale peuvent être soumises à revision si l'opinion de la Cour des prises et, en appel, du Comité judiciaire du Conseil privé a été que les ordres et instructions du gouvernement de Sa Majesté en matière de prises sont en harmonie avec les principes du droit international. Si, par malheur, le gouvernement des États-Unis croyait devoir défendre une vue opposée, le gouvernement de Sa Majesté est prêt à se concerter avec celui des États-Unis pour décider du meilleur moyen d'adapter le principe indiqué ci-dessus à la situation qui alors se produirait. J'ai toutefois confiance que les arguments en faveur de ce que nous avons fait, et que j'ai déjà communiqués à Votre Excellence, ainsi que les dispositions du gouvernement de Sa Majesté (qui se sont manifestées en maintes circonstances) pour faire des concessions raisonnables aux intérêts américains, rendront inutile un pareil concert.

10. En tout cas, j'espère que les explications données précédemment supprimeront toute méprise des États-Unis, sur les principes appliqués par les Cours de prises britanniques, à l'égard des cas pouvant être portés devant elles.

J'ai l'honneur, etc...

E. Grey.

403

États-Unis d'Amérique. — Note du secrétaire d'État des États-Unis envoyée a l'ambassadeur américain a Londres au sujet de la saisie de la cargaison du *Neches*, en date du 15 juillet 1915.

Département d'État, Washington, 15 juillet 1915, n° 1852.

L'ambassadeur est informé que l'attention du Département a été attirée sur ce point

(1) *Note.* — V. Moore, *Digest of International Law*, t. VII, p. 715-719. — V. aussi

que le navire *Neches*, du registre américain, allant de Rotterdam aux États-Unis, avec une cargaison ordinaire, après avoir été détenu à Downs, a été conduit à Londres, où les autorités britanniques l'ont requis de décharger sa cargaison, propriété de citoyens américains.

Il apparaît que la raison mise en avant pour expliquer cet acte est que les marchandises, en partie au moins, sont originaires de Belgique et tombent, dès lors, sous l'application des dispositions du paragraphe 4 de l'ordre en Conseil du 11 mars (1), qui stipulait que tout navire de commerce sortant d'un port autre qu'un port allemand et transportant des marchandises d'origine ennemie, peut être requis de décharger ces marchandises dans un port britannique ou allié.

L'ambassadeur Page est chargé, dans ce cas, de réitérer la déclaration du gouvernement des États-Unis indiquée dans l'Instruction du 30 mars 1915 au sujet de l'Ordre en Conseil mentionné ; l'invalidité internationale de cet ordre apparaît au gouvernement comme nettement illustrée par le présent exemple de la saisie des marchandises d'un propriétaire américain, allant du port neutre de Rotterdam à un port neutre des États-Unis, simplement parce que les marchandises sont originaires d'un territoire en possession d'un ennemi de la Grande-Bretagne.

M. Page est aussi chargé d'informer le Foreign Office que la légalité de la saisie ne peut pas être admise et que, suivant le gouvernement des États-Unis, elle viole le droit des citoyens d'un neutre de faire le commerce avec ceux d'un autre neutre aussi bien qu'avec ceux de belligérants, en dehors du cas de contrebande ou de violation d'un blocus régulier d'un port ennemi ; et que les États-Unis insistent sur le droit des propriétaires américains de marchandises de conduire celles-ci hors de Hollande, dans un voyage convenable, sur des navires neutres, même quand les marchandises sont originaires de territoires des ennemis de la Grande-Bretagne. Il lui est de plus prescrit d'insister sur le désir de ce gouvernement que les marchandises prises sur le *Neches*, qui sont la propriété de citoyens américains, doivent être promptement libérées, pour être envoyées à leur destination, et il demande d'être avisé du parti que le gouvernement britannique entend prendre sur ce point le plus tôt qu'il conviendra à ce gouvernement.

404

Grande-Bretagne. — Note du gouvernement britannique a l'ambassadeur des États-Unis a Londres pour être remise au gouvernement américain au sujet de la saisie du navire *Neches*, en date du 31 juillet 1915.

Londres, 31 juillet 1915.

La Note que Votre Excellence m'a adressée le 17 courant relativement à la détention du chargement du navire *Neches* (2) a, j'ai à peine besoin de le dire, été l'objet d'une soigneuse attention de la part du gouvernement de Sa Majesté.

La Note que j'ai eu l'honneur d'envoyer à Votre Excellence le 23 courant (3) a déjà exposé les vues du gouvernement de Sa Majesté sur l'aspect légal de la question, bien

du même auteur *Digest International Arbitration*, p. 3838-3843 et 3950-3957. Les décisions de prises sont dans Blatchford, *Prize Cases*, et les décisions de la Cour suprême dans Wallace, 5.

(1) V. ci-dessus, p. 41.
(2) V. le texte qui précède.
(3) V. ci-dessus, p. 54.

qu'elle ait été préparée avant que la communication de Votre Excellence du 17 ait été reçue et, comme le gouvernement des États-Unis pourra ainsi examiner les vues et les arguments contenus dans la Note britannique du 23, il ne me paraît pas nécessaire d'en dire davantage sur la question de droit.

Il est ici, toutefois, une observation générale que je dois faire comme se rapportant à la Note de Votre Excellence relativement à la cargaison du *Neches*.

La pratique du gouvernement allemand, dans les eaux à travers lesquelles le *Neches* passait, est de couler les navires marchands neutres aussi bien que les navires marchands anglais, sans avoir égard à la destination du navire ou à l'origine de la cargaison, et sans s'inquiéter de la sécurité des passagers ou des hommes d'équipage, dont beaucoup ont ainsi perdu la vie. On ne saurait mettre en question que cette manière d'agir est contraire aux règles reconnues et établies du droit international comme aux principes d'humanité.

Le gouvernement de Sa Majesté, d'un autre côté, est resté attaché au principe de la visite et de la recherche, et il a observé l'obligation de conduire dans un port et de soumettre à une Cour de prises tous navires ou cargaisons à l'égard desquels il y a lieu de penser qu'il y a sujet à détention ou à condamnation pour contrebande.

Le gouvernement de Sa Majesté n'est pas instruit, en dehors de la correspondance entre les États-Unis et l'Allemagne qui a été publiée, qu'une réparation ait été demandée à l'Allemagne par les neutres pour les pertes de navires, de vies et de cargaisons, ni que ces actes aient été le sujet même d'une protestation des gouvernements neutres intéressés.

Tant que continuera cette manière d'agir du gouvernement allemand, je pense qu'il n'est ni raisonnable ni juste d'obliger le gouvernement de Sa Majesté à abandonner les droits réclamés dans la Note britannique du 23 et de laisser les marchandises d'Allemagne passer librement dans les eaux parcourues par des vaisseaux de guerre anglais.

Si, cependant, il était allégué que, dans des cas particuliers et dans des circonstances spéciales, des souffrances ont été infligées à des citoyens de pays neutres, le gouvernement de Sa Majesté est tout prêt, dans de telles hypothèses, à examiner les faits dans un esprit de considération pour les intérêts des neutres, et il est disposé à agir avec cet esprit à l'égard de la cargaison du *Neches*, sur laquelle Votre Excellence a appelé l'attention, s'il est établi qu'il y a des circonstances particulières qui font rentrer ce cas dans la catégorie indiquée.

E. GREY.

405

Allemagne. — NOTE DU MINISTÈRE DES AFFAIRES ÉTRANGÈRES D'ALLEMAGNE A L'AMBASSADEUR ALLEMAND A WASHINGTON, POUR ÊTRE REMISE AU DÉPARTEMENT D'ÉTAT DES ÉTATS-UNIS D'AMÉRIQUE, A L'OCCASION DU TORPILLAGE DU *LUSITANIA*, EN DATE DU 10 MAI 1915.

Berlin (Via Londres), 10 mai 1915.

Je vous prie de communiquer ce qui suit au Département d'État :

Le gouvernement allemand désire vous exprimer sa sympathie la plus profonde à l'occasion de la perte d'existences américaines à bord du *Lusitania*. La responsabilité en demeure, cependant, au gouvernement britannique qui, par suite de son dessein d'affamer la population civile de l'Allemagne, a forcé l'Allemagne à avoir recours à des mesures de représailles. Malgré l'offre allemande de cesser la guerre de sous-marins au cas où le plan de les affamer serait rejeté, les navires marchands anglais se trouvent généralement armés de canons et ont à plusieurs reprises essayé d'éperonner les sous-marins, si bien que des visites préalables sont rendues impossibles. Ils ne peuvent dès lors être traités comme des navires marchands ordinaires. Une récente déclaration faite au Parlement britannique par le secrétaire parlementaire, en réponse à une question de lord Charles Beresford, établit que, pour le présent, dans la pratique, tous les navires marchands britanniques étaient armés et pourvus de grenades à mains. D'ailleurs, il a été ouvertement reconnu par la presse anglaise que le *Lusitania*, dans ses voyages précédents, portait continuellement de grandes quantités de matériel de guerre. Dans le voyage actuel, le *Lusitania* transportait 5.400 caisses de munitions, tandis que le reste de la cargaison consistait aussi principalement en objets de contrebande.

Si l'Angleterre, après des avertissements officiels et officieux répétés, se considère comme capable de déclarer que les bateaux ne courent aucun risque et ainsi d'assumer d'un cœur léger la responsabilité des existences humaines à bord des vapeurs qui, par suite de leurs armements et de leurs cargaisons, sont voués à la destruction, le gouvernement allemand, malgré ses sympathies émues à l'égard des existences américaines perdues, ne peut que regretter que les Américains se montrent plus enclins à se fier aux promesses de l'Angleterre plutôt que de faire attention aux avertissements venus du côté de l'Allemagne.

MINISTÈRE DES AFFAIRES ÉTRANGÈRES.

406

Allemagne. — DÉCLARATION DU GOUVERNEMENT ALLEMAND SUR SA CONDUITE VIS-A-VIS DES NAVIRES AMÉRICAINS ET NEUTRES RENCONTRÉS PAR DES SOUS-MARINS ALLEMANDS DANS LA ZONE NAVALE DE GUERRE AUTOUR DES ILES BRITANNIQUES ET DANS LA MER DU NORD, REMISE A L'AMBASSADEUR DES ÉTATS-UNIS A BERLIN ET ENVOYÉE PAR CELUI-CI LE 12 MAI 1915 AU SECRÉTAIRE D'ÉTAT DES ÉTATS-UNIS.

Premièrement : Le gouvernement impérial allemand n'a naturellement aucun désir d'être la cause que des navires de commerce neutres soient attaqués par des sous-marins ou des appareils aériens dans la zone navale de guerre plus complètement décrite dans l'avis de l'État-major de l'Amirauté allemande du 4 février dernier (1), alors qu'ils ne se sont pas rendus coupables d'actes hostiles. Des instructions des plus précises ont, au contraire, été données à plusieurs reprises aux navires de guerre allemands d'éviter dans tous les cas les attaques contre de tels navires. Même quand ces navires ont à bord de la contrebande de guerre, ils doivent être traités par les sous-marins uniquement d'après les règles du droit international relatives aux prises de guerre.

Deuxièmement : Si cependant un navire neutre était mis à mal par des sous-marins allemands ou des appareils aériens à cause d'une malheureuse attaque dans la zone de guerre mentionnée ci-dessus, le gouvernement allemand reconnaîtra sans réserve sa responsabilité à cet égard. Dans un tel cas il exprimera ses regrets et réparera les dommages sans au préalable engager une action devant les tribunaux de prises.

Troisièmement : C'est une habitude du gouvernement allemand qu'aussitôt que le naufrage d'un navire neutre dans la zone de guerre ci-dessus mentionnée est attribué à des navires de guerre allemands de faire une enquête immédiate sur le cas. Si les renseignements obtenus par ce moyen donnent raison à cette hypothèse, la marine allemande se met en rapport avec le gouvernement neutre intéressé de façon que celui-ci puisse aussi ouvrir une enquête. Si le gouvernement allemand est convaincu que le navire a

(1) V. ci-dessus, p. 20.

été détruit par les navires de guerre allemands, on appliquera sans aucun retard les dispositions du paragraphe 2 ci-dessus. Dans le cas où le gouvernement allemand, contrairement à l'opinion du gouvernement neutre, n'est pas convaincu par le résultat de l'enquête, le gouvernement allemand, comme il a déjà eu plusieurs occasions de le déclarer lui-même, est prêt à accepter que le cas soit décidé par une Commission d'enquête internationale, suivant le titre III de la convention de la Haye du 18 octobre 1907 pour le règlement pacifique des conflits internationaux.

407

États-Unis d'Amérique. — NOTE DU GOUVERNEMENT DES ÉTATS-UNIS, ADRESSÉE LE 13 MAI 1915 A L'AMBASSADEUR AMÉRICAIN A BERLIN, POUR ÊTRE REMISE AU GOUVERNEMENT ALLEMAND, A L'OCCASION DU TORPILLAGE DU *LUSITANIA*.

Département d'État, Washington, 13 mai 1915.

Étant donnés les actes récents des autorités allemandes en violation des droits des Américains sur la haute mer, actes dont le dernier a été le torpillage et la destruction du paquebot anglais *Lusitania*, le 7 mai 1915, entraînant la mort de plus de cent citoyens américains, il apparaît parfaitement sage et désirable que le gouvernement des États-Unis et le gouvernement impérial allemand arrivent à un accord clair et complet quant à la grave situation qui a résulté de ces faits.

Le coulage du vapeur anglais *Falaba* par un sous-marin allemand le 28 mars qui causa la mort d'un citoyen américain, M. Léon C. Thrasher; l'attaque du navire américain *Cushing*, le 28 avril, par un aéroplane allemand; le torpillage du vaisseau américain *Gulflight*, le 1er mai, par un sous-marin allemand, qui eut pour résultat la mort de deux citoyens américains; enfin le torpillage et la destruction du paquebot *Lusitania* constituent une série d'événements que le gouvernement des États-Unis a observés avec un souci, une inquiétude et un regret croissants.

Se rappelant l'attitude humaine et éclairée assumée jusqu'ici par le gouvernement impérial allemand en matière de droit international, et particulièrement en ce qui concerne la liberté des mers; ayant appris à reconnaître que l'Allemagne a toujours jusqu'ici, au point de vue des obligations internationales, employé son influence à défendre la cause de la justice et l'humanité; et étant convaincu que les instructions données par le gouvernement impérial allemand à ses officiers navals devaient être inspirées par les mêmes sentiments d'humanité que prescrivent les codes maritimes des autres nations, le gouvernement des États-Unis ne pouvait croire — et il ne peut maintenant encore se décider à croire — que ces actes si absolument contraires aux règles, aux pratiques et à l'esprit des méthodes de la guerre moderne pouvaient avoir l'agrément ou la sanction de ce grand gouvernement.

En conséquence, le gouvernement des États-Unis estime qu'il est de son devoir de s'adresser à ce sujet au gouvernement impérial allemand avec la plus entière franchise et dans l'espoir le plus sincère qu'il ne s'est pas trompé en attendant de la part du gouvernement impérial allemand une action qui corrigera les malheureuses impressions créées de ce fait et qui justifiera une fois de plus l'attitude dudit gouvernement allemand en ce qui concerne la liberté sacrée des mers.

Le gouvernement des États-Unis a été informé que le gouvernement impérial allemand se considérait comme obligé, par les circonstances extraordinaires de la présente guerre et par les mesures adoptées par ses adversaires en vue de priver l'Allemagne de tout commerce; d'adopter des mesures de représailles qui dépassent de beaucoup les méthodes ordinaires de la guerre maritime, et de proclamer une zone de guerre hors de laquelle il avait averti les bâtiments neutres de se tenir.

Le gouvernement des États-Unis a déjà eu l'occasion d'aviser le gouvernement impérial allemand qu'il ne peut admettre l'adoption de telles mesures ni un tel avertissement du danger d'opérer dans cette zone, non plus qu'une diminution quelconque à aucun degré des droits des commandants de navires américains ou des citoyens américains voyageant légalement comme passagers sur des navires de commerce de nationalité belligérante; et qu'il doit tenir le gouvernement impérial allemand pour strictement responsable de toute infraction à ces droits, intentionnelle ou accidentelle.

Le gouvernement des États-Unis ne peut penser que le gouvernement impérial allemand mette ces droits en question. Il estime, au contraire, que le gouvernement impérial accepte, comme il est naturel, la règle que la vie des non-combattants, qu'ils soient de nationalité neutre ou qu'ils appartiennent à l'une des nations en guerre, ne peut légalement ni équitablement être mise en péril par la capture ou la destruction d'un navire marchand non armé, et que le gouvernement impérial reconnait aussi, comme le font toutes les autres nations, l'obligation de prendre les précautions usuelles de visite et de recherche pour s'assurer si un navire marchand suspect est en fait de nationalité belligérante, ou porte effectivement de la contrebande de guerre sous un pavillon neutre.

Le gouvernement des États-Unis désire, en conséquence, appeler avec une extrême insistance l'attention du gouvernement impérial allemand sur le fait que l'objection à sa façon actuelle d'attaquer le commerce de ses ennemis réside dans l'impossibilité pratique d'employer des sous-marins à la destruction du commerce sans méconnaître les règles de la loyauté, de la raison, de la justice et de l'humanité qui sont considérées par l'opinion moderne comme impératives. Il est en pratique impossible pour les officiers d'un sous-marin de visiter un navire marchand en mer et d'en examiner les papiers et la cargaison.

Il est en pratique impossible pour eux d'en opérer la prise et s'ils ne peuvent saisir l'équipage qui est à bord de ce bâtiment, ils ne peuvent le couler sans laisser l'équipage et tout ce qui se trouve à bord à la merci des flots dans les petites chaloupes. Il va de soi que le gouvernement impérial allemand admettra franchement ces faits.

Nous apprenons que dans les exemples dont nous avons parlé on n'a même pas donné le temps nécessaire pour prendre des mesures élémentaires de sécurité et qu'au moins dans deux des cas cités il n'a pas été reçu d'avertissement. Il est manifeste que les sous-marins ne sauraient être employés contre un navire marchand, comme on l'a vu ces dernières semaines, sans une violation inévitable des principes sacrés de justice et d'humanité.

Les citoyens américains agissent dans la limite de leurs droits incontestables en montant sur des navires et en voyageant partout où leurs affaires légitimes les appellent sur les mers, et ils exercent ces droits dans cette confiance qui devrait être bien justifiée, que leur vie ne sera pas mise en péril par des actes accomplis avec une violation évidente des engagements internationaux universellement reconnus, et certainement dans cette confiance que leur gouvernement les soutiendra dans l'exercice de leurs droits.

Il a été récemment publié dans les journaux des États-Unis — je regrette de le porter à la connaissance du gouvernement impérial allemand — un avertissement formel supposé venu de l'ambassade d'Allemagne à Washington, adressé à la population des États-Unis et déclarant en résumé que tout citoyen des États-Unis qui exercerait son droit de voyager librement sur les mers le ferait à ses risques et périls, si, au cours de son voyage, il passait dans les limites de la zone des eaux où la marine impériale allemande emploie les sous-marins contre le commerce de la Grande-Bretagne et de la France, malgré la respectueuse, mais très sérieuse protestation du gouvernement des États-Unis (1). Je ne

(1) *Note.* — Voici le texte de l'avertissement publié dans les journaux américains par l'ambassade impériale allemande :

Il est rappelé aux voyageurs ayant l'intention d'embarquer pour un voyage à travers

rapporte pas ce fait dans le but d'appeler l'attention du gouvernement impérial allemand sur la surprenante irrégularité d'une communication émanant de l'ambassade d'Allemagne à Washington, adressée à la population des États-Unis par l'intermédiaire des journaux, mais seulement dans le but de démontrer que le fait d'avertir qu'un acte inhumain et illégal va être accompli ne saurait absolument pas être accepté comme une excuse ou une atténuation de cet acte, en vue de diminuer la responsabilité de l'auteur.

Connaissant depuis longtemps le caractère du gouvernement impérial allemand et les principes élevés d'équité qui l'ont inspiré et guidé dans le passé, le gouvernement des États-Unis ne peut croire que les commandants des navires qui ont commis ces actes d'illégalité l'ont fait sans s'être mépris sur les ordres donnés par les autorités navales allemandes. Il suppose qu'au moins dans les limites des possibilités pratiques de cas semblables on s'attendait à ce que les commandants mêmes des sous-marins ne fissent rien qui mît en péril la vie des non-combattants ou la sécurité des navires neutres, même au risque de manquer la capture ou la destruction du bâtiment visé. Le gouvernement des États-Unis espère avec confiance que le gouvernement impérial allemand désavouera les actes dont se plaignent les États-Unis, que réparation sera donnée en tant qu'une réparation soit possible pour les maux causés et que l'on ne saurait évaluer, et que des mesures immédiates seront prises pour éviter le retour de quoi que ce soit d'aussi évidemment contraire aux principes de la guerre pour lesquels le gouvernement impérial allemand a combattu dans le passé avec tant de sagesse et de fermeté.

Le gouvernement et la population des États-Unis tournent avec la plus grande confiance les yeux vers le gouvernement impérial allemand pour qu'il agisse avec justice et promptitude dans cette affaire vitale, parce que les États-Unis et l'Allemagne ont entre eux non seulement des liens particuliers d'amitié, mais aussi parce qu'il existe pour les États-Unis et le Royaume de Prusse le traité de 1828 avec ses clauses explicites.

Des expressions de regrets et des offres de réparation en cas de destruction de navires neutres coulés par erreur, alors qu'elles peuvent satisfaire aux engagements internationaux s'il n'y a pas de pertes de vies humaines, ne sauraient justifier ou excuser une pratique dont l'effet naturel et forcé est de soumettre les nations neutres et la personne des neutres à des risques nouveaux et impossibles à mesurer.

Le gouvernement impérial allemand n'a pas à espérer que le gouvernement des États-Unis négligera de réclamer ou d'avoir recours à tout acte nécessaire à l'exécution de son devoir sacré qui est de soutenir les droits des États-Unis et de ses citoyens, et d'en sauvegarder le libre exercice et la jouissance.

BRYAN.

l'Atlantique qu'un état de guerre existe entre l'Allemagne et ses alliés et la Grande-Bretagne et ses alliés; que la zone de guerre comprend les eaux adjacentes aux Iles Britanniques; que, conformément à une Note formelle du gouvernement impérial allemand, les navires portant le pavillon de la Grande-Bretagne ou de quelqu'un de ses alliés sont soumis à destruction dans ces eaux et que les voyageurs voguant dans la zone de guerre sur des navires de la Grande-Bretagne ou de ses alliés le feront à leurs risques et périls. — Ambassade impériale allemande. — Washington, D. C., 22 avril 1915.

408

Allemagne. — Note du gouvernement allemand en réponse a la Note des États-Unis du 13 mai 1915, remise a l'ambassadeur américain a Berlin pour être envoyée au gouvernement des États-Unis d'Amérique, au sujet des intérêts américains lésés par la guerre sous-marine allemande, en date du 28 mai 1915.

Berlin, 28 mai 1915.

Le gouvernement impérial a soumis à un examen soigneux les déclarations du gouvernement des États-Unis et désire contribuer aussi pour sa part, ouvertement et amicalement, à éclaircir tous les malentendus qui ont pu se produire dans les relations des deux gouvernements à propos des incidents mentionnés par le gouvernement américain.

Tout d'abord, en ce qui concerne les cas des navires américains *Cushing* et *Gulflight*, l'ambassade américaine a déjà été informée que, bien loin d'avoir l'intention d'ordonner dans la zone des attaques par sous-marins ou aéroplanes contre des navires neutres qui ne sont coupables d'aucun acte hostile, le gouvernement allemand a, au contraire, à plusieurs reprises, donné des Instructions des plus explicites aux forces allemandes pour qu'elles évitent d'attaquer de tels navires. Si, dans les quelques derniers mois, des navires neutres ont été endommagés par les sous-marins allemands, ce fut par suite de méprises, et ce furent là des cas isolés et exceptionnels provoqués par l'abus des pavillons étrangers de la part du gouvernement anglais et par des négligences ou une attitude louche des capitaines de ces navires. Dans tous les cas où des bâtiments neutres ont, sans qu'il y ait eu de leur faute, souffert par le fait des sous-marins ou des avions allemands, le gouvernement allemand, après que les faits ont été constatés, a exprimé ses regrets pour l'événement malheureux et a promis de payer une indemnité quand les réclamations étaient fondées. C'est dans ce sens que le gouvernement allemand règlera les incidents des navires américains *Cushing* et *Gulflight*. Une enquête sera faite et les résultats en seront communiqués sous peu à l'ambassade. Cette enquête pourra, s'il est jugé désirable, être complétée par une Commission internationale d'enquête conformément au titre III de la convention de la Haye du 18 octobre 1907 sur le règlement pacifique des conflits internationaux.

Dans le cas de la destruction du vapeur anglais *Falaba*, le commandant du sous-marin allemand voulait donner aux passagers et à l'équipage toutes les facilités de se sauver. C'est seulement après que le capitaine eût enfreint l'ordre de se préparer et de quitter le navire en envoyant des fusées, signal pour demander du secours, que le commandant allemand déclara par signaux et par mégophone qu'il donnait dix minutes à l'équipage et aux passagers pour quitter le navire. En réalité, il leur accorda 23 minutes et il ne mit feu à la torpille que quand il vit des navires suspects arriver en hâte pour aider le *Falaba*.

En ce qui concerne les pertes de vies résultant de la destruction du navire à passagers *Lusitania*, le gouvernement allemand a déjà exprimé son profond regret aux gouvernements neutres dont les nationaux ont trouvé la mort dans cette occasion. Mais le gouvernement impérial croit devoir, à ce propos, indiquer certains faits importants intéressant directement le naufrage du *Lusitania* qui peuvent avoir échappé à l'attention du gouvernement des États-Unis. Il considère, en effet, comme nécessaire, afin d'aboutir à une compréhension claire et parfaite de l'affaire désirée par chaque intéressé, que les deux gouvernements soient d'abord convaincus que les rapports des faits qu'ils ont sous les yeux sont complets et agréés par eux.

Le gouvernement des États-Unis part de la supposition que le *Lusitania* doit être considéré comme un navire marchand ordinaire non armé.

Le gouvernement impérial demande à faire remarquer sur ce point que le *Lusitania* était un des plus grands et des plus rapides navires de commerce anglais, qu'il avait été construit avec des fonds du gouvernement pour être aménagé comme croiseur auxiliaire et qu'il figurait expressément sur la liste navale (*Navy List*) publiée par l'Amirauté anglaise. Le gouvernement impérial sait de plus, par des rapports dignes de foi de ses fonctionnaires et par les déclarations de passagers neutres, que, depuis quelque temps, en fait, la plupart des plus importants navires marchands anglais ont été munis de canons, de munitions et d'autres armes, et qu'ils ont été renforcés d'un équipage spécialement entraîné à la manœuvre des canons. D'après des rapports que nous avons en mains, le *Lusitania*, quand il quitta New-York, avait sans aucun doute aussi des canons à bord qui étaient dissimulés sous le pont.

Le gouvernement impérial a, de plus, l'honneur d'attirer particulièrement l'attention du gouvernement américain sur le fait que l'Amirauté anglaise, par des instructions secrètes rendues au mois de février de cette année, a recommandé aux navires marchands anglais non seulement de se protéger au moyen de pavillons et de marques neutres, mais encore, étant ainsi maquillés, d'attaquer les sous-marins allemands en les éperonnant. De fortes sommes ont été promises par le gouvernement anglais, comme spécial encouragement, pour la destruction des sous-marins par des navires de commerce ; plusieurs de ces sommes ont déjà été payées.

En présence de ces faits qui sont connus d'une façon certaine, le gouvernement impérial ne peut plus considérer comme étant « territoire sans défense » les navires de commerce anglais qui se trouvent dans la zone maritime de guerre désignée par l'Etat-major naval de la marine allemande. Les commandants allemands ne sont donc plus en mesure d'observer, comme ils le faisaient auparavant, les règles habituelles sur les prises navales. D'une façon précise, le gouvernement impérial peut indiquer spécialement que, dans son dernier voyage, le *Lusitania*, suivant en cela des errements précédents, avait à bord des troupes canadiennes et du matériel de guerre, notamment 5.400 caisses de munitions destinées à faire périr de braves soldats allemands qui remplissent avec dévouement et dévotion leur devoir pour le service de la patrie.

Le gouvernement impérial a ainsi agi en état de légitime défense en détruisant avec tous les moyens à sa disposition les munitions de l'ennemi pour protéger la vie des soldats allemands. La Compagnie anglaise de navigation à laquelle appartenait le *Lusitania* devait avoir été prévenue des dangers auxquels étaient exposés les passagers de ce navire. En les prenant malgré cela à bord, la Compagnie a délibérément cherché à se servir de la vie de citoyens américains comme protection pour ses transports de munitions. Elle a violé, en outre, les prescriptions parfaitement claires des lois américaines qui défendent expressément et punissent l'embarquement de passagers sur des navires qui ont à bord des explosifs. La Compagnie a donc de gaieté de cœur causé la mort de nombreux passagers. Suivant le rapport très précis du commandant du sous-marin et toutes les autres informations reçues à cet égard, il n'y a aucun doute que si le *Lusitania* a coulé si rapidement, cela est dû principalement à l'explosion de la cargaison de munitions causée par l'éclatement de la torpille. Autrement, suivant toutes les prévisions humaines, les passagers du *Lusitania* auraient été sauvés.

Le gouvernement impérial considère les faits indiqués ci-dessus comme étant d'une importance suffisante pour les recommander à un examen attentif du gouvernement américain. Le gouvernement impérial se réserve d'adopter une attitude définitive sur ce qu'il doit faire au sujet des réclamations qui lui ont été adressées par rapport à la destruction du *Lusitania*, jusqu'à ce qu'il ait reçu une réponse du gouvernement américain. Il rappelle qu'il a accueilli avec satisfaction la proposition de bons offices soumise par le gouvernement américain à Berlin et à Londres dans le but de trouver un *modus vivendi* pour la conduite de la guerre navale entre l'Allemagne et l'Angleterre. Le gouvernement impérial a prouvé à ce moment avec une ample évidence sa bonne volonté, en s'empressant d'examiner cette proposition. Mais la réalisation de cette proposition a échoué, comme on le sait, à cause de son rejet par la Grande-Bretagne.

VON JAGOW.

409

Allemagne. — NOTE DU GOUVERNEMENT ALLEMAND AU SUJET DES DOMMAGES CAUSÉS AUX NAVIRES AMÉRICAINS *GULFLIGHT* ET *CUSHING*, REMISE A L'AMBASSADEUR AMÉRICAIN A BERLIN POUR ÊTRE ADRESSÉE AU GOUVERNEMENT DES ÉTATS-UNIS D'AMÉRIQUE, EN DATE DU 1er JUIN 1915.

Berlin, le 1er juin 1915.

Se référant à la Note du 28 mai (1), le soussigné a l'honneur d'informer Son Excellence l'ambassadeur américain M. James-W. Gerard que l'examen fait par le gouvernement allemand au sujet des navires américains *Gulflight* et *Cushing* a conduit aux conclusions suivante :

Au sujet de l'attaque du vapeur *Gulflight*, le commandant d'un sous-marin allemand a vu dans l'après-midi du 1er mai, dans le voisinage des Iles Scilly, un grand navire marchand venant vers lui, qui était accompagné par deux petits navires. Ces derniers prirent une telle position par rapport au vapeur qu'ils formaient une évidente protection contre les sous-marins ; l'un deux, de plus, avait un appareil de télégraphie sans fil, ce qui n'est pas la règle habituelle pour de petits navires. De cela, on devait évidemment conclure qu'on se trouvait en présence de convoyeurs anglais. Puisque de tels navires sont régulièrement armés, le sous-marin ne pouvait approcher le vapeur à la surface de l'eau, sans courir le danger d'être détruit. D'un autre côté, il était à supposer que le vapeur avait une valeur considérable pour le gouvernement britannique, puisqu'il était si particulièrement gardé. Le commandant ne pouvait voir de marques neutres d'aucune sorte, c'est-à-dire des marques distinctives peintes sur le bordage (*freeboard*) et reconnaissables à distance, comme celles qu'ont maintenant l'habitude de porter les navires neutres dans la zone navale anglaise de guerre. En conséquence, il arriva à conclure de toutes ces circonstances qu'il avait affaire à un vapeur anglais, et il l'attaqua en étant submergé. La torpille frappa dans le voisinage immédiat d'un des convoyeurs, qui de suite approcha l'endroit d'où le coup était parti, de façon que le sous-marin fût forcé d'aller à une très grande profondeur pour ne pas être éperonné.

La conclusion du commandant qu'il s'agissait d'un convoyeur anglais était par ce fait confirmée. Le fait que le navire attaqué portait le pavillon américain fut observé pour la première fois au moment où fut envoyée la torpille. La circonstance que le navire poursuivait une route qui ne conduisait pas en Amérique, et qui n'en venait pas, était une nouvelle raison pour qu'il ne vînt pas à la pensée du commandant du sous-marin qu'il se trouvait en présence d'un navire américain.

En considérant le moment et l'endroit où l'événement s'est produit, le gouvernement allemand en est venu à la conviction que le navire attaqué était le navire américain *Gulflight*. Si on tient compte des circonstances accessoires, il n'y a aucun doute que l'attaque ne doit pas être attribuée à la faute du commandant, mais à un accident regrettable. Le gouvernement allemand exprime ses regrets au gouvernement des États-Unis au sujet de cet accident et il déclare qu'il est prêt à fournir entière satisfaction pour les dommages soufferts par les citoyens américains. Il laisse à la discrétion du gouvernement américain le soin de préparer un état de ces dommages ; si des doutes peuvent exister sur certains points particuliers, le gouvernement américain désignera un expert qui aura à déterminer de concert avec un expert allemand le montant des dommages.

Il n'a pas encore été possible au moyen d'une enquête d'éclaircir complètement le cas du navire américain *Cushing*. Suivant les rapports officiels dignes de foi, c'est seulement un navire marchand qui a été attaqué par un avion allemand dans le voisinage de Nordhind

(1) V. ci-dessus, p. 67.

Lightship. L'aviateur allemand a considéré le navire comme ennemi, et il était forcé de le considérer comme tel, puisque ce navire ne portait aucune marque neutre reconnaissable. L'attaque, qui fut faite avec quatre bombes, n'était naturellement destinée à aucun navire américain.

Que cependant le navire attaqué fût le navire américain *Cushing*, cela n'est pas impossible, étant donné le moment et l'endroit où s'est produit l'incident. Néanmoins le gouvernement allemand accède à la demande du gouvernement américain de lui communiquer les renseignements qui lui ont servi pour son jugement, de façon qu'avec ces renseignements comme base il puisse être pris une autre manière d'envisager la question.

Le soussigné, en remettant cette Note à l'ambassadeur, afin qu'elle soit immédiatement soumise à l'attention du gouvernement, lui renouvelle l'assurance de sa considération la plus distinguée.

VON JAGOW.

410

États-Unis d'Amérique. — Réponse du gouvernement américain aux Notes allemandes des 28 mai et 1er juin 1915 (1), envoyée a l'ambassadeur américain a Berlin pour être remise au gouvernement allemand, en date du 9 juin 1915.

Département d'État, Washington, 9 juin 1915, n° 1803.

Le gouvernement des États-Unis note avec plaisir la reconnaissance entière par le gouvernement impérial allemand, dans la discussion du cas du *Cushing* et du *Gulflight*, du principe de la liberté de toutes les parties de la haute mer pour les navires neutres et la véritable bonne volonté du gouvernement impérial allemand de reconnaître et d'accepter sa responsabilité, quand le fait d'attaquer des navires neutres « qui ne sont coupables d'aucun acte hostile » par les aéros ou les navires de guerre allemands est établi d'une façon satisfaisante. Le gouvernement des États-Unis, en conséquence, remettra au gouvernement impérial allemand, comme il le demande, des renseignements complets sur l'attaque du navire *Cushing*.

En ce qui concerne le torpillage du navire *Falaba*, où un citoyen américain a perdu la vie, le gouvernement des États-Unis est surpris de voir le gouvernement impérial allemand prétendre que le fait par un navire marchand de s'efforcer d'échapper à la capture ou d'appeler assistance puisse modifier l'obligation des officiers d'opérer la capture en sauvegardant la vie des personnes qui sont à bord du navire marchand, alors que le navire a cessé de chercher à s'échapper quand il a été torpillé. Ce ne sont pas là des circonstances nouvelles. Elles ont été envisagées par les hommes d'État et les juristes internationaux à travers le développement de la guerre navale, et le gouvernement des États-Unis ne comprend pas qu'elles aient été jugées de nature à modifier les principes d'humanité sur lesquels il a insisté. Seuls une résistance véritablement violente ou des efforts continus pour fuir de la part d'un navire marchand qui a reçu l'ordre de s'arrêter pour permettre de procéder à la visite peuvent mettre en danger la vie des passagers et de l'équipage. Le gouvernement des États-Unis ne comprend pas toutefois que le gouvernement impérial allemand cherche à dégager sa responsabilité en indiquant seulement les circonstances qui ont amené le commandant du sous-marin à se montrer si pressé dans la marche qu'il a suivie.

La Note de Votre Excellence, en discutant la question des pertes des vies américaines résultant de la destruction du navire *Lusitania*, s'étend assez longuement sur certaines

(1) V. ci-dessus, p. 67 et 69.

informations que le gouvernement impérial allemand aurait reçues concernant le caractère et l'équipement de ce navire, et Votre Excellence exprime la crainte que de telles informations pourraient ne pas avoir été connues du gouvernement des États-Unis. Il est annoncé que le *Lusitania* était sans aucun doute garni de canons dissimulés, qu'il avait à son bord des canonniers exercés et des munitions spéciales, qu'il transportait des troupes du Canada, qu'il avait une cargaison interdite d'après les lois des États-Unis à un navire portant aussi des passagers et qu'il servait en réalité d'auxiliaire aux forces navales de la Grande-Bretagne. Ce sont là des points sur lesquels le gouvernement des États-Unis est heureusement en mesure de donner au gouvernement impérial allemand des renseignements officiels. Si les faits allégués dans la Note de Votre Excellence étaient vrais, le gouvernement des États-Unis aurait été obligé d'en prendre une connaissance officielle en accomplissant son devoir comme puissance neutre et en appliquant ses lois nationales. Son devoir était de veiller à ce que le *Lusitania* ne fût pas armé pour une action offensive, qu'il ne servît pas comme transport de troupes, qu'il ne portât pas une cargaison défendue par les lois des États-Unis ; et que si en fait il constituait un navire de guerre de la Grande-Bretagne, il ne reçût pas un certificat de sortie en qualité de navire marchand. Le gouvernement des États-Unis a rempli son devoir et a appliqué ses règlements avec une scrupuleuse vigilance par l'intermédiaire de ses fonctionnaires régulièrement constitués. Il est donc à même d'assurer le gouvernement impérial allemand qu'il a été mal informé. Si le gouvernement impérial allemand s'estime en possession de preuves évidentes et convaincantes que les fonctionnaires du gouvernement des États-Unis n'ont pas rempli soigneusement leur devoir, le gouvernement des États-Unis a le sincère espoir que l'Allemagne voudra bien lui soumettre ces preuves pour qu'elles soient examinées.

Quel que soit le point de vue auquel se place le gouvernement impérial allemand concernant le transport d'articles de contrebande de guerre du *Lusitania* ou l'explosion de ces articles par suite du torpillage, le gouvernement des États-Unis se borne à déclarer qu'un tel point de vue n'a rien à faire avec la légalité et les méthodes employées par les autorités navales allemandes dans la destruction du navire.

En effet, la destruction du navire transportant des passagers implique le respect des principes d'humanité et relègue à l'arrière-plan toutes les circonstances accessoires qui sont supposées affecter ces questions. De tels principes élèvent celles-ci, ainsi que le gouvernement impérial allemand sans aucun doute le reconnaîtra et s'en convaincra bientôt, bien au-dessus des sujets ordinaires de discussion diplomatique ou de controverse internationale. Quels que soient les faits secondaires concernant le *Lusitania*, le fait principal est que le grand paquebot, destiné en premier lieu au transport des passagers, et qui portait plus d'un millier de personnes n'ayant ni rôle ni mission dans la conduite de la guerre, a été torpillé et coulé en dehors de toute provocation et sans l'ombre d'un avertissement préalable, et que des hommes, des femmes et des enfants ont trouvé la mort dans des circonstances sans précédent dans les guerres modernes. Le fait que plus de cent citoyens américains ont péri dans ce désastre impose au gouvernement des États-Unis le devoir de rappeler ces choses et d'attirer une fois de plus, avec force, l'attention du gouvernement impérial allemand sur la grave responsabilité que le gouvernement des États-Unis pense qu'il a encourue par suite de ce tragique événement et sur le point de droit indiscutable sur lequel repose une telle responsabilité. Le gouvernement des États-Unis soutient quelque chose de beaucoup plus élevé que de simples droits de propriété et des privilèges commerciaux. Ce qu'il soutient n'est rien de moins que les droits sacrés de l'humanité que tout gouvernement tient à honneur de respecter et qu'aucun gouvernement ne peut se croire autorisé à abandonner au nom de ceux qui sont placés sous sa protection et son autorité. Seuls une véritable résistance du navire à la capture ou le refus par lui de stopper quand cela lui a été ordonné pour l'opération de la visite pourraient fournir au commandant du sous-marin quelque moyen de justifier la mise en péril des vies de ceux qui se trouvent à bord de ce navire. Le gouvernement des États-Unis sait qu'un pareil principe a été reconnu et admis par des instructions explicites envoyées le 3 août 1914 par l'Amirauté impériale allemande à ses commandants en mer, comme il l'a été par les codes navals des autres nations ; et chaque voyageur ou chaque marin est en droit de compter sur lui. C'est ce principe humanitaire, ainsi que la loi fondée sur un tel principe, qui doivent guider les États-Unis.

Le gouvernement des États-Unis est heureux de voir que la Note de Votre Excellence se termine par l'indication que le gouvernement impérial allemand est toujours désireux, maintenant comme avant, d'accepter les bons offices des États-Unis pour essayer d'amener une entente avec le gouvernement de la Grande-Bretagne en vue de modifier le caractère et les conditions de la guerre navale. Le gouvernement des États-Unis considérerait comme un privilège de rendre ainsi service à ses amis et au monde. Il se tient prêt à communiquer à un gouvernement quelconque toute idée ou suggestion émanant d'un autre gouvernement, et il invite cordialement le gouvernement impérial allemand à utiliser ses services dans cette voie selon sa convenance. Le monde entier est intéressé dans tout ce qui peut apporter même une légère conciliation des intérêts en présence ou tempérer de quelque façon les souffrances épouvantables et douloureuses du conflit actuel.

Entre temps, quel que soit l'arrangement pouvant être conclu entre les différentes parties en guerre et quelles que soient dans l'opinion du gouvernement impérial allemand les excuses et les circonstances dont puissent se prévaloir ses commandants sur mer, en vue de justifier leurs actes passés, le gouvernement des États-Unis espère avec confiance que le gouvernement allemand agira avec justice et humanité chaque fois que des Américains auront à souffrir par eux-mêmes ou dans leurs droits en tant que neutres.

En conséquence, le gouvernement des États-Unis renouvelle très solennellement et d'une façon pressante les représentations renfermées dans la Note qu'il a transmise le 15 mai au gouvernement impérial allemand (1), s'en reposant pour leur justification sur les principes humanitaires, sur les conventions internationales universellement reconnues et sur la vieille amitié de la nation allemande.

Le gouvernement des États-Unis est dans l'impossibilité d'admettre que la proclamation d'une zone de guerre dont les navires neutres sont prévenus de s'écarter puisse à un degré quelconque diminuer les droits des armateurs américains ou des citoyens américains que des circonstances légitimes obligent à prendre passage sur des bâtiments marchands appartenant à une nation belligérante. Il ne comprend pas que le gouvernement impérial allemand puisse mettre de tels droits en doute. Le gouvernement des États-Unis reconnait également comme un principe indubitable que les vies des non-combattants ne peuvent légitimement et légalement être mises en danger par suite de la capture ou de la destruction d'un navire marchand qui n'oppose aucune résistance et comme une obligation la prise de toutes les précautions nécessaires en vue de déterminer si le navire marchand suspect appartient en fait à un belligérant quelconque ou transporte réellement de la contrebande de guerre sous un pavillon neutre. Le gouvernement des États-Unis s'attend fort justement à ce que le gouvernement impérial allemand adopte les mesures nécessaires à la mise en pratique des principes ci-dessus mentionnés en ce qui concerne la sauvegarde des vies américaines et les navires américains, et il demande des assurances que de telles mesures vont être prises.

ROBERT LANSING,
Secrétaire d'État par intérim.

(1) V. ci-dessus, p. 64.

411

Allemagne. — Réponse de l'Allemagne a la Note américaine du 9 juin 1915, adressée a l'ambassadeur des États-Unis a Berlin pour être remise au gouvernement américain, relativement aux procédés allemands dans la guerre sous-marine, et spécialement a la destruction du *Lusitania*, en date du 8 juillet 1915.

Ministère des affaires étrangères. Berlin, 8 juillet 1915.

Le gouvernement impérial a appris avec satisfaction par la Note du gouvernement des États-Unis (1) combien ce gouvernement tient sérieusement à ce que les principes d'humanité soient observés dans la guerre actuelle. Ce désir trouve aussi un vif écho en Allemagne et le gouvernement impérial est tout disposé à permettre, comme il l'a toujours fait, que ses déclarations et ses décisions, dans le cas présent, soient guidées par les principes d'humanité.

Le gouvernement impérial a constaté avec gratitude que le gouvernement américain, dans sa Note du 15 mai, a rappelé lui-même que l'Allemagne s'était toujours laissé guider par les principes de progrès et d'humanité en ce qui concerne les lois de la guerre maritime.

Depuis l'époque où Frédéric le Grand négocia avec John Adams, Benjamin Franklin et Thomas Jefferson le traité d'amitié et de commerce du 10 septembre 1785 entre la Prusse et la République de l'Ouest, les hommes d'État allemands et américains ont été en réalité toujours unis dans leur lutte pour la liberté des mers et pour la protection du commerce pacifique.

Dans les actes internationaux qui ont eu lieu depuis lors en vue de la fixation des lois de la guerre maritime, l'Allemagne et l'Amérique se sont prononcées l'une et l'autre pour les principes de progrès, spécialement pour l'abolition du droit de capture sur mer et pour la protection des intérêts des neutres.

Au commencement de la guerre actuelle, le gouvernement allemand a aussi fait savoir immédiatement, en réponse à la proposition du gouvernement américain, qu'il était prêt à ratifier la déclaration de Londres et à se soumettre ainsi, dans l'emploi de ses forces navales, à toutes les restrictions établies par cette déclaration en faveur des neutres.

L'Allemagne a de même toujours maintenu le principe d'après lequel la guerre doit être dirigée contre les forces armées et organisées du pays ennemi, tandis que la population civile de l'ennemi doit être épargnée autant que possible par les mesures prises en raison de la guerre. Le gouvernement impérial espère fermement que lorsque la paix sera conclue ou peut-être plus tôt, on trouvera le moyen de fixer la loi de la guerre maritime d'une façon qui garantisse la liberté de la mer, et il sera reconnaissant et satisfait s'il peut agir à cette occasion de concert avec le gouvernement américain.

Si, dans la guerre actuelle, les principes qui devraient être l'idéal de l'avenir ont été lésés de plus en plus, à mesure que cette guerre s'est prolongée, ce n'est pas la faute du gouvernement allemand. Le gouvernement américain sait combien les adversaires de l'Allemagne, en paralysant complètement le commerce pacifique entre l'Allemagne et les pays neutres, se sont efforcés, dès le commencement de la guerre, et avec un manque de considération toujours plus grand, de détruire non pas tant les forces armées que la vie même de la nation allemande, répudiant ainsi les lois internationales et méprisant tous les droits des neutres.

Le 3 novembre 1914, l'Angleterre a établi une zone de guerre dans la mer du Nord,

(1) V. ci-dessus, p. 70.

et en plaçant des mines mal ancrées et arrêtant et capturant des navires, a rendu la traversée extrêmement dangereuse et difficile pour les bâtiments des neutres, de sorte qu'elle a en réalité bloqué des côtes et des ports neutres contrairement à toutes les lois internationales. Longtemps avant le commencement de la guerre sous-marine, l'Angleterre a empêché réellement et entièrement le passage légitime des navires neutres se rendant en Allemagne. C'est ainsi que l'Allemagne a été obligée de faire une guerre sous-marine contre le commerce.

Le 16 novembre 1914, le premier ministre anglais a déclaré à la Chambre des communes qu'une des principales tâches de l'Angleterre consistait à empêcher les vivres pour la population allemande d'arriver en Allemagne par la voie des ports neutres.

Depuis le 1er mars de la présente année, l'Angleterre a saisi sur les navires neutres, sans autres formalités, toutes les marchandises destinées à l'Allemagne et aussi toutes les marchandises provenant d'Allemagne, même lorsqu'elles étaient propriété neutre. De même que ce fut le cas pour les Boers, on donne maintenant au peuple allemand le choix de périr de faim avec ses femmes et ses enfants ou d'abandonner son indépendance.

Pendant que nos ennemis proclamaient ainsi tout haut et ouvertement une guerre sans merci jusqu'à ce que notre destruction complète eût été accomplie, nous avons conduit la guerre pour défendre notre existence nationale et pour assurer une paix permanente. Nous avons été contraints d'adapter la guerre sous-marine à l'objet de contrecarrer les intentions déclarées de nos ennemis et la méthode de guerre qu'ils ont adoptée en contravention de la loi internationale.

En faisant en principe tous ses efforts pour sauvegarder les vies et la propriété des neutres autant que possible, le gouvernement allemand a reconnu, sans réserves, dans son Mémorandum du 4 février (1), que les intérêts des neutres pourraient souffrir de la guerre sous-marine. Cependant le gouvernement américain comprendra aussi le fait que dans le combat pour l'existence qui a été imposé à l'Allemagne par ses adversaires et qui a été annoncé par eux, le devoir sacré du gouvernement impérial est de faire tout ce qui est en son pouvoir pour protéger et sauver les vies de sujets allemands. Si le gouvernement impérial négligeait ce devoir qui lui incombe, il serait coupable devant Dieu et devant l'histoire de la violation de ces principes de la plus haute humanité qui sont la fondation de toute existence nationale.

Le cas du *Lusitania* montre avec une horrible clarté à quelle mise en danger de vies humaines conduit la manière de conduire la guerre qu'emploient nos adversaires. En contradiction très directe à la loi internationale, toutes les distinctions entre navires marchands et vaisseaux de guerre ont été oblitérées par l'ordre donné aux navires marchands anglais de s'armer et d'éperonner les sous-marins et par les récompenses offertes pour cet objet; les neutres, qui se servent de vaisseaux de commerce pour voyager, ont, par suite, été exposés de plus en plus à tous les dangers de la guerre.

Si le commandant du sous-marin allemand qui détruisit le *Lusitania* avait permis à l'équipage et aux passagers de se réfugier dans les canots avant de lancer une torpille, cela eût équivalu à la destruction certaine de son propre bâtiment. Après les expériences que nous avons eues en faisant couler des bâtiments bien plus petits et moins capables de tenir la mer, on devait s'attendre à ce qu'un puissant navire comme le *Lusitania* flotterait assez longtemps, même après le torpillage du bâtiment, pour que les passagers eussent le temps d'entrer dans les canots du bateau. Des circonstances toutes particulières, spécialement la présence à bord de grandes quantités d'explosifs puissants, ont mis à néant cet espoir.

En outre, on peut faire observer que si le *Lusitania* avait été épargné, des milliers de caisses de munitions eussent été envoyées aux ennemis de l'Allemagne et que par là des milliers de mères et d'enfants allemands eussent été privés des hommes assurant leur vie.

Dans l'esprit d'amitié dont la nation allemande a toujours été imbue à l'égard de l'Union (États-Unis) et de ses habitants depuis les premiers jours de l'existence de

(1) V. ci-dessus, p. 21.

l'Amérique, le gouvernement impérial sera toujours prêt à faire tout ce qu'il pourra même dans la guerre actuelle, pour empêcher que les vies des citoyens américains soient mises en danger.

Le gouvernement impérial répète donc ses assurances qu'il n'empêchera pas les navires, américains de continuer leurs voyages légitimes et qu'il ne mettra pas en danger les vies de citoyens américains sur des bâtiments neutres.

Afin d'exclure tous dangers imprévus pour les vapeurs américains transportant des passagers, dangers qui sont possibles en raison de la manière dont les adversaires de l'Allemagne conduisent la guerre maritime, les sous-marins allemands auront pour instructions de permettre le passage en toute sécurité desdits vapeurs à voyageurs lorsqu'on pourra les reconnaître par des marques spéciales et lorsqu'on aura été averti dans un temps raisonnable de leur passage. Le gouvernement impérial cependant a le ferme espoir que le gouvernement américain assumera la garantie que ces bâtiments n'ont pas de contrebande à bord. Les autorités navales des deux côtés s'entendront sur les délais des arrangements pour le passage sans obstacle de ces bâtiments.

Afin de fournir des facilités convenables pour le passage de l'océan Atlantique par les citoyens américains, le gouvernement allemand propose que soit accru le nombre des vapeurs de ce genre par l'installation dans le service des passagers d'un nombre raisonnable de vapeurs neutres portant le pavillon américain, le nombre exact de ces vapeurs devant être fixé dans les mêmes conditions que celles pour les vapeurs américains ci-dessus mentionnés.

Le gouvernement impérial croit pouvoir affirmer que de cette façon les facilités suffisantes pour le voyage à travers l'océan Atlantique pourraient être offertes aux citoyens américains. Par conséquent, il n'apparaît pas qu'il y ait une nécessité absolue pour des citoyens américains de se rendre en Europe en temps de guerre dans des navires portant pavillon ennemi. En particulier, le gouvernement impérial ne saurait admettre que des citoyens américains puissent protéger un navire ennemi par le seul fait de leur présence à bord.

L'Allemagne n'a fait que suivre l'exemple de l'Angleterre en déclarant une partie des hautes mers comme un théâtre de la guerre. En conséquence, des accidents subis par des neutres sur des navires ennemis dans ce théâtre de la guerre ne peuvent guère être jugés différemment d'accidents auxquels les neutres sont constamment exposés sur le théâtre de la guerre sur terre lorsqu'ils se rendent dans les localités dangereuses, malgré les avertissements donnés à l'avance.

Si, cependant, il n'était pas possible au gouvernement américain de réquisitionner un nombre suffisant de vapeurs à passagers neutres, le gouvernement impérial ne verrait pas d'objection à ce que le gouvernement américain plaçât sous pavillon américain quatre paquebots ennemis pour le trafic des voyageurs entre l'Amérique du Nord et l'Angleterre. Les assurances données pour le passage « libre et sûr » de vapeurs à passagers américains seraient alors étendues de manière à s'appliquer dans des conditions identiques à ces vapeurs à passagers appartenant autrefois à l'ennemi.

Le Président des États-Unis a déclaré, dans des termes qui méritent nos remerciements, qu'il était prêt à communiquer et à suggérer au gouvernement de la Grande-Bretagne des propositions se référant particulièrement à la modification de la guerre maritime. Le gouvernement impérial sera toujours heureux de faire usage des bons offices du Président, et il espère que les efforts du Président dans le cas actuel et aussi dans le sens du haut idéal de la liberté des mers amèneront une entente. Le soussigné prie l'ambassadeur de porter cette Note à la connaissance du gouvernement américain et profite de cette circonstance pour renouveler à Son Excellence l'assurance de sa considération très distinguée.

VON JAGOW.

412

Allemagne. — Mémorandum du gouvernement allemand relatif au dommage causé au vapeur américain *Nebraska* par un sous-marin allemand, remis a l'ambassadeur américain a Berlin pour être adressé au gouvernement des États-Unis d'Amérique, en date du 12 juillet 1915.

Berlin, 12 juillet 1915.

Le gouvernement allemand a reçu, par des comptes rendus d'un journal, la nouvelle que le vapeur américain *Nebraska* avait été endommagé par une mine ou une torpille sur la côte Sud-Ouest d'Irlande. Il a fait alors sans retard une enquête sur ce cas et il a été convaincu par le résultat de cette enquête que les dommages du *Nebraska* étaient dus à une attaque par un sous-marin.

Le 25 mai au soir, le sous-marin rencontra un vapeur allant vers l'Ouest, sans pavillon et sans marques neutres sur son bordage (*freeboard*) à environ 35 nœuds marins à l'Ouest de Fassnet Rock ; aucun dispositif pour l'éclairage du pavillon ou des marques ne pouvant être vu.

Dans le crépuscule, qui déjà existait, le nom du vapeur n'était pas visible pour le sous-marin. Aussi le commandant du sous-marin devait supposer par son expérience que des navires anglais, et non pas des navires neutres, devaient seuls traverser la zone maritime de guerre sans pavillon et sans marques. Convaincu qu'il avait en face de lui un navire ennemi, il attaqua le bâtiment à l'aide d'une torpille.

Quelque temps après que le coup eût été porté, le commandant vit que le navire avait dans l'intervalle hissé le pavillon américain. En conséquence, il s'abstint naturellement de procéder à une nouvelle attaque. Puisque le navire était resté à flots il n'y avait aucune raison pour qu'il s'intéressât aux embarcations qui avaient été mises à l'eau.

De tout ceci il résulte sans aucun doute que l'attaque contre le vapeur *Nebraska* n'a pas voulu être faite contre le pavillon américain, et qu'elle n'implique aucune faute à la charge du commandant du sous-marin allemand ; elle doit être considérée comme un accident regrettable. Le gouvernement allemand exprime à cette occasion tous ses regrets au gouvernement des États-Unis d'Amérique et déclare qu'il est prêt à donner une réparation pour les dommages qu'ont souffert des citoyens américains.

En ce qui concerne le cas du vapeur *Gulflight*, le gouvernement allemand suggère au gouvernement américain de lui soumettre un exposé détaillé des dommages subis : si un doute peut s'élever pour certains points, le gouvernement américain pourrait désigner un expert pour fixer le montant de la réparation, en agissant en collaboration avec un expert allemand.

413

États-Unis d'Amérique. — Note des États-Unis en réponse a la Note allemande du 8 juillet 1915, envoyée a l'ambassadeur des États-Unis a Berlin pour être remise au gouvernement allemand, relative aux procédés de la guerre maritime, en date du 21 juillet 1915.

Washington, 21 juillet 1915.

Le texte de la Note du gouvernement impérial allemand datée du 8 juillet 1915 (1) a été

(1) V. ci-dessus, p. 73.

l'objet d'un soigneux examen de la part du gouvernement des États-Unis, et celui-ci a le regret de dire qu'il l'a trouvée fort peu satisfaisante, parce qu'elle ne donne pas satisfaction aux différences réelles entre les deux gouvernements et n'indique pas le moyen par lequel on pourra appliquer les principes acceptés du droit et de l'humanité dans l'affaire grave qui est en litige, mais elle propose au contraire des arrangements pour la suspension partielle de ces principes qui, en réalité, les écartent.

Le gouvernement des États-Unis note avec satisfaction que le gouvernement impérial allemand reconnaît sans réserve la validité des principes sur lesquels ce gouvernement a insisté dans plusieurs des communications qu'il a adressées au gouvernement impérial allemand au sujet de sa proclamation d'une zone de guerre et de l'emploi des sous-marins contre les navires marchands en haute mer, principes disant que la haute mer est libre, qu'il faut d'abord constater le caractère et la cargaison d'un navire marchand avant qu'il puisse être légalement saisi ou détruit et que les vies des non-combattants ne doivent, en aucune circonstance, être mises en péril à moins que le navire ne résiste ou ne cherche à s'échapper après avoir été sommé de se soumettre à une visite, car il y a là acte de belligérant, et défendre cet acte comme étant un acte de représailles est admettre qu'il est illégal.

Cependant, le gouvernement des États-Unis est amèrement déçu de constater que le gouvernement impérial allemand se croit à un haut degré exempt de l'obligation d'observer ces principes, même en ce qui concerne les vaisseaux neutres, à cause de ce qu'il croit être la politique et la pratique du gouvernement anglais dans la guerre actuelle, à l'égard du commerce neutre.

Le gouvernement impérial allemand comprendra vite que le gouvernement des États-Unis ne saurait discuter la politique du gouvernement anglais à l'égard du commerce neutre, si ce n'est avec ce gouvernement lui-même, et qu'il devra considérer la conduite des autres gouvernements belligérants comme n'ayant pas de rapport avec la discussion ouverte avec le gouvernement allemand sur ce que ce gouvernement considère être des violations graves et injustifiables des droits des citoyens américains de la part des commandants navals allemands.

Ces actes illégaux et inhumains, tout justifiables qu'on puisse les croire quand ils sont commis contre un ennemi que l'on croit avoir agi en contravention de la loi et de l'humanité, sont manifestement indéfendables lorsqu'ils privent les neutres de leurs droits reconnus, par dessus tout lorsqu'ils violent le droit à la vie même. Si un belligérant ne peut exercer de représailles contre un ennemi sans nuire aux existences des neutres, comme à leur propriété, l'humanité aussi bien que la justice et les égards dus à la dignité de puissances neutres devraient prescrire la cessation d'une telle pratique. Si l'on y persiste, elle constituerait dans de pareilles circonstances une offense impardonnable contre la souveraineté de la nation neutre affectée.

Le gouvernement des États-Unis ne méconnaît ni les conditions extraordinaires créées par cette guerre, ni les changements radicaux des circonstances et des méthodes d'attaque produits par l'emploi dans la guerre navale de procédés que les nations du monde n'ont pu avoir en vue lorsqu'ont été formulées les règles existantes du droit des gens, et il est disposé à tenir un compte raisonnable de ces aspects nouveaux et inattendus de la guerre maritime; mais il ne peut consentir à la diminution de n'importe quel droit essentiel ou fondamental de son peuple, du fait d'une simple modification de circonstances.

Les droits des neutres en temps de guerre sont fondés sur un principe, non sur un expédient, et les principes sont immuables.

C'est un devoir, une obligation pour les belligérants de trouver le moyen d'adapter à ces droits les circonstances nouvelles.

Les événements des deux derniers mois ont clairement indiqué qu'il est possible et facile de conduire les opérations sous-marines telles que celles qui ont caractérisé l'activité de la marine impériale allemande dans la zone de guerre, en accord réel avec les pratiques acceptées de la guerre réglementée.

Le monde entier a vu avec intérêt et avec une satisfaction croissante la démonstration de cette possibilité par les commandants navals allemands. Il est donc manifestement possible d'élever toute la pratique des attaques sous-marines au-dessus des critiques qu'elles ont soulevées et d'écarter les causes principales d'offense.

Etant donné l'admission de l'illégalité faite par le gouvernement impérial lorsqu'il plaida le droit de représailles, en défense de ses actes, et étant donné la possibilité manifeste de se conformer aux règles établies de la guerre navale, les États-Unis ne sauraient croire que le gouvernement impérial continuera de s'abstenir de désavouer l'acte voulu par son commandant naval en coulant le *Lusitania*, ou d'offrir une réparation pour les vies humaines perdues, autant qu'une réparation est possible pour la destruction sans nécessité de vies humaines par un acte illégal.

Le gouvernement des États-Unis, tout en appréciant l'esprit amical dans lequel elle fut faite, ne saurait accepter la suggestion du gouvernement impérial allemand tendant à ce qu'on désigne et reconnaisse certains navires qui jouiraient de la liberté sur des mers actuellement proscrites illégalement.

Un pareil accord assujettirait implicitement d'autres vaisseaux à une attaque illégale et serait l'amoindrissement et même l'abandon des principes que ce gouvernement soutient et que concéderait chaque nation dans des temps plus calmes.

Le gouvernement des États-Unis et le gouvernement impérial allemand luttent pour le même but élevé ; pendant longtemps, ils se sont tenus unis pour maintenir les vrais principes sur lesquels le gouvernement des États-Unis insiste aujourd'hui de façon si solennelle. Ils luttent tous deux pour la liberté des mers.

Le gouvernement des États-Unis continuera de lutter pour cette liberté, quel que soit le sort dont on le menace, sans transaction et à tout prix. Il réclame la coopération pratique du gouvernement impérial allemand, et cette coopération pourra obtenir le plus d'effet lorsqu'on pourra réaliser ce grand but commun d'une manière plus frappante et plus efficace.

Le gouvernement impérial allemand exprime l'espoir qu'on pourra aboutir en quelque mesure à ce résultat, même avant la fin de la guerre actuelle.

Cela pourra être. Le gouvernement des États-Unis ne se sent pas seulement obligé d'insister sur ce point, n'importe qui le viole ou le méconnait, en protégeant ses propres citoyens, mais aussi il s'intéresse profondément à ce qu'il soit rendu pratique entre les belligérants eux-mêmes, et il se tient prêt à chaque instant à agir en ami commun, ayant le privilège de proposer un moyen d'atteindre ce but.

En attendant, la valeur que ce gouvernement place dans une amitié longue et ininterrompue entre le peuple et le gouvernement des États-Unis, d'une part, et le peuple et le gouvernement allemands, d'autre part, le pousse à insister d'une manière plus solennelle auprès du gouvernement impérial allemand sur la nécessité d'observer scrupuleusement les droits des neutres dans cette matière critique.

L'amitié elle-même l'oblige à dire au gouvernement impérial que la répétition de la part des commandants de navires de la marine allemande d'actes contraires à ces droits devra être considérée par le gouvernement des États-Unis, pour peu qu'ils affectent des citoyens américains, comme délibérément inamicale.

LANSING.

414

Allemagne. — INSTRUCTIONS DU GOUVERNEMENT ALLEMAND AU SUJET DE L'*ARABIC*, COMMUNIQUÉES LE 24 AOUT 1915 PAR LE COMTE BERNSTORFF, AMBASSADEUR D'ALLEMAGNE, AU DÉPARTEMENT D'ÉTAT DES ÉTATS-UNIS.

Jusqu'ici aucune information officielle utile n'a été donnée en ce qui touche la destruction de l'*Arabic*.

Le gouvernement allemand a confiance que le gouvernement américain ne voudra pas prendre une position définie en écoutant seulement les rapports faits d'un côté et qui, dans l'opinion du gouvernement impérial, ne peuvent correspondre avec les faits, mais que l'Allemagne aura la bonne fortune d'être entendue également.

Quoique le gouvernement impérial ne doute pas de la bonne foi des témoignages dont les déclarations ont été rapportées par les journaux en Europe, il vient à l'esprit que ces déclarations ont été naturellement faites sous l'excitation qui peut facilement entraîner des impressions inexactes.

Si des Américains avaient véritablement perdu la vie, cela serait naturellement contrairement à nos intentions. Le gouvernement allemand regretterait profondément un pareil fait et s'empresserait d'envoyer les plus sincères sympathies au gouvernement américain.

415

Allemagne. — Lettre du Comte Bernstorff, ambassadeur d'Allemagne aux États-Unis, à M. Lansing, secrétaire d'État des affaires étrangères des États-Unis, en date du 1er septembre 1915, à propos du torpillage du *Lusitania*.

Ambassade d'Allemagne, Washington, 1er septembre 1915.

Mon cher secrétaire d'État,

Comme suite à notre conversation de ce jour, j'ai l'honneur de vous informer que mes instructions concernant notre réponse à votre dernière Note (15 mai 1915) (1), à propos du *Lusitania*, contiennent le passage suivant : « Les paquebots ne seront pas coulés par nos sous-marins sans avertissement et sans que des mesures soient prises pour assurer la sécurité des vies des non-combattants, à la condition que les paquebots n'essaient pas d'échapper ou d'offrir de la résistance ».

Bien que je sache que vous ne désirez pas discuter la question du *Lusitania* avant que l'incident de l'*Arabic* ait été réglé d'une manière définitive et satisfaisante, je désire vous donner ces informations, car cette politique fut décidée par mon gouvernement avant que se produisît l'incident de l'*Arabic*.

J. Bernstorff.

416

Allemagne. — Notification du gouvernement allemand à l'ambassadeur des États-Unis à Berlin pour être remise au gouvernement américain, au sujet de l'attaque de l'*Arabic* par un sous-marin allemand, en date du 7 septembre 1915.

Berlin, 7 septembre 1915.

Le 19 du mois d'août, un sous-marin allemand avait saisi, à environ 60 milles marins au Sud de Kingsale, le vapeur anglais *Dunslee* et se préparait, après que l'équipage eût quitté ce bâtiment, à canonner et à couler cette prise.

(1) V. ci-dessus, p. 64.

A ce moment, le commandant vit un grand vapeur se dirigeant directement sur lui. Ce vapeur, qui n'était autre que l'*Arabic*, comme on l'a appris plus tard, a été reconnu comme navire ennemi parce qu'il ne portait ni pavillon ni insigne neutre.

Lorsqu'il approcha, il changea de direction, puis il reprit une direction en ligne directe contre le sous-marin. Le commandant se convainquit alors que le vapeur avait l'intention de l'attaquer et de l'éperonner. Pour éviter cette attaque, il fit plonger le sous-marin et lança une torpille contre le vapeur. Il se rendit compte ensuite que les personnes se trouvant à bord s'étaient sauvées sur quinze canots.

Selon ses instructions, le commandant devait alors attaquer l'*Arabic* sans avertissement et sans se soucier de sauver les vies humaines, si le navire tentait de s'échapper ou opposait de la résistance. D'après tout ce qu'il put remarquer, il dut tirer cette conclusion que l'*Arabic* projetait une violente attaque contre le sous-marin. Il était d'autant plus disposé à conclure ainsi que le 14 du mois d'août, peu de jours avant de se rencontrer avec l'*Arabic*, un grand vapeur portant des passagers, et appartenant probablement à la Compagnie anglaise « Royal Mail Steam Packet », l'avait bombardé à longue distance dans la mer d'Irlande sans qu'il l'ait arrêté ou attaqué.

Le gouvernement allemand déplore sincèrement les pertes de vies humaines causées par la conduite du commandant du sous-marin. Il exprime, en particulier, ses regrets au gouvernement des États-Unis pour les pertes de citoyens américains. Mais il ne se reconnait pas dans l'obligation de payer des indemnités, même dans le cas où le commandant du sous-marin se serait trompé sur les intentions agressives de l'*Arabic*.

Si une entente ne peut se faire sur ce point, entre le gouvernement allemand et le gouvernement des États-Unis, le gouvernement allemand serait disposé à soumettre le différend au tribunal arbitral de la Haye, comme une question de droit des gens, selon l'article 38 de la convention de la Haye, pour la solution pacifique des différends internationaux.

Le gouvernement allemand renonce, cela va sans dire, à l'avance, à reconnaître le droit au tribunal arbitral de trancher la question de savoir si la guerre sous-marine allemande est autorisée ou non par le droit des gens.

417

Allemagne. — Mémorandum du gouvernement allemand au gouvernement des États-Unis en réponse aux Notes américaines des 27 juillet et 1er septembre 1915, au sujet de l'attaque par un sous-marin allemand du paquebot britannique *Orduna*, en date du 9 septembre 1915.

Berlin, 9 septembre 1915.

Vers sept heures un quart du matin, le 9 juillet dernier, un sous-marin allemand apercevait un vapeur à 3 ou 5 milles au plus et un voilier environ à un mille. Ce vapeur naviguait sans pavillon et sans marques de neutralité et il fut pris pour un vapeur ennemi par le commandant du sous-marin à raison de la difficulté d'observation motivée par un temps défavorable. Le commandant attaqua d'abord le vapeur ; il plongea sous l'eau et déchargea contre le navire une torpille qui manqua son but.

Espérant prendre le vapeur étant au-dessus de l'eau, le sous-marin remonta à la surface et chassa le vapeur. Le vapeur ne s'arrêta pas quand un coup de semonce fut tiré, et dès lors plusieurs obus furent lancés qui ne l'atteignirent pas, car le sous-marin était en train de plonger et la distance était grande. Le sous-marin, alors, poursuivit le voilier, qu'on sut être la barque américaine *Normandie*, allant de New-York à Liverpool avec un chargement de bois de charpente. Quoique le chargement se composât de contrebande, le voilier fut autorisé à continuer son voyage sans empêchement, parce qu'il était impossible de garantir que l'équipage pourrait certainement se sauver dans les petits canots si le navire était coulé.

L'attaque contre l'*Orduna* au moyen d'une torpille n'était pas d'accord avec les Instructions existantes qui stipulent que les grands vapeurs à passagers ne peuvent être torpillés qu'après un avertissement préalable et après mise en sûreté des passagers et de l'équipage. La non observation des Instructions est due à une erreur, qui est dans tous les cas compréhensible, mais qui ne se répétera plus, vu que sur ces entrefaites des Instructions plus explicites ont été données. D'ailleurs, les commandants des sous-marins ont été prévenus qu'il était de leur devoir d'agir avec la plus grande attention et d'observer soigneusement les ordres donnés.

418

Allemagne. — Lettre du Comte Bernstorff, ambassadeur d'Allemagne aux États-Unis, à M. Lansing, secrétaire d'État des États-Unis, sur les couleurs nationales peintes sur les flancs des navires, en date du 15 septembre 1915.

15 septembre 1915.

Monsieur le secrétaire d'État.

Le gouvernement impérial m'avise que des navires de commerce qui désirent montrer leur qualité de neutres en peignant leurs couleurs nationales sur leurs flancs commettent souvent la faute d'indiquer ces signes distinctifs d'une manière si menue qu'ils ne peuvent être aperçus à distance. Conformément aux Instructions reçues, je m'en remets à Votre Excellence de porter ce qui précède à la connaissance des armateurs américains dans leurs propres intérêts.

J. Bernstorff.

419

Allemagne. — Lettre du Comte Bernstorff, ambassadeur d'Allemagne aux États-Unis, à M. Lansing, secrétaire d'État des affaires étrangères des États-Unis, en date du 5 octobre 1915, désavouant au nom de son gouvernement le torpillage de l'*Arabic*.

Ambassade d'Allemagne. Washington, 5 octobre 1915.

Mon cher Monsieur le secrétaire.

Inspiré par le désir d'arriver à une solution satisfaisante au sujet de l'incident de l'*Arabic*, mon gouvernement m'a donné les Instructions suivantes :

Les ordres donnés par Sa Majesté l'Empereur aux commandants des sous-marins allemands — dont je vous ai fait part dans des occasions précédentes — ont été rendus si rigoureux que le renouvellement d'incidents semblables à celui de l'*Arabic* est considéré comme impossible.

Conformément au rapport du commandant Schneider, du sous-marin qui a coulé l'*Arabic*, et à son attestation aussi bien qu'à celle de ses hommes, le commandant

Schneider était convaincu que l'*Arabic* avait l'intention de couler le sous-marin. D'un autre côté, le gouvernement impérial ne doute pas de la bonne foi des attestations des officiers anglais qui ont déclaré que l'*Arabic* n'avait pas l'intention de couler le sous-marin. L'attaque du sous-marin a donc été faite contre les instructions données au commandant. Le gouvernement regrette et désavoue cet acte, et il l'a en conséquence fait savoir au commandant Schneider.

Dans ces conditions, mon gouvernement est disposé à payer une indemnité pour les vies américaines perdues sur l'*Arabic* et il en exprime ses regrets.

Je suis autorisé à négocier avec vous le montant de cette indemnité.

Je suis, etc.

J. Bernstorff.

420

Allemagne. — Mémorandum du gouvernement allemand relatif a l'état des vaisseaux marchands armés, transmis télégraphiquement le 15 octobre 1914 au gouvernement des États-Unis par l'ambassadeur américain a Berlin.

Une notice officielle qui a paru dans la *Gazette de Westminster* du 21 septembre 1914 établit que le Département d'État à Washington a posé en règle que des navires de nations belligérantes, quand ils portent des munitions et un armement, doivent être traités néanmoins, pendant qu'ils sont dans des ports américains, comme des navires marchands, si l'armement doit servir seulement pour un usage défensif. Cette décision méconnaît entièrement les principes de la neutralité. La présence d'artillerie à bord de navires marchands britanniques a pour but de faire une résistance armée aux croiseurs allemands. Une résistance de cette sorte est contraire au droit international, parce que au sens militaire il n'est pas permis à un navire marchand de se défendre lui-même contre un vaisseau de guerre, un acte de résistance donnant au navire de guerre... (1) avec équipage et passagers. C'est une question de savoir si des navires armés de la sorte devraient ou non être admis dans des ports d'un pays neutre. De semblables navires, en tout cas, ne devraient pas jouir, dans des ports neutres, d'un meilleur traitement que des vaisseaux de guerre réguliers, et ils devraient être tout au moins sujets aux règles émises par des nations neutres qui restreignent le séjour d'un navire de guerre. Si le gouvernement des États-Unis considère qu'il remplit ses devoirs de nation neutre en limitant l'admission des navires marchands armés à ceux qui sont équipés seulement dans un but défensif, on doit indiquer que, en tant qu'il s'agit de déterminer le caractère guerrier d'un navire, la distinction entre la défensive et l'offensive est sans importance.

Ce qui est concluant, c'est la destination d'un navire pour un usage quelconque dans la guerre ; des restrictions en ce qui touche l'étendue de l'armement ne présentent aucune garantie que les vaisseaux armés seulement dans un but défensif ne voudront pas, sous l'empire de certaines circonstances, user de leur armement dans un but offensif.

(1) Mots omis.

421

États-Unis d'Amérique. — Note du gouvernement des États-Unis au gouvernement allemand sur l'état des vaisseaux marchands armés, en date du 7 novembre 1914.

Département d'État. Washington, 7 novembre 1914.

Le gouvernement des États-Unis ne peut partager les vues du gouvernement allemand, telles que les exprime sa dépêche du 15 octobre 1914 (1), en ce qui touche le traitement à accorder dans des ports neutres aux navires marchands armés de nationalité belligérante.

La pratique suivie par la majorité des États et l'opinion des meilleures autorités en droit international, y compris de nombreux écrivains allemands, soutiennent que des navires marchands peuvent s'armer pour leur défense sans perdre pour cela leur caractère de navire privé, et qu'ils peuvent employer un tel armement contre une attaque hostile sans contrevenir aux principes du droit international.

Le but de l'armement d'un navire marchand est déterminé par des circonstances variées, parmi lesquelles se trouvent le nombre et l'emplacement des canons sur le navire, la quantité des munitions et du combustible, le nombre et le sexe des passagers, la nature de la cargaison, etc. Ces points résolus, la question de savoir si l'armement d'un navire marchand est fait seulement dans un but défensif peut être tranchée sans hésitation et le gouvernement neutre doit régler le traitement du navire conformément à l'usage auquel est affecté son armement.

Le gouvernement des États-Unis considère qu'en permettant à un navire privé de jouir comme navire marchand de l'hospitalité dans ses ports lorsque ce navire a une cargaison ordinaire, une quantité habituelle de combustible, un équipage moyen et des passagers des deux sexes, un petit armement et une faible quantité de munitions, il ne commet aucune violation de ses devoirs de neutre. On doit toutefois reconnaître que les circonstances d'un cas particulier peuvent donner lieu à difficulté et à controverse pour la détermination du caractère d'un navire privé armé visitant les ports d'un gouvernement neutre. Reconnaissant en conséquence qu'il est désirable d'éviter un sujet de réclamation, le gouvernement américain, aussitôt qu'un cas s'est présenté, en même temps qu'il admettait franchement le droit d'un navire marchand de porter un armement défensif, a exprimé sa désapprobation de la pratique qui l'obligeait à ne pas s'occuper du but auquel le navire était destiné, car cette opinion, si elle était prouvée par la suite erronée, constituerait un motif permettant de reprocher une violation de la neutralité.

Comme cela résulte de ces représentations, aucun navire marchand avec un armement n'a visité les ports des États-Unis depuis le 10 septembre. En fait, au commencement de la guerre européenne, deux navires privés armés sont entrés dans les ports de ce pays ou en sont sortis, et quant à ces navires, leur caractère marchand a été établi d'une façon concluante.

Je vous prie d'appeler l'attention du gouvernement allemand sur ce qui précède, et en le faisant, j'exprime l'espoir qu'il empêchera aussi ses navires marchands d'entrer dans les ports des États-Unis en portant des armements, même dans un but défensif, quoiqu'ils aient le droit de le faire d'après les règles du droit international.

Lansing.

(1) V. le texte qui précède.

422

États-Unis d'Amérique. — Résolution du Congrès donnant au Président le pouvoir de mieux assurer et maintenir la neutralité des États-Unis, approuvée le 4 mars 1915.

Résolu par le Sénat et la Chambre des représentants des États-Unis d'Amérique assemblés en Congrès, que, à partir et après l'adoption de la présente résolution et pendant l'existence de la guerre à laquelle les États-Unis ne sont pas parties, et en vue d'empêcher que la neutralité des États-Unis soit violée par l'usage de leur territoire, de leurs ports ou de leurs eaux territoriales comme base d'opérations pour les forces armées d'un belligérant, contrairement aux obligations imposées par le droit international et les traités auxquels ont participé les États-Unis ou aux lois de ceux-ci, le Président, par les présentes, est autorisé à prescrire aux percepteurs des douanes sous la juridiction des États-Unis d'empêcher le départ de tout navire, américain ou étranger, que le Président a un motif raisonnable de croire qu'il se prépare à transporter, en violation des obligations des États-Unis comme nation neutre, du combustible, des armes, des munitions, des hommes, ainsi que des approvisionnements à tous navires de guerre, allèges ou navires d'approvisionnements d'un pays belligérant.

Dans le cas où un navire voudrait quitter ou tenterait de quitter la juridiction des États-Unis sans autorisation régulière pour l'un des buts mentionnés ci-dessus, le propriétaire, le maître, la personne ou les personnes ayant la charge ou le commandement du navire, seront individuellement passibles d'une amende qui ne pourra être ni inférieure à 2.000 $, ni supérieure à 10.000 $, ou d'un emprisonnement qui ne pourra excéder deux années, ou aux deux peines réunies, et, en outre, le navire devra être confisqué au profit des États-Unis.

Le Président des États-Unis, par les présentes, est autorisé à se servir des forces de terre ou de mer des États-Unis pour mettre à exécution les dispositions de cette résolution.

Les prescriptions de la présente résolution sont regardées comme s'étendant à tous les territoires et à toutes les eaux, continentaux ou insulaires, sous la juridiction des États-Unis.

Approuvé par le Président le 4 mars 1915.

423

Allemagne. — Mémorandum de l'Allemagne aux États-Unis d'Amérique en ce qui concerne le commerce germano-américain et la question de la fourniture d'armes, en date du 4 avril 1915, remis par l'Ambassadeur d'Allemagne à Washington.

N° A. 2841. — Ambassade impériale allemande. Washington, D. C. 4 avril 1915.

Les divers ordres en Conseil britannique ont modifié les principes de droit international généralement reconnus d'une manière unilatérale d'une manière qui arrête arbitrairement le commerce des nations neutres avec l'Allemagne. Même avant le dernier ordre en Conseil britannique, l'expédition de la contrebande conditionnelle, spécialement des fournitures de vivres vers l'Allemagne, était pratiquement impossible. Avant la protestation envoyée par le gouvernement américain au gouvernement britannique le 28 décembre dernier (1), une telle expédition ne pouvait avoir lieu dans aucun cas. Depuis cette protestation, l'ambassade impériale n'a eu connaissance que d'une seule hypothèse où un expéditeur américain se soit aventuré à faire une semblable expédition pour une vente légitime à l'Allemagne. Mais le navire et la cargaison ont été immédiatement saisis par l'Angleterre et retenus dans un port britannique sous prétexte d'un ordre du Conseil fédéral allemand (Bundesrat) relatif au commerce du grain, bien que cette résolution du Conseil fédéral eût trait uniquement au grain et à la farine, mais non aux autres matières alimentaires, faisant, d'ailleurs, une exception expresse en ce qui concerne l'importation de ces matières, et bien que le gouvernement allemand eût donné au gouvernement américain l'assurance que la consommation exclusive des objets serait faite exclusivement par la population civile et qu'il eût à cette fin proposé une organisation spéciale garantissant ce fait.

Dans ces conditions, la saisie du navire américain était inadmissible d'après les principes reconnus du droit international. Néanmoins, le gouvernement des États-Unis n'a pas, à cette date, assuré la relaxe du navire et de la cargaison, et il n'a pas réussi, après huit mois de guerre, à protéger son commerce légitime avec l'Allemagne.

Un aussi long délai, principalement à l'occasion de matières alimentaires, équivaut entièrement à un refus.

L'ambassade impériale doit, en conséquence, admettre que le gouvernement des États-Unis acquiesce aux violations de droit international commises par la Grande-Bretagne.

Telle est aussi l'attitude des États-Unis dans la question de l'exportation des armes. Le gouvernement impérial a la conviction que le gouvernement des États-Unis reconnaîtra que, dans les questions de neutralité, il est nécessaire de prendre en considération non seulement l'aspect formel du cas, mais aussi l'esprit dans lequel la neutralité doit être appliquée.

La situation dans la guerre actuelle diffère de celle qui s'est présentée dans les guerres précédentes. Dès lors, une référence aux fournitures d'armes faites par l'Allemagne dans les guerres antérieures n'est point justifiée : dans ces guerres, la question n'était pas celle de savoir *si* un matériel de guerre serait fourni aux belligérants, mais *qui* fournirait ce matériel en concurrence avec d'autres nations. Dans la présente guerre, toutes les nations ayant une industrie de matériel de guerre qui vaut la peine d'être mentionnée sont impliquées elles-mêmes dans la guerre où elles sont occupées à perfectionner leurs propres armements, et elles ont par suite mis un embargo contre l'exportation du matériel de guerre. Les États-Unis sont en conséquence le seul pays neutre en position de fournir des matériaux de guerre. La conception de la neutralité a pris par là une nouveau sens, indépendant de la question formelle du droit jusqu'ici existant. Contrairement à cela, les États-Unis se sont mis à développer au plus haut point l'industrie des armes au sens le plus large du mot, non seulement en faisant travailler leurs usines existantes, mais en les étendant par l'augmentation des ouvriers et par la construction de nouveaux bâtiments. Les conventions internationales pour la protection des droits des neutres sont nées de la nécessité de protéger les industries existantes des pays neutres contre tous dommages causés à leurs affaires. Mais il ne saurait être en accord avec l'esprit de la neutralité d'admettre que, sous la protection de telles stipulations internationales, une nouvelle industrie fût entièrement créée dans un État neutre, comme celle de l'industrie des armes développée aux États-Unis et dont le profit dans les circonstances présentes doit aller seulement aux puissances belligérantes.

Cette industrie livre actuellement ses marchandises seulement aux ennemis de l'Allemagne. La bonne volonté théorique de fournir aussi à l'Allemagne si les expéditions par navires y étaient possibles ne modifie pas le cas. Si c'est la volonté du peuple américain

(1) V. ci-dessus, p. 1.

qu'il y ait une vraie neutralité, les États-Unis trouveront moyen d'empêcher cette fourniture unilatérale d'armes ou du moins de l'utiliser pour protéger le commerce légitime avec l'Allemagne, spécialement celui des matières alimentaires. Cette façon d'envisager la neutralité devrait d'autant plus impressionner le gouvernement des États-Unis que ce dernier a suivi une politique similaire envers le Mexique. Le 4 février 1915, suivant un rapport d'un représentant au Congrès, rapport fait au Comité des affaires étrangères le 30 décembre 1914, relatif à la levée de l'embargo sur les armes pour le Mexique, le Président Wilson a déclaré « que nous devons tenir ferme pour la pure neutralité, considérant les circonstances du cas ». Il a alors déclaré que « dans ce cas, parce que Carranza n'avait pas de ports tandis que Huerta en avait et pouvait importer ces matières, c'était notre devoir comme nation de traiter Carranza et Huerta sur un pied d'égalité si nous voulions observer le véritable esprit de la neutralité plutôt qu'une simple neutralité de papier ».

Si cette opinion était appliquée au présent cas, elle conduirait à un embargo sur l'exportation des armes.

424

États-Unis d'Amérique. — Réponse du gouvernement des États-Unis au Mémorandum de l'Allemagne du 4 avril 1915, en date du 21 avril 1915, remise à l'ambassadeur d'Allemagne aux États-Unis.

N° 1870. — Département d'État. Washington, 21 avril 1915.

Excellence.

J'ai examiné attentivement la Note de Votre Excellence du 4 avril 1915, contenant un Mémorandum de la même date (1), dans lequel Votre Excellence discute l'action de ce gouvernement au sujet du commerce entre les États-Unis et l'Allemagne et l'attitude de ce gouvernement au sujet de l'exportation des armes des États-Unis aux nations maintenant en guerre avec l'Allemagne.

Je dois admettre que je suis quelque peu embarrassé pour interpréter la façon dont Votre Excellence traite ces questions. Il y a beaucoup de circonstances connexes à ces importants sujets, auxquelles je m'attendais à voir Votre Excellence porter attention, mais desquelles vous ne faites pas mention ; il y a d'autres circonstances auxquelles vous vous référez que j'aurais supposé n'être guère appropriées à la discussion entre le gouvernement des États-Unis et le gouvernement d'Allemagne.

Je prendrai la liberté, en conséquence, de regarder les références de Votre Excellence à la conduite suivie par le gouvernement des États-Unis au sujet des interventions dans le commerce provenant de ce pays, telles que le gouvernement de la Grande-Bretagne les a tentées, comme des références destinées simplement à illustrer plus pleinement la situation sur laquelle vous désirez rappeler notre attention, et non pas comme une invitation à discuter cette conduite. La longue expérience de Votre Excellence dans les affaires internationales vous aura suggéré que les relations de deux gouvernements avec un autre ne peuvent pas sagement être prises comme sujet de discussion avec un troisième gouvernement qui peut n'être pas complètement renseigné sur les faits et qui peut n'avoir pas connaissance complète des raisons de la conduite suivie. Je crois cependant que j'ai le droit de considérer que ce que vous désirez amener est une franche exposition de la situation de ce gouvernement au sujet de ses obligations comme puissance neutre. Je suis particulièrement désireux que Votre Excellence voie dans leur vraie

(1) V. le texte qui précède.

lumière l'attitude générale et la politique de ce gouvernement dans le maintien de sa neutralité. J'avais espéré que la position de ce gouvernement à cet égard avait été rendue suffisamment claire; mais je suis, bien entendu, parfaitement disposé à l'exposer de nouveau. Cela me semble d'autant plus nécessaire et désirable que, je regrette de le dire, le langage que Votre Excellence emploie dans le Mémorandum est susceptible d'être interprété comme attaquant la bonne foi des États-Unis dans l'accomplissement de leurs devoirs de neutralité. Je prends comme accordé qu'il n'était pas dans vos intentions de la mettre en cause, mais il est si évident que Votre Excellence subit certaines fausses impressions que je ne puis pas être trop explicite en exposant les faits tels qu'ils sont quand ils ont été pleinement revus et compris.

En premier lieu, ce gouvernement, à aucun moment ni en aucune façon, n'a cédé dans aucun de ses droits comme neutre à aucun des présents belligérants. Il a reconnu comme allant de soi le droit de visite et de recherche et le droit d'appliquer les règles de la contrebande de guerre à des articles de commerce. Il a, en réalité, insisté sur l'usage de la visite et de la recherche comme une sauvegarde absolument nécessaire pour empêcher que des navires neutres soient pris pour des navires appartenant à un ennemi et que des cargaisons légales soient tenues pour illégales. Il a admis aussi le droit de blocus, s'il est réellement exercé et effectivement maintenu. Ce sont là simplement les limitations bien connues que la guerre impose au commerce neutre sur la haute mer. Mais rien n'a été concédé au delà. J'appelle l'attention de Votre Excellence là-dessus parce que je ne puis pas considérer que vous en ayez officiellement connaissance, quoique tout cela soit déjà connu de tout l'univers par suite de la publication de notre correspondance concernant ces questions, avec plusieurs des nations belligérantes.

En second lieu, ce gouvernement a essayé d'obtenir du gouvernement allemand et du gouvernement britannique des concessions mutuelles relativement aux mesures que ces gouvernements ont respectivement adoptées pour l'interruption du commerce en haute mer. Il l'a fait, non pas par droit, mais simplement comme exerçant les privilèges d'un ami sincère des deux parties et pour montrer son impartiale bonne volonté. Cette tentative n'a pas eu de succès; mais je regrette que Votre Excellence n'ait pas jugé qu'elle méritât d'être mentionnée comme modifiant les impressions que vous avez exprimées. Nous avions espéré que cet acte de notre part avait montré notre esprit dans ce temps de guerre si désolante comme notre correspondance diplomatique en avait montré notre ferme refus de reconnaître à aucun belligérant le droit de changer les règles acceptées de la guerre maritime en tant qu'elles affectent les droits et les intérêts des neutres.

En troisième lieu, je note avec un regret sincère qu'en discutant la vente et l'exportation des armes par les citoyens des États-Unis aux ennemis de l'Allemagne, Votre Excellence semble être sous l'impression que le gouvernement des États-Unis, malgré sa profession de neutralité et ses efforts diligents pour la maintenir sur d'autres points, avait le choix de prohiber ce commerce et qu'en ne le faisant pas il manifestait une attitude incorrecte vis-à-vis de l'Allemagne. Ainsi que Votre Excellence le sait, je pense, comme le gouvernement est contraint à maintenir cette façon d'envisager les présentes indiscutables doctrines du droit international reconnu, il estime que tout changement dans ses propres lois de neutralité durant le cours d'une guerre, changement qui affecterait inégalement les relations des États-Unis avec les nations en guerre, serait une déviation injustifiable du principe de la stricte neutralité par lequel il a constamment cherché à diriger ses actions, et je soumets respectueusement la pensée qu'aucune des circonstances invoquées dans le Mémorandum de Votre Excellence n'altère le principe impliqué. La mise de l'embargo dans le commerce des armes au moment actuel constituerait un tel changement et serait une violation directe de la neutralité des États-Unis. Il paraîtra clairement à Votre Excellence, j'en ai l'assurance, qu'avec cette façon d'envisager les choses et se considérant lié en honneur par elle, il ne peut être question pour ce gouvernement de penser à adopter cette ligne de conduite.

J'espère que Votre Excellence se rendra compte de l'esprit dans lequel je rédige cette réponse. L'amitié entre le peuple des États-Unis et le peuple de l'Allemagne est si chaude et de telle durée, les liens qui les unissent l'un à l'autre dans l'amitié sont si nombreux et si forts que ce gouvernement se sent spécialement obligé à parler avec une parfaite franchise quand il s'élève une occasion qui semble susceptible de créer un malentendu, quoique léger et temporaire, entre ceux qui représentent les gouvernements des deux pays. Je me féliciterais si j'ai éloigné de l'esprit de Votre Excellence toute mauvaise interprétation qu'elle pouvait avoir concernant soit la politique, soit l'esprit et les intentions du gouvernement des États-Unis. Sa neutralité est fondée sur la ferme base de la conscience et de la bonne volonté.

W. J. Bryan.

425

Autriche-Hongrie. — Note du ministre des affaires étrangères d'Autriche-Hongrie demandant aux États-Unis d'Amérique d'interdire le commerce d'exportation des munitions de guerre, en date du 29 juin 1915.

Vienne, 29 juin 1915.

Les conséquences profondes résultant du fait que depuis un long temps un commerce en munitions de guerre de la plus grande extension a été établi entre les États-Unis d'une part et la Grande-Bretagne et ses alliés d'autre part, alors que l'Autriche-Hongrie et l'Allemagne ont été complètement isolées du marché américain, ont, dès le moment où il s'est institué, retenu l'attention la plus sérieuse du gouvernement impérial et royal.

Si maintenant le soussigné se permet d'aborder cette question qui jusqu'ici n'a jamais été discutée qu'entre le Cabinet de Washington et le gouvernement impérial allemand, c'est pour obéir au devoir impératif de protéger les intérêts qui lui sont confiés contre tous nouveaux dommages graves qu'entraînerait cette situation aussi bien pour l'Autriche-Hongrie que pour l'Empire allemand.

Bien que le gouvernement impérial et royal soit convaincu que l'attitude des États-Unis en cette matière n'est pas dictée par une autre intention que celle d'observer la neutralité la plus stricte et de suivre à la lettre les dispositions des conventions internationales, la question se pose néanmoins de savoir si les circonstances qui se sont produites pendant la guerre, indépendamment du désir du gouvernement américain, ne sont pas de nature à contrecarrer dans leurs effets les intentions des États-Unis. Si la réponse à cette question est affirmative, — et dans l'opinion du gouvernement impérial et royal elle est sans aucun doute affirmative, — alors se pose immédiatement une autre question, celle de savoir s'il ne paraît pas possible ou même nécessaire de prendre des mesures propres à faire respecter le désir qu'a le gouvernement américain de rester strictement impartial entre les deux partis belligérants. Le gouvernement impérial et royal ne saurait hésiter à résoudre aussi cette question par l'affirmative.

Il ne peut certainement pas avoir échappé à l'attention du gouvernement américain qui a si éminemment coopéré à l'œuvre de la Haye que les dispositions fragmentaires des traités pertinents n'ont rien à voir avec la portée et l'essence de la neutralité. Si l'on prend en considération tout spécialement la genèse de l'article 7 de la Ve et de la XIIIe conventions, sur lequel s'appuie dans le cas présent le gouvernement fédéral, et dont les termes, ainsi qu'on ne le peut nier, lui donnent un prétexte pour tolérer le trafic de munitions de guerre actuellement poursuivi par les États-Unis, il est simplement nécessaire, afin de mesurer l'esprit vrai et la valeur de cette règle, dont par ailleurs on semble s'être departi du fait de l'empêchement mis à la fourniture de vaisseaux de guerre et de certaines choses aux navires de guerre des nations belligérantes, de constater le fait que les privilèges détaillés concédés aux États neutres dans le sens du préambule de la convention sus-énoncée sont limités par les exigences d'une neutralité conforme aux principes universellement reconnus du droit international.

D'après tous les internationalistes qui se sont plus ou moins occupés spécialement de la question ici examinée, un gouvernement neutre ne peut pas permettre, sans y mettre obstacle, le commerce de contrebande de guerre quand ce commerce revêt des formes et atteint une ampleur telles que la neutralité du pays s'en trouve mise en jeu.

Si l'on peut recourir aux divers critères admis par la science en la matière pour définir le caractère licite du commerce de contrebande, on en tire cette conclusion que l'exportation par les États-Unis des choses nécessaires à la guerre, telle qu'elle se poursuit dans la lutte présente, n'est pas conforme aux exigences de la neutralité.

La question en discussion ne consiste pas à savoir si les industries américaines qui produisent du matériel pour la guerre doivent être protégées contre les pertes dans le commerce d'exportation qui était le leur en temps de paix. Ces industries ont pris un essor inimaginable. Pour produire la quantité démesurée d'armes, de munitions et de matériel de guerre de tout genre commandé les mois passés par la Grande-Bretagne et ses alliés aux États-Unis, ce n'est pas seulement la complète mise en valeur de l'appareil existant, mais sa transformation et son développement et la création de nouveaux et vastes moyens de production, comme aussi une affluence d'ouvriers de tous les commerces dans cette industrie spéciale, en un mot une transformation radicale de la vie économique dans le pays entier, qui sont devenus nécessaires. D'aucun côté il ne saurait donc y avoir de doute sur le droit du gouvernement américain à prohiber par l'établissement d'un embargo cette exportation colossale de matériel de guerre qui se donne libre cours et en plus ne bénéficie, au su et au vu de tous, qu'à l'un des groupes de belligérants. Le gouvernement américain n'encourrait aucun blâme si, pour se conformer au droit du pays, il faisait passer une loi en ce sens. Car, si le principe est qu'un État neutre ne peut pas modifier au cours des hostilités les règles juridiques en vigueur sur son territoire relativement à son attitude envers les belligérants, encore est-il que ce principe (le préambule de la XIIIe convention de la Haye le prouve surabondamment) comporte une exception dans le cas où « l'expérience acquise en démontrerait la nécessité pour la sauvegarde de ses droits ».

Or le cas existe d'ores et déjà pour le gouvernement américain, puisque l'Autriche-Hongrie et l'Allemagne sont coupées de toutes relations commerciales avec les États-Unis d'Amérique sans qu'il existe de blocus légal et préalablement nécessaire, sans qu'il existe de blocus régulier.

Dira-t-on que, malgré le désir qu'a l'industrie américaine de fournir des marchandises à l'Autriche-Hongrie et à l'Allemagne comme à la Grande-Bretagne et à ses alliés, il n'est pas possible aux États-Unis d'Amérique de faire le commerce avec l'Autriche-Hongrie et l'Allemagne par suite de la situation créée par la guerre ? On répondra que le gouvernement fédéral est très certainement à même d'améliorer la situation décrite. Il lui suffirait de faire envisager aux adversaires de l'Autriche-Hongrie et de l'Allemagne l'éventualité d'une prohibition de l'exportation relative aux subsistances et matières premières si le commerce légitime de ces objets ne devait pas être admis entre l'Union et les puissances centrales. En se montrant prêt à agir en ce sens, le gouvernement de Washington suivrait la tradition constante des États-Unis qui ont toujours lutté pour la liberté du commerce maritime quand il est légitime ; il aurait en plus le mérite de mettre à néant les vains efforts que font les ennemis de l'Autriche-Hongrie et de l'Allemagne pour se servir de la faim comme d'un allié.

En conséquence, le gouvernement impérial et royal, faisant appel aux relations excellentes qui ont toujours uni la Monarchie austro-hongroise aux États-Unis d'Amérique, demande en toute amitié au gouvernement fédéral de soumettre à un nouvel et mûr examen le point de vue qu'il a adopté précédemment sur cette question si importante. En modifiant son attitude dans le sens demandé par le gouvernement impérial et royal, le gouvernement de l'Union se conformerait strictement aux droits et obligations d'un gouvernement neutre et aux principes de vraie humanité et d'amour de la paix gravés de tout temps sur la bannière des États-Unis.

Le soussigné a l'honneur de demander les bons offices de Son Excellence l'ambassadeur extraordinaire et plénipotentiaire des États-Unis d'Amérique, M. Frederic Courtland Penfield, pour faire tenir les présentes par télégramme à l'attention du Cabinet de Washington.

BURIAN.

426

États-Unis d'Amérique. — RÉPONSE DES ÉTATS-UNIS A LA NOTE DE L'AUTRICHE-HONGRIE DU 29 JUIN 1915, RELATIVE A L'EXPORTATION DES MUNITIONS DE GUERRE, EN DATE DU 12 AOUT 1915.

N° 846. — Département d'État, Washington, 12 août 1915.

Le gouvernement des États-Unis a examiné avec soin l'exposé du gouvernement impérial et royal concernant l'exportation d'armes et de munitions des États-Unis dans les pays se trouvant en guerre avec l'Autriche-Hongrie et l'Allemagne (1). Le gouvernement des États-Unis apprend avec satisfaction que le gouvernement impérial et royal reconnaît ce fait indubitable que son attitude, en ce qui concerne l'exportation des armes et des munitions des États-Unis, est fixée par l'intention « d'observer une stricte neutralité et de suivre à la lettre les dispositions des conventions internationales ». Il est cependant étonné d'apprendre que le gouvernement impérial et royal laisse entendre que l'observation des strictes prescriptions du droit dans les circonstances de la guerre actuelle est insuffisante et affirme que les États-Unis devront outrepasser les règles admises depuis longtemps au sujet du commerce des neutres et prendre des mesures « afin d'observer une attitude strictement égale vis-à-vis des deux partis en guerre ».

Le gouvernement des États-Unis ne peut souscrire à cette affirmation, tendant à l'obliger de modifier, étant donné certaines circonstances spéciales, les usages internationaux. En reconnaissant une telle obligation, d'ailleurs admise dans la pratique internationale, chaque État neutre aurait le devoir de se faire juge de la tournure prise par la guerre et de borner ses relations commerciales à celui des belligérants dont les succès navals empêchent les relations commerciales des neutres avec l'ennemi. Le point de vue du gouvernement impérial et royal paraît être que les avantages dévolus à l'un des belligérants, grâce à sa supériorité sur mer, doivent être compensés par les puissances neutres, au moins dans l'institution d'un système de non-échange avec le vainqueur.

Le gouvernement impérial et royal limite ses remarques aux armes et aux munitions, mais si le principe qu'il défend est juste, il devra valoir pour tous les articles de contrebande avec la même force. Le belligérant qui possède la maîtrise des mers peut avoir une abondante provision d'armes et de munitions, mais manquer de denrées alimentaires et d'effets d'habillement. Selon le nouveau principe que la balance égale est un devoir de la neutralité, les nations neutres seraient obligées d'interdire de tels articles parce que l'un des belligérants ne pourrait les obtenir par la voie commerciale.

Mais si le principe affirmé si hautement par le gouvernement impérial et royal devait être admis en ce qui concerne la supériorité de l'un des belligérants sur mer, ne devrait-il pas valoir de la même façon à l'égard du belligérant supérieur sur terre ? Si l'on appliquait cette théorie de l'équilibre, il devrait être permis aux belligérants qui manquent des munitions nécessaires pour combattre avec succès sur terre d'acheter celles-ci aux neutres, tandis que le belligérant possédant un excédent de matériel de guerre ou en état de le produire lui-même devrait être exclu d'un tel commerce.

(1) V. ci-dessus, p. 88.

Il est clair que la notion de la stricte neutralité, telle qu'elle est exposée par le gouvernement impérial et royal, entraînerait une nation neutre dans une foule de complications qui obscurciraient tout le domaine des obligations internationales, provoqueraient des perturbations économiques et enlèveraient au commerce et à l'industrie tout leur champ d'action légitime, déjà suffisamment restreint par suite de la guerre.

Dans cet ordre d'idées, il paraît indiqué d'attirer l'attention du gouvernement impérial et royal sur le fait que l'Autriche-Hongrie et l'Allemagne, et en particulier cette dernière, ont produit au cours des années qui précédèrent la guerre actuelle européenne un excédent important d'armes et de munitions qu'ils ont vendu dans le monde entier et spécialement à des belligérants. Pendant cette période, aucune des deux n'a soulevé ou appliqué le principe défendu aujourd'hui par le gouvernement impérial et royal.

Pendant la guerre des Boers, entre la Grande-Bretagne et les Républiques Sud-africaines, les navires de guerre britanniques faisaient des patrouilles le long des côtes des colonies neutres voisines afin d'empêcher l'importation de munitions et d'armes au Transvaal et dans l'État libre d'Orange. Les Républiques alliées se trouvèrent alors dans une situation, à cet égard, à peu près identique à celle où se trouvent aujourd'hui l'Autriche-Hongrie et l'Allemagne. Malgré l'isolement commercial de l'un des belligérants, l'Allemagne vendit à la Grande-Bretagne des centaines de mille kilogrammes d'explosifs, de poudre, de cartouches, de canons et d'armes, et il est notoire que l'Autriche-Hongrie fit de même, bien que dans une proportion moindre. Il est vrai qu'en comparaison de la guerre actuelle, les quantités livrées étaient minimes (un tableau des ventes est annexé à la présente), mais le principe de la neutralité était le même. Si, à cette époque, l'Autriche-Hongrie et son alliée actuelle l'Allemagne s'étaient refusées à vendre des armes et des munitions à l'Angleterre, parce qu'un tel procédé était contraire à l'esprit de la neutralité absolue, le gouvernement impérial et royal pourrait soutenir son point de vue actuel avec plus de logique et plus de force.

Il doit être rappelé encore que pendant la guerre de Crimée de grandes quantités d'armes et de munitions ont été livrées à la Russie par des fabricants prussiens ; que pendant la récente guerre entre la Turquie et l'Italie, ainsi que ce dernier gouvernement l'a appris, des armes et des munitions ont été livrées au gouvernement ottoman par l'Allemagne, et qu'au cours des guerres balkaniques les belligérants ont été approvisionnés en armes et en munitions tant par l'Autriche-Hongrie que par l'Allemagne.

Quoique ces derniers cas diffèrent de la situation de l'Autriche-Hongrie et de l'Allemagne dans la guerre actuelle, comme c'est le cas pour la guerre Sud-africaine, ils nous montrent pourtant clairement quelle était la pratique observée depuis longtemps par les deux Empires relativement au commerce du matériel de guerre.

En raison des explications précédentes, mon gouvernement ne voulait pas croire que le gouvernement impérial et royal accuserait les États-Unis de manquer à la neutralité impartiale s'ils continuaient leur commerce légitime de toutes les espèces de matériel servant à rendre efficaces les forces combattantes d'un belligérant, même si les circonstances de la guerre actuelle empêchent l'Autriche-Hongrie de se fournir de ce matériel sur les marchés des États-Unis, qui, pour autant que l'action et la politique du gouvernement ont à intervenir, sont ouverts et restent ouverts également pour tous les belligérants.

Outre la question de principe, il y a aussi une raison pratique pour laquelle le gouvernement des États-Unis, depuis la fondation de la République jusqu'à aujourd'hui, a toujours revendiqué et exercé le commerce libre et illimité des armes et du matériel de guerre. La politique des États-Unis ne les a jamais poussés à avoir en temps de paix une grande puissance militaire et des provisions d'armes et de munitions suffisantes pour repousser une attaque d'un ennemi puissant et bien armé. Le gouvernement espérait toujours vivre en paix avec toutes les nations et voulait éviter toute apparence de menacer cette paix par son armée et sa flotte. A la suite de cette politique, les États-Unis, en cas d'attaque d'une puissance étrangère, auraient été au début de la guerre dans un sérieux embarras, si ce n'est dans une situation critique, par suite du manque d'armes et de munitions et par suite aussi du manque de moyens de se les procurer en quantités suffisantes pour les besoins de la défense nationale. Les États-Unis ont toujours mis leur confiance dans leur droit et la possibilité pour eux d'acheter des armes et des munitions dans les pays neutres, en cas d'attaque étrangère. Ce droit qu'ils réclament pour eux-mêmes, ils ne peuvent le refuser aux autres.

Une nation, qui a pour but de sa politique de mettre sa confiance pour la protection de son intégrité politique et territoriale dans les obligations internationales et la justice des nations pourrait devenir la victime d'une nation agressive dont la politique et la pratique consistent, en temps de paix, à renforcer sa puissance militaire, dans des buts de conquête, si cette nation attaquée ne pouvait pas, après la déclaration de guerre, se procurer des moyens de défense contre son agresseur sur les marchés mondiaux.

Si les nations, en général, venaient à admettre la théorie que les puissances neutres doivent interdire la vente des armes et des munitions aux belligérants, chaque nation se verrait forcée de disposer en tout temps du matériel de guerre nécessaire à faire face à toute éventualité et de créer et de maintenir les moyens de fabriquer ces armes et ces munitions en quantités suffisantes pour faire face aux besoins de son armée de terre et de mer pendant toute la durée de la guerre. Il est clair que l'acceptation de cette théorie conduirait à faire de chaque pays un camp retranché prêt à repousser toute attaque, et tenté, dans la revendication de ses droits et pour aplanir les difficultés internationales, de recourir plutôt à la force qu'à la raison et à la justice.

Reconnaissant que l'acceptation du principe d'après lequel les États neutres devraient interdire la vente d'armes et de munitions aux États belligérants pendant la durée de la guerre favoriserait indubitablement celui des belligérants qui aurait su en temps de paix s'approvisionner en matériel de guerre et serait devenu un vaste dépôt d'armes et de munitions en prévision de la guerre, le gouvernement des États-Unis a la confiance que l'adoption de cette théorie renforcerait le militarisme et empêcherait cette paix internationale qui est le but et le désir de tout homme qui veut maintenir le droit et la justice dans ses relations diverses.

Par cet exposé des raisons pratiques de son attitude dans la question du commerce des armes et des munitions, le gouvernement des États-Unis désire être bien compris, c'est-à-dire qu'il n'a aucunement eu l'intention de porter un jugement sur les circonstances qui entourent la guerre actuelle, ni même de le faire supposer, mais qu'il a voulu seulement exposer en toute liberté le point de vue qui a guidé la politique des États-Unis sous ce rapport.

Comme l'attitude prise par les nations à ce point de vue a été illustrée par l'attitude de l'Autriche-Hongrie et de l'Allemagne pendant la guerre Sud-africaine, et comme on se rend compte du mal que pourrait provoquer un renoncement à cette attitude, on ne peut adopter les propositions du gouvernement impérial et royal. D'ailleurs certaines assertions austro-hongroises pour expliquer le point de vue de leur gouvernement ne peuvent être passées sans remarques. L'Autriche prétend : 1° que l'exportation par les États-Unis d'armes et de munitions à des belligérants est contraire au préambule de la convention de la Haye n° XIII de 1907 ; 2° qu'elle ne concorde pas avec le refus de ce gouvernement de laisser approvisionner les navires de guerre en haute mer ; 3° que, d'après toutes les autorités dans le domaine du droit des gens qui se sont longuement occupées de la question, l'exportation de munitions devrait être interdite « lorsque ce commerce prend une telle forme et de telles proportions qu'il porte atteinte à la neutralité du pays ».

En ce qui concerne l'assertion que l'exportation d'armes et de munitions est contraire au préambule de la convention de la Haye n° XIII de 1907, le gouvernement admet que l'on fait allusion au dernier paragraphe de ce préambule, dont la teneur est la suivante : « Dans cet ordre d'idées, ces règles ne doivent pas être fondamentalement modifiées par un État neutre pendant la durée de la guerre, excepté dans le cas où la pratique aurait démontré la nécessité d'un pareil changement pour assurer la protection des droits de cette nation ».

Il est évident que la seule raison qu'un neutre aurait de modifier les règles établies par la convention dont l'une, comme nous tenons à le relever expressément, déclare qu'un pays neutre n'est pas tenu d'empêcher l'exportation de la contrebande de guerre, serait la nécessité dans laquelle ce neutre peut se trouver de le faire pour assurer la protection de ses propres droits. Le droit et le devoir de décider quand cette nécessité existe revient aux neutres et non à un belligérant. Il est discrétionnaire et même obligatoire. Si une puissance neutre ne fait pas usage de ce droit, une puissance belligérante n'a pas le droit de se plaindre, car en le faisant, elle en viendrait à déclarer à ce neutre ce qui est nécessaire pour protéger les intérêts de ce neutre. Le gouvernement impérial et royal devra admettre qu'une semblable plainte ne provoquerait qu'une fin de non-recevoir.

En ce qui concerne la soi-disant opposition qui existerait entre la ligne de conduite adoptée par ce gouvernement au sujet de l'exportation des armes et des munitions et celle qu'il observe en ne permettant pas que les approvisionnements parviennent de ses ports à un navire de guerre en haute mer, il suffit de faire remarquer que cette interdiction d'approvisionner des vaisseaux de guerre repose sur le principe qu'une puissance neutre ne doit pas permettre que son territoire serve de base maritime à l'un des belligérants. Un vaisseau de guerre peut, avec certaines restrictions, une fois tous les trois mois, obtenir du combustible et des approvisionnements dans un port neutre. Si les vaisseaux de commerce y fonctionnent comme tenders et sont autorisés à approvisionner plus fréquemment qu'une fois tous les trois mois et sans limite dans un port neutre, cela rendrait illusoire l'interdiction de la convention de faire du territoire neutre une base maritime. D'ailleurs, le gouvernement ignore qu'un navire de guerre autrichien ait cherché à obtenir directement ou indirectement des approvisionnements d'un port des des États-Unis. Cette question a été entre temps discutée avec le gouvernement impérial allemand, auquel le point de vue de mon gouvernement a été exposé en détail le 24 décembre 1914.

En ce qui concerne l'assertion du gouvernement impérial et royal, d'après laquelle les écrivains sont unanimement d'avis que l'exportation de la contrebande n'est pas compatible avec la neutralité, le gouvernement des États-Unis a fait procéder à un examen approfondi des principales autorités dans le domaine du droit des gens. Les résultats de cet examen l'ont conduit à la conclusion que le gouvernement impérial et royal avait été induit en erreur et a avancé une affirmation sans fondement. Moins d'un cinquième des autorités consultées appuient sans réserve la défense de l'exportation de la contrebande. La plupart des représentants de cette minorité avouent que la pratique des nations est autre. Il ne doit pas paraître déplacé d'attirer spécialement l'attention sur la déclaration de l'auteur allemand Paul Einicke, qui déclare qu'au début d'une guerre les belligérants n'ont jamais protesté contre des interdictions de commerce de contrebande, mais qui ajoute « que de semblables interdictions pourraient être considérées comme des violations de neutralité et, au moins, comme des actes inamicaux, lorsqu'elles seraient décrétées au cours d'une guerre, dans l'intention de priver inopinément de ses ressources un parti qui y aurait compté ».

D'ailleurs, le gouvernement des États-Unis considère comme inutile pour le moment de prolonger la discussion des revendications du gouvernement austro-hongrois. Les principes du droit des gens, la pratique des nations, la sécurité nationale des États-Unis et d'autres nations sans grande préparation militaire et maritime, le danger d'augmenter les armes et les flottes et le désir de voir employer des méthodes amicales dans le règlement des difficultés internationales, enfin la neutralité elle-même s'opposent à ce que l'on interdise l'exportation des armes, des munitions et des autres approvisionnements de guerre par une nation neutre à des puissances belligérantes pendant la durée de la guerre.

LANSING.

APPENDICE

Exportations allemandes d'armes et de munitions pour la Grande-Bretagne.

Articles	Quantité : 100 kilos.			
	1899	1900	1901	1902
Explosifs	4.342	6.014	5.147	8.645
Poudre à canon	28	658	243	69
Caisses de fusils	12	866	21	138
Balles de fer malléable, non poli, etc.	30	43	38	»
Balles (manufacturées), polies, etc., non revêtues de plomb	»	4		
Balles, nickelées ou couvertes de plomb avec cercles de cuivre, etc	»	3.018	176	»
Armes propres à la guerre	»	»	18	2
Cartouches avec carcasses de cuivre et capsules	904	1.505	866	982

Exportations austro-hongroises d'armes et de munitions pour la Grande-Bretagne.

Articles	Quantité : 100 kilos.			
	1899	1900	1901	1902
Armes, sans compter les petites armes	100	374	12	»
Parties séparées d'armes	1	1	»	»
Petites armes	2	3	80	5
Munitions et explosifs selon le tarif n° 346	1	7	16	51
Autres munitions et explosifs	»	»	4	»

427

Allemagne. — Note de l'ambassadeur d'Allemagne aux États-Unis d'Amérique au secrétaire d'État américain sur le caractère de contrebande de guerre des hydroaéroplanes, en date du 10 janvier 1915.

Ambassade impériale allemande, Washington, 10 janvier 1915.

M. le Secrétaire d'État,

Il est venu à ma connaissance qu'un certain nombre d'hydroaéroplanes du système Curtis à Hammondsport, N. Y., ont été commandés aux États-Unis pour des États belligérants, et qu'une partie de ceux-ci a déjà été livrée.

Un navire aérien nommé *America* a été livré au mois d'octobre de l'année dernière à l'Angleterre et au moins cinq hydroaéroplanes du même type ont été livrés depuis.

L'Angleterre a aussi commandé 24 hydroaéroplanes du modèle Curtis I N (70 chevaux vapeur).

Curtis construit encore pour l'Angleterre 12 hydroaéroplanes du modèle K de 160 chevaux vapeur.

La Russie a de même récemment commandé une certaine quantité d'hydroaéroplanes du modèle Curtis K. Le nombre réel n'en est pas connu.

Les moteurs d'aéroplanes sont construits en partie par Curtis lui-même à Hammondsport et en partie par la fabrique de moteurs Herschel Spillman à North Tonawanda N. Y.

Les ailes sont faites sur le modèle Curtis, la minorité d'entre elles par la Compagnie Autocrat Manufacturing.

La Compagnie Tonawanda Board fournit la nacelle.

Il n'est pas douteux que les hydroaéroplanes doivent être considérés comme des vaisseaux de guerre qui, délivrés à des États belligérants par des neutres, doivent tomber sous l'application de l'article 8 de la XIIIe convention de la seconde Conférence de la Haye du 18 octobre 1907. Si les hydroaéroplanes n'ont pas été mentionnés par leur nom dans la convention, c'est simplement parce qu'il n'en existait pas en 1907 à l'époque de la Conférence.

Supposant que les hydroaéroplanes sont livrés aux belligérants contre les désirs du gouvernement des États-Unis, j'ai l'honneur de porter ce qui précède à la connaissance de Votre Excellence.

Agréez, etc...

J. BERNSTORFF.

428

États-Unis d'Amérique. — RÉPONSE DU SECRÉTAIRE D'ÉTAT DES ÉTATS-UNIS A L'AMBASSADEUR D'ALLEMAGNE A WASHINGTON AU SUJET DU CARACTÈRE DE CONTREBANDE DE GUERRE DES HYDROAÉROPLANES, EN DATE DU 29 JANVIER 1915.

Département d'État. Washington, 29 janvier 1915.

Excellence.

J'ai l'honneur d'accuser réception à Votre Excellence de sa Note du 19 courant (1), et en réponse je l'informe que l'exposé de cette Note a été soigneusement considéré par ce gouvernement pour la manifestation de ses intentions en ce qui concerne l'accomplissement du devoir imposé à un neutre par les stipulations des traités et le droit international.

La partie essentielle de votre Note, qui implique une obligation pour ce gouvernement d'empêcher la vente et la livraison d'hydroaéroplanes aux pouvoirs belligérants, déclare ce qui suit : « Il n'est pas douteux que les hydroaéroplanes doivent être considérés comme des vaisseaux de guerre qui, délivrés à des États belligérants par des neutres, doivent tomber sous l'application de l'article 8 de la XIIIe convention de la seconde Conférence de la Haye du 18 octobre 1907 ».

Sur cette remarque concernant le caractère des hydroaéroplanes, je fais les observations suivantes : Le fait qu'un hydroaéroplane est pourvu d'un appareil lui permettant de s'élever de la mer ou de descendre sur la mer ne saurait, dans mon opinion, lui donner le caractère d'un vaisseau, pas plus que les roues d'un aéroplane permettant de s'élever de la terre ou de s'y poser ne doivent conférer à celui-ci le caractère d'un véhicule terrestre. L'hydroaéroplane et l'aéroplane sont tous les deux essentiellement des appareils aériens ; en tant qu'ils servent à des opérations militaires, ils peuvent seulement être employés dans l'air ; le fait que l'un prend son vol de la surface de la mer et

(1) V. le texte qui précède.

que l'autre prend son vol de la terre est un simple incident qui n'affecte en aucune manière leur caractère aérien.

A raison de cela, je ne partage pas l'opinion de Votre Excellence qu' « il n'est pas douteux que les hydroaéroplanes doivent être considérés comme des vaisseaux de guerre », et en conséquence je ne pense pas qu'il faille appliquer à de semblables appareils aériens les obligations imposées par les traités ou le droit international en ce qui concerne les vaisseaux de guerre.

A cet égard, j'appelle, en outre, l'attention de Votre Excellence que, d'après les derniers avis reçus par ce Département, le gouvernement impérial allemand a compris dans la liste de la contrebande conditionnelle « les ballons et les machines volantes ainsi que les pièces qui les constituent », et que, dans l'ordonnance impériale sur les prises du 30 septembre 1909, publiée par le *Reichsgesetzblatt* du 3 août 1914, il est dit que sont contrebande conditionnelle les « navires aériens et les machines volantes » (art. 23, sect. 8). Il apparait ainsi que le gouvernement impérial a placé et maintient toujours les appareils aériens de toute espèce dans la classe de la contrebande conditionnelle, pour laquelle aucun traitement spécial, en ce qui concerne le devoir de neutralité, n'est stipulé, autant que je le sache, par un traité auquel les États-Unis auraient donné leur signature ou leur adhésion.

L'opinion de ce Département étant que les dispositions de la convention XIII de la seconde Conférence de la Haye ne sont pas applicables aux hydroaéroplanes, je ne considère pas comme nécessaire d'examiner la question de savoir si ces dispositions sont ou non en vigueur durant la présente guerre.

Agréez, etc...

W. J. Bryan.

429

Pays-Bas. — Mémoire du gouvernement hollandais en réponse au Mémoire allemand du 4 février 1915 sur la guerre maritime, en date du 12 février 1915.

Le Mémoire du gouvernement impérial publié dans le *Reichsanzeiger* du 4 février (1) s'adresse non seulement aux Alliés et aux adversaires de l'Allemagne, mais aussi aux puissances neutres.

Il reproche à ces dernières de s'être, à peu d'exceptions près, soumises aux mesures ordonnées par la Grande-Bretagne et en particulier de n'avoir pas réussi à obtenir la mise en liberté des ressortissants allemands enlevés des bâtiments neutres et la restitution des marchandises confisquées. Il leur reproche ensuite d'avoir en un certain sens contribué à l'exécution des mesures britanniques incompatibles avec le principe de la liberté des mers, en interdisant, par des prohibitions d'importation et de transit, ostensiblement sous la pression de la Grande-Bretagne, le transport en Allemagne de marchandises non spécialement employées pour la guerre. Enfin, il leur reproche d'admettre que les intérêts vitaux des belligérants soient une excuse suffisante pour n'importe quelle manière de faire la guerre.

Le Mémoire prévient les neutres de ne pas continuer à confier à des bateaux ennemis ni équipages, ni passagers, ni biens quelconques. En outre, il appelle leur attention sur l'opportunité de recommander instamment à leurs bâtiments d'éviter la région déclarée théâtre de guerre. Ce conseil est fondé sur le danger que courraient les vaisseaux neutres de tomber victimes d'une attaque dirigée contre l'ennemi, d'autant plus que l'Amirauté

(1) V. ci-dessus, p. 21.

anglaise aurait dernièrement ordonné aux navires de commerce britanniques d'arborer un pavillon neutre.

Le Mémoire dit en dernier lieu que le gouvernement impérial peut s'attendre à ce que les puissances neutres respecteront les intérêts vitaux de l'Allemagne non moins que ceux de l'Angleterre et qu'elles aideront à tenir leurs ressortissants et leurs biens loin du théâtre de la guerre.

Le Mémoire du gouvernement impérial appelle de la part du gouvernement néerlandais les observations suivantes :

Le gouvernement de la Reine a, depuis le début de la guerre, énergiquement protesté contre toute mesure de la part des belligérants, qui, à son avis, était contraire au droit des gens et portait préjudice à ses intérêts nationaux. Il a protesté de même lorsque ces intérêts n'étaient qu'indirectement en jeu, comme dans le cas de ressortissants allemands arrêtés ou de marchandises indûment saisies à bord de navires néerlandais. Le gouvernement de la Reine a obtenu la mise en liberté des ressortissants allemands enlevés des vapeurs *Tubantia* et *Zeelandia*. Il n'a pas abandonné les autres réclamations.

Dans les premiers mois de la guerre, les gouvernements alliés ont appliqué aux bâtiments de commerce néerlandais transportant de la contrebande conditionnelle un régime par lequel toute cargaison destinée à un port des Pays-Bas était considérée comme suspecte. Le gouvernement de la Reine a protesté contre cette attitude, qui constituait, au point de vue du droit international, un obstacle au commerce licite.

La liberté de transit vers l'Allemagne, garantie d'ailleurs quant au Rhin par la convention de 1868, n'est nullement entravée par le gouvernement de la Reine. Si ce transit a diminué, c'est par suite de l'action des gouvernements alliés sur mer et non pas en raison de mesures prises par le gouvernement néerlandais. Bien au contraire, ce dernier a constamment fait valoir auprès des gouvernements alliés les devoirs que lui imposait à l'égard de l'Allemagne sa position de puissance neutre. Il s'est ainsi refusé à n'importe quelle garantie que des marchandises importées d'outre-mer ne seraient pas exportées en Allemagne.

Le gouvernement de la Reine protesta de la façon la plus formelle contre la supposition qu'il aurait édicté des prohibitions d'exportation sous la pression du gouvernement britannique. En décrétant ces prohibitions, il s'est laissé guider uniquement par le souci de conserver dans le pays les stocks nécessaires.

Aussi ne s'est-il prêté à aucun échange de vues à ce sujet avec le gouvernement britannique. Le passage de la proclamation allemande du 4 février, relatif à la délimitation du théâtre de la guerre, soulève de la part du gouvernement de la Reine la même observation qu'il a adressée au gouvernement britannique.

Il revendique une fois de plus son droit à la libre navigation dans la mer libre.

Le gouvernement néerlandais n'est pas tenu de veiller à ce que la marine marchande néerlandaise évite de naviguer dans une zone qui, par suite de sa vaste étendue, ne serait pas effectivement la sphère d'action immédiate des opérations de guerre.

Dans la pratique, le décret britannique n'a jusqu'à ce jour nullement affecté la navigation néerlandaise. Elle a continué à suivre la route qu'elle prenait à l'époque de la promulgation de ce décret. Il n'y a jamais eu de blocus quelconque des ports et des côtes des Pays-Bas.

Le gouvernement néerlandais est confiant que les opérations de guerre allemandes n'affecteront pas davantage la navigation néerlandaise et que le gouvernement impérial donnera à sa marine les ordres les plus stricts de respecter en toute occurrence le caractère neutre des navires néerlandais. Le gouvernement de la Reine fait valoir auprès du gouvernement britannique ses objections contre l'abus du pavillon néerlandais par des navires marchands britanniques. Cette pratique abusive ne diminue pas la responsabilité du gouvernement impérial, puisque l'examen du navire avant la saisie ou la destruction est un devoir auquel le belligérant ne peut se soustraire. S'il arrivait qu'un bâtiment néerlandais devînt victime d'une erreur de la part des forces allemandes, la responsabilité en retomberait sur le gouvernement impérial.

Le gouvernement néerlandais, qui remplit scrupuleusement vis-à-vis des belligérants les devoirs qu'impose la neutralité, peut s'attendre à ce que de leur côté ils respectent ses droits.

430

Allemagne. — Note de la légation allemande a la Haye sur les règles que l'Allemagne compte suivre dans la guerre sur mer, 14 février 1915 (1).

La Haye, 14 février 1915.

[La Note de la légation allemande reproduit en grande partie la déclaration de l'Amirauté allemande du 4 février 1915 (2). Puis elle ajoute à la déclaration les paragraphes suivants] :

Attendu que l'Allemagne, suivant l'exemple de la Grande-Bretagne, déclare zone de guerre, à partir du 18 février, les eaux des îles Britanniques, et revendique le droit d'arborer les pavillons neutres sur ses navires marchands ;

Attendu qu'un grand nombres de navires marchands britanniques ont été armés pour détruire les sous-marins allemands à l'aide de leurs projectiles ou les couler en les éperonnant, et que ces navires perdent le caractère commercial et deviennent des navires de guerre ;

L'Allemagne est derechef obligée de conseiller instamment aux navires neutres de s'abstenir, à partir du 18 février, de naviguer dans les eaux britanniques, car à partir de cette date l'Amirauté allemande fera la guerre par tous les moyens contre la flotte commerciale britannique armée et contre les ports britanniques. Les navires neutres courront donc les mêmes risques dans la zone de guerre que s'ils naviguaient au milieu des combats navals dont la date et le lieu ne peuvent pas être révélés, et au cours desquels l'Allemagne employera les moyens en usage dans la guerre navale. Tout navire naviguant dans ces eaux courra des risques pour lesquels l'Allemagne décline toute responsabilité.

L'itinéraire maritime qui contourne l'Ecosse passe par des eaux trop profondes pour être rendu périlleux par les mines. Là, comme dans les eaux de la mer du Nord, à l'exception des eaux britanniques, la navigation ne courra aucun danger du fait des mesures prises par l'Amirauté allemande.

431

Pays-Bas. — Note du gouvernement néerlandais au représentant du gouvernement britannique a la Haye en ce qui concerne l'usage du pavillon néerlandais par les navires marchands britanniques, en date du 15 février 1915.

Le gouvernement de la Reine partage l'opinion du gouvernement britannique que les bâtiments de guerre disposent des moyens que leur accorde le droit de visite pour s'assurer de la nationalité du navire de commerce qu'ils suspectent.

(1) Les ambassadeurs d'Allemagne ont remis à tous les gouvernements neutres des Notes identiques à celle remise à la Hollande et avertissant les bâtiments neutres de ne pas pénétrer dans la zone de guerre telle que l'Amirauté allemande l'a définie. — Sur la question, V. le *Temps* des 15, 16 et 18 février 1915.

(2) V. ci-dessus, p. 20.

Toutefois le fait de se servir du pavillon d'un État sans le consentement de celui-ci est toujours un abus. En temps de guerre, cet abus prend un caractère dont la gravité ne saurait être méconnue par les puissances signataires de la déclaration de Paris : il compromet le pavillon neutre ; il jette un doute sur les navires neutres battant leur propre pavillon ; il les expose à être pris eux-mêmes pour des navires ennemis et à en subir les périlleuses conséquences.

Votre Excellence a bien voulu me rappeler la disposition du Merchant Shipping Act, portant que l'abus du pavillon britannique est punissable sauf dans le cas où un vaisseau de commerce belligérant se sert de ce pavillon pour éviter la capture par l'ennemi.

Le gouvernement de la Reine ne saurait admettre que cette disposition puisse être invoquée pour établir le droit qu'auraient de leur côté les vaisseaux de commerce britanniques d'employer le pavillon néerlandais dans le même but.

La loi néerlandaise défend de même l'abus du pavillon néerlandais, mais elle ne contient pas d'exception analogue à celle du Merchant Shipping Act pour le cas où le pavillon serait utilisé aux fins d'échapper à l'ennemi. A défaut de prescriptions internationales réglant cette matière, chaque État est seul compétent pour établir les conditions dans lesquelles son pavillon national peut être employé.

Il est évident que le gouvernement britannique ne sera pas toujours à même d'empêcher l'emploi d'un pavillon neutre par les navires de commerce britanniques, mais le gouvernement de la Reine croit pouvoir s'attendre à ce que le gouvernement britannique ne sanctionne pas un abus qui peut exposer la navigation néerlandaise aux périls de la guerre.

432

Pays-Bas. — Note du gouvernement néerlandais interdisant aux navires étrangers de se servir du pavillon hollandais et des marques de nationalité hollandaise, 13 mars 1915.

La Haye, 13 mars 1915 (officiel).

Tous les navires marchands étrangers qui, dans les ports hollandais, arboreront le drapeau hollandais ou employeront les marques d'identité internationales appartenant aux navires hollandais ou peindront sur une partie quelconque de leurs bâtiments des marques distinctives de nature à leur donner les apparences de la nationalité hollandaise ou qui laisseront croire qu'ils appartiennent à la nation hollandaise seront l'objet de mesures qui empêcheront leur départ du territoire hollandais ou leur passage à travers les eaux territoriales hollandaises.

433

Pays-Bas. — Note du ministre des affaires étrangères du gouvernement néerlandais en réponse a l'ordre en Conseil britannique publié le 16 mars 1915 sur la guerre maritime, mars 1915.

Dès le début de la guerre, le gouvernement de la Reine, en vue du maintien de ses droits de puissance neutre et, à un haut degré, dans l'intérêt de la cause commune du droit international, a protesté contre toute atteinte portée par les puissances belligérantes aux droits des neutres ; son attitude ne saurait être différente en face de la présente mesure en ce qu'elle méconnait le grand principe de la déclaration de Paris de 1856, d'après laquelle la propriété neutre ou ennemie, à l'exception de la contrebande de guerre, est inviolable sous pavillon neutre.

Contrairement à ce principe, l'ordre en Conseil statue que la marine britannique usera de contrainte au regard, non seulement de toute propriété privée ennemie, qu'elle ait ou non le caractère de contrebande de guerre, mais aussi de la propriété neutre au cas où elle serait présumée de destination ou même de provenance ennemie.

Les dispositions de l'ordre en Conseil font entrevoir des atténuations dans le traitement de la propriété neutre, sans toutefois préciser les règles qui seront suivies pour sauvegarder les intérêts de la navigation et du commerce.

L'article 8 crée la possibilité d'une application mitigée des prescriptions de l'ordre en Conseil au regard des navires de tout pays qui aura déclaré qu'aucun transport de marchandise de destination, provenance ou propriété allemandes ne s'effectuera sous son pavillon. Je crois utile de faire ressortir que le gouvernement néerlandais ne pourrait, le cas échéant, faire une déclaration dans ce sens ; dans son opinion, l'observation des devoirs de la neutralité s'oppose en elle-même à ce qu'il prenne un engagement de cette nature.

Votre Excellence a bien voulu, avant la publication de l'ordre en Conseil, me donner à entendre qu'il serait tenu compte dans une large mesure des intérêts des Pays-Bas et de leurs possessions d'outre-mer. Cependant, quelque modérée que puisse être l'application de l'ordre en Conseil, le gouvernement néerlandais ne peut passer sous silence la grave atteinte que ce décret porte à une règle fondamentale du droit des gens, établie et sanctionnée par toutes les puissances depuis plus d'un demi-siècle.

434

France. — MÉMORANDUM ADRESSÉ PAR LA FRANCE AUX PUISSANCES LE 19 AOUT 1914 POUR PROTESTER CONTRE L'ACCUSATION ALLEMANDE D'AVOIR ORGANISÉ LA PARTICIPATION A LA GUERRE DE LA POPULATION CIVILE.

D'après une information parvenue à Berne, à l'Agence télégraphique suisse, en date du 15 août 1914, un communiqué de la *Gazette de l'Allemagne du Nord* déclare que « la France et la Belgique ayant, contrairement au droit des gens, organisé la participation à la guerre de la population civile, l'Allemagne a décidé de réprimer ces actes de la manière la plus rigoureuse et laisse à la France et à la Belgique la responsabilité des flots de sang que cette répression entraînera ».

Le gouvernement de la République tient à protester contre une pareille allégation, simple prétexte pour essayer de justifier les atrocités commises par les troupes allemandes en leur donnant l'apparence de représailles. Dès le début des hostilités, les Allemands ont pris l'habitude d'incendier les villages non défendus et d'en assassiner les habitants. De nombreuses preuves en existent dans les lettres et carnets de notes saisis sur les soldats allemands tués ou faits prisonniers. En attendant que ces documents irréfutables soient portés à la connaissance des puissances, le gouvernement de la République se borne à citer textuellement comme exemple le passage suivant d'un carnet de notes trouvé sur le cadavre d'un lieutenant allemand : « Nous avons incendié l'église de Villerupt et fusillé les habitants. On a prétexté que des observateurs s'étaient réfugiés dans la tour de l'église et que, de là, on avait tiré sur nous des coups de fusil. Le fait est que ce ne sont pas des habitants de Villerupt, mais des douaniers et des forestiers qui nous ont canardés ».

Le gouvernement de la République fait d'ailleurs remarquer aux puissances qu'il n'a pas « organisé la participation à la guerre de la population civile », suivant l'allégation mensongère du communiqué allemand. La France n'a nullement besoin d'une pareille organisation, toute sa population mâle et valide étant présentement sous les armes.

Mais si, poussés par le désir de défendre leurs foyers, les Français non appelés sous les drapeaux prenaient spontanément les armes, le gouvernement de la République fait observer que cette attitude est entièrement légitime, en vertu de l'article 2 du règlement annexé à la convention IV de la Haye, signée et ratifiée par l'Allemagne : « Art. 2. La population d'un territoire non occupé qui, à l'approche de l'ennemi, prend spontanément les armes pour combattre les troupes d'invasion sans avoir eu le temps de s'organiser conformément à l'article premier, sera considérée comme belligérante si elle porte les armes ouvertement et si elle respecte les lois et coutumes de la guerre ».

La conduite des habitants d'un pays résistant à l'invasion de leur territoire est donc conforme aux conventions de la Haye et ne saurait fournir un prétexte aux actes de barbarie commis par les Allemands.

435

Belgique. — Note de M. Davignon, ministre des affaires étrangères de Belgique, a tous les chefs de mission a l'étranger, pour leur annoncer la rupture des relations diplomatiques entre la Belgique et la Turquie, en date du 9 novembre 1914 (second Livre gris belge, n° 64).

Le Havre, le 9 novembre 1914.

Monsieur le ministre,

Le gouvernement français informe le gouvernement du Roi de l'état de guerre existant entre la France et la Turquie. Dans ces conditions, la présence au Havre du ministre de Turquie accrédité auprès du gouvernement belge devenait délicate. Comprenant la situation dans laquelle il se trouvait placé par suite des événements, S. E. M. Nousret Sadoullah Bey prit l'initiative de solliciter ses passeports et de remettre la défense des intérêts turcs en Belgique à la protection du ministre des Pays-Bas.

A la date du 6 novembre, j'ai remis à Son Excellence les passeports qu'elle avait demandés en lui faisant remarquer que, dans l'esprit du gouvernement du Roi, la rupture des relations diplomatiques n'impliquait nullement l'état de guerre entre les deux pays.

Le ministre du Roi à Constantinople a reçu l'ordre de solliciter à son tour ses passeports et de quitter la Turquie.

La défense des intérêts belges en Turquie a été confiée à l'ambassadeur des États-Unis d'Amérique.

Veuillez agréer, etc.

Davignon.

436

Italie. — Circulaire adressée par le gouvernement italien aux représentants de l'Italie a l'étranger annonçant la déclaration de guerre de l'Italie a la Turquie, en date du 20 aout 1915.

Aussitôt la signature du traité de paix de Lausanne (18 octobre 1912), le gouvernement ottoman a violé ce même traité. Ces violations ont continué sans interruption jusqu'à présent.

Le gouvernement ottoman n'a jamais adopté sérieusement une mesure quelconque pour faire cesser immédiatement, en Libye, les actes d'hostilité, conformément à ses engagements solennels. Il n'a rien fait pour la libération des prisonniers de guerre italiens. Des militaires ottomans, restés en Tripolitaine et en Cyrénaïque, ont été maintenus sous le commandement des mêmes officiers, continuant à employer le drapeau ottoman et gardant leurs fusils et leurs canons. Enver Bey a dirigé en Libye les hostilités contre l'armée italienne jusqu'à la fin de novembre 1912 ; Aziz Bey n'a quitté cette région, avec 800 soldats de troupes régulières, qu'à la fin de juin 1913. La façon dont l'un et l'autre ont été traités en rentrant en Turquie montre de manière évidente que leurs actes ont trouvé une entière approbation de la part des autorités impériales. Après le départ d'Aziz Bey, des officiers de l'armée turque ont continué d'arriver en Cyrénaïque ; il y en a actuellement plus d'une centaine dont le gouvernement italien connaît les noms. En avril 1915, 85 jeunes gens de Bengazi, qu'Enver Pacha avait conduits en décembre 1912 contre notre volonté à Constantinople, où ils avaient été admis à l'Ecole militaire, ont été renvoyés à notre insu en Cyrénaïque.

Malgré des déclarations contraires, il résulte avec certitude que la guerre sainte de 1914 a été proclamée également contre les Italiens en Afrique. Une mission d'officiers et de soldats turcs a été chargée d'apporter des cadeaux aux chefs senoussistes rebelles contre les autorités italiennes en Libye et a été récemment faite prisonnière par les forces navales françaises.

Les relations de paix que le gouvernement italien avait cru pouvoir établir après le traité de Lausanne avec le gouvernement turc n'existent pas, par la faute de ce dernier, entre les deux pays. Ainsi, puisque on a constaté que toute réclamation diplomatique contre les violations du traité était parfaitement inutile, le gouvernement italien ne pouvait que pourvoir autrement à la sauvegarde des hauts intérêts de l'État et à la défense de ses colonies contre les menaces persistantes et les actes d'hostilité effectifs de la part du gouvernement ottoman.

Une décision dans ce sens était rendue d'autant plus nécessaire et urgente que le gouvernement ottoman a commis tout récemment des violations flagrantes des droits, des intérêts et de la liberté même des citoyens italiens dans l'Empire sans que les réclamations les plus énergiques présentées à ce sujet par l'ambassadeur d'Italie à Constantinople aient eu quelque valeur.

En présence des tergiversations du gouvernement ottoman concernant notamment la libre sortie des citoyens italiens de l'Asie Mineure, ces réclamations ont dû revêtir ces jours derniers la forme d'un ultimatum. Le 3 août, l'ambassadeur d'Italie à Constantinople, sur l'ordre du gouvernement royal, a adressé au grand Vizir une Note contenant les quatre demandes suivantes : 1° Que les Italiens puissent partir librement de Beyrouth. 2° Que les Italiens de Smyrne, le port de Vurla étant impraticable, fussent autorisés à partir viâ Sigagig. 3° Que le gouvernement ottoman laissât s'embarquer librement les Italiens à Mersina, Alexandrette, Caïffa et Jaffa. 4° Que les autorités locales de l'intérieur renonçassent à l'opposition qu'elles formaient au départ des sujets italiens se dirigeant vers le littoral et tâchassent au contraire de faciliter leur voyage.

Le 5 août, avant l'expiration du terme de quarante-huit heures fixé par notre ultimatum, le gouvernement ottoman, par une Note signée du grand Vizir, accueillait chaque point de nos demandes.

A la suite de cette déclaration solennelle, le gouvernement italien résolut d'envoyer deux navires à Rhodes avec instructions et d'y attendre les ordres pour aller embarquer les citoyens italiens restés depuis longtemps dans l'attente de se faire rapatrier dans les ports susdits d'Asie Mineure. Or, des nouvelles reçues par les autorités consulaires américaines auxquelles avait été remise dans plusieurs localités la sauvegarde des intérêts italiens, il est résulté au contraire qu'à Beyrouth l'autorité militaire a révoqué le 9 août le consentement au départ accordé peu avant. Une révocation analogue a eu lieu à Mersina. On a déclaré aussi que les autorités militaires auraient empêché l'embarquement d'autres de nos nationaux en Syrie.

En présence de ces infractions manifestes aux promesses catégoriques faites par le gouvernement ottoman à la suite de notre ultimatum du 3 août provoqué par les tergiversations du gouvernement ottoman, notamment en ce qui concerne la libre sortie des citoyens italiens de l'Asie Mineure, le gouvernement italien a envoyé à l'ambassadeur d'Italie à Constantinople l'ordre de présenter une déclaration de guerre à la Turquie.

437

Italie. — NOTIFICATION A LA FRANCE DE LA DÉCLARATION DE GUERRE PAR L'ITALIE A LA TURQUIE, EN DATE DU 29 AOUT 1915 (*Journal officiel de la République française* du 31 août 1915, p. 6107).

L'ambassade royale d'Italie à Paris a fait connaître, le 29 août 1915, que le gouvernement royal italien a déclaré la guerre à la Turquie, à la date du 20 août 1915, à douze heures.

438

Russie. — NOTE COMMINATOIRE DE LA RUSSIE A LA BULGARIE REMISE LE 4 OCTOBRE 1915, A 4 HEURES DU SOIR, PAR LE MINISTRE DE RUSSIE A SOFIA, A M. RADOSLAVOFF, PRÉSIDENT DU CONSEIL DE BULGARIE.

Les événements qui se déroulent en ce moment en Bulgarie témoignent de la résolution définitive du gouvernement et du Roi Ferdinand de remettre le sort du pays entre les mains de l'Allemagne.

La présence d'officiers allemands et autrichiens au ministère de la guerre et dans l'État-major de l'armée, la concentration de troupes dans la zone limitrophe de la Serbie et le large secours financier accepté de nos ennemis par le Cabinet de Sofia ne laissent plus de doute quant au but visé par les préparatifs militaires actuels du gouvernement bulgare.

Les puissances de l'Entente qui ont pris à cœur la réalisation des aspirations du peuple bulgare ont à maintes reprises prévenu M. Radoslavoff que tout acte d'hostilité contre la Serbie serait considéré comme dirigé contre elles-mêmes.

Les assurances prodiguées par le chef du Cabinet bulgare en réponse aux avertissements des puissances de l'Entente sont contredites par les faits.

Le représentant de la Russie, liée à la Bulgarie par l'impérissable souvenir de sa libération du joug turc, ne peut sanctionner par sa présence les préparatifs d'agression contre un peuple slave et allié.

Le ministre de Russie a reçu en conséquence l'ordre de quitter la Bulgarie avec tout le personnel de la légation et des consulats dans un délai de 24 heures si le gouvernement bulgare ne rompt ouvertement avec les ennemis de la cause slave et de la Russie et s'il ne procède pas à l'éloignement immédiat des officiers appartenant aux armées des États se trouvant en état de guerre avec les puissances de l'Entente.

439

Italie. — ADHÉSION DE L'ITALIE A LA DÉCLARATION DE LONDRES DU 4 SEPTEMBRE 1914, EN DATE DU 30 NOVEMBRE 1915.

Le gouvernement italien ayant décidé d'adhérer à la déclaration faite à Londres le 4 septembre 1914 (1) par les gouvernements britannique, français et russe, déclaration à laquelle a adhéré également le gouvernement japonais en date du 19 octobre 1915 (2), les soussignés, dûment autorisés par leurs gouvernements respectifs, font la déclaration suivante : « Les gouvernements britannique, français, italien, japonais et russe s'engagent à ne pas conclure de paix séparée au cours de la présente guerre. Les cinq gouvernements conviennent que, lorsqu'il y aura lieu de discuter les termes de la paix, aucune des puissances alliées ne pourra poser des conditions de paix sans accord préalable avec chacun des autres alliés ».

En foi de quoi les soussignés ont signé la présente déclaration, et y ont apposé leur sceau.

Fait à Londres, en quintuple original, le 30 novembre 1915.

Signé : E. GREY, PAUL CAMBON, IMPÉRIALI, INOUYE, BENCKENDORFF.

440

France et Grande-Bretagne. — DÉCLARATION FRANCO-BRITANNIQUE RELATIVE A LA COMPÉTENCE PÉNALE MILITAIRE (*Journal officiel de la République française* du 15 décembre 1915, p. 9199).

Le gouvernement de la République française et le gouvernement de Sa Majesté le Roi de Grande-Bretagne et d'Irlande sont d'accord pour reconnaître, pendant la présente guerre, la compétence exclusive des tribunaux de leurs armées d'opérations respectives à l'égard des personnes appartenant à ces armées, quels que soient le territoire où elles se trouvent et la nationalité des inculpés. Dans le cas d'infractions commises conjointement ou de complicité par des individus faisant partie de ces deux armées, les auteurs et complices français sont déférés à la juridiction militaire française et les auteurs et complices britanniques sont déférés à la juridiction militaire britannique.

(1) V. ce *Recueil*, t. I, p. 66.
(2) V. ce *Recueil*, t. I, p. 341.

Les deux gouvernements sont aussi d'accord pour reconnaître, pendant la présente guerre, la compétence exclusive en territoire français de la justice française à l'égard des personnes étrangères à l'armée britannique qui commettraient des actes préjudiciables à cette armée et la compétence exclusive en territoire britannique de la justice britannique à l'égard des personnes étrangères à l'armée française qui commettraient des actes préjudiciables à ladite armée.

441

France et Grande-Bretagne. — NOTIFICATION RELATIVE AU BLOCUS DE LA CÔTE DU CAMEROUN (CÔTE OUEST D'AFRIQUE) PAR LES FORCES NAVALES ALLIÉES (*Journal officiel de la République française* du 12 janvier 1916, p. 295).

A la date du 10 janvier, zéro heure, le blocus de la côte du Cameroun (côte Ouest d'Afrique), objet de la notification publiée au *Journal officiel* du 23 avril 1915 (1), est restreint aux limites suivantes, savoir :

Entre l'embouchure de la rivière Sanaga, latitude 3°35' Nord, longitude 9°39' Est, et l'embouchure de la rivière Campo, latitude 2°21' Nord, longitude 9°50' Est.

Les longitudes sont comptées à partir du méridien de Greenwich.

442

France. — NOTIFICATION RELATIVE A LA CONTREBANDE DE GUERRE (*Journal officiel de la République française* du 27 janvier 1916, p. 744).

Conformément à la disposition de l'article 2 du décret du 6 novembre 1914 (2), il est notifié que les modifications suivantes sont apportées aux listes de contrebande de guerre publiées au *Journal officiel* du 14 octobre 1915 (3).

Contrebande absolue.

Modifications :

Au paragraphe 8, au lieu de : « l'acétone » : « les acétones et matières premières brutes ou raffinées pouvant servir à leur préparation ».

Au paragraphe 9, au lieu de : « phosphore » : « phosphore et ses composés ».

Au paragraphe 21, ajouter : « toutes fibres végétales ainsi que leurs filés ».

Au paragraphe 26, après les mots : « pièces détachées », ajouter les mots : « ainsi que leurs accessoires ».

Au paragraphe 38, remplacer le paragraphe par les mots : « le plomb sous toutes ses formes ».

Additions :

« Le liège, y compris le liège en poudre » ;

« Les os sous toutes leurs formes, entiers ou concassés, et les os calcinés » ;

« Le savon ».

(1) V. ce *Recueil*, t. I, p. 229.
(2) V. ce *Recueil*, t. I, p. 110.
(3) V. ce *Recueil*, t. I, p. 337.

Contrebande conditionnelle.

Additions :

« La caséine » ;

« Les vessies, boyaux, enveloppes et peaux à saucisses ».

443

Belgique et France. — Déclaration des gouvernements belge et français relative a la juridiction pénale militaire (*Journal officiel de la République française* du 29 janvier 1916, p. 809).

Le gouvernement de la République française et le gouvernement de S. M. le Roi des Belges sont d'accord pour reconnaître pendant la présente guerre la juridiction exclusive des tribunaux de leurs armées d'opérations respectives à l'égard des personnes appartenant à ces armées, quels que soient le territoire où elles se trouvent et la nationalité des inculpés.

Dans le cas d'infractions commises conjointement ou de complicité en territoire belge par des individus faisant partie de ces deux armées, les auteurs et complices français sont déférés à la juridiction militaire française et les auteurs et complices belges sont déférés à la juridiction militaire belge.

Dans le cas d'infractions commises conjointement ou de complicité en territoire français par des individus faisant partie de ces deux armées, les auteurs et complices sont déférés à la juridiction militaire française, à l'exception des Belges qui ont été arrêtés par l'autorité belge.

Les deux gouvernements sont aussi d'accord pour reconnaître pendant la présente guerre la juridiction exclusive en territoire français des tribunaux français à l'égard des personnes étrangères à l'armée belge qui commettraient des actes préjudiciables à cette armée et la juridiction exclusive en territoire belge des tribunaux belges à l'égard des personnes étrangères à l'armée française qui commettraient des actes préjudiciables à ladite armée.

444

France, Grande-Bretagne, Italie, Japon et Russie. — Déclaration du 14 février 1916 des puissances alliées, garantes de l'indépendance et de la neutralité de la Belgique, garantissant a celle-ci la restauration pleine et entière de son indépendance politique et économique et lui assurant qu'elle serait appelée a participer aux éventuelles négociations de paix.

Lundi, 14 février, MM. les ministres de France, de Grande-Bretagne et de Russie auprès de S. M. le Roi des Belges se sont présentés au ministère des affaires étrangères de Belgique à Sainte-Adresse, et M. le Prince Koudacheff, prenant la parole au nom de ses collègues, s'est adressé en ces termes au ministre des affaires étrangères :

Excellence.

Les puissances alliées, signataires des traités qui garantissent l'indépendance et la neutralité de la Belgique, ont décidé de renouveler aujourd'hui, par un acte solennel, les engagements qu'elles ont pris envers votre pays héroïquement fidèle à ses obligations internationales.

En conséquence, nous, ministres de la France, de la Grande-Bretagne et de la Russie, dûment autorisés par nos gouvernements, avons l'honneur de faire la déclaration suivante :

« Les puissances alliées et garantes déclarent que, le moment venu, le gouvernement belge sera appelé à participer aux négociations de paix et qu'elles ne mettront pas fin aux hostilités sans que la Belgique soit rétablie dans son indépendance politique et économique et largement indemnisée des dommages qu'elle a subis. Elles prêteront leur aide à la Belgique pour assurer son relèvement commercial et financier ».

Le Baron Beyens a répondu :

Le gouvernement du Roi est profondément reconnaissant aux gouvernements des trois puissances garantes de l'indépendance de la Belgique, dont vous êtes auprès de lui les représentants, de la généreuse initiative qu'ils ont prise en lui apportant aujourd'hui cette déclaration. Je vous en exprime ses chaleureux remerciements. Vos paroles auront un vibrant écho dans le cœur des Belges, soit qu'ils combattent sur le front, soit qu'ils souffrent dans le pays occupé ou qu'ils attendent en exil l'heure de la délivrance, tous avec un égal courage. Les nouvelles assurances que vous venez de me donner confirmeront leur conviction inébranlable que la Belgique sera relevée de ses ruines et restaurée dans sa complète indépendance politique et économique. Je suis certain d'être leur interprète en vous disant que vous devez avoir pleine confiance en nous comme nous avons confiance en nos loyaux garants, car nous sommes tous résolus à lutter énergiquement avec eux jusqu'au triomphe du droit pour la défense duquel nous nous sommes sacrifiés sans hésitation, après la violation injustifiée de notre patrie bien-aimée.

M. le ministre d'Italie a annoncé de son côté au Baron Beyens que l'Italie, n'étant pas au nombre des puissances garantes de l'indépendance et de la neutralité de la Belgique, faisait connaître qu'elle n'avait aucune objection à ce que la déclaration susdite fût faite par les Alliés.

De son côté, le gouvernement japonais a fait une communication identique.

445

France. — Avis du ministère de la marine, relatif a la présence de mines sous-marines sur la cote d'Asie-Mineure et de Syrie (*Journal officiel de la République française* du 28 février 1916, p. 1620).

En raison de la présence de mines sous-marines, la navigation est, jusqu'à nouvel avis, dangereuse sur les côtes turques d'Asie-Mineure et de Syrie.

Celles de ces mines qui ont été mouillées par les forces navales françaises présentent les garanties prescrites par la convention VIII de la Haye 1907. Avis en est donné par la présente aux intéressés conformément à l'article 3, § 2, de la susdite convention.

446

France. — Notification relative a la levée du blocus établi sur la côte du Cameroun (cote Ouest d'Afrique) (*Journal de la République française* du 1er mars 1916, p. 1642).

A la date du 1er mars 1916, à zéro heure, le blocus de la côte du Cameroun (côte Ouest d'Afrique), objet des notifications publiées au *Journal officiel* des 23 avril 1915 et 12 janvier 1916 (1), est déclaré levé.

447

Belgique, France, Grande-Bretagne, Italie, Japon, Portugal, Russie et Serbie. — Résolutions votées a l'unanimité, le 28 mars 1916, par la Conférence des Alliés tenue a Paris les 27 et 28 mars 1916 au ministère des affaires étrangères de France (2).

I

Les représentants des gouvernements alliés, réunis à Paris les 27 et 28 mars 1916, affirment l'entière communauté de vues et la solidarité des Alliés. — Ils confirment toutes les mesures prises pour réaliser l'unité d'action sur l'unité de front.

Ils entendent, par là, à la fois l'unité d'action militaire assurée par l'entente conclue entre les États-majors, l'unité d'action économique dont la présente Conférence a réglé l'organisation, et l'unité d'action diplomatique que garantit leur inébranlable volonté de poursuivre la lutte jusqu'à la victoire de la cause commune.

(1) V. ce *Recueil*, t. I, p. 229 et ci-dessus, p. 105.

(2) *Note*. — Huit puissances ont participé aux travaux de la Conférence. Voici la liste de leurs représentants :

France. — MM. Briand, Président du Conseil ; — général Roques, ministre de la guerre ; — amiral Lacaze, ministre de la marine ; — Léon Bourgeois, ministre d'État ; — général Joffre, général en chef ; — général de Castelnau, chef d'État-major général ; — Albert Thomas, sous-secrétaire d'État aux munitions ; — Jules Cambon, secrétaire général du ministère des affaires étrangères.

Belgique. — MM. Baron de Brocqueville, premier ministre ; — Baron Beyens, ministre des affaires étrangères ; — général Willemans.

Grande-Bretagne. — MM. Asquith, premier ministre ; — sir Edward Grey, ministre des affaires étrangères ; — lord Kitchener, ministre de la guerre ; — Lloyd George, ministre des munitions ; — lord Bertie of Thame, ambassadeur d'Angleterre à Paris ; — général W. Robertson, chef d'État-major impérial.

Italie. — MM. Salandra, Président du Conseil ; — Baron Sonnino, ministre des affaires étrangères ; — M. Tittoni, ambassadeur à Paris ; — général Cadorna, général en chef ; — général Dal'Ollio, secrétaire d'État aux munitions.

Japon. — M. Matsui, ambassadeur à Paris.

Portugal. — M. Chagas, ministre à Paris.

Russie. — MM. Iswolsky, ambassadeur à Paris ; — général Gilinsky, représentant de l'armée russe au quartier général.

Serbie. — MM. Pachitch, premier ministre ; — Vesnitch, ministre de Serbie à Paris ; — Yovanovitch, ministre adjoint des affaires étrangères ; — général Rachitch, représentant l'armée serbe.

Aux tables latérales, ont pris place : M. de Margerie, directeur politique au ministère des affaires étrangères ; le général Pellé, du G. Q. G. ; M. de Béarn, secrétaire à la direction politique ; M. di Martino, secrétaire général du ministère des affaires étran-

II

Les gouvernements alliés décident de mettre en pratique dans le domaine économique leur solidarité de vues et d'intérêts. Ils chargent la Conférence économique qui se tiendra prochainement à Paris de leur proposer les mesures propres à réaliser cette solidarité.

III

En vue de renforcer, de coordonner et d'unifier l'action économique à exercer pour empêcher les ravitaillements de l'ennemi, la Conférence décide de constituer à Paris un Comité permanent dans lequel tous les Alliés seront représentés.

IV

La Conférence décide :

1° De poursuivre l'organisation entreprise à Londres d'un Bureau central international des affrètements ;

2° De procéder en commun et dans le plus bref délai à la recherche des moyens pratiques à employer pour répartir équitablement entre les nations alliées les charges résultant des transports maritimes et pour enrayer la hausse des frets.

gères d'Italie ; le colonel anglais Hankey et M. H. O'Beirne, du Foreign Office ; M. Sevastopoulo, secrétaire de l'ambassade de Russie.
Au total : trente-sept personnes.

Disposition de la table autour de laquelle ont siégé les membres de la Conférence.

MM.
Bourgeois
Général Roques
Briand
Amiral Lacaze
Général Joffre

MM.
A. Thomas
J. Cambon
Baron de Brocqueville
Baron Beyens
Général Willemans
Asquith
Lord Bertie of Thame
Sir E. Grey
Lloyd George
Lord Kitchener

MM.
Général de Castelnau
Général Rachitch
Yovanovitch
Vesnitch
Pachitch
Général Gilinsky
Iswolsky
Chagas
Matsui
Général Dal'Ollio

MM.
Gén. Sir W. Robertson
Salandra
Tittoni
Baron Sonnino
Général Cadorna

On remarquera que les délégués sont rangés (à partir de la délégation belge que dirige le Baron de Brocqueville) par ordre alphabétique de pays. Dans chaque délégation, le places suivent l'ordre des préséances : le Président du Conseil vient le premier, puis le représentant à Paris de la puissance intéressée, etc.

448

France. — Notification relative a la contrebande de guerre, en date du 13 avril 1916 (*Journal officiel de la République française* du 13 avril 1916, p. 3080).

Conformément à la disposition de l'article 2 du décret du 6 novembre 1914 (1), il est notifié que les modifications et additions suivantes sont apportées aux listes de contrebande de guerre publiées au *Journal officiel* du 14 octobre 1915 (2) et modifiées le 27 janvier 1916 (3).

Contrebande absolue.

Modifications :

L'article 3 est remplacé par le suivant : « Les tours, machines et outils pouvant servir à la fabrication des munitions de guerre ».

A l'article 8 remplacer le mot « éther » par les mots : « éther acétique, éther formique, éther sulfurique ».

Additions :

« Les chlorures métalliques, à l'exception du chlorure de sodium, les chlorures métalloïdiques, les composés halogènes du carbone, l'amidon ».

« Le borax, l'acide borique et les autres composés du bore ; les graines de sabadelles et les préparations qui en dérivent ; l'or, l'argent, le papier-monnaie et tous les instruments de crédit négociables et titres réalisables ».

449

France. — Décret relatif aux règles du droit maritime international applicables pendant la guerre, en date du 12 avril 1916 (*Journal officiel de la République française* du 15 avril 1916, p. 3164).

Rapport au Président de la République française.

Paris, le 12 avril 1916.

Monsieur le Président,

Le décret du 6 novembre 1914 (4) a prescrit, avec diverses additions et modifications, l'application, pendant la présente guerre, des règles de droit international maritime formulées par la déclaration signée à Londres le 26 février 1909.

Après entente avec nos alliés, il a paru nécessaire de mieux préciser que les marchandises constituant par leur nature soit de la contrebande absolue, soit de la contrebande conditionnelle sont sujettes à capture par le seul fait de leur destination hostile, directe ou indirecte, manifeste ou cachée.

D'autre part, l'expérience a prouvé qu'en matière de blocus la règle formulée dans l'article 19 de la déclaration de Londres et mettant à l'abri de la saisie les navires trans-

(1) V. ce texte dans ce *Recueil*, t. I, p. 110.
(2) V. ce *Recueil*, t. I, p. 337.
(3) V. ci-dessus, p. 105.
(4) V. ce texte dans ce *Recueil*, t. I, p. 110.

portant vers un port non bloqué des chargements à destination d'un port bloqué, aboutissait à autoriser le trafic indirect des ports bloqués et à rendre ainsi le blocus pratiquement sans effet. L'application de cet article ne se justifie donc pas.

C'est dans ces conditions que nous avons l'honneur de soumettre à votre haute approbation le projet de décret ci-après.

Nous vous prions, monsieur le Président, d'agréer l'hommage de notre profond respect.

Le Président du Conseil, ministre des affaires étrangères, ARISTIDE BRIAND. — *Le ministre de la guerre*, ROQUES. — *Le ministre de la marine*, LACAZE. — *Le ministre des colonies*, GASTON DOUMERGUE.

Le Président de la République française ;

Sur le rapport du Président du Conseil, ministre des affaires étrangères, des ministres de la guerre, de la marine et des colonies ;

Vu le décret du 6 novembre 1914,

Décrète :

Article 1er. — Aux dispositions du décret du 6 novembre 1914 sont ajoutées les additions et modifications ci-après, apportées aux règles inscrites dans la déclaration signée à Londres le 26 février 1909, relativement au droit de la guerre navale :

I

La règle, formulée, relativement à la preuve de destination ennemie des articles de contrebande absolue, dans l'article 31 de la déclaration de Londres, est complétée ainsi qu'il suit :

« La destination prévue à l'article 30 est présumée, sauf preuve contraire :

« 1° Lorsque la marchandise est consignée dans un port neutre ou ennemi à ou pour un agent de l'État ennemi ; il en est de même si la marchandise est consignée à ou pour une personne ayant, au cours de la présente guerre, expédié des articles de contrebande en pays ennemi ou occupé par l'ennemi ;

« 2° Lorsque la marchandise, chargée sur un navire à destination d'un port neutre de l'Europe, est consignée à ordre ou lorsque les papiers de bord n'indiquent pas le consignataire ou encore s'ils indiquent un consignataire dans un pays ennemi ou occupé par l'ennemi ».

II

L'article 19 de la déclaration de Londres cesse d'être applicable et aucun navire ni aucun chargement ne seront exempts de capture pour violation de blocus par le seul motif qu'ils seraient, au moment de la visite, en route pour un port non bloqué.

Art. 2. — Le paragraphe 4 de l'article 1er du décret du 6 novembre 1914 est complété comme il suit :

« Il en est de même si la marchandise est consignée à ou pour une personne qui, au cours de la présente guerre, a expédié des articles de contrebande en pays ennemi ou occupé par l'ennemi ».

Art. 3. — Le Président du Conseil, ministre des affaires étrangères, les ministres de la guerre, de la marine et des colonies sont chargés, chacun en ce qui le concerne, de l'exécution du présent décret.

Fait à Paris, le 12 avril 1916.

R. POINCARÉ.

Par le Président de la République : *Le Président du Conseil, ministre des affaires étrangères*, ARISTIDE BRIAND. — *Le ministre de la guerre*, ROQUES. — *Le ministre de la marine*, LACAZE. — *Le ministre des colonies*, GASTON DOUMERGUE.

450

France, Grande-Bretagne, Italie, Japon et Russie. — DÉCLARATION GARANTISSANT L'INTÉGRITÉ TERRITORIALE DU CONGO BELGE, EN DATE DU 29 AVRIL 1916.

Le 29 avril 1916, S. E. M. Klobukowski, ministre de la République française auprès du gouvernement belge, a remis au ministre des affaires étrangères de Belgique une déclaration conçue dans les termes suivants :

« Se référant d'une part aux accords franco-belges des 23-24 avril 1884, 5 février 1895 et 23 décembre 1908, d'autre part à l'adhésion qu'il a donnée à la Note remise le 19 septembre 1914 au gouvernement belge par le ministre de la Grande-Bretagne au sujet du Congo, ainsi qu'à la déclaration des puissances garantes de l'indépendance et de la neutralité de la Belgique en date du 14 février 1916 (1), le gouvernement de la République française tient à déclarer qu'il prêtera son concours au gouvernement royal lors des négociations de paix en vue de maintenir le Congo belge dans son état territorial actuel et de faire attribuer à cette colonie une indemnité spéciale pour les dommages subis au cours de la guerre ».

Le même jour, S. E. sir Hyde Francis Villiers, ministre de la Grande-Bretagne, et M. de Hoeck, chargé d'affaires de Russie, ont informé le ministre des affaires étrangères de Belgique de l'adhésion de leurs gouvernements à cette déclaration. S. E. M. Carignani, ministre d'Italie, et M. Chiyuki Yamanaka, chargé d'affaires du Japon, lui ont fait savoir que leurs gouvernements en prenaient acte.

Le Baron Beyens a exprimé aux représentants des puissances alliées la vive reconnaissance du gouvernement belge pour ce nouveau témoignage d'amitié et de solidarité.

451

Etats-Unis d'Amérique. — PROCLAMATION DE NEUTRALITÉ RENDUE PAR LE PRÉSIDENT DES ÉTATS-UNIS D'AMÉRIQUE A L'OCCASION DE LA GUERRE ENTRE L'ITALIE ET L'AUTRICHE-HONGRIE, EN DATE DU 24 MAI 115.

N° 1294. — 24 mai 1915.

Attendu qu'un état de guerre existe malheureusement entre l'Italie et l'Autriche-Hongrie ;

Attendu que les États-Unis sont en termes d'amitié et de bonnes relations avec les puissances belligérantes, et avec les personnes habitant leurs différentes possessions ;

Attendu qu'il y a des citoyens des États-Unis résidant dans les territoires ou possessions de chacun desdits belligérants, et y faisant un commerce ou tout autre genre d'affaires, ou y exerçant des poursuites ;

Attendu qu'il y a des sujets de chacun des belligérants résidant dans le territoire ou sous la juridiction des États-Unis et y faisant le commerce ou tout autre genre d'affaires, ou y exerçant des poursuites ;

Attendu que les lois et traités des États-Unis, sans empêcher la libre expression des

(1) V. ci-dessus, p. 106.

opinions et des sympathies, la fabrication commerciale ou la vente des armes ou munitions de guerre, imposent néanmoins à toutes les personnes pouvant se trouver sur leur territoire et sous leur juridiction le devoir d'une neutralité impartiale pendant la durée des hostilités ;

Attendu que c'est le devoir d'un gouvernement neutre de ne pas permettre ou souffrir que ses eaux territoriales servent aux usages de la guerre ;

En conséquence, moi, Woodrow Wilson, Président des États-Unis d'Amérique, de manière à préserver la neutralité des États-Unis et de leurs citoyens, ainsi que des personnes se trouvant sur leur territoire et sous leur juridiction, et à donner exécution aux lois et aux traités, afin que toute personne, étant avertie de la teneur générale des lois et des traités des États-Unis à ce sujet et du droit des gens, puisse être empêchée de commettre une infraction à leurs dispositions, je déclare par la présente et je proclame qu'en vertu de certains articles de l'Act approuvé le 4 mars 1909 A. D., connu sous le nom de « Code pénal des États-Unis », les actes suivants sont défendus, sous les peines les plus sévères, sur le territoire et dans la juridiction des États-Unis :

1° Accepter ou exercer une commission pour servir, sur terre ou sur mer, l'un des belligérants contre l'autre.

2° S'enrôler ou entrer au service de l'un des belligérants, soit comme soldat de terre, soit comme soldat de marine, soit comme matelot à bord d'un vaisseau de guerre, d'un vaisseau muni de lettres de marque ou d'un navire armé en course.

3° Soudoyer ou engager une personne pour l'enrôler ou la forcer à prendre elle-même du service au profit d'un des belligérants comme soldat de terre, comme soldat de marine ou comme matelot à bord d'un vaisseau de guerre, d'un vaisseau muni de lettres de marque ou d'un navire armé en course.

4° Soudoyer une personne pour aller au delà des limites de la juridiction des États-Unis avec l'intention de s'enrôler comme il vient d'être dit.

5° Soudoyer une personne pour aller au delà des limites des États-Unis avec l'intention d'entrer au service d'un des belligérants comme il vient d'être dit plus haut.

6° Engager une personne à aller au delà des limites des États-Unis avec l'intention de s'enrôler comme il est dit ci-dessus.

7° Engager une personne à quitter les limites des États-Unis avec l'intention d'entrer au service d'un des belligérants comme il est dit plus haut. (Mais le dit Act ne s'applique pas au citoyen ou sujet d'un État belligérant qui, étant de passage dans les États-Unis, s'enrôlerait ou contracterait lui-même un engagement à bord d'un vaisseau de guerre armé ou équipé comme tel à son arrivée dans les États-Unis, ou qui soudoierait ou engagerait un autre sujet ou citoyen du même pays belligérant de passage dans les États-Unis pour s'enrôler ou prendre du service pour le belligérant à bord de ce même vaisseau, si toutefois les États-Unis ne sont pas en guerre avec ledit belligérant.)

8° Equiper et armer, ou essayer d'équiper ou d'armer, ou procurer le moyen d'équiper et d'armer, ou contribuer volontairement à fournir, équiper ou armer un navire ou vaisseau avec l'intention que ce navire ou vaisseau soit employé au service d'un des belligérants.

9° Emettre ou délivrer une commission dans le territoire ou sous la juridiction des États-Unis pour un navire ou vaisseau de manière qu'il puisse être employé comme il est dit ci-dessus.

10° Accroître ou augmenter, ou aider à accroître ou à augmenter, ou contribuer volontairement à accroître ou à augmenter la force d'un navire de guerre, d'un croiseur ou de tout autre vaisseau armé qui, à son arrivée dans les États-Unis, était un navire de guerre, un croiseur ou un vaisseau armé au service d'un des belligérants, ou appartenant aux sujets de celui-ci, en augmentant le nombre des canons de ces vaisseaux, en remplaçant les canons à bord par d'autres d'un calibre plus fort ou en ajoutant n'importe quel équipement applicable seulement à la guerre.

11° Commencer, mettre sur pied ou pourvoir quelque expédition ou entreprise militaire partant du territoire ou de la juridiction des États-Unis contre les territoires ou les possessions d'un des belligérants, ou préparer les moyens d'une pareille expédition ou entreprise.

Je déclare et je proclame de plus par la présente que tout usage et tout emploi des eaux territoriales des États-Unis par les vaisseaux armés d'un belligérant, qu'il s'agisse de navires publics ou de navires armés en course, dans le but de préparer des opérations hostiles ou de surveiller les navires de guerre, les navires armés en course ou les navires marchands d'un belligérant se trouvant sous la juridiction des États-Unis ou sur le point d'y entrer, doivent être regardés comme des actes inamicaux et offensifs, violant la neutralité que le gouvernement américain est décidé à observer. Afin d'éviter les circonstances et les inconvénients auxquels pourraient donner lieu ces pratiques, je déclare et je proclame en outre qu'à partir du et après le 25 mai, et pendant la durée des hostilités actuelles, il ne sera permis à aucun navire de guerre, ou à aucun navire armé en course, de l'un quelconque des belligérants de faire usage d'un port, d'une rade, d'un passage maritime ou des eaux (1) dans la juridiction des États-Unis comme de station ou de lieu de ressort pour un but quelconque de guerre, ou d'obtenir des facilités de matériel militaire ; et il ne sera permis à aucun navire de guerre, ou à aucun navire armé en course, de l'un ou l'autre des belligérants de partir ou de quitter un port, une rade, un passage maritime ou des eaux soumis à la juridiction des États-Unis d'où un vaisseau du belligérant ennemi (que ce soit un navire de guerre, un navire armé en course ou un navire marchand) sera parti antérieurement, jusqu'après l'expiration d'au moins 24 heures à compter du départ du vaisseau mentionné en dernier lieu au delà de la juridiction des États-Unis. Si quelque navire de guerre ou navire armé en course d'un belligérant entre dans un port, une rade, un passage maritime ou les eaux des États-Unis après le moment où la notification ci-dessus aura pris effet, le navire sera requis de partir en mer dans les 24 heures après son entrée dans les port, rade, passage maritime ou eaux territoriales, sauf en cas de mauvais temps, s'il était besoin de provisions ou de choses nécessaires à la subsistance de l'équipage, ou si des réparations devaient être faites ; dans tous ces cas, les autorités du port même ou du port le plus voisin (suivant le cas) demanderont au navire de partir le plus tôt possible après l'expiration de la période de 24 heures, sans lui permettre de prendre des provisions autres que celles qui lui seraient nécessaires pour ses besoins immédiats ; et aucun des navires à qui il aura été permis de rester dans les eaux territoriales des États-Unis pour effectuer des réparations ne devra rester dans les port, rade, passage maritime ou eaux territoriales plus de 24 heures après que les réparations nécessaires auront été effectuées, à moins que pendant ces 24 heures un navire de guerre, armé en course ou marchand d'un belligérant ennemi ne soit parti de cet endroit : auquel cas le temps limité pour le départ du navire de guerre ou du navire armé en course sera allongé autant qu'il sera nécessaire pour obtenir un intervalle d'au moins 24 heures entre ce départ et celui du vaisseau de guerre, armé en course ou marchand d'un belligérant ennemi qui aurait quitté précédemment les mêmes port, rade, passage maritime ou eaux territoriales. Aucun navire de guerre ou armé en course d'un belligérant ne sera retenu dans un port, une rade, un passage maritime ou les eaux territoriales des États-Unis pendant plus de 24 heures en raison des départs successifs de ces port, rade, passage maritime ou eaux territoriales de plus d'un navire d'un belligérant ennemi. Mais, s'il y a plusieurs navires de belligérants ennemis dans les mêmes port, rade, passage maritime ou eaux territoriales, l'ordre de leur départ de ces endroits devra être établi de façon à permettre à chacun des navires des belligérants ennemis de partir alternativement, en prolongeant le moins de temps possible leur séjour, conformément à l'objet de cette proclamation. Il ne sera permis à aucun navire de guerre ou armé en course d'un belligérant de prendre, pendant son séjour dans un port, rade,

(1) *Note*. — Les mots qui suivent jusqu'à ceux-ci : « soumis à la juridiction des États-Unis... » ne figurent pas dans les proclamations de neutralité rendues en 1914 par le Président des États-Unis d'Amérique à l'occasion des guerres entre les autres belligérants et rapportées dans ce *Recueil*, t. I, p. 260. Cette omission provient sans doute d'une erreur de copie.

passage maritime ou les eaux territoriales des États-Unis, d'autres fournitures que des provisions et des choses nécessaires à la subsistance de l'équipage, et que le charbon nécessaire, s'il ne marche pas à la voile, pour l'amener au port le plus proche de son propre pays ; dans le cas où le navire est un navire à voile, mais pouvant marcher aussi à l'aide de la vapeur, il lui sera fourni la moitié de la quantité de charbon à laquelle il aurait droit s'il marchait seulement à la vapeur ; il ne sera fourni de charbon à nouveau à aucun navire de guerre ou armé en course dans les mêmes port, rade, passage maritime ou eaux territoriales des États-Unis, sans une permission spéciale, avant l'expiration d'un délai de trois mois à compter du moment où le charbon lui aura été fourni pour la dernière fois dans les eaux des États-Unis, à moins que ce navire de guerre ou armé en course ne soit, depuis la dernière fois où le charbon lui a été fourni, entré dans un port du gouvernement auquel il appartient.

De plus, je déclare et je proclame que les statuts et les traités des États-Unis et le droit des gens demandent également que toute personne dans le territoire et sous la juridiction des États-Unis ne prenne pas part, directement ou indirectement, aux guerres existantes, mais demeure en paix avec tous les belligérants et maintienne une stricte et impartiale neutralité.

J'enjoins par la présente à tous les citoyens des États-Unis et à toutes personnes demeurant ou se trouvant sur le territoire ou sous la juridiction des États-Unis, d'observer les lois ci-dessus et de ne pas commettre d'actes contraires aux règles desdits statuts ou desdits traités ou violant le droit des gens.

Et par la présente je préviens tous les citoyens des États-Unis, de même que toutes personnes habitant ou se trouvant sur leur territoire ou sous leur juridiction, que si la libre et entière expression de sympathies en public et en particulier n'est pas défendue par les lois des États-Unis, des forces militaires pour venir en aide à un belligérant ne peuvent être légalement rassemblées ou organisées sous leur juridiction ; et que, si toutes personnes peuvent légalement et sans restriction, en raison de l'état de guerre, fabriquer et vendre à l'intérieur des États-Unis des armes et des munitions de guerre ainsi que d'autres articles appelés communément « contrebande de guerre », cependant toutes personnes ne peuvent transporter de tels objets à travers les mers pour l'usage ou le service d'un belligérant, pas plus qu'elles ne peuvent transporter des soldats et des officiers d'un belligérant, ou essayer de forcer un blocus légalement établi et maintenu pendant la guerre, sans encourir le risque d'une capture par l'ennemi et les pénalités énoncées par le droit des gens à cet égard.

Je notifie que tous les citoyens des États-Unis et toutes autres personnes pouvant réclamer la protection de ce gouvernement, qui se conduiraient mal, le feront à leur propre péril, et qu'ils ne pourront en aucun cas obtenir la protection du gouvernement des États-Unis contre les conséquences de leur mauvaise conduite.

En foi de quoi, j'ai sur la présente apposé ma signature et mis le sceau des États-Unis.

Fait dans la ville de Washington le 24e jour du mois de mai de l'année de Notre-Seigneur 1915 et de la 139e année de l'indépendance des États-Unis d'Amérique.

WOODROW WILSON.

Par le Président :
WILLIAM JENNINGS BRYAN,
Secrétaire d'État.

452

France. — Décret retirant l'exequatur des consuls d'Allemagne a raison de l'état de guerre avec l'Allemagne, en date du 4 aout 1914 (*Journal officiel de la République française* du 5 août 1914, p. 7118).

Le Président de la République française ;
Sur la proposition du ministre des affaires étrangères ;
Décide :
En raison de l'état de guerre existant entre la République française et l'Empire allemand, l'exequatur qui avait été accordé aux consuls généraux, consuls, vice-consuls et agents consulaires allemands sur le territoire de la République, de l'Algérie, des colonies et possessions françaises est retiré.

Fait à Paris, le 4 août 1914.

R. Poincaré.

Par le Président de la République : *Le ministre des affaires étrangères*, Gaston Doumergue.

453

France. — Arrêté du ministre de la marine concernant la présence de sujets ennemis a bord de batiments de commerce, en date du 12 septembre 1914 (*Journal officiel de la République française* du 14 septembre 1914, p. 7021).

Le ministre de la marine ;
Arrête :
Article 1er. — Tout capitaine de bâtiment de commerce, à quelque nationalité qu'il appartienne, est tenu de déclarer à l'autorité maritime, dès son entrée dans un port français, les sujets de nationalité ennemie qui se trouveraient à son bord, en quelque qualité qu'ils soient embarqués.

Art. 2. — En cas de non déclaration ou de fausse déclaration, le bâtiment pourra être retenu.

Art. 3. — Les nationaux ennemis embarqués seront aussitôt débarqués et soumis aux obligations inscrites au décret du 2 août 1914 relatif aux étrangers (1). Cependant, s'ils appartiennent à des classes mobilisées dans leur pays, ils seront internés.

Seuls ceux de ces nationaux ennemis dont le débarquement mettrait le navire dans l'impossibilité de continuer son voyage pourront être remis à leur bord par l'autorité maritime au moment où le bâtiment quittera le port.

Cette faveur ne pourra être accordée que si le bâtiment est à destination d'un port allié ou neutre.

Art. 4. — Les vice-amiraux commandants en chef, préfets maritimes et les autorités placées sous leurs ordres sont chargés de l'exécution du présent arrêté.

Fait à Bordeaux, le 12 septembre 1914.

Victor Augagneur.

(1) V. ce texte dans ce *Recueil*, t. I, p. 74.

454

France. — Décret relatif aux contrats d'assurance, de capitalisation et d'épargne, en date du 27 septembre 1914 (*Journal officiel de la République française* du 29 septembre 1914, p. 8092).

...Article 9. — Les dispositions du présent décret [qui accorde des prorogations de payement à raison de l'état de guerre] s'appliquent aux entreprises d'assurances, opérant en France, des pays alliés ou neutres ; toutefois leur bénéfice serait refusé à ces entreprises dans le cas où le pays où elles ont leur siège social prendrait des mesures analogues sans en assurer l'application aux entreprises françaises.

455

France. — Décret conférant aux médecins-vétérinaires belges les droits et prérogatives attribués aux vétérinaires français, en date du 17 octobre 1914 (*Journal officiel de la République française* du 18 octobre 1914, p. 8343) (1).

Le Président de la République ;
Sur le rapport du ministre de l'agriculture ;
Décrète :
Article 1er. — Les médecins-vétérinaires de nationalité belge jouiront sur le territoire français, pendant la durée de la guerre, de tous les droits et prérogatives attachés à la possession du diplôme de vétérinaire délivré par les écoles vétérinaires françaises.
Art. 2. — Le ministre de l'agriculture est chargé de l'exécution du présent décret qui sera publié au *Journal officiel* et inséré au *Bulletin des lois*.

Fait à Bordeaux, le 17 octobre 1914.

R. Poincaré.

Par le Président de la République : *Le ministre de l'agriculture*, Fernand David.

456

France. — Décret accordant la franchise postale concernant les correspondances du Président de la Chambre des représentants belges, en date du 5 janvier 1915 (*Journal officiel de la République française* du 6 janvier 1915, p. 91).

Le Président de la République française ;

(1) Une circulaire du ministre de l'intérieur du 14 novembre 1914 (*Bulletin officiel du ministère de l'intérieur*, 1914, p. 684) a autorisé les médecins belges à exercer leur profession en France. Une circulaire du ministre de l'intérieur du 19 février 1915 (*Bulletin officiel du ministère de l'intérieur*, 1915, p. 79) a fait de même en ce qui concerne les pharmaciens et les dentistes belges.

Vu l'article 13 de la loi du 25 frimaire an VIII ;
Vu l'ordonnance du 17 novembre 1844 sur les franchises postales ;
Sur le rapport du ministre du commerce, de l'industrie, des postes et des télégraphes, et après avis favorable du ministre des finances ;
Décrète :
Article 1er. — Sont admises à circuler en franchise, par la poste, sous pli ouvert ou fermé, les correspondances expédiées sous le contre-seing du Président de la Chambre des représentants de Belgique.
Ces correspondances doivent porter sur la suscription au moyen d'une griffe « Président de la Chambre des représentants ».
Art. 2. — Sont également admises à circuler en franchise par la poste, sous pli ouvert ou fermé, mais sous condition de contre-seing, les correspondances à l'adresse du Président de la Chambre des représentants.
Art. 3. — Le ministre du commerce, de l'industrie, des postes et des télégraphes est chargé de l'exécution du présent décret qui sera publié au *Journal officiel* et inséré au *Bulletin des lois*.
Fait à Paris, le 5 janvier 1915.

R. Poincaré.

Par le Président de la République : *Le ministre du commerce, de l'industrie, des postes et des télégraphes*, Gaston Thomson.

457

France. — Décret déterminant la composition de la Commission supérieure chargée de la révision générale des évaluations des dommages matériels résultant de faits de guerre, en date du 24 mars 1915 (*Journal officiel de la République française* du 9 avril 1915, p. 2022).

Le Président de la République française ;
Sur le rapport du Président du Conseil des ministres, du ministre de la justice, du ministre de l'intérieur et du ministre des finances ;
Vu l'article 12 du décret du 4 février 1915 (1), ainsi conçu : « Une Commission supérieure, dont la composition sera ultérieurement déterminée par un règlement d'administration publique, est chargée de la révision générale des évaluations des Commissions départementales par la comparaison des méthodes et des taux adoptés par les différentes Commissions ; elle s'assure que les opérations ont été faites en suivant les règles du présent décret » ;
Le Conseil d'Etat entendu ;
Décrète :
Article 1er. — La Commission prévue à l'article 12 susvisé est composée ainsi qu'il suit :
1° Deux sénateurs ;
2° Trois députés ;
3° Deux membres du Conseil d'État ;
4° Deux Conseillers maîtres à la Cour des comptes ;
5° Deux représentants du ministère de l'intérieur ;
6° Deux représentants du ministère des finances ;

(1) V. ce texte dans ce *Recueil*, t. I, p. 124.

7° Deux représentants du ministère de la guerre ;
8° Deux représentants du ministère des travaux publics ;
9° Deux représentants du ministère du commerce et de l'industrie ;
10° Deux représentants du ministère de l'agriculture ;
11° Un représentant du ministère de la justice ;
12° Un représentant du ministère des affaires étrangères ;
13° Un représentant du ministère du travail et de la prévoyance sociale ;
14° Deux architectes, membres du Conseil général des bâtiments civils ;
15° Deux membres de Chambres de commerce ;
16° Deux membres de Sociétés d'agriculture ;
17° Quatre membres désignés en dehors des catégories spécifiées ci-dessus.

Les membres de la Commission sont nommés par le ministre de l'intérieur. Il désigne, en outre, des rapporteurs attachés à la Commission, qui ont voix délibérative dans les affaires dont ils sont rapporteurs.

Art. 2. — Le ministre nomme le Président de la Commission. Lorsque le ministre ou le sous-secrétaire d'État assiste à la séance, la présidence lui appartient.

La Commission élit deux vice-Présidents pris parmi ses membres.

Art. 3. — Le ministre de l'intérieur et le ministre des finances sont chargés, chacun en ce qui le concerne, de l'exécution du présent décret qui sera publié au *Journal officiel* et inséré au *Bulletin des lois*.

Fait à Paris, le 24 mars 1915.

R. Poincaré.

Par le Président de la République : *Le ministre de l'intérieur*, L. Malvy. — *Le ministre des finances*, A. Ribot.

458

France. — Décret portant modification du décret du 24 mars 1915, qui a déterminé la composition de la Commission supérieure chargée de la revision générale des évaluations des dommages matériels résultant des faits de guerre, en date du 22 avril 1915 (*Journal officiel de la République française* du 24 avril 1915, p. 2530).

Le Président de la République française ;

Sur le rapport du Président du Conseil des ministres, du ministre de la justice, du ministre de l'intérieur et du ministre des finances ;

Vu l'article 12 du décret du 4 février 1915 et l'article 1er du décret du 24 mars 1915 (1) ;

Le Conseil d'État entendu ;

Décrète :

Article 1er. — L'article 1er du décret du 24 mars 1915 est modifié ainsi qu'il suit :

La Commission prévue à l'article 12 susvisé est composée de quarante et un membres savoir : 1° Cinq sénateurs ;

2° Sept députés ;...

Art. 2. — Le ministre de l'intérieur et le ministre des finances sont chargés, chacun en ce qui le concerne, de l'exécution du présent décret qui sera publié au *Journal officiel* et inséré au *Bulletin des lois*.

Fait à Paris, le 22 avril 1915.

R. Poincaré.

Par le Président de la République : *Le ministre de l'intérieur*, L. Malvy. — *Le ministre des finances*, A. Ribot.

(1) V. ces textes dans ce *Recueil*, t. I, p. 124 et ci-dessus, p. 118.

459.

France. — DÉCRET PORTANT RÈGLEMENT D'ADMINISTRATION PUBLIQUE RELATIF A LA CONSTATATION ET A L'ÉVALUATION DES DOMMAGES RÉSULTANT DES FAITS DE GUERRE, EN DATE DU 20 JUILLET 1915 (*Journal officiel de la République française* du 23 juillet 1915, p. 5061).

Le Président de la République française ;

Sur le rapport du Président du Conseil des ministres, du ministre de la justice, du ministre de l'intérieur, du ministre des finances et du ministre des travaux publics ;

Vu le paragraphe 3 de l'article 12 de la loi de finances du 26 décembre 1914 (1), ainsi conçu : « Une loi spéciale déterminera les conditions dans lesquelles s'exercera le droit à la réparation des dommages matériels résultant des faits de guerre.

Un premier crédit de 300 millions de francs est ouvert au ministre de l'intérieur pour les besoins les plus urgents.

Un décret pris en Conseil d'État fixera la procédure de la constatation des dommages et le fonctionnement des Commissions d'évaluation » ;

Vu le décret en date du 4 février 1915 modifié par les décrets en date des 6 et 24 avril 1915 et le décret en date du 24 mars 1915 modifié par le décret en date du 22 avril 1915 (2), décrets rendus pour l'exécution de ladite loi ;

Vu la loi du 3 juillet 1877, relative aux réquisitions militaires, le décret du 2 août 1877, pris en exécution de ladite loi ; ensemble les lois et décrets qui les ont modifiés, notamment le décret du 27 décembre 1914, article 2 ;

Le Conseil d'État entendu ;

Décrète :

Article 1er. — Le décret en date du 4 février 1915, portant règlement d'administration publique relatif à la constatation et à l'évaluation des dommages résultant des faits de guerre, modifié par les décrets en date des 6 et 24 avril 1915, et le décret en date du 24 mars 1915, relatif à la constitution d'une Commission supérieure d'évaluation, modifié par le décret en date du 22 avril 1915, sont réunis et complétés ainsi qu'il suit :

TITRE Ier. — DOMMAGES AUX BIENS DES PARTICULIERS.

Art. 2. — Dans toutes les communes dont les habitants auront, au cours de la guerre, souffert de dommages matériels résultant de faits de guerre, la constatation et l'évaluation de ces dommages auront lieu dans les conditions prévues au présent règlement.

Ne sont pas compris dans les dommages visés au paragraphe précédent les dégâts et dommages occasionnés par les troupes françaises ou alliées dans leurs logements ou cantonnements et qui sont régis, en ce qui concerne leur constatation et leur réparation, par des dispositions spéciales de lois ou règlements en matière de réquisitions militaires, notamment par la loi du 3 juillet 1877 et les décrets du 2 août 1877 et du 27 décembre 1914.

Art. 3. — Des arrêtés préfectoraux, qui seront affichés dans toutes les communes intéressées avec le texte du présent règlement, fixeront, suivant les circonstances, la date à partir de laquelle les demandes pourront être déposées ou adressées par pli recommandé à la mairie de la commune dans laquelle s'est produit le dommage.

Il en sera délivré récépissé.

Ce dépôt devra être effectué, sauf empêchement justifié, dans un délai d'un mois, à partir de cette date, par la personne même victime du dommage ou, si elle est incapable, par son représentant légal.

(1) V. ce *Recueil*, t. I, p. 110.
(2) V. ce *Recueil*, t. I, p. 124, 141, 142 et ci-dessus, p. 118 et 119.

Les demandes seront rédigées sur papier libre et accompagnées de toutes pièces propres à établir la réalité et à permettre l'évaluation du dommage, telles que actes de vente ou de succession, baux, décisions judiciaires, polices d'assurance, rapports d'experts, attestations certifiées, etc.

Les demandes des collectivités, sociétés, associations sont présentées en leur nom par leur représentant dûment autorisé.

Quand une exploitation industrielle ou forestière s'étend sur plusieurs communes, la demande est déposée à la mairie de la commune où se sont produits les dommages les plus importants. Si les communes ne sont pas dans le même canton, il est statué par la Commission du canton de la commune saisie.

Les intéressés, s'ils ont déjà reçu une indemnité, doivent en déclarer la cause et le montant et, dans le cas contraire, déclarer qu'ils n'ont reçu aucune indemnité.

Un arrêté du préfet fixera l'époque où la Commission cantonale prévue à l'article suivant se réunira pour examiner les demandes qui, pour raisons légitimes, n'auraient pu lui être remises dans le délai prévu ci-dessus.

Art. 4. — A l'expiration du délai d'un mois, les maires transmettent lesdites demandes, avec les pièces jointes, au maire du chef-lieu de canton, où se réunit une Commission cantonale composée de cinq membres, désignés comme il suit :

1° Un juge choisi par le premier Président de la Cour d'appel parmi les juges du ressort, ou, à défaut, désigné par le ministre de la justice parmi les juges d'un autre ressort, Président ;

2° Un délégué désigné par le ministre de l'intérieur ;

3° Un délégué désigné par le ministre des finances ;

4° Un délégué désigné dans une réunion des maires des communes du canton qui ont subi des dommages : ce délégué ne peut être choisi que parmi les contribuables inscrits au rôle de l'une des quatre contributions directes d'une des communes visées au présent article.

Cette réunion sera tenue au chef-lieu de canton sous la présidence du maire du chef-lieu ou, à son défaut, du doyen d'âge assisté des deux plus jeunes maires présents à l'ouverture de la réunion. Elle aura lieu à la date fixée par l'arrêté préfectoral prévu à l'article 3, quel que soit le nombre des membres présents.

Un suppléant chargé de remplacer ce délégué en cas d'absence sera élu dans les mêmes conditions ;

5° Un délégué, désigné par le Conseil municipal, dans chacune des communes du canton qui ont subi des dommages.

La délibération du Conseil municipal, prise à la date fixée par le préfet, est valable quel que soit le nombre des Conseillers présents. Ce délégué ne peut être choisi que parmi les contribuables inscrits au rôle de l'une des quatre contributions directes de la commune ; il ne prend part qu'aux délibérations relatives aux demandes faites dans ladite commune.

Un suppléant de ce délégué, élu dans les mêmes conditions, est chargé de le remplacer en cas d'absence.

Les délégués des maires et ceux des Conseils municipaux sont élus au scrutin secret et à la majorité absolue. Si, après deux tours de scrutin, il n'y a pas de majorité absolue, l'élection a lieu, au troisième tour, à la majorité relative. En cas d'égalité du nombre des voix, le plus âgé est élu.

Art. 5. — Au cas où les circonstances ne permettraient l'ouverture de l'enquête que dans certaines communes d'un canton, chacune de ces communes pourra, sur la demande du Conseil municipal, être réunie par l'arrêté préfectoral prévu à l'article 3 à un canton voisin sans qu'il soit nécessaire de rattacher toutes ces communes à un même canton. Si l'enquête peut être ouverte dans plus de la moitié des communes, celles-ci constitueront un groupe assimilé, en ce qui concerne les opérations prévues au présent décret, au canton, et, s'il n'est pas possible d'effectuer les opérations dans le chef-lieu, les maires, en élisant leur délégué à la Commission cantonale, désigneront la commune où pourra siéger provisoirement la Commission.

Art. 6. — Ces Commissions se réunissent aussitôt que possible après l'expiration du délai d'un mois prévu à l'article 3.

Avant de saisir la Commission, le Président examine si l'état des dossiers permet de délibérer utilement. Il peut, au besoin, les faire compléter.

L'auteur de la demande, s'il le désire, ou si la Commission le juge utile, est entendu par elle. La Commission peut inviter le postulant à affirmer sous la foi du serment la réalité du dommage.

En cas de fraude, le procès-verbal de la Commission est transmis au procureur de la République pour qu'il soit procédé, s'il y a lieu, à des poursuites correctionnelles.

Le maire de la commune où le dommage s'est produit est entendu, s'il en fait la demande ou si la Commission le juge opportun.

La Commission peut entendre, en outre, sur la demande de l'intéressé, toute personne ayant été habituellement chargée de ses intérêts.

Les Commissions peuvent entendre aussi toute personne ayant une compétence spéciale pour l'évaluation de certains dommages, notamment les agents du ministère des finances, du ministère de l'agriculture, du ministère des travaux publics, ainsi que les agents des administrations départementales et communales. Ces agents sont tenus de fournir aux Commissions tous renseignements utiles.

Les Commissions pourront se transporter sur les lieux.

Elles ne peuvent délibérer que si tous leurs membres sont présents.

Art. 7. — Les Commissions constatent la réalité des dommages avec une évaluation distincte pour chacun de leurs éléments constitutifs. Elles font connaître les procédés et le taux qu'elles ont adoptés pour cette évaluation. Dans les éléments à évaluer, n'est pas compris le préjudice résultant de l'interruption d'une exploitation commerciale, industrielle ou agricole. Elles dressent un état récapitulatif des demandes et des évaluations relatives à chaque commune ; elles indiquent, en outre, l'ordre d'urgence des besoins auxquels ces demandes correspondent.

Le Président adresse immédiatement une copie de cet état au maire de la commune ; les dossiers sont déposés à la mairie du chef-lieu de canton.

Les travaux des Commissions doivent être, sauf empêchement, terminés dans le délai d'un mois après la première séance.

Art. 8. — Dès que l'état prévu à l'article précédent lui est parvenu, le maire avise le public par voie d'affiches et de publications, conformément aux usages locaux, que :

1° Les intéressés sont admis à prendre connaissance, à la mairie de la commune, de cet état, et, à la mairie du chef-lieu de canton, du dossier les concernant ; 2° Qu'ils sont admis, le cas échéant, à former dans un délai de quinzaine, à partir de l'avis prévu au paragraphe précédent, toute réclamation contre l'évaluation de la Commission cantonale devant la Commission départementale prévue à l'article suivant.

Art. 9. — Dans tout département où sont formées des Commissions cantonales, il est constitué, au chef-lieu du département, une Commission départementale d'évaluation composée de cinq membres désignés comme il suit :

1° Un Conseiller à la Cour d'appel du ressort, désigné par le premier Président de la Cour, ou, à défaut, un Conseiller d'un autre ressort, désigné par le ministre de la justice, Président ;

2° Un délégué désigné par le ministre de l'intérieur ;

3° Un délégué désigné par le ministre des finances ;

4° et 5° Deux délégués nommés par les délégués des maires aux Commissions cantonales.

Ces délégués sont désignés dans une réunion tenue au chef-lieu du département, sous la présidence du maire de ce chef-lieu ou, à son défaut, du doyen d'âge assisté des deux plus jeunes délégués présents à l'ouverture de la séance. Cette réunion aura lieu à la date fixée par l'arrêté préfectoral prévu à l'article 3, quel que soit le nombre des délégués aux Commissions cantonales présents à la séance.

Ces délégués sont élus au scrutin secret et à la majorité absolue des suffrages exprimés.

Si, après deux tours de scrutin, il n'y a pas de majorité absolue, l'élection a lieu au troisième tour à la majorité relative. En cas d'égalité du nombre de voix, le plus âgé est élu.

Deux suppléants sont désignés dans les mêmes conditions pour remplacer, en cas d'absence, les délégués titulaires.

Aucun membre de la Commission cantonale ne peut faire partie de la Commission départementale d'évaluation.

Art. 10. — La Commission départementale d'évaluation, après examen des réclamations des intéressés, revise le travail des Commissions cantonales. Elle statue définitivement pour chaque demande individuelle sur la réalité et la consistance des dommages ; elle évalue le préjudice subi par le réclamant.

La Commission ne peut délibérer que si tous les membres sont présents.

Art. 11. — La Commission départementale doit commencer ses opérations huit jours au plus tard après la date à laquelle elle a été saisie des dossiers, et les terminer, autant que possible, dans le délai d'un mois.

Art. 12. — Le Président de la Commission adresse au préfet les dossiers avec un état récapitulatif pour chaque commune ; cet état indique, au regard du nom de chaque réclamant, l'évaluation de la Commission départementale. Le préfet fait établir une copie de cet état et adresse ensuite à chaque maire, par l'intermédiaire du sous-préfet, la copie de l'état intéressant sa commune. Le maire avise immédiatement, conformément aux usages locaux, les habitants de la commune que cet état est tenu à leur disposition pendant quinze jours à la mairie.

Art. 13. — Ce délai expiré, le préfet transmet les dossiers au ministre de l'intérieur pour être par lui soumis à la Commission supérieure prévue à l'article suivant.

Art. 14. — Une Commission supérieure est chargée de la revision générale des évaluations des Commissions départementales par la comparaison des méthodes et des taux adoptés par les différentes Commissions. Le cas échéant, elle rectifie en conséquence de cette révision ces évaluations, les décisions desdites Commissions restant acquises en ce qui concerne la réalité et la consistance des dommages.

Elle s'assure que les opérations ont été faites en suivant les règles du présent décret. En cas de violation de ces règles, elle peut prononcer, soit d'office, soit sur la plainte des intéressés, l'annulation des opérations irrégulières. Lorsque l'annulation est prononcée, la Commission, suivant les circonstances et l'état du dossier, renvoie l'affaire aux Commissions dont les opérations ont été annulées ou constate elle-même la réalité et la consistance des dommages et fixe l'évaluation.

Les décisions de la Commission supérieure sont définitives.

Art. 15. — Cette Commission est composée ainsi qu'il suit :

1° Cinq sénateurs ;
2° Sept députés ;
3° Deux membres du Conseil d'Etat ;
4° Deux Conseillers à la Cour de cassation ;
5° Deux Conseillers-maîtres à la Cour des comptes ;
6° Deux représentants du ministère de l'intérieur ;
7° Deux représentants du ministère des finances ;
8° Deux représentants du ministère de la guerre ;
9° Deux représentants du ministère des travaux publics ;
10° Deux représentants du ministère du commerce et de l'industrie ;
11° Deux représentants du ministère de l'agriculture ;
12° Un représentant du ministère de la justice ;
13° Un représentant du ministère des affaires étrangères ;
14° Un représentant du ministère du travail et de la prévoyance sociale ;
15° Deux inspecteurs généraux des ponts et chaussées ;
16° Deux inspecteurs généraux des mines ou ingénieurs en chef ;
17° Deux architectes membres du Conseil général des bâtiments civils ;
18° Un membre de la Commission des monuments historiques ;

19° Deux membres des Chambres de commerce ;

20° Deux membres ou anciens membres du bureau de la Société des ingénieurs civils de France ;

21° Deux membres des Sociétés d'agriculture ;

22° Quatre membres désignés en dehors des catégories spécifiées ci-dessus.

Les membres de la Commission sont nommés par le ministre de l'intérieur. Il désigne, en outre, des rapporteurs attachés à la Commission qui ont voix délibérative dans les affaires dont ils sont rapporteurs.

Art. 16. — Le ministre nomme le Président de la Commission.

Lorsque le ministre ou le sous-secrétaire d'État assiste à la séance, la présidence lui appartient.

La Commission élit deux vice-Présidents pris parmi ses membres.

Art. 17. — La Commission supérieure peut se diviser en sections chargées, sous les réserves qu'elle déterminera, de statuer sur les affaires dont elle leur renvoie l'examen. Elle fixe les règles relatives à la distribution des affaires entre les sections et les cas dans lesquels il doit être statué par la Commission tout entière. Elle arrête le nombre des sections à constituer, leur composition, le mode de désignation de leurs membres et de leurs présidents, les conditions dans lesquelles doivent être prises ses décisions et celles des sections. Elle règle enfin sa procédure.

Art. 18. — Les dispositions du présent titre sont applicables aux dommages causés soit aux mines, soit aux entreprises de distribution d'eau, de gaz ou d'électricité, sous réserve des règles spéciales du titre III.

TITRE II. — Dommages aux biens des départements, des communes et établissements publics de toute nature.

Art. 19. — S'il s'agit de biens mobiliers ou immobiliers de communes ou d'établissements publics, la déclaration est déposée ou adressée par pli recommandé à la préfecture par le maire ou le représentant légal de l'établissement, dans les deux mois qui suivront l'affichage du présent décret, sauf empêchement justifié. Elle est rédigée sur papier libre et accompagnée de toutes pièces propres à établir la réalité et à permettre l'évaluation du dommage, telles que actes de vente ou de succession, baux, états des contributions imposées par l'ennemi et payées par la commune ou en son acquit par des habitants, décisions judiciaires, polices d'assurances, rapports d'experts, attestations certifiées, etc.

Les intéressés, s'ils ont déjà reçu une indemnité, doivent en déclarer la cause et le montant et, dans le cas contraire, déclarer qu'ils n'ont reçu aucune indemnité.

Art. 20. — Dès réception de la déclaration, le préfet fait procéder à l'instruction de la demande, provoque à son sujet les avis qu'il juge utiles et les joint au dossier avec les pièces et les renseignements propres à éclairer la Commission.

Art. 21. — A la suite de cette instruction, le préfet provoque, suivant la qualité du demandeur, une délibération du Conseil municipal ou de la Commission administrative de l'établissement intéressé. Le dossier complété par cette délibération est transmis, dans un délai maximum de deux mois, sauf empêchement justifié, au préfet qui en saisit directement la Commission départementale d'évaluation.

Art. 22. — Si le dommage a été éprouvé par le département, la déclaration est faite par le préfet en vertu d'une délibération du Conseil général ou de la Commission départementale en cas de délégation donnée à cet effet.

Avant de provoquer cette délibération, le préfet, dans les deux mois qui suivent l'affichage du présent décret, réunit toutes les pièces et documents propres à établir la réalité et à permettre l'évaluation du dommage, prend tous les avis qu'il juge utiles et les joint au dossier.

La déclaration, avec le dossier complété par la délibération du Conseil général ou de la Commission départementale, est transmise par le préfet à la Commission départementale d'évaluation.

Art. 23. — Pour l'examen de la catégorie de demandes visées aux articles 19 et 22, les délégués prévus à l'article 9 sous les numéros 4 et 5 sont remplacés par deux délégués et deux suppléants désignés par le Conseil général et choisis parmi les représentants des collectivités ou des établissements intéressés.

Les représentants légaux des réclamants ainsi que les fonctionnaires des services compétents sont entendus par la Commission s'ils le demandent ou si elle le juge utile. Elle peut entendre, en outre, toute personne ayant une compétence spéciale pour l'évaluation de certains dégâts. Les agents des administrations publiques sont tenus de fournir à la Commission tous les renseignements qui leur seraient demandés.

Les Commissions peuvent se transporter sur les lieux ; elles ne peuvent délibérer que si tous les membres sont présents.

Art. 24. — Les Commissions départementales constatent les dommages et statuent définitivement, pour chaque demande, sur leur réalité et leur consistance. Par une appréciation distincte de chacun de leurs éléments constitutifs, elles évaluent le préjudice subi par le réclamant. Elles font connaître les procédés et les taux qu'elles ont adoptés pour cette évaluation.

Dans les éléments à évaluer n'est pas compris le préjudice résultant de l'interruption du service.

Art. 25. — Le Président de la Commission, au fur et à mesure que celle-ci a statué sur les demandes, transmet les dossiers au préfet, qui notifie l'évaluation de la Commission aux intéressés en leur faisant connaître que le dossier reste à leur disposition, à la préfecture, pendant quinze jours.

Art. 26. — Ce délai expiré, le dossier est transmis au ministre de l'intérieur, qui le soumet à la Commission supérieure prévue par l'article 14.

Art. 27. — Les règles spéciales du titre III sont applicables aux demandes concernant les services de distribution d'eau, de gaz ou d'électricité.

Art. 28. — Il sera statué ultérieurement en ce qui concerne les dommages causés aux voies ferrées d'intérêt local.

TITRE III. — RÉGIME SPÉCIAL AUX MINES ET AUX ENTREPRISES DE DISTRIBUTION D'EAU, DE GAZ OU D'ÉLECTRICITÉ.

Art. 29. — La demande représentée suivant la qualité du demandeur soit en conformité de l'article 3, soit en conformité de l'article 19, est soumise sans délai à l'ingénieur ou à l'agent chargé du contrôle ou de la surveillance du service. Celui-ci, dans le délai d'un mois, après avoir entendu les personnes qu'il juge qualifiées pour fournir leur avis, remet le dossier au préfet avec ses conclusions en joignant à l'appui un rapport détaillé et tous les renseignements qu'il juge utiles.

Art. 30. — Ces conclusions sont aussitôt notifiées par les soins de l'autorité préfectorale aux intéressés qui sont invités à produire leurs observations. Le dossier est ensuite transmis à la Commission départementale d'évaluation, laquelle procède comme il est dit aux articles 23 et 24 du titre II.

Art. 31. — Pour l'examen de la catégorie de demandes visées au présent titre, le délégué prévu à l'article 9 sous le n° 2 est remplacé par un délégué désigné par le ministre des travaux publics et les deux délégués prévus sous les n°s 4 et 5 sont remplacés par deux délégués et deux suppléants désignés par le Conseil général, dont l'un, au moins, choisi parmi les représentants des industries intéressées.

DISPOSITIONS GÉNÉRALES.

Art. 32. — Ne sont pas soumises aux prescriptions du présent décret la constatation et l'évaluation des dommages causés aux biens de l'État, notamment aux voies de communication d'intérêt général, concédées ou non concédées, avec leurs dépendances.

Art. 33. — Les séances des Commissions instituées par le présent décret ne sont pas publiques.

Art. 34. — La délivrance d'acomptes n'est pas subordonnée, en ce qui concerne les dommages visés au titre Iᵉʳ, à l'accomplissement de la procédure instituée par le présent règlement pour le fonctionnement de la Commission départementale et celui de la Commission supérieure et, en ce qui concerne les dommages visés aux titres II et III, à l'accomplissement de la procédure instituée pour le fonctionnement de la Commission supérieure.

Exceptionnellement, n'est pas subordonnée à l'avis de Commissions cantonales d'évaluation la délivrance par le ministre de l'intérieur, sur la proposition du ministre des travaux publics, d'acomptes ayant pour objet la réparation des bateaux de commerce qui auront subi, sur les voies de navigation intérieure, des dommages résultant de faits de guerre.

Art. 35. — Des indemnités de déplacement peuvent être allouées aux membres des Commissions d'après un tarif déterminé dans un arrêté pris d'accord entre le ministre de l'intérieur et le ministre des finances.

Art. 36. — Le ministre de l'intérieur, le ministre des finances, le ministre de la justice et le ministre des travaux publics sont chargés, chacun en ce qui le concerne, de l'exécution du présent décret, qui sera publié au *Journal officiel* de la République française et inséré au *Bulletin des lois*.

Fait à Paris, le 20 juillet 1915.

R. POINCARÉ.

Par le Président de la République : *Le Président du Conseil*, RENÉ VIVIANI. — *Le ministre de l'intérieur*, L. MALVY. — *Le ministre des finances*, A. RIBOT. — *Le garde des sceaux, ministre de la justice*, ARISTIDE BRIAND. — *Le ministre des travaux publics*, M. SEMBAT.

460

France. — DÉCRET RÉGLANT LES CONDITIONS D'APPLICATION DANS LA VILLE DE PARIS ET LE DÉPARTEMENT DE LA SEINE DU DÉCRET DU 20 JUILLET 1915, RELATIF A LA CONSTATATION ET A L'ÉVALUATION DES DOMMAGES RÉSULTANT DES FAITS DE GUERRE, EN DATE DU 12 AOUT 1915 (*Journal officiel de la République française* du 14 août 1915, p. 5673).

Le Président de la République française ;

Sur le rapport du Président du Conseil des ministres, du ministre de la justice, du ministre de l'intérieur, du ministre des finances et du ministre des travaux publics ;

Vu le décret du 20 juillet 1915 (1) ;

Le Conseil d'État entendu ;

Décrète :

Article 1ᵉʳ. — Le décret du 20 juillet 1915 est applicable à la ville de Paris sous réserve des modifications suivantes :

Le paragraphe 1ᵉʳ de l'article 3 est modifié ainsi qu'il suit :

« Des arrêtés préfectoraux qui seront affichés dans tous les arrondissements intéressés, avec le texte du présent règlement, fixeront, suivant les circonstances, la date à partir de laquelle les demandes pourront être déposées ou adressées par pli recommandé à la préfecture de la Seine ».

Art. 2. — L'article 4 du décret susvisé est modifié ainsi qu'il suit :

(1) V. ci-dessus, p. 120.

« A l'expiration du délai d'un mois, le préfet de la Seine transmet lesdites demandes avec les pièces jointes au Président d'une Commission composée de cinq membres désignés comme il suit :

1° Un juge choisi par le premier Président de la Cour d'appel parmi les juges du ressort ou, à défaut, désigné par le ministre de la justice parmi les juges d'un autre ressort, Président ;

2° Un délégué désigné par le ministre de l'intérieur ;

3° Un délégué désigné par le ministre des finances ;

4° Un délégué désigné par le Conseil municipal de Paris, pour chacun des arrondissements de la capitale qui ont subi des dommages ;

Ce délégué ne prend part qu'aux délibérations relatives aux demandes faites dans l'arrondissement pour lequel il est désigné ;

5° Un délégué désigné par le Conseil municipal de Paris pour chacun des quartiers de la capitale qui ont subi des dommages.

Ce délégué ne prend part qu'aux délibérations relatives aux demandes faites dans le quartier pour lequel il est désigné.

Les délégués du Conseil municipal de Paris sont désignés par une délibération de cette assemblée prise à la date fixée par le préfet de la Seine et qui est valable quel que soit le nombre des Conseillers présents.

Ces délégués ne peuvent être choisis que parmi les contribuables inscrits au rôle de l'une des quatre contributions directes de la ville de Paris.

Ils sont élus au scrutin secret et à la majorité absolue. Si, après deux tours de scrutin, il n'y a pas de majorité absolue, l'élection a lieu, au troisième tour, à la majorité relative. En cas d'égalité du nombre des voix, les plus âgés sont élus.

Un suppléant de chacun des délégués du Conseil municipal de Paris, élu dans les mêmes conditions, est chargé de le remplacer en cas d'absence ».

Art. 3. — L'article 5 du décret du 20 juillet 1915 n'est pas applicable à la ville de Paris.

Art. 4. — Le paragraphe 5 de l'article 6 du décret susvisé n'est pas applicable à la ville de Paris.

Art. 5. — Le paragraphe 2 de l'article 7 du décret ci-dessus visé est modifié ainsi qu'il suit :

« Le Président adresse immédiatement une copie de cet état au préfet de la Seine. Les dossiers seront déposés à la préfecture de la Seine ».

Art. 6. — L'article 8 du décret susvisé est modifié ainsi qu'il suit :

« Dès que l'état prévu à l'article précédent lui est parvenu, le préfet de la Seine avise le public par voie d'affiches et de publications que : 1° les intéressés peuvent prendre connaissance, à la préfecture de la Seine, de cet état et du dossier les concernant ; 2° qu'ils sont admis, le cas échéant, à former, dans un délai de quinzaine à partir de l'avis prévu au paragraphe précédent, toute réclamation contre l'évaluation de la Commission instituée par l'article 2 du présent décret devant la Commission départementale prévue à l'article suivant ».

Art. 7. — L'article 9 du décret susvisé est modifié ainsi qu'il suit :

« Dans le département de la Seine, il est constitué à Paris une Commission départementale d'évaluation composée de cinq membres désignés comme il suit :

1° Un Conseiller à la Cour d'appel du ressort, désigné par le premier Président de la Cour, ou, à défaut, un Conseiller d'un autre ressort désigné par le ministre de la justice, Président ;

2° Un délégué désigné par le ministre de l'intérieur ;

3° Un délégué désigné par le ministre des finances ;

4° et 5° Deux délégués nommés par les délégués des maires des communes du département de la Seine aux Commissions cantonales et les délégués à la Commission instituée à l'article 2, désignés par le Conseil municipal pour les arrondissements de Paris qui ont subi des dommages. Les délégués désignés pour les quartiers de Paris ne participent pas à cette nomination.

Les deux délégués prévus au paragraphe précédent seront désignés dans une réunion tenue au chef-lieu du département, sous la présidence du préfet de la Seine ou de son représentant ou, à défaut, du doyen d'âge assisté des deux plus jeunes délégués présents à l'ouverture de la séance. Cette réunion aura lieu à la date fixée par l'arrêté préfectoral prévu à l'article 3 du décret du 20 juillet 1915, quel que soit le nombre des délégués présents à la séance.

Ces délégués seront élus au scrutin secret à la majorité absolue des suffrages exprimés. Si, après deux tours de scrutin, il n'y a pas de majorité absolue, l'élection a lieu, au troisième tour, à la majorité relative.

En cas d'égalité du nombre de voix, le plus âgé est élu.

Deux suppléants seront désignés dans les mêmes conditions pour remplacer, en cas d'absence, les délégués titulaires.

Aucun membre des Commissions cantonales d'évaluation, aucun membre de la Commission instituée à l'article 2 du présent décret ne peut faire partie de la Commission départementale d'évaluation ».

Art. 8. — Les dispositions non modifiées du décret du 20 juillet 1915 relatives aux Commissions cantonales sont applicables à la Commission instituée dans la ville de Paris.

Art. 9. — Le ministre de l'intérieur, le ministre des finances, le ministre de la justice et le ministre des travaux publics sont chargés, chacun en ce qui le concerne, de l'exécution du présent décret, qui sera publié au *Journal officiel* de la République française et inséré au *Bulletin des lois*.

Fait à Paris, le 12 août 1915.

R. POINCARÉ.

Par le Président de la République : *Le Président du Conseil*, RENÉ VIVIANI. — *Le ministre de l'intérieur*, L. MALVY. — *Le ministre des finances*, A. RIBOT. — *Le garde des sceaux, ministre de la justice*, ARISTIDE BRIAND. — *Le ministre des travaux publics*, M. SEMBAT.

461

France. — LOI COMPLÉTANT, EN CE QUI CONCERNE LES ACTES DE DÉCÈS DE MILITAIRE OU CIVILS TUÉS A L'ENNEMI OU MORTS DANS DES CIRCONSTANCES SE RAPPORTANT A LA GUERRE, LES ARTICLES DU CODE CIVIL SUR LES ACTES DE L'ÉTAT CIVIL, EN DATE DU 2 JUILLET 1915 (*Journal officiel de la République française* du 9 juillet 1915, p. 4653).

Le Sénat et la Chambre des députés ont adopté ;

Le Président de la République promulgue la loi dont la teneur suit :

Article 1er. — L'acte de décès d'un militaire des armées de terre ou de mer tué à l'ennemi ou mort des suites de ses blessures ou d'une maladie contractée sur le champ de bataille, de tout médecin, ministre du culte, infirmier, infirmière des hôpitaux militaires et formations sanitaires, ainsi que de toute personne ayant succombé à des maladies contractées au cours des soins donnés aux malades ou blessés de l'armée ; de tout civil tué par l'ennemi, soit comme otage, soit dans l'exercice de fonctions publiques électives, administratives ou judiciaires, ou à leur occasion, devra, sur avis de l'autorité militaire, contenir la mention : « Mort pour la France ».

Art. 2. — En ce qui concerne les militaires ou civils, tués ou morts, dans les circonstances prévues par l'article 1er, depuis le 2 août 1914, l'officier de l'état civil devra, sur avis de l'autorité militaire, inscrire en marge des actes de décès les mots : « Mort pour la France ».

Art. 3. — La présente loi est applicable aux actes de décès des indigènes de l'Algérie, des colonies ou pays de protectorat et des engagés au titre étranger tués ou morts dans les mêmes circonstances.

La présente loi, délibérée et adoptée par le Sénat et par la Chambre des députés, sera exécutée comme loi de l'État.

Fait à Paris, le 2 juillet 1915.

R. POINCARÉ.

Par le Président de la République : — *Le garde des sceaux, ministre de la justice,* ARISTIDE BRIAND. — *Le ministre de la guerre,* A. MILLERAND. — *Le ministre de la marine,* VICTOR AUGAGNEUR. — *Le ministre de l'intérieur,* L. MALVY. — *Le ministre des colonies,* GASTON DOUMERGUE.

462

France. — LOI RELATIVE AUX ENGAGEMENTS DEPUIS LE 1er AOUT 1914, DANS L'ARMÉE FRANÇAISE, AU TITRE DE LA LÉGION ÉTRANGÈRE, DES SUJETS NON NATURALISÉS APPARTENANT A DES NATIONS EN ÉTAT DE GUERRE AVEC LA FRANCE ET SES ALLIÉS, EN DATE DU 16 AOUT 1915 (*Journal officiel de la République française* du 19 août 1915, p. 5795).

Le Sénat et la Chambre des députés ont adopté ;

Le Président de la République promulgue la loi dont la teneur suit :

Article 1er. — Sont interdits, pendant toute la durée de la guerre actuelle, et sur toute l'étendue du territoire français, les engagements dans l'armée française, au titre de la légion étrangère, de nationaux appartenant à des États en guerre avec la France ou ses alliés.

Art. 2. — Pourront être rapportés et annulés, aussitôt la promulgation de la présente loi, les engagements de nature ci-dessus qui auraient été souscrits depuis le jour de la déclaration de guerre.

Art. 3. — Sont exceptés des dispositions de la présente loi les Alsaciens-Lorrains d'origine française admis au bénéfice des articles 1 et 2 de la loi du 5 août 1914 (1).

Art. 4. — Sont abrogées toutes les dispositions contraires à la présente loi.

La présente loi, délibérée et adoptée par le Sénat et la Chambre des députés, sera exécutée comme loi de l'État.

Fait à Paris, le 16 août 1915.

R. POINCARÉ.

Par le Président de la République : *Le ministre de la guerre,* A. MILLERAND.

(1) V. ce *Recueil*, t. I, p. 79.

463

France. — Loi soumettant les marchandises d'origine ou de provenance allemande ou austro-hongroise aux dispositions pénales des lois de douane concernant les marchandises prohibées, en date du 17 aout 1915 (*Journal officiel de la République française* du 18 août 1915, p. 5772).

Le Sénat et la Chambre des députés ont adopté ;

Le Président de la République promulgue la loi dont la teneur suit :

Article unique. — Les marchandises originaires ou provenant des Empires d'Allemagne et d'Autriche-Hongrie, alors même qu'elles auraient été déclarées comme telles, sont soumises à toutes les dispositions pénales des lois de douanes concernant les marchandises prohibées, sans préjudice de l'application, le cas échéant, des peines édictées par la loi du 4 avril 1915 (1).

Exception est faite pour les marchandises à l'égard desquelles la prohibition sera levée, par décision du ministre des finances, rendue sur la proposition du ministre intéressé.

La présente loi, délibérée et adoptée par le Sénat et par la Chambre des députés, sera exécutée comme loi de l'État.

Fait à Paris, le 17 août 1915.

R. Poincaré.

Par le Président de la République : *Le ministre des finances*, A. Ribot. — *Le ministre du commerce, de l'industrie, des postes et des télégraphes*, Gaston Thomson. — *Le ministre de la guerre*, A. Millerand. — *Le ministre de la marine*, Victor Augagneur.

464

France. — Loi étendant aux militaires et marins prisonniers de guerre les dispositions de la loi du 4 avril 1915 sur le mariage par procuration des militaires et marins présents sous les drapeaux, en date du 19 aout 1915 (*Journal officiel de la République française* du 20 août 1915, p. 5827).

Le Sénat et la Chambre des députés ont adopté ;

Le Président de la République promulgue la loi dont la teneur suit :

Article 1er. — Les dispositions de la loi du 4 avril 1915 qui permet en temps de guerre le mariage par procuration des militaires et marins présents sous les drapeaux (2) sont

(1) V. ce *Recueil*, t. I, p. 134.

(2) Cette loi, qui a paru dans le *Journal officiel* du 10 avril 1915, p. 2051, est ainsi conçue :

Article 1er. — En temps de guerre, pour causes graves et sur autorisation du ministre de la justice et du ministre de la guerre ou du ministre de la marine, il peut être procédé à la célébration du mariage des militaires et des marins sans que le futur époux, s'il est présent sous les drapeaux, soit obligé de comparaître en personne et à la condition qu'il soit représenté par un fondé de procuration spéciale. — Dans ce cas, le délai de trente jours francs prévu par les articles 151 et 154 du code civil sera réduit à quinze jours francs. — La procuration, dont il sera fait mention dans l'acte de mariage, sera établie conformément à la loi du 8 juin 1893 et dispensée des droits de timbre et d'enregistrement.

Art. 2. — La présente loi est applicable à l'Algérie et aux colonies.

Une circulaire du ministre de la justice sur la loi du 4 avril 1915 a été insérée au *Journal officiel* du 10 avril 1915, p. 2052.

applicables aux militaires et marins prisonniers de guerre.

La procuration pourra être établie par les agents diplomatiques ou consulaires de la puissance étrangère chargée des intérêts français dans les pays où ces militaires et marins sont retenus en captivité.

Elle sera dispensée des droits de timbre et d'enregistrement.

Art. 2. — La présente loi est applicable à l'Algérie et aux colonies.

La présente loi, délibérée et adoptée par le Sénat et par la Chambre des députés, sera exécutée comme loi de l'État.

Fait à Paris, le 19 août 1915.

R. Poincaré.

Par le Président de la République : *Le garde des sceaux, ministre de la justice*, Aristide Briand. — *Le ministre des affaires étrangères*, Delcassé. — *Le ministre de la guerre*, A. Millerand. — *Le ministre de la marine*, Victor Augagneur. — *Le ministre de l'intérieur*, L. Malvy. — *Le ministre des colonies*, Gaston Doumergue.

465

France. — Loi relative à la rectification administrative des actes de décès des militaires et marins dressés aux armées pendant la durée de la guerre, en date du 30 septembre 1915 (*Journal officiel de la République française* du 1er octobre 1915, p. 6999).

Le Sénat et la Chambre des députés ont adopté ;

Le Président de la République promulgue la loi dont la teneur suit :

Article 1er. — Les actes de décès des militaires et des marins dressés jusqu'à la fin de la guerre, conformément à l'article 93 du code civil, pourront être l'objet d'une rectification administrative dans les conditions suivantes :

Si lesdits actes présentent des lacunes ou des erreurs sans que l'identité du décédé, ni le fait du décès soient douteux, le ministre de la guerre ou de la marine pourra, après enquête, ajouter à l'expédition reçue par lui, en vertu de l'article 94 du code civil, une mention complétant ou rectifiant l'acte, en vue d'y faire figurer les énonciations prescrites par l'article 79 du code civil. Il enverra sans retard l'expédition ainsi complétée ou rectifiée, à fin de transcription, au maire du dernier domicile du défunt conformément à l'article 94 du code civil ; il en conservera copie à l'effet de mentionner lesdites modifications en marge de l'acte original sur les registres, après le dépôt prescrit par le paragraphe 4 de l'article 95 du code civil.

Art. 2. — Pour les actes de décès dressés depuis le 2 août 1914 et déjà transcrits, le ministre compétent pourra, sur la requête soit de l'officier de l'état civil qui a procédé à la transcription, soit du procureur de la République de l'arrondissement, soit des parties intéressées, soit d'office, opérer toutes adjonctions et rectifications utiles conformément à l'article précédent ; il transmettra au procureur de la République une expédition de l'acte ainsi complétée et rectifiée ; ce magistrat en assurera la transcription dans les conditions prévues par l'article 101 du code civil.

Art. 3. — Les actes de décès des militaires ou marins dressés par les autorités ennemies et transmis aux autorités françaises pourront être modifiés et transcrits dans les formes prévues par les articles ci-dessus, si l'identité du défunt, ni le fait du décès ne sont douteux.

Art. 4. — Les rectifications effectuées en vertu des précédents articles ne font pas obstacle, s'il y a lieu, à une rectification judiciaire poursuivie en vertu des articles 99 et 100 du code civil, 855 et suivants du code de procédure civile.

La présente loi, délibérée et adoptée par le Sénat et par la Chambre des députés, sera exécutée comme loi de l'État.

Fait à Paris, le 30 septembre 1915.

R. Poincaré.

Par le Président de la République : *Le garde des sceaux, ministre de la justice*, Aristide Briand. — *Le ministre de la guerre*, A. Millerand. — *Le ministre de la marine*, Victor Augagneur.

466

France. — Décret portant organisation de la procédure de constatation et d'évaluation des dommages causés par la guerre aux colonies, en date du 30 septembre 1915 (*Journal officiel de la République française* du 4 octobre 1915, p. 7083).

Rapport au Président de la République française.

Paris, le 30 septembre 1915.

Monsieur le Président,

La législation métropolitaine, s'inspirant de considérations d'équité, a posé, pour les nationaux français victimes de dommages provenant de faits de guerre, le principe d'une réparation par l'État du préjudice matériel certain et direct qui leur a été ainsi causé.

Le bénéfice de ces dispositions ne devait évidemment pas être limité au territoire de la mère-patrie, aussi son extension aux colonies est-elle prévue par un projet de loi actuellement soumis au Parlement.

Dans ces conditions, les nationaux, sujets ou protégés français de nos possessions d'outre-mer dont les biens ont souffert des hostilités n'ont pas, quant à présent, au point de vue juridique, un droit acquis à des indemnités.

Par une circulaire du 27 janvier dernier, j'ai fait parvenir aux chefs de nos possessions des instructions en vue de constituer une documentation permettant de se rendre un compte approximatif des dégâts résultant de l'action des belligérants. Les intéressés ont été ainsi mis en mesure de déterminer le chiffre de leurs demandes, et l'administration possède, d'ores et déjà, certains éléments d'appréciation. Il paraît maintenant utile de fixer, d'une façon précise et impérative, la procédure à suivre pour la constatation et l'évaluation des dommages occasionnés par la guerre actuelle dans notre domaine colonial afin de permettre éventuellement une juste et facile répartition des indemnités qui pourront être allouées après le vote par le Parlement du projet de loi auquel je viens de faire allusion.

Le texte qui fait l'objet de ce rapport est le résultat d'une adaptation aux colonies de la réglementation métro[illegible]aine.

Toutefois, certaines [illegible]ations ont dû y être apportées. En premier lieu, le projet ne prévoit qu'une seule Commission par colonie, le système de la procédure comportant deux examens successifs se heurtant à de sérieuses difficultés d'application. Au reste, les pétitionnaires auront la faculté, lorsqu'ils pourront se prévaloir d'éléments nouveaux d'appréciation, de réclamer une nouvelle délibération au sujet de leurs requêtes.

Les évaluations faites par les Commissions locales seront d'ailleurs revisées par la Commission supérieure.

Enfin, il a semblé préférable de laisser aux gouverneurs généraux et gouverneurs le soin de pourvoir, par des arrêtés, à la fixation des divers délais, à l'organisation des Commissions locales et à la nomination de leurs membres.

J'ai l'honneur de vous demander, d'accord avec M. le Président du Conseil et les ministres de la justice, des finances, de l'intérieur et des travaux publics, de vouloir bien sanctionner le projet instituant la réglementation soumise à votre haute approbation.

Je vous prie d'agréer, Monsieur le Président, l'hommage de mon profond respect.

Le ministre des colonies, GASTON DOUMERGUE.

Le Président de la République française ;

Sur le rapport du Président du Conseil des ministres, du ministre des colonies, du ministre de l'intérieur, du ministre des finances, du ministre de la justice et du ministre des travaux publics ;

Vu l'article 18 du sénatus-consulte du 3 mai 1854 ;

Vu le décret du 30 août 1908 abrogeant le décret du 17 septembre 1898 et portant que le régime des réquisitions militaires sera déterminé en Indo-Chine, en Afrique occidentale, à Madagascar et en Afrique équatoriale par des arrêtés du gouverneur général pris en Conseil de gouvernement ou d'administration, après avis du Conseil de défense, et soumis à l'approbation du ministre des colonies ;

Vu le décret du 20 juillet 1915 (1) relatif à la constatation et à l'évaluation des dommages causés en France par les faits de guerre ;

Décrète :

Article 1er. — Dans toute l'étendue du territoire colonial de la France dont les habitants auront, au cours de la guerre, souffert de dommages matériels résultant de faits de guerre, la constatation et l'évaluation de ces dommages auront lieu dans les conditions prévues au présent décret.

Ne sont pas compris dans les dommages visés au paragraphe précédent les dégâts et dommages occasionnés par les troupes françaises ou alliées dans le cas où ils sont réglés, en ce qui concerne leur constatation et leur réparation, par des dispositions spéciales de règlements en matière de réquisitions militaires, par application du décret du 30 août 1908.

Art. 2. — Dans un délai de dix jours à compter de la promulgation du présent décret dans la colonie, des arrêtés des gouverneurs généraux ou des gouverneurs fixeront, suivant les circonstances, la date à partir de laquelle les demandes pourront être déposées ou adressées au secrétaire général, au commandant de cercle ou à l'administrateur.

Il en sera délivré récépissé.

Le délai et les conditions dans lesquels ce dépôt devra être effectué seront fixés par les arrêtés précités des gouverneurs généraux ou des gouverneurs.

Art. 3. — Les demandes seront rédigées sur papier libre et accompagnées de toutes pièces propres à établir la réalité et à permettre l'évaluation du dommage.

Art. 4. — Les intéressés, s'ils ont déjà reçu une indemnité, devront en déclarer la cause et le montant et, dans le cas contraire, déclarer qu'ils n'ont reçu aucune indemnité.

Art. 5. — Les collectivités, sociétés, associations, établissements, autres que les établissements publics, sont admis, dans les mêmes conditions que les particuliers, à faire la demande ci-dessus prévue. Cette demande sera présentée en leur nom par leur représentant légal ou par toute autre personne dûment autorisée.

Art. 6. — A l'expiration du délai prévu par l'article 2, le secrétaire général, le commandant de cercle ou l'administrateur fera parvenir les demandes et les pièces annexes, accompagnées d'un rapport sur chacune des requêtes, au gouverneur général ou au gouverneur, qui les transmettra aussitôt à une Commission dont l'organisation sera déterminée par des arrêtés des gouverneurs généraux ou gouverneurs pris en Conseil de gouvernement ou d'administration et dont les membres seront nommés par arrêtés des gouverneurs généraux ou gouverneurs. Ceux-ci pourront, le cas échéant, nommer des membres suppléants.

(1) V. ci-dessus, p. 120.

Art. 7. — La Commission ainsi constituée se réunira dans les dix jours qui suivront la réception des demandes par son Président.

Avant de saisir la Commission, le Président examine si l'état des dossiers permet de délibérer utilement et peut, au besoin, le faire compléter. Chacun des intéressés, s'il en fait la demande ou si la Commission le juge utile, est entendu par elle au sujet de sa réclamation. La Commission peut inviter le postulant à affirmer sous la foi du serment la réalité du dommage qui fait l'objet de cette réclamation.

En cas de fraude, le procès-verbal de la Commission est transmis au procureur de la République pour qu'il soit procédé, s'il y a lieu, à des poursuites correctionnelles.

La Commission peut entendre toutes les personnes susceptibles d'éclairer ses délibérations, soit comme témoins des faits ayant occasionné la demande, soit en raison de leur compétence spéciale.

Elle ne peut délibérer que si tous ses membres sont présents ou représentés par leurs suppléants.

En cas de partage, la voix du Président est prépondérante.

Art. 8. — La Commission constate la réalité des dommages avec une évaluation distincte pour chacun de leurs éléments constitutifs. Elle fait connaître les procédés et les taux qu'elle a adoptés pour cette évaluation. Dans les éléments à évaluer, n'est pas compris le préjudice résultant de l'interruption d'un commerce ou d'une industrie. Elle dresse un état récapitulatif des demandes et des évaluations relatives à chaque circonscription.

Le Président adresse immédiatement une copie de ces états au gouverneur général ou au gouverneur, qui fait parvenir aux commandants de cercle ou aux administrateurs des copies des états intéressant leurs circonscriptions. Les habitants de celles-ci sont avisés, conformément aux usages locaux, que cet état est tenu à leur disposition au siège de leur circonscription.

Art. 9. — Les intéressés, si les conclusions de la Commission ne leur donnent pas satisfaction et s'ils produisent de nouveaux éléments d'appréciation postérieurs à la première demande, dont la Commission n'avait pas connaissance lors de son premier examen, auront la faculté d'en demander un second.

Ils devront apporter à l'appui de cette nouvelle requête la preuve des nouveaux éléments d'appréciation dont ils prétendent se prévaloir. Ces demandes seront transmises et instruites dans les mêmes formes que les premières.

Art. 10. — Les évaluations des Commissions locales seront révisées par la Commission supérieure prévue par les articles 13, 14, 15, 16 et 17 du décret du 20 juillet 1915.

Art. 11. — Le ministre des colonies, le ministre des finances, le ministre de l'intérieur, le ministre de la justice et le ministre des travaux publics sont chargés, chacun en ce qui le concerne, de l'exécution du présent décret qui sera publié au *Journal officiel de la République française* et inséré au *Bulletin des lois* et au *Bulletin officiel des colonies*.

Fait à Paris, le 30 septembre 1915.

R. POINCARÉ.

Par le Président de la République : *Le Président du Conseil des ministres*, RENÉ VIVIANI. — *Le ministre des colonies*, GASTON DOUMERGUE. — *Le ministre des finances*, A. RIBOT. — *Le ministre de l'intérieur*, L. MALVY. — *Le garde des sceaux, ministre de la justice*, ARISTIDE BRIAND. — *Le ministre des travaux publics*, M. SEMBAT.

467

France. — Loi modifiant l'application de l'article 8, § 3, du code civil a l'égard des enfants nés en France de parents belges pendant la durée de la guerre et dans l'année qui suivra la cessation des hostilités, en date du 18 octobre 1915 (*Journal officiel de la République française* du 26 octobre 1915, p. 7686).

Le Sénat et la Chambre des députés ont adopté ;

Le Président de la République promulgue la loi dont la teneur suit :

Article unique. — L'article 8, § 3, du code civil ne s'applique pas à l'enfant né en France pendant la durée de la guerre ou dans l'année qui suivra la cessation des hostilités, de parents belges, pourvu que le représentant légal du mineur, tel qu'il est indiqué dans l'article 9 du code civil, déclare décliner pour celui-ci la qualité de Français dans les formes prévues par l'article 6 du décret du 13 août 1889.

Cette déclaration devra être souscrite pendant la durée de la guerre ou dans l'année qui suivra la cessation des hostilités.

Les pièces à produire et les exemplaires de la déclaration seront établis sur papier libre.

La présente loi, délibérée et adoptée par le Sénat et par la Chambre des députés, sera exécutée comme loi de l'État.

Fait à Paris, le 18 octobre 1915.

R. Poincaré.

Par le Président de la République : *Le garde des sceaux, ministre de la justice,* Aristide Briand.

468

Bulgarie et Serbie. — Constatation de l'état de guerre entre la Serbie et la Bulgarie a la date du 14 octobre 1915.

La Serbie, ayant été attaquée par les Bulgares sans déclaration de guerre de la part du gouvernement de Sofia, est obligée de se considérer comme étant, par la force des choses, en état de guerre avec la Bulgarie. La date officielle de l'état de guerre entre la Serbie et la Bulgarie est le 14 octobre 1915, à huit heures du matin.

469

Bulgarie et France. — Constatation de l'état de guerre entre la France et la Bulgarie a la date du 16 octobre 1915 (*Journal officiel de la République française* du 18 octobre 1915, p. 7481).

La Bulgarie étant entrée en action à côté des ennemis et contre un des alliés de la

France, le gouvernement de la République constate que l'état de guerre existe entre la France et la Bulgarie à partir du 16 octobre 1915, six heures du matin, et du fait de la Bulgarie.

470

Bulgarie et Grande-Bretagne. — Constatation de l'état de guerre entre la Grande-Bretagne et la Bulgarie a la date du 16 octobre 1915.

Attendu que la Bulgarie a annoncé qu'elle était en guerre avec la Serbie, et qu'elle était l'alliée des puissances centrales, le gouvernement de Sa Majesté a informé le gouvernement bulgare, par l'intermédiaire du ministre de Suède à Londres, chargé des intérêts bulgares, qu'à partir de 10 heures ce soir, 16 octobre 1915, l'état de guerre existe entre la Grande-Bretagne et la Bulgarie.

471

France. — Notification de la déclaration de blocus des côtes de Bulgarie faite le 16 octobre 1915 (*Journal officiel de la République française* du 18 octobre 1915, p. 7482).

A la date du 16 octobre 1915, le commandant en chef de l'armée navale en Méditerranée, agissant en vertu des pouvoirs qui lui sont conférés par le gouvernement de la République, a déclaré en état de blocus les côtes de la Bulgarie sur la mer Egée, depuis la frontière grecque jusqu'à la frontière turque.

Le blocus est déclaré effectif à dater du 16 octobre, six heures du matin.

Les navires amis ou neutres pourront jusqu'au 18 octobre 1915, six heures, quitter les points bloqués.

L'ordre a été donné, en même temps, aux commandants des forces navales effectuant le blocus de procéder immédiatement aux notifications aux autorités locales.

472

Bulgarie et Italie. — Constatation de l'état de guerre entre l'Italie et la Bulgarie a la date du 19 octobre 1915.

La Bulgarie ayant ouvert les hostilités contre la Serbie en s'alliant avec les ennemis de l'Italie et en combattant les Alliés, le gouvernement italien a, par ordre du Roi, déclaré que l'état de guerre existait entre l'Italie et la Bulgarie le 19 octobre 1915.

473

France. — Décret portant interdiction d'entretenir des relations d'ordre économique avec les sujets de la Bulgarie ou les personnes y résidant, en date du 7 novembre 1915 (*Journal officiel de la République française* du 8 novembre 1915, p. 8028).

Rapport au Président de la République française.

Paris, le 7 novembre 1915.

Monsieur le Président,

Le *Journal officiel* du 18 octobre 1915 a fait connaître que, la Bulgarie étant entrée en action à côté des ennemis, contre un des alliés de la France, le gouvernement de la République constate que l'état de guerre existe entre la France et la Bulgarie, à partir du 16 octobre 1915 et du fait de la Bulgarie (1).

Il paraît y avoir lieu, dans ces conditions, d'étendre aux opérations commerciales avec les sujets de la Bulgarie les interdictions qui ont fait l'objet du décret du 27 septembre 1914 et qui ont trouvé leur sanction dans la loi du 4 avril 1915 (2).

Si vous donnez votre haute approbation à cette manière de voir, nous avons l'honneur de soumettre à votre signature le projet de décret suivant.

Veuillez agréer, Monsieur le Président, l'assurance de notre respectueux dévouement.

Le Président du Conseil, ministre des affaires étrangères, Aristide Briand. — *Le ministre du commerce, de l'industrie, des postes et des télégraphes,* Clémentel. — *Le garde des sceaux, ministre de la justice,* René Viviani. — *Le ministre de l'intérieur,* L. Malvy. — *Le ministre des finances,* A. Ribot. — *Le ministre des colonies,* Gaston Doumergue.

Le Président de la République française ;

Sur le rapport du Président du Conseil, ministre des affaires étrangères, des ministres du commerce, de l'industrie, des postes et des télégraphes, de la justice, de l'intérieur, des finances et des colonies ;

Vu la loi du 5 août 1914 relative à l'état de siège ;

Vu la loi du 4 avril 1915 ayant pour objet de donner des sanctions pénales à l'interdiction faite aux Français d'entretenir des relations d'ordre économique avec des sujets d'une puissance ennemie ;

Vu le décret du 27 septembre 1914 relatif à l'interdiction des relations commerciales avec les sujets des Empires d'Allemagne et d'Autriche-Hongrie ;

Le Conseil des ministres entendu ;

Décrète :

Article 1er. — A raison de l'état de guerre et dans l'intérêt de la défense nationale, les dispositions, interdictions et prohibitions figurant au décret du 27 septembre 1914 sont applicables aux opérations commerciales faites avec les sujets de la Bulgarie ou les personnes y résidant.

Art. 2. — Le Président du Conseil, ministre des affaires étrangères, les ministres du commerce, de l'industrie, des postes et des télégraphes, de la justice, de l'intérieur, des finances et des colonies sont chargés, chacun en ce qui le concerne, de l'exécution du présent décret, qui sera publié au *Journal officiel* et inséré au *Bulletin des lois*.

Fait à Paris, le 7 novembre 1915.

R. Poincaré.

Par le Président de la République : *Le Président du Conseil, ministre des affaires*

(1) V. ci-dessus, p. 135.
(2) V. ce *Recueil*, t. I, p. 101 et 134.

étrangères, Aristide Briand. — *Le ministre du commerce, de l'industrie, des postes et des télégraphes*, Clémentel. — *Le garde des sceaux, ministre de la justice*, René Viviani. — *Le ministre de l'intérieur*, L. Malvy. — *Le ministre des finances*, A. Ribot. — *Le ministre des colonies*, Gaston Doumergue.

474

France. — Loi concernant la vente des navires de mer à des étrangers pendant la durée des hostilités, en date du 11 novembre 1915 (*Journal officiel de la République française* du 14 novembre 1915, p. 8199).

Le Sénat et la Chambre des députés ont adopté ;

Le Président de la République promulgue la loi dont la teneur suit :

Article 1er. — Pendant la durée de la guerre et jusqu'à l'expiration d'un délai de six mois suivant la fin des hostilités, la vente volontaire d'un navire de mer français à un étranger, soit en France, soit à l'étranger, est interdite.

Toutefois, des exceptions à cette prohibition pourront être autorisées sous les conditions qui seront déterminées par le ministre de la marine.

Art. 2. — Tout acte fait en fraude de la disposition qui précède est nul et rend le vendeur passible d'un emprisonnement de un à six mois et d'une amende de seize à cinq cents francs (16 à 500 fr.), ou de l'une de ces deux peines seulement. En outre, le navire sera confisqué ; s'il n'a pu être saisi, le tribunal prononcera, pour tenir lieu de la confiscation, la condamnation au payement d'une amende supplémentaire égale à la valeur du navire telle qu'elle sera fixée par le tribunal.

L'article 463 du code pénal sur les circonstances atténuantes pourra être appliqué, même en ce qui concerne la confiscation, qui pourra être remplacée par une amende inférieure à la valeur du navire.

La présente loi délibérée et adoptée par le Sénat et par la Chambre des députés sera exécutée comme loi de l'État.

Fait à Paris, le 11 novembre 1915.

R. Poincaré.

Par le Président de la République : *Le ministre de la marine*, Lacaze. — *Le garde des sceaux, ministre de la justice*, René Viviani.

475

France. — Loi relative aux actes de décès des personnes présumées victimes d'opérations de guerre, en date du 3 décembre 1915 (*Journal officiel de la République française* du 5 décembre 1915, p. 8837).

Le Sénat et la Chambre des députés ont adopté ;

Le Président de la République promulgue la loi dont la teneur suit :

Article unique. — Les articles 89, 90, 91 et 92 du code civil sont applicables au cas de toutes personnes décédées, victimes des opérations de guerre, postérieurement au 2 août 1914, quand il n'aura pas été dressé d'acte régulier de décès.

Les ministres compétents pour déclarer la présomption de décès sont : le ministre de la guerre, pour les militaires et assimilés ; le ministre de la marine, pour les marins et assimilés ; et le ministre de l'intérieur, pour toutes les autres personnes.

La présente loi délibérée et adoptée par le Sénat et par la Chambre des députés sera exécutée comme loi de l'État.

Fait à Paris, le 8 décembre 1915.

R. POINCARÉ.

Par le Président de la République : *Le garde des sceaux, ministre de la justice*, RENÉ VIVIANI. — *Le ministre de la guerre*, GALLIENI. — *Le ministre de l'intérieur*, L. MALVY. — *Le ministre de la marine*, LACAZE.

476

France. — DÉCRET RELATIF AUX LOYERS, SPÉCIALEMENT AUX LOYERS DES RESSORTISSANTS DES PAYS ALLIÉS ET NEUTRES, DES ALSACIENS-LORRAINS, DES POLONAIS ET DES TCHÈQUES AUTORISÉS A RÉSIDER EN FRANCE, EN DATE DU 28 DÉCEMBRE 1915 (*Journal officiel de la République française* du 29 décembre 1915, p. 9577).

RAPPORT AU PRÉSIDENT DE LA RÉPUBLIQUE FRANÇAISE.

Paris, le 25 décembre 1915.

Monsieur le Président,

Le régime du moratorium institué en matière de loyers par les décrets en vigueur est appelé à cesser prochainement.

La Chambre a, en effet, fixé au 20 janvier la discussion du projet de loi dont elle a été saisie par le gouvernement, et qui réglera la situation des propriétaires et des locataires.

Toutefois, les mesures prises en faveur de ceux-ci par le décret du 14 septembre dernier viennent à expiration le 31 décembre. Il est indispensable qu'un nouveau décret intervienne pour en prolonger l'effet jusqu'à l'adoption par le Parlement de la loi nouvelle.

L'objet du présent décret est de maintenir pour une dernière période de trois mois, en faveur des locataires, le régime dont ils jouissent actuellement. Il paraît, dans ces conditions, n'y avoir aucun inconvénient grave à reproduire les dispositions essentielles du décret du 14 septembre.

Mais il nous a paru nécessaire d'y apporter certaines modifications sur des points particuliers. Nous avons pensé qu'il était équitable de permettre aux mobilisés qui ont été réformés à la suite de blessures ou de maladies contractées dans le service, de continuer à bénéficier pendant six mois encore du régime qui leur était accordé pendant qu'ils étaient sous les drapeaux.

Il nous a paru également qu'il n'était pas admissible que certains locataires jouissant d'un traitement fixe suffisant pour faire face à leurs obligations envers leurs propriétaires, puissent continuer à se prévaloir des dispositions exceptionnelles qui, dans le département de la Seine et certaines localités de Seine-et-Oise, interdisent de faire la preuve de la solvabilité des locataires.

C'est pourquoi nous avons, dans le nouveau texte, autorisé le propriétaire à faire la preuve de la faculté de payer vis-à-vis des locataires dont le loyer est égal ou inférieur à 600 francs lorsque ceux-ci jouissent de traitements égaux ou supérieurs à 3.000 francs.

Enfin, aucune incertitude ne peut se produire sur la situation faite aux réfugiés des départements envahis, le texte les comprenant nécessairement au nombre des locataires appelés au bénéfice du moratorium, quelle que soit la date à laquelle est intervenue la location.

Nous soumettons donc à votre approbation le projet de décret ci-joint et nous vous prions d'agréer, Monsieur le Président, l'hommage de notre respectueux dévouement.

Le Président du Conseil, ministre des affaires étrangères, ARISTIDE BRIAND. — *Le garde des sceaux, ministre de la justice,* RENÉ VIVIANI. — *Le ministre du commerce, de l'industrie, des postes et des télégraphes,* CLÉMENTEL. — *Le ministre de l'intérieur,* L. MALVY. — *Le ministre du travail et de la prévoyance sociale,* ALBERT MÉTIN.

Le Président de la République française ;

Sur le rapport du Président du Conseil, ministre des affaires étrangères, du garde des sceaux, ministre de la justice, des ministres du commerce, de l'industrie, des postes et des télégraphes, de l'intérieur, du travail et de la prévoyance sociale ;

Vu la loi du 5 août 1914 ;

Vu les décrets des 14 août, 1er et 27 septembre, 27 octobre, 17 décembre 1914, 7 janvier, 18 février, 20 mars, 17 juin et 14 septembre 1915, relatifs à la prorogation des délais en matière de loyers ;

Vu le décret du 14 octobre, portant application des décrets des 14 août, 1er et 27 septembre 1914 à l'Algérie ;

Vu les décrets des 8 et 16 octobre 1914 (1) étendant aux Alsaciens-Lorrains, aux Polonais et aux Tchèques ayant obtenu un permis de séjour en France le bénéfice des décrets ;

Le Conseil des ministres entendu ;

Décrète :

Article 1er. — Il est accordé de plein droit, dans tous les départements, aux locataires présents sous les drapeaux, un délai de trois mois pour le payement des termes de leur loyer qui, soit par leur échéance normale, soit par leur échéance prorogée par les décrets des 14 août, 1er et 27 septembre, 27 octobre, 17 décembre 1914, 20 mars, 17 juin et 14 septembre 1915, deviendront exigibles à dater du 1er janvier jusqu'au 31 mars 1916 inclusivement.

Ces dispositions sont applicables aux veuves des militaires morts sous les drapeaux depuis le 1er août 1914, aux femmes des militaires disparus depuis la même date ou aux membres de leur famille qui habitaient antérieurement avec eux les lieux loués, ainsi qu'aux militaires réformés à la suite de blessures ou de maladies contractées à la guerre pendant les six mois qui suivent la date de la réforme.

Sont également admises au bénéfice des dispositions prévues au premier alinéa du présent article les sociétés en nom collectif dont tous les associés et les sociétés en commandite dont tous les gérants sont présents sous les drapeaux.

Art. 2. — Il est accordé aux locataires non présents sous les drapeaux un délai de même durée que celui prévu à l'article 1er et pour le payement des mêmes termes, à la condition qu'ils rentrent dans les catégories ci-après :

1° Dans les portions de territoires énumérées au tableau annexé au présent décret tous les locataires, quel que soit le montant de leur loyer ;

2° A Paris, dans les communes du département de la Seine et dans les communes de Saint-Cloud, Sèvres et Meudon (Seine-et-Oise), les locataires dont les loyers annuels rentrent dans les catégories suivantes : *a*) Loyers annuels inférieurs ou égaux à 1.000 francs, que les locataires soient patentés ou non patentés ; *b*) Loyers annuels supérieurs à 1.000 francs, mais ne dépassant pas 2.500 francs lorsque les locataires sont des industriels, commerçants ou autres patentés ;

3° Dans les villes de 100.000 habitants et au-dessus, les locataires dont le loyer annuel est inférieur ou égal à 600 francs ;

4° Dans les villes de moins de 100.000 habitants et de plus de 5.000 habitants, les locataires dont le loyer annuel est inférieur ou égal à 300 francs ;

(1) V. ce *Recueil*, t. I, p. 105 et 106.

5° Dans les autres communes, les locataires dont le loyer annuel est inférieur ou égal à 100 francs.

Toutefois, le propriétaire est admis à justifier, devant le juge de paix, que son locataire est en état de payer tout ou partie des termes ainsi prorogés. Cette faculté ainsi accordée au propriétaire n'est pas admise à l'encontre des locataires visés par le n° 2 du présent article, dont le loyer annuel est inférieur ou égal à 600 francs, à moins qu'il ne s'agisse de locataires dont les traitements ou appointements fixes sont, au jour de la réclamation, y compris toutes indemnités, égaux ou supérieurs à 3.000 francs par an.

Art. 3. — En ce qui concerne les locataires non présents sous les drapeaux et ne rentrant dans aucune des catégories visées à l'article 2 ci-dessus, mais admis par les décrets antérieurs à bénéficier des prorogations de délai, savoir :

1° Les commerçants, industriels et autres patentés, ainsi que les non patentés, locataires dans les territoires énumérés dans la liste annexée au décret du 1er septembre 1914, mais ne figurant plus dans celle annexée au présent décret ;

2° Les commerçants, industriels et autres patentés, locataires dans les territoires autres que ceux figurant dans la liste annexée au décret du 1er septembre 1914.

Le payement des loyers est réglé de la façon suivante :

a) Pour les termes venant à échéance entre le 1er janvier et le 31 mars 1916 inclusivement, une prorogation ne dépassant pas trois mois est accordée, sous réserve, par le locataire, de faire une déclaration qu'il est hors d'état de payer tout ou partie desdits termes.

Cette déclaration est faite au greffe de la justice de paix où elle est consignée sur un registre et il en est délivré récépissé.

Elle doit être effectuée au plus tard la veille du jour où le payement doit avoir lieu. Le propriétaire en est avisé, par les soins du greffier, au moyen d'une lettre recommandée avec avis de réception.

Au cas où le propriétaire veut contester cette déclaration, il cite le locataire devant le juge de paix. Le locataire doit présenter toutes preuves à l'appui de sa déclaration.

b) Pour les termes échus qui, ayant bénéficié de prorogations, deviendront exigibles entre le 1er janvier et le 31 mars 1916 inclusivement, il est accordé une nouvelle prorogation de trois mois.

Toutefois, le propriétaire est admis à justifier, devant le juge de paix, que son locataire est en état de payer tout ou partie des termes ainsi prorogés.

Art. 4. — En ce qui concerne les locataires visés aux articles 1, 2 et 3 ci-dessus, les congés, les baux prenant fin sans congés, ainsi que les nouvelles locations sont régis par les dispositions suivantes :

1° Est suspendu, pour une période de trois mois, sous les conditions et réserves déterminées par l'article 3 du décret du 27 septembre 1914, l'effet des congés qui, normalement, ou par suite de prorogations résultant des décrets antérieurs, se produira entre le 1er janvier et le 31 mars 1916 inclusivement ;

2° Sont prorogés, pour une période de trois mois, sous les conditions et réserves déterminées par l'article 3 du décret du 27 septembre 1914, les baux prenant fin sans congés qui, normalement, ou par suite de prorogations résultant des décrets antérieurs, viendront à expiration entre le 1er janvier et le 31 mars 1916 inclusivement ;

3° Si les locaux ayant fait l'objet des suspensions de congé ou des prorogations de bail visées aux numéros 1° et 2° ci-dessus sont ou demeurent reloués au profit d'un tiers, le point de départ de cette relocation est ajourné d'une période de trois mois, sauf accord contraire entre les parties ;

4° Lorsqu'un locataire a conclu une nouvelle location et s'il jouit, pour son ancienne location, de la suspension de congé prévue par le numéro 1° ci-dessus, il ne peut être astreint au payement de la nouvelle location tant que l'entrée en jouissance n'a pas lieu.

Toutefois le propriétaire a la faculté de demander au juge de paix la résiliation de la nouvelle location.

Art. 5. — En cas de mort sous les drapeaux d'un locataire, ses héritiers ou ayants droit peuvent, si le contrat contient une clause de résiliation en cas de décès ou ne stipule pas expressément la continuation du bail en cas de décès, être autorisés, par le juge de paix, à défaut d'accord avec le propriétaire, à sortir des lieux loués sans avoir à acquitter préalablement les termes et, le cas échéant, les indemnités dues en vertu du contrat ou de l'usage des lieux. Ce magistrat fixe, dans sa sentence, les délais accordés pour le payement des sommes ainsi dues au propriétaire.

Art. 6. — En cas de loyer payable d'avance, le locataire, à défaut de payement à l'époque fixée par le bail ou par l'usage des lieux, ne peut être cité par le propriétaire devant le juge de paix, comme il est dit aux articles ci-dessus, qu'après que les termes sont échus.

Si le locataire a versé au propriétaire, au début de la location, les derniers termes à échoir, il ne peut, jusqu'à concurrence des sommes ainsi payées d'avance, être cité à raison des termes échus.

Les dispositions du présent article sont applicables seulement dans les portions de territoires énumérées au tableau annexé au décret du 1er septembre 1914.

Art. 7. — Les règles établies par les articles précédents s'appliquent, sous les mêmes conditions et réserves, aux locataires en garni.

Art. 8. — Les contestations auxquelles peut donner lieu l'application du présent décret sont de la compétence du juge de paix du canton où est situé l'immeuble loué et sont réglées par les dispositions de l'article 6 du décret du 1er septembre 1914.

Ce magistrat entend les parties en son cabinet. A défaut de conciliation, il renvoie l'affaire en audience publique pour le prononcé de la sentence.

En cas de refus des délais demandés par le locataire si, à raison du prix annuel de la location dépassant 600 francs, le juge de paix n'est pas compétent, d'après la loi du 12 juillet 1905, pour connaître de l'action en payement des loyers, il renvoie le propriétaire à se pourvoir, pour ce payement, par les voies de droit.

Art. 9. — Sont admis à bénéficier du présent décret :

1° Les ressortissants des pays alliés et neutres ;

2° Les Alsaciens-Lorrains, les Polonais et les Tchèques, sujets des Empires d'Allemagne et d'Autriche-Hongrie, qui ont obtenu un permis de séjour en France.

Art. 10. — Les dispositions du présent décret sont applicables à l'Algérie.

Art. 11. — Sont maintenues les dispositions des décrets antérieurs relatifs à la prorogation des délais en matière de loyers, en ce qu'elles ne sont pas contraires au présent décret.

Art. 12. — Le Président du Conseil, ministre des affaires étrangères, le garde des sceaux, ministre de la justice, les ministres du commerce, de l'industrie, des postes et des télégraphes, de l'intérieur, du travail et de la prévoyance sociale sont chargés, chacun en ce qui le concerne, de l'exécution du présent décret, qui sera publié au *Journal officiel* et inséré au *Bulletin des lois*.

Fait à Paris, le 28 décembre 1915.

R. POINCARÉ.

Par le Président de la République : *Le Président du Conseil, ministre des affaires étrangères*, ARISTIDE BRIAND. — *Le garde des sceaux, ministre de la justice*, RENÉ VIVIANI. — *Le ministre du commerce, de l'industrie, des postes et des télégraphes*, CLÉMENTEL. — *Le ministre de l'intérieur*, L. MALVY. — *Le ministre du travail et de la prévoyance sociale*, A. MÉTIN.

ANNEXES

Tableau dressé en exécution de l'article 2 *du décret du* 28 *décembre* 1915.

Aisne. — Ardennes. — Marne. — Meurthe-et-Moselle. — Meuse. — Nord. — Oise (arrondissements de Compiègne et de Senlis). — Pas-de-Calais (arrondissements d'Arras, Béthune et Saint-Pol). — Seine-et-Marne (arrondissements de Coulommiers, Meaux, Melun et Provins). — Somme (arrondissements d'Amiens, Doullens, Montdidier et Péronne). — Territoire de Belfort. — Vosges (arrondissements d'Epinal et de Saint-Dié).

Liste des départements dressée en conformité de l'article 1er du décret du 1er septembre 1914 relatif à la prorogation des loyers.

Aisne. — Ardennes. — Aube. — Doubs. — Eure. — Haute-Marne. — Haute-Saône. — Marne. — Meurthe-et-Moselle. — Meuse. — Nord. — Oise. — Pas-de-Calais. — Seine. — Seine-et-Marne. — Seine-Inférieure. — Seine-et-Oise. — Somme. — Vosges. — Territoire de Belfort.

477

France. — DÉCRET PORTANT INTERDICTION DU TRANSPORT DES PIGEONS VIVANTS DE TOUTES ESPÈCES A L'INTÉRIEUR DU TERRITOIRE FRANÇAIS, EN DATE DU 22 DÉCEMBRE 1915 (*Journal officiel de la République française* du 29 décembre 1915, p. 9580).

Le Président de la République française ;

Sur le rapport des ministres de l'intérieur et de la guerre ;

Vu le décret du 2 août 1914 (1) ;

Décrète :

Article 1er. — A compter de la promulgation du présent décret, est interdit à l'intérieur du territoire français le transport des pigeons vivants de toutes espèces.

Art. 2. — Le décret du 2 août 1914 est abrogé en ce qu'il a de contraire aux dispositions du présent décret.

Art. 3. — Les ministres de l'intérieur et de la guerre sont chargés, chacun en ce qui le concerne, de l'exécution du présent décret.

Fait à Paris, le 22 décembre 1915.

R. POINCARÉ.

Par le Président de la République : *Le ministre de l'intérieur*, L. MALVY. — *Le ministre de la guerre*, GALLIENI.

478

France. — LOI CONCERNANT LES LIEUX DE SÉPULTURE A ÉTABLIR POUR LES SOLDATS DES ARMÉES FRANÇAISES ET ALLIÉES DÉCÉDÉS PENDANT LA DURÉE DE LA GUERRE, EN DATE DU 29 DÉCEMBRE 1915 (*Journal officiel de la République française* du 31 décembre 1915, p. 9663) (2).

Le Sénat et la Chambre des députés ont adopté ;

Le Président de la République promulgue la loi dont la teneur suit :

Article 1er. — Lorsque, en vue de l'établissement des sépultures perpétuelles qui devront être assurées aux militaires des armées françaises ou alliées, décédés pendant la durée de la guerre des suites de blessures ou de maladies contractées aux armées, il sera nécessaire d'acquérir des terrains hors des cimetières existants, l'acquisition sera faite au nom de l'État par le ministre de la guerre.

(1) V. ce *Recueil*, t. I, p. 75.

(2) V. dans le *Journal officiel* du 24 février 1916, p. 1522, une circulaire du ministre de la guerre pour l'application de la loi du 29 décembre 1915.

Art. 2. — Si l'emplacement de ces terrains a été choisi sur rapport avorable d'un membre de la Commission sanitaire de circonscription — ou du Conseil départemental d'hygiène — délégué par le préfet, et sur avis conforme du Conseil municipal, cet emplacement sera déterminé par arrêté préfectoral sans autre formalité.

Art. 3. — Si l'expropriation est nécessaire, l'utilité publique sera déclarée par simple arrêté du ministre de la guerre, et la procédure suivie conformément aux articles 3 et suivants de la loi du 30 mars 1831. Toutefois, le règlement définitif des indemnités de dépossession s'opérera conformément aux dispositions de l'article 16 de la loi du 21 mai 1836.

Art. 4. — Les terrains acquis dans les conditions de la présente loi pourront être remis en tout ou partie aux communes, en compensation de ceux occupés, dans les cimetières communaux, par les sépultures militaires.

Le ministre de la guerre est autorisé à passer toute convention d'échange à cet effet.

Art. 5. — Les dispositions des articles 56, 57 et 58 de la loi du 3 mai 1841 sont applicables aux actes passés en exécution de la présente loi.

En conséquence, tous lesdits actes seront visés pour timbre et enregistrés gratis, et aucun droit ne sera perçu pour les formalités à effectuer à la conservation des hypothèques.

Art. 6. — Les dépenses d'acquisition, d'occupation, de clôture et d'entretien des terrains nécessaires aux sépultures visées par la présente loi sont à la charge de l'État. Toutefois, l'entretien des sépultures pourra être confié, sur leur demande, soit aux municipalités, soit à des associations régulièrement constituées, tant en France que dans les pays alliés, suivant convention à intervenir entre elles et le ministre de la guerre.

Art. 7. — Les lois et règlements relatifs à la police et à la conservation des cimetières sont applicables à tous les terrains affectés à des sépultures militaires.

La présente loi, délibérée et adoptée par le Sénat et par la Chambre des députés, sera exécutée comme loi de l'État.

Fait à Paris, le 29 décembre 1915.

R. Poincaré.

Par le Président de la République : *Le ministre de la guerre*, Gallieni. — *Le ministre de l'intérieur*, L. Malvy. — *Le ministre des finances*, A. Ribot.

479

France. — Loi relative a la déclaration des biens des sujets de puissances ennemies, en date du 22 janvier 1916 (*Journal officiel de la République française* du 23 janvier 1916, p. 619) (1).

Le Sénat et la Chambre des députés ont adopté ;

Le Président de la République promulgue la loi dont la teneur suit :

Article 1er. — Tous détenteurs à un titre quelconque, tous gérants, gardiens ou surveillants de biens mobiliers ou immobiliers appartenant à des sujets d'une puissance ennemie, tous débiteurs de sommes, valeurs ou objets de toute nature envers lesdits sujets, pour quelque cause que ce soit, doivent en faire la déclaration détaillée dans la quinzaine à compter de la date du décret à intervenir. Cette obligation incombe dans les sociétés à tous associés en nom, gérants, directeurs ou administrateurs.

(1) Des circulaires du ministre de la justice concernant l'application de la loi du 22 janvier 1916 ont été publiées en date du 29 février et du 11 mars 1916 dans le *Journal officiel* des 2 et 12 mars 1916, p. 1658 et 1953.

Les actions, parts de fondateurs, obligations, titres ou intérêts, appartenant à des sujets d'une puissance ennemie dans les sociétés, doivent être déclarés par les personnes désignées au paragraphe précédent.

L'obligation de la déclaration s'étend à tous intérêts de sujets d'une puissance ennemie dans des maisons de commerce, entreprises ou exploitations quelconques, ainsi qu'à toutes ententes ou conventions d'ordre économique entre des Français, des protégés français ou des personnes résidant en territoire français ou de protectorat français et des sujets d'une puissance ennemie.

La déclaration est reçue : pour les biens mobiliers et immobiliers, par le procureur de la République de l'arrondissement de leur situation ; pour les dettes, par celui du domicile ou de la résidence du débiteur ; pour les actions, parts de fondateurs, obligations, titres ou intérêts, par celui du siège de la société ou de l'établissement ; pour les ententes et conventions, par celui du domicile ou de la résidence des parties contractantes.

Des officiers de police judiciaire, auxiliaires du procureur de la République, seront, s'il y a lieu, désignés par celui-ci pour recevoir en son nom les déclarations.

Une prolongation du délai imparti par le premier paragraphe pourra être accordée par le procureur de la République aux personnes astreintes à la déclaration qui justifieront qu'à raison de la multiplicité des biens, dettes ou intérêts qu'elles ont à déclarer, elles sont hors d'état de satisfaire intégralement aux prescriptions légales dans la quinzaine. Ce délai supplémentaire n'excédera pas deux mois ; toutefois, en cas de nécessité reconnue, une nouvelle prorogation d'un mois pourra être concédée.

En outre, le délai supplémentaire pourra être renouvelé de deux mois en deux mois en faveur : 1° des établissements d'utilité publique ; 2° des maisons de commerce et autres établissements dont les chefs et propriétaires sont présents sous les drapeaux.

Art. 2. — Les détenteurs français de biens appartenant à des sujets d'une puissance ennemie et les débiteurs français de sommes, valeurs ou objets quelconques envers ces sujets, à raison de contrats en cours lors de la déclaration de guerre, seront, sur leur demande, à moins de circonstances spéciales qui motiveraient une décision contraire rendue sur réquisitions du ministère public par le président du tribunal civil, considérés comme séquestres de ces biens, sommes, valeurs ou objets qui demeureront confiés à leur garde.

Art. 3. — Les déclarations seront reçues par les procureurs de la République et officiers auxiliaires de police judiciaire, sous l'obligation du secret professionnel.

Art. 4. — Toute omission volontaire de déclaration dans le délai prescrit ou toute déclaration sciemment incomplète ou inexacte sera punie d'un emprisonnement d'un an à cinq ans et d'une amende de cinq cents francs (500) à vingt mille francs (20.000) ou de l'une de ces peines seulement.

Indépendamment des peines prévues au paragraphe précédent, les tribunaux pourront prononcer l'interdiction pendant dix années des droits civils et civiques énumérés en l'article 42 du code pénal.

L'article 463 du code pénal est applicable aux délits prévus par la présente loi.

Art. 5. — La présente loi est applicable de plein droit à l'Algérie, aux colonies et aux pays de protectorat.

La présente loi, délibérée et adoptée par le Sénat et par la Chambre des députés, sera exécutée comme loi de l'État.

Fait à Paris, le 22 janvier 1916.

R. Poincaré.

Par le Président de la République : *Le Président du Conseil, ministre des affaires étrangères*, Aristide Briand. — *Le garde des sceaux, ministre de la justice*, René Viviani. — *Le ministre de l'intérieur*, Malvy. — *Le ministre des colonies*, Gaston Doumergue.

480

France. — Décret concernant l'exécution de la loi du 22 janvier 1916, relative a la déclaration des biens des sujets de puissances ennemies, en date du 28 février 1916 (*Journal officiel de la République française* du 2 mars 1916, p. 1657).

Le Président de la République française ;

Sur le rapport du Président du Conseil, ministre des affaires étrangères, du garde des sceaux, ministre de la justice, du ministre de l'intérieur et du ministre des colonies ;

Vu la loi du 22 janvier 1916 (1) relative à la déclaration des biens des sujets des puissances ennemies et notamment l'article 1er de ladite loi ;

Décrète :

Article 1er. — Les déclarations prescrites par l'article 1er de la loi du 22 janvier 1916 doivent être effectuées dans les quinze jours qui suivront la publication du présent décret. — Elles sont soumises aux formalités suivantes.

Art. 2. — La déclaration est reçue soit par le procureur de la République, soit par tout officier de police judiciaire, auxiliaire du procureur de la République, habilité à cet effet par ce magistrat et dont la compétence est déterminée ainsi qu'il suit :

1° Pour la déclaration des biens mobiliers et immobiliers, par la situation desdits biens ;

2° Pour les dettes, par le domicile ou la résidence du débiteur ;

3° Pour les actions, parts de fondateurs, obligations, titres ou intérêts, par le siège de la société ou de l'établissement intéressé ;

4° Pour les ententes ou conventions d'ordre économique, par le domicile ou la résidence des parties contractantes.

Art. 3. — La déclaration est reçue sous forme de procès-verbal signé du déclarant et du magistrat qui la reçoit.

Il est fait par le déclarant une déclaration distincte et dressé un procès-verbal séparé pour chacun des sujets de puissances ennemies dont les biens ou créances sont à déclarer ou pour chaque entente ou convention d'ordre économique passée par le déclarant avec des sujets de puissances ennemies.

La déclaration indique les nom, adresse et nationalité du déclarant et du sujet de la puissance ennemie.

S'il s'agit de biens ou de créances, la déclaration fait connaître le titre auquel intervient le déclarant et la date du contrat qui a créé ce titre, la nature du droit du sujet de la puissance ennemie et la désignation détaillée de l'objet sur lequel porte ce droit.

En outre, le cas échéant, le déclarant fera connaître si, en vertu de l'article 2 de la loi du 22 janvier 1916, il demande éventuellement à être considéré comme séquestre des biens ou créances. En ce cas, il sera tenu de produire toutes pièces de nature à justifier qu'il est Français et qu'il tire sa qualité de détenteur ou de débiteur d'un contrat antérieur à la déclaration de guerre.

S'il s'agit d'une convention ou d'une entente d'ordre économique, le déclarant en fait connaître l'objet, les clauses et les conditions. La déclaration est appuyée, s'il y a lieu, par la copie certifiée conforme de tous documents utiles qui demeurent annexés au procès-verbal.

Au cas où le procès-verbal de la déclaration a été reçu par un officier de police auxiliaire du procureur de la République, ce dernier le transmet au parquet sans délai.

Toute déclaration est portée sur un registre spécial où elle fait l'objet d'une mention sommaire comportant la désignation du déclarant et un numéro d'ordre.

(1) V. le texte qui précède.

S'il est fait plusieurs déclarations simultanées par le même déclarant, il n'est inscrit néanmoins au registre qu'une mention qui précise le nombre des déclarations effectuées.

Il est délivré au déclarant un récépissé qui est unique pour toutes les déclarations faites par lui simultanément.

Art. 4. — Si plusieurs personnes ont qualité, à quelque titre que ce soit, pour faire une même déclaration, elles y sont également tenues sous réserve de la faculté pour elles de s'entendre en vue de n'effectuer qu'une seule déclaration ayant le même objet.

Art. 5. — Le délai de quinzaine prévu à l'article 1er du présent décret peut, quant aux biens, dettes et intérêts, être prorogé par décision du procureur de la République.

La demande de prorogation doit être adressée par écrit au procureur de la République avant l'expiration dudit délai. Elle doit être motivée et accompagnée de toutes justifications utiles.

Le procureur de la République notifiera sa décision à l'intéressé en lui faisant connaître, le cas échéant, le terme qui lui demeure imparti pour effectuer, sous peine de forclusion, sa déclaration, sans que ce délai supplémentaire puisse excéder deux mois.

Au cas où une première prorogation a été accordée, elle ne peut être renouvelée qu'une fois en cas de nécessité reconnue et pour une durée d'un mois au maximum, le tout sous réserve des dispositions du dernier paragraphe de l'article 1er de la loi du 22 janvier 1916.

Art. 6. — Si, à la suite de la déclaration, le ministère public prend des réquisitions tendant à la mise sous séquestre des biens ou créances déclarés, il conclura, au cas où le déclarant en aura fait la demande, à ce que la qualité de séquestre soit reconnue à ce dernier par application de l'article 2 de la loi du 22 janvier 1916 à la condition qu'il ait justifié des conditions exigées par ledit article et rappelées par l'article 3 du présent décret.

Il appartiendra au ministère public, si des circonstances spéciales lui paraissent s'opposer à ce qu'il soit fait droit à la demande, de requérir la nomination d'un séquestre spécial, après mise en cause du déclarant.

L'ordonnance qui, sur les réquisitions du ministère public, donnera acte au déclarant de sa demande et l'admettra à exercer le mandat de séquestre, déterminera, selon les cas, les règles de sa gestion ainsi que le contrôle auquel il sera soumis et les comptes qu'il aura à rendre à la justice. Le détenteur ou le débiteur ne pourra prétendre, du chef de ce mandat, à aucune rétribution.

En tout état de cause, les déclarants auxquels la qualité de séquestre aura été reconnue sur leur demande pourront se faire relever de leur mandat à la condition de remettre les biens ou de verser le montant des créances à un séquestre spécial dont il leur appartiendra, le cas échéant, de provoquer la désignation.

Ils pourront également, si le séquestre s'applique à des créances, obtenir la décharge de leur mandat en consignant à la Caisse des dépôts et consignations le montant des sommes dont ils sont débiteurs ; en ce cas, ils auront à souscrire, lors du dépôt, une déclaration par laquelle ils énonceront la cause du versement et consentiront à ce que le retrait ne puisse avoir lieu que sur production d'une décision de justice exécutoire.

Le procureur de la République pourra également prendre des réquisitions en vue de faire relever par le Président du tribunal le déclarant de son mandat de séquestre, soit à raison des circonstances spéciales prévues par l'article 2 de la loi du 22 janvier 1916, soit pour mauvaise gestion ou méconnaissance de ses obligations. En ce cas, les attributions de séquestre seront confiées à l'administrateur déjà nommé ou à un séquestre spécial désigné à cet effet.

Art. 7. — Les déclarations qui auraient été faites spontanément avant la publication du présent décret seront renouvelées dans les formes ci-dessus prescrites.

Art. 8. — La formalité de la déclaration ne s'applique pas aux biens dont les détenteurs se seraient dessaisis, ni aux créances dont les débiteurs auraient acquitté le montant entre les mains d'un séquestre spécial nommé antérieurement au présent décret.

Art. 9. — Le Président du Conseil, ministre des affaires étrangères, le garde des sceaux, ministre de la justice, le ministre de l'intérieur et le ministre des colonies sont chargés, chacun en ce qui le concerne, de l'exécution du présent décret.

Fait à Paris, le 28 février 1916.

R. POINCARÉ.

Par le Président de la République : *Le Président du Conseil, ministre des affaires étrangères*, ARISTIDE BRIAND. — *Le garde des sceaux, ministre de la justice*, RENÉ VIVIANI. — *Le ministre de l'intérieur*, MALVY. — *Le ministre des colonies*, GASTON DOUMERGUE.

481

France. — LOI AYANT POUR OBJET DE SUPPLÉER PAR DES ACTES DE NOTORIÉTÉ A L'IMPOSSIBILITÉ DE SE PROCURER DES EXPÉDITIONS DES ACTES DE L'ÉTAT CIVIL SE TROUVANT EN TERRITOIRE OCCUPÉ PAR L'ENNEMI, EN DATE DU 16 MARS 1916 (*Journal officiel de la République française* du 18 mars 1916, p. 2121).

Le Sénat et la Chambre des députés ont adopté ;

Le Président de la République promulgue la loi dont la teneur suit :

Article 1er. — Il pourra être suppléé par des actes de notoriété à tous les actes de l'état civil dont les originaux se trouvent en territoire occupé par l'ennemi.

Art. 2. — Ces actes de notoriété seront reçus dans les formes prévues par les articles 70 et 71 du code civil, sauf les modifications qui suivent :

1° Ils seront dressés sans aucuns frais par le juge de paix de la résidence du requérant. L'expédition en sera délivrée dans les mêmes conditions que le serait l'expédition de l'acte qu'elle remplace et sans que le coût puisse en être plus élevé ;

2° Ces actes de notoriété seront visés pour timbre sur la minute et enregistrés gratis et ne seront pas soumis à homologation ;

3° Le nombre des témoins sera réduit à trois. Ces témoins devront avoir été domiciliés ou avoir eu leur dernière résidence dans le département où se trouvent les registres de l'état civil.

Art. 3. — Dans le délai de trois mois après le rétablissement des communications normales avec les régions envahies, le juge de paix qui aura reçu un acte de notoriété sera tenu d'en adresser une expédition au procureur de la République de l'arrondissement où se trouve déposé l'original de l'acte de l'état civil auquel il aura été suppléé.

La présente loi, délibérée et adoptée par le Sénat et par la Chambre des députés, sera exécutée comme loi de l'État.

Fait à Paris, le 16 mars 1916.

R. POINCARÉ.

Par le Président de la République : *Le garde des sceaux, ministre de la justice*, RENÉ VIVIANI.

482

France. — Loi déterminant le mode d'attribution des prises maritimes, en date du 15 mars 1916 (*Journal officiel de la République française* du 18 mars 1916, p. 2122).

Le Sénat et la Chambre des députés ont adopté;

Le Président de la République promulgue la loi dont la teneur suit:

Article 1er. — Le régime des prises maritimes s'applique uniquement aux navires marchands et aux cargaisons.

Art. 2. — Le produit net de toute prise maritime, pendant la présente guerre, par nos forces navales, ainsi que les parts leur revenant conformément aux dispositions des conventions internationales en vigueur à l'occasion de leur participation à une prise, faite en commun, par les bâtiments des alliés, sont attribués à un fonds spécial, géré par l'établissement des invalides de la marine, destiné, entièrement, à être réparti en indemnités aux officiers, officiers mariniers et marins dans le besoin, mis par leurs infirmités dans l'impossibilité de servir par suite de blessures reçues au cours des opérations de guerre, soit à la mer, soit à terre, et aux veuves, enfants et ascendants immédiats de ces mêmes marins, morts des suites de blessures reçues ou de maladies contractées au cours de la campagne.

Cette attribution n'a lieu qu'après prélèvement éventuel sur le produit net total des parts revenant, aux termes des conventions internationales en vigueur, aux bâtiments des nations alliées ayant coopéré à la prise.

Art. 3. — Sont abrogées toutes dispositions contraires à la présente loi, spécialement le décret de la Convention en date du 1er octobre 1793 et l'arrêté des consuls du 9 ventôse an IX.

Des décrets rendus en Conseil d'État et préparés par le ministre de la marine, d'accord avec le ministre des affaires étrangères et le ministre des finances, fixent les règles en matière d'instruction, de jugement et d'administration des prises maritimes, ainsi que celles relatives à l'application de la présente loi.

La présente loi, délibérée et adoptée par le Sénat et par la Chambre des députés, sera exécutée comme loi de l'État.

Fait à Paris, le 15 mars 1916.

R. Poincaré.

Par le Président de la République: *Le ministre de la marine*, Lacaze. — *Le ministre des finances*, A. Ribot.

483

France. — Décret accordant la franchise postale pour les militaires serbes, en date du 11 avril 1916 (*Journal officiel de la République française* du 22 avril 1916, p. 3416).

Le Président de la République française;

Vu la loi du 30 mai 1871, relative aux franchises postales accordées aux militaires et marins faisant partie des armées en campagne;

Vu l'article 23 de la loi de finances du 16 avril 1895, qui a modifié l'article 8 de la loi susvisée ;

Vu le décret du 3 août 1914 (1) ;

Sur le rapport du ministre du commerce, de l'industrie, des postes et des télégraphes et l'avis favorable du ministre des finances ;

Décrète :

Article 1er. — Les dispositions du décret du 3 août 1914 sont rendues applicables aux lettres simples et aux mandats-poste n'excédant pas 50 francs, en provenance ou à l'adresse des militaires serbes.

Art. 2. — Le ministre du commerce, de l'industrie, des postes et des télégraphes, est chargé de l'exécution du présent décret, qui sera publié au *Journal officiel* et inséré au *Bulletin des lois*.

Fait à Paris, le 11 avril 1916.

R. Poincaré.

Par le Président de la République : *Le ministre du commerce, de l'industrie, des postes et des télégraphes*, Clémentel.

484

France. — Décret accordant la franchise postale aux militaires russes en France, en date du 15 avril 1916 (*Journal officiel de la République française* du 23 avril 1916, p. 3445).

Le Président de la République française ;

Vu la loi du 30 mai 1871, relative aux franchises postales accordées aux militaires et marins faisant partie des armées en campagne ;

Vu l'article 23 de la loi de finances du 16 avril 1895, qui a modifié l'article 8 de la loi susvisée ;

Vu le décret du 3 août 1914 ;

Sur le rapport du ministre du commerce, de l'industrie, des postes et des télégraphes et sur l'avis favorable du ministre des finances ;

Décrète :

Article 1er. — Les dispositions du décret du 3 août 1914 sont rendues applicables aux lettres simples et aux mandats-poste n'excédant pas 50 francs, en provenance ou à l'adresse des militaires russes en France.

Art. 2. — Le ministre du commerce, de l'industrie, des postes et des télégraphes est chargé de l'exécution du présent décret.

Fait à Paris, le 15 avril 1916.

R. Poincaré.

Par le Président de la République : *Le ministre du commerce, de l'industrie, des postes et des télégraphes*, Clémentel.

(1) V. ce *Recueil*, t. I, p. 99, note 1.

485

France. — Décret portant réorganisation du service de la justice dans la colonie allemande du Cameroun occupée par les armées françaises, en date du 6 mai 1916 (*Journal officiel de la République française* du 9 mai 1916, p. 4019).

Rapport au Président de la République française.

Paris, le 6 mai 1916.

Monsieur le Président,

L'absence de toute autorité judiciaire dans la colonie du Cameroun, depuis l'évacuation du pays par les Allemands, oblige à assurer un fonctionnement suffisant de la justice dans les territoires occupés par les forces armées de la République.

J'ai fait préparer, en conséquence, et j'ai l'honneur de soumettre à votre haute sanction, le projet de décret ci-joint qui assure dans des conditions aussi simples que possible cette réorganisation du service de la justice au Cameroun.

Je vous prie d'agréer, Monsieur le Président, l'hommage de mon profond respect.

Le ministre des colonies, Gaston Doumergue.

Le Président de la République française ;

Vu l'article 43 du règlement annexé à la convention IV de la Haye 1907 sur les droits et coutumes de la guerre sur terre ;

Vu les décrets des 16 avril 1913 et 8 mars 1916 portant réorganisation de la justice en Afrique équatoriale française ;

Sur le rapport du ministre des colonies ;

Décrète :

Article 1er. — En dehors de la compétence générale, dévolue aux Conseils de guerre, le service de la justice est assuré par le tribunal de Duala, dans les territoires du Cameroun actuellement occupés par les forces armées de la République, à l'exclusion de ceux qui ressortissaient précédemment à l'Afrique équatoriale française. Ce tribunal connaît de toutes les affaires civiles et commerciales ainsi que des affaires correctionnelles chaque fois que sont parties ou en cause : 1° les citoyens français ; 2° les étrangers alliés ou neutres ; 3° les indigènes des colonies ou possessions françaises ou étrangères jouissant dans leur pays d'origine du statut métropolitain.

Art. 2. — La composition de ce tribunal est réglée sur les mêmes bases que celle des justices de paix à compétence étendue de l'Afrique équatoriale française telle que la détermine le décret du 16 avril 1913.

Art. 3. — Les fonctionnaires ou officiers commandant les circonscriptions administratives peuvent être chargés dans l'étendue de leur circonscription des fonctions de juges de paix, par arrêtés du Commissaire de la République française au Cameroun et dans les conditions qui seront déterminées par ces arrêtés. Ils président également les tribunaux indigènes qui seraient établis ou institués au chef-lieu de chaque circonscription par arrêtés du Commissaire de la République française au Cameroun.

Art. 4. — Les tribunaux du Cameroun jugent suivant les lois et la procédure en vigueur avant l'occupation du pays par les forces armées de la République. En cas d'empêchement, ils appliquent la loi et la procédure françaises. En matière indigène, la coutume indigène est appliquée.

Art. 5. — Dans le cas où les jugements rendus par le tribunal de Duala seront susceptibles d'appel, la Cour d'appel de l'Afrique équatoriale française sera compétente.

Art. 6. — La compétence de la Chambre d'homologation de l'Afrique équatoriale française, en matière de justice indigène, telle qu'elle est fixée par le décret du 16 avril 1913, est étendue au Cameroun.

Art. 7. — D'une manière générale, et en tout ce qui n'est pas prévu au présent décret, les dispositions édictées par les décrets réglementant le service de la justice en Afrique équatoriale française sont applicables dans les territoires ci-dessus visés du Cameroun.

Fait à Paris, le 6 mai 1916.

R. Poincaré.

Par le Président de la République : *Le ministre des colonies*, Gaston Doumergue.

486

France. — Décret appliquant aux colonies françaises et aux pays de protectorat, autres que la Tunisie et le Maroc, les dispositions des décrets des 3 aout et 21 septembre 1914, concernant la franchise postale accordée aux militaires et marins français mobilisés ainsi qu'aux militaires belges en campagne en France, en date du 5 février 1916 (*Journal officiel de la République française* du 9 février 1916).

Le Président de la République française ;

Vu l'ordonnance du 17 novembre 1844 sur les franchises postales ;

Vu le décret du 3 août 1914, relatif aux franchises postales accordées aux militaires et marins français mobilisés (1) ;

Vu le décret du 21 septembre 1914 appliquant les dispositions du décret du 3 août 1914 à la correspondance des militaires belges en campagne en France (2) ;

Sur le rapport des ministres du commerce, de l'industrie, des postes et des télégraphes et des colonies, et après avis favorable du ministre des finances ;

Décide :

Article 1er. — Les dispositions des décrets des 3 août et 21 septembre 1914 sont déclarées applicables aux colonies françaises et pays de protectorat autres que la Tunisie et le Maroc.

Art. 2. — Les ministres du commerce, de l'industrie, des postes et des télégraphes et des colonies sont chargés, chacun en ce qui le concerne, de l'exécution du présent décret qui sera publié au *Journal officiel* et inséré au *Bulletin des lois*.

Fait à Paris, le 5 février 1916.

R. Poincaré.

Par le Président de la République : *Le ministre du commerce, de l'industrie, des postes et des télégraphes*, Clémentel. — *Le ministre des colonies*, Gaston Doumergue.

(1) V. ce *Recueil*, t. I, p. 99, note 1.
(2) V. ce *Recueil*, t. I, p. 99.

487

France. — Décret appliquant aux colonies françaises et aux pays de protectorat autres que la Tunisie et le Maroc les dispositions des décrets des 11 et 15 avril 1916 relatifs à la franchise postale accordée aux militaires serbes et russes, en date du 22 juin 1916 (*Journal officiel de la République française* du 27 juin 1916, p. 5609).

Le Président de la République française ;

Vu la loi du 30 mai 1871 relative aux franchises postales accordées aux militaires et marins faisant partie des armées en campagne ;

Vu l'article 23 de la loi de finances du 16 avril 1895, qui a modifié l'article 3 de la loi susvisée ;

Vu le décret du 5 février 1916, appliquant aux colonies françaises et pays de protectorat, autres que la Tunisie et le Maroc, les dispositions des décrets des 3 août et 21 septembre 1914 (1) ;

Vu le décret du 11 avril 1916, relatif à la franchise postale accordée aux militaires serbes (2) ;

Vu le décret du 15 avril 1916, relatif à la franchise postale accordée aux militaires russes en France (3) ;

Sur les rapports des ministres du commerce, de l'industrie, des postes et des télégraphes et des colonies, et après avis favorable du ministre des finances ;

Décrète :

Article 1er. — Les dispositions des décrets des 11 et 15 avril 1916 sont déclarées applicables aux colonies françaises et pays de protectorat autres que la Tunisie et le Maroc.

Art. 2. — Les ministres du commerce, de l'industrie, des postes et des télégraphes et des colonies sont chargés, chacun en ce qui le concerne, de l'exécution du présent décret qui sera publié au *Journal officiel* et inséré au *Bulletin des lois*.

Fait à Paris, le 22 juin 1916.

R. Poincaré.

Par le Président de la République : *Le ministre des colonies*, Gaston Doumergue. — *Le ministre du commerce, de l'industrie, des postes et des télégraphes*, Clémentel.

488

Belgique, France, Grande-Bretagne, Italie, Japon, Portugal, Russie et Serbie. — Résolutions adoptées le 17 juin 1916 par la Conférence économique des gouvernements alliés tenue à Paris les 14, 15, 16 et 17 juin 1916, sous la présidence de M. Clémentel, ministre du commerce et de l'industrie (*Journal officiel de la République française* du 21 juin 1916, p. 5435).

Les représentants des gouvernements alliés se sont réunis à Paris, sous la présidence

(1) V. le texte qui précède.
(2) V. ci-dessus, p. 149.
(3) V. ci-dessus, p. 150.

de M. Clémentel, ministre du commerce, les 14, 15, 16 et 17 juin 1916, en vue de remplir le mandat que leur a donné la Conférence de Paris du 28 mars 1916 (1), de mettre en pratique leur solidarité de vues et d'intérêts et de proposer à leurs gouvernements respectifs les mesures propres à réaliser cette solidarité.

Ils constatent qu'après leur avoir opposé la lutte militaire, malgré tous leurs efforts pour écarter le conflit, les Empires du Centre de l'Europe préparent aujourd'hui, de concert avec leurs alliés, sur le terrain économique, une lutte qui, non seulement survivra au rétablissement de la paix, mais prendra, à ce moment-là, toute son ampleur et toute son intensité.

Ils ne peuvent, en conséquence, se dissimuler que les ententes qui se préparent à cet effet, entre leurs ennemis, ont pour but évident d'établir la domination de ceux-ci sur la production et les marchés du monde entier et d'imposer aux autres pays une hégémonie inacceptable.

En face d'un péril aussi grave, les représentants des gouvernements alliés considèrent qu'il est du devoir de ces derniers, dans un souci de défense nécessaire et légitime, de prendre et de réaliser, dès maintenant, toutes les mesures propres, d'une part, à assurer, pour eux comme pour l'ensemble des marchés des pays neutres, la pleine indépendance économique et le respect des saines pratiques commerciales et, d'autre part, à faciliter l'organisation du régime permanent de leur alliance économique.

A cet effet, les représentants des gouvernements alliés ont décidé de soumettre à l'approbation desdits gouvernements les résolutions suivantes :

A

Mesures pour le temps de guerre.

I

Les lois et règlements interdisant le commerce avec l'ennemi seront mis en concordance.

A cet effet :

A. Les Alliés interdiront à leurs nationaux et à toute personne résidant sur leurs territoires tout commerce avec : 1° les habitants des pays ennemis, quelle que soit leur nationalité ; 2° les sujets ennemis, en quelque lieu que ces sujets résident ; 3° les personnes, maisons de commerce et sociétés dont les affaires sont contrôlées en tout ou en partie par des sujets ennemis, ou soumises à l'influence de l'ennemi, et qui seront inscrites sur une liste spéciale.

B. Ils prohiberont l'entrée sur leur territoire de toutes marchandises originaires ou provenant des pays ennemis.

C. Ils rechercheront l'établissement d'un régime permettant la résiliation pure et simple des contrats souscrits avec des sujets ennemis et nuisibles à l'intérêt national.

II

Les maisons de commerce possédées ou exploitées par des sujets ennemis sur les territoires des pays alliés seront toutes mises sous séquestre ou contrôle ; des mesures seront prises à l'effet de liquider certaines de ces maisons, ainsi que les marchandises qui en dépendent, les sommes provenant de ces réalisations restant placées sous séquestre ou contrôle.

III

En dehors des prohibitions d'exportation rendues nécessaires par la situation intérieure de chacun des Alliés, ceux-ci compléteront, tant dans les métropoles que dans les dominions, pays de protectorat et colonies, les mesures déjà prises contre le ravitaillement de l'ennemi :

(1) V. ci-dessus, p. 108.

1° En unifiant les listes de contrebande de guerre et de prohibition de sortie, et notamment en prohibant à l'exportation toutes les marchandises déclarées contrebande de guerre absolue ou conditionnelle ;

2° En subordonnant l'octroi des autorisations d'exportation dans les pays neutres, d'où l'exportation vers les territoires ennemis pourrait être effectuée, soit à l'existence, dans ces pays, d'organismes de contrôle général agréés par les Alliés, soit, à défaut de ces organismes, à des garanties spéciales, telles que la limitation des quantités exportées, le contrôle des agents consulaires alliés, etc...

B

Mesures transitoires pour la période de reconstitution commerciale, industrielle, agricole et maritime des pays alliés.

I

Proclamant leur solidarité pour la restauration des pays victimes de destructions, de spoliations et de réquisitions abusives, les Alliés décident de rechercher en commun les moyens de faire restituer à ces pays, à titre privilégié, ou de les aider à reconstituer leurs matières premières, leur outillage industriel et agricole, leur cheptel et leur flotte marchande.

II

Constatant que la guerre a mis fin à tous les traités de commerce qui les liaient aux puissances ennemies et considérant qu'il est d'un intérêt essentiel que, pendant la période de reconstitution économique qui suivra la cessation des hostilités, la liberté d'aucun des Alliés ne soit gênée par la prétention que pourraient émettre les puissances ennemies de réclamer le traitement de la nation la plus favorisée, les Alliés conviennent que le bénéfice de ce traitement ne pourra être accordé à ces puissances pendant un nombre d'années qui sera déterminé par voie d'entente entre eux.

Les Alliés s'engagent à s'assurer mutuellement, pendant ce nombre d'années, et dans toute la mesure possible, des débouchés compensateurs, pour le cas où des conséquences désavantageuses pour leur commerce résulteraient de l'application de l'engagement prévu au paragraphe précédent.

III

Les Alliés se déclarent d'accord pour conserver pour les pays alliés avant tous autres leurs ressources naturelles pendant toute la période de restauration commerciale, industrielle, agricole et maritime, et à cet effet ils s'engagent à établir des arrangements spéciaux qui faciliteraient l'échange de ces ressources.

IV

Afin de défendre leur commerce, leur industrie, leur agriculture et leur navigation contre une agression économique résultant du « dumping » ou de tout autre procédé de concurrence déloyale, les Alliés décident de s'entendre pour fixer une période de temps pendant laquelle le commerce des puissances ennemies sera soumis à des règles particulières, et les marchandises originaires de ces puissances seront assujetties ou à des prohibitions ou à un régime spécial qui soit efficace.

Les Alliés se mettront d'accord par voie diplomatique sur les règlements spéciaux à imposer pendant la période ci-dessus indiquée aux navires des puissances ennemies.

V

Les Alliés rechercheront les mesures, communes ou particulières, à prendre pour empêcher l'exercice sur leurs territoires par les sujets ennemis de certaines industries ou professions intéressant la défense nationale ou l'indépendance économique.

C

Mesures permanentes d'entr'aide et de collaboration entre les Alliés.

I

Les Alliés décident de prendre sans délai les mesures nécessaires pour s'affranchir de toute dépendance des pays ennemis relativement aux matières premières et objets fabriqués essentiels pour le développement normal de leur activité économique.

Ces mesures devront tendre à assurer l'indépendance des Alliés, non seulement en ce qui concerne les sources d'approvisionnement, mais aussi en ce qui touche à l'organisation financière, commerciale et maritime.

Pour l'exécution de cette résolution, les Alliés adopteront les moyens leur paraissant le mieux appropriés selon la nature des marchandises et suivant les principes qui régissent leur politique économique.

Ils pourront notamment recourir soit à des entreprises subventionnées, dirigées ou contrôlées par les gouvernements eux-mêmes ; soit à des avances pour encourager les recherches scientifiques et techniques, le développement des industries et des ressources nationales ; soit à des droits de douane ou à des prohibitions à titre temporaire ou permanent ; soit enfin à une combinaison de ces divers moyens.

Quels que soient les moyens adoptés, le but poursuivi par les Alliés est d'accroître assez largement la production sur l'ensemble de leurs territoires, pour qu'ils soient à même de maintenir et de développer leur situation et leur indépendance économiques au regard des puissances ennemies.

II

Afin de leur permettre d'écouler réciproquement leurs produits, les Alliés s'engagent à prendre les mesures destinées à faciliter leurs échanges tant par l'établissement de services directs, rapides et à tarifs réduits de transports terrestres et maritimes, que par le développement et l'amélioration des communications postales, télégraphiques ou autres.

III

Les Alliés s'engagent à réunir des délégués techniques pour préparer les mesures propres à unifier le plus possible leurs législations concernant les brevets d'invention, les indications d'origine, les marques de fabrique ou de commerce.

Les Alliés adopteront à l'égard des inventions, des marques de fabrique et de commerce des œuvres littéraires et artistiques, créées durant la guerre en pays ennemis, un régime autant que possible identique et applicable dès la cessation des hostilités.

Ce régime sera élaboré par les délégués techniques des Alliés.

D

Les représentants des gouvernements alliés ;

Constatant que, pour leur commune défense contre l'ennemi, les puissances alliées sont d'accord pour adopter une même politique économique, dans les conditions définies par les résolutions qu'ils ont arrêtées ;

Et reconnaissant que l'efficacité de cette politique dépend d'une façon absolue de la mise en œuvre immédiate de ces résolutions,

S'engagent à recommander à leurs gouvernements respectifs de prendre sans retard toutes les mesures propres à faire produire immédiatement à cette politique son plein et entier effet, et de se communiquer entre eux les décisions intervenues pour atteindre ce but.

Paris, 17 juin 1916.

Ont signé ces résolutions :

Pour la France : M. E. Clémentel, ministre du commerce et de l'industrie ; — M. G.

Doumergue, ministre des colonies ; — M. M. Sembat, ministre des travaux publics ; — M. A. Métin, ministre du travail et de la prévoyance sociale ; — M. J. Thierry, sous-secrétaire d'État de la guerre (service de l'intendance) ; — M. L. Nail, sous-secrétaire d'État de la marine (marine marchande) ; — M. J. Cambon, ambassadeur de France, secrétaire général du ministère des affaires étrangères ; — M. A. Massé, secrétaire général du ministère de l'agriculture ; — M. J. Branet, directeur général des douanes ; — M. P. de Margerie, ministre plénipotentiaire, directeur des affaires politiques et commerciales au ministère des affaires étrangères.

Pour la Belgique : — M. de Broqueville, Président du Conseil, ministre de la guerre ; — M. le Baron Beyens, ministre des affaires étrangères ; — M. de Van de Vyvere, ministre des finances ; — M. le Comte Goblet d'Alviella, membre du Conseil des ministres.

Pour la Grande-Bretagne : — M. le Marquis de Crewe, lord Président du Conseil privé ; — M. A. Bonar Law, ministre des colonies ; — M. W.-M. Hughes, premier ministre d'Australie ; — Sir George Foster, ministre du commerce du Canada.

Pour l'Italie : — S. E. M. Tittoni, ambassadeur d'Italie à Paris ; — M. Daneo, ministre des finances.

Pour le Japon : — M. le Baron Sakatani, ancien ministre des finances.

Pour le Portugal : — M. le Dr Alfonso Costa, ministre des finances ; — M. le Dr Augusto Soares, ministre des affaires étrangères.

Pour la Russie : — M. Pokrowsky, contrôleur de l'Empire, Conseiller privé ; — M. Prilejaieff, adjoint au ministre du commerce et de l'industrie, Conseiller privé.

Pour la Serbie : — M. Marinkovitch, ministre du commerce.

489

France. — NOTIFICATION RELATIVE A LA CONTREBANDE DE GUERRE (*Journal officiel de la République française* du 28 juin 1916, p. 5641).

Conformément à la disposition de l'article 2 du décret du 6 novembre 1914, il est notifié que les additions suivantes sont apportées aux listes de contrebande de guerre publiées au *Journal officiel* du 14 octobre 1915 et modifiées les 27 janvier et 13 avril 1916 (1).

Contrebande absolue.

Additions : — Au paragraphe 25 : la baudruche. — Au paragraphe 29 : les bitumes, asphaltes, poix et goudrons de toute nature. — Au paragraphe 31 : le bambou. — Au paragraphe 42 : les pellicules sensibles, plaques et papiers photographiques. — (Paragraphe 51) : le talc. — (Paragraphe 52) : le feldspath. — (Paragraphe 53) : les matériels électriques adaptés aux usages de la guerre et pièces détachées.

(1) V. ce *Recueil*, t. 1, p. 337, et ci-dessus, p. 105 et 110.

490

France. — Décret du 7 juillet 1916 abrogeant les décrets des 6 novembre 1914, 23 octobre 1915 et 12 avril 1916 relatifs à l'application des règles de la déclaration navale de Londres du 26 février 1909 (*Journal officiel de la République française* du 8 juillet 1916, p. 6049).

Rapport au Président de la République française.

Paris, le 7 juillet 1916.

Monsieur le Président,

Par le décret du 25 août 1914, ultérieurement remplacé par le décret du 6 novembre de la même année (1), le gouvernement de la République, d'accord avec ses alliés, a rendu applicables, pendant la présente guerre, les règles de droit international maritime formulées par la déclaration signée à Londres le 26 février 1909, et restée sans ratification.

L'expérience ayant peu à peu conduit à constater que ces règles n'étaient pas susceptibles d'assurer aux belligérants l'exercice des droits résultant pour eux des principes généraux du droit des gens, diverses modifications y furent successivement apportées. Il en est résulté certains doutes et certaines obscurités. Il paraît opportun de les faire disparaître en rapportant dans son ensemble la mise en vigueur des règles formulées à Londres, pour nous en tenir à l'observation des principes du droit international tels qu'ils ont été depuis longtemps consacrés par la législation française, ainsi que par les traités en vigueur et tels que l'application en est assurée par les Instructions navales concernant l'application du droit international en temps de guerre, publiées au *Bulletin officiel* de la marine du 30 janvier 1916.

La même manière de voir a été adoptée par nos alliés et les mesures appropriées ont été prises par eux pour maintenir en pareille matière comme en toute autre l'unité d'action et l'uniformité de pratique dans la conduite des hostilités.

C'est dans ces conditions et dans cet esprit qu'est conçu le Mémorandum ci-après annexé, adressé par les gouvernements alliés aux gouvernements neutres.

D'après notre législation (règlement du 26 juillet 1778, art. 1er), les navires transporteurs de contrebande ne sont passibles de confiscation que lorsque les marchandises forment plus des trois quarts de la valeur de la cargaison entière ; mais cette restriction est subordonnée à une pratique identique de la part de l'ennemi. Les gouvernements d'Allemagne et d'Autriche-Hongrie prescrivent la confiscation lorsque la marchandise de contrebande forme soit par sa valeur, soit par son poids, soit par son volume, ou par son fret plus de la moitié de la cargaison. Il y a donc lieu de suivre une règle analogue que nos alliés entendent suivre également.

D'autre part, notre législation (règlement précité, art. 1er) énonce clairement le principe d'après lequel les marchandises de contrebande sont saisissables lorsqu'elles sont destinées à l'ennemi, et, à cet égard, ce texte n'apporte aucune restriction ni limite et ne fait aucune distinction selon que la destination hostile de la marchandise est directe ou indirecte, manifeste ou dissimulée.

L'adoption des règles de la déclaration de Londres avait dû être accompagnée dans les décrets de mise en vigueur de certaines dispositions destinées à exclure les restrictions ou à compléter les stipulations qu'à titre de transaction conventionnelle entre puissances contractantes la déclaration de Londres avait consacrées. Bien que la saisissabilité de la marchandise de contrebande, en cas de destination hostile indirecte et dissi-

(1) V. ce *Recueil*, t. I, p. 96 et 110.

mulée, ait été mise en lumière par la jurisprudence (Conseil des prises, 26 mai 1855, affaire de la *Vrow-Houwina*), la crainte a été manifestée que l'abrogation desdits décrets donne lieu à des doutes et il a paru nécessaire de rappeler certaines circonstances d'où, si elles sont établies, on est fondé à déduire, sauf preuve contraire, la destination hostile d'une cargaison de contrebande.

Si ces diverses considérations vous paraissent justifiées, nous vous prions de vouloir bien revêtir de votre signature le projet du décret ci-après.

Veuillez, Monsieur le Président, agréer la nouvelle assurance de notre profond respect.

Le Président du Conseil, ministre des affaires étrangères, ARISTIDE BRIAND. — *Le ministre de la guerre*, ROQUES. — *Le ministre de la marine*, LACAZE. — *Le ministre des colonies*, GASTON DOUMERGUE.

Le Président de la République française ;

Sur le rapport du Président du Conseil, ministre des affaires étrangères, des ministres de la guerre, de la marine et des colonies ;

Vu les décrets du 6 novembre 1914, du 23 octobre 1915 et du 12 avril 1916 (1) ;

Vu l'ordonnance de la marine d'août 1681, livre III, titre 9, le règlement du 26 juillet 1778, l'arrêté des consuls du 29 frimaire an VIII ;

Vu la déclaration de Paris du 16 avril 1856 et les conventions signées à la Haye le 18 octobre 1907 ;

Décrète :

Article 1er. — Sont rapportés le décret du 6 novembre 1914 rendant applicables avec certaines modifications et additions les règles formulées par la déclaration de Londres du 26 février 1909 concernant le droit de la guerre maritime, ainsi que les décrets des 23 octobre 1915 et 12 avril 1916 apportant de nouvelles modifications auxdites règles.

Art. 2. — Lorsque les marchandises de contrebande de guerre saisies sur un navire forment, par leur valeur, leur poids, leur volume ou leur fret, plus de la moitié de la cargaison, le navire et la cargaison entière sont sujets à confiscation.

Art. 3. — Si les documents accompagnant une cargaison constituant par sa nature de la contrebande de guerre et trouvée à bord d'un navire se rendant dans un pays voisin des pays ennemis ou occupés par l'ennemi n'établissent pas la destination finale et définitive de cette cargaison en pays neutre ou si l'importation dans ce pays des articles composant ladite cargaison présente sur les importations normales une disproportion impliquant leur destination hostile ultérieure, ladite cargaison sera sujette à capture, sauf aux intéressés à prouver que la destination était réellement innocente.

Art. 4. — Le Président du Conseil, ministre des affaires étrangères, les ministres de la guerre, de la marine et des colonies sont chargés, chacun en ce qui le concerne, de l'exécution du présent décret.

Fait à Paris, le 7 juillet 1916.

R. POINCARÉ.

Par le Président de la République : *Le Président du Conseil, ministre des affaires étrangères*, ARISTIDE BRIAND. — *Le ministre de la guerre*, ROQUES. — *Le ministre de la marine*, LACAZE. — *Le ministre des colonies*, GASTON DOUMERGUE.

ANNEXE.

Mémorandum.

Appliqués à conformer leur conduite aux principes du droit international, les gouvernements alliés ont pensé, au début de la guerre actuelle, qu'ils trouveraient, dans la déclaration de Londres, un corps de doctrine et un recueil de règles pratiques. Ils décidèrent en conséquence d'en adopter les stipulations, non qu'elle eût en elle-même force de loi à leur égard, mais parce qu'elle semblait présenter dans ses grandes lignes un

(1) V. ce *Recueil*, t. I, p. 110 et 339, et ci-dessus, p. 110.

exposé des droits et des devoirs des belligérants, appuyés sur l'expérience des guerres maritimes du passé. Le développement de la lutte actuelle, d'une ampleur et d'un caractère insoupçonnés, a démontré que l'effort qui avait été tenté à Londres pour déterminer en temps de paix, non seulement les principes du droit, mais aussi les modalités de leur application, n'avait pas abouti à un résultat entièrement satisfaisant. Ces règles, en effet, sans conférer toujours aux neutres de plus larges garanties, ne donnent pas aux belligérants les moyens les plus efficaces pour exercer les droits qui leur sont reconnus.

A mesure que les événements se déroulaient les belligérants du groupe germanique redoublaient d'habileté pour desserrer l'étreinte qui les enserre et rouvrir la voie des ravitaillements ; leurs artifices compromettaient le commerce inoffensif des neutres et le rendaient suspect d'intentions hostiles. D'autre part, les progrès de tout genre accomplis dans l'art militaire et naval, la création d'engins nouveaux, la centralisation par les belligérants germaniques de la totalité de leurs ressources aux fins militaires créaient des conditions très différentes de celles des guerres maritimes du passé.

L'application des règles de la déclaration de Londres ne devait pas résister à l'épreuve de faits évoluant sans cesse dans un sens imprévu.

Les gouvernements alliés ont dû reconnaître cette situation et apporter de temps à autre aux règles de la déclaration les tempéraments que comportait cette évolution.

Ces modifications successives ont pu amener à de fausses interprétations des intentions des Alliés ; aussi leur a-t-il paru nécessaire de s'en tenir uniquement à l'application des règles anciennement reconnues du droit international.

Les Alliés déclarent solennellement et sans réticence qu'ils continueront à observer ces principes aussi bien dans l'action de leurs croisières que dans les jugements de leurs Cours de prises ; que, fidèles à la parole donnée, ils se conformeront notamment aux dispositions des conventions internationales sur le droit de la guerre ; que, respectueux des lois de l'humanité, ils repoussent loin d'eux l'idée de menacer l'existence des non-combattants ; qu'ils ne porteront à la propriété des neutres aucune atteinte injustifiée et que, si un dommage était causé par leur action navale à des négociants de bonne foi, ils seront toujours disposés à examiner les réclamations et à accorder les réparations légitimes.

Paris, le 7 juillet 1916.

491

France. — Loi sur la police maritime, en date du 2 juillet 1916 (*Journal officiel de la République française* du 4 juillet 1916, p. 5886).

Le Sénat et la Chambre des députés ont adopté ;

Le Président de la République promulgue la loi dont la teneur suit :

Article unique. — L'article 85 du décret-loi du 24 mars 1852, modifié par la loi du 15 avril 1898, est remplacé par les dispositions suivantes :

« Art. 85. — Toute personne, même étrangère, embarquée sur un navire français ou étranger qui, dans les eaux maritimes et jusqu'à la limite des eaux territoriales françaises, ne se conforme pas aux règlements ou aux ordres émanant des autorités maritimes et relatifs, soit à la police des eaux et rades, soit à la police de la navigation maritime, est punie d'un emprisonnement de six jours à six mois et d'une amende de cinq cents francs (500 fr.) au maximum ou de l'une de ces deux peines seulement.

La même peine est encourue par toute personne embarquée sur un navire français qui, hors de France, refuse d'exécuter les ordres régulièrement donnés par un consul général, consul ou vice-consul de France, ou par le commandant d'un bâtiment de guerre français, dans un intérêt d'ordre général concernant les nationaux, ou pour les nécessités du service maritime ou pour l'honneur du pavillon.

Si l'une des infractions prévues aux paragraphes précédents a été commise pendant la durée de la mobilisation de l'armée de mer, la peine peut être portée au double ; en outre, la connaissance desdites infractions appartient, en ce cas, au Conseil de guerre maritime, soit d'arrondissement, soit de bord, conformément aux dispositions de l'article 82 du code de justice militaire pour l'armée de mer ou du deuxième paragraphe de l'article 98 du même code complété par la loi du 24 juillet 1913. Le Conseil de guerre peut accorder le bénéfice des circonstances atténuantes, dans les conditions de l'article 86 *bis* du décret-loi du 24 mars 1852 ».

La présente loi, délibérée et adoptée par le Sénat et par la Chambre des députés, sera exécutée comme loi de l'État.

Fait à Paris, le 2 juillet 1916.

R. Poincaré.

Par le Président de la République : *Le ministre de la marine*, Lacaze.

492

France. — Décret créant au Cameroun occupé par les troupes françaises un service de l'intendance et une direction du service de santé, en date du 3 juin 1916 (*Journal officiel de la République française* du 8 juin 1916, p. 5019).

Rapport au Président de la République française.

Paris, le 3 juin 1916.

Monsieur le Président,

L'organisation des forces militaires au Cameroun entraîne, en dehors de la création d'un corps d'occupation, l'installation d'un service de l'intendance et d'un service de santé autonomes.

Il est nécessaire, par suite, de fixer les indemnités pour « frais de représentation » et pour « frais de bureau » à allouer aux directeurs de ces nouveaux emplois. Leur situation peut être comparée à celle du directeur de ces mêmes services dans le groupe du Pacifique et il paraît équitable de les traiter sur le même pied.

Si vous approuvez cette manière de voir, nous avons l'honneur de vous prier de vouloir bien revêtir de votre signature le projet de décret ci-joint.

Veuillez agréer, Monsieur le Président, l'hommage de notre profond respect.

Le ministre des colonies, Gaston Doumergue. — *Le ministre de la guerre*, Roques.

Le Président de la République française ;

Sur le rapport du ministre des colonies et du ministre de la guerre ;

Vu le décret du 29 décembre 1903 portant règlement sur la solde des troupes coloniales et métropolitaines à la charge du Département des colonies ;

Vu la décision présidentielle du 29 décembre 1903 relative à l'application du décret susvisé ;

Vu le décret du 22 novembre 1910 relatif à l'application du décret précité du 29 décembre 1903 ;

Vu le décret du 7 avril 1914 créant les Commissaires de la République française au Cameroun ;

Décrète :

Article 1er. — Il est créé au Cameroun une direction du service de l'intendance et une direction du service de santé.

Art. 2. — Les emplois de directeur de l'intendance et de directeur du service de santé au Cameroun sont classés à la 4e catégorie du tableau B annexé à la décision présidentielle du 20 décembre 1903 portant répartition par catégorie des divers commandements ou emplois au titre desquels il est prévu une indemnité pour « frais de représentation ».

Art. 3. — Le tableau II annexé au décret du 22 novembre 1910 portant répartition des divers commandements ou emplois au titre desquels il est prévu une indemnité pour « frais de bureau » est complété comme suit : — *Intendance et service de santé.* — *Directions.* — 3e catégorie : directeur de l'intendance au Cameroun. — 5e catégorie : directeur du service de santé au Cameroun.

Art. 4. — Ces dispositions entreront en vigueur à compter du 1er juillet 1916.

Art. 5. — Le ministre des colonies est chargé de l'exécution du présent décret, qui sera publié au *Journal officiel de la République française* et inséré au *Bulletin officiel* du ministère des colonies.

Fait à Paris, le 3 juin 1916.

R. Poincaré.

Par le Président de la République : *Le ministre des colonies*, Gaston Doumergue. — *Le ministre de la guerre*, Roques.

493

Allemagne. — Déclaration du gouvernement allemand remise le 9 mars 1916 au ministre de Portugal a Berlin, et a Lisbonne, pour signifier qu'il se considère en état de guerre avec le gouvernement portugais a partir du 9 mars 1916, a six heures du soir.

Depuis le commencement de la guerre, le gouvernement portugais, par ses actes contraires à la neutralité, a soutenu les ennemis de l'Empire allemand.

Par quatre fois, les troupes anglaises ont été autorisées à traverser le territoire de Mozambique.

L'approvisionnement en charbon des navires allemands a été interdit.

Un séjour prolongé et contraire à la neutralité des navires de guerre anglais dans les ports portugais a été permis et l'Angleterre a été autorisée à se servir de Madère comme de base navale.

Des canons et du matériel de guerre de toute sorte ont été vendus à l'Entente et un contre-torpilleur a été vendu à l'Angleterre.

Des câbles allemands ont été interrompus.

Les archives du vice-consulat impérial à Mossamédès ont été saisies.

Des expéditions envoyées en Afrique ont été signalées comme dirigées contre l'Allemagne.

Sur la frontière de l'Afrique Sud-occidentale allemande, le chef de district allemand, Dr Schultze-Iéna, deux officiers et des soldats ont été attirés au moyen d'une invitation de l'autre côté de la frontière à Naulila, ont été déclarés en état d'arrestation le 19 octobre 1914, et lorsqu'ils ont tenté de prendre la fuite, ont été les uns tués, les autres repris par la force. Des mesures de rétorsion de nos troupes coloniales suivirent. Séparées de l'Allemagne, ces troupes agirent dans la pensée, déterminée par l'acte du Portugal, que celui-ci se trouvait en guerre avec nous. Le gouvernement portugais fit des remontrances à ce sujet sans tenir compte des actes antérieurs et ne répondit pas à notre demande de procéder à un échange libre de télégrammes chiffrés avec nos autorités coloniales afin de mettre les faits au clair.

Pendant la durée de la guerre, la presse et le Parlement, favorisés plus ou moins ouvertement par le gouvernement portugais, se sont répandus en injures grossières à l'égard du peuple allemand. A la séance de la Chambre du 28 novembre 1914, le chef du parti évolutionniste formula, en présence de diplomates étrangers et des ministres portugais, de graves insultes contre l'Allemagne, sans soulever de protestation de la part du Président de la Chambre ou d'un ministre. Le ministre impérial reçut seulement cette réponse à ses représentations que le passage en question ne figurait pas au procès-verbal officiel de la séance.

Nous avons protesté contre ces agissements dans chaque cas et fait à diverses reprises es représentations les plus sérieuses en rendant le gouvernement portugais responsable des conséquences. Cependant aucun remède n'a suivi.

Le gouvernement impérial a évité jusqu'à présent, en tenant compte trop longtemps de la situation difficile du Portugal, de tirer des conséquences sérieuses de l'attitude du gouvernement portugais.

Le 23 février eut lieu, en vertu du décret du même jour et sans négociation préalable, la saisie des navires allemands mouillés dans les ports portugais. Ces navires furent occupés militairement et les équipages débarqués. Le gouvernement impérial a protesté contre cette violation flagrante du droit et demandé la levée de la saisie des navires. Le gouvernement portugais a rejeté la demande et cherché à fonder son acte de violence sur des considérations juridiques. Il déduit de celles-ci que nos navires, immobilisés par la guerre dans les ports portugais, en vertu de cette immobilisation, n'étaient pas soumis à l'article 2 du traité germano-portugais de commerce et de navigation, mais, comme une autre propriété se trouvant dans le pays, à la souveraineté territoriale illimitée et, par suite, à la mainmise complète du Portugal. En outre, il pense s'être tenu en deçà des limites de cet article puisque la réquisition des navires correspondait à un besoin économique urgent et qu'une indemnité à fixer ultérieurement était prévue dans le décret de saisie. Ces considérations apparaissent comme de vains subterfuges. L'article 2 vise toute réquisition de propriété allemande se trouvant en territoire portugais, de sorte qu'on ne peut pas se demander si l'immobilisation invoquée des navires allemands dans les ports portugais a modifié leur condition juridique. Le gouvernement portugais a violé ledit article à deux points de vue. D'une part, dans la réquisition, il ne s'en est pas tenu aux limites conventionnelles, puisque l'article 2 suppose qu'il s'agit de satisfaire à un besoin de l'État, tandis que la saisie a porté ouvertement sur beaucoup plus de navires allemands qu'il n'était nécessaire pour satisfaire aux besoins du Portugal en navires. De plus, l'article fait dépendre la saisie des navires d'un accord préalable avec les intéressés au sujet de l'indemnité à accorder, tandis que le gouvernement portugais n'a pas tenté une seule fois de s'entendre avec les Compagnies allemandes directement ou par l'intermédiaire du gouvernement allemand. Toute la procédure du gouvernement portugais se présente ainsi comme une grave violation du droit et du traité.

Par cette manière d'agir le gouvernement portugais a montré qu'il se considère comme le vassal de l'Angleterre, subordonnant toutes autres considérations aux intérêts et vœux anglais. Il a enfin exécuté la saisie des navires dans des formes qui font apparaître une provocation intentionnelle de l'Allemagne. Le pavillon allemand sur les navires allemands a été amené et le pavillon portugais avec la flamme de guerre arboré. Le navire amiral a salué d'une salve.

Le gouvernement impérial se voit obligé de tirer les conclusions nécessaires de l'attitude du gouvernement portugais. Il se considère désormais comme en état de guerre avec le gouvernement portugais.

494

Portugal. — Notification par le gouvernement portugais au gouvernement français de l'État de guerre entre l'Allemagne et le Portugal en date du 9 mars 1916 (*Journal officiel de la République française* du 13 mars 1916, p. 2001).

Le gouvernement de la République française a été informé par le ministre du Portugal à Paris qu'à la date du 9 mars 1916, à dix-huit heures, le gouvernement impérial allemand a fait remettre par son ministre à Lisbonne au gouvernement de la République portugaise une Note par laquelle il déclare se considérer en état de guerre avec le Portugal.

495

France et Italie. — Déclaration au sujet de la remise réciproque des insoumis et déserteurs des deux armées française et italienne, en date du 9 mars 1916.

Le gouvernement de Sa Majesté le Roi d'Italie et le gouvernement de la République française prennent en considération la communauté d'intérêts créée par l'alliance qui existe entre leurs deux pays ainsi que l'union intime de leurs deux armées, et désireux d'apporter à la défense de la cause commune le concours de toutes leurs forces disponibles, sont d'accord pour prendre des mesures destinées à empêcher leurs ressortissants respectifs de se soustraire à l'accomplissement de leur devoir militaire.

A cet effet, les deux gouvernements, faisant application du principe de la juridiction exclusive d'une armée d'opérations sur les militaires qui la composent, conviennent d'effectuer la remise aux Commissions militaires française et italienne, respectivement établies en Italie et en France, des déserteurs et insoumis de l'armée française et des déserteurs et insoumis de l'armée italienne. La remise des insoumis et des déserteurs aura lieu aux gares internationales de Modane et de Vintimille. Seront exceptés de cette remise les hommes qui possédaient, dans le premier cas, la nationalité italienne et, dans le second cas, la nationalité française.

La transmission des listes contenant les noms des déserteurs et insoumis aura lieu par la voie diplomatique.

La présente déclaration cessera d'avoir ses effets le jour de la signature de la paix.

Fait à Paris, en double exemplaire, le 9 mars 1916.

(L. S.) Tittoni.
(L. S.) A. Briand.

496

Suisse. — Arrêté du Conseil fédéral concernant les déserteurs et réfractaires étrangers, en date du 30 juin 1916 (*Recueil des lois suisses*, n° 30, 5 juillet 1916).

Le Conseil fédéral suisse ;

Se fondant sur l'article 3 de l'arrêté fédéral du 3 août 1914 concernant les mesures propres à assurer la sécurité du pays et le maintien de sa neutralité ;

Considérant que, abstraction faite des mesures qui paraissent dictées par les intérêts de la défense nationale, si c'est aux cantons qu'il incombe d'abord de s'occuper des déserteurs et réfractaires étrangers, les circonstances extraordinaires de l'époque actuelle n'en exigent pas moins l'intervention de la Confédération en la matière ;

Arrête :

Article 1er. — Durant l'état de guerre, les déserteurs et réfractaires étrangers ne pourront être conduits au delà de la frontière suisse ou évacués d'un canton dans un autre ou encore expulsés d'un canton.

Il n'est fait une distinction entre les déserteurs et les réfractaires, en ce qui concerne leur traitement en Suisse, que dans la mesure où cette distinction paraît nécessitée par des raisons militaires.

Le Conseil fédéral se réserve la faculté de prononcer même durant l'état de guerre l'expulsion hors du territoire suisse des déserteurs et réfractaires qui se seront rendus coupables de délits graves.

Le commandement de l'armée décide de la tolérance de déserteurs et réfractaires étrangers dans la zone de l'armée.

Art. 2. — Lorsque des déserteurs et réfractaires ne possédant pas de papiers de légitimation ou munis de papiers reconnus insuffisants ont été tolérés en Suisse avant l'entrée en guerre de l'État dont ils sont ressortissants, c'est au canton dans lequel ils ont été tolérés en dernier lieu qu'il appartient de pourvoir à leurs moyens d'existence.

Art. 3. — En ce qui concerne les déserteurs ou réfractaires entrés en Suisse après la date de l'entrée en guerre de l'État dont ils sont ressortissants, de même que ceux auxquels les papiers de légitimation sont venus à faire défaut postérieurement à ladite date et, enfin, ceux dont les papiers de légitimation ne sont plus reconnus valables par l'État d'origine, le canton où ils ont leur résidence ou auquel ils sont attribués est tenu d'exiger d'eux des sûretés convenables pour les inconvénients de droit public et de nature économique résultant du fait qu'ils sont tolérés sur le territoire suisse.

Les cantons déterminent l'importance et la nature des sûretés et désignent l'autorité à laquelle celles ci doivent être fournies. Les gouvernements des cantons sont autorisés à édicter les dispositions nécessaires lorsque la législation cantonale ne prévoit pas la fourniture de sûretés ou que les prescriptions existantes sont insuffisantes.

Les dispositions des cantons relatives aux sûretés sont soumises à l'approbation du Conseil fédéral qui se réserve la faculté de les faire compléter ou modifier.

Art. 4. — Si un déserteur ou réfractaire abandonne le lieu de sa résidence pour se fixer dans un autre canton, les sûretés par lui fournies sont retenues et constituent une garantie également pour le canton de la nouvelle résidence.

Les sûretés fournies sur décision de l'autorité militaire par un déserteur ou réfractaire sont remises au canton dans lequel l'intéressé a sa résidence. Les autorités militaires ne pourront plus, dorénavant, requérir des sûretés.

Art. 5. — Les cantons établissent des listes spéciales de tous les déserteurs et réfractaires se trouvant sur leur territoire et ils transmettent au Département suisse de justice et police des copies de ces listes. Ils communiquent audit Département toutes les modifications survenues dans le contenu des listes.

Le Département suisse de justice et police est chargé d'édicter les prescriptions nécessaires en ce qui concerne l'établissement et le contenu des listes.

Art. 6. — Les sûretés fournies répondent en première ligne des inconvénients de droit public et de nature économique résultant pour les cantons de la tolérance sur leur territoire des déserteurs et réfractaires indiqués dans l'article 3 ci-dessus.

Dans les cas où ces sûretés sont insuffisantes ou s'il n'a pas été possible d'en obtenir, c'est la Confédération qui assume la responsabilité.

Le Conseil fédéral fixe définitivement l'indemnité à accorder par la Confédération.

Art. 7. — Le commandement de l'armée et le Département militaire suisse édicteront, d'entente avec le Département suisse de justice et police, les prescriptions nécessaires en ce qui concerne l'admission de déserteurs et réfractaires en Suisse (contrôle à la frontière) et la procédure à laquelle ceux-ci doivent être soumis après le passage de la frontière.

Art. 8. — Les autorités administratives compétentes des cantons ou de la Confédération internent dans des établissements appropriés les déserteurs ou réfractaires qui constituent un danger public ou qui s'opposent ou ne satisfont pas aux ordres des autorités ou qui donnent lieu de quelque autre façon à des plaintes paraissant nécessiter la mesure d'internement.

Les gouvernements cantonaux édictent les prescriptions nécessaires en ce qui concerne les mesures à prendre par les autorités cantonales dans cette matière. Le Département suisse de justice et police prête son concours, pour le choix du lieu d'internement, aux cantons qui ne disposent pas d'établissements appropriés.

Lorsque l'internement concerne l'une des personnes indiquées dans l'article 3 et que les sûretés éventuellement fournies ne suffisent pas pour en couvrir les frais, la Confédération se charge de ceux-ci, pour autant que l'internement a été approuvé par le Département suisse de justice et police.

Art. 9. — Le Conseil fédéral statue définitivement sur les contestations qui pourraient résulter de l'exécution du présent arrêté. Demeure réservé l'article 1er, 4e alinéa.

Art. 10. — Le présent arrêté entre immédiatement en vigueur.

Le Conseil fédéral fixera la date à laquelle cet arrêté cessera d'être en vigueur.

Berne, le 30 juin 1916.

Au nom du Conseil fédéral suisse : *Le Président de la Confédération*, Decoppet. — *Le chancelier de la Confédération*, Schatzmann.

497

France et Grande-Bretagne. — Memorandum relatif a la correspondance postale sur mer, en date du 15 février 1916 (1).

15 février 1916.

Le traitement de la correspondance postale transportée par mer a été, au cours de la présente guerre, l'objet de diverses incertitudes, a donné lieu à des confusions et provoqué parfois des critiques que, dans l'intérêt des relations internationales et du commerce neutre, les gouvernements alliés croient utile de dissiper.

Les services postaux ont toujours eu et ont, avant tout, pour objet la réception, le transport et la distribution des correspondances écrites ou lettres missives. Peu à peu on a eu recours aux mêmes services pour envoyer des documents imprimés, puis des échan-

(1) *Note.* — Ce Memorandum a été communiqué antérieurement aux autres gouvernements alliés.

tillons, des valeurs et enfin, sous le nom de « colis postaux », presque toutes espèces de marchandises satisfaisant seulement à certaines conditions de poids, de volume et d'emballage.

On sait également que, moyennant l'apposition de timbres d'affranchissement, toute enveloppe fermée, quels que soient son contenu, son poids ou son volume, peut être expédiée par la poste et est traitée, par les administrations postales, comme une lettre. La répercussion de la guerre sur cet état de choses donne lieu aux observations suivantes :

Lors de la deuxième Conférence de la Haye, en 1907, le gouvernement impérial allemand a exposé que, la télégraphie offrant aux belligérants des moyens de communication autrement rapides et sûrs que la poste, il n'y avait plus d'intérêt à considérer comme autrefois les correspondances postales comme pouvant constituer des articles de contrebande par analogie et à en troubler l'expédition par des saisies et confiscations. Mises en confiance par une proposition apparemment si pacifique, les autres puissances ont adopté cette manière de voir. L'article 1er de la convention XI de la Haye, 1907, stipule, comme on le sait, que dorénavant la correspondance postale est « inviolable » sur mer.

Une première observation doit être faite à l'égard des « colis postaux ».

L'expédition d'une marchandise par « colis postal » est un mode d'expédition et de transport analogue aux expéditions et transports par lettres de voiture ou connaissements, avec cette différence que le transport est entrepris par le service des postes, qui parfois d'ailleurs, comme en France, le rétrocède à des transporteurs ordinaires.

A aucun égard de semblables « colis » ne constituent des « lettres », des « correspondances » ou des « dépêches », et il est clair que rien ne les soustrait à l'exercice des droits de police, de contrôle, visite et éventuellement saisie, qui appartiennent aux belligérants en haute mer vis-à-vis de toutes cargaisons.

Cela a été constaté notamment par une communication du « Post Office Department » des États-Unis adressée le 8 avril 1915 aux autorités françaises, et transmettant une déclaration conforme du commandant du bâtiment de la marine impériale allemande *Prinz Eitel Friedrich*, relativement aux colis postaux embarqués à bord du paquebot français *Floride*, capturé par ce croiseur (Voir Annexe I).

Les gouvernements alliés ont également adopté cette manière de voir, qui dans leur opinion est entièrement fondée en droit et que les faits justifient surabondamment.

Entre autres nombreux exemples, il suffira de citer : 1,302 colis postaux, contenant ensemble 437 kilogrammes 510 de caoutchouc pour Hambourg (vapeurs *Tijuca*, *Bahia*, *Jaguaribe*, *Maranhao*, *Acre*, *Olinda*, *Para*, *Brazil*), ou encore 69 colis postaux, contenant 400 revolvers pour l'Allemagne *via* Amsterdam (vapeur *Gelria*).

En ce qui concerne les expéditions de lettres, plis, enveloppes ou autres, confiées aux services postaux et communément contenues dans les sacs postaux des administrations postales des pays où l'expédition est faite, les gouvernements alliés appellent l'attention des gouvernements neutres sur les considérations suivantes :

Du 31 décembre 1914 au 31 décembre 1915, les autorités navales allemandes ou austro-hongroises ont détruit, sans semonce ni visites préalables, treize paquebots postaux (Voir Annexe II) avec les sacs postaux se trouvant à bord, en provenance ou à destination des pays neutres ou alliés, sans plus se soucier de l'inviolabilité des dépêches et correspondances qu'ils contenaient, que de la vie des personnes inoffensives embarquées à bord de ces paquebots.

Il n'est pas à la connaissance des gouvernements alliés qu'aucune protestation, en ce qui concerne la correspondance postale, ait jamais été adressée aux gouvernements impériaux.

Aux dates des 11, 17 et 18 août 1915, les paquebots postaux neutres *Iris* (norvégien), *Haakon VII* (norvégien), *Germania* (suédois), ont, en haute mer, vu saisir à leur bord par les autorités navales allemandes les sacs postaux de toutes provenances et destinations ; les lettres et correspondances ont été censurées par les autorités militaires allemandes, ainsi qu'en justifie la photographie ci-annexée à titre d'exemple (Annexe III).

Les gouvernements alliés croient savoir que, par la suite, le gouvernement impérial allemand, tout en faisant connaître son intention de ne plus pratiquer ces saisies, a déclaré que celles-ci étaient et seraient parfaitement justifiées à ses yeux. D'après le gouvernement impérial allemand, la convention XI de la Haye de 1907, n'ayant pas été ratifiée par toutes les puissances actuellement belligérantes, serait sans application.

Enfin, plus récemment, le contrôle sur le territoire des Alliés de divers sacs postaux, embarqués sur des paquebots faisant escale dans certains ports dudit territoire, a révélé la présence dans les plis, enveloppes et envois postaux, d'articles de contrebande particulièrement recherchés par l'ennemi, savoir notamment : à bord du s/s *Tubantia* arrivant en Europe, de 174 livres 1/2 de caoutchouc dont 101 livres de Para, qualité supérieure, et 7 paquets de laine ; à bord du s/s *Medan*, 7 paquets de caoutchouc brut.

Le même contrôle, exercé dans les mêmes conditions, sur des sacs postaux quittant l'Europe et qu'à première vue on pourrait supposer ne contenir que des correspondances, a révélé dans lesdits sacs embarqués sur le seul paquebot *Zaandyk* (hollandais) pas moins de 868 paquets de marchandises diverses.

La lettre suivante de la maison allemande G. Vogtman et C°, en date à Hambourg Glockengiesserwall n° 16, du 15 décembre 1915, est particulièrement instructive : (Traduction) « Depuis un certain temps nous recevons régulièrement de Para des envois de caoutchouc brut et vous pourriez porter votre attention sur cette affaire. Les envois ont lieu comme « échantillons sans valeur » recommandés, par chaque courrier environ 200 paquets, chacun contenant environ 320 grammes net de caoutchouc. La peine de faire les paquets et les frais élevés d'affranchissement sont largement couverts par le haut prix qu'atteint ici la marchandise ».

On sait qu'au 15 décembre 1915, le caoutchouc brut entièrement pris par l'État allemand valait environ 25 marks le kilo, et comme l'ajoutait le négociant hambourgeois « ein guter verdienst nicht ausgeschlossen ist ».

Le trafic hostile, privé de la maîtrise de la mer, en est ainsi venu à se dissimuler sous les plis postaux, pour faire passer toutes espèces de marchandises, voire même de la contrebande de guerre, en trompant apparemment la bonne foi des administrations postales des États neutres.

Du point de vue légal, le droit des belligérants d'exercer en haute mer leur police et leur contrôle sur les navires et sur tout ce qui se trouve à leur bord n'a jamais, à la connaissance des gouvernements alliés, été l'objet d'exception, pas plus en ce qui concerne les sacs postaux qu'en ce qui concerne toute autre cargaison ; bien plus, jusqu'en 1907, les lettres et dépêches étaient elles-mêmes sujettes à saisie et confiscation.

Par la convention XI de la Haye et pour les motifs ci-dessus rappelés, les puissances signataires ont renoncé à saisir ainsi les dépêches et déclaré la correspondance postale inviolable.

Cette inviolabilité n'a dérogé au droit commun qu'en ce qui concerne la « correspondance », c'est-à-dire les dépêches ou « lettres missives » (parce que, comme on l'a vu, on a pensé, à tort ou à raison, que les belligérants ayant par le télégraphe de meilleurs moyens de correspondre, les correspondances par la poste étaient sans intérêt pour la guerre). Il en résulte, d'une part, que l'inviolabilité est sans application à toutes expéditions postales qui ne sont pas des « correspondances », c'est-à-dire des lettres missives ; et, d'autre part, que ce serait donner à cette inviolabilité une portée qu'elle n'a pas, si on voulait y voir jusqu'à une exemption de tout contrôle des articles et objets expédiés par la poste, fussent-ils de la contrebande de guerre.

Dans ces conditions, les gouvernements alliés font savoir :

1° Que, au point de vue de leur droit de visite, et éventuellement d'arrêt et de saisie, les marchandises expédiées sous forme de colis postaux n'ont pas été et ne seront pas traitées autrement que les marchandises expédiées sous toute autre forme ;

2° Que l'inviolabilité des correspondances postales, stipulée par la convention XI de la Haye de 1907, ne porte nullement atteinte au droit des gouvernements alliés de visiter et, s'il y a lieu, d'arrêter et saisir les marchandises qui sont dissimulées dans les plis, enveloppes ou lettres contenus dans les sacs postaux ;

3° Que, fidèles à leurs engagements et respectueux de la « correspondance » véritable, les gouvernements alliés continueront pour le moment à s'abstenir sur mer de saisir et confisquer ces correspondances, lettres ou dépêches, et qu'ils en assureront la transmission, la plus rapide possible, dès que la sincérité de leur caractère est reconnue.

ANNEXES

Annexe I

Post Office Department Second Assistant Postmaster General.

Washington. — Division of foreign mails. — 8 avril 1915.

J'ai l'honneur de vous faire connaître que le croiseur auxiliaire allemand *Prinz Eitel Friedrich* a remis au Postmaster de Newport-News, Virgina, le 12 mars, 144 sacs de correspondances pour des destinations de l'Amérique du Sud et qui avaient été transbordées du steamer français *Floride* sur ledit croiseur avant qu'il coule ce steamer. Ces dépêches, qui paraissaient intactes, ont été expédiées au bureau de New-York, d'où elles ont été dirigées sur leur destination dans le même état et à la première occasion.

En remettant aux fonctionnaires de Newport-News les dépêches ci-dessus, le commandant du *Prinz Eitel Friedrich* déclara que les colis postaux à bord du steamer *Floride* avaient été considérés comme marchandises et non pas comme correspondances ; c'est pourquoi il ne les a pas fait débarquer du *Floride* comme les autres objets postaux, mais laissé couler avec le steamer, basant ainsi son action sur la déclaration de Londres, suivant laquelle les colis sont des marchandises et non des correspondances.

Je vous informe, en outre, que le bureau de New-York a avisé de ces faits le bureau de Bordeaux au moyen d'un bulletin de vérification.

Annexe II

Malles-poste détruites par les ennemis du 31 décembre 1914 au 31 décembre 1915.

Nom du navire	Tonnage	Dates	Navires ennemis	Observations
1. *Highland Brae.*	7.631	31 déc. 1914	*Kaiser Wilhelm*	Malle et colis postaux de Buenos-Ayres, Santiago et Montevideo.
2. *Tokomaru* . . .	6.084	30 janv. 1915	Torpillé par un s.-marin allem.	Colis et imprimés de Nouvelle-Zélande.
3. *Aguila*.	2.114	27 mars 1915	—	Malle pour Madère et Canaries.
4. *Falaba*	4.806	28 mars 1915	—	Malle et colis postaux pour Ouest africain.
5. *Lusitania*. . . .	30.396	6 mai 1915	—	Malle postale des États-Unis.
6. *Candidate* . . .	5.858	7 mai 1915	—	Colis postaux pour la Jamaïque.
7. *Arabic*	15.801	19 août 1915	—	Malle postale pour les États-Unis, Canada, etc.
8. *Hesperian* . . .	10.920	4 sept. 1915	—	Malle postale et colis postaux pour les États-Unis et Canada.
9. *Silver Ash* . . .	3.753	6 oct. 1915	?	Malle des bâtiments de S. M. britannique.
10. *Linkmoor* . . .	4.306	20 sept. 1915	?	—
11. *Persia*	7.974	29 déc. 1915	Torpillé	Malle et colis postaux pour l'Orient.
12. *Ville-de-la-Ciotat* (Fr.)	6.390	24 déc. 1915	Coulé par un sous-marin allem.	Malle d'Extrême-Orient.
13. *Author*	3.496	?	?	Malle d'Afrique.

Annexe III

Photographie de l'enveloppe d'une lettre renfermée dans des sacs postaux capturés à bord de paquebots neutres, saisie et censurée par les autorités navales allemandes.

498

France. — Protestation du gouvernement français, en date du 17 juillet 1915, contre l'arrestation à Roubaix, par les autorités allemandes, de cent trente citoyens français, sous prétexte que des industriels auraient refusé d'ouvrir et de faire travailler leurs usines pour les besoins de l'armée allemande (1).

Le gouvernement de la République a été informé qu'à Roubaix (Nord), [illegible]pé actuellement par les Allemands, cent trente citoyens français, parmi lesquels les [illegible]cipaux industriels et commerçants de la ville, trente-deux Conseillers municipaux et deux prêtres, l'un d'eux curé-doyen de la ville, ont été arrêtés le 1er juillet par les autorités militaires

(1) *Note.* — Comme à Roubaix, à Lille les autorités allemandes ont émis la prétention de faire confectionner par la population française de la ville des sacs à terre destinés à renforcer les tranchées de l'ennemi. La population refusa. Le gouverneur général allemand demanda alors à M. Delesalle, maire de Lille, d'user de son influence pour déterminer les Lillois à confectionner les sacs et le menaça de mettre le travail des sacs à la charge de la ville. M. Delesalle se déclara, par la lettre suivante du 19 juin 1915, dans l'impossibilité de lui donner satisfaction :

« Lille, 19 juin 1915. — Excellence. — Obliger un ouvrier ou un patron à travailler est absolument contraire à mon droit ; lui conseiller de travailler, absolument contraire à mon devoir, que me dicte impérieusement l'article 52 de la convention de la Haye. — Vous avez reconnu vous-même la justesse de nos observations, lorsqu'il s'est agi, au début de l'occupation, de trouver des ouvriers pour les tranchées, et vous n'avez pas insisté pour que je m'y entremette. Ce sont les mêmes raisons que j'invoque aujourd'hui. Quant à la solution que vous me proposez de donner à la ville même le soin de confectionner les sacs, elle ne peut même pas être envisagée, car mon devoir de maire français me l'interdit plus formellement encore. Quelques risques que je puisse encourir, je regrette de ne pouvoir vous donner satisfaction. Vous êtes soldat, Excellence, vous placez trop haut le sentiment du devoir pour exiger que je trahisse le mien. Si j'agissais autrement, vous n'auriez pour moi que du mépris ».

Les Allemands prirent alors des mesures de rigueur : amende de 375.000 francs, interdiction aux Lillois de sortir de 6 heures du soir à 5 heures du matin, mainmise sur des otages, parmi lesquels figuraient les députés, adjoints au maire, Conseillers municipaux, l'évêque, le receveur. M. Delesalle écrivit alors cette nouvelle lettre aux premiers jours de juillet :

« Je reçois votre lettre du 8 juillet. Parce que quelques ouvrières, de leur plein gré et après réflexion, refusent de confectionner de leurs mains des sacs à sable pour les tranchées, à l'heure où leurs maris et leurs frères se font héroïquement tuer devant ces mêmes tranchées ; parce que le maire refuse d'intervenir et de conseiller de faire ce qu'il considère en son âme et conscience comme un crime contre sa patrie, vous sévissez contre une immense population innocente, qui jusqu'ici a fait preuve, malgré ses souffrances, du plus grand calme. — Vous m'enjoignez, en outre, de verser à l'intendance, le 10 juillet, une somme de 375.000 francs pour la confection de 600.000 sacs en Allemagne. Je regrette ne pouvoir acquiescer à cet ordre ; d'abord vous savez que je n'ai plus en caisse d'espèces françaises ou allemandes ; de plus, je ne reconnais pas que cette dépense puisse m'être imposée. Il ne s'agit pas, en effet, de frais d'entretien de vos troupes, auxquels je dois pourvoir, mais de véritables dépenses de guerre, auxquelles mon devoir m'interdit de contribuer. — Je vous le répète encore, Excellence, j'ai fait et je ferai tout ce que mon devoir me prescrit, mais je n'irai pas au delà. Ma bonne volonté est à bout et ma santé très ébranlée s'épuise sous le poids d'incessantes préoccupations. En internant mes adjoints à la Citadelle, vous rendez pour moi le fardeau plus écrasant. — Agréez, Excellence, mes civilités. — *Le maire de Lille*, Signé : Ch. Delesalle ».

allemandes et envoyés le 4 au camp de prisonniers de Güstrow (Mecklembourg), où ils ont été internés.

Cette arrestation en masse a été faite sous les prétextes suivants : 1° La ville a refusé de payer une indemnité de 150.000 francs pour le bombardement du consulat allemand d'Alexandrette (Turquie) par la flotte française ; 2° Les industriels ont refusé d'ouvrir leurs usines et de permettre qu'elles soient utilisées pour les besoins de l'armée allemande.

Le gouvernement de la République porte à la connaissance des gouvernements civilisés cette nouvelle et odieuse violation des droits des nations, et à moins que le gouvernement de l'Empire allemand ne mette immédiatement en liberté les citoyens ci-dessus mentionnés, il se verra forcé de prendre des mesures de représailles appropriées, jusqu'à ce qu'il ait reçu satisfaction.

499

France. — Protestation du gouvernement français envoyée télégraphiquement a l'Ambassadeur de France a Berne, pour être remise au gouvernement allemand par l'ambassadeur d'Espagne a Berlin et l'ambassadeur des États-Unis d'Amérique a Paris, contre les travaux auxquels sont soumis les habitants des régions françaises occupées par les armées allemandes, en date du 22 aout 1915 (Publication du gouvernement français intitulée : *République française, Documents relatifs à la guerre 1914-1915-1916. Note adressée par le gouvernement de la République française aux gouvernements des puissances neutres sur la conduite des autorités allemandes à l'égard des populations des départements français occupés par l'ennemi*, Paris, Imprimerie nationale, 1916, Annexe n° 242, p. 147).

Paris, 22 août 1915.

Il résulte d'informations récentes que les autorités allemandes soumettent la population des régions françaises occupées à des travaux les plus pénibles et à une discipline de la sévérité la plus arbitraire. De la déposition, faite sous serment, par un prisonnier civil qui a pu quitter ces régions, il résulte notamment qu'à Landrecies les habitants sont obligés de travailler, même malades, de 6 heures du matin à 4 heures du soir, et qu'ils reçoivent pour toute nourriture : une boule de pain pour trois jours, le matin du café de la plus mauvaise qualité, à midi une soupe de riz et de légumes, le soir du café semblable à celui du matin. L'auteur de la déposition dont il s'agit atteste que, après avoir tenté de s'évader, un de ses camarades, après avoir été brutalement frappé, est resté cinq jours en cellule les mains liées derrière le dos ; qu'à Hancourt (Somme), huit autres de ses camarades ont reçu, pour la même faute, plus de 200 coups de cravache, ont été privés de pain pendant deux jours et ont été ensuite conduits au travail sous la surveillance de soldats allemands, armés de bâtons.

Le gouvernement de la République sera reconnaissant à l'ambassadeur d'Espagne à Berlin d'inviter le gouvernement impérial à faire ouvrir une enquête sur ces faits, à faire connaître quelles mesures il a prises pour améliorer la situation faite aux habitants français des régions envahies, situation aussi contraire aux principes de l'humanité qu'aux règles du droit des gens.

Delcassé.

500

France. — Note du gouvernement français relative au travail des civils en territoire français envahi, portée à la connaissance des puissances neutres, en date du 31 août 1915 (Publication du gouvernement français intitulée : *République française, Documents relatifs à la guerre 1914-1915-1916. Note adressée par le gouvernement de la République française aux gouvernements des puissances neutres sur la conduite des autorités allemandes à l'égard des populations des départements français occupés par l'ennemi*, Paris, Imprimerie nationale, 1916, Annexe n° 243, p. 147) (1).

Paris, le 31 août 1915.

...L'emploi des prisonniers de guerre à des travaux militaires constitue une violation manifeste et flagrante du droit des gens. La violation est encore plus grave quand l'obligation est imposée aux civils eux-mêmes, habitants des régions envahies. Aux termes du règlement annexé à la convention IV de la Haye (art. 52) : *Des réquisitions en nature et des services ne pourront être réclamés des communes et des habitants que pour les besoins de l'armée d'occupation. Ils seront en rapport avec les ressources du pays et de telle nature qu'ils n'impliquent pas pour les populations l'obligation de prendre part aux opérations de la guerre contre leur patrie.*

Or il résulte d'une lettre datée de Tourcoing le 12 juin 1915 que, dans cette ville, les Allemands prétendent contraindre les habitants à la confection de herses pour briser l'élan de la cavalerie, de sacs qui, remplis de terre, serviront d'abris dans les tranchées. Les Allemands font prendre les ouvriers chez eux par leur gendarmerie (2).

Cette pratique est confirmée par des documents plus récents encore. Elle s'est étendue à Lille et à toute la région. L'autorité allemande prétend contraindre la population à la fabrication de sacs à sable pour les tranchées.

Une correspondance échangée du 10 au 21 juin 1915 entre le gouverneur et le maire de Lille, M. Ch. Delesalle, établit que l'autorité allemande a entendu se servir, pour déterminer les ouvriers au travail, de l'influence du maire, et a proposé de donner à la ville elle-même le soin de confectionner les sacs (3). Un ordre du commandant de place von Swerwis, affiché à Marcq le 27 juin 1915, règle de la manière suivante la fabrication des sacs : « La Kommandantur déposera à domicile dans chaque habitation de la rue désignée la toile coupée pour l'établissement de 10 sacs. La première fourniture se fera lundi à 7 heures du matin (heure allemande) et sera reprise tous les jours à la même heure. Les premières distributions commenceront par la rue de Lille jusqu'à nouvel ordre. Pour regagner le temps perdu, pendant les deux premiers jours, il sera distribué 15 sacs par maison » (4).

Voici comment l'autorité allemande essaye de justifier ces mesures. Une proclamation du gouverneur de Lille, datée du 30 juin, contient le passage suivant : « Depuis quelques jours, des ouvriers français ont refusé de continuer les travaux qu'ils avaient jusqu'à présent exécutés pour l'autorité allemande. Il leur a été dit par des meneurs sans conscience que leur conduite était contraire à l'article 52 de la convention de la Haye.

(1) *Note.* — La Note du gouvernement avait trait aussi à l'emploi des prisonniers français en Allemagne à des travaux en rapport avec les opérations de guerre. On ne reproduit ici que la partie relative au travail des civils en territoire envahi.

(2) Lettre de M. Groussau, député, du 5 juillet 1915, communiquant une lettre d'un de ses compatriotes de Tourcoing.

(3) Lettres du gouverneur von Heinrich à M. le maire de Lille des 10 et 20 juin 1915 ; lettres de M. le maire de Lille à M. le gouverneur von Heinrich des 19 et 21 juin 1915.

(4) Ordre signé : von Swerwis, commandant de place, et daté de Marcq le 27 juin 1915.

Cette conception est absolument fausse : l'article 52 dit expressément que l'exécution des travaux pour l'armée d'occupation est permise « s'ils sont de telle nature qu'ils n'impliquent pas pour les populations l'obligation de prendre part aux opérations de guerre contre leur patrie ». Ce n'est nullement le cas pour les travaux exigés » (1).

Or il s'agit, de l'aveu même des autorités allemandes, de la fabrication de sacs à sable pour les tranchées.

Voici, d'autre part, l'extrait d'une communication du commandant de la place d'Halluin, Schranck, au Conseil municipal et aux notables de la ville : « De quel côté est le droit, ce n'est pas à nous à le discuter, parce que nous ne sommes pas compétents et n'arriverons jamais à nous entendre sur ce point. Ce sera l'affaire des diplomates et des représentants des différents États après la guerre. Aujourd'hui c'est exclusivement l'interprétation de l'autorité allemande qui est valable, et en raison de cela nous demandons que tout ce que nous avons besoin pour l'entretien de nos troupes soit fabriqué par les ouvriers du territoire occupé. Je puis vous assurer que l'autorité militaire allemande ne se départira sous aucune condition de ses demandes et de ses droits, même si une ville de 15.000 habitants devait périr... Revenons à la raison et faites en sorte que tous les ouvriers reprennent le travail sans délai ; autrement vous exposerez votre ville, votre famille et vos personnes aux plus grands malheurs » (2).

Quant à *la sanction*, elle a consisté :

1° Dans un certain nombre de condamnations à des peines dépassant parfois deux ans de prison, prononcées par le tribunal militaire de Roubaix le 25 juin 1915, contre des personnes coupables « d'avoir assisté à la destruction du mobilier d'une famille dont les membres travaillent pour les Allemands, et pour avoir tenté de les empêcher de travailler en les menaçant » (3). Le 24 juin, le cordonnier Jacoby est condamné à mort « pour avoir menacé d'une arme des ouvriers français qui voulaient travailler pour l'autorité allemande et essayé de les empêcher de continuer à travailler » (4).

2° Dans l'arrestation effectuée le 1er juillet 1915, de 130 citoyens français de Roubaix, comprenant les plus hautes notabilités industrielles et commerciales, qui furent dirigés sur le camp de prisonniers établi à Güstrow (Mecklembourg). Cette arrestation en masse a été effectuée en partie sous le prétexte que ces industriels refusaient d'ouvrir et de faire travailler leurs usines pour les besoins de l'armée allemande.

Enfin, des mesures vexatoires se succèdent. Une proclamation du gouverneur de Lille, en date du 30 juin, impose aux habitants des communes de Lille et Hellemmes l'obligation de rester chez eux de 6 heures du soir à 5 heures du matin (heure allemande) (5). A Roubaix, le 9 juillet, une proclamation de la Kommandantur impose dans les villes de Roubaix, Croix, Hem, Lannoy, Lys, Sœrs, Mouvaux, Toufflers, Wasquehal et Wattrelos la fermeture de tous les magasins, restaurants, etc., l'obligation pour les habitants de rester chez eux entre 6 heures du soir et 6 heures du matin et annonce de nouvelles mesures plus rigoureuses, notamment des déportations de personnes (6). Comme, malgré ces vexations, l'attitude de la population reste la même (il y a encore passablement d'ouvrières en prison qui ne cèdent pas), d'odieuses brutalités sont commises, surtout dans les villages. Il résulte de témoignages précis qu'à Marcq, notamment, des ouvrières ayant refusé le travail ont été enfermées, *privées de nourriture et de sommeil*, « frappées par leurs gardiens quand elles s'étendaient ou s'assoupissaient » (7).

(1) Proclamation du gouverneur de Lille, en date du 30 juin 1915.

(2) Communication lue à Halluin au Conseil municipal et aux notables de la ville, signée du commandant de la place, Schranck ; pour copie conforme, le maire d'Halluin, P. Defretin. L'ordre ajoute : « *Il n'y a qu'une seule volonté et c'est la volonté de l'autorité militaire allemande* ».

(3) Liste de condamnations signée par la Kommandantur de l'Etape : Hofmann, major et commandant.

(4) Proclamation du gouverneur de Lille, en date du 30 juin 1915.

(5) Proclamation du gouverneur de Lille, en date du 30 juin 1915.

(6) *Nouvelles limitations concernant la population*. Affiche signée : Roubaix, le 9 juillet 1915, Kommandantur de l'Etape, Hofmann, major et commandant.

(7) Lettre de Lille de juillet 1915.

Il a paru suffisant de constater la violation certaine, répétée, systématique des articles 6 et 52 du règlement annexé à la convention IV de la Haye, interdisant l'emploi des prisonniers de guerre et des habitants des pays occupés à des travaux en rapport avec les opérations de la guerre. De la plupart des constatations précédentes résulte également la violation des textes qui prohibent l'emploi des prisonniers de guerre à des travaux « excessifs ». L'envoi de prisonniers, souvent anémiés par les fatigues de la campagne, la maladie et les privations, dans les *mines*, l'emploi de prisonniers russes en mars, de prisonniers français en juin pour le défrichement de terrains marécageux, constituent, en même temps que les violations certaines du règlement de la Haye, de monstrueuses atteintes aux droits de l'humanité.

501

Allemagne. — Réponse de l'autorité militaire allemande aux affirmations du gouvernement français concernant de prétendus mauvais traitements, contraires au droit des gens et aux devoirs d'humanité, dont la population civile des territoires français aurait été victime, adressée à l'ambassade des États-Unis pour être transmise au gouvernement français, en date du 24 janvier 1916 (Publication du gouvernement français intitulée : *République française, Documents relatifs à la guerre* 1914-1915-1916. *Note adressée par le gouvernement de la République française aux gouvernements des puissances neutres sur la conduite des autorités allemandes à l'égard des populations des départements français occupés par l'ennemi*, Paris, Imprimerie nationale, 1916, Annexe n° 244, p. 150).

24 janvier 1916.

Le télégramme du gouvernement français à l'ambassadeur de France à Berne du 22 août 1915 (1), transmis au gouvernement par l'ambassade des États-Unis d'Amérique à Berlin, contient des renseignements complètement erronés au sujet du traitement et de l'alimentation des ouvriers civils français dans les régions françaises occupées.

A Landrecies, les Français *soumis aux obligations militaires* sont astreints à des travaux en rapport avec leur profession. Le travail consiste principalement à aller chercher du bois de chauffage dans les forêts. Le travail dure de 7 heures du matin à 5 heures du soir, moins deux demi-heures perdues en général au début et à la fin de la journée de travail ; en outre, des pauses de une heure et demie à deux heures sont accordées pendant le travail. La somme de travail exigée est moindre que celle demandée aux ouvriers allemands. Au travail le plus dur qui est le transport du bois, chaque groupe de deux hommes doit transporter journellement à environ 500 mètres de distance 2 à 5 mètres cubes de bois de chauffage. Ceci ne représente qu'une charge d'environ 20 kilogrammes.

La commune de Landrecies a été chargée de la nourriture des ouvriers, contre payement de 1 fr. 50 par jour et par homme. Suivant communication de M. Thomas, remplaçant le maire, qui a la charge de l'alimentation, cette somme est parfaitement suffisante.

Les ouvriers touchent journellement environ : 350 grammes de viande de bonne qualité, 500 à 600 grammes de pommes de terre et de navets, 120 grammes de légumes secs, 800 grammes de pain, 15 grammes de café, 80 grammes de sucre, etc.

La ville a employé les économies faites sur la nourriture à l'acquisition de vêtements et surtout de chaussures pour les ouvriers. Le témoignage, sous la foi du serment, du maire

(1) V. ci-dessus, p. 171.

français Thomas est à la disposition du gouvernement français. — Il n'est pas exact que les malades soient astreints au travail. L'ouvrier qui se fait porter malade avant le commencement du travail est examiné par un médecin; celui qui le fait pendant le travail est chargé d'un travail plus facile ou bien renvoyé. Il est exact que des ouvriers aient été punis pour tentative d'évasion; cependant, ils n'ont subi aucun châtiment corporel, mais une simple peine de prison. L'un d'entre eux a mis le feu à sa paillasse. En vue de le protéger lui-même, ainsi que ses camarades, on lui a lié les mains derrière le dos pour une nuit. En dehors des Français soumis aux obligations militaires, qui sont astreints au travail dans les conditions précitées, il y a à Landrecies encore 250 ouvriers qui obtiennent du travail sur leur demande; ils gagnent de 3 à 6 francs par jour et se nourrissent eux-mêmes.

Des Français employés à Hancourt — et non pas à Haucourt où des Français n'on jamais été astreints au travail — ont été transférés à Landrecies dès mai 1915. Une enquête approfondie n'a rien révélé qui puisse faire supposer que, jusqu'à cette date, des ouvriers ayant tenté de s'échapper aient été battus et privés de pain, et que les soldats de garde formant l'escorte des ouvriers aient été armés de bâtons.

L'homme de confiance du gouvernement français (*Gewährsmann*) a, par conséquent, fait, sous serment, des déclarations fausses. Il est superflu d'insister: à Landrecies, Hancourt, et partout ailleurs, la population des territoires français occupés est traitée d'une façon juste et tout à fait humaine.

502

Allemagne. — Note verbale du gouvernement allemand sur l'obligation au travail imposée aux internés civils en France, envoyée a l'ambassade d'Espagne pour être remise au gouvernement français, en réponse a la Note verbale du 25 janvier 1916, en date du 22 mars 1916 (Publication du gouvernement français intitulée : *République française, Documents relatifs à la guerre* 1914-1915-1916. *Note adressée par le gouvernement de la République française aux gouvernements des puissances neutres sur la conduite des autorités allemandes à l'égard des populations des départements français occupés par l'ennemi*, Paris, Imprimerie nationale, 1916, Annexe n° 245, p. 152).

Le gouvernement allemand n'a eu, jusqu'à présent, aucune connaissance du texte complet de la Note du ministère des affaires étrangères de Paris adressée le 15 avril 1915 à l'ambassade américaine de Paris (1). Autrement il n'aurait pas manqué de donner une réponse détaillée à cette Note, réponse qui aurait contenu la protestation la plus formelle contre les insinuations tout à fait injustifiées que le gouvernement français s'est permises à la fin de la Note. Apparemment, le gouvernement des États-Unis d'Amérique a voulu éviter de transmettre ces insinuations du gouvernement français, de sorte que le gouvernement allemand n'a reçu le 23 avril dernier, par l'entremise de l'ambassade

(1) *Note.* — Ce document se rapporte au travail des internés civils français en Allemagne, question qui n'est pas envisagée dans la présente Note. La Note allemande du 22 mars 1916 a été publiée par le gouvernement français comme Annexe à sa Note du 25 juillet 1916 sur la conduite des autorités allemandes à l'égard des populations des départements français occupés par l'ennemi, pour indiquer l'opinion du gouvernement impérial allemand, que le gouvernement français partage, et d'après laquelle aucun travail ne doit être imposé aux prisonniers civils. Cette opinion doit s'appliquer à plus forte raison aux populations *libres* des territoires occupés.

américaine de cette ville, qu'un extrait de la Note française, sous la forme d'un télégramme. Si le gouvernement français veut se donner la peine de relire les observations du gouvernement allemand du 8 juin dernier, jointes à la Note verbale de l'ambassade royale de Berlin du 12 juin dernier (III b. 12.770), il verra que les communications faites par l'ambassade américaine et qui avaient pour base les données de la Note française du 15 avril ont été traitées dans ces observations sous le n° III, où le gouvernement allemand a expliqué, d'une manière détaillée, qu'en présence de certaines dépositions sous serment et d'autres preuves à sa disposition, il se voyait dans l'obligation de demander au gouvernement français de donner des ordres stricts à tous les commandants de camps d'internement au sujet de l'emploi forcé des internés à des travaux; ainsi qu'une déclaration formelle à cet égard.

La demande contenue dans lesdites observations du 8 juin et qui a dû être renouvelée dans la Note verbale de ce Département du 13 décembre dernier (III b. 33.565), a donc été tout à fait justifiée et, s'il y a eu erreur, cette erreur existait uniquement du côté français. Du reste, tandis que le gouvernement allemand n'a pas manqué de communiquer, en son temps, au gouvernement français, plusieurs dépositions faites sous serment par des personnes civiles allemandes revenues de France et sur lesquelles il basait sa demande, le gouvernement français s'est borné d'avancer des allégations générales concernant l'emploi de prisonniers civils français à des travaux.

Le gouvernement allemand voit avec satisfaction que le gouvernement français a maintenant donné à nouveau l'assurance formelle que les prisonniers civils allemands ne sont pas contraints au travail en France. Toutefois il a des raisons de douter que les ordres du gouvernement français aient été exécutés partout. Par exemple, d'après les rapports des délégations suisses de la Croix-Rouge internationale, les prisonniers civils de Medjouna, au Maroc, sont forcés à des travaux durs et pénibles depuis le 1er janvier. Le gouvernement allemand croit pouvoir espérer que cette mesure ne répond pas aux intentions du gouvernement français et il espère que ce dernier ne tardera pas à ouvrir une enquête immédiate sur la manière dont ses ordres sont exécutés à Medjouna, et que ce qui se fait dans ce camp l'engagera également à examiner la situation dans d'autres camps, situation qui a fait l'objet des remarques documentées du gouvernement allemand dans son Mémoire daté du 8 juin de l'année dernière (Note verbale de ce Département du 12 juin, III b. 12.770), mais dont le gouvernement français ne paraît pas avoir tenu compte jusqu'à présent.

Le gouvernement allemand ne doute pas que le gouvernement français n'émette à nouveau des instructions strictes à tous les commandants de camps, et il aime à espérer que de nouvelles plaintes sur des contraventions à ces instructions ne lui parviendront plus ni de Medjouna ni d'autres endroits. Si le gouvernement allemand devait se voir déçu dans cette attente, il ne lui resterait qu'à procéder à des mesures de réciprocité énergiques.

Berlin, 22 mars 1916.

503

Allemagne. — Proclamation du commandant militaire allemand de Lille, annonçant l'enlèvement de femmes et d'hommes, avril 1916 (1).

L'attitude de l'Angleterre rend de plus en plus difficile le ravitaillement de la population. Pour atténuer la misère, l'autorité allemande a demandé récemment des volontaires

(1) *Note.* — Ce texte et les suivants se trouvent dans une publication du gouvernement français ainsi intitulée : *République française. Ministère des affaires étrangères. Docu-*

pour aller travailler à la campagne. Cette offre n'a pas eu le succès attendu. En conséquence, les habitants seront évacués par ordre et transportés à la campagne. Les évacués seront envoyés à l'intérieur du territoire occupé de la France, loin derrière le front, où ils seront occupés dans l'agriculture et nullement à des travaux militaires. Par cette mesure, l'occasion leur sera donnée de mieux pourvoir à leur subsistance. En cas de nécessité, le ravitaillement pourra se faire par les dépôts allemands. Chaque évacué pourra emporter avec lui 30 kilogrammes de bagages (ustensiles de ménage, vêtements, etc.) qu'on fera bien de préparer dès maintenant. J'ordonne donc : personne ne pourra, jusqu'à nouvel ordre, changer de domicile. Personne non plus s'absenter de son domicile légal déclaré, de 9 heures du soir à 6 heures du matin (heure allemande) pour tant qu'il ne soit pas en possession d'un permis en règle. Comme il s'agit d'une mesure irrévocable, il est de l'intérêt de la population même de rester calme et obéissante.

Lille, avril 1916.

LE COMMANDANT.

504

Allemagne. — AVIS DU COMMANDANT D'ÉTAPES ALLEMAND PRÉCISANT LES CONDITIONS DANS LESQUELLES AURA LIEU L'ENLÈVEMENT D'UNE PARTIE DE LA POPULATION DE LA RÉGION DU NORD OCCUPÉE, AVRIL 1916.

Tous les habitants de la maison, à l'exception des enfants au-dessous de 14 ans et de leurs mères, ainsi qu'à l'exception des vieillards, doivent se préparer pour être transportés dans une heure et demie.

Un officier décidera définitivement quelles personnes seront conduites dans les camps de réunion. Dans ce but, tous les habitants de la maison doivent se réunir devant leur habitation : en cas de mauvais temps, il est permis de rester dans le couloir. La porte de la maison devra rester ouverte. Toute réclamation sera inutile. Aucun habitant de la maison, même ceux qui ne seront pas transportés, ne pourra quitter la maison avant 8 heures du matin (heure allemande).

Chaque personne aura droit à 30 kilogrammes de bagages ; s'il y a un excédent de poids, tous les bagages de cette personne seront refusés sans égards. Les colis devront être faits séparément pour chaque personne et munis d'une adresse lisiblement écrite et solidement fixée. L'adresse devra porter le nom, le prénom et le numéro de la carte d'identité.

Il est tout à fait nécessaire de se munir dans son propre intérêt d'ustensiles pour boire et manger, ainsi que d'une couverture de laine, de bonnes chaussures et de linge. Chaque personne devra porter sur elle sa carte d'identité. Quiconque essayera de se soustraire au transport sera impitoyablement puni.

ETAPPEN-KOMMANDANTUR.

ments relatifs à la guerre 1914-1915-1916. *Note adressée par le gouvernement de la République française aux gouvernements des puissances neutres sur la conduite des autorités allemandes à l'égard des populations des départements français occupés par l'ennemi*, Paris, Imprimerie nationale, 1916.

505

France. — Protestation de M. Charles Delesalle, maire de Lille, au gouvernement allemand contre l'enlèvement en masse et la dispersion par les Allemands des femmes, des jeunes filles et des hommes appartenant à la population lilloise, avril 1916.

Monsieur le gouverneur.

Retenu chez moi par la convalescence, j'apprends avec une indicible émotion une nouvelle que je veux encore me refuser à croire. L'on me dit que l'autorité allemande aurait l'intention d'évacuer sur une partie du territoire occupé une notable partie de notre population. Après les déclarations officielles que vous avez affichées sur les murs, que la guerre n'était pas faite aux civils, que les droits, les biens et la liberté de la population leur seraient garantis à la seule condition qu'elle se maintienne dans le calme, je n'aurais jamais pu croire qu'une pareille mesure pût être en usage. S'il devait en être ainsi, je me permettrais, comme premier magistrat de notre cité, d'adresser la plus énergique protestation contre ce que je considérerais comme une violation absolue du droit des gens universellement reconnu.

Détruire et briser les familles, arracher par milliers de leurs foyers des citoyens paisibles, les forcer à abandonner leurs biens sans protection, serait un acte de nature à soulever la réprobation générale.

Nos soldats, comme les vôtres, font vaillamment leur devoir, mais toutes les conventions internationales s'accordent à laisser la population civile en dehors de cet effroyable conflit.

Je veux donc espérer, Excellence, que pareille éventualité ne se produira pas.

Signé : Delesalle,
maire de Lille.

506

France. — Protestation de Mgr Charost, évêque de Lille, adressée au général allemand von Graevenitz, contre l'enlèvement en masse et la dispersion par les Allemands des femmes, des jeunes filles et des hommes de Lille, Roubaix et Tourcoing, avril 1916.

Monsieur le général.

Il est de mon devoir de vous signaler qu'un état d'esprit frémissant se manifeste dans la population.

Les enlèvements nombreux de femmes et de jeunes filles, des transferts d'hommes et de jeunes gens, d'enfants même, sont effectués dans la région de Tourcoing et Roubaix sans procédure ni cause judiciaire.

Les malheureux ont été dirigés sur des localités inconnues. Des mesures aussi extrêmes et sur une plus grande échelle sont projetées pour Lille. Vous ne serez point étonné, Monsieur le général, que j'intervienne auprès de vous au nom de la mission religieuse qui m'a été confiée. Elle m'implique la charge de défendre respectueusement, mais fortement, le droit international que le droit de la guerre ne peut jamais enfreindre et la moralité éternelle que rien ne peut suspendre. Elle me fait un devoir de protéger les faibles et les désarmés qui sont ma famille à moi et dont les charges et les douleurs sont les miennes.

Vous êtes père, vous savez qu'il n'est pas de droit plus respectable et plus saint dans l'ordre humain que celui de la famille. Pour tout Chrétien, l'inviolabilité de Dieu qui l'a instituée est en elle. Les officiers allemands qui logent depuis longtemps dans nos habitations savent combien l'esprit de famille tient à nos fibres les plus intimes dans la région du Nord et fait chez nous la douceur de la vie.

Aussi, disloquer la famille en arrachant des adolescents, des jeunes filles à leur foyer, ce n'est plus la guerre, c'est pour nous la torture et la pire des tortures, la torture morale indéfinie. L'infraction au droit familial se doublerait d'une infraction aux exigences les plus délicates de la moralité. Celle-ci est exposée à des dangers dont la vue seule révolte tout homme honnête du fait de la promiscuité qui accompagne fatalement des enlèvements en masse, mêlant les sexes ou, tout au moins, des personnes de valeur morale très inégale. Des jeunes filles, d'une vie irréprochable, n'ayant commis d'autre délit que celui d'aller chercher du pain ou quelques pommes de terre pour nourrir une nombreuse famille, ayant au surplus purgé la peine légère que leur avait value cette contravention, ont été enlevées. Leurs mères, qui avaient veillé de si près sur elles et qui n'avaient que cette unique joie de les garder près d'elles dans l'absence du père et des grands fils, partis ou tués à la guerre, sont seules maintenant. Elles portent ici et là leur désespoir et leur angoisse. Je dis ce que j'ai vu et entendu. Je sais que vous êtes étranger à ces rigueurs, vous êtes naturellement porté à l'équité; c'est pourquoi je prends la confiance de m'adresser à vous ; je vous prie de vouloir bien faire remettre d'urgence, au haut commandement militaire allemand, cette lettre d'un évêque dont il se représentera facilement la tristesse profonde.

Nous avons beaucoup souffert depuis vingt mois, mais aucun coup ne serait comparable à celui-ci ; il serait, de plus, aussi immérité que cruel et produirait dans toute la France une impression ineffaçable. Je ne puis croire qu'il nous sera porté. J'ai foi en la conscience humaine et je garde l'espoir que les jeunes gens et les jeunes filles appartenant à d'honnêtes familles et redemandés par elles, leur seront rendus et que le sentiment de la justice et de l'honneur prévaudra sur toute considération inférieure.

ALEXIS-ARMAND, *évêque*.

507

France. — NOTE DU GOUVERNEMENT DE LA RÉPUBLIQUE FRANÇAISE SUR LA CONDUITE DES AUTORITÉS ALLEMANDES A L'ÉGARD DES POPULATIONS DES DÉPARTEMENTS FRANÇAIS OCCUPÉS PAR L'ENNEMI, ADRESSÉE LE 25 JUILLET 1916 AUX AGENTS DIPLOMATIQUES DE LA RÉPUBLIQUE FRANÇAISE POUR ÊTRE REMISE AUX PUISSANCES NEUTRES.

Paris, le 25 juillet 1916.

Je vous ai invité (1) à appeler l'attention du gouvernement auprès duquel vous êtes

(1) *Note.* — Par un télégramme du 1er juillet 1916, dont voici le texte (Annexe nº 5, p. 18 de la publication du gouvernement français) :
1er juillet 1916. — Le gouvernement français a appris que vingt-cinq mille Français, hommes, femmes, jeunes filles et enfants, sans distinction de condition sociale, ont été enlevés de Lille, Roubaix et Tourcoing et des villages environnants, et conduits, soit dans les départements français envahis, soit même, croit-on, en Allemagne, pour être contraints à des travaux agricoles. — Un avis de la Kommandantur de Lille a été affiché le 12 mai (avril) dernier, donnant un délai d'une heure et demie aux personnes désignées

accrédité sur les traitements dont les populations de Lille, Roubaix et Tourcoing ont été l'objet de la part des autorités allemandes. Je vous annonçais que je recueillais à cet égard un certain nombre de renseignements.

Le gouvernement français, en présence des faits qui lui ont été révélés, ne peut se contenter d'invoquer l'article 3 de la convention de la Haye concernant les lois et coutumes de la guerre sur terre et de prévoir l'indemnité dont l'Allemagne serait tenue pour responsable en raison des violations des dispositions du règlement par les personnes faisant partie de sa force armée ; il croirait manquer gravement à son devoir en n'essayant pas d'apporter quelque remède à ces souffrances.

Jusqu'à ce que le sort des armes nous ait permis de reconquérir les régions occupées, le seul moyen de tenter cet effort est de faire un appel pressant aux sentiments de justice et d'humanité des puissances neutres et à l'opinion publique de toutes les nations.

Je vous prie, en conséquence, de remettre la Note ci-annexée au gouvernement auprès duquel vous êtes accrédité, en appelant sur ce document sa plus sérieuse attention.

Cette Note constitue la protestation du gouvernement français contre les faits qu'il porte à la connaissance du monde civilisé, elle est appuyée sur un grand nombre de pièces qui y sont jointes.

Si, grâce au zèle dévoué des gouvernements chargés de la protection des intérêts français en pays ennemis, nos compatriotes peuvent y être défendus, il n'en est pas de même pour nos concitoyens des pays occupés que l'Allemagne a passagèrement la charge d'administrer.

Invoquant des nécessités militaires qu'il n'oppose pas à certains publicistes conduits par lui sur le front de ses armées, le gouvernement allemand s'est refusé jusqu'ici à l'envol de délégués de puissances neutres dans les départements envahis.

Sans doute, il craint l'impression que produirait au dehors la connaissance de la situation faite aux malheureuses populations qui y résident.

Nous avons dû attendre de réunir et d'avoir en mains les pièces établissant les faits dont les autorités allemandes se sont rendues coupables pendant la semaine sainte de 1916. Nous joignons à ces pièces toutes celles qui démontrent les traitements divers auxquels ont été soumis, depuis le début de la guerre, nos compatriotes des pays occupés. Le gouvernement allemand n'a pas tenu compte des démarches successives qui ont été faites auprès de lui pour mettre fin à un régime contraire à tous les engagements internationaux, et qui laisse ainsi peser sur ces populations la menace permanente de rigueurs nouvelles. Mais aujourd'hui, toutes nos protestations ayant été vaines, nous mettons ces pièces sous les yeux des puissances neutres, assurés du jugement que portera, sur ces faits, la conscience universelle.

Il a été naturellement impossible au gouvernement français de contrôler par lui-même, dans tous les détails, tous les renseignements que ces pièces lui ont apportés, puisqu'il s'agit de faits qui se sont passés dans les territoires encore occupés par l'ennemi. Mais le nombre et la concordance des témoignages recueillis, émanant de personnes que leur honorabilité et leur caractère rendent dignes de confiance, suffisent à établir, dans leur

pour ce transfert pour se préparer au départ et menaçant les récalcitrants de peines sévères.— L'évêque et le maire de Lille ont protesté contre ces abus de la force qui sont à la fois contraires aux règles du droit international, aux conventions relatives à la guerre sur terre, à l'humanité et à la morale. — Le gouvernement de la République réunit en ce moment les documents établissant ces faits comme ceux qui sont parvenus à sa connaissance en ce qui concerne la façon dont sont, en général, traitées les populations des territoires français envahis par les autorités occupantes. — Sans attendre que ces documents soient transmis, je vous prie de porter la nouvelle violation du droit des gens qui vient d'être commise par les autorités allemandes à la connaissance du gouvernement auprès duquel vous êtes accrédité. — Nous avons demandé au gouvernement espagnol, chargé de la défense des intérêts français en Allemagne, d'intervenir le plus énergiquement possible auprès du gouvernement impérial pour faire cesser cet état de choses et faire renvoyer dans leurs foyers les personnes qui ont été victimes de ces actes arbitraires. — Le gouvernement français tient à ce que, dès à présent, sa protestation la plus vive parvienne aux gouvernements des pays civilisés.

généralité, la réalité des faits. Les erreurs qui pourraient avoir été commises n'en infirmeraient pas la portée dans leur ensemble : elles ne sauraient être que secondaires.

Il incomberait, du reste, au gouvernement allemand, au cas où il entendrait contester ces renseignements, de se prêter à une vérification impartiale et, à cet effet, d'autoriser les puissances neutres à faire une enquête, notamment sur les événements qui se sont produits à Lille, Roubaix et Tourcoing et dans les communes environnantes du 22 au 29 avril 1916. S'il s'y refusait, il reconnaîtrait par là même la véracité des faits énoncés.

Signé : A. Briand.

Note.

A différentes reprises (1), le gouvernement de la République a eu l'occasion de signaler aux puissances neutres les procédés, contraires aux traités, employés par l'autorité militaire allemande vis-à-vis des populations du territoire français qu'elle occupe temporairement.

Le gouvernement de la République se trouve aujourd'hui forcé de placer sous les yeux des gouvernements étrangers des documents qui fourniront la preuve que nos ennemis ont édicté de nouvelles mesures plus inhumaines encore.

Sur l'ordre du général von Graevenitz et avec le concours du régiment d'infanterie n° 64 envoyé par le grand quartier général allemand, environ 25.000 Français, jeunes filles de 16 à 20 ans, jeunes femmes et hommes jusqu'à 55 ans sans distinction de condition sociale (2), ont été arrachés de leurs foyers à Roubaix, Tourcoing et Lille, séparés sans pitié de leur famille et forcés à des travaux agricoles dans les départements de l'Aisne et des Ardennes.

Mieux que tous les commentaires, les affiches des autorités allemandes, les douloureuses protestations du maire et de l'évêque de Lille et les extraits de lettres parvenues de ces localités et qui sont annexés à la présente Note illustreront ce nouvel attentat du gouvernement impérial allemand.

Voici le récit de ces faits tel qu'il nous est donné par le ministre de la guerre le 30 juin 1916 : « Les Allemands, non contents de faire subir toutes sortes de vexations à nos populations du Nord, viennent de leur infliger le plus inique des traitements. Au mépris des prescriptions les plus universellement reconnues et de leurs promesses les plus formelles de ne pas inquiéter la population civile, ils ont enlevé des femmes et des jeunes filles à leur famille, ils les ont expédiées mêlées à des hommes, pour des destinations inconnues, pour un travail inconnu. Dans les premiers jours d'avril, des affiches avaient offert aux familles sans ouvrage de les installer à la campagne dans le département du Nord pour travailler aux champs, ou pour abattre des arbres. Devant le peu de succès obtenu par cette tentative, les Allemands résolurent de recourir à la force. A partir du 9 avril, on les voit opérer des rafles, soit dans les rues, soit à domicile, enlevant pêle-mêle hommes et jeunes filles, les expédiant on ne sait où. La mesure allait bientôt se généraliser et s'exercer de façon plus méthodique. Un général et beaucoup de troupes arrivèrent à Lille, entre autres le 64ᵉ régiment venant de Verdun ; le 29 et le 30 avril fut affiché l'avis à la population où celle-ci était invitée à se tenir prête à une évacuation forcée. Immédiatement le maire protestait, l'évêque allait trouver le commandant de la place, les doyens envoyaient des lettres indignées ; rien n'y fit. Le samedi

(1) Au mois d'août dernier, notamment, une Note française a dénoncé les agissements des Allemands qui, à Lille, à Roubaix et dans les villages environnants, ont obligé les femmes et les jeunes filles à la fabrication des sacs à terre, travail en rapport direct avec les opérations de guerre (V. ci-dessus, p. 172).

(2) Les enlèvements ont été faits sans distinction de condition sociale. Un triage, cependant, semble avoir été opéré par la suite, après un examen des mains qui se révélaient incapables d'un travail suffisant à la terre. Cette mesure, où l'humanité n'entre à aucun degré, n'ôte rien à l'odieux des enlèvements qui ont laissé subsister les angoisses des familles. Si les Allemands ont pensé créer ainsi un antagonisme de classes dans une population restée unie contre l'envahisseur, les exemples de dévouement cités dans les Annexes montrent qu'ils n'ont pas atteint ce but (V. Annexes nᵒˢ 13 et 19, p. 26 et 31 de la publication du gouvernement français).

saint, à trois heures du matin, les rafles méthodiques commençaient à Lille, par le quartier de Fives, à Tourcoing par le quartier de la Marlière, à Roubaix. Après une interruption le jour de Pâques, l'opération se poursuivit pendant toute la semaine, finissant à Lille par le quartier Saint-Maurice. Vers trois heures du matin les rues étaient barrées par la troupe, baïonnette au canon, mitrailleuse en travers de la chaussée contre des gens désarmés. Les soldats pénétraient dans les maisons, l'officier désignait les personnes qui devaient partir et, une demi-heure après, tout le monde était emmené pêle-mêle, dans une usine voisine, et de là, à la gare où s'effectuait le départ. Les mères ayant des enfants de moins de 14 ans étaient épargnées ; les jeunes filles de moins de 20 ans n'étaient emmenées qu'avec une personne de leur famille. Mais cela n'enlève rien à la barbarie de la mesure. Les soldats de la landsturm rougissaient de se voir employés à pareille besogne. Les victimes de cet acte brutal montrèrent le plus grand courage ; on les entendit crier : « Vive la France ! » et chanter la *Marseillaise* dans les wagons à bestiaux qui les emportaient. On dit que les hommes sont employés à la culture, à la réfection des routes, à la fabrication des munitions, aux tranchées. Les femmes sont chargées de faire la cuisine et la lessive des soldats *et de remplacer les ordonnances des officiers*. Aussi pour ces rudes besognes a-t-on pris de préférence des servantes, des domestiques, des ouvrières. Dans la rue Royale, à Lille, il n'y a plus de servantes. Mais il s'est trouvé des jeunes filles de courage dans la bourgeoisie qui n'ont pas voulu que les jeunes filles du peuple soient seules à partir. On cite Mlles B... et de B..., qui ont tenu à accompagner les filles de leurs quartiers. Les malheureuses gens ainsi réquisitionnées ont été dispersées depuis Seclin et Templeuve jusqu'aux Ardennes. Leur nombre est évalué à environ 25.000 pour les villes de Lille, Roubaix et Tourcoing. Le quartier de la Place à Lille, les communes de Loos, Haubourdin, la Madeleine, Lambersart auraient été épargnés ».

Rien ne peut égaler l'émotion ressentie par les populations du Nord de la France, sans distinction de classe, dans ces journées de la semaine sainte.

Ces faits dépassent en inhumanité ceux qui s'étaient produits précédemment. Cependant il faut revenir à ceux-ci.

Il paraît nécessaire de rapprocher des documents joints à cette Note une réponse du gouvernement allemand à une plainte précédente concernant le travail imposé, contrairement aux conventions, à la population civile de Landrecies et de Hancourt.

Après avoir déclaré qu'à Landrecies les Français soumis aux obligations militaires sont astreints à des travaux en rapport avec leur profession, le gouvernement allemand affirme qu'à Landrecies, Hancourt et partout ailleurs la population des territoires français occupés est traitée d'une façon juste et tout à fait humaine.

Les pièces annexées à la présente Note montreront ce que vaut cette affirmation. Ce ne sont pas des hommes astreints au service militaire qui sont forcés au travail, ce sont les femmes, les jeunes filles de 16 à 20 ans qui sont mises en captivité et emmenées en exil.

Le gouvernement allemand, reniant les principes dont il a accepté la consécration dans la convention de la Haye, reconnaît-il le droit au belligérant de forcer au travail les civils ennemis ?

Dans une Note du 22 mars 1916, il se disait dans l'obligation de « demander au gouvernement français de donner des ordres à tous les commandants de camps d'internement au sujet de l'emploi forcé à des travaux et d'exiger une déclaration formelle à cet égard ».

Cette déclaration a été faite à plusieurs reprises et de la façon la plus nette au gouvernement impérial. Comment ce gouvernement peut-il concilier sa réclamation en ce qui concerne les internés civils allemands qu'il déclare ne pouvoir être forcés au travail, avec son aveu que les civils français, soumis aux obligations militaires, mais libres, sont astreints à des travaux, ainsi qu'avec les mesures odieuses prises à Roubaix et à Lille, à l'égard des femmes et des jeunes filles.

L'autorité militaire allemande, dans les ordres affichés à Lille, a cru devoir justifier les exodes en masse ordonnés à Lille et à Roubaix comme la contre-partie de l'attitude de l'Angleterre rendant de plus en plus difficile le ravitaillement de la population. Rien ne peut justifier une mesure si barbare : la saisie de la contrebande, l'arrêt du commerce ennemi sont des actes de guerre ; la déportation de la population, sans nécessité militaire, n'en est pas un. D'ailleurs, pour faire justice de cette prétendue justification, il suffit d'établir que, non seulement l'Allemagne a dépouillé à son profit les territoires occupés de tous les produits qui auraient assuré la subsistance des habitants, mais encore a organisé, à son bénéfice, avant tout arrêt du commerce ennemi, l'exploitation du travail des civils français.

A cet effet, on a annexé à la présente Note (en extraits) les dépositions des Français évacués des départements envahis.

Ces dépositions ont été faites sous la foi du serment devant les juges de paix des cantons de refuge des évacués sur tout le territoire de la France, par des réfugiés venant de tous les points des départements envahis. Elles ont été effectuées d'après un questionnaire où la question du travail forcé n'avait pas été envisagée, tant il est contraire au droit des gens. Elles émanent de personnes de tout âge et de toute condition et apportent, par leur concordance absolue (on en a relevé plus de deux cents), la preuve que la population civile des départements français occupés par les troupes allemandes a été réduite par les occupants à une véritable servitude.

L'article 52 du règlement annexé à la convention IV de la Haye autorise des réquisitions en nature et en services pour les besoins de l'armée d'occupation. Il n'est question dans les dépositions relevées d'aucune forme régulière de réquisitions. Les services, quelquefois les plus répugnants, ont été imposés par contrainte à toute la population civile, sans distinction de sexe, d'âge ni de condition sociale. Ces malheureux devaient se livrer au travail imposé de nuit ou de jour, dans les lieux les plus divers et les plus éloignés de leur résidence, parfois même sous le feu de l'artillerie, sans rémunération d'aucune sorte dans la plupart des cas, pour quelques croûtes de pain dans les autres.

L'autorité militaire allemande n'a jamais pris souci de la population dont la guerre lui livrait l'administration provisoire. Les fruits du travail forcé de ces populations ont été transportés en Allemagne malgré le dénuement absolu des travailleurs.

Enfin, on pourra constater dans ces dépositions que les autorités allemandes n'ont pas hésité à obliger ces populations à prendre part aux opérations de la guerre contre leur patrie ; fût-ce même à collaborer au pillage de leur propre pays. Elles en ont fait les auxiliaires directs de l'armée combattante, soit en les plaçant en avant des troupes allemandes en guise de boucliers, soit en les forçant à des travaux en rapport avec les opérations de guerre.

La matière qui travaille — car il ne s'agit plus d'hommes mais de véritables machines qu'on déplace au gré des besoins — la matière faisant défaut dans certaines régions du territoire occupé, les autorités allemandes puisent sans compter, soit dans les camps d'internement où contre tout droit les mobilisables enlevés de ce territoire ont été enfermés, soit dans les autres régions envahies. Ils ne sont pas renvoyés au lieu de leur résidence antérieure. Ces civils sont enrégimentés, et bien que les Allemands eux-mêmes reconnaissent qu'ils ne doivent pas être astreints au travail, ils sont menés sur un point quelconque des territoires occupés par l'armée allemande et obligés aux plus durs travaux.

Et lorsque la France, au nom des familles angoissées, demande des renseignements sur le sort des malheureux transplantés, le gouvernement allemand répond (Note du 27 octobre 1915) que les autorités militaires ne croient pas être obligées de rendre compte des raisons qui ont motivé ces transferts. On ne peut savoir pendant des saisons entières ce que sont devenus ces malheureux.

Il résulte clairement de l'ensemble des déclarations ci-après que, sans que nulle nécessité immédiate ou l'entraînement du combat puissent atténuer les violations du droit des gens commises par les autorités allemandes, celles-ci, d'après une volonté réfléchie et une méthode arrêtée d'avance, ont réduit la malheureuse population des territoires envahis à une condition qui ne peut être assimilée qu'à l'esclavage.

En 1885, lors de la Conférence africaine de Berlin, dont elle avait pris l'initiative, l'Allemagne s'est engagée, en ce qui concerne les territoires de l'Afrique où elle exerce sa souveraineté ou son influence, à conserver les populations indigènes et à améliorer matériellement et moralement leur existence.

Après avoir réuni les renseignements forcément très restreints qui lui proviennent de la France envahie et qu'il soumet aux puissances neutres, le gouvernement de la République est en droit de douter que les autorités allemandes tiennent, en ce qui concerne les populations dont elles ont momentanément la charge, les engagements que le gouvernement impérial avait pris en ce qui regarde les populations noires du centre de l'Afrique.

Le Président du Conseil,
ministre des affaires étrangères,
A. Briand.

(Suivent comme Annexes une série de documents et de témoignages écrits ou verbaux.)

508

Italie. — Décret royal du 30 mai 1915 (n° 814), relatif aux navires de commerce ennemis se trouvant dans les ports du Royaume d'Italie et des colonies.

Thomas de Savoie, Duc de Gênes, lieutenant-général de Sa Majesté Victor-Emmanuel III, par la grâce de Dieu et la volonté de la nation Roi d'Italie ;

En vertu de l'autorité qui nous a été déléguée ;

Attendu qu'un décret royal du 16 mai 1915, n° 659, a suspendu l'application des articles 211 et 248 du code de la marine marchande dans le cas de la participation de l'Italie au présent conflit international ;

Ayant égard aux conventions VI et XI signées à la Haye le 18 octobre 1907 que l'Italie a déclaré vouloir observer autant que les lois en vigueur dans le Royaume et les autres mesures prises par le gouvernement du Roi ;

Attendu qu'un état de guerre existe ;

En vertu des pouvoirs extraordinaires conférés au gouvernement du Roi par la loi du 22 mai 1915, n° 671 ;

Le Conseil des ministres ayant été consulté ;

Sur la proposition du ministre de la marine, agissant de concert avec les ministres des affaires étrangères, des colonies et des finances ;

Nous avons décrété et décrétons :

Article 1er. — Tous les navires de commerce ennemis se trouvant dans les ports et les eaux territoriales du Royaume et de ses colonies à l'ouverture des hostilités devront être séquestrés par les autorités navales locales.

Art. 2. — Des Commissions techniques spéciales aidées par les autorités navales devront visiter les navires de commerce ennemis ainsi séquestrés afin de s'assurer s'il en existe parmi eux dont la construction, les aménagements intérieurs ou les armements peuvent justifier la supposition qu'ils sont destinés à être convertis éventuellement en vaisseaux de guerre.

Art. 3. — Dans tous les cas où il sera trouvé que les navires étaient destinés à être convertis en vaisseaux de guerre, ces navires devront être capturés et déférés à la juridiction de la Commission des prises pour une décision sur leur disposition ultérieure.

Art. 4. — Les navires qui ne seront pas trouvés destinés à être convertis en vaisseaux de guerre devront rester sous séquestre. Ils peuvent être réquisitionnés par le ministre de la marine pour toute la durée de la présente guerre, en conformité des règles qui feront l'objet d'un autre décret.

Art. 5. — Les marchandises ennemies trouvées à bord de tous les navires de commerce indiqués à l'article 1er ci-dessus mentionné devront être séquestrées et restituées après la guerre sans indemnité ou réquisitionnées avec indemnité.

Les marchandises périssables devront être vendues dans des conditions spéciales qui seront indiquées par notre ministre de la marine.

Art. 6. — Les marchandises neutres trouvées à bord de tout navire de commerce indiqué à l'article 1er devront être relâchées ; elles seront toutefois soumises à un droit de réquisition avec indemnité que le gouvernement du Roi pourra exercer.

Art. 7. — La décision sur la nationalité des marchandises dont il est parlé aux articles 5 et 6 précédents et le verdict en résultant touchant leur relaxe ou leur séquestration seront rendus par la Commission des prises.

Art. 8. — Les règles inscrites dans les articles 5 et 6 de la XIe convention de la Haye du 18 octobre 1907 seront applicables aux membres des équipages des navires de commerce ennemis dont il est parlé dans l'article 1er précédent.

Art. 9. — Le traitement indiqué dans les articles qui précèdent ne sera pas étendu aux navires de commerce ennemis qui accompliront ou tenteront d'accomplir quelque acte d'hostilité direct ou indirect.

Art. 10. — Les règles mentionnées dans les articles précédents sont applicables également aux navires de commerce ennemis qui auront quitté leur dernier port avant la déclaration de guerre et qui seront rencontrés en mer avant d'avoir connu le commencement des hostilités.

Art. 11. — Le ministre de la marine est autorisé à rendre des règles spéciales (1) pour la publication du présent décret devant entrer aujourd'hui en vigueur.

Nous ordonnons que le présent décret, revêtu du sceau de l'État, sera inséré dans le Recueil officiel des lois et décrets du Royaume d'Italie, requérant tous ceux qu'il intéresse de l'observer et de faire qu'il soit observé.

Fait à Rome le 30 mai 1915.

THOMAS DE SAVOIE.

509

Italie. — DÉCRET ROYAL DU 17 JUIN 1915, CONTENANT DES RÈGLES SPÉCIALES SUR L'APPLICATION DU DÉCRET DU 30 MAI 1915 RELATIF AU TRAITEMENT DES NAVIRES DE COMMERCE ENNEMIS DANS LES PORTS DU ROYAUME ET DES COLONIES.

Thomas de Savoie, Duc de Gênes, lieutenant-général de Sa Majesté Victor-Emmanuel III, par la grâce de Dieu et la volonté de la nation Roi d'Italie ;

En vertu de l'autorité qui nous a été déléguée ;

Vu la loi du 22 mai 1915, n° 671, qui confère des pouvoirs extraordinaires au gouvernement du Roi ;

Vu notre décret daté du 30 mai 1915, n° 814 (2), qui édicte des règles pour le traitement des navires de commerce ennemis se trouvant dans les ports du Royaume et des colonies.

Et sur la proposition du ministre de la marine, de concert avec les ministres des affaires étrangères et des colonies ;

Nous avons décrété et décrétons :

Article 1er. — Les navires de commerce ennemis présents dans les ports et les eaux

(1) V. le texte qui suit.
(2) V. le texte qui précède.

territoriales du Royaume à l'ouverture des hostilités, et séquestrés par les autorités maritimes navales en conformité de l'article 1er de notre décret du 30 mai 1915, nº 814, sont inscrits sur un registre provisoire au Département maritime de Gênes, et sont autorisés à user du pavillon national et à naviguer conformément aux règles établies dans les articles suivants.

Art. 2. — Les navires capturés en vertu de l'article 3 de notre décret du 30 mai 1915, nº 814, sont mis à la disposition du ministre de la marine, qui peut les armer et les équiper, et les employer au service du gouvernement royal en attendant le jugement final de la Commission des prises.

Art. 3. — Les navires séquestrés en conformité de l'article 4 de notre décret du 30 mai 1915, nº 814, peuvent être réquisitionnés par le ministre de la marine pour toute la période des hostilités, soit pour être armés et équipés par la marine royale, soit pour être mis au service de quelqu'autre administration d'État, d'une corporation publique, ou encore d'une Compagnie de navigation agissant sous l'autorité du ministre ci-dessus mentionné.

Le service des navires indiqués dans le présent article sera réglementé par les règles gouvernant la marine marchande nationale, sauf dans le cas où de tels navires auront été transformés en vaisseaux de guerre.

Art. 4. — Une Commission spéciale formée par le ministre de la marine, présidée par le directeur général de la marine marchande, et composée d'un officier supérieur de la marine, d'un officier supérieur de l'administration centrale de la marine marchande, et d'un capitaine de port, établira les conditions sous lesquelles l'usage des navires dont il est parlé à l'article 3 sera concédé aux dites administrations, corporations ou sociétés qui peuvent s'en servir ou peuvent être dûment autorisées à s'en servir.

Art. 5. — Le payement d'une taxe mensuelle pour le privilège correspondant à l'intérêt commercial sur la valeur réelle du navire à l'époque de sa réquisition devra être inséré parmi les conditions attachées à l'affrètement des navires en question. Le coût des réparations plus ou moins importantes qu'il peut être nécessaire de faire au navire pour le rendre capable d'aller en mer sera déduit de la taxe mensuelle dont parle le paragraphe précédent.

D'un autre côté, les frais de conservation et toutes autres dépenses imposées par la course du navire seront payés par les administrations, corporations ou sociétés qui l'ont utilisé.

Art. 6. — Les taxes mensuelles à payer pour le privilège indiquées dans l'article précédent, et diminuées des déductions prévues dans le même article, seront versées à une caisse spéciale et séparée au crédit des parties désignées à cet effet à la Caisse des Dépôts pour les marins au département maritime de Gênes.

A la fin des hostilités, la caisse devra être liquidée en faveur des personnes désignées, conformément avec nos dispositions qui suivent (1).

Nous ordonnons que le présent décret, revêtu du sceau de l'Etat, sera inséré dans le Recueil officiel des lois et décrets du Royaume d'Italie, requérant tous ceux qu'il intéresse de l'observer et de faire qu'il soit observé.

Fait à Rome le 17 juin 1915.

THOMAS DE SAVOIE.

(1) V. le texte qui suit.

510

Italie. — DÉCRET ROYAL DU 24 JUIN 1915 (N° 1014) SUR LA RÉPARATION DES DOMMAGES CAUSÉS PAR L'ENNEMI A DES SUJETS OU CITOYENS ITALIENS.

Thomas de Savoie, Duc de Gênes, lieutenant-général de Sa Majesté Victor-Emmanuel III, par la grâce de Dieu et la volonté de la nation Roi d'Italie ;

En vertu de l'autorité qui nous a été déléguée ;

Attendu que le décret royal du 16 mai, n° 659, a suspendu l'application de l'article 248 du code de la marine marchande pendant la durée du présent conflit international ;

Attendu que notre décret du 30 mai 1915, n° 814 (1), substitué à l'article 243 du code de la marine marchande, a établi des règles sur le traitement des navires de commerce ennemis dans les eaux territoriales du Royaume et des colonies, à l'ouverture des hostilités ;

Attendu que notre décret du 17 juin 1915, n° 957 (2), en conséquence du décret du 30 mai 1915 ci-dessus mentionné, a établi des règles pour l'usage des navires de commerce ennemis séquestrés dans les ports du Royaume et des colonies ;

Ayant égard à l'article 244 du code de la marine marchande ;

En vertu des pouvoirs extraordinaires conférés au gouvernement du Roi par la loi du 22 mai 1915, n° 671 ;

Le Conseil des ministres ayant été consulté ;

Sur la proposition du ministre de la marine, agissant de concert avec le Président du Conseil des ministres, ministre de l'intérieur, et avec les ministres des affaires étrangères, des colonies et des grâces, de la justice et des cultes ;

Nous avons décrété et décrétons :

Article 1er. — Si l'ennemi a causé un dommage aux vies ou aux biens de sujets ou de citoyens italiens en bombardant des villes, ports, villages, habitations ou autres bâtiments qui ne sont pas défendus, en détruisant des navires marchands non armés, ou en commettant quelque acte hostile qui est contraire aux principes du droit de la guerre généralement reconnus et admis, le gouvernement du Roi est autorisé à ordonner l'appropriation de la somme nécessaire pour indemniser les sujets ou citoyens italiens, ou leurs représentants, qui ont souffert un dommage du fait de l'ennemi, en la prenant sur le fonds constitué près la Caisse des dépôts pour les marins au Département maritime de Gênes conformément aux termes de l'article 6 de notre décret du 17 juin 1915, n° 957.

Art. 2. — Si le fonds constitué en vertu de l'article 6 de notre décret du 17 juin 1915, n° 957, ne doit pas être suffisant pour indemniser ceux qui ont souffert un dommage au sens indiqué dans l'article 1er précédent, les navires de commerce ennemis au regard desquels la stipulation d'une séquestration a été édictée en rapport avec les termes de l'article 4 de notre décret du 30 mai 1915, n° 814, peuvent être déclarés de bonne prise et confisqués. — Un traitement semblable peut être accordé aux marchandises ennemies qui ont été trouvées à bord de tous les navires de commerce ennemis séquestrés dans des ports du Royaume et de ses colonies à l'ouverture des hostilités, pour lesquelles la stipulation d'une séquestration a été établie dans l'article 5 de notre décret du 30 mai 1915, n° 814.

Art. 3. — Des décisions quant à la légitimité des prises qui peut être déclarée aux termes de l'article 2 précédent, aussi bien que relativement à la disposition des sommes procurées par les saisies, et à la distribution du fonds mentionné dans l'article 1er ci-dessus, seront rendues par la Commission des prises, qui se guidera d'après les règles

(1) V. ci-dessus, p. 184.
(2) V. le texte qui précède.

et la procédure établies dans le code de la marine marchande et les règlements édictés pour la Commission elle-même.

Art. 4. — Si la Commission des prises constate que les sommes composant le fonds mentionné dans l'article 1er ou les navires ou marchandises déclarés de bonne prise et confisqués suivant les termes de l'article 2 appartiennent à des individus de nationalité italienne mais natifs des régions qui sont sous la domination de l'Empire austro-hongrois, la Commission des prises peut suspendre les actes de distribution desdites sommes ou des sommes provenant de la vente desdits navires ou marchandises, et informer le gouvernement du Roi des faits constatés. Le gouvernement du Roi peut alors, après que le Conseil des ministres a considéré la question, procéder à la libération des sommes, navires et marchandises appartenant aux individus mentionnés plus haut, ou il peut inviter la Commission des prises à continuer l'action et la procédure prévues dans les articles précédents.

Art. 5. — Des dispositions subséquentes seront rendues établissant le mode de procédure pour l'application des articles 1 et 2 du présent décret.

Nous ordonnons que le présent décret, revêtu du sceau de l'Etat, sera inséré dans le Recueil officiel des lois et décrets du Royaume d'Italie, requérant tous ceux qu'il intéresse de l'observer et de faire qu'il soit observé.

Fait à Rome le 24 juin 1915.

THOMAS DE SAVOIE.

511

Allemagne. — ARRÊTÉ DU GOUVERNEUR GÉNÉRAL ALLEMAND DE LA BELGIQUE BARON VON BISSING, PORTANT DISSOLUTION DU COMITÉ CENTRAL DE LA CROIX-ROUGE DE BELGIQUE, EN DATE DU 4 AVRIL 1915 (*Bulletin international des Sociétés de la Croix-Rouge*, 1915, p. 279).

Bruxelles, 14 avril 1915.

Moi, gouverneur général impérial allemand en Belgique, dispose :

Le Comité directeur de la Croix-Rouge belge, qui a existé jusqu'ici, est relevé de ses fonctions ; le Comte B. Hatzfeldt, mon délégué auprès de la Croix-Rouge belge, est chargé par moi de suivre aux tâches qui lui incombaient jusqu'ici.

Toute la fortune et toutes les archives de la Croix-Rouge doivent être immédiatement remises à mon délégué ; la fortune doit être administrée par lui pour le compte de la Croix-Rouge belge ; il doit rendre compte de son administration soit à moi, soit au membre de la Croix-Rouge belge que j'aurai chargé de ce soin.

Pour l'exécution de la présente ordonnance émise par moi, je mets la force militaire à la disposition de mon délégué.

VON BISSING,
Général et gouverneur général.

512

Belgique. — Note du gouvernement belge au gouvernement allemand protestant contre la dissolution par le gouverneur général allemand de la Belgique, von Bissing, du Comité central de la Croix-Rouge de Belgique, mai 1915 (*Bulletin international des Sociétés de la Croix-Rouge*, 1915, p. 281).

Le 14 avril 1915, le gouverneur général des provinces occupées de la Belgique, Baron von Bissing, a prononcé la dissolution du Comité central de la Croix-Rouge de Belgique ; l'arrêté a également ordonné la remise immédiate de l'encaisse et des archives de la Croix-Rouge entre les mains du Comte B. de Hatzfeld, délégué par le gouverneur général pour administrer les services de l'œuvre. Aussitôt signifié aux membres du Comité directeur, le décret, pour la mise en vigueur duquel l'appui de la force militaire était requis, a été exécuté.

Cette mesure constitue un acte de violence arbitraire que rien ne justifie, et une atteinte à l'œuvre de la Croix-Rouge que le gouvernement belge ne peut pas laisser passer sans protestation.

Le gouvernement belge a signé, le 14 octobre 1864, la convention de Genève du 22 août 1864 ; il a ratifié le 27 août 1907 la convention internationale du 6 juillet 1906.

Fondée dès l'année 1864, la Croix-Rouge de Belgique a obtenu la personnalité civile en vertu de la loi du 30 mars 1891 ; ses premiers statuts ont été établis en conformité des principes fondamentaux et uniformes de la Croix-Rouge ; le 13 mars 1899, de nouveaux statuts, également conformes à ces principes, ont été votés par la Société et également approuvés par le gouvernement ; un arrêté royal du 25 mars 1906 règle le fonctionnement de la Croix-Rouge de Belgique en temps de guerre comme auxiliaire du service de santé de l'armée.

La Société nationale belge de la Croix-Rouge jouit donc d'une existence légale et est officiellement reconnue tant par les autorités que par les autres Sociétés de Croix-Rouge.

L'article 1er des statuts stipule que l'Association a pour objet :

« 1° *En temps de guerre*, de prêter son aide au service de santé militaire et de concourir au soulagement de toutes les victimes de la guerre ».

L'article 9 de l'arrêté royal du 25 mars 1906 déclare que, dès que la mobilisation de l'armée est décrétée, « la Société de la Croix-Rouge et les sociétés qui en font partie doivent se conformer au *Règlement sur le service de santé de l'armée en campagne* ».

Ces dispositions précisent et délimitent l'action de la Croix-Rouge ; elle ne saurait s'en écarter sans enfreindre la législation belge, toujours en vigueur dans la partie occupée du pays.

Le gouvernement de Sa Majesté le Roi des Belges n'ignore pas que le gouverneur général allemand en Belgique a réclamé le concours de la Croix-Rouge de Belgique à l'œuvre intitulée « Aide et protection aux femmes par le travail », qu'il se proposait de fonder, et qui n'était certainement pas comprise dans les limites de son activité. En déclinant sa coopération, le Comité central bruxellois n'a fait que se conformer aux statuts de la Société et à la législation en vigueur ; et son attitude a été approuvée par le Comité international de Genève. C'est pourtant de ce refus que le gouverneur général von Bissing a pris prétexte pour dissoudre le Comité et pour saisir les biens et archives de la Société.

L'œuvre de la Croix-Rouge, par le but élevé poursuivi, par sa mission purement charitable et les services rendus, est une de ces institutions qui semblent devoir être respectées par tous. La mesure violente prise contre la Société de Belgique a provoqué une légitime et pénible impression.

Le gouvernement belge s'associe à la protestation solennelle que le Comité international de la Croix-Rouge a élevée contre cet acte arbitraire, contraire au droit des gens, qui a pour effet de priver la Croix-Rouge de sa liberté d'action et de la priver de remplir sa mission pour laquelle elle a été créée.

513

Suisse. — Protestation du Comité international de la Croix-Rouge contre la dissolution par le gouverneur général allemand de la Belgique, Baron von Bissing, du Comité central de la Croix-Rouge de Belgique, en date du 8 mai 1915 (*Bulletin international des Sociétés de la Croix-Rouge*, 1915, p. 275).

Genève, 8 mai 1915.

A Messieurs les Présidents et les membres des Comités centraux de la Croix-Rouge.

Messieurs,

Par décision du 14 avril 1915, le Baron von Bissing, gouverneur général de Belgique, a prononcé la dissolution du Comité central de la Croix-Rouge de Belgique. Cette dissolution a été signifiée au Comité directeur de Bruxelles, réuni le 16 avril dans ses locaux, 98, rue Royale, à Bruxelles. Toute la fortune et les archives de la Croix-Rouge sont remises entre les mains du délégué du gouverneur, le Comte B. Hatzfeld, chargé de les administrer. Cet arrêté est exécutoire par la force publique.

En fait, il a été immédiatement exécuté.

Le motif de cette mesure serait, au dire de la Croix-Rouge de Belgique, son refus de coopérer à une œuvre que le gouvernement allemand institue en Belgique sous le nom d'« Aide et protection aux femmes par le travail », œuvre sortant des limites tracées par ses statuts.

La Croix-Rouge de Belgique a été fondée dès 1864. Ses premiers statuts ont été établis en conformité des principes fondamentaux et uniformes de la Croix-Rouge, et la loi du 30 mars 1891 lui a accordé la personnalité civile. Le 14 octobre 1864, le gouvernement belge a signé la convention de Genève du 22 août 1864, et le 27 août 1907, il ratifiait la convention du 6 juillet 1906. La Société nationale belge de la Croix-Rouge jouit d'une existence légale et d'une reconnaissance officielle tant de la part des autorités que des Sociétés de la Croix-Rouge.

Le 18 mars 1899, de nouveaux statuts, également conformes aux bases de la Croix-Rouge, ont été votés par la Société et approuvés par le Roi Léopold. Un arrêté royal du 25 mars 1906 règle le fonctionnement de la Croix-Rouge de Belgique en temps de guerre comme auxiliaire du service de santé officiel.

La Société est présidée par le prince de Ligne.

L'article 1er des statuts stipule que l'Association belge de secours aux militaires blessés ou malades a pour objet : « 1° *En temps de guerre*, de prêter son aide au service de santé militaire et de concourir au soulagement de toutes les victimes de la guerre ».

L'article 9 de l'arrêté royal susmentionné statue que, dès que la mobilisation de l'armée est décrétée, « la Société de la Croix-Rouge et les sociétés qui en font partie doivent se conformer au *Règlement sur le service de santé de l'armée en campagne* ».

Ces dispositions sont absolument normales et usuelles au sein de la Croix-Rouge ; elles décrivent et délimitent le but de la Croix-Rouge en temps de guerre et précisent sa fonction unique d'auxiliaire du service de santé.

En déclinant de s'associer à une œuvre d'aide et de protection aux femmes, si intéressante qu'elle soit, le Comité central de Bruxelles ne faisait que se conformer strictement aux statuts. En notre qualité d'organe central et de gardien des traditions et des principes qui ont fait l'unité et la force de la Croix-Rouge, nous ne pouvons que l'approuver.

Aussi, en cette même qualité élevons-nous une ferme et vive protestation contre la dissolution du Comité directeur de Bruxelles. Basée sur les renseignements que ce dernier nous fournit, notre protestation reste objective et impartiale : elle s'adresse à cette mesure comme elle viserait tout acte, d'où qu'il vienne, qui aurait pour effet de porter atteinte à l'œuvre de la Croix-Rouge et à son action régulière et normale. Si la Croix-Rouge a accepté volontairement et dans l'intérêt même du but à réaliser, une militarisation de ses forces en cas de guerre, elle revendique hautement son droit à l'existence, ainsi que sa liberté d'action dans les limites de ses statuts et des prescriptions officielles qui fixent son rôle et ses attributions en temps de guerre. Elle ne saurait se courber devant une mesure administrative qui, l'assimilant à un simple rouage de l'État, lui enlèverait son autonomie ou supprimerait même ses organes directeurs.

Nous faisons donc énergiquement appel à tous les Comités centraux pour qu'ils appuient fortement de leur voix et de leur approbation notre protestation. Nous insistons auprès du Comité central allemand pour qu'il s'emploie efficacement à faire rapporter cet arrêté. Confiants dans le bon droit et la justice de la cause de la Croix-Rouge en Belgique, faisant appel aux sentiments de droiture et d'équité des autorités compétentes, nous demandons que notre appel soit entendu et que le Comité directeur de la Croix-Rouge de Belgique soit rétabli dans ses droits et dans ses fonctions.

Certains de votre appui dans nos légitimes revendications, nous vous prions d'agréer, Messieurs, l'expression de nos sentiments les plus distingués.

Pour le Comité international de la Croix-Rouge :
Le Président,
GUSTAVE ADOR.

514

Turquie. — PROTESTATION DU COMITÉ CENTRAL DU CROISSANT-ROUGE OTTOMAN SUR LE JET, AUX DARDANELLES, DE BOMBES SUR LES HÔPITAUX PAR DES AÉROPLANES FRANÇAIS ET ANGLAIS, EN DATE DU 11 JUIN 1915 (*Bulletin international des Sociétés de la Croix-Rouge*, 1915, p. 304).

Constantinople, le 11 juin 1915.

A Monsieur le Président du Comité international de la Croix-Rouge, Genève.

Monsieur le Président,

Depuis la participation de la Turquie à la guerre générale, bien des fois l'emblème du Croissant-Rouge et les corps sanitaires militaires et volontaires qu'il devrait pouvoir protéger, ont été attaqués par les armées ennemies. Souvent nous avons voulu croire à un hasard malencontreux, qui aurait dirigé le feu de l'ennemi sur les hôpitaux du Croissant-Rouge et de l'armée. Mais la fréquente répétition de ces attaques et leur précision de tir, qui vise toujours les endroits de rassemblement de nos blessés et de nos colonnes sanitaires, ne peut laisser de doute sur le but poursuivi. Tout dernièrement enfin, nous avons eu l'occasion de vous prévenir, par notre télégramme du 21 mai 1915, qu'un ordre radiotélégraphique du commandant des forces anglo-françaises devant les Dardanelles, ordre intercepté par l'armée ottomane, prescrit absolument de diriger le feu de l'artillerie et de jeter des bombes sur les hôpitaux, ainsi que sur les lieux de rassemblement des blessés turcs.

C'est ainsi que l'hôpital de Maïdos (presqu'île de Gallipoli) a été détruit par des bombes, malgré le pavillon très apparent du Croissant-Rouge. Cet hôpital se trouvait tout à fait en dehors et à l'Ouest de la ville, il ne pouvait y avoir aucune raison de jeter des bombes à cet endroit, si ce n'était celle de vouloir tuer les malheureux blessés qui y étaient soignés. Plusieurs de ces blessés de Maïdos ont été ensuite soignés dans les hôpitaux du Croissant-Rouge à Constantinople.

Près de Bassorah, pendant la bataille de Schouaybiyé, Berdjissiyé, le 13 avril 1915, l'artillerie turque évitait soigneusement de diriger le feu sur les tentes et les ambulances de l'armée et de la Croix-Rouge anglaises. Par contre le feu ennemi était spécialement dirigé sur nos colonnes sanitaires. Supposant pour un moment qu'il y avait erreur de la part de l'ennemi, les colonnes sanitaires turques arborèrent un pavillon de très grande dimension, portant l'emblème du Croissant-Rouge, ce qui ne fit qu'augmenter l'intensité du feu anglais. Le Dr Hékimian, médecin du 1er bataillon du régiment de l'Irak, ayant été entouré par des cavaliers anglais, leur montra son brassard et signifia sa qualité de médecin. Malheureusement il a été tué, bien qu'il ne disposât d'aucun moyen pour se défendre.

Nous pouvons également rappeler que la Russie n'a pas voulu reconnaître à notre navire-hôpital *Gul-Nihal*, le droit de libre passage sur la mer Noire (1). Le dernier *Bulletin international de la Croix-Rouge* supposait que nous avions obtenu la reconnaissance de notre droit (2). Il n'en est rien jusqu'à présent et notre navire hospitalier est aujourd'hui affecté au transport des blessés sur la Marmara. Nous vous serions très obligés de vouloir bien rectifier ce point.

Nous avons longtemps attendu avant de porter à la connaissance de votre honorable Comité ces continuelles violations des principes humains de la convention de Genève. Nous avons aujourd'hui recours à votre bienveillante et haute intervention pour demander que l'ennemi se conforme, aussi bien que nous, aux conventions que nous respectons toujours.

Espérant que l'honorable Comité international de la Croix-Rouge voudra bien nous appuyer dans cette démarche, nous vous prions, Monsieur le Président, d'agréer l'assurance de notre haute considération.

Pour le Comité central du Croissant-Rouge ottoman :
Le vice-Président,
Prof. Dr Bessim-Omer.

515

Allemagne. — Protestation de la Croix-Rouge allemande au Comité international de la Croix-Rouge à Genève, sur la saisie par la flotte britannique du navire-hôpital allemand *Ophelia*, en date du 17 avril 1915 (*Bulletin international des Sociétés de la Croix-Rouge*, 1915, p. 307).

Le 17 avril 1915.

Le cas du bateau-lazaret allemand est le suivant :

Le navire n'a malheureusement pas été notifié, à temps, comme bateau-hôpital allemand au gouvernement anglais, alors que le gouvernement allemand devait admettre que cette notification avait été faite, cela en raison d'une omission de la puissance neutre

(1) V. ce *Recueil*, t. I, p. 183.
(2) Cette reconnaissance a eu lieu ensuite, comme il appert d'une Note du Comité central du Croissant-Rouge ottoman du 8 juillet 1915. V. ci-après, p. 198.

qui avait été chargée, par le gouvernement allemand, de faire cette notification. La puissance neutre a alors réclamé de suite au gouvernement britannique la libération immédiate de ce navire, indiquant que ce ne serait pas dans l'esprit de la convention de la Haye, appliquant à la guerre sur mer les principes de la convention de Genève, que de profiter, à l'occasion de la prise d'un navire-hôpital, d'une omission non imputable à l'adversaire.

Le gouvernement britannique a d'abord laissé sans réponse la réclamation de la puissance neutre, puis, après plusieurs instances, et sans entrer en matière sur la demande de libération du navire, a communiqué que l'*Ophelia* passerait devant un tribunal des prises anglais. On fait un grief au navire de ce que, le 8 octobre 1914, il aurait erré, sans raison apparente, dans la mer du Nord dans diverses directions, et que le 18 octobre il aurait reçu, dans la mer du Nord et par Norddeich, des instructions par télégraphie sans fil l'invitant, d'après les dires de ses officiers, à se rendre en un point de stationnement déterminé, dans un but non apparent, selon l'interprétation anglaise. De plus, il aurait échangé des signaux lumineux, alors même qu'à bord on n'aurait trouvé aucun code chiffré, ni aucune mention dans le journal de bord sur l'usage des chiffres.

Les allégations du gouvernement britannique sur les allures considérées comme suspectes du navire-hôpital ont été examinées par les autorités de marine allemandes. Le résultat de cet examen a été que l'*Ophelia* était le 8 octobre devant l'Ems, occupé à rechercher les survivants du torpilleur allemand *S. 116*, qui avait été coulé la veille par un sous-marin anglais. C'est ainsi que s'expliquent les mouvements du navire-hôpital qui ont paru inexplicables au sous-marin anglais qui les observait.

Le 18 octobre, l'*Ophelia* avait pour tâche de chercher, dans le voisinage du lieu du combat, à sauver les naufragés des torpilleurs allemands anéantis le 17 octobre après-midi. Les navires de combat britanniques, en capturant le vaisseau-hôpital, entravèrent de façon regrettable ce travail de sauvetage, ainsi que le prouve le nombre de cadavres pourvus de ceintures de sauvetage qui échouèrent sur la côte néerlandaise.

Il est exact que le vaisseau-lazaret avait à bord un livre chiffré qui, vraisemblablement, a été détruit. Le fait de munir un vaisseau-hôpital de chiffres pour le langage par signaux est parfaitement admis par les accords internationaux et les coutumes de la guerre maritime. C'est du reste nécessaire pour des raisons militaires, sans quoi tout poste de réception quelconque pourrait découvrir où le navire-hôpital va porter ses services dans l'intérêt de l'humanité, et la diffusion de nouvelles de ce genre doit être empêchée de façon générale, dans l'intérêt de la conduite de la guerre. C'est donc, naturellement aussi, le droit et le devoir du commandant de veiller à ce que le secret des chiffres soit gardé et que le livre chiffré ne tombe pas entre les mains de l'ennemi.

Ainsi donc les allures de l'*Ophelia* ne prêtaient nullement au soupçon, et on ne comprend pas pourquoi en l'occurrence un tribunal des prises devrait fonctionner. Cela paraît d'autant moins compréhensible que les faits sur lesquels le tribunal des prises est appelé à juger étaient d'avance, soit depuis plus de cinq mois, connus de la marine britannique.

516

Allemagne. — Ordonnance du ministère de la guerre allemand sur la communication de renseignements concernant les prisonniers de guerre, en date du 16 février 1915 (*Bulletin international des Sociétés de la Croix-Rouge*, 1915, p. 312).

Ministère de la guerre.

Berlin, W. 66, le 16 février 1915.
Leipzigerstr. 5.

Concernant la communication de *renseignements sur les prisonniers de guerre* (Se rapporte aussi aux internés civils).

Ce n'est que depuis le décret du 20 décembre 1914, 8027/12. 14. U. A (qui interdisait aux commandatures de camps, etc., de donner des renseignements directs sur les prisonniers de guerre) qu'on a eu ici connaissance exacte des nombreux renseignements qu'une Société régionale de la Croix-Rouge allemande a pu obtenir sur des prisonniers de guerre allemands, surtout de France, et cela en grande partie, grâce à la prévenance qu'ont mise les autorités ennemies (commandants de camps et même ministère français de la guerre) à renseigner avec le plus grand empressement directement les intéressés sur les demandes qu'elle avait faites. Cette activité a contribué à supprimer ou adoucir bien des inquiétudes et des soucis chez les parents de prisonniers allemands, surtout dans les cas où nos administrations n'étaient pas (ou ne sont pas encore) en mesure de se procurer des renseignements ; car, selon les expériences faites, ces administrations ne reçoivent, du côté ennemi, que des nouvelles très insuffisantes et tardives sur les lieux de résidence des prisonniers de guerre allemands. Dans beaucoup de cas ce n'est que par des recherches en dehors de l'administration, en se renseignant par exemple auprès de camarades faits prisonniers, qu'on peut établir s'il y a réellement captivité, alors que nos listes de pertes ne font qu'annoncer un disparu.

Cette transmission inofficielle, en dehors de la voie administrative, risque de s'arrêter si, du côté allemand, on n'use pas de réciprocité, en donnant des renseignements.

Dans ces circonstances, le décret en question ne peut être maintenu plus longtemps ; il est au contraire fort désirable que les commandatures des camps de prisonniers de guerre et les médecins en chef de tous les lazarets de guerre contenant des prisonniers reçoivent l'ordre de répondre autant que possible directement aux simples demandes personnelles qui leur sont faites, par exemple :

Si le prisonnier de guerre, dont il s'agit, se trouve vraiment là et comment il se porte ;

Où un prisonnier de guerre a été transféré ;

Si un prisonnier de guerre a vraiment reçu certaines lettres, paquets et envois d'argent ;

Pour quelle raison, jusqu'à présent, il n'a pas encore écrit à sa famille.

Des réponses de cette sorte à des demandes directes peuvent être adressées en principe aux endroits suivants :

1. Au Comité central des Sociétés allemandes de la Croix-Rouge, section des prisonniers de guerre, Berlin W., Abgeordnetenhaus ;
2. Au Comité international de la Croix-Rouge, à Genève ;
3. Aux bureaux centraux de la Croix-Rouge dans les États ennemis ;
4. A des particuliers des pays ennemis, qui demandent des renseignements sur un parent rapproché ;

Mais *non pas* à des bureaux privés de renseignements quelconques du pays ou de l'étranger, qui poursuivent en général un but lucratif et vont à la recherche de renseignements en faisant des collectes.

Il n'est, par contre, *pas défendu* de donner aussi des informations à d'autres bureaux qui peuvent être considérés sans aucune hésitation comme des sociétés de bienfaisance. Il n'y a pas lieu de craindre que la peine de donner des renseignements soit pour les commandatures de camps etc. un surcroît de besogne si, pour faire des recherches et écrire, l'on emploie des prisonniers aptes à ce travail. Du moins la Société régionale allemande de la Croix-Rouge, que je viens de mentionner, a-t-elle appris que, dans presque tous les camps de prisonniers des adversaires, le commandant de camp a nommé un prisonnier allemand comme homme de confiance et l'a chargé de la direction de ces travaux de recherches, chose qui, souvent, s'est faite grâce à l'initiative de la Société régionale allemande. De tels hommes de confiance, avec les aides nécessaires qu'ils peuvent rencontrer chez les hommes maniant facilement la plume, peuvent se trouver aussi parmi les prisonniers ennemis de nos camps et de nos lazarets. La chose serait d'autant plus désirable qu'elle servirait en même temps à donner une occupation convenable et agréable aux gens cultivés qui se trouvent parmi les prisonniers.

Par ordre, *Signé :* FRIEDRICH.

517

Allemagne. — MÉMOIRE DU GOUVERNEMENT IMPÉRIAL ALLEMAND TOUCHANT LE PERSONNEL SANITAIRE TOMBÉ ENTRE LES MAINS DE L'ENNEMI ET RETENU PAR LUI, ENVOYÉ AUX GOUVERNEMENTS FRANÇAIS, ANGLAIS ET RUSSE, EN DATE DU 12 JANVIER 1915 (*Bulletin international des Sociétés de la Croix-Rouge*, 1915, p. 315).

Les dispositions de la convention de Genève touchant le traitement du personnel sanitaire tombé entre les mains de l'ennemi ne sont pas appliquées d'une manière générale et uniforme dans la guerre actuelle. En particulier, on se plaint que ledit personnel soit retenu trop longtemps par l'ennemi et qu'on ne lui permette pas de rentrer dans son pays par la voie la plus simple et la plus convenable.

Il est bien entendu que le gouvernement allemand s'est placé, dès le début de la guerre, sur le terrain délimité par la convention de Genève et qu'il ne s'est pas moins efforcé que les autres puissances à en appliquer les dispositions quant à la lettre et d'après leur esprit. D'autre part, on ne saurait nier que ces dispositions ne prêtent à quelques doutes et qu'il n'y ait lieu d'admettre la nécessité d'une entente entre les belligérants au sujet de l'interprétation de ces dispositions.

D'après l'alinéa 1er de l'article 9 de la convention, il est hors de doute que le personnel sanitaire désigné dans cet article ne sera pas traité comme prisonnier de guerre, s'il tombe entre les mains de l'ennemi. L'article 12 restreint ce principe en stipulant que ce personnel aura à remplir ses fonctions aussi longtemps que son concours sera indispensable, et qu'il ne sera renvoyé dans son pays que dans les délais et suivant l'itinéraire compatibles avec les nécessités militaires. En outre, l'article 13 assure audit personnel les mêmes allocations et la même solde qu'au personnel des mêmes grades de l'armée ennemie.

En général, les belligérants ont donné une très grande extension au délai pendant lequel ils ont retenu le personnel sanitaire tombé entre leurs mains. On a considéré son concours comme indispensable non seulement immédiatement après la bataille ou pendant le transport des blessés et des malades aux hôpitaux d'étape, mais même pendant un temps plus ou moins long après l'évacuation des blessés et des malades dans les camps de prisonniers de guerre. En outre, des médecins ont été relâchés et ont dû quitter le pays ennemi par une voie qui leur rendait le retour dans leur pays très difficile sinon impossible, par exemple les médecins allemands qu'on a dirigés vers l'Espagne. Enfin la question des allocations et de la solde assurées par l'article 13 au personnel sanitaire a prêté à des doutes.

Ces considérations ont décidé le gouvernement allemand à proposer les principes suivants, touchant la mise en liberté du personnel sanitaire, et il s'engage à appliquer ces principes en cas qu'on lui garantisse la réciprocité.

1° D'après l'esprit de la convention de Genève, le personnel sanitaire, tombé entre les mains de l'ennemi, ne pourra être tenu à remplir que les fonctions qui s'attachent directement aux opérations militaires qui ont précédé. Il pourra donc, après la bataille, être tenu à soigner les blessés et les malades, si l'armée victorieuse ne dispose pas immédiatement d'un personnel suffisant. En raison du grand nombre de prisonniers blessés et malades qui résulte de la guerre actuelle, il pourra toujours se faire que, pendant quelque temps après la bataille, l'armée victorieuse ne dispose pas encore du personnel suffisant. Dans ce cas, rien ne s'oppose à ce que le personnel sanitaire du parti ennemi soit engagé à accompagner, pendant le transport dans les hôpitaux de réserve et dans les camps de prisonniers, les blessés et malades confiés à ses soins, et à continuer à y prêter son concours jusqu'à l'institution d'un service régulier, en appliquant toutefois l'article 4 du règlement de la Haye, concernant les lois et coutumes de la guerre sur terre, d'après lequel les soins à accorder aux prisonniers de guerre sont à la charge de l'État dans la puissance duquel ces prisonniers se trouvent, de sorte que les médecins appartenant à l'État ennemi ne peuvent être forcés de soigner les prisonniers blessés et malades au delà des premières nécessités qui, le cas échéant, devront comprendre également une épidémie qui éclaterait subitement parmi les prisonniers.

2° L'itinéraire par lequel le personnel doit effectuer son retour devra être naturellement fixé de manière que le personnel ne puisse pas, au détriment de la puissance qui l'a retenu, tirer parti de la connaissance qu'il pourrait avoir des mesures militaires prises par cette puissance sur le théâtre des opérations et dans le service des étapes. Sauf les cas exceptionnels, le personnel ne pourra donc guère être conduit directement au front de l'ennemi et effectuer son retour à travers la ligne ennemie. D'autre part, cet itinéraire devra permettre le retour aussi rapidement et aussi sûrement que possible. Il paraît donc pratique de faire effectuer le retour par la Suisse, entre l'Allemagne et la France, par les Pays-Bas, entre l'Allemagne et la Grande-Bretagne, et par la Suède, entre l'Allemagne et la Russie. A cet effet, les trois puissances neutres ci-dessus désignées devront être prévenues.

3° En ce qui concerne les allocations et la solde à accorder au personnel retenu après la bataille, dans le service des hôpitaux d'étapes et des camps, elles seront conformes à la situation hiérarchique du personnel et répondront au règlement qui fixe les soldes et allocations attribuées aux formations sanitaires en temps de guerre. D'après cela l'Allemagne accorderait une solde mensuelle de 780 marks au médecin principal (Oberstabsarzt), de 595 marks au médecin-major (Stabsarzt) et de 280 marks à l'aide-major (Assistenzarzt), sans logement ni nourriture, de 81 marks au sergent-major infirmier (Sanitätsfeldwebel), de 33 mk. 60 au sergent-infirmier (Sanitätsunteroffizier) et de 17 mk. 40 à l'infirmier (Sanitätssoldat) y compris le logement et la nourriture.

Dès que le gouvernement allemand aura reçu des gouvernements anglais, français et russe, l'assurance qu'ils acceptent ces principes, il les appliquera sans tarder au personnel sanitaire encore retenu par les autorités allemandes.

Berlin, le 12 janvier 1915.

518

Grande-Bretagne. — Note du gouvernement anglais du 22 mars 1915 en réponse au Mémoire du gouvernement allemand touchant le personnel sanitaire tombé entre les mains de l'ennemi et retenu par lui (1) (*Bulletin international des Sociétés de la Croix-Rouge*, 1915, p. 317).

22 mars 1915.

Le gouvernement de Sa Majesté britannique estime que l'interprétation adoptée par le gouvernement allemand, bien qu'en harmonie, d'une manière générale, avec l'esprit de la convention de Genève, pourrait avec avantage être plus précise.

Les vues du gouvernement de Sa Majesté, en ce qui concerne la rétention du personnel d'une unité médicale entre les mains de l'ennemi, sont qu'il peut seulement être retenu et obligé de continuer son service, aussi longtemps que les blessés et malades restent dans l'unité sanitaire et ne sont pas transférés dans une autre unité, et en outre que ce personnel médical retenu ne doit pas être astreint à soigner d'autres blessés d'une autre unité, ou des malades ou blessés dans un autre établissement hospitalier ou dans un camp de prisonniers.

Le gouvernement de Sa Majesté estime donc que le personnel médical ne devrait pas être tenu d'entreprendre une tâche nouvelle, comme la Note du gouvernement allemand paraît l'admettre, en parlant d'une rétention prolongée pour faire face aux besoins d'une épidémie qui éclaterait soudain. Ce ne serait pas là, de l'avis du gouvernement de Sa Majesté, ce qu'entend le premier paragraphe de l'article 12 de la convention de Genève, et n'est pas en réalité une « continuation » des devoirs de ce personnel, telle que ce paragraphe l'envisage. Si le personnel médical est obligé de continuer son ministère lorsqu'il a commencé, l'obligation de « continuer » ne doit pas être étendue au delà des nécessités immédiates.

Les malades et blessés qui ont été capturés doivent être soignés par les belligérants qui les ont capturés. Dans l'opinion du gouvernement de Sa Majesté, le capteur n'est en droit d'utiliser les services du personnel médical capturé que pour pourvoir aux besoins immédiats ; il doit prendre des mesures pour assurer que le détachement capturé soit dissous ou repris en mains par son propre personnel médical, dans le plus bref délai possible. Immédiatement après, le personnel médical de l'unité capturée doit être renvoyé dans son pays.

Sitôt que ce point de vue sera accepté par le gouvernement allemand et que celui-ci relâchera le personnel médical britannique, la Grande-Bretagne fera de même pour les sanitaires allemands.

(1) V. le texte qui précède.

519

Turquie. — Note du Comité central du Croissant-Rouge ottoman annonçant au Comité international de la Croix-Rouge a Genève que la Russie a fait droit a la protestation touchant le traitement infligé au navire-hôpital *Gul-Nihal* (1), en date du 8 juillet 1915 (*Bulletin international des Sociétés de la Croix-Rouge*, 1915, p. 442).

Société du Croissant-Rouge ottoman.

Constantinople, le 8 juillet 1915.

Monsieur le Président,

Nous avons l'honneur de vous informer que le gouvernement russe vient de reconnaître à nos navires hospitaliers tous les privilèges stipulés par la convention de la Haye de 1907. L'ambassade d'Italie à Constantinople en a officiellement avisé la Sublime Porte par sa Note verbale du 17 juin 1915.

La reconnaissance de notre droit est due en entier au bienveillant appui que votre honorable Comité nous a bien voulu accorder pour assurer la stricte application de la convention de la Haye. En vous remerciant infiniment, nous rendons hommage à l'esprit de haute impartialité dont vous avez témoigné à l'égard du Croissant-Rouge.

Notre navire hospitalier *Gul-Nihal*, qui a été la cause de cet incident, est aujourd'hui affecté au transport des blessés sur la Marmara. Vous nous obligeriez, Monsieur le Président, en obtenant des Croix-Rouges anglaise, française et russe que les commandants des sous-marins pénétrant dans cette mer soient toujours avisés de respecter les navires hospitaliers aux emblèmes du Croissant-Rouge. Une erreur ou une méconnaissance pourrait amener la perte de centaines de blessés.

Veuillez bien agréer, Monsieur le Président, l'assurance de notre haute considération.

Pour le Comité central du Croissant-Rouge ottoman :
Le vice-Président,
Prof. Dr Bessim Omer.

520

Turquie. — Protestation du Comité central du Croissant-Rouge ottoman concernant le bombardement de navires-hôpitaux et d'ambulances par des aéroplanes de l'armée anglo-française, en date du 17 juillet 1915 (*Bulletin international des Sociétés de la Croix-Rouge*, 1915, p. 443).

Société du Croissant-Rouge ottoman.

Constantinople, le 17 juillet 1915.

Comité international de la Croix-Rouge, Genève.

Monsieur le Président,

Nous avons l'honneur de porter à votre connaissance les faits suivants :

Le 14 juillet 1915, trois navires-hôpitaux se trouvaient à Akbache (Dardanelles), le *Gul-*

(1) V. ce *Recueil*, t. I, p. 183.

Nihal du Croissant-Rouge, le n° 6) et le n° 63 du service sanitaire de l'armée, avec pavillon du Croissant-Rouge. Le n° 60 transbordait les blessés sur le *Gul-Nihal*. A ce moment, un aéroplane ennemi jeta une bombe qui tomba entre le bateau et le quai, occasionnant la mort de trois ouvriers et en blessant huit autres. L'aéroplane fit un second tour et jeta une nouvelle bombe qui causa des dégâts sur le n° 63 et tua le marin Ibrahim.

Le 16 juillet, un autre aéroplane ennemi jeta des bombes sur les ambulances de Havouzlidéré (presqu'île de Gallipoli), faisant 4 morts et 8 blessés. Les ambulances portaient l'emblème du Croissant-Rouge.

Le 17 juillet, une compagnie sanitaire de la 19e division d'infanterie a reçu des bombes jetées d'un aéroplane ennemi. Pourtant l'emplacement de la compagnie sanitaire était très visiblement indiqué par des pavillons à Croissant-Rouge.

En vous signalant ces nouvelles violations de la convention de la Haye de 1907, qui s'ajoutent aux incidents déjà signalés, nous vous prions de faire les démarches nécessaires pour donner suite à notre protestation.

Veuillez agréer, Monsieur le Président, l'assurance de notre haute considération.

Pour le Comité central du Croissant-Rouge ottoman :
Le vice-Président,
Prof. Dr Bessim Omer.

521

Turquie. — Protestation du Comité central du Croissant-Rouge ottoman concernant le bombardement d'une ambulance par des aéroplanes de l'armée anglo-française, en date du 31 juillet 1915 (*Bulletin international des Sociétés de la Croix-Rouge*, 1915, p. 444).

Société du Croissant-Rouge ottoman.

Constantinople, le 31 juillet 1915.

Monsieur le Président du Comité international de la Croix-Rouge, Genève.

Monsieur le Président,

Nous avons l'honneur de porter à votre connaissance une nouvelle violation de la convention de Genève par l'armée anglo-française des Dardanelles.

Le 25 juillet 1915, à 6 h. 1/2 du soir, six aéroplanes ennemis volèrent sur la ferme de Halil-Pacha où, dès le début de la guerre de Gallipoli, se trouvait établie une ambulance militaire. *L'emplacement de l'ambulance était très visiblement indiqué par des pavillons à Croissant-Rouge.* Douze bombes ont été jetées par les aviateurs ennemis, tuant huit des blessés de l'hôpital et en blessant douze autres. Un incendie, causé par ce bombardement, détruisit l'hôpital entier.

Nous protestons contre cette agression que les lois de la guerre ne peuvent justifier et que votre honorable Comité doit réprouver. Nous vous prions de vouloir bien donner à notre protestation la suite nécessaire qu'elle comporte.

Veuillez agréer, Monsieur le Président, l'expression de notre haute considération.

Pour le Comité central du Croissant-Rouge ottoman :
Le vice-Président,
Prof. Dr Bessim Omer.

522

Turquie. — Télégramme du Président du Croissant-Rouge ottoman, ambassadeur de Turquie a Vienne, au Comité international du Croissant-Rouge a Genève, concernant le bombardement d'un hôpital militaire par la flotte anglo-française, en date du 1er septembre 1915 (*Bulletin international des Sociétés de la Croix-Rouge*, 1915, p. 445).

Vienne, 1.9.15.

La flotte anglo-française devant les Dardanelles a bombardé le 30 août l'hôpital militaire d'Akbache qui se trouve loin de la ligne de combat. L'hôpital a été atteint par quatre projectiles et deux personnes furent grièvement blessées. Cette agression injustifiable constitue infraction flagrante stipulations convention Genève et article 21 1re Conférence la Haye. En ma qualité Président du Croissant-Rouge ottoman, j'ai l'honneur de vous prier vouloir bien porter ce qui précède à la connaissance Croix-Rouges française et anglaise.

Ambassadeur Turquie,
Hilmi.

523

Grande-Bretagne. — Réponse de la Croix-Rouge anglaise aux protestations du Comité central du Croissant-Rouge ottoman concernant le bombardement d'hôpitaux par les armées anglo-françaises (1), en date du 9 aout 1915 (*Bulletin international des Sociétés de la Croix-Rouge*, 1915, p. 446).

Londres, 9 août 1915.

Je suis autorisé par la Société (British Red Cross Society) à dire que le gouvernement de Sa Majesté m'a inofficiellement informé que si jamais des bombes avaient été lancées sur des hôpitaux protégés par le Croissant-Rouge à Lapsek aux Dardanelles, le gouvernement regrette ce fait qui n'est qu'un accident de guerre et n'a été en aucune façon intentionnel.

Et le gouvernement m'invite à attirer l'attention du Comité du Croissant-Rouge sur le risque inévitable que court tout hôpital situé à proximité de bâtiments servant à des buts militaires, et sur la nécessité de désigner clairement les bâtiments utilisés comme hôpitaux, ainsi que le prévoit la 4e convention de la Haye de 1907, art. 27.

Le gouvernement de Sa Majesté m'autorise en outre à dire que la Société du Croissant-Rouge est reconnue par lui comme ayant les mêmes droits à tous égards que la Croix-Rouge.

Je vous prie d'avoir la bonté de communiquer cette explication au Croissant-Rouge ottoman, avec l'expression de mon regret personnel que des hôpitaux, protégés par le Croissant-Rouge, aient été accidentellement endommagés, et de ma conviction que le Dr Bessim Omer, que je connaissais personnellement quand j'étais ambassadeur à Constantinople, usera de toute son influence pour atténuer les souffrances causées par cette guerre, et pour adoucir le sort des prisonniers anglais en Turquie.

(1) V. ci-dessus, p. 191, 198 et 199.

Je serais heureux si vous vouliez l'informer également qu'en ma qualité de directeur du Département des prisonniers de guerre de la Croix-Rouge, je suis prêt à faire tout ce qui sera en mon pouvoir en faveur des prisonniers turcs.

Sir Louis Mallet,
Membre de la Croix-Rouge anglaise.

524

France. — Lettre de M. Delcassé, ministre des affaires étrangères, a la Croix-Rouge française, en réponse a la protestation du Comité central du Croissant-Rouge ottoman concernant le bombardement d'hôpitaux par les armées anglo-françaises (1), en date du 16 juillet 1915 (*Bulletin international des Sociétés de la Croix-Rouge*, 1915, p. 447).

Ministère des affaires étrangères.

Paris, le 16 juillet 1915.

Monsieur le Président,

A la date du 26 juin dernier, vous avez bien voulu me faire parvenir le texte de deux communications que M. Ador, Président du Comité international de la Croix-Rouge à Genève, a reçues de la Société du Croissant-Rouge ottoman, avec mission de les transmettre au gouvernement français et de faire connaître sa réponse.

Vous ajoutez que vous vous mettez à ma disposition pour assurer éventuellement la transmission de cette réponse.

Enfin, vous signalez, en raison d'un passage du texte communiqué, les déclarations auxquelles a donné lieu la question de l'assimilation du Croissant-Rouge à la Croix-Rouge dans une Conférence internationale tenue à Londres en 1907 par les Sociétés de la Croix-Rouge.

Sur ce dernier point j'ai l'honneur de vous faire savoir qu'au cours de la deuxième Conférence de la Paix, en 1907, le délégué ottoman Turkhan Pacha a fait, dans la troisième séance plénière, la déclaration suivante :

« J'ai l'honneur de vous renouveler ici les déclarations dont acte nous a été donné par la troisième Commission et qui ont été insérées dans les procès-verbaux des séances des 2 et 16 juillet.

« Mon gouvernement a donné son adhésion pleine et entière aux principes humanitaires posés par la convention de Genève de 1864 ; il a, comme les autres puissances, rendu hommage à la Suisse, par la reconnaissance du pavillon hospitalier formé par interversion des couleurs fédérales, mais il a cru devoir, pour des raisons particulières, employer pour ses ambulances militaires le Croissant-Rouge sur fond blanc.

« La délégation impériale ottomane n'a pas demandé à cet égard une révision de la convention de 1864, qui n'est pas de la compétence de cette haute assemblée. Elle n'a pas insisté non plus pour l'insertion d'une clause spéciale dans le projet de convention ; mais elle tient à constater, une fois de plus, que les représentants des gouvernements réunis à cette Conférence ont bien voulu accepter le principe de la reconnaissance réciproque du Croissant-Rouge et de la Croix-Rouge comme pavillon distinctif des navires-hôpitaux et hospitaliers ».

Le Président de la Conférence a répondu que la Conférence prenait acte de la déclaration du premier délégué de Turquie.

(1) V. ci-dessus, p. 191.

D'autre part, le 26 août 1907, le gouvernement ottoman a déclaré adhérer à la convention du 6 juillet 1906 pour l'amélioration du sort des blessés et malades dans les armées en campagne, sous la réserve qu'il se servirait, dans ses armées, de l'emblème du Croissant-Rouge pour protéger ses ambulances.

Une déclaration dans le même sens a été faite le 5 juillet 1911 par la Sublime Porte au gouvernement helvétique, qui l'a communiquée aux différents gouvernements participant à la convention de Genève.

Aucune objection n'a été formulée à l'encontre de ces déclarations qui ont eu pour contre-partie l'engagement solennel du gouvernement ottoman de respecter scrupuleusement l'inviolabilité du drapeau de la Croix-Rouge.]

C'est donc sur les bases d'une reconnaissance réciproque du caractère inviolable des navires-hôpitaux, abrités sous les drapeaux de la Croix-Rouge et du Croissant-Rouge, comme de l'exacte application des stipulations de la convention X, signée à la Haye le 18 octobre 1907, que le gouvernement de la République a entendu établir la garantie réciproque des navires-hôpitaux français et hôpitaux aménagés en vue de la guerre actuelle.

J'en ai fait donner l'assurance formelle à la Sublime Porte, par l'entremise du gouvernement des États-Unis.

C'est d'ailleurs dans cet esprit que j'ai communiqué à ce gouvernement, pour qu'elle soit notifiée au gouvernement ottoman, la liste des navires-hôpitaux français, et que, par le même intermédiaire, nous avons pris acte, au mois de novembre dernier, d'une notification de la Sublime Porte relative à l'aménagement de deux navires-hôpitaux ottomans, arborant le Croissant-Rouge.

En ce qui concerne les protestations de la Société du Croissant-Rouge transmise par M. Ador, elles ne sauraient évidemment donner lieu à une réponse du gouvernement français.

Cependant, je ne puis m'empêcher de déclarer, dès leur lecture, que, telles qu'elles sont présentées, alors même qu'elles émaneraient d'une source officielle, nous n'en serions pas moins amenés à formuler à leur endroit les plus expresses réserves.

Le seul fait que les gouvernements alliés, subordonnant aux préoccupations humanitaires leur préférence et leurs traditions, ont abandonné toute opposition à la reconnaissance d'un nouvel insigne protecteur des blessés et malades des armées, démontre suffisamment leur ferme volonté d'assurer loyalement le respect des formations sanitaires abritées sous le Croissant-Rouge.

Ces gouvernements ont la certitude que leurs armées, instruites de ces résolutions, ne sauraient faire brèche à des engagements aussi sacrés.

A cet égard, les témoignages du passé sont les plus sûrs garants de la conduite régulière et loyale des troupes alliées qui combattent actuellement en Turquie.

Agréez, Monsieur le Président, les assurances de ma considération la plus distinguée.

DELCASSÉ.

525

France. — RAPPORT DU GÉNÉRAL BAILLOUD, COMMANDANT PROVISOIREMENT LE CORPS EXPÉDITIONNAIRE D'ORIENT, A M. LE MINISTRE DE LA GUERRE, CONCERNANT LES PRÉTENDUS BOMBARDEMENTS D'HÔPITAUX OTTOMANS PAR LES ARMÉES ANGLO-FRANÇAISES (1), EN DATE DU 16 AOUT 1915 (*Bulletin international des Sociétés de la Croix-Rouge*, 1915, p. 450).

Corps expéditionnaire d'Orient. Au sujet des prétendues violations de la convention de Genève.

Sedul-Bahr, le 16 août 1915.

Le général de division Bailloud, commandant provisoirement le Corps expéditionnaire d'Orient.

A Monsieur le ministre de la guerre,

A la date du 31 juillet 1915, et sous le n° 2565 c. 10, vous m'avez transmis une lettre émanant du Comité du Croissant-Rouge ottoman, énumérant un certain nombre de faits qui constitueraient des violations des règles édictées par la convention de Genève.

Il est à peine besoin de relever l'invraisemblance manifeste de l'ordre radio-télégraphique prescrivant de diriger le feu de l'artillerie et de jeter des bombes sur les hôpitaux et les lieux de rassemblement de blessés turcs. Une telle affirmation, à moins qu'il ne s'agisse purement et simplement d'une grossière calomnie, ne peut résulter que d'une confusion ou d'une erreur dans l'interprétation du radio-télégramme intercepté (*à moins que ce télégramme n'ait été lancé par un poste allemand*).

La ville de Maïdos et ses environs, notamment le campement situé entre elle et Kilid-i-Bahr, ont, en effet, été bombardés à plusieurs reprises, car cette localité a une grande importance, comme lieu de passage et de rassemblement de troupes et de matériel militaire ; il est possible qu'une ambulance, insuffisamment protégée par des signes invisibles de loin, ait eu à souffrir.

Les erreurs regrettables, mais involontaires, qui ont pu se produire, proviennent exclusivement de ce que les drapeaux des hôpitaux ou ambulances, en raison de leurs dimensions et de leurs positions, ne sont pas suffisamment visibles aux distances où opèrent les avions.

Le commandant de l'escadrille du C. E. O. suggère de désigner les emplacements neutralisés par des insignes de grandes dimensions sur fond blanc, placés sur le sol, à côté des hôpitaux ou ambulances.

Comme marque du strict souci que nous avons de respecter les conventions de Genève et de la Haye, je mentionnerai un fait très récent : le 31 juillet, un hydroplane ennemi poursuivi par nos avions ayant atterri en dessous du village d'Erenkeui, à proximité d'un grand bâtiment qui nous a paru être un abri pour avions, notre artillerie a ouvert le feu sur ce bâtiment. Peu après, les Turcs ont arboré au sommet le pavillon du Croissant-Rouge : notre artillerie a immédiatement cessé le feu, bien que cette apparition tardive du pavillon de neutralité, dans les circonstances indiquées, autorisât tous les doutes.

Général BAILLOUD.

(1) V. ci-dessus, p. 191.

526

Grande-Bretagne. — Lettre de la Croix-Rouge anglaise au Comité international de la Croix-Rouge a Genève, en réponse a la protestation de la Croix-Rouge allemande du 17 avril 1915 sur le cas du navire *Ophelia* (1), en date du 7 aout 1915 (*Bulletin international des Sociétés de la Croix-Rouge*, 1915, p. 453).

Au Président du Comité international de la Croix-Rouge, Genève.

Londres, 7 août 1915.

J'ai l'honneur de répondre à vos lettres du 3 mai et du 14 juin, touchant la protestation de la Croix-Rouge allemande relative à la prise de l'*Ophelia*.

La Croix-Rouge anglaise a pris en sérieuse considération cette question, et est arrivée à la conclusion impartiale que les actes du gouvernement anglais ont été justifiés par les preuves soumises à la Cour des prises. La preuve a été rapportée que l'*Ophelia*, en fait, n'a jamais porté aide et secours ou rendu service à aucun blessé, malade ou naufragé, qu'il n'a fait à aucune époque effort pour rendre de pareils services ; que sa construction et son aménagement, quoique pouvant, dans une certaine mesure, se prêter à une adaptation, n'ont jamais été bien appropriés à un navire-hôpital ; qu'il était bien outillé pour servir de bateau à signaux ; que des appareils à signaux ont été largement utilisés, sans qu'on sache suffisamment pourquoi, comment et quand ils l'ont été ; que ses officiers ont obéi et étaient prêts à obéir en tous temps à tous les ordres que les vaisseaux de guerre allemands ou les navires auxiliaires pouvaient leur transmettre.

Les conclusions auxquelles la procédure aboutit sont que l'*Ophelia* n'était ni construit, ni aménagé, ni utilisé pour le but unique et spécial de porter aide et secours aux blessés, malades et naufragés, et qu'il *était* approprié et utilisé pour servir de navire à signaux en vue de buts militaires.

La Croix-Rouge allemande est sans doute informée qu'appel a été interjeté contre le jugement de la Cour des prises. Si des circonstances devaient, au cours de cet appel, se produire et avoir pour effet de modifier l'opinion de la Croix-Rouge anglaise sur ce cas, je ne manquerais pas de vous en informer.

J'ai l'honneur d'être, Monsieur,

Votre dévoué serviteur,
Arthur Stanley.

527

Autriche-Hongrie. — Protestation de la Croix-Rouge autrichienne contre le bombardement de l'hôpital de Göritz par l'armée italienne, en date du 29 septembre 1915 (*Bulletin international des Sociétés de la Croix-Rouge*, 1915, p. 454).

Vienne, 29 septembre 1915.

Au Comité international de la Croix-Rouge, Genève.

C'est avec un sentiment de douleur que la présidence de la Société autrichienne de la Croix-Rouge a pris connaissance de l'entorse, si profondément regrettable, aux lois de

(1) V. ci-dessus, p. 192.

la guerre, dont une partie de l'armée italienne s'est rendue coupable. Ainsi que l'établit le rapport de l'État-major austro-hongrois du 26 septembre 1915, les Italiens ont exécuté un tir violent contre l'hôpital de la Croix-Rouge de Görltz, lequel était cependant désigné au loin par le drapeau de la croix de Genève. L'artillerie italienne — continue le rapport — a dirigé cinq bordées contre cet établissement sanitaire et un obus a pénétré dans la salle d'opération. Le rapport officiel du médecin d'État-major se termine par la réflexion suivante : cet acte illégal ne pouvait avoir aucun résultat militaire, car il ne se trouvait ni près, ni loin, aucune troupe militaire. A peine la nouvelle de cet effroyable attentat sur des militaires malades et blessés se fut-elle répandue, que le rapport officiel de l'État-major austro-hongrois du 28 septembre annonçait que les Italiens avaient de nouveau lancé 50 obus sur l'hôpital de la Croix-Rouge à Göritz, alors que cet établissement hospitalier, qui n'avait pas encore pu être complètement évacué, portait encore le drapeau de la croix de Genève. Le Président de la Croix-Rouge austro-hongroise déplore amèrement cet acte commis au mépris direct de la convention de Genève, et, au nom de l'humanité, dont la voix ne doit pas être étouffée, même en temps de guerre, s'adresse au Comité international à Genève, en le priant d'user, cette fois comme précédemment, de son autorité morale pour élever la voix en vue du respect de la convention de Genève, et d'y inviter encore une fois, très sérieusement, les puissances belligérantes, en raison de l'engagement formel qu'elles ont pris, notamment en s'obligeant à protéger et respecter les établissements sanitaires de la Croix-Rouge, ainsi que le personnel.

Le Président de la Société autrichienne de la Croix-Rouge,
Commissaire de l'assistance volontaire en Autriche,
RODOLPHE, COMTE TRAUN.

528

Italie. — RÈGLEMENT SUR LE TRAITEMENT DES PRISONNIERS DE GUERRE, EN DATE DU 29 AOUT 1915 (*Bulletin international des Sociétés de la Croix-Rouge*, 1915, p. 458).

Ministère de la guerre. Commission pour les prisonniers de guerre. Objet : Règles pour le traitement des prisonniers de guerre.

Rome, le 29 août 1915.

A tous les commandants du Département des prisonniers de guerre et, par eux, aux commandants des corps d'armée.

Parmi les questions compliquées du traitement des prisonniers de guerre, il en est une de la plus haute importance : savoir la question concernant les mesures prophylactiques et sanitaires à observer dans les rapports des prisonniers. Et l'importance de cette question s'élève de beaucoup au-dessus du bien-être des prisonniers mêmes, car les mesures à prendre à leur égard ont une sensible répercussion sur l'état de santé public de tout le pays, à cause des germes d'infection qui peuvent être importés par les prisonniers eux-mêmes, puisque à cause des exigences de leur placement, ils doivent nécessairement être répandus sur le territoire de plusieurs provinces du Royaume.

De cette question si importante se sont occupés déjà, depuis le commencement de la guerre, soit le Commissariat du corps sanitaire militaire, soit la Direction générale de l'hygiène publique, qui, animés d'un même désir, prirent largement les précautions nécessaires et émirent une série de dispositions particulières et de règles concernant les mesures prophylactiques à prendre envers les prisonniers, soit dans la zone de guerre, pendant le laps de temps succédant immédiatement à leur capture, soit durant leur transport à l'intérieur du Royaume, soit aussi à leur arrivée et pendant leur séjour dans chaque camp de concentration (Voir le *Règlement disciplinaire* ci-dessous) (1).

Sans plus revenir sur les mêmes règles, dont cette Commission se borne à recommander à tous, pour ce qui les concerne, la plus scrupuleuse et la plus consciencieuse observation, et, confirmant encore les prescriptions contenues dans la circulaire 220 du 9 juillet passé, concernant la constitution et l'administration des détachements de prisonniers de guerre, et l'établissement des fiches individuelles, on a cru nécessaire, pour ce qui regarde plus particulièrement le traitement des prisonniers, de récapituler toutes les dispositions qui ont été successivement données, dans l'intention de mieux les coordonner et, s'il est nécessaire, de les éclaircir et de les compléter, de manière à assurer la complète unité de direction en un service si important.

Le règlement, joint à la IVe convention de la Haye, dicte les règles générales pour le traitement des prisonniers de guerre, et notre règlement sur le service en temps de guerre les précise encore, au chapitre VII, du service des troupes.

Les prisonniers de guerre doivent être traités avec humanité, mais sans manquer pourtant de ce sérieux et de cette sévérité de manières qui sont les caractéristiques de nos usages militaires. Dans les camps de concentration, les prisonniers de guerre sont soumis aux lois, aux règlements et aux ordres existants dans notre armée royale. La discipline devra être rigoureusement observée ; chaque insubordination doit être punie avec un juste sentiment de la discipline, proportionné à la situation spéciale des prisonniers de guerre (Art. 8 du Règlement déjà mentionné).

Logement.

Les officiers doivent être traités avec respect et déférence ; afin d'éviter toute discussion politique, on doit tenir compte, dans la répartition des prisonniers, de leur nationalité.

Ils doivent être logés dans des chambres séparées des troupes, un ou plusieurs par chambre, selon l'âge et le grade ; les chambres doivent être modestement aménagées avec des meubles de caserne, tel qu'on en a pour nos officiers qui logent dans le quartier, ou, à défaut, avec des meubles en location, strictement nécessaires.

Quelques hommes de troupe, choisis parmi les prisonniers mêmes, doivent être mis à disposition des officiers prisonniers pour l'accomplissement de leur service personnel, un soldat pour deux ou plusieurs officiers, selon les circonstances et le grade.

Les logements, destinés à abriter la troupe, doivent répondre à toutes les exigences de l'hygiène et de la sécurité, à l'exclusion des agglomérations superflues.

Pour le coucher, on employera de préférence des paillasses, séparées du sol au moyen de bois et de chevalets ; elles seront fréquemment rafraîchies, et, quand il sera nécessaire, renouvelées ; temporairement et en cas d'urgence, on pourra mettre de la paille par terre.

Les soldats prisonniers aussi doivent être, le plus possible, divisés par nationalité. Chaque prisonnier doit être pourvu des couvertures nécessaires selon la saison ; on leur donnera aussi un essule-mains et un savon pour la propreté personnelle.

On surveillera particulièrement, et en se servant des prisonniers eux-mêmes, préposés au service de gardes-chambrées, la propreté et l'aération du logement.

Officiers et troupes doivent avoir les moyens de pourvoir à leur propreté personnelle par des bains ou des douches, chacun à tour de rôle et le plus fréquemment possible.

Solde.

Aux officiers prisonniers de guerre, sera payée la même solde que reçoivent nos officiers du même grade, exempte de toute taxe ; les enseignes et les cadets auront droit à une solde mensuelle de 100 francs. Aucune solde n'est accordée aux sous-officiers et aux soldats (art. 7 du Règlement cité). Les dépenses d'entretien seront prises sur la solde des officiers, des enseignes et des cadets.

Nourriture.

Les officiers d'une même division doivent être tous réunis à une table commune régie

(1) V. le texte qui suit, p. 210.

par les officiers mêmes, selon leur convenance mais en conformité des règles suivantes :

a) La responsabilité disciplinaire doit être dévolue à l'officier de grade supérieur aux autres, ou au plus âgé parmi ceux-ci.

b) A la table des officiers sont autorisés à prendre part aussi les enseignes et les cadets.

c) Le repas doit être modéré, et ne pas dépasser, au maximun, 3 francs par jour.

d) On pourra servir des vins de table légers ou de la bière ; mais les boissons alcooliques sont absolument défendues.

e) Le personnel de service sera choisi parmi les prisonniers eux-mêmes.

f) Si parmi les prisonniers se trouve un cantinier, il pourra se charger des repas, ou même on pourra en charger des aubergistes civils, si toutefois les officiers ne préfèrent pas que le service de cuisine soit fait, à leur goût, par les prisonniers eux-mêmes, cuisiniers de profession, ou ayant des aptitudes spéciales pour ce service.

g) La garniture de la table, ainsi que l'approvisionnement en faïence, ustensiles, lingerie, etc., sera remis au soin de l'administration militaire et sera à ses frais, si toutefois l'entrepreneur des repas ne s'en charge pas.

Aux soldats prisonniers est normalement assignée la même ration alimentaire que celle qui est donnée à chaque soldat de l'armée royale en temps de paix.

Mais il appartient aux commandants des camps de prisonniers, quand la majorité le réclame, et qu'ils le jugent nécessaire, de modifier une telle ration, sans toutefois en changer la quantité, en faisant distribuer de préférence des pommes de terre et des légumes, dont on fait le plus grand usage dans l'ordinaire du soldat austro-hongrois.

L'apprêt de l'ordinaire doit être fait par les prisonniers eux-mêmes, choisis, à tour de rôle, parmi les prisonniers qui auront le plus d'aptitude à remplir cet office, et toujours sous la surveillance et direction des prisonniers gradés.

Dans chaque camp de concentration sera instituée une cantine, où les prisonniers pourront acheter des aliments et des boissons, tels que café, thé, bière, limonade, etc.; et aussi du vin en une quantité mesurée ; mais les alcools en seront exclus.

Liberté de sortie.

La plus stricte vigilance devra être exercée sur les prisonniers de guerre, officiers et troupes, pour empêcher toute tentative d'évasion, en tenant compte qu'ils ont l'obligation de ne pas s'évader ; mais il n'est pas permis de les lier par la parole d'honneur.

Aux officiers il sera toutefois permis de sortir quelquefois en habits civils, accompagnés par nos officiers et soumis aux mesures de surveillance nécessaires, pour des courses dans leurs centres de résidence, toujours pendant le jour, jamais le soir. La plus grande liberté, au contraire, sera consentie pour circuler durant le jour dans les cours et sur les glacis des camps de concentration. On aura soin aussi, pour raison d'hygiène, de faire faire à la troupe quelque promenade militaire dans les environs des camps mêmes.

Vestiaire.

Dans le but de ne pas appauvrir nos réserves et pour ne pas détourner la main-d'œuvre employée aux travaux militaires, ce ne sera que dans le cas d'une nécessité absolue qu'on distribuera aux prisonniers des habits civils en les achetant directement dans le commerce. Et dans ce cas les prisonniers seront pourvus d'un brassard portant l'inscription « Armée austro-hongroise ».

Correspondance.

Le service de correspondance des prisonniers de guerre est affecté, par délégation du ministère de la guerre, à la Commission des prisonniers, établie par le Comité central de la Croix-Rouge italienne, avec censure réservée au ministère des postes et télégraphes.

Les commandants des camps de prisonniers auront soin toutefois que la correspondance des prisonniers soit directement envoyée à l'office de censure dudit ministère, et cela dans le but d'éviter toute erreur et toute perte de temps. Chaque camp de concentration doit avoir, autant que possible, quelque local pourvu de tables et du nécessaire pour écrire.

Aucun obstacle ne doit être mis à la liberté de correspondance des prisonniers de guerre avec leurs familles, sauf les quelques limites rendues nécessaires dans l'intérêt de la correspondance même et par les exigences d'une grande régularité et rapidité dans les services de censure et de transmission de la correspondance même.

Les limites de la correspondance sont fixées comme suit :

a) Une lettre par semaine, ne dépassant pas 4 pages, sauf exception imposée par d'importantes raisons de famille, auxquels cas les commandants donneront chaque fois la permission nécessaire.

b) On fera usage, de préférence, de cartes postales qui seront distribuées gratuitement.

c) La correspondance sera écrite à l'encre et avec la plus grande clarté.

Les mêmes règles seront valables pour la correspondance des officiers, exception faite de celles concernant le nombre de pages, lequel, tant qu'il n'y aura pas d'abus, ne pourra pas, pour les officiers, être limité en aucune manière.

La correspondance télégraphique est dans la règle défendue ; elle pourra être permise, exceptionnellement, sur demande des prisonniers et pour des raisons d'urgence, par les commandants des corps d'armée.

La correspondance des prisonniers, lettres ordinaires et cartes postales, tant celles qui arrivent que celles qui partent, jouissent de la franchise de port.

Envois d'argent.

Les prisonniers de guerre sont autorisés, soit à recevoir, soit à envoyer de l'argent par la poste ; ces envois devront être faits exclusivement par mandats de poste (exceptionnellement par des mandats télégraphiques). Ceux qui arrivent doivent contenir clairement le nom, le prénom, le grade, le corps et le lieu d'internement du destinataire, ainsi que les mots « Prisonnier de guerre ».

Les commandants de camps, après en avoir instruit les intéressés, auxquels ils remettront un reçu, retireront cet argent et le déposeront dans le coffre-fort dont chaque camp sera pourvu. Ils remettront le montant de la somme aux destinataires par acomptes successifs, dont ils fixeront le chiffre, pour chaque cas, selon les circonstances.

Les billets de banque austro-hongrois seront changés, par les soins des commandants, en valeurs italiennes au change du jour.

Colis postaux.

Les prisonniers de guerre seront de même autorisés à recevoir et à envoyer des colis postaux (circulaires du 27 août n° 1340 et du 29 août n° 1391). Ceux-ci devront être vérifiés et contrôlés par les commandants, qui s'assureront, sous leur propre responsabilité, que les colis arrivés ne contiennent aucun autre objet hormis ceux que les prisonniers peuvent conserver par devers eux.

Par suite d'accords intervenus entre le ministère des postes et télégraphes et celui des finances, les prisonniers de guerre sont autorisés à se faire envoyer, chacun par la poste et franc de douane, un hectogramme de tabac tous les quinze jours.

Secours religieux et intellectuels.

En se basant sur le critère de la plus complète liberté de conscience et des cultes, et selon l'article 18 de la convention de la Haye sus-mentionnée, les commandants auront soin que, dans les limites du possible, et toujours quand les sujets prisonniers en exprimeront le désir, ceux-ci puissent bénéficier des services des divers cultes auxquels ils appartiennent.

Ces services doivent être célébrés sans aucune pompe, et avec le sérieux imposé par les circonstances, sans aucun discours étranger au culte.

Les commandants de divisions sont aussi autorisés, en se servant des éléments à leur disposition, à instituer des cours d'instruction pour analphabètes, des cours de langue italienne ou d'autres cours, selon les circonstances.

Officiers et soldats pourront avoir à leur disposition des livres et revues fournis par les bibliothèques civiles ou militaires de la localité, ou bien achetés par eux-mêmes, ainsi que des journaux illustrés. Les journaux politiques quotidiens seront exclus.

Travaux.

Les commandants de camps sont autorisés à employer les prisonniers de guerre pour certains ouvrages, selon l'article 6 du Règlement sus-mentionné, tels que travaux de tailleur, de cordonnier pour les réparations de leurs effets ou des chaussures des autres prisonniers, travaux de maçon, de forgeron ou de menuisier pour l'amélioration des logements occupés par les prisonniers mêmes ; mais tous ces ouvrages devront être exécutés dans l'*intérieur* des logements. On doit, au contraire, exclure complètement, du moins pour le moment, tout travail *extérieur*, soit en faveur de l'État ou d'autres administrations publiques, soit pour le compte de personnes privées, et cela en conformité du décret du ministère de l'intérieur, statuant qu'on ne doit pas employer les prisonniers de guerre à des travaux libres. Aucune exception à cette règle ne sera faite sans autorisation spéciale du ministère même.

Pour les travaux à l'intérieur des logements, la rémunération ne devra pas passer celle qui est prescrite pour les soldats de l'armée royale.

Objets abandonnés par les prisonniers de guerre.

En conformité de la disposition du dernier alinéa de l'article 14 du Règlement déjà plusieurs fois mentionné, les commandants devront retenir et recueillir, dans les logements destinés à cet effet, tous les objets d'usage personnel, *encore en bonne condition de service*, qui auraient été abandonnés par les internés mis éventuellement en liberté sur parole, échangés, évadés ou morts, et les employer aux besoins des prisonniers dont ils ont la garde, ainsi que les objets de même nature qu'ils pourront recevoir encore de la zone de guerre.

Tous les autres objets usagés seront brûlés.

L'argent, les valeurs, les correspondances et tout ce qui peut représenter une valeur morale quelconque pour les familles des prisonniers défunts, tels que décorations, médailles, photographies, talismans, etc., devront être envoyés à la Commission pour les prisonniers de guerre, avec des notes précises sur leurs propriétaires et la liste détaillée des objets envoyés.

Testaments.

Les testaments des prisonniers de guerre seront reçus et rédigés dans les mêmes conditions que ceux des militaires de l'armée royale.

On suivra les mêmes règles pour ce qui concerne les documents relatifs aux décès, ainsi que pour l'enterrement des prisonniers de guerre, en tenant compte de leur grade et de leurs fonctions (art. 9 du Règlement déjà mentionné).

Visites aux camps de concentration.

Personne ne pourra visiter les camps de concentration sans une permission préalable du ministère ou par délégation de lui, ou sans une autorisation des commandants de corps d'armée territoriale ou de la Commission des prisonniers.

Le lieutenant-général, Président de la Commission,

P. Spingardi.

529

Italie. — Règlement disciplinaire sur la surveillance sanitaire des prisonniers de guerre, août 1915 (*Bulletin international des Sociétés de la Croix-Rouge*, 1915, p. 464).

A. — *Mesures hygiéniques à prendre au moment de la capture des prisonniers, jusqu'au moment de leur internement dans les camps.*

1. Les prisonniers, immédiatement après leur capture, seront isolés en des locaux séparés, où ils déposeront leurs vêtements. Les officiers, en des lieux séparés des hommes de troupe.

On les passera à la tondeuse ; leurs cheveux seront soigneusement enfermés en des feuilles de papier et immédiatement brûlés ; ensuite on leur appliquera à la tête, et, s'il est nécessaire, sur toutes les autres parties du corps, un vigoureux traitement contre les parasites, et après, tous sans distinction prendront un bain au savon.

2. Les vêtements qu'ils avaient au moment de leur capture seront désinfectés au moyen de fumigations spéciales dans un local fermé, ou dans une étuve à vapeur ou dans l'eau bouillante, ou même au moyen de solutions antiseptiques, selon les moyens dont on pourra disposer.

3. Pendant la désinfection des vêtements, les prisonniers passeront dans un autre local, où ils endosseront des habits qui leur seront fournis par l'administration militaire (Intendance d'armée).

4. Les soldats sanitaires et le personnel civil attaché au service revêtiront un pardessus imperméable de lazaret, et ils prendront, pour leur propre personne, les mêmes précautions que pour les prisonniers confiés à leurs soins.

Tout contact entre les prisonniers et la troupe de garde devra être limité à ce qui est strictement nécessaire et indispensable. Personne ne pourra accéder aux locaux occupés par les prisonniers que pour des motifs de service.

5. Après avoir endossé les habits désinfectés, les prisonniers seront envoyés, dès qu'ils seront en état de circuler, dans une localité de *concentration* territoriale, après qu'on aura eu soin, toutefois, avant qu'ils soient envoyés dans ce lieu de concentration, de les rassembler dans un local ou baraque isolée, dite *d'observation*, convenablement situé près du lieu de *concentration* territoriale.

Ils resteront dans la baraque ou local d'observation pendant une période plus ou moins longue, selon ce qui est dit à l'article 10.

6. A la baraque ou local susnommé sera annexé un autre local de dimensions suffisantes, partagé en deux compartiments au moins, dont l'un devra servir pour les opérations de la coupe des cheveux et pour la désinfection de ceux qui n'auraient pas encore subi cette opération, et l'autre sera réservé aux bains.

7. Les officiers médecins attachés aux divisions des prisonniers de guerre recueilleront, de la bouche même des prisonniers, des informations exactes sur leur provenance et sur les rapports éventuels qu'ils pourraient avoir eu avec des malades contagieux.

En suite de ces investigations, les sanitaires seront en mesure de rassembler, dans un même lieu, les porteurs présumés du même germe d'infection, et de déterminer ainsi la prophylaxie spéciale nécessaire.

8. On pratiquera la vaccination de Jenner sur tous les individus qui ne porteront pas les traces d'une vaccination récente.

9. Durant la période d'observation, on fera les recherches bactériologiques jugées nécessaires, afin de découvrir les porteurs éventuels des germes pathogènes, parmi les

plus suspects, et, en cas de résultat positif, on pourvoira à l'immédiat isolement de ceux qui en seront atteints.

10. Après 15 jours de capture, ceux qui ne présenteront aucun signe de maladie pourront être transportés, du local ou baraque d'observation, au lieu de concentration territorial proprement dit.

11. Si, pendant ce temps, des maladies infectieuses se déclaraient, les malades seront internés dans un pavillon d'isolement à établir d'avance, et pour les autres prisonniers du même groupe, la période d'observation sera prolongée dans une mesure convenable ; ensuite on traitera chaque cas selon sa gravité.

12. S'il n'était pas possible de prendre, dès les premiers moments, les mesures dont parlent les articles 1, 2, 3, les prisonniers rangés par groupes et isolés seront envoyés dans une localité située près de la gare, où l'on pourra former un camp de refuge temporaire avant le transport. Si le transport ne peut pas être effectué, on établira un vrai camp de concentration selon les mêmes règles prévues aux articles 5 et suivants pour le camp de concentration territorial.

13. En toute circonstance le chef du service sanitaire surveillera avec soin tous les services, en veillant spécialement à un approvisionnement suffisant en eau potable. Il pourvoira à l'hygiène de tous les locaux et à la désinfection systématique des cabinets de toilette.

14. Dans l'organisation des lieux de concentration, on veillera à ce qu'il y ait des paillasses individuelles et des couvertures et, s'il est possible, aussi des draps.

B. — *Mesures spéciales à prendre durant le voyage en chemin de fer, du lieu du premier rassemblement sur le front, jusqu'aux locaux d'observation près du camp de concentration territoriale.*

15. L'acheminement des prisonniers sera effectué en des trains spéciaux, formés, autant que possible, de voitures communiquantes de 3e classe.

Les officiers seront placés dans une voiture de 3e classe, réservée à eux seuls. Quand les prisonniers ne sont pas nombreux et que la formation d'un train spécial ne sera pas possible pour leur transport, des voitures de 3e classe seront exclusivement réservées aux prisonniers.

16. Les trains spéciaux pour les prisonniers devront être complétés par une voiture de désinfection, ils devront avoir un compartiment vide pour l'isolement éventuel des maladies infectieuses, et être pourvus d'une caisse pour les premiers secours et des médicaments les plus communément employés en pareil cas.

Quand il ne sera pas possible d'accrocher au train une voiture de désinfection, ou dans le cas où le voyage s'effectuerait en des voitures attachées aux trains ordinaires, il y aura, dans le train même, une ou plusieurs baignoires pour les désinfections chimiques, qui seront placées dans un compartiment particulier et confiées aux soins du personnel chargé des désinfections.

Les voitures réservées au transport des prisonniers doivent avoir les cabinets de toilette pourvus d'un récipient destiné à recueillir les déjections, et la même précaution sera prise pour le compartiment vide dont il a été question plus haut. Entre les voitures réservées au transport des prisonniers et celles du train lui-même, on doit, autant que possible, laisser une voiture vide.

17. Pendant le voyage, le train qui transportera les prisonniers sera accompagné de médecins militaires, chargés de la surveillance et de l'assistance sanitaire.

18. L'officier médecin responsable du service sanitaire devra :

a) Pourvoir à la surveillance sanitaire de tous les voyageurs, et noter les faits qu'il croira dignes d'être pris en considération ;

b) Veiller à l'isolement, dans le compartiment vide, des individus suspects de maladies infectieuses ;

c) Annoncer éventuellement, par dépêche, au commandant militaire de la gare d'arrivée les événements sanitaires constatés.

19. A la gare d'arrivée l'autorité militaire aura soin :

a) De faire entrer les prisonniers dans le local d'observation près du camp de concentration territorial dont il est question à l'article 5 ;

b) De faire transporter immédiatement les sujets atteints de maladies infectieuses dans le local d'isolement municipal ou dans des hôpitaux, quand le local d'observation ne suffira pas.

20. Les voitures des trains qui ont servi au transport des prisonniers devront être soigneusement désinfectées, selon les règles établies par les lois en vigueur.

Dans l'attente de la désinfection, les compartiments seront fermés à clef et les vitres en seront levées.

21. Quand, pendant le voyage, rien d'anormal ne se sera produit et quand il aura été possible de prendre, après la capture des prisonniers, les mesures indiquées dans le présent règlement, les prisonniers seront considérés, après cinq jours, comme indemnes au point de vue prophylactique et il ne sera plus nécessaire d'appliquer, au lieu d'arrivée, d'autres mesures sanitaires.

C. — *Entente entre les autorités militaires et civiles pour la surveillance sanitaire et hygiénique.*

22. L'autorité militaire compétente avertira préalablement, non seulement le commandant militaire intéressé, mais aussi les préfets des provinces où a été établi le camp de concentration pour l'observation des prisonniers, de l'arrivée des convois, en indiquant leur nombre, le jour, l'heure de leur arrivée, et tous les autres renseignements de caractère sanitaire qui pourraient être utiles à la surveillance.

23. Tant que les prisonniers resteront dans le local d'observation, l'autorité militaire aura l'obligation de renseigner sommairement le préfet par un bulletin journalier.

24. Lorsque dans ce bulletin journalier seront consignées des indications concernant même de simples cas suspects de maladies infectieuses, le préfet, d'accord avec l'autorité militaire compétente, aura la faculté de faire procéder à des visites, dans le local d'observation, par le médecin provincial, ou, en son absence, par l'officier sanitaire.

25. L'autorité militaire, qui signalera quelques cas sanitaires dignes d'être pris en considération, en vue de l'hygiène publique, relativement aux convois de prisonniers en voyage, devra en transmettre par dépêche la nouvelle au préfet de la province intéressée.

26. L'autorité militaire aura soin d'éviter toute concentration pour l'observation, dans les locaux qui manquent des dispositions et des moyens nécessaires pour l'administration hygiénique du camp lui-même.

27. Le préfet, qui sera mis au courant des faits de nature hygiénique, pouvant avoir quelque influence sur l'ensemble des prisonniers, doit en transmettre immédiatement la nouvelle à l'autorité compétente, se mettant d'accord avec elle, afin d'éviter et de prévenir tout inconvénient.

D. — *Règles des laboratoires bactériologiques pour les recherches relatives aux prisonniers.*

28. Les laboratoires bactériologiques peuvent être *permanents*, tels que ceux des principaux hôpitaux militaires, du ministère de l'intérieur, des instituts universitaires, des communes et des hôpitaux civils, ou *mobiles*, pour les camps de concentration situés dans une localité éloignée des laboratoires permanents ou avec lesquels les communications ne sont pas faciles.

29. Les recherches bactériologiques, dans l'intérêt de la surveillance, seront faites dans un laboratoire qui aura été désigné, d'un commun accord, entre les autorités militaires et civiles.

30. Les laboratoires mobiles seront établis sur la demande de l'autorité militaire ou du ministère de l'intérieur, quand ils seront nécessaires.

Ils seront dirigés par un bactériologue, désigné par le ministère de l'intérieur, d'accord avec celui de la guerre.

31. Quel que soit le laboratoire chargé des recherches scientifiques, il tiendra un registre

spécial réservé aux observations concernant les prisonniers de guerre. Il devra informer, avec la plus grande exactitude, l'établissement intéressé des résultats des analyses faites.

Le ministre,
V. Zuppelli.

530

Autriche-Hongrie. — Note du gouvernement austro-hongrois du 23 aout 1915, touchant le personnel sanitaire tombé entre les mains de l'ennemi et retenu par lui (*Bulletin international des Sociétés de la Croix-Rouge*, 1915, p. 469).

Le gouvernement impérial et royal est d'avis que l'intérêt même des prisonniers de guerre demande qu'ils soient également soignés par les médecins et sanitaires de leur propre armée, et a fixé la proportion d'un médecin pour 1.500 prisonniers. Les médecins au delà de ce chiffre, ainsi que les sanitaires qui restent, en tenant compte le plus rigoureusement des besoins, pourraient être rendus à condition de réciprocité.

531

France. — Protestation de la Croix-Rouge française au Comité international de la Croix-Rouge a Genève concernant les camps de représailles établis par l'Allemagne pour les prisonniers de guerre, en date du 9 aout 1915 (*Bulletin international des Sociétés de la Croix-Rouge*, 1915, p. 485).

Paris, le 9 août 1915.

M. Ador, Président du Comité international de la Croix-Rouge, à Genève.

Monsieur le Président,

M. le Baron d'Anthouard, ministre plénipotentiaire, accrédité par le gouvernement français, comme représentant de la Croix-Rouge française, auprès des dépôts de prisonniers de guerre, vous a déjà directement saisi de la création, par le gouvernement impérial allemand, de chantiers dans lesquels des prisonniers français, appartenant à des professions libérales, sont soumis, sous prétexte de représailles, à un régime inhumain. L'honneur de la Croix-Rouge se trouvant intéressé dans cette question, je crois de mon devoir de vous en entretenir à mon tour.

Je résume rapidement les faits exposés par M. le Baron d'Anthouard.

Plusieurs milliers de prisonniers français, appartenant à l'élite intellectuelle et sociale de leurs groupements respectifs, ont été extraits des camps d'Erfurt, Ohrdruf, Darmstadt, Friedrichsfeld, Münster, Merseburg, et dirigés sur les marais hanovriens, notamment sur ceux d'Ahlen-Falkenberger, région d'une insalubrité notoire, pour y être employés à l'assainissement et au défrichement du sol. Pour la plupart de ces hommes, inaptes à ce genre de travail, c'est la torture physique et morale, la fatigue meurtrière, dans la misère des installations improvisées. Pénalité barbare, infligée froidement à des innocents, avec l'intention de terroriser leurs familles et d'exercer par elles une pression morale sur l'opinion et le gouvernement français.

Pour la justifier, le gouvernement allemand a allégué trois faits qu'il reproche au gouvernement français : l'internement des prisonniers allemands au Dahomey et dans la région insalubre du Maroc ; l'humiliation infligée, en France, à des prisonniers allemands, en les faisant surveiller par des soldats noirs ; et enfin des travaux manuels excessifs imposés à des prisonniers allemands appartenant à des professions libérales.

Le rapport de M. le Baron d'Anthouard établit, par des preuves formelles et d'une authenticité absolue, que ces griefs sont imaginaires.

Les seuls prisonniers allemands internés au Dahomey avaient été pris au Togoland et au Cameroun, c'est-à-dire dans des pays de même constitution climatérique ; encore n'y sont-ils restés que très peu de temps, ayant été spontanément transférés dans les provinces agricoles du Maroc, où les conditions d'existence et de travail ont été officiellement reconnues normales et conformes aux lois de l'humanité.

Quant aux prisonniers internés en France, la preuve officielle a été également faite de la manière satisfaisante et humaine dont ils sont traités.

Je n'insiste pas, n'ayant pas qualité pour parler au nom du gouvernement français, auquel il appartient de justifier ses actes par les voies officielles dont il dispose. Mais je ne saurais taire que, parmi les pièces dont M. le Baron d'Anthouard a invoqué le témoignage et sur lesquelles le gouvernement français pourra baser sa légitime protestation, se trouve un document, et non le moins important, qui porte le nom et la garantie de la Croix-Rouge. C'est le rapport rédigé par le colonel de Marval, des services sanitaires de l'armée suisse, après une enquête poursuivie par lui, en qualité de délégué du Comité international de la Croix-Rouge, à la suite d'un accord établi entre les gouvernements belligérants et neutres, conformément aux stipulations des conventions internationales.

Je n'ai pas à vous faire l'éloge, Monsieur le Président, du colonel de Marval. Vous savez avec quelle loyauté, quelle scrupuleuse délicatesse, il a accompli sa mission, avec quel souci de ce qu'il devait à la Croix-Rouge et à la vérité historique, de ce qu'il se devait à lui-même. Toutes les portes lui ont été loyalement ouvertes par le gouvernement français. Il a tout visité, tout contrôlé par ses propres yeux, au Maroc aussi bien que dans les provinces de France. C'est lui qui a affirmé, sur son honneur, sous sa responsabilité, sous la responsabilité de la Croix-Rouge, que les conditions du travail des prisonniers, soit au Maroc, soit en France, étaient normales et conformes aux lois de l'humanité.

Il est impossible que le gouvernement impérial allemand n'ait pas eu connaissance de ses conclusions et, pourtant, il n'en tient nul compte. Il prend, pour base des cruelles pratiques qu'il a ordonnées, des faits qu'elles ont d'avance formellement et définitivement récusés comme imaginaires. Il y a, dans ce procédé, non seulement une atteinte à la vérité, mais une atteinte à l'honneur de la Croix-Rouge elle-même.

L'affront atteint toutes les Sociétés de la Croix-Rouge, aussi bien celles des pays belligérants que celles des pays neutres, toutes solidaires dans le souci de leur honneur collectif, toutes également intéressées à ce qu'aucun doute ne puisse être jeté sur leur loyauté, sur leur volonté inébranlable de rester fidèles aux nobles principes sur lesquels leur œuvre est fondée et dont la Croix-Rouge est, et doit rester, le symbole immaculé.

C'est au nom de cet honneur menacé que je m'adresse à vous, Monsieur le Président, vous qui en êtes le gardien vigilant, autorisé et respecté. C'est à vous de porter devant qui de droit la protestation que j'ai l'honneur de déposer entre vos mains, non seulement comme Président du Comité central de la Croix-Rouge française, mais comme dernier survivant des fondateurs de l'œuvre commune, et fidèle interprète de leur pensée.

Veuillez agréer, Monsieur le Président, l'expression de mes sentiments les plus distingués et dévoués.

Le Président,
MARQUIS DE VOGUÉ.

532

Suisse. — Note du Comité international de la Croix-Rouge adressée a la Croix-Rouge allemande au sujet du régime imposé aux populations des départements du Nord de la France occupés par les armées allemandes, en date du 15 aout 1915 (*Bulletin international des Sociétés de la Croix-Rouge*, 1915, p. 498).

Genève, le 15 août 1915.

M. le général de Pfuel, Président de la Croix-Rouge allemande, Berlin.

Monsieur le Président,

Le Comité international fait appel aux sentiments humanitaires de la Croix-Rouge allemande, pour la prier instamment de bien vouloir user de toute son influence pour obtenir du gouvernement allemand une modification au douloureux régime imposé aux populations des départements du Nord de la France occupés par vos armées.

La guerre a de dures nécessités devant lesquelles nous nous inclinons, mais la population civile ennemie devrait être respectée.

Or, depuis onze mois, les femmes et les enfants des pays français envahis sont dans une situation matérielle et morale digne de pitié. Plus de travail, les usines fermées. Le régime des bons de chômage, distribués par les municipalités, suffisant à peine à la mère de famille à assurer l'existence des siens ; en effet, les prix sont inabordables, le kilo de viande coûte, dans certaines localités, 3 francs, le vin, la bière, *le lait surtout*, sont inabordables. Beaucoup de familles souffrent de la faim et voient avec angoisse approcher l'hiver.

Au point de vue moral, l'absence de nouvelles est une souffrance cruelle.

Beaucoup de femmes ont vu partir le père, le mari, le fils, et depuis bientôt une année ne savent pas ce qu'ils sont devenus. Sont-ils vivants ou morts ? Voilà ce que des milliers de femmes affolées se demandent tous les jours.

Le père, le mari, le fils sont-ils tombés à la Marne, aux Éparges, à Arras ? Elles l'ignorent, toute correspondance étant interdite. Pourquoi prolonger cette angoisse, dans quel but et dans quel intérêt ? Et puisqu'il a été permis aux prisonniers français en Allemagne d'écrire de temps à autre à leurs familles, pourquoi défendre à de malheureuses femmes innocentes de correspondre avec la France pour avoir des nouvelles des leurs, de leurs soldats, de leurs blessés, de leurs mourants peut-être ?

Le cœur saigne à la pensée de tant de souffrances imméritées.

Deux solutions s'imposent à bref délai, pour remédier à ce lamentable état de choses :

1. Autoriser, comme nous vous l'avions déjà souvent demandé, la liberté de correspondance (sous réserve des droits de la censure) en faveur des populations civiles habitant les régions occupées par vos armées.

2. Accorder aux femmes et aux enfants le droit de quitter leur patrie, pour se rendre soit en France, soit en pays neutre.

Les femmes et les enfants ne doivent pas être considérés comme des prisonniers ; qu'on ne les retienne pas contre leur volonté, qu'on les laisse partir.

Les femmes et les enfants de nationalité italienne ou austro-hongroise sont libres de rentrer dans leur patrie.

Beaucoup de femmes et d'enfants ont été rapatriés de France en Allemagne et vice versa. Pourquoi agir autrement vis-à-vis de femmes françaises retenues prisonnières dans les pays envahis ?

Il y a là une inégalité de traitement, une véritable injustice à faire cesser. Le Comité international se met à votre entière disposition pour organiser ce service de rapatriement.

On pourrait commencer par les familles ayant trois enfants ou plus. Dans les départements occupés, chaque mère de famille serait autorisée à demander de quitter le pays, en indiquant les noms, prénoms, âge, domicile avant la guerre, domicile au moment du départ, domicile demandé après l'évacuation. Elle indiquerait si les frais de voyage pourraient, en tout ou partie, être supportés par elle. On compléterait ainsi, à la demande des intéressés eux-mêmes, l'évacuation et le rapatriement d'internés civils dont quelques-uns, appartenant à certaines régions du Nord de la France, ont traversé la Suisse.

Au lieu d'un exode forcé et imposé, ce serait le régime de la liberté, à la demande des familles elles-mêmes.

La guerre paraissant devoir se prolonger, il est temps d'intervenir, et vous serez certainement d'accord avec nous pour chercher loyalement les moyens de n'en pas faire supporter trop lourdement les conséquences aux femmes et aux enfants.

C'est donc en toute confiance que nous faisons appel à votre active et précieuse collaboration. La Croix-Rouge aura un titre de plus à la reconnaissance dont elle est entourée, si elle élève avec autorité la voix pour prêcher la cause de femmes et d'enfants innocents, dignes de sympathie et de pitié.

Le Président du Comité international de la Croix-Rouge,
G. Ador.

533

Suisse. — Lettre ouverte du Comité international de la Croix-Rouge a Genève adressée aux Souverains, chefs d'État et gouvernements des pays belligérants pour demander de courtes et fréquentes suspensions d'armes pour la relève des blessés, en date du 26 octobre 1915 (*Bulletin international des Sociétés de la Croix-Rouge*, 1916, p. 16) (1).

Genève, le 26 octobre 1915.

Le Comité international de la Croix-Rouge est, depuis le commencement de la guerre, douloureusement impressionné par le nombre considérable de combattants qui ont disparu sans qu'il ait été possible de constater leur identité. Se trouvant, en raison de l'Agence internationale des prisonniers de guerre qu'il a fondée à Genève, le témoin journalier des angoisses des familles plongées dans une cruelle incertitude sur le sort des leurs, il prend la respectueuse liberté de demander instamment que des instructions positives soient données aux différents commandants pour qu'il soit apporté une atténuation à cette inutile aggravation des souffrances de la guerre.

Toutes les fois que les nécessités du combat ne s'y opposent pas, *une suspension d'armes* de quelques heures devrait être accordée pour laisser les infirmiers des armées en présence relever les blessés, procéder à l'inhumation des cadavres après qu'auraient

(1) *Note.* — A cette lettre ont répondu la Russie (5 décembre 1915), l'Autriche-Hongrie (18 janvier 1916), la Grande-Bretagne (janvier 1916), la France (2 février 1916), la Belgique (21 février 1916), l'Allemagne (23 mars 1916). Des réponses des gouvernements, il résulte que ceux-ci, tout en rendant hommage aux motifs élevés et humains de la proposition du Comité international, ne peuvent en entrevoir la réalisation pratique en raison des conditions d'intensité et de durée tout exceptionnelles dans lesquelles se poursuivent les combats dans la guerre actuelle (*Bulletin international des Sociétés de la Croix-Rouge*, 1916, p. 18, 150 et suiv.).

été identifiées les victimes de la journée. Les listes des blessés et des morts, établies et communiquées sans retard aux ministères de la guerre et au Comité international, permettraient de renseigner promptement les familles.

Le plus élémentaire sentiment de charité, les plus impérieux appels de la pitié réclament toutes les mesures utiles propres à révéler aux familles le sort de ceux qui sont noblement tombés sur le champ de bataille au service de leur patrie.

C'est avec confiance que le Comité international de la Croix-Rouge adresse cet appel aux Souverains et aux gouvernements des États belligérants, convaincu que, dans toutes les armées, les chefs ont à cœur de ne pas accroître, sans nécessité, les souffrances résultant de combats déjà si meurtriers.

Plus la guerre se prolonge et s'étend, plus il devient nécessaire de chercher à diminuer les douleurs morales incalculables qui en découlent.

Pour le Comité international de la Croix-Rouge :
Le Président,
G. Ador.

534

Italie. — Réponse du commandant suprême de l'armée italienne a la protestation du 29 septembre 1915 de la Croix-Rouge autrichienne concernant le bombardement de l'hôpital de Göritz par l'armée italienne (1), et relevant a son tour les violations commises par l'armée austro-hongroise, en date du 22 octobre 1915 (*Bulletin international des Sociétés de la Croix-Rouge*, 1916, p. 23).

C'est avec une parfaite sécurité de conscience que le commandant suprême de l'armée italienne conteste, avant tout, au commandement suprême de l'armée austro-hongroise tout droit d'alléguer que la convention de Genève a été systématiquement violée, au mépris des lois élémentaires de la loyauté et de la chevalerie. Certaines protestations, en raison de la source d'où elles viennent, ne méritent pas même une réponse. Mais, en vertu de la déférence due à la Croix-Rouge et pour empêcher qu'un silence dédaigneux puisse être erronément interprété, le commandement suprême de l'armée italienne déclare que la réclamation envoyée par le Président de la Société autrichienne au Comité international de la Croix-Rouge est basée sur des assertions malignes et mensongères.

Une enquête rigoureuse, entreprise par ce commandement, a prouvé de la façon la plus indiscutable que jamais notre artillerie n'a ouvert le feu sur l'hôpital de Göritz, pas plus que sur aucun établissement sanitaire ennemi quelconque, dans toute l'étendue du front.

Comme, dans les opérations en question, l'artillerie italienne a bombardé les hauteurs du Sabolino et de Podgora, lesquelles se trouvent devant Göritz, il a pu arriver que quelques projectiles, dépassant le sommet de ces hauteurs, soient tombés par hasard sur la ville de Göritz et fortuitement sur son hôpital, lesquels sont soustraits complètement, par ces hauteurs mêmes, à la vue des observateurs des batteries.

De même, il arrive souvent que les projectiles de l'artillerie autrichienne, qui tire continuellement sur nos positions le long de l'Isonzo, viennent tomber sur nos établissements sanitaires, occasionnant des pertes parmi les blessés et le personnel sanitaire.

Dans des cas fortuits semblables et nonobstant les actes de déloyauté fréquemment commis par l'ennemi, le commandement italien n'accuse pas le commandement austro-hongrois de violation de la convention de Genève.

(1) V. ci-dessus, p. 204.

De la part des Italiens, les lois et les usages de la guerre ont été rigoureusement et scrupuleusement observés ; et pour preuve il suffit de rappeler que les bombardements répétés de cités sans défense, effectués jusqu'à ce jour, avec une animosité obstinée, par les aéroplanes ennemis, n'ont amené de notre part, à titre de riposte, que le bombardement de camps d'aviation et des campements militaires, nous abstenant jusqu'ici de répandre la mort et la terreur, comme cela nous eût été facile, dans les cités autrichiennes populeuses à la portée de nos aviateurs.

Le commandement suprême saisit l'occasion d'une accusation gratuite semblable, inconsidérément portée contre l'armée italienne, pour attirer l'attention du Comité international de la Croix-Rouge, à Genève, sur les actes très graves, systématiquement commis par l'armée austro-hongroise, non seulement en violation de la convention de Genève, mais aussi au mépris des lois les plus élémentaires de l'humanité.

A maintes reprises, nos bulletins officiels ou nos communiqués à la presse ont dénoncé de tels actes, qui ne peuvent être démentis.

Nous rappelons les principaux épisodes de cette manière d'agir, aussi méthodique et persistante que déloyale et féroce, de nos ennemis, attirant sur ces faits l'attention du Comité international de la Croix-Rouge, à la disposition duquel nous tenons les documents établissant la rigoureuse exactitude de nos assertions.

Nous nous sommes abstenus jusqu'ici de dénoncer au Comité international les violations de la convention de Genève et des lois de l'humanité, de la loyauté et de la chevalerie, commises par l'armée austro-hongroise, car il nous semblait que la dénonciation de tels faits devant l'opinion publique du monde civilisé constitue une sanction suffisante. Mais puisque le commandement de l'armée ennemie a tenté d'induire en erreur votre haute institution par des assertions fausses, oubliant la série infinie de ses propres fautes, nous nous permettons de refaire brièvement l'histoire des méfaits austro-hongrois.

Celui qui relira nos bulletins de guerre y trouvera la mention fréquente du fait que l'armée austro-hongroise fait usage de grenades d'où s'échappent des gaz asphyxiants et lacrimogènes. On a publiquement dénoncé l'usage de projectiles explosifs qui produisent des lacérations impressionnantes des tissus, et sont absolument condamnés par toutes les conventions internationales. Ces balles contiennent du fulminate de mercure et explosent au moment où elles atteignent le but.

A plusieurs reprises nous avons attiré l'attention du monde civilisé, par le moyen de nos communiqués, sur la déloyauté dont ont fait preuve les troupes austro-hongroises, lesquelles, au moment le plus acharné du combat, lèvent les mains en feignant de se rendre, pour faire approcher nos troupes et pouvoir les massacrer à leur guise.

Fréquents ont été et le sont encore les bombardements que fait l'ennemi, d'une hauteur ou au moyen de l'artillerie, de localités sans défense, tuant spécialement des femmes et des enfants, et cela sans aucun objectif militaire.

Sans parler encore des bombardements des cités ouvertes de l'Adriatique, faisant de nombreuses victimes parmi les habitants, dans le dessein absurde d'impressionner et de terroriser les populations, lesquelles se sont montrées, au contraire, plus fières et patriotes que jamais.

Il n'a pas été démenti non plus que l'Autriche laisse, dans quelques-uns des territoires occupés par nos troupes, des émissaires avec la mission d'exciter au brigandage, afin d'entraver nos opérations et de provoquer des actes douloureux de répression, au préjudice des populations.

Ces bandits tirent dans le dos de nos troupes, contre les soldats isolés, contre les officiers, contre les bagages. Suivant traîtreusement les colonnes d'attaque, surtout dans les terrains boisés, qui permettent les embuscades, ces sicaires ont été capables de tirer sur les médecins pendant qu'ils soignaient des blessés, et même sur les blessés et sur les brancardiers.

Ce ne sont pas les populations, mais bien les agents du gouvernement autrichien qui doivent supporter la responsabilité de ces actes d'hostilité et de brigandage commis à notre préjudice.

Tout cela, dans le dessein répugnant de nous induire à exercer de douloureuses représailles.

De cette manière, le gouvernement paternel de l'Autriche joue froidement et férocement la vie et les biens des populations qui lui sont soumises, tandis que de son côté l'armée impériale poursuit ses actes de cruauté en bombardant impitoyablement les habitations.

Atroce fut l'affaire de Mostar. Il semble que les Autrichiens, en se retirant au delà de l'Isonzo, avaient enjoint à la population de la rive droite, et spécialement à ceux qui se trouvaient à proximité du fleuve, de ne pas s'éloigner de leur pays. Une femme de Mostar chercha, malgré la défense, à rejoindre les troupes italiennes, afin d'obtenir le pain et la farine nécessaires à l'alimentation de ses quatre enfants ; mais elle fut prise dans une fusillade et grièvement blessée. Un de nos officiers médecins et des infirmiers tentèrent de rejoindre l'emplacement où était tombée la femme pour la soigner, mais n'y purent pas réussir, à cause d'un violent tir d'infanterie et d'artillerie, qui fut commandé contre eux.

La pauvre femme, privée de soins, mourut cinq jours après.

Les habitants de Mostar, qui cherchèrent à transporter la dépouille de la morte dans le cimetière commun de Rouzina, furent pris dans la fusillade des sentinelles autrichiennes. Néanmoins la pauvre femme fut ensevelie par ses compatriotes terrorisés, dans un champ adjacent à sa maison.

Pour ce qui regarde spécialement les violations de la convention de Genève, nous rappellerons les faits suivants, rendus publics par nos communiqués officiels.

Dans la nuit du 17 au 18 juin, trois de nos officiers médecins sortirent des tranchées dans la région de Plava avec quatre brancardiers, appelés par des cris de blessés, mais ils se trouvèrent bientôt entourés par des patrouilles ennemies, composées en grande partie de personnel sanitaire.

Les nôtres s'entendirent avec les Autrichiens pour porter secours à leurs blessés respectifs, sans se molester mutuellement, et deux de nos brancardiers rentrèrent dans les tranchées pour donner avis de ce qui s'était passé. N'ayant plus retrouvé ni les trois officiers ni les deux autres brancardiers, on envoya à l'ennemi un parlementaire pour obtenir la restitution du personnel sanitaire, arbitrairement retenu. Mais ni les officiers, ni les brancardiers, ni le parlementaire ne revinrent jamais.

Vers la même époque l'artillerie ennemie tira, près de Plava, sur un détachement sanitaire visiblement muni de l'étendard de neutralité, si bien que deux infirmiers furent tués et un blessé.

Nos ennemis commirent, le 8 juillet, un acte des plus graves, témoignant du plus complet mépris de la convention de Genève. Dans les environs de Monfalcone, un capitaine médecin, tandis qu'il relevait des blessés près des fils de fer barbelés des lignes ennemies, sous la protection de l'emblème international, fut pris traîtreusement par l'ennemi avec 18 brancardiers. Vers la fin de juillet, tandis que se terminait une action dans un des jours de combat, sur la hauteur de Carso, une colonne de nos blessés descendait la colline pour prendre place dans les voitures de santé ; un aéroplane ennemi s'abaissa jusqu'à 300 mètres environ au-dessus des blessés et ouvrit sur eux un feu nourri de mitrailleuse. Les aviateurs autrichiens se complurent longtemps à la chevaleresque besogne de survoler nos blessés et de tirer sur eux.

Des blessés et des sanitaires s'éleva un cri unanime de protestation contre cet acte déloyal et inhumain. Et il est exclu que les aviateurs autrichiens ne se soient pas aperçus qu'il s'agissait de blessés, parce qu'à 300 mètres d'altitude les civières, les bandages et les signes de la Croix-Rouge étaient indubitablement visibles.

Le cas de l'hôpital de Pieve di Livinallongo, bombardé et détruit par les Autrichiens, est absolument typique.

L'occupation de Pieve di Livinallongo et l'établissement de notre ligne avancée au Nord-Ouest de cette localité eurent lieu dans la nuit du 26 au 27 juillet. Le pays fut trouvé intact, mais abandonné par la population ; seuls, dans l'hôpital, restaient un prêtre, 3 sœurs, 67 femmes, vieilles pour la plupart, qui s'y étaient réfugiés, 10 hommes, presque tous des vieillards, 50 enfants : ils y furent laissés.

L'hôpital est une grande fabrique qui se trouve au Sud-Est des habitations, à une distance d'environ 400 mètres, bien visible et nettement séparé et distinct : on y laissa le grand drapeau de neutralité que les troupes y avaient trouvé.

Le jour de l'occupation, le commandant s'abstint délibérément de viser, par le tir de son artillerie, les habitations de la vallée du Cordevole, précisément dans le but d'éviter que l'ennemi, par représailles, ne dirigeât ses coups sur Pieve, quoiqu'il fût à sa connaissance que, dans les habitations de Varda et d'Arabba, se produisaient des mouvements de troupes et des concentrations de matériel.

Ce nonobstant, au point du jour, le 18 août, Pieve fut complètement détruite et brûlée par le jet précis de grenades incendiaires, à l'exception de l'hôpital.

Le lendemain, l'ennemi ouvrit le feu aussi sur l'hôpital et le concentra même exclusivement sur lui. Une femme et un enfant furent tués, deux sœurs et une femme furent atteintes, l'une d'entre elles gravement.

Il est à noter que l'hôpital n'avait pas été absolument affecté à un but militaire ; seul le Commissaire civil s'y était réfugié, plus pour faire une œuvre d'assistance au milieu des réfugiés que pour une raison d'un autre ordre.

Le bombardement de l'hôpital de Pieve fut donc un acte de pure et simple barbarie, accompli sciemment sans motif ni justification, au plus grand dommage des habitants, d'origine autrichienne, que nous-mêmes nous avions bien accueillis et protégés.

Très fréquents sont les cas dans lesquels l'intransigeance de l'ennemi empêche d'avoir les moments de répit nécessaires pour secourir les blessés des deux côtés, pour offrir une sépulture à ceux qui sont tombés, ou pour prendre des mesures hygiéniques. Chaque fois que nos médecins et infirmiers se sont avancés sur le champ de bataille, avec l'emblème sacré de la Croix-Rouge, pour accomplir leur mission sanitaire, ils en furent récompensés de la part de l'ennemi par la mort ou la capture.

Telle est l'exacte vérité, facilement contrôlable par toute personne de bonne foi.

Cela posé, le commandement suprême italien, non seulement repousse dédaigneusement l'accusation fausse que porte contre lui le commandant austro-hongrois, mais formule les protestations les plus vives contre les méthodes barbares, inhumaines et déloyales en usage dans l'armée impériale, confiant cette protestation au Comité international de la Croix-Rouge à Genève, et invoquant sur les faits dénoncés dans le présent Mémoire le jugement du monde civilisé.

535

Italie. — Protestation du commandement suprême de l'armée italienne contre les violations de la convention de Genève commises par l'armée austro-hongroise, novembre 1915 (*Bulletin international des Sociétés de la Croix-Rouge*, 1916, p. 30).

Armée italienne. Commandement suprême. Département des opérations. Bureau des situations et opérations de guerre, n° 8401 du protocole. Objet : Dénonciation au Comité international de la Croix-Rouge de Genève.

Novembre 1915.

Monsieur le Comte Della Somaglia, Président de la Croix-Rouge italienne, Rome.

J'espère que votre Association aura déjà transmis au Comité international de la Croix-Rouge, à Genève, le Mémoire par lequel nous avons répondu, le 22 octobre dernier (1), à

(1) V. le texte qui précède.

la fausse accusation adressée par la Croix-Rouge autrichienne à l'armée italienne (soit d'avoir, en connaissance de cause, bombardé un hôpital à Göritz, couvert par le drapeau de Genève), et par lequel nous avons exposé des faits établis et incontestables, qui montrent comment l'armée austro-hongroise viole continuellement et systématiquement non seulement la convention de Genève, mais aussi les règles les plus élémentaires de l'humanité, de la loyauté et de la chevalerie.

Le commandement suprême, tout en vous priant de vouloir bien l'informer des résultats de la démarche faite auprès du Comité de Genève, a l'honneur de porter à votre connaissance d'autres actes récemment commis par les troupes impériales, qui en établissent la barbare férocité. Voici ces faits, dans leur éloquente simplicité :

Dans la zone au Nord-Ouest de Göritz, l'ennemi a ouvert le feu avec des mitrailleuses contre une ambulance automobile, chargée de blessés et qui portait, très visibles, les signes conventionnels de Genève. Le chauffeur a été blessé.

Dans la zone de Plava, on a tiré de nombreux coups de fusils contre un camion automobile, chargé de 17 blessés et portant les emblèmes de neutralité. Trois blessés ont été atteints et l'un d'eux est mort des suites de la nouvelle blessure.

Dans la même zone de Plava, l'ennemi a tiré sur une autre ambulance chargée de blessés.

Je prie l'Association, que vous présidez si dignement, de vouloir énergiquement dénoncer aussi au Comité international de la Croix-Rouge, à Genève, ces faits qui ne sont pas isolés, mais font partie d'un exécrable système.

Avec considération distinguée,

Pour le chef d'Etat-major de l'armée,
C. PORRO.

536

Allemagne. — RAPPORT DU COMMANDEMENT IMPÉRIAL DES FORCES ALLEMANDES EN SERBIE EN RÉPONSE A UNE PROTESTATION DU 17 OCTOBRE 1915 DE LA CROIX-ROUGE SERBE CONCERNANT LE BOMBARDEMENT DE LA MAISON CENTRALE DE LA CROIX-ROUGE ET DES HÔPITAUX A BELGRADE, EN DATE DU 14 DÉCEMBRE 1915 (*Bulletin international des Sociétés de la Croix-Rouge*, 1916, p. 31).

14 décembre 1915.

Des hôpitaux installés à Belgrade, il n'y a que le gymnase II, rue Makedonska, dans lequel se trouvait la mission anglaise, qui ait été atteint en deux endroits par des obus. Ce n'étaient d'ailleurs que le toit et la paroi de l'escalier au 2e étage, qui ont été légèrement endommagés, et en quelques jours le mal était réparé.

Cet édifice se trouve dans la même direction de tir que l'hôtel Moscou et n'a pu être atteint que par des projectiles égarés, destinés à ce dernier édifice.

Il n'a pu donc, très vraisemblablement, s'agir que du tir involontaire sur un bâtiment qui n'était désigné comme hôpital que par un vieux drapeau très endommagé.

L'allégation de la Croix-Rouge serbe que du matériel d'hôpital ait été l'objet du tir intentionnel de l'artillerie, avant et pendant la prise de Belgrade, ne répond donc absolument pas à la réalité.

537

Bulgarie. — Télégramme de la Croix-Rouge bulgare adressé le 11 novembre 1915 au Comité international de la Croix-Rouge a Genève pour protester contre le bombardement d'ambulances par les troupes françaises (*Bulletin international des Sociétés de la Croix-Rouge*, 1916, p. 32).

11 novembre 1915.

Etat-major armée en campagne nous envoie copie dépêche suivante, datée de Stroumitza, 7 novembre, n° 324 : « Le 6 novembre, 6 heures du soir, artillerie française bombarda d'un feu ouragan village Kostourno, non défendu et non occupé par nos troupes, dans lequel se trouvaient nos postes de pansement désignés par drapeau Croix-Rouge. Le village était plein seulement de nos officiers et soldats blessés et malades. » En portant ce fait à votre connaissance, nous protestons contre cet acte contraire convention Genève, que nos armées ont scrupuleusement observée jusqu'ici, et prions transmettre notre protestation autorités compétentes françaises. N° 3094. Président Société bulgare Croix-Rouge. — Guechoff.

538

Russie. — Note de la Russie au Comité international de la Croix-Rouge a Genève, reconnaissant l'emblème du Croissant-Rouge, en date du 17 septembre 1915 (*Bulletin international des Sociétés de la Croix-Rouge*, 1916, p. 33).

Pétrograde, le 17 septembre 1915.

Monsieur le Président,

En réponse à la lettre en date du 8 juillet a. c., concernant la reconnaissance de la Société ottomane du Croissant-Rouge (1), j'ai l'honneur de porter à votre connaissance que le gouvernement impérial reconnait et est prêt à reconnaître à l'avenir l'emblème du Croissant-Rouge, au même titre que celui de la Croix-Rouge, comme il a été indiqué dans la note du 19 mars 1911, sub. n° 8675, adressée par le gouvernement impérial au gouvernement fédéral.

Toutefois une pareille reconnaissance du Croissant-Rouge ne pourrait avoir lieu qu'à condition d'une stricte observation par la Turquie des prescriptions suivantes des conventions réglant l'usage de la Croix-Rouge :

1° Obligation de respecter l'emblème de la Croix-Rouge, conformément aux stipulations de la convention de Genève.

2° Le pavillon du Croissant-Rouge doit protéger, en temps de paix comme en temps de guerre, exclusivement le personnel et le matériel se trouvant sous la protection de cette convention.

3° Défense de se servir des emblèmes de la Croix-Rouge et du Croissant-Rouge, dans un but de commerce.

Veuillez agréer, Monsieur, l'assurance de ma haute considération.

Czamansky.

(1) V. ci-dessus, p. 198, et ce *Recueil*, t. I, p. 183.

539

Turquie. — Protestation de la Croix-Rouge ottomane au Comité international des Sociétés de la Croix-Rouge a Genève contre le bombardement de l'hôpital d'Adalia par des navires de guerre français, en date du 7 octobre 1915 (*Bulletin international des Sociétés de la Croix-Rouge*, 1916, p. 34).

Constantinople, le 7 octobre 1915.

A Monsieur le Président de la Croix-Rouge internationale, Genève.

Monsieur le Président,

Nous avons l'honneur de porter à votre connaissance le fait suivant, qui constitue une nouvelle atteinte aux stipulations des conventions existantes.

Deux navires de guerre français qui ont bombardé le port ouvert d'Adalia (Asie Mineure), le 1er octobre, à 5 h. 1/4 de l'après-midi, n'ont pas hésité à lancer 48 boulets sur l'hôpital municipal, situé au bord de la mer, et qui en fut endommagé au point de ne pouvoir plus être utilisé. Outre les dommages matériels, cela a malheureusement occasionné la mort du crétois Ibrahim, qui s'y trouvait en traitement.

Nous nous empressons de protester énergiquement contre ce fait, contraire aux conventions internationales et aux sentiments humanitaires, et vous prions de vouloir bien faire le nécessaire pour empêcher la répétition de faits analogues.

Veuillez agréer, Monsieur le Président, l'assurance de notre considération distinguée.

Le vice-Président du Croissant-Rouge ottoman,
Prof. Dr Bessim-Omer.

540

France. — Réponse du ministre des affaires étrangères a la protestation de la Croix-Rouge ottomane du 7 octobre 1915 (1), en date du 13 novembre 1915 (*Bulletin international des Sociétés de la Croix-Rouge*, 1916, p. 34).

13 novembre 1915.

Mon collègue vient de me répondre que, d'après les rapports de l'escadre de Syrie, un de nos chalutiers armés, chargés de visiter la baie d'Adalia, où le passage de sous-marins allemands était fréquemment signalé, a été amené, à la date indiquée, à tirer 20 obus sur une caserne d'Adalia, située d'ailleurs à proximité de l'hôpital, et quelques autres coups sur la douane et le poste télégraphique de Chirabu, utilisé pour le service d'information de l'ennemi.

Ce n'est donc que par accident et involontairement que certains coups auraient pu atteindre l'hôpital municipal d'Adalia, sous le pavillon du Croissant Rouge.

(1) V. le texte qui précède.

541

Turquie. — PROTESTATION DE LA CROIX-ROUGE OTTOMANE AU COMITÉ INTERNATIONAL DE LA CROIX-ROUGE A GENÈVE CONTRE LE BOMBARDEMENT DE L'HÔPITAL DE YALOVA PAR LES FORCES ANGLO-FRANÇAISES, EN DATE DU 18 DÉCEMBRE 1915 (*Bulletin international des Sociétés de la Croix-Rouge*, 1916, p. 35).

Constantinople, le 18 décembre 1915.

A Monsieur le Président du Comité international de la Croix-Rouge, Genève.

Monsieur le Président,

Bien que les gouvernements anglais et français aient donné, à maintes reprises, après les démarches faites par l'intermédiaire de votre honorable Comité, les assurances les plus formelles de respecter les établissements que protège le Croissant-Rouge, nous nous trouvons aujourd'hui devant un fait dont aucune excuse plausible ne peut atténuer la gravité.

Il s'agit de l'hôpital de Yalova (presqu'île de Gallipoli) qui a été bombardé, hier dans l'après-midi, par mer, sur les indications fournies par un aéroplane. A la suite de ce bombardement, outre les dégâts matériels dont a eu à souffrir l'hôpital, Mme Raghib, épouse du chef adjoint du service sanitaire de la 5e armée, travaillant comme infirmière dans ledit hôpital, et deux soldats ont trouvé la mort. Deux soldats ont été blessés.

L'hôpital en question étant protégé par les insignes horizontaux et verticaux, très visibles, du Croissant-Rouge, nous ne pouvons admettre en aucune façon que cette agression soit due, comme les faits précédents, à un simple accident. Aussi, tout en protestant avec énergie contre cet incident, qui vient justifier nos premières appréhensions, et qui a coûté la vie à trois innocents, nous vous prions de porter ce fait à la connaissance des Croix-Rouges anglaise et française, qui doivent être aussi intéressées que nous à ce que de pareils faits regrettables ne se reproduisent plus.

Veuillez agréer, Monsieur le Président, l'assurance de notre très haute considération.

Le vice-Président,
Prof. Dr BESSIM OMER.

542

Italie. — MODIFICATIONS APPORTÉES AU RÈGLEMENT DU 29 AOUT 1915 SUR LE TRAITEMENT DES PRISONNIERS DE GUERRE (1) (*Bulletin international des Sociétés de la Croix-Rouge*, 1916, p. 39).

Solde. — On payera aux officiers prisonniers de guerre, en guise de salaire, la solde suivante, qui est égale à celle qui est payée à nos officiers prisonniers en Autriche-Hongrie.

Officiers inférieurs	l. 4	pour chaque journée de présence
— supérieurs	l. 6	—
— généraux.	l. 10	—

(1) V. ce texte ci-dessus, p. 205.

Les frais de nourriture seront à déduire de la solde des officiers.

Aucune solde n'est due aux appointés, aux cadets, aux sous-officiers, ni aux hommes de troupe.

. . . .

Correspondance. — Aucune limitation n'est imposée à la correspondance des officiers prisonniers.

543

Allemagne. — Note de la Croix-Rouge allemande au Comité international de la Croix-Rouge a Genève touchant la situation des médecins militaires tombés entre les mains de l'ennemi, en date du 16 novembre 1915 (*Bulletin international des Sociétés de la Croix-Rouge*, 1916, p. 72).

16 novembre 1915.

Le ministère de la guerre, auquel nous avons communiqué votre lettre du 20 octobre, nous donne la réponse suivante :

Indépendamment de nombreux cas dans lesquels des médecins français tombés entre nos mains ont été renvoyés après très peu de temps, l'Allemagne a rendu à la France, à travers la Suisse, 498 médecins et 3.962 hommes du personnel sanitaire.

En particulier, et bien que les négociations diplomatiques entre les deux gouvernements concernant l'échange du personnel sanitaire n'eût pas encore obtenu de solution, l'Allemagne a rendu à la France en juillet dernier, à l'occasion de l'échange des grands blessés, pas moins de 321 médecins, 38 employés de lazarets, 33 pharmaciens et 3.426 hommes du personnel sanitaire, tandis que la France ne renvoyait à l'Allemagne que 22 médecins et employés supérieurs et 3.800 (1) hommes du personnel sanitaire.

Lors de l'échange des grands blessés en septembre, l'Allemagne a encore renvoyé en France 11 médecins, 3 employés, 8 pharmaciens et 34 hommes du personnel sanitaire.

En outre, des renseignements précis ont permis de constater que des officiers sanitaires allemands, sans activité médicale, sont retenus dans des camps d'officiers, et que des sous-officiers et soldats du personnel sanitaire sont obligés de se livrer à de gros travaux corporels, dans des carrières, à la construction de routes, etc., et sont nettement inoccupés dans les services sanitaires. Si le gouvernement français s'en était tenu aux engagements contractés en vertu de la convention de Genève, on a peine à comprendre pourquoi il n'a pas pris les devants, et, donnant le bon exemple, n'a pas renvoyé tout le personnel sanitaire allemand qui se trouvait en France.

Le ministère de la guerre français aurait seulement alors le droit de reprocher au gouvernement allemand de retenir *indûment* du personnel sanitaire, si l'Allemagne était seule à retenir du personnel sanitaire français ; dans les conditions sus-indiquées, le reproche est donc absolument injustifié.

(1) Ce dernier chiffre semble résulter d'une erreur de copiste. Il est très supérieur à celui que nous avons relevé nous-mêmes (Note du *Bulletin international des Sociétés de la Croix-Rouge*).

544

France. — Note de la Commission des prisonniers de guerre de la Croix-Rouge française au Comité international de la Croix-Rouge a Genève en réponse a la Note du 16 novembre 1915 de la Croix-Rouge allemande sur la situation des médecins militaires tombés entre les mains de l'ennemi (1), en date du 14 décembre 1915 (*Bulletin international des Sociétés de la Croix-Rouge*, 1916, p. 73).

14 décembre 1915.

Notre Département militaire nous adresse, en réponse à la Note allemande du 16 novembre 1915, la lettre suivante :

Jusqu'au 6 novembre 1914, le gouvernement français, s'en tenant aux engagements contractés dans la convention de Genève, a renvoyé tout le personnel sanitaire allemand fait prisonnier. Si, depuis cette époque, il a dû modifier les mesures précédemment adoptées, c'est uniquement à raison de l'attitude observée par le gouvernement impérial, en retenant indûment du personnel sanitaire français.

Tant que le gouvernement allemand persistera dans cette attitude, le gouvernement français ne pourra que maintenir son point de vue.

545

Belgique. — Protestation adressée par les médecins de l'ambulance d'Anvers au ministre de la guerre de Belgique sur la situation faite par le gouvernement allemand au personnel sanitaire de l'armée belge resté en Belgique, pour y soigner les soldats blessés et malades, après l'évacuation du pays (*Bulletin international des Sociétés de la Croix-Rouge*, 1916, p. 74).

Au cours de la guerre actuelle, des membres du personnel sanitaire de l'armée belge sont tombés au pouvoir de l'armée allemande, étant volontairement restés auprès des blessés intransportables, conformément à la convention de Genève. Dans les premiers mois, ces membres furent, leur tâche accomplie, renvoyés à l'armée belge. Dans la suite, la ligne de conduite prise à l'égard de ceux que leurs occupations avaient retenus plus longtemps que leurs collègues, fut radicalement modifiée. Ils furent, et sont encore, retenus dans la partie occupée du pays, sous contrôle de l'autorité allemande, c'est-à-dire en son pouvoir, et cela sans que leurs services soient utilisés, de quelque façon que ce soit.

De nombreuses démarches faites pour obtenir leur renvoi à l'armée belge furent vaines et une dernière demande, faite par le personnel de l'hôpital d'Anvers, a obtenu la réponse dont voici la traduction :

En réponse à votre requête du 1er de ce mois, ainsi qu'à votre précédente demande du 28 mai écoulé, le gouvernement général vous fait savoir qu'il ne peut être question d'examiner la possibilité de vous renvoyer à l'armée belge. Le gouvernement général

(1) V. le texte qui précède.

estime, en effet, que la convention de Genève l'autorise à vous renvoyer dans votre pays. Le gouvernement général me charge au surplus d'attirer votre attention sur l'inutilité complète de nouvelles démarches que vous pourriez vous proposer de faire à l'avenir. — Pour le gouverneur d'Anvers : *L'officier d'État-major.*

Cette réponse nous refuse donc le droit, que nous considérions comme légitime et intangible, de continuer à mettre nos services à la disposition de notre armée, droit que des conventions solennelles semblaient garantir de façon absolue.

Nous estimons, pour notre part, que la façon dont le gouvernement allemand interprète à notre égard l'article 12 de la convention de Genève (et qui semble, au premier abord, à la faveur d'un manque de précision dans la rédaction, être conforme à cet article), se trouve néanmoins en désaccord avec son esprit et celui de la convention générale.

L'article 12 (art. 29 de la brochure du ministère de la guerre belge) est libellé comme suit :

« Les personnes désignées dans les articles 27 et 28 continueront, après qu'elles seront tombées au pouvoir de l'ennemi, à remplir leurs fonctions, sous sa direction. Lorsque leur concours ne sera plus indispensable, elles seront renvoyées à leur armée ou à leur pays, dans les délais et suivant les itinéraires compatibles avec les nécessités militaires ».

Nous parlons plus haut d'un manque de précision dans la rédaction des termes de cet article qui peut en effet être interprété de deux façons :

a) Le renvoi à l'armée s'applique au personnel visé à l'article 27 (personnel militaire), le renvoi au pays s'appliquant, d'autre part, au personnel civil visé à l'article 28 (Sociétés militaires volontaires, Croix-Rouge).

b) Le choix laissé s'explique par les termes suivant immédiatement : « dans les délais et suivant les itinéraires compatibles avec les nécessités militaires ».

De quelque façon qu'on interprète cet article, le renvoi à l'armée ou au pays implique une remise du personnel visé par l'autorité ennemie à l'armée ou au pays, sans aucun contrôle ultérieur. Qu'il soit remis à l'armée ou au pays, ce personnel ne peut plus se trouver sous l'autorité de l'armée ennemie.

Il paraît évident que la situation qui nous est faite est due à ce que la plus grande partie de notre pays se trouve occupée et soumise à l'autorité allemande, éventualité que les rédacteurs de la convention de Genève paraissent ne pas avoir prévue.

Il semble logique que, en nous renvoyant à notre domicile dans le pays occupé, le gouvernement allemand a pris une décision non conforme à la convention de Genève.

En effet, la notion de *domicile* est entièrement étrangère à la question, cette notion étant du domaine purement civil. Un militaire, de quelque grade qu'il soit, appartenant à l'armée de façon absolue dès qu'il est mobilisé, n'a d'autre domicile réel que l'endroit où se trouve son armée ou plus exactement l'autorité dont il relève (en ce qui nous concerne, l'inspection générale du service de santé de l'armée belge), notre maintien à l'hôpital militaire ne pouvant être considéré que comme situation essentiellement transitoire, afin de nous permettre de remettre nos blessés.

Au surplus, dans la façon de régler notre situation, en application de la mesure prise à notre égard, nous trouvons la preuve de l'irrégularité de cette mesure :

1° Le gouvernement allemand a dû, pour pouvoir nous renvoyer à notre domicile civil, décider de notre licenciement, c'est-à-dire nous enlever notre qualité de militaires belges, mesure que ne prévoit pas la convention de Genève et qui ne se justifierait qu'en cas de blessures, invalidités nous rendant impropres au service militaire.

2° Le gouvernement allemand nous maintient sous son contrôle périodique régulier, c'est-à-dire en son pouvoir : il nous a assigné un domicile avec défense de nous en éloigner sans avertissement, ce qui nous permet d'estimer que nous sommes traités non comme membres d'un personnel sanitaire, couvert par la convention de Genève, mais comme des prisonniers bénéficiant d'un régime spécial comparable à celui des prisonniers sur parole, mais prisonniers communs, auxquels a été appliqué l'article 5, chapitre 2 du droit de guerre : « Les prisonniers de guerre peuvent être assujettis à l'internement dans une ville, forteresse, camp ou localité quelconque, avec l'obligation de ne pas s'en éloigner au delà de certaines limites déterminées ».

Si nous examinons simultanément cet article 5 du droit de la guerre et l'article 12 de la convention de Genève, il apparaît évident que notre situation actuelle relève du premier de ces articles et non du second, car il est absolument indifférent que la localité qui nous est assignée comme résidence et dont nous ne pouvons nous éloigner « soit en territoire ennemi ou en territoire occupé par l'ennemi, puisque, dans les deux cas, cette localité relève de sa seule autorité ».

Le motif invoqué par le gouvernement allemand, qu'il y avait pénurie de médecins dans le pays et que le personnel médical belge était nécessaire pour coopérer au service de santé publique, repose sur des données incomplètes, et du reste les médecins et le personnel sanitaire de l'armée belge retenus dans le pays ne peuvent actuellement être d'aucune utilité dans le service de la santé publique.

Le personnel sanitaire de l'armée belge, actuellement retenu dans le pays, a conscience de la situation irrégulière qui lui est faite. L'inaction, l'inutilité qui lui sont imposées lui sont pénibles au plus haut point. Quelle que soit la façon dont on cherche à interpréter la convention de Genève, le principe ne permet pas que du personnel sanitaire soit paralysé, rendu inutilisable, surtout dans une guerre aussi meurtrière que la guerre actuelle.

Plus encore que toute convention, un intérêt supérieur d'humanité s'y oppose et on n'ose songer aux conséquences sanitaires qu'aurait, pour les services sanitaires, la généralisation de la ligne de conduite prise à notre égard, si chaque nation belligérante retenait dans la zone du territoire ennemi qu'il occupe le personnel médical tombé en son pouvoir. Pour notre part, nous n'avons pas songé qu'il pût être mis obstacle à la mission humanitaire qui est la nôtre, mission qui nous réclame instamment là où tombent journellement des milliers de victimes et dans l'accomplissement de laquelle nous ne connaissons pas d'ennemis.

546

Allemagne et France. — Accord sur les lésions permettant le rapatriement des grands blessés, en date du 5 juin 1915 (*Bulletin international des Sociétés de la Croix-Rouge*, 1916, p. 81).

Liste des lésions

A. *Nécessaires pour le rapatriement des soldats.*

1° Perte totale ou partielle d'un ou plusieurs membres (au moins le pied ou la main) ;

2° Perte de l'usage d'un membre par ankylose, paralysie définitive ; atrophie ou rétraction musculaire, pseudarthrose, lésions de la colonne vertébrale, produisant une grande gêne des mouvements ;

3° Paralysie définitive et importante par son siège ou son étendue ;

4° Lésions cérébrales avec suites graves (hémiplégie ou altération des fonctions cérébrales) ;

5° Lésions médullaires, avec suites graves (paraplégie ou paralysies diverses) ;

6° Perte de la vue des deux yeux (cécité) ;

7° Mutilation importante de la face et lésions graves de la cavité buccale ;

8° Etat cachectique durable, consécutif à des blessures ;

9° Tuberculose pulmonaire avancée ;

10° Etat cachectique, produit par d'autres affections internes ;

11° Maladies mentales incurables.

B. *Nécessaires pour le rapatriement des officiers et sous-officiers.*

1° Perte totale ou partielle de plusieurs membres ;

2° Lésions cérébrales avec suites graves (hémiplégie ou altération des fonctions cérébrales) ;

3° Lésions médullaires avec suites graves (paraplégie ou paralysies diverses) ;

4° Perte de la vue des deux yeux (cécité) ;

5° Etat cachectique durable, consécutif à des blessures ;

6° Tuberculose pulmonaire avancée ;

7° Etat cachectique produit par d'autres affections internes ;

8° Maladies mentales incurables.

C. *Les officiers et sous-officiers présentant des lésions ci-après pourraient être internés en Suisse.*

1° Perte totale ou partielle d'un membre (au moins le pied ou la main) ;

2° Perte de l'usage d'un membre par ankylose, paralysie définitive, atrophie ou rétraction musculaire, pseudarthrose, lésions de la colonne vertébrale, produisant une grande gêne des mouvements ;

3° Paralysie définitive et importante, par son siège ou son étendue ;

4° Mutilation importante de la face et lésions graves de la cavité buccale.

547

Allemagne, Autriche-Hongrie et Russie. — Résolutions adoptées par la Conférence des Sociétés de la Croix-Rouge d'Allemagne, d'Autriche-Hongrie et de Russie réunie a Stockholm, sur l'amélioration du sort des prisonniers de guerre, en date du 1er décembre 1915 (*Bulletin international des Sociétés de la Croix-Rouge*, 1916, p. 129).

Les délégués soussignés, représentants des Sociétés de la Croix-Rouge d'Allemagne, d'Autriche, des pays de la Sainte Couronne hongroise et de Russie, réunis en Conférence, sous le patronage de Son Altesse Royale Monseigneur le Prince Charles de Suède, Président de la Croix-Rouge suédoise, afin de délibérer sur les questions concernant l'entretien des prisonniers de guerre dans les pays belligérants respectifs,
ayant fini leurs travaux, qui ont porté principalement sur les matières suivantes, savoir :

Constitution des Comités de secours,
Service des renseignements,
Liste des prisonniers et des morts,
Recherche des disparus,
Echange d'actes de décès,
Echange immédiat des effets et reliques,
Service postal,
Dons et secours,
Lecture,
Médecins et personnel sanitaire,
Traitement des blessés et malades,
Hygiène,
Service religieux, et
Régime général,

ont résolu, à l'unanimité, de recommander à leurs gouvernements respectifs l'adoption des mesures proposées et la réalisation des vœux énoncés ci-après.

La Conférence est tombée d'accord sur les résolutions suivantes, à titre de réciprocité, en tant qu'elles peuvent en faire l'objet :

Constitution des Comités de secours.

Les Comités de secours pour les prisonniers, organisés d'après l'article 16 du règlement annexé à la convention de la Haye du 18 octobre 1907, concernant les lois et coutumes de la guerre sur terre, étant déjà en fonctions à Vienne, à Budapest et à Pétrograde, la délégation russe constate que, vu la déclaration de réciprocité de la part de la Croix-Rouge allemande, le Comité de Pétrograde prendra aussi soin des prisonniers de guerre allemands.

Un Comité de secours analogue sera constitué à Berlin.

Les Comités de secours pour les prisonniers de guerre sont d'accord de constituer des sections locales de secours pour les prisonniers de guerre dans les lieux centraux, selon la nécessité et d'après la demande de la partie intéressée.

Les sections seront composées de ressortissants du pays et même de neutres. Ces derniers seront nommés d'après les mêmes principes que les membres neutres des Comités centraux.

Pour le moment, et sous réserve d'un accord ultérieur, on croit qu'il y aurait lieu d'installer de telles sections à côté de Moscou, où elle fonctionne déjà, à Kasan, à Taschkent, à Tobolsk, à Irkoutsk, à Omsk, à Wladivostok et à Tschita, ou dans une autre ville de la Transbaïkalie.

De pareilles sections seront établies en Allemagne et en Autriche-Hongrie, sur la demande du Comité de secours de Pétrograde.

Ces sections locales prêteront surtout leur secours pour constater les désirs des prisonniers, pour faciliter et surveiller le transport et la distribution des dons.

Service des renseignements.

Pour accélérer l'échange de nouvelles entre les prisonniers et leurs familles, on propose d'adopter le système suivant :

On distribuera aux nouveaux prisonniers allemands, autrichiens et hongrois en Russie, dès la première étape, ou lors de leur arrivée à l'hôpital, des cartes postales portant l'adresse du Comité de secours de Moscou et en même temps l'adresse du destinataire en Allemagne ou en Autriche-Hongrie. Ces cartes seront envoyées au Comité de Moscou, qui les transmet en paquets au Comité de secours russe à Copenhague. Celui-ci enverra les cartes par voie postale régulière, après avoir effacé l'adresse du Comité de Moscou.

De la même manière, on distribuera aux prisonniers de guerre russes en Allemagne, en Autriche ou en Hongrie, des cartes postales portant l'adresse du Comité de secours russe de Copenhague, qui les transmettra en paquets au Comité de secours de Moscou, pour l'expédition ultérieure.

Le service sera maintenu jusqu'à l'amélioration de la voie postale directe, au point de vue vitesse et précision. Il pourra être changé par un accord entre les Sociétés de la Croix-Rouge intéressées.

Listes des prisonniers et des morts.

Il est convenu que l'Allemagne et l'Autriche-Hongrie s'entendront sur l'adoption d'un modèle uniforme.

On est d'accord que les listes seront établies avec la plus grande rapidité, qu'elles contiendront le nom, le prénom, la date et le lieu de naissance, ainsi que le domicile ordinaire, l'incorporation du prisonnier, son état de santé, et l'occasion à laquelle il fut fait prisonnier. Toutes les listes doivent être numérotées et datées.

Les noms et prénoms, ainsi que les lieux de naissance, seront indiqués dans les listes russes en caractères latins, dans les listes allemandes et austro-hongroises en caractères russes. Pour l'établissement des listes, on se servira, autant que possible, de l'aide des prisonniers.

Recherche des disparus.

. Un essai de recherche des disparus, d'après le mode établi entre l'Allemagne et la France, est recommandé.

Actes de décès.

La délégation russe prêtera son concours pour que les actes de décès des prisonniers de guerre morts en Russie soient communiqués aussi vite que possible, et que leurs noms soient écrits aussi en caractères latins. Une assurance correspondante est donnée par les délégations allemande, autrichienne et hongroise. Les noms des prisonniers russes seront donc donnés aussi en caractères russes.

Echange d'effets et de reliques.

La Conférence émet le vœu que cet échange se fasse directement entre les Sociétés de la Croix-Rouge, déjà pendant la guerre et avec la plus grande rapidité.

Service postal.

a) *Correspondance.* — On constate que les raisons principales du fonctionnement irrégulier du service postal entre les prisonniers de guerre et leur patrie (correspondance, colis postaux et envois d'argent) sont les suivantes : le système actuel de l'enregistrement, l'insuffisance des adresses, les transferts fréquents des prisonniers de guerre, les difficultés de la censure, les grandes distances en Sibérie et le fait qu'il n'existe en Sibérie qu'une seule ligne principale de chemin de fer.

Les délégations prennent l'engagement de faire tous leurs efforts afin qu'il soit remédié à ces inconvénients. Ainsi, on tâchera d'adopter, dans tous les pays intéressés, le même système d'enregistrement. Le nombre des censeurs sera augmenté selon les besoins.

La Conférence est d'avis que si l'expérience venait à prouver que la censure ne parvient pas à expédier régulièrement la quantité de lettres et de cartes postales permise par les règlements en vigueur, il pourrait être dans l'intérêt de tous de réduire la correspondance des soldats prisonniers, soit à deux lettres et à deux cartes, soit à une lettre et à trois cartes par mois. La correspondance des officiers ne serait pas atteinte par cette mesure.

b) *Mandats et argent.* — Pour ce qui concerne les envois d'argent, on trouve nécessaire que :

1° Les prisonniers de guerre ne soient pas tenus à signer un reçu sans que l'argent qui arrive pour eux leur soit remis en espèces ou bien crédité à leur compte courant.

2° Que les reçus soient signés par les prisonniers eux-mêmes.

3° Que le mandat original leur soit présenté.

Chaque somme qui n'est pas remise en espèces au prisonnier de guerre est créditée au compte courant qui doit être ouvert à chaque prisonnier. Dans le cas où un prisonnier serait transféré dans un autre camp, sa feuille de compte courant devra l'accompagner.

Tant qu'il n'existe pas d'arrangement entre la Russie d'un côté, et l'Allemagne et l'Autriche-Hongrie de l'autre, concernant le maximum d'argent dont les prisonniers de guerre peuvent disposer, on propose que ces sommes soient fixées pour 10 jours à

40 marks, 50 couronnes, 20 roubles pour les officiers et aspirants de toute catégorie et ceux des soldats appartenant à la même classe sociale, notamment les volontaires d'un an ;

20 marks, 25 couronnes, 10 roubles pour les autres soldats.

Il serait désirable qu'en dehors de ces sommes les prisonniers de guerre pussent faire acheter, par l'administration des camps, autant que leur avoir le permet, les articles dont ils auraient un besoin urgent.

c) *Colis postaux.* — En ce qui touche les envois de colis postaux, la Conférence émet le vœu que les administrations des postes trouvent des moyens d'assurer l'arrivée des colis à leur destination et de constater, le cas échéant, dans quel pays la perte d'un colis a eu lieu.

Dons et secours.

On se promet mutuellement d'échanger des listes d'objets qui ne sont pas admis comme dons pour les prisonniers de guerre.

Vu l'importance qu'il y aurait à pouvoir acheter des bottes de feutre (walenki) pour les prisonniers allemands en Sibérie, la délégation russe déclare qu'il n'y aurait pas d'objection, à condition qu'en Allemagne il soit permis d'acheter des effets de laine pour les prisonniers russes.

Les envois collectifs doivent porter sur les caisses le signe de la Croix-Rouge et être adressés au Comité de secours de la Croix-Rouge suédoise à Stockholm, qui, sans aucune responsabilité, se chargera de les faire passer en Allemagne, en Autriche, en Hongrie et en Russie. Les frais de bureau, d'expédition et de distribution, ainsi que de la garde des effets, tombent à la charge des parties intéressées.

Les Comités de secours se promettent mutuellement de prendre tous les soins possibles pour que les caisses ne contiennent que des dons admis pour prisonniers.

Pour l'échange de dons et secours aux prisonniers entre l'Autriche-Hongrie et la Russie, on pourra se servir à volonté de la voie de Roumanie.

Lecture.

Les envois collectifs de livres édités avant 1913 et destinés aux prisonniers de guerre en Russie seront adressés au Comité de secours de Pétrograde, qui se chargera de la censure et de la transmission aux camps. Il faudra que les envois soient accompagnés d'une liste indiquant les noms des livres, signée par un des membres du Comité de secours respectif. Pour les livres hongrois et d'autres livres, écrits en idiome non courant, une traduction des titres en français devra être ajoutée. Un procédé analogue sera appliqué aux envois de livres aux prisonniers russes en Allemagne, en Autriche et en Hongrie. On pourra envoyer des livres neufs ou bien défraîchis, à la seule condition qu'il n'y ait aucune annotation, ni à la plume, ni au crayon, ni d'aucune autre manière.

En ce qui concerne l'envoi individuel de livres aux prisonniers, il peut être effectué par poste, à condition qu'ils soient non défraîchis et édités avant 1913.

Médecins et personnel sanitaire.

La Conférence émet le vœu que les médecins captifs soient traités et employés comme tels. Les médecins pour lesquels on ne trouve pas d'occupation médicale seront renvoyés. Les médecins âgés pourront être renvoyés si des collègues, parmi leurs compatriotes, s'offrent à les remplacer.

Service religieux.

La Conférence est d'accord qu'il est absolument nécessaire que le service religieux se fasse d'après les règles des Eglises intéressées, notamment que la partie liturgique du service ne soit nullement altérée ni abrégée. Il est désirable que le nombre de prêtres soit tel que le service religieux puisse être fait avec toute la régularité possible. On priera les gouvernements de faciliter l'envoi du nombre nécessaire de prêtres dans les camps des prisonniers, où ils resteraient internés jusqu'à la fin de la guerre ou jusqu'à une époque à convenir. Les Comités spéciaux de secours se communiqueront mutuellement et aussitôt que possible le nombre des prêtres qui se trouvent actuellement dans leurs pays et qui appartiennent à la religion des prisonniers de guerre. On priera les gouvernements de faire le nécessaire pour que les autorités militaires des camps facilitent autant que possible le service religieux.

Traitement des blessés et malades. Hygiène. Régime général.

I

La Conférence est d'accord que chaque délégation, après avoir pris connaissance des faits exposés réciproquement pendant la Conférence, concernant le traitement des prisonniers de guerre, s'engage à faire des démarches auprès des autorités de son pays pour que l'exactitude de ces faits soit vérifiée.

II

La Conférence est également d'accord que, si des abus sont confirmés par l'enquête sur ces faits, les délégations s'engagent à faire les démarches nécessaires auprès des autorités, afin de prévenir le retour de tels abus pour l'avenir.

III

L'article 7 du règlement annexé à la convention de la Haye du 18 octobre 1907, concernant les lois et coutumes de la guerre sur terre, prévoit un accord spécial concernant le traitement des prisonniers de guerre. Se basant sur cet article, on propose un accord entre la Russie d'un côté, l'Allemagne et l'Autriche-Hongrie de l'autre, se fondant sur les principes suivants :

1° Les prisonniers de guerre ne doivent pas être transportés dans des contrées dont le climat leur serait nuisible ; on ne doit pas leur imposer des travaux excédant leurs forces physiques ;

2° Les officiers prisonniers de guerre auront des logements répondant à des conditions hygiéniques irréprochables et contenant, pour le moins, 15 mètres cubes d'espace par tête, susceptibles de ventilation ; ces logements doivent admettre la pleine clarté du jour et être chauffés et éclairés d'une façon convenable. On demande que le plus petit nombre possible d'officiers soit logé dans une même chambre et que des chambres à part soient accordées aux officiers âgés. Le chauffage, l'éclairage et les objets ci-dessous énumérés seront fournis par l'administration de l'État au pouvoir duquel les prisonniers se trouvent, et non aux frais des internés. On demande pour chaque officier un lit avec matelas, oreiller, linge approprié et une couverture, une chaise ou un tabouret, ce qu'il faut pour placer les vêtements et les comestibles (armoire ou commode si faire se peut), une cuvette, un verre, un essuie-main, un seau ; à la table commune, il faut qu'il y ait une place réservée pour chaque officier.

Pour le service personnel des officiers, des soldats prisonniers de guerre de la même armée et autant que possible parlant la même langue (un pour quatre officiers au maximum) doivent être internés dans le camp d'officiers. Ces soldats ont à nettoyer les habits, les logements, les cours, les corridors, etc. Ils ont à faire le chauffage et le service de table.

3° Les sous-officiers et simples soldats prisonniers de guerre auront des logements sains, susceptibles de ventilation, contenant, pour le moins, 5 mètres cubes d'espace par homme.

Les couches doivent consister en sacs, faits d'étoffe (sacs de paille), qui doivent être remplis de paille ou de tontisse ligneuse, ou en paillasses. Chaque prisonnier a droit à une couverture de laine, une serviette et les ustensiles pour prendre les repas.

Dans les logements des prisonniers, il faut qu'il y ait les tables nécessaires, des sièges, des coupes à boire, des installations pour suspendre les vêtements, des étagères pour y mettre les vivres et les menus objets.

Dans chaque camp de prisonniers, doit exister une installation de bains et une buanderie pour laver le linge.

Les autorités doivent prendre soin que les logements soient suffisamment chauffés et éclairés, si possible à la lumière électrique.

a) *Nourriture et vêtements des officiers.* — Comme les officiers doivent payer leurs vêtements et leur nourriture eux-mêmes, de la solde payée à eux par l'État ennemi, il faut que les officiers reçoivent de cette somme une nourriture journalière suffisante. La composition de cette nourriture doit être variée le plus possible. Le prix doit être modéré afin que les officiers gardent encore les moyens de subvenir à leurs besoins journaliers, tels que le lavage du linge, etc.

Dans chaque camp, une cantine doit être établie où on puisse acheter de simples comestibles, si les officiers n'ont pas la permission de faire des achats ailleurs. Les prix dans ces cantines ne doivent pas dépasser ceux dans le commerce aux environs des camps.

b) *Nourriture des sous-officiers et des simples soldats.* — Les prisonniers de guerre doivent avoir une nourriture simple et suffisante. Elle doit surtout être en rapport, quant à la quantité et à la composition, avec les travaux qu'on demandera aux internés. On doit tenir compte, dans la mesure du possible, des habitudes des prisonniers. Trois repas doivent être donnés :

1° un déjeuner ;

2° un repas à midi ;

3° un repas dans la soirée.

En toute circonstance la ration journalière doit être conforme aux exigences physiologiques.

Les matières premières doivent être de bonne qualité, la préparation des mets doit être propre.

Il faut un contrôle continuel et consciencieux de la nourriture des prisonniers. On aura soin, avec le concours des médecins et des Comités de camps, qu'elle soit variée dans la mesure du possible.

Les prisonniers pourront acheter dans les cantines des vivres, du linge, du savon, etc., à des prix modérés et fixes. Les prix dans les cantines ne doivent pas dépasser ceux dans le commerce aux environs des camps.

c) *Vêtements des sous-officiers et des soldats.* — Le gouvernement de l'État, aux mains duquel se trouvent les prisonniers de guerre, est obligé de leur fournir des vêtements en rapport avec le climat de l'endroit d'internement, les protégeant surtout contre le froid. Cette règle comprend aussi la chaussure. Il faut que chaque soldat soit muni d'une double garniture de linge en bon état.

d) *Traitement.* — Des normes pour un traitement convenable des officiers seront fixées par un accord entre les belligérants, comme aussi les catégories qui seraient à traiter sur le pied des officiers. Il faut surtout avoir égard aux volontaires d'un an et aux soldats ayant une éducation supérieure.

Toute brutalité envers les prisonniers est strictement interdite et sera punie sévèrement.

Les malades et les blessés ne doivent pas être transportés, aussi longtemps que leur guérison paraît compromise par le voyage, à moins que la marche des opérations militaires ne l'exige.

D'une façon générale, il est indispensable que les transports soient effectués dans des conditions conformes aux forces physiques des transportés et aux règles de l'hygiène.

On ne transportera pas dans des régions lointaines les invalides qui paraissent destinés à être échangés.

Aucun prisonnier, désigné malade par le médecin, ne sera envoyé au travail avant sa convalescence.

La Conférence émet le vœu qu'on permette aux officiers et si possible aux soldats souffrant de certaines maladies, comme phtisie, rhumatisme, etc., d'être transférés, soit dans des contrées d'un climat doux et plus convenable pour eux, soit dans des stations balnéaires.

e) *Hygiène.* — Dans tous les camps de prisonniers, il doit y avoir des latrines construites d'après les règles de l'hygiène et avec désinfection constante. Comme moyen de désinfection on se servira surtout de la chaux caustique. Les déjections seront éloignées au plus vite. Les latrines doivent être couvertes d'un toit et auront des parois solides. Le nombre des sièges doit être fixé de sorte qu'il y en ait un par cinquante personnes. Pour les officiers il y aura un nombre suffisant de cabinets.

Il sera pourvu, dans chaque camp, à ce qu'il y ait de l'eau saine pour la consommation et pour la toilette.

f) *Désinfection.* — Les prisonniers seront soumis, dès leur arrivée, et à mesure du besoin pendant leur captivité, à une désinfection radicale, qui s'étendra à leurs personnes, leurs vêtements, aux linges et aux gîtes. Il doit y avoir des appareils nécessaires pour la désinfection.

Il faut réserver, dans chaque camp ou dans les environs, des installations particulières pour les malades et le service médical. Il faut aussi qu'il y ait, dans chaque camp, des provisions suffisantes de médicaments. Les malades affectés de maladies contagieuses doivent être installés séparément.

g) *Liberté de mouvement des officiers.* — Il sera donné la possibilité de mouvement libre en plein air et d'exercices sportifs, ainsi que de longues promenades en dehors des camps, à tous les officiers prisonniers.

h) *Représentation des prisonniers dans les camps.* — On constituera, dans chaque camp de prisonniers de guerre, officiers ou soldats, un Comité composé d'officiers prisonniers et de médecins, appartenant à la même nation que les prisonniers, en nombre proportionnel au nombre des prisonniers internés dans le camp.

Ce Comité aura pour tâche de recevoir les désirs et les plaintes des prisonniers et de s'en faire l'interprète auprès des autorités du camp, de surveiller les conditions hygiéniques du camp, la nourriture, le traitement des prisonniers, etc., de porter les défectuosités à la connaissance des autorités du camp et de contrôler la distribution des dons envoyés aux prisonniers.

Commission mixte.

Une Commission mixte sera instituée pour les pays belligérants, savoir l'Allemagne, l'Autriche-Hongrie et la Russie. Cette Commission sera composée de neuf membres, dont trois désignés par les Sociétés de la Croix-Rouge du Danemark, de la Suède et de la Suisse ; des autres six, un sera nommé par chacune des Sociétés de la Croix-Rouge d'Allemagne, d'Autriche et de Hongrie, et trois par la Société de la Croix-Rouge de Russie. La Commission élit son président et son secrétaire parmi les membres neutres. Le président et le bureau de la Commission auront Stockholm comme siège ordinaire.

La Commission, qui se tiendra en rapports permanents avec les Comités centraux de secours aux prisonniers de guerre des pays mentionnés plus haut, aura pour mission essentielle d'entreprendre des voyages dans les pays belligérants, afin de s'enquérir sur le traitement des prisonniers de guerre, non seulement dans les camps d'internement, mais aussi pendant leur transport d'un camp à l'autre et pendant leur travail au service d'institutions publiques ou de particuliers.

La Commission aura pleine liberté de visiter, avec l'autorisation des autorités militaires, les camps d'internement, de parler avec les prisonniers dans leur langue et sans témoins, d'inspecter les moyens et le mode de transport, et de demander aux autorités compétentes tous les renseignements nécessaires pour remplir sa mission.

La Commission enverra aussitôt que possible des rapports détaillés sur ses observations à la présidence de la Croix-Rouge de Suède, laquelle en fera part à toutes les Sociétés de la Croix-Rouge intéressées.

En cas d'infraction aux stipulations en vigueur, la Société de la Croix-Rouge du pays dans lequel l'abus aura été vérifié s'adressera à son gouvernement pour provoquer les mesures nécessaires. Elle en fera part à la Croix-Rouge suédoise.

Les frais de la Commission seront à la charge de l'Allemagne, de l'Autriche-Hongrie et de la Russie par parts égales. Les frais de transport des personnes et des effets seront à la charge de l'État dans le territoire duquel ils se font.

Lorsque la Commission, après examen de la situation des prisonniers de guerre dans les pays belligérants, le jugera utile, elle s'adressera à la Croix-Rouge suédoise, afin d'obtenir la convocation d'une nouvelle Conférence des Sociétés de la Croix-Rouge intéressées.

Dans le ferme espoir d'avoir pu contribuer ainsi à adoucir le sort des prisonniers de guerre, et profondément pénétrés des devoirs qui incombent aux Sociétés de la Croix-Rouge, nous nous engageons à tenir la Croix-Rouge suédoise au courant des résultats de nos démarches.

En foi de quoi nous avons signé le présent protocole de clôture.

Fait à Stockholm, le 1er décembre 1915.

(S.) CARL ;	(S.) J. MEIER GRAEFE ;
(S.) ALFR. LAGERHEIM ;	(S.) FREIHERR VON SPIEGELFELD ;
(S.) WILH. DIRING ;	(S.) EPSTEIN ;
(S.) MAX PRINZ VON BADEN ;	(S.) CTE ALBERT APPONYI ;
(S.) VON KŒRNER ;	(S.) Dr L. DE FARKAS ;
(S.) SPRINGER ;	(S.) ALEXIS D'ARBOUZOW ;
(S.) RUDOLF PETERSEN ;	(S.) VLADIMIR DE MARKOZOFF.

548

Allemagne. — Lettre de la Croix-Rouge allemande au Comité international de la Croix-Rouge a Genève en réponse a la lettre de la Croix-Rouge anglaise du 7 aout 1915 sur le cas du navire *Ophelia* (1), en date du 1er février 1916 (*Bulletin international des Sociétés de la Croix-Rouge*, 1916, p. 165).

Berlin, 1er février 1916.

Au Comité international de la Croix-Rouge, à Genève.

Les allégations de la Croix-Rouge anglaise, que vous avez bien voulu nous transmettre par votre lettre du 15 août 1915 dans l'affaire de la capture du vaisseau-hôpital allemand *Ophelia*, ont été soumises ici à un examen approfondi. Son résultat est que ce bateau auxiliaire de la marine de guerre allemande a été accusé à tort d'avoir commis une violation de la Xe convention de la Haye, du 18 octobre 1907.

Si la marine de guerre britannique soupçonnait, le 18 octobre 1914, jour de la capture, que l'*Ophelia* était abusivement utilisé à des destinations incompatibles avec sa qualité de navire-hôpital, l'article 4 de la Xe convention de la Haye lui offrait la possibilité juridique de lui enjoindre de s'éloigner, de lui prescrire une direction déterminée, de lui imposer à bord un Commissaire et de le retenir même quelque temps, notamment si des circonstances graves paraissaient l'exiger. Au lieu de faire usage de l'un de ces moyens, le commandant du navire de guerre anglais captura l'*Ophelia*.

Si l'on pouvait admettre qu'il s'agissait là d'un abus isolé du commandant d'un navire de guerre et que cette erreur avait été promptement réparée, la tentative de justifier l'ordonnance de blocus pour la mer du Nord, émanant de l'Amirauté britannique, du 3 novembre 1914, aboutirait à constater qu'on prétendait, du côté anglais, que l'*Ophelia* avait été utilisé à des buts d'investigation. Cette ordonnance contenait ce passage : « La pose de mines sous pavillon neutre, les investigations entreprises au moyen de bateaux de pêche se présentent comme les indices révélateurs de la manière habituelle de la marine allemande de conduire la guerre sur mer ».

Le Président du tribunal des prises anglais a admis aussi des griefs graves et injustifiés à la charge du vaisseau *Ophelia*, aussi bien qu'il en adressait, de façon générale, à la

(1) V. ci-dessus, p. 204.

conduite allemande de la guerre sur mer. A l'occasion du prononcé de la sentence, il a annoncé l'intention d'appliquer en l'espèce les dispositions de la Xe convention de la Haye, et de s'abstenir d'examiner si le gouvernement allemand aurait, par sa conduite dans la guerre actuelle, perdu le droit de se mettre au bénéfice de cette convention ou de telle autre.

Le reproche qui apparaît dans cette déclaration doit être catégoriquement repoussé. Si l'Allemagne a dû, dans la guerre actuelle, recourir à des mesures exceptionnelles, elle n'y est arrivée que par rétorsion pour les nombreuses violations anglaises du droit des gens, ce qui ne peut pas être resté ignoré au tribunal des prises britannique. D'emblée et avec un sans-gêne croissant, le gouvernement anglais a porté la guerre sur des domaines où elle n'aurait pas dû exercer d'influence. Qu'on se rappelle l'internement des personnes civiles se trouvant sur le territoire de la Grande-Bretagne ou de ses dépendances, le séquestre et la liquidation forcée de la fortune privée allemande, la destruction par le feu des livres de maisons de commerce allemandes, l'abandon des règles de la déclaration de Londres, dans le but de détruire le commerce allemand extérieur et de paralyser complètement les amicales relations entre l'Allemagne et les neutres, afin d'atteindre ainsi toute l'économie allemande et de mater toute la population allemande en l'affamant. Un tribunal anglais des prises qui, en présence de cette situation, pose la question de savoir si l'Allemagne ne s'est pas mis hors du droit des gens, n'était pas disposé ou pas capable de rendre dans l'affaire de l'*Ophelia* un jugement juste.

Le jugement déclare le bateau-lazaret *Ophelia* de bonne prise, parce qu'il était aménagé comme bateau de signalement et d'espionnage, pour des buts militaires, qu'il a été utilisé à ces fins et s'est ainsi privé de la protection de la Xe convention de la Haye.

La preuve positive d'un acte contraire au droit des gens commis par l'*Ophelia* n'a nullement été rapportée. En fait, il devait apparaître d'emblée à tout juge quelque peu compétent qu'il était de toute invraisemblance que la marine de guerre allemande eût pu aménager et utiliser comme navire de signalement et d'espionnage un bateau comme l'*Ophelia* qui, par sa construction et sa vitesse, était tout à fait impropre au service de renseignements militaires. Pour arriver néanmoins à des constatations emportant condamnation, le tribunal a présenté comme suspects toute une série de faits réels ou supposés qui, selon lui, faisaient conclure à un usage abusif du bateau-lazaret pour la transmission de nouvelles militaires.

Le gouvernement allemand a soumis à un examen approfondi toutes les circonstances que le tribunal des prises a retenues comme suspectes ou insuffisamment expliquées, et établi l'inanité des motifs sur lesquels le tribunal des prises base son jugement. Un Mémoire allemand du 30 novembre 1915, soumis au gouvernement britannique (annexé à la présente), a pris en regard de cinq griefs principaux la position suivante :

I. Le tribunal considère l'équipement du bateau-lazaret *Ophelia* comme insuffisant.

Il montre par cette attitude qu'il interprète faussement la Xe convention de la Haye et ne veut pas tenir compte de la différence faite en Allemagne entre les navires-hôpitaux et les bateaux-lazarets auxiliaires.

La Xe convention de la Haye s'étend à *tous* les genres des navires-hôpitaux, sans distinction, qu'ils soient utilisés de façon permanente ou seulement passagère à recueillir des blessés et des malades, qu'ils soient richement équipés ou simplement munis des aménagements absolument nécessaires. N'est relevant que le fait qu'ils sont aménagés seulement et exclusivement pour porter secours aux blessés, aux malades et aux naufragés, et ne sont utilisés pour aucun but militaire.

L'aménagement des bateaux-lazarets auxiliaires allemands répond absolument aux exigences de la Xe convention de la Haye. La marine allemande a armé des navires spéciaux, désignés sous le nom de bateaux-lazarets auxiliaires, et qui ont pour tâche d'empêcher, après un naufrage, les naufragés de se noyer, de procurer aux blessés les premiers secours et de les amener aussi vite que possible à terre.

L'*Ophelia* fut aménagé comme bateau-lazaret auxiliaire sitôt après la déclaration de guerre. Son équipement fut exécuté avec soin et répondait à tous les requisits qu'on pouvait rationnellement imposer à un navire ambulance.

II. L'équipement de l'*Ophelia* en dispositifs pour signaux est apparu au tribunal comme trop abondant.

Ce motif de suspicion ne saurait être davantage retenu. Les bateaux-lazarets auxiliaires allemands n'utilisent les signaux dont ils ont été munis que pour montrer s'ils ont compris ou non un signal qui leur était donné. Les livres de signaux qui leur sont remis ne prévoient pas d'autre utilisation. L'usage de signaux de ce genre ne peut d'ailleurs pas être considéré comme suspect, par le seul fait que la Xe convention de la Haye admet expressément même des installations d'étincelles électriques pour les navires-hôpitaux, dont on pourrait encore bien plus facilement et plus largement abuser pour la transmission illicite de nouvelles.

III. Le tribunal des prises admet que l'envoi de l'*Ophelia* à l'embouchure de l'Ems, du 6 au 8 octobre 1914, n'était qu'une manœuvre fictive. Il admet que ce transport sur les lieux n'a pas servi à repêcher les naufragés et les morts du torpilleur allemand *S-116*, qui avait coulé, mais en réalité a eu d'autres buts en vue. L'envoi du bateau à l'embouchure de l'Ems a été différé si démesurément que l'on ne peut plus croire à l'intention de porter secours aux victimes. La recherche du lieu de l'accident a été accomplie avec une parfaite incompétence.

L'activité de l'*Ophelia*, du 6 au 8 octobre 1914, ne peut, d'après les investigations approfondies du gouvernement allemand, exposées dans son Mémoire, donner naissance à aucun reproche fondé ni à aucune suspicion. Le capitaine de l'*Ophelia*, C. Vormeng, a fait, le 9 novembre 1915, devant le tribunal du district de Hambourg, sous serment et sans aucune réserve, la déclaration suivante : « Je ne vois pas ce qui pourrait me faire conclure à un usage abusif quelconque du bateau-lazaret auxiliaire *Ophelia* à des missions de renseignements ou à tout autre but illicite. Un abus de ce genre, en tout cas, n'a pas eu lieu tant que j'étais à bord. Je n'ai reçu aucun ordre et il n'en est parvenu à ma connaissance aucun qui aurait eu pour objet de faire un usage abusif du bateau ».

IV. Le tribunal des prises cherche à représenter l'envoi de l'*Ophelia* dans les parages de Haaks Feuerschiff, où le 16 octobre 1914 quatre torpilleurs de la marine impériale étaient entrés en conflit avec des forces navales britanniques et avaient sombré, comme un trajet accompli dans un but illicite. A cet effet il s'empare tout à fait à tort de la circonstance que le médecin d'État-major Pfeiffer aurait répondu à la question du lieutenant anglais Peters, lorsque le bateau a été arrêté, qu'il n'avait pas su ce qu'on allait chercher à Haaks Feuerschiff.

Il est vrai que le médecin-chef, au moment où l'officier anglais monta à bord, ne put donner d'indication détaillée sur le motif de la présence du bateau dans ces parages. Le télégramme du chef de la flotte, sur cet objet, ne l'avait malheureusement pas atteint à temps. Mais il est tout à fait inexact de prétendre qu'il aurait été dans l'absolue ignorance de sa tâche. Car il avait déjà reçu l'ordre d'explorer une étendue géographiquement déterminée et ses alentours. Il devait être tout naturel, pour lui, que cette recherche avait pour but de porter secours à la suite d'un accident récent, même s'il n'avait pas reçu des nouvelles plus circonstanciées et plus précises. La réponse qu'il a faite au lieutenant Peters ne pouvait et ne voulait donc dire qu'une chose, c'est qu'il n'avait encore aucune connaissance des circonstances du naufrage, spécialement de l'époque à laquelle il avait eu lieu, ni du genre et du nombre des bateaux.

On doit en conséquence considérer comme arbitraire la conclusion que le tribunal tire de l'information donnée par le médecin d'État-major Pfeiffer, alors qu'il était lui-même dans une situation pénible et inattendue, à savoir que l'*Ophelia* n'avait pas pour tâche de sauver, à l'endroit où il était, des blessés ou des naufragés.

V. Le tribunal des prises trouve enfin une preuve de l'emploi de l'*Ophelia* à des buts illicites dans le fait, qu'après sa capture par le croiseur anglais *Meteor*, tous les papiers secrets qui se trouvaient à bord ont été détruits et que, quinze jours après, les registres concernant l'état et l'emploi des signaux ont été également brûlés.

C'est une exigence militaire inévitable d'empêcher que des papiers, qui peuvent avoir pour l'adversaire une utilité quelconque, tombent entre ses mains. Sur ce point toutes les armées et toutes les marines du monde sont d'accord ; le tribunal des prises anglais n'a pas l'air cependant de concevoir cette exigence militaire. En s'y conformant, le médecin-chef n'a fait qu'accomplir un devoir militaire allant de soi.

Le Mémoire du gouvernement allemand du 30 novembre 1915 a établi, de façon convaincante, par les explications et les preuves qu'il a fournies, que la décision du tribunal des prises anglais a été injustement prise. Le Mémoire fait ressortir en outre que le reproche fait à l'équipage de l'*Ophelia* d'avoir utilisé un bateau-hôpital pour de l'espionnage, constitue en fait un délit militaire qui tombe avant tout dans la compétence d'un tribunal de guerre. Toute la procédure devant le tribunal des prises ne peut donc, en aucune façon, être retenue pour l'appréciation, en conformité du droit des gens, du cas de l'*Ophelia*, parce qu'un tribunal de ce genre manque des qualités nécessaires pour juger de l'état de fait à la base d'un délit militaire. Un tribunal composé d'experts en matière de marine militaire se serait formé aisément un jugement solide à l'égard des questions militaires pendantes, et n'aurait pas trouvé des éléments de suspicion là où il n'y avait rien de suspect.

C'est à bon droit que le Mémoire du gouvernement allemand réclame la remise de l'*Ophelia*, ainsi que de tout son équipement dans l'état où il se trouvait lors de la capture, et que son équipage soit rendu à la liberté.

Nous prions le Comité international de porter notre exposé à la connaissance du gouvernement britannique et de vouloir bien insister à ce propos sur l'observation des prescriptions de la convention de la Haye, appliquant à la guerre sur mer les principes de la convention de Genève, laquelle se trouve gravement violée et sérieusement menacée dans son existence par la procédure appliquée du côté anglais au cas de l'*Ophelia*.

Pour le Président,
VON KŒRNER

549

Autriche-Hongrie. — RÉPONSE DU COMMANDEMENT EN CHEF DE L'ARMÉE AUTRICHIENNE AUX ACCUSATIONS DE L'ITALIE SUR DES VIOLATIONS DU DROIT DES GENS ET DES INFRACTIONS A LA CONVENTION DE GENÈVE (1), EN DATE DU 27 JANVIER 1916 (*Bulletin international des Sociétés de la Croix-Rouge*, 1916, p. 173).

Standort, 27 janvier 1916.

Commandement en chef de l'armée autrichienne.

Au ministre de la guerre, Vienne.

Le commandant en chef du front Sud-Ouest présente le rapport suivant :

L'accusation concernant l'emploi de *grenades*, dont l'explosion provoque des gaz assourdissants et faisant pleurer les yeux, est exacte.

L'emploi de projectiles explosifs est, comme on le sait, interdit. Il est cependant exact que quelques unités ont conservé et utilisé quelques cartouches U, en dépit des ordres donnés antérieurement pour l'élimination de cette munition. Il ne peut s'agir, par conséquent, que de faits tout à fait isolés. Il faut, par contre, remarquer que récemment aussi, par exemple, un magasin italien a été découvert contenant trois cartouches dont les pointes avaient été fendues.

(1) V. ci-dessus, p. 217 et 220.

Les allégations concernant les *mains levées pour tromper* l'ennemi ne sont accompagnées, dans le Mémoire italien, d'aucun fait concret. Sur des accusations de ce genre on ne peut pas entrer en matière, pour la bonne raison qu'aucune contre-preuve n'est possible.

Il est vrai que souvent des *bombardements d'emplacements non défendus* ont eu lieu. Il est clair, cependant, qu'en raison de la concentration serrée des troupes italiennes, dans les parties accessibles et protégées de la région montueuse, ainsi que dans la plaine de l'Isonzo inférieur, tous les endroits dont l'ennemi n'était pas tenu à distance par notre artillerie ont été utilisés par les troupes italiennes pour s'abriter ou se couvrir. Il eût été conséquemment du devoir des Italiens de faire partir la population civile de ces localités qui se trouvent sur la ligne de feu établie depuis des mois, et de la mettre en sûreté, au lieu de l'exposer au feu inévitable de notre artillerie, pour se plaindre ensuite d'une prétendue barbarie dans la conduite de la guerre.

Que les Italiens procèdent de leur côté en vertu des mêmes principes concernant le bombardement de localités, c'est ce que démontre l'arrosage de plusieurs villes ou villages autrichiens, parmi lesquels il suffit de mentionner Levico, Mautthen, Tarvis, Göritz et les villages du plateau de Doberdo.

Le reproche de *brigandage* échappe à notre contrôle, puisque les cas cités se seraient passés en arrière des lignes italiennes. Il faut observer cependant que quelques prisonniers et transfuges ont cité des cas où des soldats italiens isolés et mécontents auraient tiré sur leurs officiers. Il ne serait donc pas impossible qu'il s'agisse d'incidents de ce genre.

Au sujet du cas de la paysanne de Mostan (près Rouzina) prétendument blessée, il faut remarquer que naturellement toute communication des civils entre la ligne de leur armée et celle de l'enn[illegible]i doit être interdite ; il est donc bien possible qu'une femme, qui enfreignit cette défense et se rendit sur la ligne de feu, soit tombée sous le tir des troupes. Qu'il y ait eu là une cruauté intentionnelle, c'est là une accusation purement controuvée, ainsi que tout le contenu du récit l'indique d'ailleurs (Par exemple, un tir d'artillerie sur une femme seule !).

Quant à la *capture d'une patrouille sanitaire italienne*, dans la nuit du 18 juin à Plava, il a déjà été répondu antérieurement. La capture eut lieu parce que la patrouille italienne s'était à ce point approchée de nos lignes qu'elle avait pu apercevoir nos ouvrages de défense. Le parlementaire qui la suivit fut retenu prisonnier parce qu'il ne put pas justifier d'un pouvoir écrit.

L'accusation qu'un aviateur ennemi aurait intentionnellement *tiré sur une colonne de blessés* apparaît déjà comme invraisemblable, du fait que les avions ne descendent pas, dans leur vol, jusqu'à 300 mètres du feu de l'ennemi.

Quant au *bombardement de l'hôpital italien de Pieve di Livinallongo* (Buchenstein) : il est vrai que le 19 août 1915 l'hôpital de Pieve (en temps de paix un hospice d'incurables) fut arrosé par une batterie lourde de canons, bien qu'il fût désigné par la croix rouge, parce que ce bâtiment était visiblement utilisé non comme hôpital, mais comme siège d'un haut commandement. La preuve en est que le commandant du détachement de la frontière a pu observer le fait que jamais on n'entrait ou sortait des blessés, mais qu'on pouvait remarquer, en revanche, une circulation active d'autos, de cycles et d'ordonnances montées, l'arrivée de chevaux sellés et le départ de cavaliers montés, jusqu'au 18 août inclusivement. D'ailleurs, le commandement italien doit avoir changé ses dispositions dans la nuit du 18 au 19 août, car pendant et après le bombardement de l'hospice d'incurables le 19 août, il n'y eut que des vieillards et des femmes — sans doute des anciens habitants de la maison qui y étaient restés — qui quittèrent le bâtiment, et il n'y eut pas un blessé qui sortit.

D'une manière générale il faut, à l'encontre des accusations italiennes de bombardement d'hôpitaux, remarquer ce qui suit : les Italiens désignent leurs hôpitaux de façon très apparente ; ils sont naturellement respectés. Lorsque ceux-ci se trouvent à des endroits où règne une grande activité militaire (comme à Gradisca, Sagnado, Pogliano,

Cassegliano), ou dans leurs alentours immédiats, ou qu'ils se trouvent dans le voisinage de postes de batteries italiennes, il est inévitable qu'ils courent des risques dans les combats autour de ces points stratégiques importants.

Les actes commis par les Italiens en violation de la convention de Genève, qui sont parvenus jusqu'ici à notre connaissance, sont les suivants :

1. *Tirs sur des hôpitaux.* a) Tir le 25 et le 26 septembre 1915, et de nouveau le 13 décembre 1915, sur l'hôpital de réserve de Göritz. L'allégation du Memorandum au Comité international de la Croix-Rouge (communiqué de l'Agence Stephani du 24 décembre 1915), qu'un bombardement de cet hôpital ne pouvait déjà pas avoir lieu intentionnellement les 25 et 26 septembre pour la raison que celui-ci, aussi bien que la ville de Göritz, était « complètement caché à la vue des batteries italiennes » par les hauteurs des monts Sabotino et Podgora, n'est pas exacte, car il est facile de prouver que la ville de Göritz est visible de Saint-Flouec et des positions italiennes au Nord-Ouest du mont Michel. Mais cette excuse est encore moins admissible pour le renouvellement du tir le 13 décembre 1915, car l'hôpital de réserve, après le bombardement des 25 et 26 septembre 1915 sur le bâtiment situé au centre de la ville, a été transféré dans un séminaire situé à l'Est de la ville, isolé sur une colline, s'imposant à l'observation et visible de très loin ; le bâtiment était désigné par des drapeaux de Genève, de dimensions gigantesques.

b) Tir sur l'hôpital de la Croix-Rouge de Rovereto, le 26 octobre 1915.

c) Au début de novembre 1915, la ville de Levico, sans aucune importance militaire, fut l'objet, pendant plusieurs jours, du tir d'une lourde artillerie, qui endommagea fortement le grand hôpital civil.

2. *Tir sur des postes de secours, des établissements sanitaires de campagne, des convois de blessés et du personnel sanitaire dans l'exercice de ses fonctions.* a) Tir sur nos postes de secours : à Monticello, les 19, 21, 24, 25 et 28 juillet 1915 ; au petit Pal, sur l'alpe inférieure de Frondell (au Sud de Dellach), en juillet et août 1915 ; à Palvejo (près de Plava), presque journellement du 14 juin au 14 juillet 1915 ; à Saint-Martino al Carso, entre le 8 et le 12 juillet 1915.

d) Tir sur d'autres installations sanitaires : sur la place de pansement de Polubino (à l'Est de Tolmein), le 21 juin 1915, au moyen d'artillerie lourde (88 coups), le poste de pansement fut complètement détruit, 2 hommes furent blessés ; sur un établissement sanitaire à Sainte-Lucia, le 30 juillet 1915 (1 mort, 8 blessés) ; sur le poste de rassemblement des blessés à Tolmein, en moyenne quatre fois par semaine ; sur le poste de malades de Paljkisca (à l'Ouest de Oppachiaselle), plusieurs fois du 11 au 19 août 1915.

e) Tir sur des convois de blessés : tir d'artillerie sur un convoi de blessés à Wadeckenbang (Nord-Ouest du lac Wolayer), le 18 octobre 1915 ; une voiture sanitaire qui se rendait à Roncegno pendant les mois de juillet et d'août fut l'objet d'un tir périodique entre Novaledo et Marter.

d) Tir sur nos patrouilles de sanitaires occupés à relever les blessés, le 20 juillet 1915 à Piano, le 21 à Stilfser Joch, le 14 août à Westhang Mont Piano, le 25 à Bassou, au Nord de Lusern. A cette dernière occasion l'aumônier militaire Ortner fut blessé par des balles italiennes, tirées à moins de 100 pas de distance, bien que son vêtement noir de prêtre et son brassard à croix rouge le rendissent reconnaissable.

Des tirs analogues se produisirent le 28 novembre 1915 devant la position de Rufreddo (à l'Ouest de Schluderbach), le 2 décembre 1915 à Ospizio S. Bartolomeo (Tonalepass), le 18 décembre 1915 à Sich (Sud-Est de Roseveto).

3. *Emploi de balles prohibées.* A Monticello (au Sud de Tonale), on trouva un magasin de cartouches fendues à la pointe.

4. *Cruautés envers les prisonniers et les blessés.* Un prisonnier sans défense fut blessé dans les circonstances suivantes : le 12 août 1915, dans un combat de patrouilles sur le Pissola (au Sud-Ouest de Daone), la sentinelle Sutterlutti fut surprise par derrière et dut se rendre. Bien qu'elle eût déjà déposé son fusil et levé les bras, les Italiens tirèrent sur elle à petite distance et la blessèrent grièvement au bras. Cet homme fut délivré peu après par notre patrouille et fit immédiatement rapport sur ce qui s'était passé.

Des blessés aussi furent achevés. Le lieutenant Rober Hirn fut, le matin du 4 août 1915, à l'occasion d'une patrouille, près de l'abri de Seikofel (Kreuzberggegend), blessé par une balle dans la région de l'aine. Comme une attaque italienne se produisit immédiatement après, on ne put emmener le blessé. Après que l'attaque ennemie eût été repoussée, on le retrouva mort, l'après-midi, au-dessus de l'endroit où il avait été blessé, avec la moitié gauche de la figure enlevée. L'examen médical établit que le décès de l'officier blessé avait été causé par un coup de crosse de fusil qui lui avait enfoncé le crâne.

Le fantassin Joseph Kröll, qui était tombé le 18 juillet, blessé au dos, dans son poste d'observation, entre Küngalt et Königswend (à l'Ouest de Kreuzberg), et qui ne put être secouru que plus tard, présentait un trou de balle derrière l'oreille gauche et 17 coups de baïonnette sur tout le corps.

Il suffit enfin de mentionner qu'il est de notoriété que ce sont les gens qui ont le plus à se reprocher qui crient le plus fort.

Pour copie conforme :

Dr Kirchenberger,

Médecin de l'État-major général.

550

Autriche-Hongrie. — Protestation des Croix-Rouges autrichienne et hongroise contre le torpillage du navire-hôpital *Elektra*, en date des 20 et 30 mars 1916 (*Bulletin international des Sociétés de la Croix-Rouge*, 1916, p. 178).

Vienne, 20 mars 1916.

Au Comité international de la Croix-Rouge, Genève.

Selon communiqué du ministère de la guerre impérial et royal, section de la marine, le bateau-hôpital de la Croix-Rouge *Elektra*, qui se rendait du Nord de l'Adriatique en Dalmatie méridionale, a été attaqué par un sous-marin, le 18 mars 1916, et fortement endommagé. Deux membres de l'équipage ont disparu, trois sont blessés.

Le nom de l'*Elektra* avait été notifié comme bateau-hôpital aux puissances belligérantes ennemies, conformément à l'article 2 de la convention du 18 octobre 1907, étendant à la marine les principes de la convention de Genève, et, selon les prescriptions de l'article 5 de cette même convention, il avait été muni des signes distinctifs extérieurs prévus pour ces navires hospitaliers.

L'attaque du sous-marin eut lieu, d'après le rapport officiel du commandant de la flotte, daté de hier, sans que le bateau ait été sommé de s'arrêter, par un temps clair et en plein soleil.

Ce rapport fait ressortir, avec parfaite raison, la scélératesse et la lâcheté de l'attaque de ce sous-marin. On ne peut concevoir une plus ignoble violation du droit des gens.

Nous élevons la plus énergique protestation contre le torpillage de notre bateau-hôpital, acte par lequel la marine ennemie, qui s'en est rendue coupable, s'est couverte de honte et de mépris. Comme on ignore à quelle marine ennemie le sous marin appartient, nous vous adressons la prière, aussi instante que polie, de communiquer *in extenso* notre protestation et notre légitime indignation du procédé inqualifiable du sous-marin ennemi aux commandants des flottes ennemies, par l'intermédiaire des Sociétés de la Croix-Rouge de ces pays.

Pour la Direction de la Croix-Rouge :

Oskar von Zednik de Zeldegg,

Dr Kirchenberger,

Médecin d'État-major.

Par lettre du 30 mars, la Croix-Rouge hongroise s'est associée à la protestation et à la demande de a Croix-Rouge autrichienne, au nom de l'humanité.

551

France. — Rapport du général Bailloud en réponse a la protestation de la Croix-Rouge bulgare au sujet du bombardement du village de Kosturino (1), janvier 1916 (*Bulletin international des Sociétés de la Croix-Rouge*, 1916, p. 180).

Le général Bailloud, à M. le général commandant en chef l'armée d'Orient, Salonique.

En réponse à la Note 5769-I JM, du 22 décembre 1915, j'ai l'honneur de vous rendre compte que nous n'avons jamais exécuté aucun tir prémédité sur les formations sanitaires bulgares, pas plus sur celles de Kosturino, le 6 novembre 1915, que sur d'autres.

Le Président de la Croix-Rouge de Sofia veut bien nous faire connaître que le 6 novembre, à 6 heures du soir, le village de Kosturino n'était ni défendu, ni occupé par les troupes bulgares, et que seuls des blessés et des malades s'y trouvaient.

Cependant, on distinguait très nettement à la jumelle des lignes de tranchées en avant de la lisière de ce village; d'autre part, les lignes avancées de l'ennemi à cette date étaient, en avant de ce village, à environ 3 à 4 kilomètres au Sud ; la seule route utilisable pour le ravitaillement passe à l'intérieur du village de Kosturino ; tous les soirs, il y avait un très gros mouvement de convois automobiles, ainsi que de voitures ordinaires, et les renforts ennemis se servaient du village comme masque.

Enfin, à l'Est de Kosturino, on distinguait l'emplacement d'une batterie d'artillerie.

Dans ces conditions, il n'est pas possible d'admettre que le village de Kosturino n'était pas occupé par les troupes bulgares.

D'ailleurs, les pavillons de la Croix-Rouge n'étaient pas visibles aux jumelles, sinon ils auraient été respectés, comme il est de règle dans l'armée française. Si quelques formations sanitaires ont été atteintes, c'est par un effet du hasard, et parce qu'elles étaient trop près de la ligne de feu. Ce n'est pas le résultat d'un ordre donné, ni d'une initiative délibérée des exécutants, ces procédés n'étant pas dans les habitudes françaises ; et le Président de la Croix-Rouge de Sofia ne doit pas ignorer qu'à la suite des combats livrés autour de Kosturino précisément, nous avons laissé les brancardiers bulgares venir ramasser leurs blessés sur le terrain même que nos adversaires avaient évacué après l'engagement. Et cela sous nos fusils et sous nos yeux, comme j'ai pu le constater de visu, le 8 au matin.

(1) V. ci-dessus, p. 222.

552

France. — Réponse du ministre des affaires étrangères a la protestation de la Croix-Rouge ottomane du 18 décembre 1915 (1) au sujet du bombardement de l'hôpital de Yalova, en date du 29 janvier 1916 (*Bulletin international des Sociétés de la Croix-Rouge*, 1916, p. 182).

Ministère des affaires étrangères. Sous-direction des Unions internationales et des affaires consulaires.

République française.

Paris, le 29 janvier 1916.

Monsieur le Président du Comité central de la Croix-Rouge française, Paris.

Monsieur le Président,

En réponse à votre lettre du 5 janvier, j'ai l'honneur de vous informer, d'après une communication de Monsieur le ministre de la marine, que rien dans les rapports de notre force navale aux Dardanelles ne permet de donner quelque fondement à l'allégation portée par le Croissant-Rouge.

Si l'ambulance de Yalova a pu être atteinte par des projectiles lors de bombardements faits en mer, nécessairement à très grande distance et hors de toute vue directe, ce ne peut être que par accident. Mais le gouvernement ottoman, qui, par Note verbale du 23 septembre 1915, a cru devoir protester vivement contre l'installation trop à proximité de la zone de feu des formations sanitaires anglaises d'Anafortas et déclarer qu'il lui paraissait impossible de leur éviter d'être atteintes par ses tirs, est peu fondé, en revanche, à réclamer parce que ses propres hôpitaux, celui de Yalova, par exemple, ont eu à souffrir d'un bombardement qui ne les visait certainement pas, et alors qu'il a toute faculté de les placer hors de toute atteinte, aussi en arrière que cela est nécessaire.

Agréez, Monsieur le Président, les assurances de ma considération la plus distinguée.

Pour le ministre et par autorisation :
Le ministre plénipotentiaire directeur,
(Signature illisible.)

553

Grande-Bretagne. — Réponse de la Croix-Rouge britannique a la protestation de la Croix-Rouge ottomane du 18 décembre 1915 (2) au sujet du bombardement de l'hôpital de Yalova, en date du 25 février 1916 (*Bulletin international des Sociétés de la Croix-Rouge*, 1916, p. 183).

Londres, le 25 février 1916.

M. Ador, Président du Comité international de la Croix-Rouge, Genève.

Monsieur,

En réponse à une lettre du 4 janvier 1916, j'ai l'honneur de vous informer que j'ai actuellement reçu du gouvernement de Sa Majesté un rapport sur le bombardement de l'hôpital de Yalova, dont les forces alliées sont incriminées.

(1) V. ci-dessus, p. 224.
(2) V. ci-dessus, p. 224.

Il en ressort que l'hôpital de Yalova a été effectivement bombardé le 17 décembre 1915, et qu'avant le bombardement la position avait été soigneusement scrutée par un observateur en aéroplane, qui n'avait signalé aucun hôpital dans le village. Le fait que, selon l'affirmation de la Société du Croissant-Rouge, il y avait cependant un hôpital qui a souffert du bombardement et particulièrement le fait que Mme Reghib fut tuée sont très vivement regrettés.

On peut remarquer que Yalova se trouve sur une importante ligne de communication, et qu'établir un hôpital dans un pareil endroit, alors qu'on eût pu choisir des lieux moins exposés, était aller au devant d'un accident tel qu'il s'en est produit, étant donné que l'hôpital n'était pas désigné assez clairement comme tel.

Les armées belligérantes se trouvaient, dans la péninsule de Gallipoli, si proches l'une de l'autre et l'espace libre était si limité, que, malgré toutes les précautions, des incidents regrettables de ce genre devaient nécessairement survenir. Les hôpitaux d'évacuation et les vaisseaux-lazarets de l'armée franco-britannique étaient complètement exposés aux obus de l'ennemi, et ils ont effectivement souffert occasionnellement de bombardements analogues à celui dont il s'agit. Les forces franco-anglaises n'ont jamais douté que ces incidents ne fussent le résultat d'accidents, et, comme cela doit être le cas entre belligérants qui reconnaissent et suivent les règles et usages de la guerre moderne, le gouvernement de Sa Majesté compte sur la même interprétation bienveillante de la part de l'armée turque de Gallipoli.

Je vous prie de transmettre au Croissant-Rouge ottoman l'expression du profond regret de notre Société, que cet accident ait eu lieu et notamment de ce qu'il ait coûté la vie de Mme Reghib.

Votre bien dévoué,
LOUIS MALLET.

554

Russie. — PROTESTATION DE LA CROIX-ROUGE RUSSE AU SUJET DU TORPILLAGE DU NAVIRE HÔPITAL *PORTUGAL*, EN DATE DU 30 MARS 1916 (*Bulletin international des Sociétés de la Croix-Rouge*, 1916, p. 184).

Pétrograde, 30 mars 1916.

Comité international de la Croix-Rouge, Genève, Suisse.

Le 17 mars, à 8 heures 30 du matin, le bâtiment-hôpital *Portugal*, appartenant à notre Société, fut attaqué en rade de la mer Noire par un sous-marin ennemi et coulé avec 115 personnes faisant partie de son personnel sanitaire. Vu que le nom du bâtiment-hôpital *Portugal* avait été officiellement notifié aux puissances adverses et que le bâtiment avait été muni des signes extérieurs exigés par l'article 5 de la Xe convention de la Haye de 1907, toute méprise est exclue. La Société russe de la Croix-Rouge proteste, avec toute l'énergie possible, contre cet acte épouvantable, formant une grave infraction à la Xe convention de la Haye de 1907.

Comité central de la Croix-Rouge russe.

555

Allemagne et France. — Liste des maladies et des lésions consécutives a des blessures pouvant déterminer l'internement en Suisse des blessés et malades prisonniers de guerre (*Bulletin international des Sociétés de la Croix-Rouge*, 1916, p. 205).

1. Tuberculose des voies respiratoires, même dans la période de début.

2. Tuberculose d'autres organes (peau, ganglions, os, articulations, organes digestifs, urinaires, génitaux, etc.).

3. Affections chroniques constitutionnelles, maladies du sang, intoxications chroniques (malaria, diabète, leucémie, anémie pernicieuse, intoxications par le chlore, l'oxyde de carbone, le plomb et le mercure, etc.).

4. Affections chroniques des voies respiratoires (sténoses, emphysème accentué, bronchite chronique, asthme, inflammations chroniques des poumons et de la plèvre, etc.).

5. Affections chroniques des organes de la circulation (lésions valvulaires, lésions du myocarde, anévrismes, etc.).

6. Affections chroniques des voies digestives exigeant un régime alimentaire spécial et prolongé.

7. Affections chroniques des voies urinaires et des organes génitaux, néphrite chronique, calculs vésicaux, hypertrophie de la prostate, etc.

8. Maladies chroniques du système nerveux central et périphérique (hystérie, épilepsie, maladie de Basedow, sciatique chronique, paralysies, convulsions et autres états nerveux graves).

9. Maladies chroniques des organes des sens (glaucomes, kératites, iritis, choroïdites, etc., otite chronique moyenne, etc.).

10. Cécité ou perte d'un œil avec acuité visuelle anormale de l'autre œil.

11. Surdité bilatérale.

12. Affections cutanées étendues, ulcérations, fistules.

13. Rhumatisme articulaire chronique, goutte avec troubles nettement constatables.

14. Tumeurs malignes ainsi que tumeurs bénignes avec troubles fonctionnels accentués.

15. Etat d'adynamie accentuée résultant de l'âge ou de maladies.

16. Formes graves de syphilis avec troubles fonctionnels.

17. Perte d'un membre (officiers et sous-officiers).

18. Ankyloses portant sur des articulations importantes, pseudarthroses, raccourcissement des extrémités, atrophies musculaires, paralysies nerveuses, suites de blessures et dont la durée semble devoir être prolongée.

19. Toutes les suites de maladies ou de blessures non mentionnées dans les rubriques ci-dessus, qui comportent une inaptitude totale au service d'une durée d'une année au moins (plaies accentuées de la face, des maxillaires, suites de trépanations, plaies torpides, etc.).

20. Les cas exceptionnels ne rentrant dans aucune des catégories ci-dessus, mais que les Commissions considèrent comme exigeant d'urgence l'internement en tant qu'égalant en gravité les maladies et blessures desdites catégories.

Sont exclus :

1. Les maladies nerveuses et mentales graves exigeant le traitement dans une maison de santé.

2. L'alcoolisme chronique.

3. Les maladies contagieuses de toutes natures dans leur période de transmissibilité (maladies infectieuses, blennorragie, luès au 1er et au 2e degré, trachome, etc.).

556

Italie. — Règlement des prises maritimes italien approuvé par décret du 15 juillet 1915.

1. En exécution du décret royal du 16 mai 1915 suspendant l'application de l'article 211 du code de la marine marchande durant le présent conflit, la capture des navires de commerce ennemis est autorisée en tous cas, sauf les exceptions suivantes :

a) Bateaux à voile servant exclusivement à la pêche dans les eaux peu profondes, ou à de petits services locaux en dedans de trois milles des côtes ennemies, pourvu qu'ils n'excèdent pas 5 tonneaux de déplacement, et qu'ils ne violent pas les dispositions spéciales prises par les autorités militaires en ce qui concerne la pêche et la navigation.

b) Navires exclusivement employés à un objet religieux, scientifique ou philanthropique, navires-hôpitaux équipés par des personnes privées ou des sociétés charitables expressément reconnues comme telles par le gouvernement royal, d'accord avec les instructions spéciales données aux officiers commandants de la marine.

Les cargaisons qui sont propriété ennemie dans les bateaux spécifiés sous la lettre *a*) sont exemptes de séquestration, pourvu qu'elles ne renferment pas de contrebande de guerre ; les cargaisons qui sont propriété ennemie en sont également exemptes à bord des navires spécifiés sous la lettre *b*), quand elles se rattachent à la mission dans laquelle le navire est engagé.

Les bateaux et navires compris sous les lettres *a*) et *b*) sont toutefois, en tous cas, sujets à capture, ainsi que leurs cargaisons, au cas où ils sont propriété ennemie, quand ces navires et bateaux prennent une part directe ou indirecte aux hostilités.

2. Les navires de commerce, sous quelque pavillon qu'ils naviguent, seront sujets à capture dans les conditions prévues aux articles suivants, si :

a) ils se rendent coupables d'une violation de blocus ;

b) s'ils transportent de la contrebande de guerre ;

c) s'ils prêtent assistance à l'ennemi ;

d) s'ils résistent par la force à la visite ou cherchent à l'éviter ;

e) s'ils sont sans papiers de bord ou possèdent des papiers de bord ou des manifestes qui sont faux, altérés ou insuffisants, de manière qu'on puisse croire à la dissimulation de leur nationalité véritable ou de la nature ou de la destination de leur cargaison ;

f) s'ils sont trouvés allant vers un port ennemi, alors que leurs papiers de bord indiquent une destination neutre ;

g) s'ils ont changé leur pavillon ennemi contre un pavillon neutre postérieurement à l'ouverture de la guerre, ou moins de 30 jours avant cette date, ou moins de 60 jours lorsque l'acte de vente par lequel le transfert du pavillon a été effectué n'est pas trouvé à bord.

3. Un navire est susceptible d'être capturé pour violation de blocus lorsqu'il cherche à entrer dans une zone bloquée ou à en sortir sans être muni d'un sauf-conduit régulier, ou lorsque, après avoir obtenu un sauf-conduit pour entrer ou sortir, il n'observe pas les règles prescrites sur la route qu'il doit suivre en naviguant dans la zone bloquée ou en traversant la ligne de blocus.

4. Si un navire dirige sa course à travers la zone bloquée dans l'ignorance de l'existence du blocus, celui-ci doit lui être notifié par un des vaisseaux bloquants, et la notification doit être portée, s'il est possible, sur le livre de bord.

L'ignorance de l'existence d'un blocus est présumée quand il a été déclaré après que le navire a quitté son dernier port de départ.

5. Sont considérés comme contrebande de guerre les objets et matières inscrits sur des listes respectives approuvées par décret.

es articles de contrebande absolue et conditionnelle sont saisis quand leur destination est un territoire appartenant à l'ennemi ou occupé par lui, ou quand ils sont consignés à des forces de l'ennemi.

La contrebande absolue et la contrebande conditionnelle à bord d'un navire allant à un port neutre sont toutes deux sujettes à saisie lorsque le nom du consignataire n'apparaît pas sur le manifeste ou lorsque le dernier consignataire réside dans un territoire appartenant à l'ennemi ou occupé par lui, ou lorsque les marchandises sont consignées à des agents d'un gouvernement ennemi, en quelque lieu qu'ils soient établis, ou à des tierces personnes qui ont reçu les marchandises pour le compte d'agents d'un gouvernement ennemi.

6. Un navire transportant de la contrebande absolue ou conditionnelle peut être capturé sur la haute mer ou dans les eaux territoriales d'un belligérant à tout moment pendant son voyage.

Toutefois, si les articles de contrebande forment une petite partie de la cargaison, les officiers de marine commandants peuvent, à leur volonté, les enlever, et, si les circonstances l'exigent, détruire les marchandises de contrebande, et après avoir noté le fait sur le livre du navire ils peuvent laisser le navire continuer son voyage.

7. Un navire doit être capturé comme coupable de donner assistance à l'ennemi, si :

a) il prend une part directe aux hostilités ;

b) il est affrété en totalité par un gouvernement ennemi ou qu'il a à bord un agent de ce gouvernement ayant le contrôle du navire ;

c) il est exclusivement affecté au transport de troupes ou à la transmission de nouvelles dans l'intérêt de l'ennemi ;

d) il est enrôlé pour transporter des détachements militaires ennemis ou des personnes qui, durant le voyage, peuvent donner ou ont prêté une assistance directe aux opérations de l'ennemi à la connaissance de son propriétaire, de son armateur ou de son capitaine ;

e) il navigue avec l'objet précis de transporter des individus se préparant à rejoindre les forces armées de l'ennemi.

8. Des personnes appartenant aux forces armées de l'ennemi ou ayant l'intention de rejoindre ces forces qui sont trouvées à bord d'un navire neutre peuvent être faites prisonniers de guerre, même si le navire n'est pas sujet à capture.

9. Pour l'application des instructions contenues dans les articles précédents, les officiers commandants de la marine, toutes les fois qu'ils le jugeront utile, procéderont à la visite des navires de commerce en haute mer ou dans les eaux des belligérants, ou peuvent les inviter à se rendre dans le port le plus voisin pour s'y soumettre à une visite.

10. Les navires neutres convoyés par un vaisseau de guerre seront exempts de visite si le commandant du convoi déclare par écrit la nature de la cargaison des navires convoyés de telle manière qu'on ait toutes les informations utiles qu'on aurait pu obtenir par l'exercice du droit de visite. Si les officiers de marine commandants ont motif de penser que la bonne foi de l'officier commandant de l'escorte a été surprise, ils lui communiqueront leur soupçon de façon qu'il pourra de son côté faire les vérifications nécessaires et délivrer un rapport écrit.

11. Les navires ou les marchandises capturés seront conduits dans le port le plus voisin du Royaume, des colonies ou des territoires occupés par l'Italie, ou, si cela est impossible, dans un port d'un pays allié ou occupé par celui-ci, ou en cas d'absolue nécessité dans un port neutre. Là, les navires et marchandises seront mis à la disposition des autorités maritimes et consulaires selon ce que le cas requerra, avec un rapport sur ce qui a été fait, accompagné des déclarations et documents respectifs.

12. Lorsque l'observation des dispositions indiquées à l'article précédent peut mettre en danger la sécurité du navire qui a effectué la capture, ou peut nuire au succès des opérations de guerre dans lesquelles il est engagé, les officiers de marine commandants peuvent détruire la prise après avoir mis en sûreté les personnes à bord et les papiers du navire ainsi que les manifestes et toutes autres pièces pouvant aider à établir la légi-

timité de la capture. La destruction de la prise doit être justifiée par un procès-verbal spécial.

Par ordre du lieutenant-général de Sa Majesté.

Le ministre de la marine :
VIALE.

557

Grande-Bretagne. — NOTE VERBALE DE L'AMBASSADEUR BRITANNIQUE A WASHINGTON AU SECRÉTAIRE D'ÉTAT DES ÉTATS-UNIS, AU SUJET DE LA SAISIE DU NAVIRE *NECHES*, EN DATE DU 6 AOUT 1915.

Ambassade d'Angleterre. — Washington, 6 août 1915.

Des informations sont parvenues de divers côtés au gouvernement de Sa Majesté d'après lesquelles une idée fausse se serait élevée au sujet de la Note britannique du 31 juillet (1) relative au vapeur *Neches* ; on aurait interprété cette Note en ce sens qu'elle aurait décidé que la cargaison du navire avait été saisie comme mesure de représailles contre la politique sous-marine de l'Allemagne.

Sir Edward Grey me charge d'expliquer que le malentendu vient sans doute de la brièveté de la Note. La Note admet que la procédure suivie n'est pas illégale. La saisie n'a pas été un moyen de représailles, mais elle a eu comme fondement les ordres en Conseil dont le gouvernement britannique s'est efforcé d'établir la légalité absolue, comme on l'a vu dans la Note du 23 juillet (2), à laquelle se réfère la Note du *Neches*.

Il est également expliqué que puisque le gouvernement britannique ne connaissait pas encore les démarches que les neutres ont faites contre la politique sous-marine de l'Allemagne, aucune référence ne pouvait être faite à l'action du gouvernement des États-Unis, ni à celle des autres neutres qui avaient perdu plus de navires que les États-Unis, actions au sujet desquelles le gouvernement britannique ne sait rien.

Il était de plus expliqué qu'en ce qui concerne la politique sous-marine allemande, le gouvernement anglais désirait seulement montrer qu'à son point de vue il n'était guère juste et raisonnable que les neutres lui demandassent d'abandonner quelques-uns de ses droits légaux pendant que l'Allemagne commettait des illégalités et contre la Grande-Bretagne et contre les neutres, quoiqu'il admette et regrette que son intervention contre le commerce allemand, bien que légale, puisse être préjudiciable aux neutres.

558

France. — NOTE RELATIVE A LA RATIFICATION PAR LE GOUVERNEMENT DE LA RÉPUBLIQUE FRANÇAISE DES RÉSOLUTIONS DE LA CONFÉRENCE ÉCONOMIQUE DES GOUVERNEMENTS ALLIÉS (*Journal officiel de la République française* du 22 août 1916, p. 7633).

CONFÉRENCE ÉCONOMIQUE DES GOUVERNEMENTS ALLIÉS TENUE A PARIS, DU 14 AU 17 JUIN 1916.

Le Conseil des ministres, dans sa séance du 27 juin dernier, a ratifié dans leur ensem-

(1) V. ci-dessus, p. 60.
(2) V. ci-dessus, p. 54.

bes les résolutions adoptées par la Conférence des gouvernements alliés, tenue à Paris, du 14 au 17 juin 1916 (1).

Les représentants de la République auprès des gouvernements alliés ont été chargés de notifier à ceux-ci cette ratification.

Le gouvernement de la République a depuis mis à l'étude les mesures réglementaires ou autres qui doivent permettre de donner, en France, auxdites résolutions une suite pratique.

559

Italie. — Déclaration du gouvernement italien remise le 27 aout 1916 au gouvernement fédéral suisse, par l'intermédiaire du ministre d'Italie a Berne, le priant de porter a la connaissance du gouvernement allemand que l'Italie se considère, a partir du 28 aout, en état de guerre avec l'Allemagne.

Les actes d'hostilité de la part du gouvernement allemand à l'égard de l'Italie se succèdent avec une fréquence croissante. Il suffit de mentionner les fournitures réitérées d'armes et d'instruments de guerre terrestre et maritime, faites par l'Allemagne à l'Autriche-Hongrie, la participation non interrompue d'officiers, de soldats et de matelots allemands aux différentes opérations de guerre dirigées contre l'Italie.

Ce n'est que grâce à l'assistance qui lui a été ainsi prodiguée par l'Allemagne, sous les formes les plus diverses, que l'Autriche-Hongrie a pu récemment concentrer contre l'Italie son plus vaste effort.

Il faut y ajouter la remise faite par le gouvernement allemand à notre ennemi de prisonniers évadés des camps de concentration austro-hongrois et réfugiés en territoire allemand ; l'invitation adressée aux établissements de crédit et aux banquiers allemands, sur l'initiative du Département impérial des affaires étrangères, d'avoir à considérer tout sujet italien comme un étranger ennemi et de surseoir à tout payement qui pourrait lui être dû ; la suspension du payement aux ouvriers italiens des pensions qui leur reviennent par suite de dispositions formelles de la loi allemande.

Ce sont là autant d'éléments révélateurs des véritables dispositions systématiquement hostiles que nourrit le gouvernement impérial à l'égard de l'Italie.

Un tel état de choses ne saurait être ultérieurement toléré de la part du gouvernement royal il aggrave, au détriment exclusif de l'Italie, le contraste profond entre la situation de fait et la situation de droit qui résulte déjà du fait de l'alliance de l'Italie et de l'Allemagne avec deux groupes d'États en guerre entre eux.

Pour les raisons ci-dessus énumérées, le gouvernement italien déclare, au nom du Roi, que l'Italie se considère, à partir du 28 août, en état de guerre avec l'Allemagne, et il prie le gouvernement fédéral suisse de vouloir porter ce qui précède à la connaissance du gouvernement impérial allemand.

(1) V. ci-dessus, p. 153.

560

Italie. — Notification par l'Italie a la France de l'état de guerre entre l'Italie et l'Allemagne, 27 aout 1916 (*Journal officiel de la République française* du 31 août 1916, p. 7831).

Le 27 août 1916, le gouvernement royal italien a fait connaître à l'ambassadeur de la République française à Rome que l'Italie a déclaré se trouver dès le 28 août en état de guerre avec l'Allemagne.

561

Roumanie. — Déclaration de guerre de la Roumanie a l'Autriche-Hongrie remise a Vienne le 27 aout 1916 a 9 heures du matin.

L'alliance conclue entre l'Allemagne, l'Autriche-Hongrie et l'Italie n'avait, selon la déclaration même des gouvernements, qu'un caractère essentiellement conservateur et défensif. Son objet principal était de garantir les pays alliés contre toute attaque du dehors et de consolider l'état de choses créé par les traités antérieurs.

C'est dans le désir d'accorder sa politique à ces tendances que la Roumanie se joignit à cette alliance. Vouée à l'œuvre de sa constitution intérieure et fidèle à sa ferme résolution de demeurer dans la région du bas-Danube un élémen d'ordre et d'équilibre, la Roumanie n'a pas cessé de contribuer au maintien de la paix dans les Balkans.

Les dernières guerres balkaniques, en détruisant le *statu quo*, lui ont imposé une nouvelle ligne de conduite. Son intervention amena la paix et rétablit l'équilibre. Elle se contentait pour elle-même d'une rectification de frontières qui lui donnait plus de sûreté contre une agression et qui, en même temps, réparait l'injustice commise à son détriment au Congrès de Berlin.

Mais, dans la poursuite de ce but, la Roumanie eut la déception de constater qu'elle n'avait pas rencontré auprès du Cabinet de Vienne l'attitude à laquelle elle était en droit de s'attendre.

Lorsque la guerre éclata, la Roumanie (ainsi que l'Italie) refusa de s'associer à la déclaration de guerre austro-hongroise dont elle n'avait pas été prévenue par le Cabinet de Vienne.

Au printemps 1915, l'Italie était en guerre avec l'Autriche-Hongrie, et la Triple-Alliance n'existait plus. Les raisons qui avaient déterminé l'adjonction de la Roumanie à ce système politique disparaissaient en même temps.

Au lieu d'un groupement d'États cherchant par des efforts communs à travailler d'accord pour assurer la paix et la conservation d'une situation de fait et de droit créée par les traités, on se trouvait en présence de puissances ne faisant la guerre que dans le but d'arriver à transformer de fond en comble les anciens arrangements qui avaient servi de base à leur traité d'alliance.

Ces profonds changements étaient pour la Roumanie la preuve évidente que le but qu'elle avait poursuivi en se joignant à la Triplice ne pouvait plus être atteint et qu'elle devait diriger ses vues et ses efforts vers des voies nouvelles, d'autant plus que l'œuvre entreprise par les Austro-Hongrois prenait un caractère menaçant pour les intérêts essentiels de la Roumanie ainsi que pour ses aspirations nationales les plus légitimes.

En présence d'une modification aussi radicale de la situation créée entre la Monarchie austro-hongroise et la Roumanie, cette dernière a repris sa liberté d'action.

La neutralité que le gouvernement royal s'imposa à la suite d'une déclaration de guerre faite en dehors de sa volonté et contraire à ses intérêts avait été adoptée en première ligne à la suite des assurances données au début par le gouvernement impérial et royal que la Monarchie en déclarant la guerre à la Serbie n'avait pas été inspirée par un esprit de conquête et qu'elle ne poursuivait en aucune façon des acquisitions territoriales.

Ces assurances ne se sont pas réalisées. Aujourd'hui, nous nous trouvons en face d'une situation de fait dont peuvent sortir de grandes transformations territoriales et des changements politiques de nature à constituer une grave menace pour la sûreté et l'avenir de la Roumanie.

L'œuvre de paix que la Roumanie, fidèle à l'esprit de la Triplice, avait essayé d'accomplir a été ainsi rendue stérile par ceux-là mêmes qui étaient appelés à l'appuyer et à la défendre.

En adhérant en 1883 au groupe des puissances centrales, la Roumanie, loin d'oublier les liens du sang qui unissent la population du Royaume aux Roumains sujets de la Monarchie austro-hongroise, avait vu dans les rapports d'amitié et d'alliance établis entre les trois grandes puissances un gage précieux pour sa tranquillité intérieure, aussi bien que pour l'amélioration de la sécurité des Roumains d'Autriche-Hongrie.

En effet, l'Allemagne et l'Italie qui avaient reconstitué leurs États sur la base du principe des nationalités ne pouvaient pas ne pas reconnaître la légitimité du fondement sur lequel reposait leur propre existence avant l'Autriche-Hongrie. Celle-ci trouvait dans les relations amicales qui s'établissaient entre elle et le Royaume de Roumanie des assurances pour sa tranquillité, tant à l'intérieur qu'à nos frontières communes ; car elle n'était pas sans savoir à quel point le mécontentement de sa population roumaine se répercutait chez nous, menaçant à chaque instant de troubler les bons rapports entre les deux États.

L'espoir que nous avions fondé à ce point de vue sur notre adhésion à la Triplice fut trompé pendant une période de plus de trente ans. Les Roumains de la Monarchie non seulement n'ont jamais vu introduire une réforme de nature à leur donner même un semblant de satisfaction, mais, au contraire, ils ont été traités comme une race inférieure et condamnés à subir l'oppression d'un élément étranger qui ne constitue qu'une minorité au milieu des nationalités diverses dont se composent les États austro-hongrois.

Toutes les injustices qu'on faisait ainsi subir à nos frères ont entretenu entre notre pays et la Monarchie un état continuel d'animosité que les gouvernements du Royaume n'arrivaient à apaiser qu'au prix de grandes difficultés et de nombreux sacrifices.

Lorsque la guerre actuelle éclata, on pouvait espérer que le gouvernement austro-hongrois, tout au moins à la dernière heure, finirait par se convaincre de la nécessité urgente de faire cesser cette injustice, qui mettait en danger, non seulement nos relations d'amitié, mais même les rapports normaux qui doivent exister entre États voisins.

Les deux années de guerre pendant lesquelles la Roumanie conserva sa neutralité ont prouvé que l'Autriche-Hongrie était hostile à toute réforme intérieure et ne pouvait rendre meilleure la vie des peuples qu'elle gouverne ; et elle se montra aussi prompte à les sacrifier qu'impuissante à les défendre contre les attaques extérieures.

La guerre à laquelle prend part presque toute l'Europe agite les plus graves problèmes touchant au développement national et à l'existence même des États. La Roumanie, par désir de contribuer à hâter la fin du conflit et sous l'empire de la nécessité de sauvegarder ses intérêts de race, se voit forcée d'entrer en ligne à côté de ceux qui peuvent lui assurer la réalisation de son unité nationale.

Pour ces raisons, elle se considère, dès ce moment, en état de guerre avec l'Autriche-Hongrie.

562

Roumanie. — Proclamation du Roi de Roumanie, Ferdinand, a la nation roumaine au sujet de la guerre déclarée par la Roumanie a l'Autriche-Hongrie, 28 aout 1916.

Roumains.

La guerre qui depuis deux ans enserre de plus en plus nos frontières et ébranle profondément les anciennes fondations de l'Europe prouve que le jour est arrivé où doit être assurée la vie paisible de nos peuples, le jour attendu depuis des siècles par la conscience nationale, le jour de fonder l'Etat roumain par l'union des principautés, préparée par la guerre de l'indépendance et par le travail infatigable de la race pour la renaissance nationale.

Aujourd'hui nous devons achever l'œuvre de nos pères et réaliser pour toujours ce que Michel le Brave ne put réaliser que pour un instant : l'union des Roumains des deux versants des Carpathes, des monts et des plaines de Bukovine où Etienne le Grand repose depuis un siècle. En nous, en nos vertus, en notre vaillance, réside le moyen de restaurer la grande et libre Roumanie prospère et pacifique, conformément aux aspirations de notre race.

Roumains, animés par le devoir sacré qui nous est imposé, résolus à affronter virilement tous les sacrifices inhérents à une guerre acharnée, marchons au combat avec l'élan puissant d'un peuple qui a une confiance inébranlable dans son destin. Les fruits glorieux de la victoire nous récompenseront. Pour Dieu, en avant !

Ferdinand.

563

Roumanie. — Notification par la Roumanie a la France de l'état de guerre entre la Roumanie et l'Autriche-Hongrie, 27 aout 1916 (*Journal officiel de la République française* du 5 septembre 1916, p. 7959).

La légation royale de Roumanie à Paris a porté à la connaissance du gouvernement de la République française la déclaration de guerre adressée par la Roumanie à l'Autriche-Hongrie, à la date du 27 août 1916.

564

Allemagne. — Note du gouvernement allemand annonçant la déclaration de guerre de l'Allemagne a la Roumanie, en date du 28 aout 1916.

La Roumanie ayant rompu le traité conclu avec l'Autriche-Hongrie et l'Allemagne, et ayant déclaré la guerre à l'alliée de l'Allemagne, le ministre allemand à Bucarest a été chargé de demander ses passeports et de déclarer au gouvernement roumain que l'Allemagne se considère désormais en état de guerre avec la Roumanie.

565

Turquie. — DÉCLARATION DE GUERRE DE LA TURQUIE A LA ROUMANIE, 28 AOUT 1916.

Le Conseil des ministres ottomans, réuni le 28 août 1916, a décidé de déclarer la guerre à la Roumanie : cette décision a été immédiatement sanctionnée par un iradé du Sultan.

566

Bulgarie. — NOTE REMISE LE 1er SEPTEMBRE 1916, AU MATIN, PAR LE PRÉSIDENT DU CONSEIL DE BULGARIE, M. RADOSLAVOFF, AU MINISTRE DE ROUMANIE A SOFIA, POUR LUI NOTIFIER LA DÉCLARATION DE GUERRE DE LA BULGARIE A LA ROUMANIE.

J'ai eu l'honneur de signaler ces derniers mois, à la légation royale de Roumanie, soit par Notes verbales, soit par lettres adressées à Votre Excellence ou, en son absence, à M. Langa-Rascano, chargé d'affaires, les très nombreux incidents qui ont constamment tenu en éveil les troupes chargées de la surveillance de la frontière roumano-bulgare.

Ces incidents de plus en plus fréquents, toujours provoqués du côté roumain, en dépit de l'attitude plus que correcte des autorités bulgares et malgré les assurances et les protestations d'amitié données par la légation de Roumanie, ont fini par mettre en lumière des intentions que le gouvernement bulgare se faisait un scrupule de supposer à sa voisine, un passé encore tout récent n'ayant pu lui faire oublier les sentiments de vive sympathie du peuple bulgare envers la Roumanie. Ces sentiments dataient de loin et ce passé tout récent dont je parle, c'est, Votre Excellence ne l'ignore pas, la guerre des Balkans de 1912-1913, où la Roumanie profita des sanglantes épreuves que le peuple bulgare traversait pour lui ravir, alors qu'il était en lutte pour son existence, un lambeau de son territoire, manifestant ainsi une haine tenace que rien ne justifiait.

La paix de Bucarest suivit, qui imposa à la Bulgarie le plus lourd des sacrifices. Néanmoins celle-ci se résigna encore et voulut tendre à sa voisine une main amie. Elle fut trompée dans ses espérances. Depuis, les preuves d'animosité se succèdent sans relâche. C'est d'abord l'attitude de la presse roumaine qui abreuve d'outrages la Bulgarie et son Souverain ; les difficultés sans fin pour autoriser le transit des marchandises destinées à la Bulgarie ; le refus de livrer, malgré les contrats réguliers, les produits de première nécessité achetés en Roumanie : sel, pétrole, etc. ; ce sont les vexations auxquelles sont exposés les Bulgares qui habitent la Roumanie ou ne font que traverser le pays ; c'est, le 13 juillet, la fermeture de la frontière aux marchandises et aux voyageurs de et pour la Bulgarie ; les protestations que la légation royale de Roumanie à Sofia élève avec la dernière énergie au sujet de prétendus incidents provoqués par des gardes-frontières bulgares, incidents qui n'ont jamais eu lieu, tel que celui de Rahovo, à propos duquel j'ai eu l'honneur d'écrire à Votre Excellence le 15 août et à M. Rascano le 21 du même mois.

Aux incidents de frontière incessants, mais comportant un caractère plus ou moins bénin, succèdent de vraies batailles rangées organisées par des détachements roumains contre les postes bulgares de la frontière. Le poste n° 9, à l'Est de Kemanlar, est attaqué dans la nuit du 25 au 26 août. Les postes 10 et 13 sont attaqués à la même époque. Ce sont bientôt de véritables opérations de guerre que les troupes roumaines accomplissent à la frontière : le bombardement de Kaldovo, le 28 août, et celui de Rousse, le même jour ; le 29 août, un détachement roumain ouvre un feu nourri sur un poste bulgare situé en face de lui, et peu après le feu s'étend le long de la ligne frontière jusqu'au poste bulgare n° 17.

De même sur la rive de la mer Noire, les gardes-frontières roumains attaquent vigoureusement les postes bulgares et sont repoussés. Enfin, M. Radeff est empêché depuis le 28 août de communiquer avec son gouvernement. Ses passeports lui sont remis sans que le gouvernement bulgare lui ait donné à un moment quelconque des Instructions se rapportant en quoi que ce soit à une rupture éventuelle des relations. Et le 30, c'est Votre Excellence qui demande ses passeports et notifie la rupture des relations diplomatiques comme la conséquence bien naturelle de tout ce qui précède.

Entre temps, dans la nuit du 30 au 31, sans une déclaration expresse de guerre, les armées roumaines essaient de jeter un pont sur le Danube devant Kladovo et de franchir le fleuve en cet endroit. Votre Excellence comprend quelle est dès lors la solution voulue par le gouvernement roumain et qui s'impose par la force des choses. Etant donné la situation telle que ce gouvernement l'a créée, la Bulgarie est obligée d'accepter le fait accompli, et j'ai l'honneur, Monsieur le ministre, de porter à la connaissance de Votre Excellence qu'à partir de ce matin elle se considère en état de guerre avec la Roumanie.

Veuillez agréer l'assurance de ma haute considération.

567

Bulgarie. — Manifeste de guerre a la nation bulgare affiché dès la rupture des relations entre la Bulgarie et la Roumanie, 1er septembre 1916.

Manifeste à la nation bulgare.

Bulgares, en 1913, après la guerre des Balkans, alors que la Bulgarie était obligée de se battre avec des alliés perfides, notre voisine du Nord, la Roumanie, prétextant la rupture de l'équilibre dans les Balkans, nous attaquait traîtreusement. Elle envahit, sans rencontrer de résistance, la partie non défendue de notre patrie. Par cette invasion de brigands de notre territoire, elle nous empêcha de recueillir les fruits sacrés de la guerre, elle réussit encore ensuite par le traité de Bucarest à nous humilier et à nous ravir notre chère Dobroudja, berceau de notre premier Royaume.

Conformément à mes ordres, notre vaillante armée ne tira pas alors un seul coup de fusil contre les soldats roumains et leur laissa acquérir la triste gloire militaire dont jusqu'à présent ils n'ont pas osé se vanter.

Bulgares, aujourd'hui la Bulgarie, avec l'aide des troupes alliées, est parvenue à repousser l'agression de la Serbie contre notre territoire, elle a battu et brisé cette dernière puissance et réalisé l'unité du peuple bulgare, car la Bulgarie est maîtresse de presque tous les territoires sur lesquels elle a des droits historiques et ethniques.

Cette même voisine, la Roumanie, a déclaré la guerre à notre alliée l'Autriche-Hongrie, sous prétexte que la guerre européenne préparait une importante reconstitution territoriale dans les Balkans et menacerait ainsi son avenir.

Sans aucune déclaration de guerre à la Bulgarie, l'armée roumaine a, dès le 28 août, bombardé les villes danubiennes bulgares Rousse, Swistow, etc.

A la suite de cette provocation de la Roumanie, j'ordonne à notre vaillante armée de chasser l'ennemi hors des frontières du Royaume, d'anéantir ce voisin violent, d'assurer l'unité du peuple bulgare réalisée au prix de tant de sacrifices et de délivrer de la servitude nos frères de la Dobroudja.

Nous combattrons la main dans la main avec les troupes vaillantes et victorieuses de toutes les puissances qui sont nos alliées.

J'espère que la nation bulgare accomplira de nouveaux exploits glorieux par lesquels elle couronnera l'œuvre de libération.

Que les soldats bulgares continuent à voler de victoire en victoire. En avant, que Dieu bénisse nos armes !

568

Allemagne. — Mémoire de l'Office allemand des colonies sur l'origine de la guerre en Afrique, publié dans la *Gazette de l'Allemagne du Nord* et autres journaux allemands du 25 mars 1915 (*Bulletin du Comité de l'Afrique française*, 1916, Renseignements coloniaux, n° 3, p. 68-74).

L'article 11 de l'Acte du Congo du 26 février 1885 dispose que les possessions des puissances signataires se trouvant dans la zone conventionnelle de la liberté commerciale devront être neutralisées, dans le cas où la métropole intéressée serait impliquée dans une guerre ; et les puissances signataires de l'Acte *s'engagent* notamment à prêter leurs bons offices pour que, du consentement des parties belligérantes, les territoires en question soient déclarés neutres. Les territoires suivants des États européens actuellement en guerre se trouvent dans la zone de la liberté commerciale :

Allemagne : toute l'Afrique orientale allemande, environ un tiers du Cameroun ;

Angleterre : toute l'Afrique orientale anglaise, tout le protectorat de l'Ouganda, tout le protectorat du Nyassaland, une petite partie de la Rhodésia septentrionale ;

France : environ la moitié de l'Afrique équatoriale française ;

Belgique : tout le Congo belge.

Ainsi qu'il ressort du Livre gris belge publié vers la fin de l'année dernière (Correspondance diplomatique relative à la guerre de 1914), aussitôt après l'ouverture des hostilités ont eu lieu entre les puissances alliées, Belgique, France et Angleterre, sur la proposition du gouvernement belge, des pourparlers ayant pour objet la neutralisation du bassin conventionnel du Congo. La correspondance échangée entre ces gouvernements mérite d'autant plus de provoquer un intérêt plus général qu'elle met remarquablement en lumière les motifs qui ont déterminé en dernière analyse les puissances alliées à trancher cette question par un refus.

Les pièces de cette correspondance sont reproduites ci-après :

N° 57. — *Télégramme adressé par M. Davignon, ministre des affaires étrangères, aux ministres du Roi à Paris et à Londres.*

Bruxelles, 7 août 1914.

La Belgique souhaite que la guerre ne soit pas étendue en Afrique centrale. Le gouvernement du Congo belge a reçu pour instructions d'observer une attitude strictement défensive. Priez le gouvernement français (anglais) de faire savoir si son intention est de proclamer la neutralité au Congo français (colonies britanniques du bassin conventionnel du Congo) conformément à l'article 11 de l'Acte général de Berlin. Un télégramme de Boma annonce que les hostilités sont probables entre Français et Allemands dans l'Ubangi.

Signé : Davignon.

N° 58. — *Lettre adressée par M. Davignon, ministre des affaires étrangères, aux ministres du Roi à Paris et à Londres.*

Bruxelles, le 7 août 1914.

Monsieur le ministre,

Comme suite à mon télégramme de ce matin, j'ai l'honneur de vous prier de porter à la connaissance du gouvernement français (anglais) l'information suivante :

Tout en prescrivant au gouverneur général du Congo de prendre des mesures de défense sur les frontières communes de la colonie belge et des colonies allemandes de l'Est africain et du Cameroun, le gouvernement du Roi a invité ce haut fonctionnaire à s'abstenir de toute action offensive contre ces colonies.

Vu la mission civilisatrice commune aux nations colonisatrices, le gouvernement belge désire, en effet, par un souci d'humanité, ne pas étendre le champ des hostilités à l'Afrique centrale. Il ne prendra donc point l'initiative d'infliger une pareille épreuve à la civilisation dans cette région, et les forces militaires qu'il y possède n'entreront en action que dans le cas où elles devraient repousser une attaque directe contre ses possessions africaines.

J'attacherais du prix à savoir si le gouvernement de la République (de Sa Majesté britannique) partage cette manière de voir et, le cas échéant, s'il entre dans ses intentions, à l'occasion du conflit actuel, de se prévaloir de l'article 11 de l'Acte général de Berlin pour placer sous le régime de la neutralité celles de ses colonies qui sont comprises dans le bassin conventionnel du Congo.

J'adresse une communication identique à votre collègue à Londres (Paris).

Veuillez agréer, etc.

Signé : DAVIGNON.

L'attitude du gouvernement français ressort des pièces suivantes du Livre gris :

N° 59. — *Lettre adressée par le ministre du Roi à Paris à M. Davignon, ministre des affaires étrangères.*

Paris, le 8 août 1914.

Monsieur le ministre,

J'ai eu l'honneur de parler au Président de la République de votre télégramme d'hier. Je l'avais reçu dans la soirée et l'avais immédiatement communiqué au ministère des affaires étrangères. On avait demandé à réfléchir avant de me répondre.

M. Poincaré m'a promis de parler de cette question aujourd'hui au ministre des colonies. A première vue, il ne verrait guère d'inconvénient à proclamer la neutralité du Congo français, mais il réserve cependant sa réponse. Il croit que des faits de guerre ont déjà éclaté dans l'Oubangui. Il a profité de la circonstance pour me rappeler que la protection que nous accorde la France s'étend aussi à nos colonies et que nous n'avons rien à craindre.

Veuillez agréer, etc.

Signé : BARON GUILLAUME.

N° 61. — *Télégramme adressé par le ministre du Roi à M. Davignon, ministre des affaires étrangères.*

Paris, 9 août 1914.

Le gouvernement français est très disposé à proclamer la neutralité des possessions du bassin conventionnel du Congo et prie l'Espagne de le proposer à Berlin.

Signé : BARON GUILLAUME.

N° 74. — *Lettre adressée par le ministre du Roi à Paris à M. Davignon, ministre des affaires étrangères.*

Paris, le 16 août 1914.

Monsieur le ministre,

Au cours de l'entretien que j'ai eu ce matin avec M. de Margerie, j'ai amené la conversation sur les affaires coloniales et sur la démarche que vous m'avez chargé de faire par votre télégramme et votre dépêche du 7 de ce mois.

Mon interlocuteur m'a rappelé que le gouvernement de la République s'était adressé à l'Espagne qui n'avait pas donné réponse avant d'avoir l'avis de l'Angleterre. Il paraît que celle-ci continue à ne pas donner de réponse.

M. de Margerie estime qu'en présence de la situation actuelle, il importe de frapper l'Allemagne partout où on peut l'atteindre ; il croit que telle est aussi l'opinion de l'Angleterre, qui aura certes des prétentions à faire valoir ; la France désire reprendre la partie du Congo qu'elle a dû céder à la suite des incidents d'Agadir. Un succès, me dit mon interlocuteur, ne serait pas difficile à obtenir.

Veuillez agréer, etc.

Signé : BARON GUILLAUME.

La décision du gouvernement britannique résulte du document suivant du Livre gris :

N° 75. — *Lettre adressée par le ministre du Roi à Londres à M. Davignon, ministre des affaires étrangères.*

Londres, le 17 août 1914.

Monsieur le ministre,

En réponse à votre dépêche du 7 août, j'ai l'honneur de vous faire savoir que le gouvernement britannique ne peut se rallier à la proposition belge tendant à respecter la neutralité des possessions des puissances belligérantes dans le bassin conventionnel du Congo.

Les troupes allemandes de l'Est africain allemand ont déjà pris l'offensive contre le protectorat anglais de l'Afrique centrale. D'autre part des troupes britanniques ont déjà attaqué le port allemand de Dar-Es-Salaam, où elles ont détruit la station de télégraphie sans fil.

Dans ces circonstances, même si le gouvernement anglais était persuadé de l'utilité politique et stratégique de la proposition belge, il ne pourrait l'adopter.

Le gouvernement de Londres croit que les forces qu'il envoie en Afrique seront suffisantes pour vaincre toute opposition. Il fera tous ses efforts pour empêcher des soulèvements dans la population indigène.

La France est du même avis que l'Angleterre, vu l'activité allemande que l'on remarque près de Bonar (1) et Ekododo.

Signé : COMTE DE LALAING.

De ce qui précède il ressort avant tout que, tandis qu'au début la Belgique s'efforçait d'écarter la guerre de son domaine africain, l'Angleterre et ensuite aussi la France ont pris prétexte de la prétendue ouverture des hostilités par des forces militaires allemandes en Afrique pour renoncer à l'application de l'article 11 de l'Acte du Congo.

Or, en se basant sur les communications officielles des gouverneurs du Cameroun et de l'Afrique orientale allemande parvenues dans l'intervalle à l'Office impérial des colo-

(1) On a sans doute voulu dire Bonga. K. R. A. (Note allemande). — *Cette note allemande est sans fondement. Il s'agit en réalité de* Bouar, *situé dans le massif montagneux qui enferme les affluents de la Haute-Ouham et ceux de la Lobaye ; les Allemands y avaient créé un poste important, siège d'une compagnie avec retranchements et mitrailleuses* (Note du *Bulletin du Comité de l'Afrique française*).

nies, il a été établi ce qui suit, en ce qui concerne *la responsabilité et l'ordre chronologique des premiers faits de guerre* aux frontières des colonies allemandes en question :

I. — Cameroun.

1° Le 6 août 1914, le poste allemand de Bonga, à l'extrémité de l'antenne de la Sangha, dont le chef ignorait l'ouverture des hostilités en Europe, fut *surpris et occupé par les Français.*

2° Dans la nuit du 7 au 8 août 1914, le poste douanier allemand de Zinga, à l'extrémité de l'antenne de l'Oubangui, fut *attaqué à l'improviste par le Commissaire belge suppléant du district de Libenge, Tummers, et remis ensuite aux troupes françaises.* Par suite du manque de communications télégraphiques, ce poste n'avait eu, lui non plus, aucune connaissance préalable de l'ouverture des hostilités, tandis que les Français à Bangui en avaient été informés télégraphiquement dès le 5 août.

Pour compléter ces démonstrations de fait, il convient de faire remarquer expressément qu'aussitôt après l'ouverture des hostilités le gouverneur impérial du Cameroun a adressé ici une communication faisant connaître clairement son intention d'observer tout d'abord une attitude purement défensive.

Il y a lieu de constater, par parenthèse, que les combats dans les territoires frontières du Cameroun situés en dehors du bassin conventionnel du Congo ont commencé également par des attaques de nos ennemis : en effet des forces *anglaises* ont attaqué le 25 août à Tepe, dans l'Adamaoua allemand, et le même jour à Nssanakang, sur le territoire allemand du fleuve Cross.

Du côté allemand c'est seulement vers le milieu de septembre, d'après les informations du gouverneur, que l'on prépara une offensive contre Midzik, en territoire français (en dehors de la zone conventionnelle) ; on n'a d'ailleurs pas encore appris ici si cette offensive a effectivement eu lieu. Vers la même époque se produisit la première *attaque* allemande en territoire anglais, à Takum en Nigéria.

II. — Afrique orientale allemande.

1° *Le* 8 *août* 1914, *les Anglais commencèrent les hostilités contre la colonie Est-africaine avec le bombardement de Dar-es-Salaam par le croiseur* Pegasus.

2° Le 13 août, le vapeur du gouvernement *Hermann von Wissmann* fut capturé sur le lac Nyassa par le vapeur « anglais » *Gwendolin.*

Ces deux événements se placent chronologiquement *avant* les hostilités survenues dans d'autres régions frontières de la colonie, au cours desquelles les forces militaires allemandes passèrent à leur tour à l'offensive. Celle-ci commença le 15 août avec l'attaque de Taveta, en Afrique orientale anglaise, par les troupes de police *Est-africaines.*

Les premières rencontres avec les Belges sur la frontière congolaise n'eurent lieu que plus tard, vers la fin d'août.

Ni ces communications *ni les informations de la presse ennemie* ne justifient l'affirmation des trois gouvernements alliés, d'après laquelle les *Allemands* auraient ouvert les hostilités dans les territoires du bassin conventionnel du Congo. Ce sont au contraire les Alliés qui ont pris l'offensive, à l'Ouest comme à l'Est, dès la première semaine de la guerre.

Ainsi tombent également les motifs sur lesquels les gouvernements ennemis ont basé — au moins pour la forme — leur rejet de la neutralisation du bassin conventionnel.

Mais d'ailleurs la lettre et l'esprit de l'article 11 de l'Acte du Congo donnent *juridiquement* la possibilité de soulever à n'importe quelle période des hostilités la question de la neutralisation des territoires auxquels s'applique cet Acte. Si donc les Alliés avaient sérieusement tenu à écarter la guerre de l'Afrique équatoriale, les insignifiantes escarmouches de frontière consécutives à l'avance de nos troupes de police Est-africaines dans la seconde quinzaine d'août n'auraient pas dû servir de motif aux trois gouvernements alliés pour écarter la proposition de neutralisation. *L'Allemagne* ne s'est pourtant laissée influencer ni par l'attaque des antennes de la Sangha et de l'Oubangui au Cameroun, ni par le bombardement de Dar-es-Salaam, ni par la capture du vapeur *Hermann von Wissmann*, quand elle a pris de son côté l'initiative de la neutralisation du bassin du Congo.

Sans doute le gouvernement impérial n'avait jamais supposé qu'une guerre *européenne* d'ans laquelle l'Allemagne se trouverait impliquée serait étendue aux colonies. Cela résulte notamment du fait que l'organisation militaire existant dans les trois colonies les plus importantes, Afrique orientale, Cameroun et Sud-Ouest, consista de tout temps uniquement en troupes de police destinées exclusivement à assurer la sécurité de ces pays contre des révoltes d'indigènes, *mais non contre un ennemi extérieur* ; quant aux autres colonies, elles ne disposaient que de quelques détachements de police plus ou moins insignifiants et nulle part les frontières n'étaient fortifiées, de quelque manière que ce soit. Même après l'accomplissement des actes d'hostilité ci-dessus mentionnés en Afrique orientale et au Cameroun, l'Allemagne n'avait pas abandonné l'espoir que l'on s'en tiendrait là et que la neutralisation des territoires africains en question serait encore possible.

Après différents pourparlers préliminaires entre les organes compétents du gouvernement de l'Empire et l'ambassadeur des États-Unis à Berlin, la correspondance suivante fut échangée sur cette question :

1. — *Lettre du sous-secrétaire d'État à l'Office des affaires étrangères à l'ambassadeur des États-Unis à Berlin.*

Office des affaires étrangères.

Berlin, 23 août 1914.

Le soussigné a l'honneur de communiquer ce qui suit à S. E. M. Gerard, ambassadeur des États-Unis à Berlin :

L'article 11 de l'Acte du Congo du 26 février 1885 dispose que les colonies situées dans la zone conventionnelle de la liberté commerciale doivent être neutralisées si la métropole intéressée est impliquée dans une guerre ; et les puissances signataires de l'Acte *s'engagent* notamment à prêter leurs bons offices pour que, du consentement des parties belligérantes, la neutralité de ces territoires soit proclamée.

Les États européens actuellement en guerre possèdent dans la zone de la liberté commerciale les territoires suivants :

Allemagne : toute l'Afrique orientale allemande, environ un tiers du Cameroun ;

Angleterre : toute l'Afrique orientale anglaise, tout le protectorat de l'Ouganda, tout le protectorat du Nyassaland, une petite partie de la Rhodésia septentrionale ;

France : environ la moitié de l'Afrique équatoriale française ;

Belgique : tout le Congo belge.

D'après les informations parvenues jusqu'à présent, l'Angleterre s'est d'abord livrée à deux actes d'hostilité dans les limites de la zone de la liberté commerciale : le bombardement de Dar-es-Salaam et la capture du vapeur *Hermann von Wissmann* sur le lac Nyassa.

Il ressort des protocoles de la Conférence de Berlin, de 1884-1885, qu'il faut attribuer le chapitre III de l'Acte du Congo avec les articles 10, 11 et 12 traitant de la neutralité à une instigation du représentant des États-Unis d'Amérique M. John A. Kasson. Déjà à la seconde séance (cf. protocole n° 2 du 19 novembre 1884), M. Kasson donna lecture d'une déclaration exprimant le vif désir de son gouvernement qu'en cas de guerre entre des puissances civilisées la zone de la liberté commerciale restât à l'abri de leurs atteintes.

Dans un exposé lu le 10 décembre 1884 (cf. annexe n° 13 au protocole n° 5 du 18 décembre 1884), M. Kasson montra d'une manière approfondie et convaincante les raisons parlant en faveur d'une neutralisation. Les différentes nationalités qui constituaient les premières colonies américaines se trouvant en état de guerre entre elles avaient cherché des alliés parmi les Indiens et ce procédé avait eu en son temps les conséquences les plus déplorables. De même, des hostilités entre Européens en Afrique réduiraient à néant tous les progrès accomplis dans la civilisation des nègres et en particulier tous les résultats obtenus par les missions.

Aujourd'hui encore ces déclarations méritent une approbation complète. C'est pourquoi l'Allemagne est prête à donner son consentement à la neutralisation des colonies situées dans la zone de la liberté commerciale.

Eu égard au vif intérêt qu'à l'occasion de la Conférence de Berlin de 1884-1885 le gouvernement des États-Unis d'Amérique a accordé à la question de la neutralisation des colonies situées dans la zone de la liberté commerciale, le soussigné a l'honneur de faire appel à la bienveillante intervention de S. E. l'ambassadeur des États-Unis d'Amérique M. Gerard, avec la prière de *porter ce qui précède à la connaissance du gouvernement des États-Unis d'Amérique et de le solliciter en même temps, au nom du gouvernement impérial, de bien vouloir obtenir des autres puissances belligérantes leur consentement à la neutralisation de celles de leurs colonies situées dans la zone de la liberté commerciale.*

En exprimant par avance ses remerciements les plus empressés pour le dérangement causé, le soussigné profite de cette occasion, etc.

Signé : ZIMMERMANN.

A S. E. l'ambassadeur des États-Unis d'Amérique, M. Gerard.

2. — *Lettre de l'ambassadeur des États-Unis à Berlin au sous-secrétaire d'État à l'Office des affaires étrangères.*

Ambassade des États-Unis d'Amérique.

Berlin, 31 août 1914.

Le soussigné ambassadeur des États-Unis d'Amérique, sur les instructions de son gouvernement et en réponse à l'estimée Note du 23 août 1914, dont il n'a pas manqué de porter le contenu à la connaissance de son gouvernement, a l'honneur de faire savoir au Conseiller intime M. Zimmermann, sous-secrétaire d'État impérial pour les affaires étrangères, que les États-Unis, n'ayant pas ratifié l'Acte du Congo du 26 février 1885 relatif à la neutralisation des colonies africaines comprises dans la zone conventionnelle de la liberté commerciale, ne peuvent pas être considérés comme étant partie à la convention. En conséquence, le gouvernement américain n'est pas en mesure d'accéder au désir du gouvernement impérial et d'obtenir le consentement des autres belligérants à la neutralisation de celles de leurs colonies situées dans la zone de la liberté commerciale.

Le soussigné profite de cette occasion, etc.

Signé : JAMES W. GERARD.

Au Conseiller intime M. Zimmermann, sous-secrétaire d'État pour les affaires étrangères, etc.

3. — *Lettre du sous-secrétaire d'État à l'Office des affaires étrangères à l'ambassadeur des États-Unis à Berlin.*

Berlin, 15 septembre 1914.

Le gouvernement impérial a appris avec regret, par l'estimée Note de S. E. l'ambassadeur des États-Unis d'Amérique M. Gerard, en date du 31 août — F. O., n° 442 — que le gouvernement américain refuse d'engager, conformément à la demande du gouvernement impérial, des démarches auprès des puissances belligérantes intéressées, en vue de la neutralisation des colonies africaines comprises dans la zone de la liberté commerciale. Ce refus est basé sur le fait que le gouvernement des États-Unis d'Amérique ne peut pas être considéré comme puissance signataire de l'Acte du Congo. Le gouvernement impérial regrette, après un examen approfondi de la question, de ne pouvoir voir dans cette circonstance une raison plausible de décliner la demande allemande.

Le gouvernement américain ayant, ce dont nous lui sommes reconnaissants, accepté la protection des intérêts allemands auprès des puissances avec lesquelles l'Empire allemand se trouve actuellement en état de guerre, il semble très naturel que le gouvernement impérial sollicite l'intervention américaine pour faire valoir tels de ses désirs. Il appartient évidemment au gouvernement américain de juger dans chaque cas particulier s'il doit appuyer les demandes allemandes ou simplement les porter à la connaissance des puissances belligérantes sans prendre lui-même position. Mais le gouvernement impérial est d'avis que le refus opposé à une demande allemande ne peut être justifié que si cette demande est en contradiction avec la neutralité du gouvernement américain ou avec les principes du droit et de l'équité.

En raison de la nature de sa demande et de l'attitude des États-Unis d'Amérique à la Conférence de Berlin de 1884-1885, le gouvernement impérial se croyait autorisé à espérer que la demande exprimée par l'Allemagne recevrait du gouvernement américain un accueil tout à fait sympathique, *car elle avait pour but d'empêcher une aggravation de l'état de guerre inutile et en même temps préjudiciable à la communauté de culture de la race blanche.* La question de savoir si le gouvernement des États-Unis d'Amérique a lui-même ratifié l'Acte du Congo du 26 février 1885 n'a pas, de l'avis du gouvernement impérial, à être prise en considération. Ce qui devrait plutôt faire pencher la balance, c'est le fait que l'*Allemagne*, qui sollicite l'intervention du gouvernement américain, est puissance signataire de l'Acte du Congo.

Le gouvernement impérial croit pouvoir compter que le gouvernement des États-Unis d'Amérique, après un nouvel examen de la question, n'écartera pas le point de vue du gouvernement impérial.

C'est pourquoi le soussigné, se référant à sa Note du 23 août 1914, a l'honneur de faire un nouvel appel à la bienveillante intervention de Son Excellence l'ambassadeur des États-Unis d'Amérique avec la prière d'obtenir, par l'intermédiaire du gouvernement américain, le consentement des autres puissances belligérantes à la neutralisation de celles de leurs colonies africaines situées dans la zone de la liberté commerciale, conformément à l'Acte du Congo du 26 février 1885.

Le soussigné profite de cette occasion, etc.

Signé : ZIMMERMANN.

A S. E. l'ambassadeur des États-Unis d'Amérique, M. Gerard.

4. — *Lettre de l'ambassadeur des États-Unis à Berlin au Sous-secrétaire d'État à l'Office des affaires étrangères.*

Ambassade des États-Unis d'Amérique.

Berlin, 2 septembre.

Le soussigné ambassadeur des États-Unis d'Amérique, en réponse à l'estimée Note du 15 septembre 1914, a l'honneur de faire savoir au Conseiller intime M. Zimmermann, sous-secrétaire d'État impérial pour les affaires étrangères, qu'il a été informé par le Département d'État à Washington que celui-ci a transmis sans aucune observation la proposition du gouvernement impérial concernant la neutralisation des colonies africaines des belligérants comprises dans la zone de la liberté commerciale.

Le soussigné profite de cette occasion, etc.

Signé : JAMES W. GERARD.

Au Conseiller intime, M. Zimmermann, sous-secrétaire d'État impérial pour les affaires étrangères.

5. — *Note verbale de l'ambassade des États-Unis à Berlin à l'Office des affaires étrangères.*

L'ambassade américaine a l'honneur de communiquer ci-dessous à l'Office impérial des affaires étrangères la traduction d'une Note du *ministère des affaires étrangères français*, datée de Bordeaux le 28 septembre, que l'ambassade américaine à Paris a reçue en réponse à une communication faite le 23 septembre, en exécution d'Instructions du Département d'État à Washington :

« Le ministère des affaires étrangères a l'honneur de déclarer que, *l'Allemagne ayant pris l'initiative des hostilités contre les possessions françaises et belges dans le bassin conventionnel du Congo,* le gouvernement de la République s'est vu obligé de prier le gouvernement espagnol de ne pas donner suite à une proposition de bons offices qu'il lui avait déjà adressée à l'instigation du gouvernement belge, aux termes de l'article 11 de l'Acte de Berlin. *Dans ces conditions, il n'est plus possible désormais au gouvernement français d'appliquer pendant la durée de la guerre les dispositions de cet article concernant la neutralisation des possessions des puissances belligérantes situées dans le bassin conventionnel du Congo* ».

Berlin, 7 octobre 1914.

6. — *Note verbale de l'ambassade d'Espagne à l'Office des affaires étrangères.*

Ambassade d'Espagne à Berlin. — Affaires de Belgique.

L'ambassade royale d'Espagne a l'honneur de transmettre ci-après à l'Office impérial des affaires étrangères une communication du *gouvernement belge* concernant la neutralisation des territoires situés dans le bassin conventionnel du Congo.

Berlin, 8 novembre 1914.

A l'Office impérial des affaires étrangères.

Annexe à la Note verbale précédente.

A la date du 25 septembre, le consulat des États-Unis à Anvers a remis un télégramme d'après lequel il était autorisé à attirer l'attention du gouvernement belge sur le fait que le 22 août le gouvernement allemand a adressé une Note à l'ambassadeur des États-Unis à Berlin relative à l'article 11 de l'Acte de Berlin du 26 février 1885 au sujet de la neutralisation des colonies se trouvant dans la zone conventionnelle ouverte au commerce. La Note faisait observer que le chapitre III de cet Acte s'occupe de la neutralité et que l'Allemagne est disposée à accepter une pareille neutralisation.

Le gouvernement du Roi ne s'explique pas comment cette Note remise le 22 août à l'ambassade des États-Unis à Berlin ne lui soit parvenue que le 25 septembre.

A la date du 7 août le gouvernement belge s'était mis en rapport avec les gouvernements français et anglais pour leur proposer la neutralisation du bassin conventionnel du Congo et en attendant donna à ses agents l'ordre d'observer une attitude strictement défensive. Il souhaitait en effet que la guerre ne fût pas étendue à l'Afrique centrale.

Les gouvernements français et britannique ne purent se rallier à cette proposition, en raison des actes d'hostilité qui déjà à ce moment avaient été accomplis en Afrique ; des forces allemandes avaient notamment attaqué l'Afrique centrale britannique et l'Afrique orientale britannique.

Sur ces entrefaites le gouvernement du Roi fut avisé de ce que les forces coloniales allemandes avaient attaqué le 22 août le port congolais de Lukuga (1) sur le lac Tanganyika.

Le gouvernement belge fait en conséquence observer au gouvernement impérial que celui-ci a pris l'initiative des hostilités en Afrique et s'est ainsi opposé à la réalisation du désir du gouvernement du Roi en ce qui concerne l'application de l'article 11 susvisé.

7. — *Lettre de l'ambassadeur des États-Unis à Berlin au sous-secrétaire d'État à l'Office des affaires étrangères.*

Ambassade des États-Unis d'Amérique.

Berlin, 28 novembre 1914.

Relativement à l'estimée Note du 23 août 1914, concernant la neutralisation d'une zone conventionnelle de la liberté commerciale en Afrique, le soussigné ambassadeur des

(1) Le Livre gris belge enregistre ainsi cette attaque :
« Télégramme adressé par le vice-gouverneur du Katanga à M. Renkin, ministre des colonies. — Elisabethville, 26 août 1914. Allemands continuant leurs escarmouches au Tanganika ont attaqué le 22 août le port de Lukuga. Ils ont eu deux noirs tués et deux blessés. De nouvelles attaques sont attendues. — Tombeur ».
Ce télégramme n'est pas reproduit dans le Mémoire allemand. Il forme le n° 76 du Livre gris belge. — (Note du *Bulletin du Comité de l'Afrique française*).

États-Unis a l'honneur d'informer le Conseiller intime M. Zimmermann, sous-secrétaire d'État impérial pour les affaires étrangères, qu'il a reçu un télégramme de son gouvernement d'après lequel l'*Office britannique des affaires étrangères* déclare une telle proposition irréalisable en raison des hostilités déjà survenues de part et d'autre, *y compris les attaques de forces militaires allemandes contre l'Afrique orientale britannique, l'Afrique centrale britannique et Albertville.* Le gouvernement britannique a prié de communiquer cette réponse au gouvernement impérial allemand.

Il n'y a presque rien à ajouter à la correspondance qui vient d'être reproduite, après que les négociations décisives entre Bruxelles, Paris et Londres ont été déjà suffisamment mises en lumière par les documents du Livre gris belge dont copie est donnée ci-dessus, et que les assertions inexactes des gouvernements ennemis relativement à l'initiative des hostilités en Afrique ont été réfutées.

L'action loyale du gouvernement impérial tendait à donner de nouveau et en temps utile aux gouvernements anglais, français et belge, l'opportunité *d'empêcher que la guerre ne soit aussi déchaînée dans les territoires africains.* Mais dans l'intervalle le sort était déjà jeté à Paris et à Londres. De même que l'Allemagne, la Belgique — ainsi qu'il ressort clairement des nos 57 et 58 du Livre gris belge — avait au début sérieusement manifesté la volonté de prévenir les complications guerrières en Afrique équatoriale. Cette intention subsiste malgré le fait que l'administration de la colonie belge du Congo, contrairement aux Instructions envoyées de Bruxelles de se borner à des mesures défensives, a mis à exécution la surprise du poste douanier allemand de Zinga et a, aussitôt après l'ouverture des hostilités en Europe, apporté des restrictions à la liberté des Allemands résidant en Afrique en les soumettant à une « surveillance administrative ».

Il convient de remarquer que les intentions pacifiques de la Belgique avaient tout d'abord rencontré l'approbation de la France, et que le gouvernement français, à la date du 9 août, alors qu'il était déjà informé des événements du Nouveau-Cameroun, avait encore sollicité le concours du gouvernement espagnol en vue de la neutralisation du bassin du Congo.

Si donc peu après on échangeait au sein du gouvernement français des considérations opportunistes dans des directions opposées, ainsi qu'il résulte de la lettre n° 74 du Livre gris belge, *ce n'est que le refus du gouvernement anglais* d'accepter la proposition belge (Cf. n° 75 du Livre gris) *qui a fait pencher la balance.* Il n'y a rien à ajouter de plus à la critique faite ci-dessus des motifs invoqués du côté anglais.

Mais le gouvernement impérial croit utile de signaler que *dès la fin de juillet* 1914, *c'est-à-dire avant l'ouverture des hostilités en Europe,* le gouvernement britannique de la Nigéria s'est livré à des actes hostiles à l'égard de l'administration de la colonie allemande voisine du Cameroun. En effet, d'après un rapport du résident impérial à Garoua (Cf. *Deutches Kolonialblatt,* n° 1/2 du 15 janvier 1915), un sac postal expédié de Garoua le 23 juillet 1914 à destination de Cologne a été ouvert à Yola (Nigéria) et les lettres furent retournées le 30 juillet non pas au résident impérial, mais au représentant de la Compagnie (britannique) du Niger à Garoua ! D'autres symptômes, inouïs en temps de paix, tels que l'arrestation de courriers allemands en Nigéria, la détention à Yola de soldats des troupes indigènes allemandes, et différentes faits de même genre, permettent de conclure que dès cette époque des mesures préparatoires avaient été prises dans les possessions britanniques de l'Afrique occidentale en vue d'une guerre coloniale générale, à l'intérieur et à l'extérieur du bassin du Congo. Si, d'autre part, le gouvernement de Londres a laissé pendant dix jours sans réponse la demande belge du 7 août, cela s'explique sans peine par le fait que le 15 août s'était produite la première attaque *allemande* (sur Taveta, en Afrique orientale anglaise), et le gouvernement britannique avait alors en mains un prétexte pour justifier son opposition dans la question de la neutralisation. La suite des faits de guerre ultérieurs dans les colonies africaines ne permet plus de douter que l'Angleterre était dès l'abord fermement résolue à ébranler la puissance et le prestige de l'Allemagne en Afrique partout où c'était possible et par n'importe quels moyens. La France et ensuite aussi la Belgique se sont associées à l'action de l'Angleterre contre les colonies allemandes, brisant ainsi la solidarité des puissances engagées dans la même mission civilisatrice en Afrique et ruinant pour longtemps le prestige de la race blanche sur les populations primitives de ce continent.

C'est donc aux gouvernements des États alliés qu'incombe, d'après l'examen des faits, la responsabilité entière de toutes les conséquences qu'entraînera l'extension de l'état de guerre aux territoires du bassin conventionnel du Congo et de l'Afrique équatoriale.

569

États-Unis d'Amérique. — Télégramme du secrétaire d'État des États-Unis du 24 septembre 1914, communiqué le 25 par le consulat d'Amérique a Anvers au ministère belge des affaires étrangères, transmettant une demande de l'Allemagne au sujet de la neutralisation des colonies des États belligérants dans le bassin conventionnel du Congo (second Livre gris belge, n° 4).

24 septembre 1914.

A la demande du gouvernement allemand et étant entendu que le Département agit seulement en agent de transmission et n'a pas de remarque à faire quelle qu'elle soit, vous pouvez attirer l'attention du ministère des affaires étrangères sur le fait que, le 22 août, le gouvernement allemand a adressé une Note à l'ambassadeur d'Amérique à Berlin, relative à l'article 11 de l'Acte du Congo du 26 février 1885 au sujet de la neutralisation des colonies se trouvant dans la zone conventionnelle ouverte au commerce. La Note fait observer que le chapitre III de cet Acte s'occupe de la neutralité et que l'Allemagne est disposée à accepter une pareille neutralisation.

(S.) Bryan,
Secrétaire d'État, Washington.

570

Belgique. — Réponse du gouvernement belge au télégramme du 25 septembre 1914 du consulat d'Amérique a Anvers au sujet de la demande de l'Allemagne touchant la neutralisation des territoires belligérants en Afrique, en date du 21 octobre 1914, transmise au gouvernement allemand par l'entremise du gouvernement espagnol (second Livre gris belge, n° 58).

Le Havre, le 21 octobre 1914.

A la date du 25 septembre, le consulat des États-Unis à Anvers a remis un télégramme (Voir n° 51), d'après lequel il était autorisé à attirer l'attention du gouvernement belge sur le fait que, le 22 août, le gouvernement allemand avait adressé une Note à l'ambassadeur d'Amérique à Berlin, relative à l'article 11 de l'Acte de Berlin du 26 février 1885 au sujet de la neutralisation des colonies se trouvant dans la zone conventionnelle ouverte au commerce. La Note faisait observer que le chapitre III de cet Acte s'occupe de la neutralité et que l'Allemagne est disposée à accepter une pareille neutralisation.

Le gouvernement du Roi ne s'explique pas comment cette Note, remise le 22 août à l'ambassadeur des États-Unis à Berlin, ne lui soit parvenue que le 25 septembre.

A la date du 7 août, le gouvernement belge s'était mis en rapport avec les gouvernements français et anglais pour leur proposer la neutralisation du bassin conventionnel du Congo et, en attendant, donna à ses agents l'ordre d'observer une attitude strictement défensive. Il souhaitait, en effet, que la guerre ne fût pas étendue à l'Afrique centrale.

Les gouvernements anglais et français ne purent se rallier à cette proposition en raison des actes d'hostilité qui, déjà à ce moment, avaient été accomplis en Afrique. Des forces allemandes avaient notamment attaqué l'Afrique centrale britannique et l'Afrique orientale britannique.

Sur ces entrefaites, le gouvernement du Roi fut avisé que les forces coloniales allemandes avaient attaqué, dès le 22 août, le port congolais de Lukuga sur le lac Tanganika.

Le gouvernement belge fait en conséquence observer au gouvernement impérial que celui-ci a pris l'initiative des hostilités en Afrique et s'est ainsi opposé à la réalisation du désir du gouvernement du Roi en ce qui concerne l'application de l'article 11 susvisé.

(S.) Davignon.

571

États-Unis d'Amérique. — Communication du ministre des États-Unis d'Amérique à Bruxelles au ministre des affaires étrangères de Belgique, transmettant à celui-ci une demande de l'Allemagne au sujet de la neutralisation des colonies des États belligérants dans le bassin conventionnel du Congo, en date du 16 novembre 1914 (second Livre gris belge, n° 66).

Bruxelles, 16 novembre 1914.

Monsieur le ministre,

J'ai reçu le télégramme suivant de mon gouvernement que je suis chargé de porter à la connaissance de Votre Excellence :

« A la demande du gouvernement allemand et étant entendu que le Département agit seulement en agent de transmission et n'a pas de remarque à faire quelle qu'elle soit, vous pouvez attirer l'attention du ministère des affaires étrangères sur le fait que, le 22 août, le gouvernement allemand a adressé une Note à l'ambassadeur d'Amérique à Berlin, relative à l'article 11 de l'Acte du Congo du 26 février 1885 au sujet de la neutralisation des colonies se trouvant dans la zone conventionnelle ouverte au commerce. La Note fait observer que le chapitre III de cet Acte s'occupe de la neutralité et que l'Allemagne est disposée à accepter une pareille neutralisation ».

Veuillez agréer, etc.

(S.) Brand Whitlock.

572

Belgique. — Réponse du gouvernement belge a la communication du 16 novembre 1914 du ministre des États-Unis d'Amérique a Bruxelles au sujet de la demande de l'Allemagne touchant la neutralisation des territoires belligérants en Afrique, en date du 5 décembre 1914 (second Livre gris belge, n° 67).

Le Havre, le 5 décembre 1914.

Monsieur le ministre,

J'ai l'honneur d'accuser réception à Votre Excellence de la lettre du 16 novembre, relative à la neutralisation du bassin conventionnel du Congo suggérée par l'Allemagne.

La proposition du gouvernement allemand, qui datait du 22 août, nous a été notifiée le 25 septembre par le consul général des États-Unis à Anvers.

Votre Excellence s'est rendu compte par la lecture du Livre gris des démarches que le gouvernement du Roi a faites en vue de maintenir la neutralité du Congo (Voir Premier Livre gris belge, n° 57) (1). Elle trouvera sous ce pli une copie du télégramme que j'ai adressé le 21 octobre au gouvernement impérial à ce sujet par l'intermédiaire du gouvernement espagnol (Voir n° 58) (2).

Je saisis, etc.

(S.) Davignon.

573

Belgique. — Lettre adressée par le ministre des affaires étrangères de Belgique aux chefs de mission dans tous les pays entretenant avec la Belgique des rapports diplomatiques pour protester contre les bruits tendancieux de la presse allemande et autrichienne au sujet de l'attitude de la population belge a l'égard des sujets allemands et autrichiens résidant en Belgique au début de la guerre, en date du 4 septembre 1914 (second Livre gris belge, n° 42).

Anvers, le 4 septembre 1914.

Monsieur le ministre,

La presse allemande et autrichienne répand dans le monde entier les bruits les plus tendancieux au sujet de l'attitude de la population de nos grandes villes à l'égard des sujets allemands et autrichiens résidant en Belgique au début de la présente guerre. Un nombre considérable d'entre eux auraient été molestés, des femmes et des enfants auraient subi les pires sévices ; au cimetière d'Anvers on aurait saccagé les tombes des Allemands.

Les Cabinets de Berlin et de Vienne, après avoir fait publier ces prétendus actes d'hostilité de notre population dans leurs organes officiels et officieux, les ont invoqués pour justifier l'un les atrocités commises par les troupes allemandes dans notre pays, et l'autre sa déclaration de guerre à la Belgique.

Afin de faire la pleine lumière sur ces allégations, le gouvernement du Roi a ordonné à leur sujet une enquête très minutieuse qui a été poursuivie avec la plus grande impartialité par le Parquet du tribunal de première instance d'Anvers.

(1) V. ci-dessus, p. 256.
(2) V. ci-dessus, p. 265.

Vous trouverez, sous ce pli, Monsieur le ministre, le rapport que le procureur du Roi a adressé à ce sujet au procureur général près la Cour d'appel.

Comme vous le constaterez, la population d'Anvers a saccagé certains cafés et magasins tenus par des Allemands ou des Autrichiens, mais elle ne s'est livrée à aucun acte d'agression contre les personnes, et aucun dégât n'a été commis sur les tombes allemandes qui sont à l'heure présente aussi bien soignées qu'avant la guerre.

Veuillez, Monsieur le ministre, donner connaissance de ce rapport au gouvernement auprès duquel vous êtes accrédité et le communiquer à la presse.

Veuillez agréer, etc.

(S.) Davignon.

Annexe.

Anvers, le 25 août 1914.

Monsieur le procureur général,

J'ai l'honneur de vous faire parvenir le présent rapport sur les événements qui se produisirent les 4 et 5 août derniers, après que la population avait eu connaissance de la détermination prise par l'Allemagne d'envahir notre territoire, et au sujet desquels parut tout récemment, dans la *Gazette de Cologne*, une relation entièrement en contradiction avec la réalité.

A la nouvelle de cet envahissement imminent, la population fut profondément émue, et son irritation fut d'autant plus vive que les sujets allemands et autrichiens avaient toujours été traités dans notre ville avec les plus grands égards et la plus grande bienveillance. La colère populaire fut telle que, dans l'après-midi du 4, d'énormes bandes de manifestants se mirent à parcourir les différents quartiers de la ville en chantant la *Brabançonne* et en proférant des huées devant les établissements et les maisons occupés par des sujets allemands.

Les premiers actes auxquels se livrèrent les manifestants, parmi lesquels il s'en trouvait beaucoup de fort jeunes, furent d'enlever, par-ci par-là, une hampe de drapeau allemand. Ce fut, entre autres, le cas à l'école allemande de la rue Quellin.

Vers la soirée, les bandes se multiplièrent sans cesse et, en peu de temps, un grand nombre de petits magasins de détail et de cabarets tenus par les Allemands furent saccagés, les vitres furent cassées, les objets mobiliers furent jetés à la rue et piétinés.

Certains malfaiteurs ne devaient pas manquer cette occasion de s'approprier le bien d'autrui.

La police et la garde civique sont intervenues aussi promptement que possible et n'ont pas tardé à rétablir l'ordre ; mais les manifestations avaient éclaté si brusquement et s'étaient produites au même moment à tant d'endroits différents qu'il avait été matériellement impossible d'empêcher les déprédations et même certains vols.

De nombreuses arrestations furent cependant opérées ; je crus devoir requérir des mandats d'arrêt dans tous les cas qui présentaient la moindre gravité. Les infractions firent immédiatement l'objet d'une instruction approfondie, et le renvoi des coupables devant la juridiction compétente fut activé autant que possible.

Je me mis d'accord avec M. le Président du tribunal de mon siège pour fixer d'urgence des audiences extraordinaires afin d'obtenir une prompte répression.

Ci-joint, j'ai l'honneur de vous faire parvenir une liste complète des affaires renvoyées, de celles qui ont été jugées ainsi que de celles dont l'instruction n'a pu encore être terminée.

Le tribunal a, dans certains cas graves, justement cru devoir se montrer sévère vis-à-vis des malandrins qui ont pêché en eau trouble.

Pour la raison que j'ai cru pouvoir vous indiquer plus haut, il n'a pas été possible aux représentants de la force publique de déterminer des individualités parmi les déprédateurs, ceux-ci s'esquivant immédiatement dans les groupes dès que les policiers ou les gardes civiques approchaient.

En dehors de l'exception que je spécifierai ci-dessous, personne n'a été battu ni blessé, et tous les étrangers sont restés parfaitement indemnes quant à leurs personnes.

Les seules personnes blessées sont deux sujets belges qui assistaient en curieux à une des manifestations du 5 août

Au coin de la rue Artevelde, un café tenu par un Allemand était assailli par une bande de manifestants quand, à un moment donné, il fut tiré de l'intérieur de cet établissement quatre ou cinq coups de revolver. Les nommés Isenbaert et Simons, sujets belges, les deux curieux en question, furent atteints d'un coup de revolver, l'un dans l'avant-bras droit, l'autre à la tête ; ce dernier coup ne fit pas une blessure grave, la balle ayant glissé entre le crâne et le cuir chevelu. L'auteur de ce méfait était, lui aussi, un sujet belge, nommé Meeus, beau-frère du tenancier allemand.

M. le juge Denis est chargé de l'instruction de l'affaire Meeus.

En ce qui concerne la violation du cimetière, il n'existe qu'un seul cimetière à Anvers, la grande nécropole du Kiel, qui est située à 5 kilomètres environ de l'endroit où se sont produites les manifestations populaires.

Ainsi qu'il résulte du procès-verbal n° 900 ci-joint de la 9e section, aucun dégât quelconque n'a été commis aux tombes des Allemands, pas plus que des autres inhumés. Les tombes des sujets allemands sont demeurées parfaitement intactes, et elles sont encore, à l'heure actuelle, entretenues et fleuries comme elles le furent toujours.

Il est à noter que les dégâts commis dans les cabarets ne l'ont généralement été que partiellement au préjudice des exploitants allemands. En effet, presque tous ces immeubles appartiennent à des brasseurs et, dans la plupart des cas, le mobilier de la salle de cabaret appartient également au brasseur. C'est si vrai que plusieurs actions civiles en dommages et intérêts sont déjà introduites devant la juridiction de référé du tribunal de mon siège par des brasseurs.

Le procureur du Roi,
(S.) Jacobs.

574

Belgique. — Note du gouvernement belge adressée a l'Allemagne par l'intermédiaire de l'Espagne protestant contre les accusations allemandes au sujet de l'attitude de la population civile belge et contre les atrocités des troupes allemandes en Belgique, en date du 18 aout 1914 (second Livre gris belge, n° 69).

Anvers, le 18 août 1914.

La Belgique, qui voulait la paix, a été obligée par l'Allemagne de prendre les armes et d'opposer une légitime défense à une agression que rien ne justifie et qui est contraire aux engagements solennels des traités.

Elle tient à honneur de faire la lutte loyalement et en observant toutes les lois et coutumes de la guerre.

Dès l'entrée des troupes allemandes sur son territoire, le gouvernement belge a fait afficher dans toutes les communes et ses journaux ont répété chaque jour les dispositions qui interdisent aux civils non combattants de faire acte de combattants contre les troupes et les militaires envahissant le pays.

Les renseignements sur lesquels le gouvernement allemand croit aujourd'hui pouvoir se baser pour affirmer que la population belge contrevient au droit des gens et n'est digne d'aucun respect sont assurément erronés.

Le gouvernement proteste aussi vivement que possible contre l'inexactitude des allégations produites et contre les menaces odieuses de représailles.

Si l'un ou l'autre fait contraire aux lois de la guerre devait être ultérieurement établi, il y aurait lieu, pour l'apprécier justement, de tenir compte de la légitime surexcitation que les cruautés commises par les soldats allemands provoquent dans la population belge, population foncièrement honnête, mais énergique dans la défense de ses droits et dans son respect de l'humanité.

Longue serait déjà la liste de ces atrocités dont nous recueillons les premières, si nous devions la publier actuellement.

Des régions entières ont été ravagées et des faits abominables commis dans leurs villages.

Un Comité, établi au Département de la justice, dresse le catalogue de ces horreurs avec une scrupuleuse impartialité.

Voici, à titre d'exemple, quelques faits qui dépeignent l'état d'âme et les procédés de diverses troupes allemandes :

1° Une troupe de uhlans occupant Linsmeau fut attaquée par quelques fantassins et par deux gendarmes déployés en tirailleurs. Un officier allemand fut tué. Les soldats allemands crurent que l'officier avait été attaqué par des civils. Le fait est absolument inexact ; les officiers belges savaient que l'officier allemand avait été tué par leurs hommes, et ils avaient donné au bourgmestre de Linsmeau l'ordre d'inhumer l'officier allemand. L'enquête a porté spécialement sur ce point. Elle a établi, de la manière la plus formelle, que les habitants de Linsmeau se sont scrupuleusement abstenus de tout acte d'hostilité. Le bourgmestre de la localité s'en est, à plusieurs reprises, porté garant vis à-vis du commandant des troupes allemandes.

Ce fut en vain. Le village, dans la soirée du lundi 10 août, fut envahi par une troupe très nombreuse de uhlans suivie par de l'artillerie et des mitrailleuses.

Ils détruisirent et incendièrent à coups de canon deux fermes et six ou sept maisons.

Ils forcèrent tous les habitants mâles du village à sortir de leurs habitations et à remettre leurs armes. Ils n'en trouvèrent aucune qui eût été récemment déchargée.

Néanmoins, ils partagèrent les hommes en trois groupes. Les hommes d'un de ces groupes furent liés au moyen de cordes. Onze de ces paysans furent placés dans une fosse où on les a trouvés le crâne fracassé à coups de crosse. Tous ont succombé.

Les autres furent placés entre les chevaux et emmenés à la campagne, menacés à tous moments d'être fusillés. Ils furent finalement relâchés, sous menace de destruction complète du village si l'un d'eux sortait la nuit de sa maison.

2° Dans la nuit du lundi 10 août au mardi 11 août, les uhlans sont entrés très nombreux à Velm. Les habitants dormaient. Les Allemands, sans provocation aucune, tirèrent dans la maison de M. Deglimme-Gevers, y pénétrèrent ensuite, brisant les meubles, volant l'argent.

Ils incendièrent la grange ; la récolte, les instruments agricoles, six bœufs et la basse-cour furent brûlés. Ils emmenèrent la femme, mi-nue, à une demi-lieue de sa maison, la lâchèrent, puis tirèrent sur elle sans l'atteindre. Ils emmenèrent le mari dans une autre direction, tirèrent sur lui et le transpercèrent de trois balles. Il est mourant.

Les mêmes uhlans ont également saccagé et brûlé la maison du garde-barrière.

3° Les troupes allemandes ont saisi à l'Agence de la Banque nationale de Liége pour 400.000 francs de billets de 5 francs non griffés, et qui ne devaient l'être que sur l'ordre de la Direction de la Banque de Bruxelles. La griffe était chez l'imprimeur. L'autorité allemande a donné l'ordre de griffer les billets et elle emploie ceux-ci.

4° On écrit de Haekendover, le 14 août 1914, au commandant de la 1re D. A. à Cumptich :

Bulletin de renseignements recueillis sur la conduite de la cavalerie allemande à Orsmael et Neerhespen, les 10, 11 et 12 août :

Faits attestés par le fermier Jef Dierickx, de Neerhespen.

Un vieillard de la localité a eu le bras coupé en trois parties longitudinales, puis pendu par les pieds et brûlé vif.

Les parties sexuelles ont été enlevées à certaines personnes d'Orsmael ; des jeunes filles et des enfant ont été violés.

Un carabinier cycliste blessé et fait prisonnier a été pendu et le soldat belge qui le soignait a été fusillé contre un poteau télégraphique bordant la route de Saint-Trond.

575

Belgique. — Protestation de la Banque nationale de Belgique sur la saisie illégale par les troupes allemandes de l'encaisse de son Agence a Hasselt, envoyée au ministre des affaires étrangères de Belgique et adressée par celui-ci au gouvernement allemand par l'intermédiaire de l'Espagne, en date du 12 aout 1914 (second Livre gris belge, nº 72).

Bruxelles, le 12 août 1914.

Le Conseil d'administration de la Banque nationale de Belgique, en sa séance de ce jour, 12 août 1914, vient d'apprendre que les troupes allemandes se sont emparées de l'encaisse de l'Agence de Hasselt, encaisse dépassant deux millions de francs.

Le Conseil d'administration de la Banque nationale proteste énergiquement contre cette atteinte au droit des gens, tel qu'il a été défini par l'article 53, alinéa 1, de la convention de la Haye du 18 octobre 1907, concernant les lois et coutumes de la guerre sur terre.

Cet article est ainsi conçu :

« L'armée qui occupe un territoire ne pourra saisir que le numéraire, les fonds et les valeurs exigibles appartenant en propre à l'État, les dépôts d'armes, moyens de transport, magasins et approvisionnements et, en général, toute propriété mobilière de l'État de nature à servir aux opérations de la guerre ».

La protestation du Conseil d'administration est basée sur ce fait incontestable que la Banque nationale est une institution purement privée sous forme de société anonyme, dont le capital appartient à des particuliers.

En conséquence, le Conseil d'administration de la Banque nationale réclame la restitution immédiate de la somme indûment saisie à l'Agence de Hasselt.

Le gouverneur,
Vicomte de Lantsheere

576

Allemagne. — Demande du gouvernement allemand, adressée par l'intermédiaire des États-Unis d'Amérique a M. Davignon, ministre des affaires étrangères de Belgique, pour la protection des batiments allemands en Belgique, en date du 18 aout 1914 (second Livre gris belge, nº 73).

Bruxelles, le 18 août 1914.

Monsieur le ministre,

Le gouvernement allemand, par l'intermédiaire de la légation des États-Unis à la Haye, me prie de prendre les mesures nécessaires pour la protection des bâtiments allemands en Belgique.

Puis-je vous prier, Monsieur le ministre, de faire donner les instructions nécessaires aux autorités compétentes afin que les bâtiments publics, tels que les banques et autres établissements connus comme appartenant à des sociétés ou à des citoyens allemands, fassent l'objet d'une surveillance spéciale, de façon à empêcher qu'ils ne deviennent l'objet d'attentats soit aux personnes, soit aux biens.

Je saisis, etc.

(S.) Brand Whitlock.

577

Belgique. — Réponse du gouvernement belge a la demande de l'Allemagne relative a la protection des batiments allemands en Belgique, adressée au ministre des États-Unis d'Amérique en Belgique, M. Brand Whitlock, en date du 23 aout 1914 (second Livre gris belge, n° 74).

Anvers, le 23 août 1914.

Monsieur le ministre,

J'ai l'honneur d'accuser réception de la lettre de Votre Excellence en date du 18 de ce mois, relative à la protection des bâtiments allemands en Belgique.

Les bâtiments publics tels que les banques et autres établissements connus comme appartenant à des sociétés ou à des citoyens allemands ont fait l'objet depuis le commencement des hostilités de toute la surveillance voulue. Le gouvernement du Roi serait heureux d'apprendre que les armées allemandes en Belgique entourent nos nationaux inoffensifs et leurs propriétés des mêmes égards que ceux dont nous entourons les propriétés allemandes et les sujets allemands qui sont demeurés en Belgique.

Au lieu de cela, l'armée allemande a commis en beaucoup d'endroits des méfaits abominables contre lesquels, se basant sur la IVe convention de la Haye du 18 octobre 1907 dont l'Allemagne est signataire, le gouvernement du Roi a protesté auprès du gouvernement impérial par l'intermédiaire de l'ambassade d'Espagne à Berlin.

J'ai l'honneur de transmettre à Votre Excellence une copie de cette protestation, en la priant de bien vouloir la transmettre au gouvernement des États-Unis.

Je saisis, etc.

(S.) Davignon.

Annexe.

M. Davignon, ministre des affaires étrangères, aux ministres du Roi à Londres, Paris et Madrid.

Bruxelles, le 12 août 1914.

Prière de communiquer au ministre des affaires étrangères et à la presse que le gouvernement belge proteste avec indignation contre l'affirmation du Wolff Bureau, d'après laquelle des habitants de la région de Liège auraient participé aux combats, d'autres habitants embusqués auraient fusillé des médecins allemands soignant des blessés, et des blessés auraient été soumis à des traitements cruels. La Belgique, signataire de la convention de la Haye sur les lois et coutumes de la guerre, l'observe scrupuleusement. Le gouvernement a rappelé aux populations que les civils doivent s'abstenir rigoureusement de faire usage de leurs armes contre les envahisseurs et que seules l'armée et les milices réunissant les conditions exigées ont ce droit et ce devoir.

(S.) Davignon.

578

Belgique. — Note du gouvernement belge aux représentants des puissances étrangères en Belgique au sujet du bombardement de la ville d'Anvers par un ballon dirigeable allemand, en date du 26 aout 1914 (second Livre gris belge, n° 76).

Anvers, le 26 août 1914.

Le gouvernement du Roi a l'honneur de porter à la connaissance des légations des puissances étrangères en Belgique les faits exposés dans la Note ci-jointe, qui constituent, de la part des autorités allemandes, une violation de l'article 26 de la IV° convention de la Haye de 1907.

Annexe.

Anvers, le 25 août 1914.

Monsieur le procureur général,

J'ai l'honneur de vous faire rapport sur les graves événements de cette nuit.

D'après les témoignages concordants de M. l'avocat Baucorne, de M. de Duve, demeurant rue du Péage, 65, et de mon collègue M. Michielsen, un ballon dirigeable Zeppelin s'est avancé au-dessus de la ville, venant de la direction de la plaine des manœuvres. Il a lancé successivement des bombes d'une grande puissance explosive : 1° sur une serre dépendant de l'usine Minerva ; 2° dans une propriété rue Lozane ; 3° rue Verdussen ; 4° rue de la Justice ; 5° rue des Escrimeurs ; 6° rue Léopold ; 7° rue des Douze-Mois ; 8° rue du Poids-Public.

Cet itinéraire est probablement exact d'après les témoignages ci-dessus. M. Michielsen déclare, en effet, qu'après avoir atteint un certain point l'aéronef a repris la direction d'où il était arrivé.

Les dégâts occasionnés sont de deux sortes.

Il y a eu plusieurs personnes tuées et blessées. Les dégâts matériels sont importants.

Dans la 8° section, M. Peeters (Léon) et sa femme, Hurnaux Sylvie, demeurant rue Verbissem, 29, ont reçu des blessures sans gravité. Rue des Escrimeurs, 40, une servante a été tuée et une autre grièvement blessée.

Dans la 2° section (Poids-Public), le nombre des victimes est très élevé. En voici la liste :

1° Van Calthem (Jean-Jacques), agent de police, *mort*, marché aux Chevaux, 112 ;
2° Jensen (Jean-François), *mort*, Poids-Public, 20 ;
3° De Bruyn (Jeanne-Marie), cabaretière, Poids-Public, 4, *morte* ;
4° Van Ecke (Arthur), débardeur, Poids-Public, 4, *mort* ;
5° De Backer (Pierre), débardeur, canal Falcon, *mort* ;
6° Rumaekers (Hubertine-Edouard-Marie), Poids-Public, 13, *morte* ;
7° Van Vooren (Joseph-Marie), marché aux Chevaux, 60, blessé mortellement ;
8° Gaethof (Pierre-Jean), agent de police, 36, rue du Jardinier, blessé ;
9° Devos (Marie-Thérèse), ménagère, Poids-Public, 20, blessée ;
10° Goeymans (Léon), cabaretier, Poids-Public, 1, blessé ;
11° Peynenberg (Jacques-Germain), typographe, canal Falcon, 38, blessé ;
12° De Poeler (Georges), Poids-Public, 1, blessé au pied droit ;
13° Wilsenen (Sophie), Poids-Public, 4, blessée à la hanche légèrement ;
14° Windey (Auguste), Poids-Public, 4, perte de l'œil droit ;
15° Luyckx (Eulalie), Poids-Public, 6, blessée ;
16° Roulandts (Julia), rue du Bassin, 24, blessée.

Les dégâts matériels dans la 8e section sont : 38 et 40, rue des Escrimeurs : tout le toit, le grenier mansardé détruits, carreaux brisés, meubles et ustensiles de ménage endommagés. Rue des Escrimeurs, 31 et 36, carreaux cassés.

Palais de Justice : nombreux carreaux cassés.

Rue de la Justice : au no 13, chambre d'en bas endommagée ; même rue no 15, etc., portes, fenêtres et carreaux brisés. Aux nos 15 et 8, les chambres du bas ont été endommagées ; rue Mertens, no 14, etc., carreaux cassés ; rue Willems, no 9, etc., vitres brisées ; rue Torf, rue de Mey, rue Montebello, rue de l'Harmonie, vitres brisées ; rue Verdussen, no 20, etc., vitres brisées, portes et fenêtres endommagées ; rue Albert von Bary, no 1, etc., vitres brisées ; rue Longue, rue Lausanne, no 242, etc., vitres brisées, portes et fenêtres endommagées ; avenue du Marcgrave, no 188, trois serres endommagées ; rue Karel Ooms, no 40, vitres brisées et murs fendus ; rue Karel Ooms, no 45, vitres brisées (Minerva).

Les dégâts causés par le dirigeable dans la 3e section peuvent se résumer comme suit :

Une bombe a éclaté rue Léopold, tout près de la rue Guillaume-Tell, brisant les vitrines du magasin de porcelaine, coin de la rue Guillaume-Tell, toutes les vitres du 2e étage et une grande quantité de marchandises de ce magasin, les vitres du café Shakespeare, occupé actuellement par des fugitifs de la province. Personne n'a été blessé.

Un autre engin a fait explosion rue des Douze-Mois, démolissant en partie la maison no 11, où une personne a été légèrement blessée et dont, vers 4 h. 45 du matin, on a encore retiré une femme se plaignant de douleurs internes et qui a été envoyée à l'Institut Saint-Jean-Berchmans, place de Meir.

Des dégâts ont été causés également aux immeubles nos 19, 7, 8 de la même rue.

Des dégâts matériels importants sont constatés au jardin botanique, notamment aux serres et aux vitres du musée botanique ; ces dégâts sont causés par l'engin tombé près de la rue Guillaume-Tell, ou bien par un autre engin qui, d'après certaines déclarations, serait tombé dans le jardin botanique même, tout près du mur de l'hôpital Sainte-Élisabeth.

Le substitut du procureur du Roi,
(S.) Angenot.

579

Allemagne. — Note du gouverneur général allemand en Belgique au ministre des États-Unis d'Amérique en Belgique priant celui-ci de se plaindre au gouvernement belge du traitement auquel est soumis à Anvers un officier allemand, en date du 26 septembre 1914 (second Livre gris belge, no 81).

Bruxelles, le 26 septembre 1914.

Je me permets d'adresser à Votre Excellence la demande suivante :

Par l'entremise du consul des États-Unis, la nouvelle est parvenue à Magdebourg, qu'à Anvers se trouve comme prisonnier de guerre le capitaine Menne, fait prisonnier le 9 septembre 1914, et qu'une plainte est dirigée contre lui parce qu'il a envoyé à Aix-la-Chapelle les prisonniers civils d'Aerschot. On lui demande de prouver qu'il a agi en vertu d'ordres supérieurs.

Je ne manque pas de vous faire savoir qu'il s'est agi, en effet, d'un ordre de service, car on a donné pour instructions une fois pour toutes aux troupes d'envoyer les prisonniers civils, dans l'intérêt de leur propre sécurité, en Allemagne ; car, en raison du changement constant et parfois rapide des États-majors, une remise régulière des prisonniers et une continuation régulière de l'instruction ne sont pas assurées.

Je serais donc reconnaissant à Votre Excellence si elle faisait parvenir cette communication, de la façon qui paraîtra convenable, à la connaissance du gouvernement belge.

Je pense donc pouvoir sûrement admettre que l'affaire est ainsi terminée. Néanmoins je serais reconnaissant à Votre Excellence, dans l'intérêt du capitaine Menne, d'en obtenir la confirmation.

Je saisis, etc.

(S.) Baron von der Goltz.

580

Belgique. — Lettre du ministre belge des affaires étrangères au ministre des États-Unis d'Amérique en Belgique au sujet du traitement auquel est soumis à Anvers un officier allemand et protestant contre le transfert en Allemagne de la population civile belge non belligérante, en date du 2 octobre 1914 (second Livre gris belge, n° 82).

Anvers, le 2 octobre 1914.

Monsieur le ministre,

A la date du 20 septembre, Votre Excellence a bien voulu me transmettre une Note du gouvernement impérial allemand relative au capitaine Menne, fait prisonnier le 9 septembre et retenu actuellement à Anvers.

D'après cette Note, les autorités belges lui demanderaient de prouver que les actes dont il est accusé ont été commis en vertu d'ordres supérieurs. La Note a pour objet de répondre qu'il s'est agi, en effet, d'un ordre de service, des instructions ayant été données une fois pour toutes d'envoyer les prisonniers civils en Allemagne dans l'intérêt de leur propre sécurité.

Il importe de préciser les faits.

Le capitaine Menne, du bataillon du landsturm qui a tenu garnison à Aerschot du 31 août au 9 septembre 1914, est prévenu : 1° d'avoir, à Aerschot, du 31 août au 9 septembre 1914, dans des maisons habitées ou leurs dépendances ou des chemins publics, avec emploi d'armes, commis à l'aide de violence ou de menaces des soustractions frauduleuses d'objets divers au préjudice de nombreux habitants de la ville ; 2° ou au moins d'avoir coopéré directement à l'exécution des crimes suscités ou prêté pour leur exécution une aide telle que sans son assistance ils n'eussent pu être commis ; 3° sans ordre des autorités constituées et hors le cas où la loi le prévoit, permis ou ordonné l'arrestation ou la détention de particuliers ; avoir fait arrêter et détenu de nombreux habitants de la ville en les soumettant à des tortures corporelles, faits prévus par les articles 462, 471, 434, 38, 66 du code pénal ordinaire.

Le premier chef de la prévention se réfère au pillage qui s'est poursuivi pendant plusieurs jours à Aerschot, de nombreux objets ont été embarqués dans des trains à destination de l'Allemagne. Ce pillage a commencé avant l'arrivée du commandant Menne ; il s'est continué pendant son commandement.

Ce pillage constitue une infraction aux lois pénales.

Il est d'ailleurs une violation flagrante du règlement concernant les lois et coutumes de la guerre sur terre (art. 23, lettre *g*, et 28).

Le second chef de la prévention se réfère aux traitements qui ont été subis par la population civile non belligérante d'Aerschot. Les hommes valides étaient enfermés dans l'église ; les femmes dans un établissement voisin. Le commandant Menne a requis le transfert vers l'Allemagne de tous les hommes de dix-huit à quarante-cinq ans, et ce transfert s'est effectué dans des conditions douloureuses.

Cette détention et ce transfert constituent une infraction aux lois pénales ils sont d'ailleurs une violation flagrante du règlement concernant les lois et coutumes de la guerre (art. 50).

Des citoyens qui n'ont pris aucune part aux hostilités et qui ne sont pas belligérants ne peuvent être retenus en masse et frappés d'une peine collective à raison de prétendus faits individuels auxquels ils n'ont pas participé et dont ils ne peuvent à aucun titre être considérés comme solidairement responsables.

Le gouvernement du Roi saisit cette occasion pour protester une nouvelle fois contre les procédés systématiquement suivis en Belgique par les commandants des troupes allemandes qui, sans enquête et sans écouter aucune réclamation, arrêtent des citoyens inoffensifs, enferment les hommes, les femmes et les enfants, et envoient ensuite loin de leurs foyers, en Allemagne, les hommes valides sous le prétexte cruellement ironique qu'il s'agit « de l'intérêt de leur propre sécurité ».

Une telle conduite est contraire aux lois les plus élémentaires de l'humanité.

Veuillez agréer, etc.

(S.) Davignon.

Remarque. — Par suite des circonstances, le Parquet n'a pas pu poursuivre son enquête sur les faits qui se sont passés à Aerschot.

581

Allemagne. — Note de l'Auswartiges Amt remise au gouvernement belge par l'intermédiaire de l'Espagne sur la situation des Belges en Allemagne, en date du 28 février 1915 (second Livre gris belge, n° 87).

Tous les ressortissants belges qui ne sont ni criminels ni suspects recevront la permission de retourner en Belgique. Ils auront besoin d'un permis de voyage délivré à l'étranger, par les consuls allemands, et, en Allemagne, par les Stellvertretende General-Kommandos. En outre, il sera nécessaire qu'ils soient munis d'un passeport qui répond aux prescriptions du décret impérial sur les passeports du 16 décembre dernier. Les Belges qui viennent de l'étranger auront besoin d'une légitimation spéciale délivrée par les consuls allemands.

Berlin, le 28 février 1915.

582

Belgique. — Note du gouvernement belge, adressée au gouvernement allemand par l'intermédiaire de l'Espagne, protestant contre l'enlèvement systématique en Belgique et la déportation en Allemagne de civils innocents de toute participation a la guerre, en date du 30 mars 1915 (second Livre gris belge, n° 87).

Le Havre, le 30 mars 1915.

La convention concernant les lois et coutumes de la guerre sur terre signée à la Haye par les représentants de l'Allemagne et de la Belgique, le 18 octobre 1907, et ratifiée ultérieurement par ces deux puissances, contient les articles suivants :

« Article 1er. — Les puissances contractantes donneront à leurs forces armées de terre des instructions qui seront conformes au règlement concernant les lois et coutumes de la guerre sur terre, annexé à la présente convention.

« Art. 3. — La partie belligérante qui violerait les dispositions dudit règlement sera tenue à indemnité, s'il y a lieu. Elle sera responsable de tous actes commis par les personnes faisant partie de sa force armée ».

Le règlement concernant les lois et coutumes de la guerre sur terre visé par l'article 1er de la convention contient en son article 50 la stipulation suivante :

« Aucune peine collective, pécuniaire ou autre, ne pourra être édictée contre les populations à raison de faits individuels dont elles ne pourraient être considérées comme solidairement responsables ».

Dès le 2 octobre 1914, le gouvernement du Roi, se basant sur les textes ci-dessus, a fait parvenir au gouvernement impérial allemand, par l'obligeante entremise du ministre des États-Unis à Bruxelles, sa vive protestation contre l'enlèvement systématique en Belgique et la déportation en Allemagne de civils innocents de toute participation à la guerre (1).

Cette protestation a été rappelée à plusieurs reprises au gouvernement royal d'Espagne.

A la date du 28 février dernier, le gouvernement impérial allemand a remis à l'ambassade d'Espagne à Berlin une Note qui a été communiquée au gouvernement belge et qui porte que « tous les ressortissants belges *qui ne sont ni criminels ni suspects* recevront la permission de rentrer en Belgique » (2).

Si l'on peut se féliciter de ce résultat dû à l'efficace entremise du gouvernement de Sa Majesté Catholique, l'on ne saurait cependant ne point faire ressortir que la Note de l'Auswärtiges Amt est un aveu complet de la violation du droit et des conventions internationales par l'Allemagne.

Le gouvernement du Roi prend acte de ce que les milliers de Belges renvoyés actuellement dans leurs foyers n'étaient ni des criminels ni des suspects, mais par conséquent des citoyens inoffensifs. Ces malheureux ont été arrachés à des familles dont ils étaient souvent le seul soutien, déportés en Allemagne et traités au cours du trajet, et pendant une détention de six mois ou davantage, comme les plus vils criminels.

Le gouvernement du Roi se voit obligé de renouveler solennellement ses protestations antérieures et de s'élever avec la dernière énergie contre des procédés qui constituent la violation flagrante de l'article 50 de la IVe convention de la Haye, et sont un défi aux lois les plus élémentaires de l'humanité.

En se basant sur les renseignements mêmes que le gouvernement impérial lui a fournis par la communication des listes de prisonniers de guerre belges, où de nombreux noms de civils se sont glissés, le gouvernement du Roi est en mesure d'affirmer que les procédés abusifs exposés ci-dessus ont atteint des civils belges de tous âges, de toutes conditions sociales, appartenant à toutes les régions de la Belgique. Dans certaines localités, la population mâle presque tout entière a été emmenée en captivité. Un grand nombre de civils sont morts en prison. La liste ci-jointe en indique vingt-huit. Les noms et les renseignements qui les accompagnent ont été fournis par le gouvernement impérial lui-même. Cinq hommes sont morts de débilité sénile ; deux autres avaient soixante-seize ans. Une femme, Mme Léonie Denorme, a été « amenée morte » au lazaret de Schneidemühle. Et sans doute beaucoup d'autres malheureux innocents ont succombé dans des conditions analogues.

Le gouvernement impérial allemand portera la responsabilité de ces faits.

(1) V. ci-dessus, p. 275.
(2) V. le texte qui précède.

ANNEXE A LA NOTE DU GOUVERNEMENT BELGE.

Civils faits prisonniers en Belgique, internés en Allemagne et y décédés.

Beukelaers (Jos.), décédé au lazaret du camp de Soltau, le 14 septembre 1914, des suites d'artério-sclérose, inhumé à Soltau.

Cals (Henri), décédé au lazaret du camp de Soltau, le 7 septembre 1914, des suites de faiblesse sénile, inhumé au camp de Munster.

Delaure (Edouard), décédé au camp de Munster, le 14 octobre 1914, des suites de faiblesse sénile, inhumé au camp de Munster.

Denorme (Léonie), amenée morte au lazaret du camp des prisonniers de guerre de Schneidemühle, inhumée en ce lieu.

De Prinz (Alfred), décédé au lazaret du camp de Soltau, le 3 octobre 1914, des suites de bronchite chronique, inhumé à Soltau.

Dodemont (Urbain), né à Visé (Liège), le 10 février 1839; décédé au camp de Munster le 28 août 1914.

Elsen (Louis), décédé au lazaret du camp des prisonniers de guerre à Munster le 3 novembre 1914, inhumé en ce camp.

Feyaerts (Franz), né à Rotselaer en 1862; décédé à la suite d'un coup de feu au ventre, au camp de Munster, le 3 octobre 1914, inhumé en ce camp.

Hye (Félix), décédé au lazaret du camp de Soltau, le 20 octobre 1914, des suites d'artério-sclérose, inhumé à Soltau.

Kaes (Corneille), de Louvain, 7, place de la Station; né en 1857; décédé au lazaret au camp de Soltau, le 19 septembre 1914, des suites de bronchite, inhumé à Soltau.

Kraap (Bonaventure), de Louvain; né le 31 août 1816; mort de débilité sénile, le 15 septembre 1914, au lazaret du camp de Soltau, inhumé à Soltau.

Labeye (Eugène), de Visé; décédé au lazaret du camp de Munster, le 15 septembre 1914, des suites d'une attaque d'apoplexie, inhumé audit camp.

Legrenier (Guillaume), décédé au lazaret du camp des prisonniers à Munster, le 24 août 1914, des suites de faiblesse sénile; inhumé audit camp.

Masenau ou Masenon (Octave), décédé au lazaret du camp de Soltau, le 16 septembre 1914 des suites de bronchite, inhumé à Soltau.

Merkens ou Meskens (Damian), décédé au lazaret du camp de Soltau, le 8 septembre 1914, inhumé à Soltau.

Mertens (Jacob), décédé au lazaret du camp de Munster, le 11 septembre 1914, des suites de faiblesse sénile, inhumé audit camp.

Minnen (Louis), décédé au lazaret du camp de Munster, le 20 octobre 1914, des suites de pneumonie, inhumé audit camp.

Schots (Charles), décédé au lazaret du camp de Soltau, le 18 novembre 1914, des suites de pneumonie, inhumé à Soltau.

Tourlonte ou Tourlouse (Henry), décédé au lazaret du camp de Soltau (fusillé pour rébellion), inhumé à Soltau.

Van den Houdt (Philippe), décédé au camp de Munster, le 2 octobre 1914, des suites de pneumonie, inhumé audit camp.

Van Hoegarden (Joseph), décédé au lazaret du camp de Munster, le 25 octobre 1914, des suites de pneumonie-hydropisie, inhumé audit camp.

Verhoeven (Joseph), décédé au camp de Soltau, le 28 octobre 1914, des suites d'attaque d'apoplexie, inhumé à Soltau.

Vermeir (François), d'Oppuers; né le 15 octobre 1841, décédé le 15 octobre 1914 des suites d'une rupture d'artère.

Vermeiren ou Vermeit (François), décédé au lazaret du camp de Soltau le 10 septembre 1914, inhumé à Soltau.

Vervoort (Alphonse), décédé au camp de Munster, le 13 octobre 1914, des suites d'une pneumonie, inhumé audit camp.

Vilour (Théodore), décédé au lazaret du camp de Munster, le 16 octobre 1914, des suites d'hémorragie, inhumé audit camp.

Wereck (Amélie), décédée au lazaret de Schneidemühle, le 10 novembre 1914, des suites d'une blessure à la tête.

Wuygts (Félix), né à Wesemael le 5 juillet 1845, décédé au camp de Munster le 17 octobre 1914 et y inhumé.

583

Belgique. — Memorandum du gouvernement belge protestant contre l'emploi de balles dum-dum par les troupes allemandes, en date du 10 octobre 1914 (second Livre gris belge, n° 88).

Ostende, le 10 octobre 1914.

Le gouvernement belge a l'honneur de porter à la connaissance des puissances signataires des conventions de la Haye les faits ci-dessous exposés qui constituent de la part des autorités militaires allemandes une violation des conventions signées le 18 octobre 1907 par le gouvernement impérial allemand.

La Commission d'enquête qui siège à Anvers a été saisie, à diverses reprises, de certificats médicaux constatant que des blessures ont été faites à des soldats belges par des balles du type dit « dum-dum ».

Des projectiles de ce genre ont été trouvés dans les lignes allemandes sur le champ de bataille de Werchter.

Les rapports de la Commission ont déjà attiré l'attention sur ces constatations.

Un fait plus grave vient d'être signalé : le ministre de la guerre a transmis à la Commission une boîte de cartouches contenant une série de balles dum-dum parmi d'autres balles normales. Ces cartouches ont été saisies sur l' « oberleutnant hanovrien von Hadeln », fait prisonnier par nos troupes à Ninove le 24 septembre dernier.

Les cartouches ont été soumises par la Commission à un expert armurier d'Anvers qui lui a adressé le rapport suivant :

« La boîte à étiquette verte que vous m'avez présentée (20 Patronen, n° 403, für die Mauser selbstlade Pistole, cal. 7,63. Deutsche Waffen und Munition-Fabriken, Karlsruhe) devait contenir des cartouches pleines. Elle contient un râtelier sur trois de balles expansives dum-dum extraites de boîtes spéciales à étiquette jaune. Les balles sont rendues expansives dans la fabrication ; il n'est pas possible de les rendre telles à la main ».

Le gouvernement belge proteste hautement auprès des puissances signataires des conventions de la Haye contre l'emploi de pareilles cartouches.

584

Belgique. — Note du gouvernement belge protestant contre l'emploi par les troupes coloniales allemandes de balles dum-dum, en date du 31 mars 1915 (second Livre gris belge, n° 89).

Le Havre, le 31 mars 1915.

L'inspecteur d'État Tombeur, commandant les troupes à la frontière orientale du Congo belge, a fait parvenir au gouvernement belge un exemplaire de cartouches à balles expansives du modèle en usage pour le tir de chasse, trouvées sur les positions occupées par les forces allemandes le 20 novembre 1914, au combat de Kasa Kalowe (Sud-Ouest du lac Tanganika). Ce document a été remis au Président de la Commission d'enquête sur les infractions aux lois de la guerre.

M. Tombeur a fait savoir, d'autre part, au gouvernement royal que deux sous-officiers de nos troupes coloniales, tombés dans la nuit du 25 au 26 février au cours d'une escarmouche avec un parti allemand entre Impala et Lukuga, ont été atteints par des balles expansives, dites balles dum-dum. Les ravages causés par les projectiles étaient tels qu'à première vue les cadavres avaient paru porter des blessures provenant d'obus de 37 millimètres.

A la suite de ces faits, le gouvernement du Roi vient d'inviter M. Tombeur à protester auprès du commandant allemand contre l'emploi par des troupes sous ses ordres de projectiles dont l'usage est proscrit par les conventions internationales. Il lui a été prescrit en outre de signifier à cet officier que tout militaire allemand européen ou indigène capturé par les troupes belges et trouvé porteur de munitions prohibées sera déféré au Conseil de guerre comme criminel de droit commun.

585

Belgique. — Télégramme du gouvernement belge protestant contre l'emploi par l'Allemagne de troupes nègres non disciplinées et non encadrées, en date du 12 octobre 1914 (second Livre gris belge, n° 90).

Ostende, le 12 octobre 1914.

Le vice-gouverneur général du Katanga télégraphie que les Allemands emploient contre les troupes du Congo belge des indigènes conduits par leurs chefs et n'ayant aucune éducation au point de vue des lois et coutumes de la guerre. Le gouvernement belge proteste contre l'emploi de troupes nègres non disciplinées et non encadrées de blancs comme étant capables de tous excès. Prière de porter notre protestation à la connaissance du gouvernement espagnol et de demander à celui-ci de faire savoir au gouvernement allemand que le gouvernement du Roi, conformément aux règles du droit international, refuse de traiter comme belligérantes les hordes nègres conduites par des chefs indigènes.

(S.) Davignon.

586

Allemagne. — Réponse du gouvernement allemand a la protestation de la Belgique concernant le prétendu emploi d'indigènes contre le Congo belge par l'Allemagne, en date du 8 novembre 1914 (second Livre gris belge, n° 91).

Le Département impérial des affaires étrangères regrette de ne pas être en mesure de donner des renseignements au sujet du prétendu emploi d'indigènes contre le Congo belge, les autorités compétentes étant sans nouvelles à cet égard. En outre, il n'y a aucune possibilité d'obtenir des renseignements sur la question, puisque les puissances actuellement en guerre avec l'Allemagne ont interrompu toutes les communications avec les pays d'outre-mer.

Berlin, le 8 novembre 1914.

587

Belgique. — Protestations du gouvernement belge au sujet des médecins militaires belges faits prisonniers et envoyés en Allemagne en violation de la convention de Genève, en date des 12 octobre, 15 et 18 décembre 1914 et 9 janvier 1915 (second Livre gris belge, nos 92, 93, 94 et 96).

I. — *Télégramme de M. Davignon, ministre des affaires étrangères, au Baron Grenier, ministre du Roi à Madrid, en date du 12 octobre 1914.*

Ostende, le 12 octobre 1914.

Plus de 40 médecins militaires belges ont été faits prisonniers et emmenés en Allemagne, tandis que de nombreux blessés belges se trouvant en Belgique manquent des soins indispensables. En outre, de nombreux médecins militaires belges sont retenus dans les positions fortifiées de Liège et de Namur sans emploi.

Veuillez recourir à l'intervention du gouvernement espagnol pour faire parvenir à Berlin notre protestation contre ce procédé contraire aux stipulations de la convention de Genève.

(S.) Davignon.

II. — *Lettre de M. Davignon, ministre des affaires étrangères, au Baron Grenier, ministre du Roi à Madrid, en date du 15 décembre 1914.*

Le Havre, le 15 décembre 1914.

Monsieur le Baron,

J'ai l'honneur de vous transmettre sous ce pli :

1° La copie d'une déclaration émanant de M. le Dr Stainforth, médecin général de la position fortifiée d'Anvers ;

2° La copie d'une note complémentaire émanant de M. le sous-lieutenant de réserve Flerens.

Il résulte de ces documents que les médecins militaires restés à l'hôpital d'Anvers après l'évacuation de cette place forte ont été envoyés en Allemagne au mépris des conventions internationales conclues en la matière.

Je vous saurai gré de porter ce fait d'urgence à la connaissance du gouvernement espagnol et de lui faire remarquer qu'aux termes de l'article 9, alinéa 1, de la convention de Genève du 6 juillet 1906, les médecins et le personnel hospitalier ne peuvent pas être traités comme prisonniers de guerre.

Je vous prie de vouloir bien réclamer avec insistance la mise en liberté de M. le médecin général Stainforth et de ses adjoints d'Anvers.

La situation que je viens de vous exposer n'est pas unique. Il résulte d'une déclaration digne de foi que M. le Dr Henrard, de Bruxelles, se trouve interné à Halle ainsi que sa femme (cette dernière est séparée de son mari et ne peut communiquer avec lui). M. le Dr Henrard est interné depuis le 11 octobre avec le Dr van Assche, de Bruxelles, et réduit à l'inactivité.

Vous voudrez bien également réclamer l'intervention du gouvernement espagnol pour que ces docteurs recouvrent leur liberté conformément aux stipulations de la convention de Genève de 1906 et des règlements de la Haye du 29 juillet 1899 et du 18 octobre 1907 sur les lois et coutumes de la guerre sur terre qui consacrent les règles de la convention de Genève.

Veuillez agréer, etc.

(S.) Davignon.

III. — *Lettre de M. Davignon, ministre des affaires étrangères, au Baron Grenier, ministre du Roi à Madrid, en date du 18 décembre* 1914.

Le Havre, le 18 décembre 1914.

Monsieur le Baron,

J'ai l'honneur de vous faire savoir qu'indépendamment des médecins dont je vous ai signalé l'emprisonnement injustifié par ma dépêche du 15 de ce mois, il en est encore bien d'autres dont les noms viennent de m'être transmis et qui sont, en violation des articles 9 et 12 de la convention de Genève du 6 juillet 1906, retenus comme prisonniers de guerre en Allemagne.

Ce sont :

M. le Dr Corbey, médecin de régiment ; les Drs Henri Wermer, Gérard, Richard Erpicum, médecins auxiliaires, qui sont retenus à Stendal (Prusse) ; les médecins adjoints Govaerts, Berte, Evrard et le médecin auxiliaire Goemans, retenus au camp d'Altengrabow (Prusse) ; les médecins adjoints Destrée et Boland, retenus à Wittemberg.

Ces praticiens ne soignent aucun blessé.

Il m'est revenu de source autorisée que des médecins militaires français ont obtenu leur libération.

Je vous prie de ne ménager aucun effort pour que nos praticiens militaires soient également relâchés. Non seulement ils ont été faits prisonniers contrairement à l'article 9 de la convention de Genève, mais ils sont en droit de réclamer, comme ils le font, leur renvoi à leur armée, parce qu'il est avéré que leur concours n'est pas indispensable ; l'article 12 de la convention de Genève est formel à cet égard.

Veuillez agréer, etc.

(S.) Davignon.

IV. — *Lettre de M. Davignon, ministre des affaires étrangères, au Baron Grenier, ministre du Roi à Madrid, en date du 9 janvier* 1915.

Le Havre, le 9 janvier 1915.

Monsieur le Baron,

J'ai l'honneur de vous faire parvenir, sous ce pli, la copie d'une lettre que le médecin aide-major français Sevaux a adressée au directeur du service de santé de l'armée belge, et qui m'a été transmise par une communication du ministre de la guerre du 29 décembre dernier.

Comme vous le verrez, les autorités allemandes refusent d'appliquer aux médecins belges les règles posées par la convention de Genève.

Je vous prie de bien vouloir recourir à l'intermédiaire du gouvernement espagnol pour transmettre au gouvernement allemand les protestations du gouvernement belge en ce qui concerne la non-observation de la convention de Genève et notamment le refus d'autoriser les médecins belges Miest, Ricard et d'Haese à rejoindre l'armée belge.

Veuillez agréer, etc.

(S.) Davignon.

ANNEXE.

Le médecin aide-major de 1re classe Sevaux, du 45e régiment d'infanterie français, à M. le Directeur du service de santé de l'armée belge.

Lorient, le 14 décembre 1914.

J'ai l'honneur de vous transmettre le rapport ci-dessous au nom des médecins militaires belges Miest, Ricard et d'Haese, retenus en captivité à Magdebourg (Prusse) et que j'ai quittés le 1er décembre 1914.

Ces médecins sont restés au milieu de leurs blessés dans les combats qui eurent lieu autour de Namur. Ils furent employés dans cette ville jusqu'aux environs du 20 septembre. A cette date, les autorités allemandes leur demandèrent de consentir à aller en Allemagne donner leurs soins aux prisonniers belges, déclarant que c'était pour eux une question d'humanité et faisant appel à leur conscience.

Le *Garnisonarzt* de Namur, Dr Shilling, leur promit qu'ils seraient libres, logés et nourris convenablement, payés suivant le grade correspondant dans l'armée allemande.

Ces médecins furent dirigés sur Magdebourg. Ils y sont encore. Ils sont de fait, sinon en principe, prisonniers. A Magdebourg se trouve un camp d'officiers prisonniers belges et français. Les Drs Miest et d'Haese n'ont jamais été employés au traitement de leurs compatriotes. Ils sont systématiquement tenus à l'écart de toute besogne médicale. Leur nourriture est celle des officiers prisonniers, c'est-à-dire très médiocre. Ils couchent sur des grabats. Les Drs Ricard et d'Haese touchent 62 marks, le Dr Miest 141 marks. Ces soldes ne sont pas celles qu'ils devraient toucher conformément à la convention de Genève.

L'autorité allemande leur propose de rentrer en Belgique, mais ils considèrent que ce serait une désertion. Ils veulent retourner à l'armée belge et s'étonnent de voir partir de temps à autre leurs camarades, médecins français, tandis qu'on semble vouloir les conserver indéfiniment à Magdebourg.

Ils m'ont fait l'honneur de me demander de vouloir bien vous transmettre leurs doléances. Ils vous prient respectueusement de vouloir bien faire le nécessaire pour que la convention de Genève leur soit appliquée, les médecins belges devant être relâchés aussi bien que les médecins français.

(S.) Dr SEVAUX.

588

Belgique. — LETTRE DU MINISTRE DE BELGIQUE EN SUISSE ANNONÇANT AU MINISTRE DES AFFAIRES ÉTRANGÈRES DE BELGIQUE LA LIBÉRATION PAR L'ALLEMAGNE DES MÉDECINS MILITAIRES BELGES, EN DATE DU 25 JANVIER 1915 (second Livre gris belge, n° 97).

Berne, le 25 janvier 1915.

Monsieur le ministre,

J'ai l'honneur de vous faire savoir que 64 officiers et soldats du service de santé de l'armée belge ont été libérés par les autorités allemandes et ont passé par Berne le 22 de ce mois. Je me suis rendu à la gare, ainsi que MM. de Raymond et de Diesbach, pour saluer nos compatriotes et nous mettre à leur disposition pour le cas où ils auraient eu besoin de quelque chose.

On m'annonce à l'instant le passage de sept officiers du service de santé qui doivent arriver d'Allemagne cet après-midi.

Veuillez agréer, etc.

(S.) BARON DE GROOTE.

589

Belgique. — Note du gouvernement belge démentant la prétendue entente militaire préalable anglo-belge alléguée par l'Allemagne, en date du 4 décembre 1914 (second Livre gris belge, n° 99) (1).

Le Havre, le 4 décembre 1914.

Dans son numéro du 26 novembre, la *Gazette de Cologne* écrit :

« Nous étions fondés à violer le territoire belge parce que la Belgique n'a pas observé ses devoirs de neutralité. Cette vérité appert avec force de deux documents inattaquables. Il y a celui publié par la *Gazette de l'Allemagne du Nord* et prouvant qu'il existait entre la Belgique et l'Angleterre un accord secret pour la coopération des forces militaires de ces deux pays dans la lutte contre l'Allemagne ».

« D'autre part, ajoute la *Gazette de Cologne*, il résulte du rapport sur la conversation confidentielle entre MM. Jungbluth et Bridges, que les Anglais avaient l'intention de débarquer en Belgique, en tout état de cause, même si leur aide n'était pas sollicitée par la Belgique ».

La thèse de la presse allemande consiste donc à justifier la violation par l'Allemagne de la neutralité belge par la raison que la Belgique aurait elle-même manqué aux devoirs de la neutralité en négociant avec l'Angleterre un accord militaire contre l'Allemagne.

C'est une thèse fausse, démentie par les faits et par les documents eux-mêmes, qu'invoque la presse allemande.

Quand, le 13 octobre, la *Gazette de l'Allemagne du Nord* a publié pour la première fois le document secret Barnardiston, nous l'avons mise au défi de prouver l'existence d'une entente militaire entre la Belgique et l'Angleterre. Ce défi, elle ne l'a pas relevé ; et les documents photographiques qu'elle publie n'ont aucune valeur à ce sujet. On chercherait en vain à en déduire que la Belgique n'aurait pas observé les obligations de la plus stricte neutralité.

Que s'est-il passé, en effet, en 1906 ? Le colonel Barnardiston, attaché militaire à la légation britannique, s'est rendu, à la fin de janvier, chez le chef de la 1re Direction au ministère de la guerre, le général Ducarne, et il a eu avec lui un entretien.

Le colonel Barnardiston a demandé au général Ducarne si la Belgique était prête à défendre sa neutralité. La réponse a été affirmative.

Il s'enquit ensuite du nombre de jours nécessaires pour la mobilisation de notre armée.

— Elle s'opère en quatre jours, a dit le général.

— Combien d'hommes pouvez-vous mettre sur pied ? poursuivit l'attaché militaire.

Le général a confirmé que nous mobiliserions 100.000 hommes.

Après avoir reçu ces indications, le colonel Barnardiston a déclaré qu'en cas de violation de notre neutralité par l'Allemagne, l'Angleterre enverrait en Belgique 100.000 hommes pour nous défendre. Il a insisté encore sur la question de savoir si nous étions prêts à résister à une invasion allemande.

Le général a répondu que nous étions prêts à nous défendre à Liège contre l'Allemagne, à Namur contre la France et à Anvers contre l'Angleterre. Il y eut ensuite plusieurs entretiens entre le chef de l'État-major et l'attaché militaire sur les mesures que l'Angleterre prendrait en vue d'exécuter la prestation de la garantie.

En se livrant à cette étude, le chef de l'État-major n'a accompli que son devoir le plus élémentaire, qui était précisément d'étudier les dispositions destinées à permettre à la Belgique de repousser seule ou avec l'aide des garants une violation de sa neutralité.

(1) V. à ce sujet ce *Recueil*, t. I, p. 177.

Le 10 mai 1906, le général Ducarne adresse au ministre de la guerre un rapport sur ses entretiens avec l'attaché militaire britannique. Dans ce rapport, il est marqué à deux reprises que l'envoi du secours anglais en Belgique serait subordonné à la violation de son territoire. Bien plus, une note marginale du ministre (1) que, par surcroît de perfidie, la *Gazette de l'Allemagne du Nord* ne traduit pas, afin qu'elle échappe à la majorité des lecteurs allemands, établit indubitablement que l'entrée des Anglais en Belgique ne se ferait qu'après la violation de notre neutralité par l'Allemagne.

La suite des événements a suffisamment prouvé que ces prévisions étaient justifiées. Ces entretiens fort naturels entre le chef de l'État-major et l'attaché militaire britannique démontrent simplement les sérieuses appréhensions de l'Angleterre au sujet de la violation par l'Allemagne de la neutralité de la Belgique.

Ces appréhensions étaient-elles légitimes ? Il suffit, pour s'en convaincre, de lire les ouvrages des grands écrivains militaires allemands de l'époque, von Bernhardi, von Schliefenbach, von der Goltz.

Les entretiens du général Ducarne et du colonel Barnardiston ont-ils été suivis d'une convention, d'une entente ?

L'Allemagne va nous répondre elle-même par un document qu'elle a fait publier par la *Gazette de l'Allemagne du Nord* le 25 novembre. Ce document, relatif à l'entrevue entre le général Jungbluth et le colonel Bridges, fournit le témoignage éclatant que l'entretien sur la prestation de la garantie par l'Angleterre, en 1912, n'avait eu aucune suite et était au même point où il avait été laissé six ans auparavant, en 1906.

Aucun document ne pourrait justifier d'une façon plus claire la loyauté avec laquelle le gouvernement du Roi a rempli ses obligations internationales.

Le colonel Bridges aurait dit que, lors des derniers événements, comme nous n'étions pas à même de défendre notre neutralité, le gouvernement britannique aurait débarqué immédiatement, même si nous n'avions pas demandé de secours.

A quoi le général Jungbluth aurait répondu immédiatement : « Mais vous ne pourriez débarquer chez nous qu'avec notre consentement ».

Y a-t-il lieu d'attacher une importance si grande aux appréciations d'un attaché militaire qui, nous serions à même de le prouver, n'ont jamais été partagées par le Foreign Office ? Admettait-il la thèse, fausse, d'après nous, bien que défendue par certains auteurs, qu'en cas de violation de la neutralité l'intervention du garant est justifiée même en l'absence d'appel du garanti ? Nous n'en savons rien. Une chose est certaine, c'est que l'attaché militaire n'a pas insisté en présence de l'objection du général.

La Belgique était-elle tenue de faire part de ces entretiens à ses garants ? Quant au premier, le colonel Barnardiston n'avait pas qualité pour contracter un engagement, pas plus que le général Ducarne n'avait qualité pour prendre acte d'une promesse de secours. Les conversations incriminées avaient d'ailleurs un caractère purement militaire, elles ne pouvaient avoir aucune portée politique, elles n'ont jamais fait l'objet d'une délibération du gouvernement et elles n'ont été connues que beaucoup plus tard au Département des affaires étrangères.

En ce qui concerne l'entretien du général Jungbluth avec le colonel Bridges, fallait-il avertir les puissances que celui-ci avait émis un avis que le gouvernement du Roi, pas plus que le gouvernement britannique, n'admettrait, et contre lequel le général Jungbluth avait immédiatement protesté sans que son interlocuteur ait cru devoir insister ?

La prétendue justification de l'Allemagne se retourne contre elle. Dans son discours du 4 août, dans son entretien du lendemain avec l'ambassadeur d'Angleterre, le chancelier de l'Empire a déclaré que l'agression contre la Belgique était uniquement motivée par des nécessités stratégiques. La cause est entendue.

(1) La note est de la main du général et non du ministre (V. le document qui suit).

590

Belgique. — Communiqué du gouvernement belge sur la prétendue entente militaire préalable anglo-belge alléguée par l'Allemagne, en date du 13 janvier 1915 (second Livre gris belge, n° 101).

L'affaire Barnardiston et la critique historique.

La *Gazette de l'Allemagne du Nord* a une singulière manière de compulser, de lire et de traduire les documents. Quand elle est dominée par la polémique, la savante critique militaire perd tout sens de la froide objectivité. Suivant ses désirs, elle voit ou elle ne voit pas, elle insère des phrases dans les textes ou les en expulse, elle traduit ou elle invente.

⁂

L'affaire Barnardiston en est un remarquable exemple.

La *Gazette* parle, le 13 octobre, de la découverte que les inquisiteurs allemands ont faite dans les bureaux de l'État-major belge, et du rapport Ducarne qui expose les entrevues de Barnardiston avec certains officiers belges.

Elle dit alors que ce rapport figurait dans un dossier (*Mappe*) portant pour titre : « Intervention anglaise en Belgique ». Et elle s'efforce de démontrer qu'il résulte des détails de ce rapport qu'une « convention » a été passée entre la Belgique et l'Angleterre.

Aussitôt il lui est répondu que le rapport et les détails ne lui permettent pas cette conclusion inexacte, qu'il y a eu des entrevues, qu'il n'y a jamais eu d'accord.

Le 25 novembre, la *Gazette* reprend la parole et publie des fac-similés des documents. Il n'est plus question du titre « Intervention anglaise en Belgique ». Un nouveau titre apparaît. D'après la *Gazette*, devenue tout à coup clairvoyante, le fameux rapport aurait été renfermé dans une couverture (*Umschlag*) portant l'inscription : « Conventions anglo-belges ».

Cette seconde découverte, arrivée juste à point, et au moment où la *Gazette* se trouvait dans l'impossibilité de répliquer, a paru assez étrange. Comment cette inscription qui, par sa mise en vedette, devait, dès le premier instant, attirer l'attention, a-t-elle passé inaperçue le 13 octobre et n'a-t-elle pu être aperçue que le 25 novembre ?

⁂

Des gens méfiants ont alors examiné les pièces de plus près. On a comparé les photographies et les traductions, et l'on a vu qu'il y avait des manières de lire qui ressemblaient à des trahisons.

Il est entendu que la *Gazette* tient à ce que l'affaire Barnardiston ne se soit pas bornée à des pourparlers. Elle veut qu'il y ait eu un accord et voici comment elle s'y prend pour démontrer aux lecteurs bénévoles qu'elle a raison.

La photographie du rapport Ducarne renferme la phrase suivante :

« Mon interlocuteur (Barnardiston) insiste sur le fait : 1° que notre conversation était absolument *confidentielle* ».

La *Gazette de l'Allemagne du Nord* a des lunettes d'or : elle lit :

« Herr Barnardiston betonte : dass unser « Abkommen » absolut vertraulich *sein sollte* ».

Du mot « conversation » elle fait « convention ». Elle fait dire à Barnardiston que notre « convention » *serait* absolument confidentielle.

Comment dès lors ne triompherait-elle pas dans ses prétentions? Voltaire exigeait deux lignes pour pendre un homme. On a fait depuis lors du progrès en Allemagne. Pour maudire un peuple, il suffit de trois lettres d'un mot. Une « conversation » devient « convention ».

Y a-t-il falsification plus patente et plus honteuse?

⁂

Mais ce n'est pas tout. Dans la minute photographiée du rapport, on voit des ratures, des ajoutés. Lorsqu'il relate l'initiative ou la première démarche de Barnardiston, le général Ducarne s'aperçoit qu'il a omis de mentionner dès le principe l'hypothèse dans laquelle s'est placé son interlocuteur. Il écrit cinq lignes en marge et par deux signes il marque l'endroit où, dans la lettre, devra figurer son ajouté.

Hélas! cet ajouté gêne la *Gazette de l'Allemagne du Nord*. Il dit, en effet: « L'entrée des Anglais en Belgique ne se ferait qu'après la violation de notre neutralité par l'Allemagne ». Comment faire pour en diminuer ou en effacer la portée? C'est bien simple. La *Gazette*, dans sa traduction, ne mentionne pas l'ajouté. Mais pour paraître très loyale, elle le cite dans ses commentaires. C'est l'art de détacher les pièces de leur contexte.

Les sous-ordres vont compléter et achever la manœuvre. Ils vont publier un texte tronqué et faire naître ainsi la pensée que l'ajouté est peut-être une remarque faite après coup et même par un autre que l'auteur du rapport.

Si c'est ainsi qu'on écrit l'histoire en Allemagne!

591

Belgique. — Communiqué du gouvernement belge sur la prétendue entente militaire préalable anglo-belge alléguée par l'Allemagne, en date du 4 mars 1915 (second Livre gris belge, n° 103).

Le Havre, le 4 mars 1915.

Le 2 décembre, le chancelier de l'Empire allemand a déclaré au Reichstag: « Le 4 août déjà nous avions des indices de la faute commise par le gouvernement belge. Je n'avais pas encore à ma disposition des preuves écrites formelles. Mais des preuves étaient connues du gouvernement britannique. Et maintenant que par les documents trouvés à Bruxelles, livrés par moi à la publicité, il a été établi comment et jusqu'à quel degré la Belgique avait abandonné sa neutralité en faveur de l'Angleterre, le monde entier se rend compte que nos troupes, lorsqu'elles ont pénétré, dans la nuit du 3 au 4 août, sur le territoire belge, se trouvaient sur le sol d'un État qui avait depuis longtemps abandonné sa neutralité ».

La Belgique, justement fière de ses traditions de correction et d'honneur, n'entend pas laisser passer, sans infliger la flétrissure méritée, la campagne dirigée contre son honneur par une chancellerie qui semble vraiment avoir érigé le mensonge à l'état d'institution. Quelles que soient les souffrances de l'heure présente, l'honnêteté garde aux yeux du peuple belge une valeur infinie et immuable.

Jamais la Belgique n'a laissé entamer son patrimoine de droiture nationale. Seule la volonté de le garder intact dicta la décision prise dans la nuit du 2 août 1914, et l'histoire impartiale le redira aux générations soucieuses de fierté morale.

Une campagne est menée pour détourner les peuples de la vérité historique; on ne recule devant aucun moyen. Une fois de plus, le gouvernement belge a le devoir de parler et, en le faisant, il s'adresse à tous les pays où règnent le culte du droit et la religion de l'honnêteté.

Au début de la guerre, l'attentat perpétré contre la Belgique était si patent et l'intérêt de l'Allemagne à le proclamer, afin d'exercer une certaine séduction sur la victime, apparaissait si évident que la violation du droit fut constatée par le chancelier de l'Empire à la tribune même du Reichstag. Et l'on alla, à ce moment, jusqu'à s'efforcer de fasciner la nation par l'appât du denier compensateur de l'honneur perdu. Comme si l'honneur se reconquiert à prix d'argent. Mais nécessité ne connait point de loi : *Not kennt kein Gebot !* Tout était permis, disait-on ; ne s'agissait-il pas d'atteindre d'une façon foudroyante une nation qu'il fallait écraser ? Une fois de plus les événements de guerre se chargèrent de démontrer que le crime initial emporte fatalement la succession des crimes subséquents.

A peine ce sol, dont l'Allemagne avait garanti l'inviolabilité, était-il envahi par elle, que déjà une partie de l'armée envahissante se déshonorait par l'organisation systématique, au milieu d'incroyables raffinements de cruauté, du vol, du pillage, de l'incendie, du viol et du massacre d'une inoffensive population.

Et tandis que se déchaînait sur la Belgique une barbarie sans précédent, aucun acte belge n'était venu justifier l'invasion ; le violateur lui-même était en aveu sur ce point.

Cet état de fait plaçait en déplorable posture l'Empire qui, pour vaincre la France, torturait une nation vierge de tout crime. A n'importe quel prix, il fallait sortir d'une telle situation morale. D'une part, le martyre de la Belgique innocente soulevait la conscience internationale ; d'autre part, exposés par le triomphe menaçant de la brutalité à des traitements similaires, les peuples étrangers à cette guerre se posaient, à juste titre, les questions les plus angoissantes pour la sécurité de leur avenir. Un mois après la déclaration de guerre, la chancellerie allemande découvrit à Bruxelles le récit de conversations échangées en 1906 et 1912 entre les attachés militaires anglais et les chefs de l'État-major belge. Pour transformer ce récit en document libérateur, il suffisait de tronquer et de mentir. C'était l'unique moyen de donner un caractère de sagesse à l'acte accompli contre la Belgique.

Et ainsi, en meurtrissant une nation scrupuleusement neutre, l'Allemagne aurait, inconsciemment il est vrai, assumé le rôle de justicière.

Incontestablement, ce thème présentait un avantage nouveau, son succès permettait d'accabler sous une honte morale les Belges qui, par leur loyale et vigoureuse résistance, avaient fait sombrer le plan initial du grand État-major allemand ; le peuple en armes, rien que pour son honneur, devait subir cette dernière torture ; il ne suffisait pas de le sacrifier : il fallait le déshonorer. Et c'est ainsi qu'avec une impudence rarement égalée dans l'histoire, la chancellerie allemande affirma l'existence d'une convention par laquelle la Belgique, trahissant ses engagements les plus sacrés, aurait violé sa neutralité au profit de l'Angleterre. Pour impressionner les ignorants, la bonne foi allemande supprima du compte-rendu des conversations le passage où il était dit que l'échange d'idées visait uniquement l'hypothèse où la neutralité belge aurait été violée.

Le gouvernement belge oppose aux affirmations de la chancellerie allemande la seule réponse qu'elles comportent : c'est une œuvre de mensonge d'autant plus inqualifiable qu'elle émane de personnes prétendant avoir vu les dossiers.

Quels sont les documents produits par l'Allemagne pour prouver la félonie de la Belgique ? Ces documents sont au nombre de deux :

1° Le compte-rendu d'entretiens qui eurent lieu entre le lieutenant général Ducarne et le colonel Barnardiston en 1906. Au cours de ces entretiens, l'officier britannique expose ses vues sur la manière dont l'Angleterre pourrait venir au secours de la Belgique en cas d'agression de l'Allemagne contre celle-ci. Une phrase de ce rapport établit l'hypothèse dans laquelle se place le colonel Barnardiston. L'entrée des troupes anglaises en Belgique ne se ferait qu'après la violation de la neutralité belge par l'Allemagne. Dans la traduction, la *Gazette de l'Allemagne du Nord* du 25 novembre omet cette phrase qui donne précisément au document sa signification exacte. En outre, la photographie du rapport Ducarne renferme la phrase suivante : « Mon interlocuteur insiste sur le fait : 1° que notre conversation était absolument confidentielle ». Du mot « conversation » la *Gazette de l'Allemagne du Nord* fait « convention ». Elle fait dire au colonel Barnardiston que notre *convention* serait absolument confidentielle.

Un tel procédé se passe de commentaires.

2° Le compte-rendu d'une conversation sur le même sujet qui eut lieu en avril 1912 entre le lieutenant général Jungbluth et le lieutenant-colonel Bridges. Au cours de cette conversation, le lieutenant général Jungbluth fit observer à son interlocuteur qu'une intervention anglaise en faveur de la Belgique, victime d'une agression allemande, ne pourrait se produire qu'avec notre consentement. L'attaché militaire objecte que l'Angleterre serait peut-être amenée à exercer ses droits et ses devoirs de puissance garante de la Belgique sans attendre que celle-ci fît appel à son concours. Cette opinion était personnelle au colonel Bridges. Le gouvernement britannique a toujours partagé l'avis du gouvernement du Roi que l'assentiment de celui-ci était nécessaire.

Le gouvernement belge déclare sur l'honneur que non seulement aucune convention ne fut conclue, mais encore que jamais il n'y eut de la part d'un gouvernement, quel qu'il soit, ni pourparlers ni propositions au sujet de semblable convention.

D'ailleurs, jamais le représentant de la Grande-Bretagne, qui seul avait qualité pour engager celle-ci, n'intervint dans ces conversations. D'autre part, tous les ministres belges sans exception peuvent en attester sous la foi du serment : jamais une conclusion quelconque de ces conversations ne fut proposée soit en Conseil des ministres, soit à un ministre en particulier.

Les dossiers découverts par les Allemands témoignent de tout cela ; le témoignage est lumineux, mais à la condition que l'on ne tronque ni ne supprime aucun document.

En face de calomnies sans cesse répétées, le gouvernement, reflet fidèle de la droiture belge, juge que le devoir commande de marquer à nouveau le violateur de la Belgique du stigmate d'infamie qui, jusqu'à ce jour, est sa seule conquête légitime. Le gouvernement du Roi saisit cette occasion pour affirmer, en réponse à certaines allégations dont l'intention malveillante apparaît clairement :

1° Que, avant la déclaration de guerre, aucune troupe française, si minime fût-elle, n'avait pénétré en Belgique ; il n'est pas de témoignage honnête qui puisse se dresser contre cette affirmation ;

2° Que, non seulement il n'a jamais décliné une offre de troupes faite par l'une des puissances garantes, mais que, dès la déclaration de guerre, il a sollicité énergiquement la protection militaire de ses garants ;

3° Que, tout en assumant, conformément à son devoir, la défense vigoureuse de ses places fortes, la Belgique a sollicité et accepté avec gratitude le concours que ses garants ont pu mettre à sa disposition pour cette défense.

La Belgique, victime de sa droiture, ne courbe la tête devant personne. Son honneur défie les assauts du mensonge ; elle a foi dans le jugement de l'univers. A l'heure où se rend la justice, le triomphe appartient à ceux qui ont tout sacrifié pour servir, avec conscience, la cause de la vérité, du droit, de l'honneur.

592

Belgique. — Déclaration du gouvernement belge adressée a l'Autriche-Hongrie par l'intermédiaire de l'Espagne, au sujet de l'envoi par l'Autriche-Hongrie de batteries de canons en Belgique avant la déclaration de guerre, en date du 20 octobre 1914 (second Livre gris belge, n° 104).

Le Havre, le 20 octobre 1914.

Lorsque le gouvernement du Roi a répondu à la déclaration de guerre de l'Autriche-Hongrie, il ignorait certains faits qui eussent modifié sa réponse, ou plutôt qui lui eussent fait prendre l'initiative d'une rupture des relations diplomatiques. Il résulte, en effet, d'une proclamation du lieutenant général allemand qui s'intitule gouverneur de la place forte de Liége, que « les grosses batteries à moteur envoyées par l'Autriche ont prouvé leur excellence dans les combats autour de Namur ». Ces combats ont eu lieu antérieurement à la déclaration de guerre de l'Autriche-Hongrie à la Belgique, qui était basée en premier lieu sur la coopération militaire de la Belgique avec la France et la Grande-Bretagne. Le gouvernement belge, s'il eût eu connaissance, à cette date, de la participation austro-hongroise à l'attaque contre la Belgique, aurait rappelé immédiatement le ministre du Roi accrédité à Vienne. La déclaration autrichienne du 28 août portait que l'Autriche-Hongrie se voyait dans la nécessité de rompre les relations diplomatiques et se considérait, *dès ce moment*, en état de guerre avec la Belgique.

C'est donc en plein état de paix, alors que les deux pays entretenaient des relations diplomatiques, que l'artillerie autrichienne a attaqué et détruit les forts de Namur.

593

Autriche-Hongrie. — Note du gouvernement austro-hongrois adressée a la Belgique par l'intermédiaire de l'Espagne, au sujet d'une entente préalable anglo-belge et de l'envoi par l'Autriche-Hongrie de batteries de canons en Belgique avant la déclaration de guerre, en date du 6 février 1915 (second Livre gris belge, n° 105).

Vienne, le 6 février 1915.

Si le gouvernement royal de Belgique constate que, lors de sa réponse à la déclaration de guerre de l'Autriche-Hongrie, certains faits lui étaient inconnus et qu'il ignorait surtout que, à une date antérieure à la déclaration de guerre de la Monarchie à la Belgique, des batteries austro-hongroises fussent entrées en action dans le combat autour de Namur, le gouvernement impérial et royal tient à constater que, au moment d'adresser la déclaration de guerre audit Royaume, il se trouvait, à son tour, dans une situation analogue. En effet, le gouvernement impérial et royal ne fut, à cette époque, pas encore informé d'une manière authentique de ce que, déjà longtemps avant le commencement de la présente guerre et à l'insu de l'Autriche-Hongrie, figurant parmi les Etats garants de la neutralité belge, la Belgique avait entamé avec d'autres puissances garantes des pourparlers ayant eu pour objet une coopération militaire de la Belgique avec la Grande-Bretagne et la France, pourparlers qui, comme il résulte des documents récemment découverts par les autorités allemandes dans les archives belges, aboutirent enfin à la conclusion d'arrangements militaires se tournant contre l'Allemagne. C'étaient indubitablement ces tendances absolument contraires à l'esprit et à la teneur des traités du 19 avril 1839 qui ont induit le gouvernement belge à décliner les propositions que l'Allemagne lui avait faites pour obtenir le libre passage à travers le territoire belge des troupes allemandes, propositions provoquées par l'attitude hostile de la Belgique et dictées par la nécessité impérieuse pour l'Empire d'Allemagne de se conserver soi-même, et à forcer ainsi l'Allemagne à faire la guerre à la Belgique. C'est précisément en procédant de la sorte que le gouvernement belge a donné lieu à ce que les batteries austro-hongroises qui, dès le début des complications belliqueuses, avaient été mises par la Monarchie à la disposition de l'Allemagne, fussent employées dans les opérations contre les forteresses belges. Comme il appert de ce qui précède, le gouvernement royal de Belgique a provoqué lui-même le fait qu'il tend maintenant à mettre à la charge du gouvernement impérial et royal. Ce gouvernement est donc pleinement en droit de repousser ce reproche dépourvu de fondement et de constater, à son tour, que la Belgique s'est mise en contradiction avec les devoirs découlant de sa qualité d'État perpétuellement neutre.

594

Belgique. — Réponse du gouvernement belge à la Note de l'Autriche-Hongrie du 6 février 1915, en date du 20 avril 1915 (second Livre gris belge, n° 106).

Le Havre, le 20 avril 1915.

Par une Note en date du 11 février (1), le gouvernement impérial et royal, pour justifier la participation de l'artillerie austro-hongroise à la destruction des forts de Namur, pendant que la Belgique et l'Autriche-Hongrie étaient encore en état de paix, invoque la découverte dans les archives belges de documents révélant une prétendue entente militaire anglo-belge dirigée contre l'Allemagne. Il déclare que ce sont ces tendances contraires à l'esprit des traités de 1839 qui ont incité la Belgique à repousser les propositions allemandes provoquées par l'attitude hostile de la Belgique et dictées à l'Allemagne par le soin de sa propre conservation. Il ajoute, enfin, que l'emploi des canons autrichiens, mis dès le début des hostilités à la disposition de l'Allemagne contre les forts de Namur, est dû à cette attitude hostile du gouvernement du Roi, et que le gouvernement impérial et royal a le droit de constater la contradiction dans laquelle la Belgique s'est placée avec les devoirs découlant de sa qualité d'État perpétuellement neutre.

Le gouvernement impérial et royal entend donc justifier les hostilités dirigées contre nous en temps de paix par la raison que nous aurions manqué aux devoirs de la neutralité en négociant avec l'Angleterre un accord militaire contre l'Allemagne. Cette accusation calomnieuse, qui a été vivement ressentie par le gouvernement du Roi, n'a influencé en rien la déclaration de guerre que l'Autriche-Hongrie a adressée à la Belgique le 28 août 1914. En effet, la culpabilité du gouvernement belge, fût-elle prouvée, encore conviendrait-il de se demander comment elle pourrait justifier une agression qui s'est produite deux mois avant la découverte des documents incriminés.

Mais le gouvernement du Roi, qui pendant plus de quatre-vingt-quatre ans a rempli avec une scrupuleuse exactitude ses obligations internationales, repousse avec énergie l'accusation de la chancellerie allemande d'après laquelle il les aurait trahies.

(1) V. le texte qui précède.

Si le gouvernement impérial et royal avait lu les documents trouvés dans les archives de Bruxelles, il se serait convaincu qu'ils ne sauraient prouver la félonie du gouvernement du Roi.

Ces documents sont au nombre de deux.

Le premier est un rapport adressé par le général Ducarne, chef de l'État-major belge, au ministre de la guerre sur des entretiens qu'il avait eus avec le colonel Barnardiston, attaché militaire britannique au début de 1906. Ces entretiens étaient relatifs à la prestation de la garantie par l'Angleterre. Dès les premières phrases, le général Ducarne mentionne l'hypothèse dans laquelle se place son interlocuteur : « L'entrée des troupes anglaises en Belgique ne se ferait qu'après la violation de la neutralité belge par l'Allemagne ».

L'hypothèse prévue, et qui était celle de la violation préalable de la neutralité belge, suffit à elle seule à disculper le gouvernement du Roi du grief articulé par l'Allemagne, à la condition bien entendu qu'on ne tronque pas les documents, qu'on ne leur fasse pas dire ce qu'ils ne contiennent pas, comme l'a fait la *Gazette de l'Allemagne du Nord* en les traduisant.

La violation de la neutralité belge sur la frontière de l'Est étant une éventualité que de nombreux indices faisaient apparaître comme menaçante dès 1906, le devoir élémentaire de l'État-major belge était d'étudier un projet de secours que l'Angleterre, comme puissance garante, enverrait en Belgique, dans cette hypothèse, pour repousser l'agression allemande. Le fait que cette éventualité s'est produite avec une brutalité que personne n'eût pu imaginer montre que ces préoccupations étaient justifiées. D'ailleurs, le colonel Barnardiston, simple attaché militaire, n'avait pas les pouvoirs nécessaires pour contracter un engagement, pas plus que le général Ducarne, fonctionnaire du Département de la guerre, n'était qualifié pour prendre acte d'une promesse de secours. Il appartenait au gouvernement seul de conclure une convention en vue d'exécuter les garanties promises. Non seulement une convention semblable n'a jamais été conclue, mais les conversations incriminées n'ont jamais fait l'objet d'une délibération du gouvernement.

Le deuxième document est relatif à une conversation sur le même sujet qui eut lieu au mois d'avril 1912 entre l'attaché militaire Bridges et le lieutenant général Jungbluth. Au cours de cette conversation, le général Jungbluth fit observer à son interlocuteur qu'une intervention anglaise en faveur de la Belgique ne pourrait se produire qu'avec le consentement de celle-ci. L'attaché militaire britannique objecta que l'Angleterre serait peut-être amenée à exercer ses droits et ses devoirs de puissance garante de la Belgique sans attendre que celle-ci fît appel à son aide. C'était une opinion personnelle du colonel Bridges, elle ne fut jamais partagée par son gouvernement, et il résulte clairement de cette conversation que l'intervention de l'Angleterre n'aurait pu se produire avant la violation de la neutralité belge par l'Allemagne. Ce second document détruirait à lui seul le soupçon qu'une convention, suite des entretiens Ducarne-Barnardiston, aurait été conclue en 1906. En effet, le colonel Bridges, en 1912, n'a pas même fait allusion à l'entretien du colonel Barnardiston en 1906, et il est évident que, si une convention avait été conclue six ans auparavant, les interlocuteurs, en abordant ce sujet, n'auraient eu qu'à s'y référer.

Le gouvernement impérial et royal commet une erreur évidente en attribuant à l'attitude hostile de la Belgique l'agression allemande. Jusqu'au 2 août 1914, date de l'ultimatum, aucun différend n'avait surgi entre les deux pays, leurs relations n'avaient cessé d'être cordiales et l'Allemagne n'avait élevé aucun grief contre nous.

Il ressort à l'évidence des documents officiels publiés jusqu'aujourd'hui et du discours prononcé par le chancelier impérial, le 4 août, que l'Allemagne n'avait rien à reprocher à la Belgique et que, si ses troupes l'ont attaquée, c'est en vue d'arriver en France par le chemin le plus rapide et le plus facile, de façon à frapper un coup décisif aussitôt que possible. « Nous avons été forcés — a dit le chancelier dans son discours du 4 août — de passer outre aux protestations justifiées des gouvernements luxembourgeois et belge. L'injustice, je le dis ouvertement, l'injustice que nous commettons de cette façon, nous la réparerons dès que notre but militaire sera atteint ».

Pour déclarer la guerre à la Belgique, le gouvernement impérial et royal a invoqué de tous autres prétextes qu'un manquement aux devoirs de la neutralité et il ne saurait nier que, pendant que nous entretenions des relations amicales avec lui et que nous cherchions à déférer aux demandes de son représentant à Bruxelles, il prescrivait à ses troupes de détruire nos forts de Namur.

595

Allemagne. — Note verbale du gouvernement allemand aux puissances étrangères sur la reconnaissance des consuls étrangers dans les territoires occupés par les armées allemandes, en date du 30 novembre 1914.

Ministère des affaires étrangères, Berlin, 30 novembre 1914.

Maintenant que les armées allemandes ont occupé différentes parties de territoires ennemis, le gouvernement allemand considère comme étant venus à expiration les exequatur des consuls, qui leur permettaient autrefois d'agir dans ces régions.

Le gouvernement impérial serait toutefois disposé à envisager favorablement toutes demandes de pays alliés et neutres concernant l'établissement d'offices consulaires dans les régions en question, sauf, bien entendu, dans celles où des opérations militaires sont encore en cours.

En Belgique, une activité consulaire ne devrait donc pas être permise à présent dans les provinces de la Flandre orientale et de la Flandre occidentale. En ce qui touche les autres parties de la Belgique, des officiers consulaires pourraient être autorisés à agir maintenant à Bruxelles, à Anvers et à Liège, mais non pas en d'autres endroits.

Le gouvernement impérial ne pense pas qu'il serait convenable de délivrer un véritable exequatur ; aux officiers consulaires dont les noms seront communiqués au ministère des affaires étrangères, il devrait être accordé simplement une reconnaissance provisoire leur permettant d'agir avec leur capacité officielle, sous réserve des investigations habituelles relativement à leurs rapports.

Etant donné les circonstances particulières d'une occupation militaire, il serait agréable au gouvernement impérial que les personnes susceptibles d'être nommées fussent vraiment bien disposées pour l'Allemagne ou tout au moins fussent animées de sentiments neutres.

596

Belgique. — Protestation du gouvernement belge adressée au gouvernement allemand par l'intermédiaire de l'Espagne sur la situation des consuls accrédités en Belgique par les puissances neutres, en date du 24 décembre 1914 (second Livre gris belge, n° 109).

Le Havre, le 24 décembre 1914.

Il nous est revenu qu'une Note a été adressée dernièrement aux États neutres et alliés de l'Allemagne. Le gouvernement impérial allemand déclare :

« 1° Qu'il estime que son occupation a mis fin, en l'annulant, à l'exequatur accordé par le gouvernement belge aux divers consuls qui résident dans les régions occupées de la Belgique ;

2° Que bouleversant l'ancienne juridiction consulaire il est d'avis de ne plus créer que trois juridictions consulaires, à Bruxelles, à Anvers et à Liège, et de ne donner actuellement aux agents dans ces trois résidences qu'une simple admission provisoire ».

L'occupation militaire telle que la définit l'article 42 de la IVe convention de la Haye ne confère à l'État occupant sur les territoires envahis qu'une possession de fait. Il s'ensuit que la souveraineté de droit de l'État envahi subsiste, mais que son exercice est momentanément suspendu. Le Manuel allemand de la guerre confirme en la complétant la disposition de l'acte de la Haye :

« L'occupation d'une partie du territoire ennemi, y est-il dit, n'est pas une appropriation de ce dernier. Le droit de l'État antérieurement souverain subsiste donc ; il est simplement suspendu par un conflit avec la puissance plus forte du conquérant pendant la durée de son occupation et d'une façon provisoire ».

Si la possession de fait autorise l'occupant à prendre les mesures nécessaires pour la conduite des opérations militaires, elle lui impose, d'autre part, l'obligation de gérer les territoires occupés en tenant compte de son caractère provisoire, de manière à ne pas entraver la vie sociale et publique et en respectant, sauf empêchement absolu, les lois en vigueur dans le pays (art. 43 de la IVe convention de la Haye).

C'est ainsi qu'un gouvernement occupant ne peut ruiner l'organisation judiciaire existante. En anéantissant cette organisation, il excéderait les limites des pouvoirs de l'occupant qui est circonscrit aux mesures destinées à atteindre le but normal de la guerre. Le respect des lois existantes qui est stipulé par l'article 43 de la IVe convention de la Haye implique le maintien des fonctionnaires nommés en vertu de ces lois.

Assurément l'occupant peut se croire autorisé à retirer l'exequatur à un consul qui aurait commis des actes assez graves pour paraître incompatibles avec la continuation de sa mission, même aux yeux d'un gouvernement de droit. Encore devrait-il préalablement référer à la puissance dont ce consul relève. Mais il ne peut puiser dans son titre de fait et provisoire le droit de considérer comme annulés d'une manière générale, alors qu'il n'a aucun motif personnel, tous les exequatur précédemment accordés.

Pareille annulation n'est aucunement exigée par les nécessités de la guerre. Elle serait un abus de l'occupation. Elle exposerait les nationaux des États étrangers à ne plus avoir de protecteurs naturels au milieu des vicissitudes de la lutte des occupations et des reprises, elle augmenterait le trouble d'une population paisible.

597

Allemagne. — Réponse du gouvernement allemand à la protestation du gouvernement belge au sujet de l'annulation de l'exequatur des consuls en Belgique, en date du 3 janvier 1915 (second Livre gris belge, n° 110).

Berlin, le 3 janvier 1915.

Le gouvernement impérial est d'avis que la protestation du gouvernement belge concernant l'exequatur des consuls en Belgique est sans fondement.

L'article 42 de la IVe convention de la Haye en particulier ne saurait appuyer la manière de voir du gouvernement belge. D'après cet article, le gouvernement occupant est bligé de maintenir, dans la mesure du possible, l'ordre public dans les régions occupées ; l'article ne l'engage nullement à maintenir tous les employés dans l'exercice de leurs fonctions. Ceci, au contraire, ne pourrait se faire qu'en tant que les intérêts militaires de l'occupation le permettent et non plus qu'à la condition que ces employés seront prêts à se soumettre à l'autorité du gouvernement occupant. Ces principes s'appliquent aux consuls neutres : ceux-ci ne pourront exercer leurs fonctions publiques qu'en tant que la puissance occupante s'y accorde, l'exequatur ennemi n'engageant pas la dernière.

La note circulaire du gouvernement impérial concernant les consuls ne touche en aucune manière les droits du gouvernement belge ; elle ne traite que les intérêts du gouvernement impérial, qui réclame un droit originaire et un devoir incontestable de régler la protection consulaire des sujets neutres pour la durée de l'occupation. Ce nouveau règlement est nécessaire, du reste, en premier lieu dans l'intérêt des sujets neutres eux-mêmes. Vu que non moins de trois cents représentants des États alliés ou neutres étaient admis en Belgique, la plupart d'entre eux de nationalité belge, un grand nombre de ceux-ci ayant quitté le pays, il est évident que dans l'intérêt des sujets neutres mêmes le gouvernement impérial ferait bien de ne pas tarder à prendre soin d'un règlement assuré et efficace de leur protection.

598

États-Unis d'Amérique. — Note du gouvernement américain adressée le 21 janvier 1915 à l'ambassadeur des États-Unis à Berlin pour être remise au gouvernement allemand, au sujet de la situation des consuls étrangers en Belgique.

Le gouvernement des États-Unis a reçu et pris en considération la Note verbale du gouvernement impérial datée du 30 novembre 1914 (1), dans laquelle il est dit que, l'armée allemande ayant maintenant occupé diverses parties de contrées ennemies, le gouvernement allemand considère comme expirés les exequatur des consuls, qui leur permettaient autrefois d'agir dans ces régions ; que le gouvernement impérial serait toutefois disposé à envisager favorablement toutes vues des pays alliés et neutres relativement à l'établissement d'offices consulaires dans les régions en question, excepté, bien entendu, dans les régions où des opérations militaires sont encore en cours ; et que le gouvernement impérial ne pense pas qu'il serait convenable de délivrer de véritables exequatur : aux officiers consulaires dont les noms seront communiqués au ministère des affaires étrangères, il devrait être accordé simplement une reconnaissance provisoire leur permettant d'agir avec leur capacité officielle, sous réserve des investigations habituelles relativement à leurs rapports.

A raison du fait que les officiers consulaires sont des représentants commerciaux et non pas des représentants politiques d'un gouvernement et que la permission pour eux d'agir à l'intérieur de régions définies dépend de l'autorité qui a actuellement le contrôle de ces régions, sans égard à la question du droit légal, et de plus à raison du fait que les districts consulaires, auxquels allusion est faite dans la Note verbale du gouvernement impérial, sont dans le territoire actuellement occupé militairement par l'Allemagne, le gouvernement des États-Unis n'est pas pour l'instant disposé à mettre en doute le droit du gouvernement impérial de suspendre les exequatur des officiers consulaires des États-Unis dans les régions occupées par les forces militaires de l'Empire allemand et soumises à sa juridiction militaire.

Le gouvernement des États-Unis prend note que tous les districts en territoire belge

(1) V. ci-dessus, p. 293.

occupé par les forces militaires allemandes, sauf ceux de Bruxelles, d'Anvers et de Liège, sont considérés par le gouvernement impérial comme étant dans la zone des opérations militaires et que dans ces districts, à l'exception de ceux nommés, le gouvernement impérial ne permettra pas aux officiers consulaires d'exercer leurs fonctions.

Le gouvernement des États-Unis, dans les circonstances présentes, suppose que le gouvernement impérial n'élèvera aucune objection à ce que les officiers consulaires des États-Unis établis actuellement à Bruxelles, Anvers, Liège et dans d'autres villes semblables agissent avec leur capacité officielle, et que, si les autorités de fait de ces villes s'opposent pour des raisons personnelles au séjour de ces officiers, le gouvernement des États-Unis sera aussitôt prévenu d'une telle opposition.

BRYAN.

599

Belgique. — Réplique du gouvernement belge a la Note allemande du 3 janvier 1915 sur l'annulation de l'exequatur des consuls en Belgique, en date du 22 janvier 1915 (second Livre gris belge, n° 111).

Le Havre, le 22 janvier 1915.

L'Allemagne a prétendu, dans sa communication du 5 décembre (1), que l'occupant d'une région envahie avait le droit de considérer comme « annulés » tous les exequatur donnés antérieurement aux consuls en fonctions par le pouvoir légal du pays.

La prétention est insoutenable.

A raison du caractère du pouvoir de l'occupant qui dérive d'une simple possession et qui n'a rien de définitif, l'article 43 de la IVe convention de la Haye consacre, en principe, le maintien des lois civiles et administratives et, par conséquent, des situations existantes.

Vainement, dans sa Note du 3 janvier (2), l'Allemagne invoque l'intérêt militaire et l'intérêt administratif. Ces deux intérêts peuvent justifier le retrait de l'exequatur à un consul qui se livrerait à des actes hostiles ou aurait une conduite inconciliable avec les devoirs de sa mission. Mais ils ne peuvent justifier ni le droit général d'annulation que réclame l'Allemagne ni sa prétention de bouleverser toute l'organisation consulaire, de réduire à trois le nombre des consuls de chaque nation et d'exclure des consulats, par la seule raison qu'elles sont belges, des individualités qui n'auraient commis aucun acte contraire à l'intérêt militaire et auraient loyalement reconnu à l'occupant les droits précisés par la convention de la Haye.

La thèse de l'Allemagne aurait pour conséquence, si elle devait être admise, de jeter dans une instabilité désastreuse les consulats des régions occupées un jour et reprises le lendemain.

(1) V. ci-dessus, p. 293.
(2) V. ci-dessus, p. 294.

600

Belgique. — Lettre du ministre belge des affaires étrangères aux chefs de mission a l'étranger faisant connaître l'avis du gouvernement des États-Unis d'Amérique sur l'annulation de l'exequatur des consuls en Belgique, en date du 1er février 1915 (second Livre gris belge, nº 112).

Le Havre, le 1er février 1915.

Monsieur le ministre,

J'ai l'honneur de vous faire savoir que le gouvernement américain vient de faire connaître son avis relativement à l'annulation des exequatur accordés aux consuls qui exercent leurs fonctions dans la Belgique occupée (1).

D'après une dépêche du ministre du Roi à Washington, le gouvernement américain estime que les consuls ne sont pas des représentants politiques avec mission générale, mais des représentants commerciaux avec mission locale.

Ces représentants ne peuvent, dans les régions militairement occupées, exercer leur mission que là où l'occupant, possesseur d'un droit légal de contrôle, juge que les opérations militaires le permettent.

L'Allemagne estime que les opérations militaires ne permettent pas actuellement, dans les régions qu'elle occupe, l'exercice de la mission consulaire ailleurs qu'à Bruxelles, Anvers et Liège.

Il y a lieu, dès lors, de considérer que l'exercice des fonctions des consuls américains se trouve non pas annulé, mais simplement suspendu dans les régions militairement occupées, sauf à Bruxelles, Anvers et Liège.

Quant aux consulats de ces trois localités qui peuvent continuer leur activité, et à ceux des autres localités qui pourront se trouver ultérieurement dans les mêmes conditions, il n'y a pas lieu de changer leur titulaire, à moins que le gouvernement allemand n'informe le gouvernement américain des motifs personnels qui s'opposent à ce que l'un ou l'autre de ces consuls continue à exercer ses fonctions.

Veuillez agréer, etc.

(S.) Davignon.

601

Allemagne. — Note du gouvernement allemand du 9 mars 1915, en réponse a la Note des États-Unis reçue le 25 janvier 1915, au sujet de la situation des consuls étrangers en Belgique.

Ministère des affaires étrangères, Berlin, 9 mars 1915.

Le ministère des affaires étrangères a l'honneur d'exprimer ses meilleurs remerciements à l'ambassadeur des États-Unis d'Amérique pour l'exposé communiqué avec l'estimée Note verbale reçue le 25 janvier 1915 (2).

(1) V. ci-dessus, p. 295.
(2) V. ci-dessus, p. 295.

Le ministère des affaires étrangères saisit volontiers l'occasion d'affirmer expressément qu'aucunes objections ne sont faites en ce qui concerne les représentants consulaires américains qui existent actuellement à Anvers et à Liège. Ces deux fonctionnaires ont réussi, dans les conditions difficiles de l'époque actuelle, à établir les meilleures relations avec les autorités d'occupation.

M. Watts, consul général à Bruxelles, est en congé, et il ne semble pas qu'il retournera à son poste. Au cas où le gouvernement des États-Unis se proposerait de pourvoir de nouveau à ce poste, son intention s'accorderait avec les vues du gouvernement impérial et des autorités militaires en Belgique.

Quoique Gand soit toujours dans la zone des opérations militaires, et qu'en conséquence l'activité d'un office consulaire n'y apparaisse pas comme encore désirable, le ministère des affaires étrangères tient à indiquer dès maintenant qu'il n'a aucunes objections, pour raisons personnelles, à élever contre M. Jansen, le consul des États-Unis en cette ville.

602

Belgique. — Note du gouvernement belge démentant qu'aucune troupe française ou anglaise ait pénétré en Belgique avant le 5 août 1914, en date du 28 janvier 1915 (second Livre gris belge, n° 116).

Le Havre, le 28 janvier 1915.

Un industriel allemand a vu, le 24 juillet, deux compagnies de troupes françaises en armes à Erquelinnes. Il le déclare au gouvernement général de la Belgique et la *Gazette de l'Allemagne du Nord* considère le fait établi. Nous regrettons pour le témoin anonyme qui a garanti ce récit sous serment que ses souvenirs l'aient fort mal servi. Une confusion entre le nom des localités est d'ailleurs fort possible à six mois d'intervalle.

Nous avons déjà dit, mais on nous oblige à répéter, qu'avant le 5 août aucune troupe armée, française ou anglaise, n'a pénétré en Belgique. Pour faire appel à la garantie de ses garants, pour lever en faveur des troupes françaises l'interdiction de pénétrer sur le territoire du Royaume, le gouvernement a attendu que l'Allemagne ait violé la neutralité de la Belgique. Cette violation eut lieu le 4 août, à 8 heures du matin, et c'est le même jour, à 6 heures du soir, que le gouvernement a décidé d'appeler la France et l'Angleterre à son secours. Avant cette date, aucun soldat français n'est entré en Belgique.

A l'industriel allemand, nous opposons les personnages officiels de l'Empire, le ministre d'Allemagne à Bruxelles, le secrétaire d'État aux affaires étrangères et le chancelier lui-même. Dans la nuit du 2 au 3 août, M. de Below cherche contre nous un grief propre à étayer son ultimatum. A 2 heures du matin, il se rend chez le secrétaire général au Département pour lui dire qu'une patrouille de cavalerie française a franchi la frontière. Le Baron van der Elst demande où ces faits se sont passés. En Allemagne, lui fut-il répondu. Si un seul soldat français en armes avait franchi notre frontière, il est clair qu'il n'aurait pas échappé à la vigilance des nombreux espions de M. de Below.

Le 3 août, le ministre de Belgique fut reçu par le secrétaire d'État pour les affaires étrangères. « Avez-vous quelque chose à nous reprocher ? interrogea le Baron Beyens. N'avons-nous pas toujours, depuis trois quarts de siècle, vis-à-vis de l'Allemagne comme de toutes les grandes puissances garantes, observé tous les devoirs de notre neutralité ? — L'Allemagne, répondit M. de Jagow, ne peut rien reprocher à la Belgique et l'attitude de celle-ci a toujours été d'une correction parfaite ».

Enfin le chancelier, dans la séance de Reichstag du 4 août, ne s'est pas expliqué avec moins de franchise : « Nos troupes, a-t-il déclaré, ont occupé le Luxembourg et ont peut-être déjà pénétré en Belgique. Cela est en contradiction avec les règles du droit des gens. L'injustice, je le dis ouvertement, l'injustice que nous commettons de cette façon nous la réparerons ». Mais comme la franchise du chancelier a été désavouée par la presse allemande, parce que la méconnaissance cynique des traités provoquait unanimement dans tous les pays neutres la plus fâcheuse impression, l'Allemagne a cherché des imputations contre la loyauté de la Belgique.

Ainsi l'Allemagne, après nous avoir injustement attaqués, ruinés et massacrés, veut nous enlever la seule chose qui nous reste, l'honneur. Mais ces imputations de témoins, dont on ne cite même pas les noms, et qui sont produites six mois après les événements, ne donneront pas le change à l'opinion publique. Depuis le premier jour, celle-ci a condamné l'attentat prémédité qui a été commis contre la Belgique et elle a fait justice des abominables calomnies inventées pour justifier cet attentat.

603

France. — NOTE DE M. MILLERAND, MINISTRE DE LA GUERRE, A M. DELCASSÉ, MINISTRE DES AFFAIRES ÉTRANGÈRES, DÉMENTANT L'ACCUSATION ALLEMANDE D'UN DÉBARQUEMENT DE TROUPES FRANÇAISES EN BELGIQUE AVANT LA DÉCLARATION DE GUERRE, EN DATE DU 16 FÉVRIER 1915 (second Livre gris belge, n° 118).

Paris, le 16 février 1915.

A la date du 13 février, vous avez bien voulu porter a ma connaissance le désir exprimé par M. Davignon de voir le gouvernement français démentir l'accusation précise concernant le débarquement de troupes françaises à Erquelinnes dans la soirée du 24 juillet et me demander mon sentiment à ce sujet.

J'ai l'honneur de vous faire connaître que je ne vois que des avantages à ce que le démenti le plus formel soit opposé aux allégations de la presse allemande sur ce point, de même que sur ceux qui font l'objet des lettres de vos représentants en Belgique dont vous m'avez adressé copie.

Afin de faciliter les mesures que vous croirez devoir prendre pour réfuter ces allégations mensongères, je crois devoir vous donner les précisions suivantes :

a) Non seulement aucun débarquement français n'a pu être constaté à Erquelinnes à la date du 24 juillet 1914, mais à cette date aucune mesure, non pas même de préparation, mais de précaution, n'avait encore été prise, ni comme surveillance de frontière, ni comme garde de voies ferrées.

La première mesure de précaution, celle de la suppression des permissions, date du 26 juillet.

b) Même à une date postérieure, au moment de la prise du dispositif de couverture, aucune mesure de couverture n'a été prise à la frontière belge, en raison du respect dû à la neutralité de ce pays.

c) De plus, le 2 août, premier jour de la mobilisation, en vue d'éviter tout incident, mon prédécesseur a donné l'ordre télégraphique suivant au général commandant la région :

« 2 août 2143/11, à 1re région Lille.

« Il est absolument nécessaire en l'état diplomatique actuel de n'avoir aucun incident sur la frontière franco-belge et par suite de ne pas s'en approcher, pour les troupes, à moins de 2 kilomètres environ.

« Il sera recommandé aux douaniers et forestiers d'éviter tout incident ».

Cet ordre ne faisait qu'étendre à la 1re région, au moment où elle était touchée par le télégramme de mobilisation, les ordres donnés aux régions de la frontière franco-allemande et qui leur prescrivaient de ne pas dépasser une ligne que, en raison des chances de conflit, mon prédécesseur avait estimé devoir fixer à une distance d'environ 10 kilomètres de la frontière allemande.

Les allégations allemandes sont donc mensongères de tous points, elles n'ont pas même l'excuse de la vraisemblance.

604

Belgique. — Lettre du ministre belge des affaires étrangères aux chefs de mission a l'étranger protestant contre l'enlèvement par les autorités allemandes en Belgique des machines appartenant a des usines privées, en date du 13 février 1915 (second Livre gris belge, n° 121).

Le Havre, le 13 février 1915.

Monsieur le ministre,

Il résulte d'une réclamation adressée au gouvernement général de la Belgique par la Fédération des constructeurs belges, sous la date du 22 janvier, que les autorités allemandes ont pénétré dans les usines et ont déclaré s'emparer des machines-outils qui les garnissent. Ces machines ont été démontées, beaucoup ont été enlevées et expédiées en Allemagne, sans que souvent aucune pièce fût remise aux propriétaires constatant la nature, le nombre et la valeur de l'outillage saisi. A la date du 22 janvier, la valeur des machines saisies dépassait 16 millions de francs.

En outre, aux termes d'un contrat qui a été passé entre la Feldzeugmeisterei royale de Berlin et la raison sociale Sonnenthal Junior de Cologne, cette dernière se met à la disposition de la Feldzeugmeisterei pour faire parvenir par la voie la plus rapide aux fabriques allemandes auxquelles des commandes de munitions ont été confiées les machines saisies dans les territoires occupés de la Belgique et de la France. Elle prend en outre à sa charge le retransport, après la guerre, de ces machines belges et françaises dans les fabriques belges et françaises auxquelles elles appartiennent.

La raison sociale a le droit et le devoir, avec l'aide de la fonderie de canons de Liège, d'établir la présence, dans les fabriques des territoires occupés, de machines appropriées à la fabrication des munitions et de proposer la saisie de ces machines.

Le gouvernement du Roi proteste avec indignation contre des agissements qui sont en violation flagrante avec l'article 53 du règlement annexé à la IVe convention de la Haye. L'énumération de l'article 53 est limitative et n'autorise ni la saisie ni le transfert dans un autre pays des machines industrielles, qui doivent toujours être respectées lorsqu'elles sont propriété privée (art. 46).

L'enlèvement des machines annihile les efforts des industriels en vue de maintenir une certaine activité à leurs usines, condamne au chômage et à la famine de nombreux ouvriers et aura pour résultat de retarder le relèvement de l'industrie après la guerre.

Enfin les autorités allemandes méconnaissent aussi systématiquement les prescriptions de l'article 52 dudit règlement, d'après lequel les réquisitions en nature ne pourront être réclamées des communes ou des habitants que pour les besoins de l'armée d'occupation.

A titre d'exemple, je citerai :

a) Les annonces dans les journaux allemands de ventes aux agriculteurs allemands d'étalons, de juments et de poulains réquisitionnés en Belgique ;

b) L'envoi en Allemagne et sur le front russe de vins pris aux particuliers ;

c) L'abatage systématique des noyers, qui sont expédiés en Allemagne pour y être transformés en crosses de fusils ;

d) La saisie et le transport en Allemagne des matières premières appartenant à des particuliers, telles que coton, lin, caoutchouc, laine, nickel, cuivre, cuir, dont la valeur s'élève à plusieurs dizaines de millions ;

e) La réquisition, dans les environs de Jodoigne et dans la région du Geer, de 130 bœufs et d'un grand nombre de porcs, qui ont été expédiés en Allemagne.

Ces réquisitions illégales sont d'autant plus odieuses qu'elles atteignent une population déjà ruinée par la guerre et lui enlèvent des approvisionnements absolument indispensables à sa subsistance.

J'ai l'honneur de vous prier de vouloir bien faire tenir une copie de la présente dépêche au gouvernement auprès duquel vous êtes accrédité et qui, au même titre que la Belgique et l'Allemagne, est signataire de la IVe convention de la Haye.

Veuillez agréer, etc.

(S.) Davignon.

605

Belgique. — Protestation du gouvernement belge sur la création de tribunaux d'exception par l'autorité allemande en Belgique, en date du 6 avril 1915 (second Livre gris belge, n° 123).

Le Havre, le 6 avril 1915.

Il a été porté à la connaissance du gouvernement du Roi que divers décrets de l'autorité allemande occupant le pays transforment sans aucune nécessité la législation intérieure du pays. En outre, des arrêtés récents, inspirés par le désir d'accorder aux sujets allemands et autrichiens qui se trouvaient sur le territoire au début des hostilités un régime d'exception, modifient le décret du 10 vendémiaire an IV, sur la responsabilité des communes, la législation en matière de contrats de louage et créent, pour l'application des règles nouvelles, des juridictions spéciales. Ces mesures témoignent d'une méconnaissance complète des principes du droit des gens, des dispositions conventionnelles et des lois et coutumes de la guerre.

D'après ces principes, l'occupation, en raison de son caractère provisoire et de simple possession de fait, ne peut détruire ni modifier, tant que les nécessités de la guerre ne l'exigent pas, la législation civile ou le pouvoir juridictionnel des tribunaux institués dans le territoire occupé.

L'article 43 du règlement annexé à la IVe convention de la Haye, signée et ratifiée par l'Allemagne, dispose que « l'autorité du pouvoir légal ayant passé de fait entre les mains de l'occupant, celui-ci prendra toutes les mesures qui dépendent de lui en vue d'établir et d'assurer autant qu'il est possible l'ordre et la vie publics en respectant, sauf empêchement absolu, les lois en vigueur dans le pays ». L'autorité militaire allemande n'avait pas jusqu'ici contesté ces principes. Le traité sur les lois de la guerre continentale, publié en 1902 par le grand État-major allemand, s'exprime de la manière suivante : « L'occupant n'étant que substitué au Souverain véritable, il continue à administrer à l'aide des lois et règlements existants. Il devra éviter la mise en vigueur des lois nouvelles, la suppression et la modification des anciennes et tous actes du même genre, à moins qu'ils ne se justifient par les exigences inéluctables de la guerre, qui seules donnent le droit de légiférer en dehors des nécessités provisoires de l'administration du jour ».

Le Conseil de l'ordre des avocats près la Cour d'appel de Bruxelles, en sa séance du 19 février 1915, protestant contre une violation aussi flagrante des principes du droit international, a pris la résolution d' « interdire à tout avocat ou tout avocat stagiaire de concourir d'une façon quelconque, fût-ce par la simple rédaction d'ajournements, conclusions, mémoires ou notes, au fonctionnement des juridictions d'exception instituées par les décrets du gouvernement allemand en date du 3 février 1915, portant modification au décret du 10 vendémiaire an IV, et du 10 février 1915, portant création de tribunaux d'arbitrage pour les contestations en matière de loyers ».

Le bâtonnier de l'ordre, par lettre du 22 février 1915, a communiqué cette décision à l'administration allemande et lui en a fait connaître les motifs et la portée.

Le gouvernement belge a l'honneur de signaler à l'attention des États neutres ces violations nouvelles des règles du droit des gens commises par l'envahisseur en Belgique.

Veuillez agréer, etc.

(S.) Davignon.

606

Grande-Bretagne. — Avis de la Direction des Postes annonçant qu'en raison des circonstances le gouvernement britannique prend le contrôle de la transmission des messages par télégraphie sans fil, en date du 1er aout 1914 (1) (*London Gazette*, du 4 août 1914).

Direction des Postes. — Conformément à la règle 5 des règles de la télégraphie sans fil (navires étrangers) 1908 (2), Je R. H. Charles Edward Henry Hobhouse, directeur général des Postes de Sa Majesté, donne avis par les présentes que, dans l'opinion du très honorable Reginald Mc Kenna, un des principaux secrétaires d'État de Sa Majesté, des circonstances se sont produites qui rendent utile pour le service public que le gouvernement de Sa Majesté ait le contrôle de la transmission des messages par télégraphie sans fil, et que l'emploi de la télégraphie sans fil à bord des navires étrangers pendant leur séjour dans les eaux territoriales des Iles Britanniques soit soumis aux règles édictées par l'Amirauté. — Daté le 1er août 1914.

Règles édictées par l'Amirauté concernant la prohibition de l'emploi de la télégraphie sans fil par des navires marchands dans les eaux territoriales du Royaume-Uni et des Iles de la Manche.

1° L'emploi de la télégraphie sans fil est prohibé dans les ports et les eaux territoriales du Royaume-Uni et des Iles de la Manche.

2° A l'entrée de tout port ou havre ou sur les indications données à cet effet par n'importe quel service naval militaire ou d'inspection ou officier de police ou des douanes, le fil aérien ou l'antenne sera aussitôt abaissé, séparé des mâts et de la chambre d'opérations et ne pourra être réinstallé tant que le navire demeurera dans les eaux territoriales britanniques.

3° Toute infraction à ces règles expose les capitaines des navires coupables à des pénalités et à la confiscation des appareils de télégraphie sans fil de leurs navires.

(1) La législation interne de la Grande-Bretagne relative à la guerre de 1914 a fait l'objet d'une publication spéciale intitulée : *Manual of Emergency Legislation comprising all the Acts of Parliament, Proclamations, Orders, etc., passed and made in consequence of the War*, par Alexander Pulling (avec des suppléments), London, Frederic Atterbury, éditeur.

(2) V. ces règles, du 20 juin 1908, dans *Statutory Rules and Orders*, 1908, p. 961 et suiv.

607

Grande-Bretagne. — Ordre donné par le secrétaire d'État, en conformité des Acts sur la navigation aérienne de 1911 et de 1913, en date du 2 aout 1914.

1914, n° 1117.

Suivant les pouvoirs qui m'ont été conférés par les Acts sur la navigation aérienne de 1911 et de 1913 (1), je décrète, dans le but de la sécurité et de la défense du Royaume, l'ordre suivant :

Je prohibe la navigation d'appareils aériens de n'importe quelle classe et sorte sur toute l'étendue du Royaume-Uni, et sur la totalité de ses côtes et des eaux territoriales adjacentes.

Cet ordre ne vise pas les appareils aériens navals ou militaires, ou les appareils aériens volant sur des ordres navals ou militaires ; il ne vise pas non plus les appareils aériens volant dans un rayon de trois milles d'un aérodrome reconnu.

Home Office, Whitehall, 2 août 1914.

R. Mc Kenna,
Un des principaux secrétaires d'État de Sa Majesté.

608

Grande-Bretagne. — Ordre en Conseil relatif a la détention de navires allemands dans les ports britanniques, dans les ports d'un « Native State » des Indes, dans ceux des pays de protectorat de Sa Majesté britannique, dans ceux des États sous la protection de Sa Majesté britannique, ou a Chypre, en date du 4 aout 1914 (*London Gazette* du 5 août 1914).

1914, n° 1248.

Palais de Buckingham, 4 août 1914.

Sa Majesté le Roi présente en Conseil.

Sa Majesté se souvenant, maintenant qu'un état de guerre existe entre la Grande-Bretagne et l'Allemagne, que la convention relative au régime des navires de commerce ennemis au début des hostilités, signée à la Haye le 18 octobre 1907, a reconnu l'usage d'allouer des « jours de grâce » aux navires marchands ennemis, et étant désireuse d'alléger, autant qu'il est possible, le dommage causé par la guerre au commerce paisible et non suspect, il lui plaît, par et avec l'avis de son Conseil privé, d'ordonner et il est par ces présentes ordonné ce qui suit :

1. A partir de la publication de cet ordre, aucun navire marchand ennemi ne sera autorisé, sauf en accord avec les dispositions du présent ordre, à partir d'un port quelconque de la Grande-Bretagne, ou des ports d'un « Native State » des Indes, des pays de protectorat de Sa Majesté, d'un Etat sous la protection de Sa Majesté ou de Chypre.

(1) V. ces textes, dans la *Revue générale de droit international public*, t. XVIII (1911), Documents, p. 22, et t. XX (1913), Documents, p. 46.

2. Dans le cas où l'un des principaux secrétaires d'État de Sa Majesté serait assuré, par une information lui parvenant au plus tard vendredi à minuit, 7 août, que le traitement accordé aux navires marchands britanniques et à leur cargaison se trouvant à l'ouverture des hostilités dans les ports de l'ennemi ou qui sont entrés postérieurement n'est pas moins favorable que le traitement accordé aux navires marchands ennemis par les articles 3 à 7 du présent ordre, le secrétaire en donnera avis aux lords Commissaires du Trésor de Sa Majesté et aux lords Commissaires de l'Amirauté, et avis public en sera en outre donné dans la *London Gazette*, et les articles 3 à 8 de cet ordre entreront alors en toute force et effet.

3. Soumis aux dispositions du présent ordre, les navires marchands ennemis qui

1° à la date de l'ouverture des hostilités se trouvaient dans tout port auquel cet ordre s'applique, ou

2° ont quitté leur dernier port avant la déclaration de guerre, et après l'ouverture des hostilités sont entrés dans un port visé par cet ordre, sans avoir eu connaissance de la guerre,

seront autorisés jusqu'au vendredi 14 août minuit (heure de Greenwich) à charger ou à décharger leur cargaison, et à sortir de ces ports : pourvu que ces vaisseaux n'aient pas à transporter de la contrebande de guerre, et la contrebande de guerre déjà chargée sur ces vaisseaux devra être déchargée.

4. Les navires marchands ennemis qui ont quitté leur dernier port avant la déclaration de guerre et qui, sans avoir connaissance de la guerre, sont arrivés dans un port auquel le présent ordre s'applique après l'expiration du délai accordé par l'article 3 pour charger ou décharger les cargaisons et repartir, et sont autorisés à y entrer, peuvent être requis de repartir immédiatement, ou dans tel délai qui peut être considéré nécessaire par l'officier des douanes du port pour le déchargement de la cargaison suivant qu'ils auront été requis ou qu'il leur aura été spécialement permis de décharger.

Il est stipulé que ces vaisseaux peuvent, comme condition de l'autorisation de décharger leur cargaison, être requis d'aller à quelque autre port britannique déterminé, où il leur sera accordé pour le déchargement tel délai que l'officier des douanes du port peut juger nécessaire.

Il est stipulé également que, si une cargaison à bord de tels vaisseaux se trouve être de la contrebande de guerre, ou est réquisitionnée en vertu de l'article 5 du présent ordre, il peut être prescrit à ces vaisseaux de décharger cette cargaison avant leur départ dans le délai que l'officier des douanes du port peut estimer nécessaire ; il peut être aussi prescrit aux vaisseaux de se diriger, sous escorte s'il est nécessaire, vers un autre port quelconque de ceux spécifiés dans l'article 1er du présent ordre, où le déchargement de la contrebande sera effectué dans des conditions semblables.

5. Sa Majesté se réserve le droit, reconnu par la dite convention de la Haye, de réquisitionner à tout moment, à charge d'indemnité, toute cargaison ennemie à bord de tout vaisseau visé par les articles 3 et 4 de cet ordre.

6. Les privilèges accordés par les articles 3 et 4 ne s'étendent pas aux navires porte-câbles (*câble ships*), aux navires de haute mer destinés au transport d'huiles combustibles, ou aux navires d'un tonnage supérieur à 5.000 tonneaux brut, ou dont la vitesse est de ou dépasse 14 nœuds, les inscriptions sur le registre du Lloyd devant être concluantes pour l'objet de cet article. Ces vaisseaux demeureront passibles, sur jugement par la Cour des prises, de détention pendant la période de guerre, ou de réquisition, d'accord, en tout cas, avec la convention susvisée. Les dits privilèges ne s'étendront pas non plus aux navires marchands dont la construction indique qu'ils sont destinés à être transformés en bâtiments de guerre, car de tels vaisseaux sont en dehors de la sphère de la dite convention, et ils sont susceptibles par jugement en Cour des prises d'être condamnés comme prises.

7. Les navires marchands ennemis autorisés à partir en vertu des articles 3 et 4 seront munis d'un passeport indiquant le port vers lequel ils doivent aller et la route qu'ils doivent suivre.

8. Un navire marchand qui, après avoir reçu un tel passeport, ne suit pas la route indiquée sera sujet à capture.

9. Si aucune information ne parvient à un des principaux secrétaires d'État de Sa Majesté au jour et à l'heure précédemment fixés que le traitement accordé aux navires marchands britanniques et à leurs cargaisons qui se trouvaient dans les ports ennemis à la date de l'ouverture des hostilités, ou qui y sont entrés postérieurement, n'est pas, dans son opinion, aussi favorable que celui accordé aux navires marchands ennemis par les articles 3 à 8 du présent ordre, tout navire marchand ennemi qui, à l'ouverture des hostilités, se trouvait dans un port visé par le présent ordre, et tout navire marchand ennemi qui a quitté son dernier port avant la déclaration de guerre, mais qui est entré dans un port visé par le présent ordre sans avoir eu connaissance de l'état de guerre, sera, avec sa cargaison, sujet à capture et sera amené devant la Cour de prises pour être mis en adjudication.

10. Dans le cas où un des principaux secrétaires d'État de Sa Majesté serait avisé que des navires marchands britanniques qui ont quitté leur dernier port avant la déclaration de guerre, mais qui sont rencontrés par l'ennemi en mer après l'ouverture des hostilités, ont été autorisés à continuer leur voyage sans qu'on s'occupe du navire ou de la cargaison, ou après capture ont été relâchés avec ou sans procédure d'adjudication en Cour des prises, ou doivent être retenus en détention pendant la guerre ou réquisitionnés au lieu d'être condamnés comme prises, le secrétaire d'État notifiera aux lords Commissaires de l'Amirauté et publiera une notification à ce sujet dans la *London Gazette*, et dans ce cas, mais non autrement, les navires marchands ennemis qui ont quitté leur dernier port avant la déclaration de guerre, et ont été capturés après l'ouverture des hostilités et amenés devant la Cour de prises en vue d'une adjudication, seront relâchés ou détenus ou réquisitionnés dans les conditions indiquées dans la notification publiée dans la *London Gazette*.

11. Une cargaison neutre, autre qu'une cargaison de contrebande de guerre, se trouvant à bord d'un navire marchand ennemi qui n'est pas autorisé à partir d'un port auquel le présent ordre s'applique, doit être relâchée.

12. En accord avec les dispositions du chapitre III de la convention relative à certaines restrictions à l'exercice du droit de capture dans la guerre maritime, signée à la Haye le 18 octobre 1907, un engagement doit être donné par écrit, que le navire marchand soit ou non autorisé à partir, par chacun des officiers et des membres de l'équipage du navire, qui est de nationalité ennemie, qu'il ne sera pas employé, après la conclusion du voyage pour lequel un passeport lui est donné, pendant la durée des hostilités, à aucun service en relation avec les opérations de la guerre. Si un des officiers est de nationalité neutre, un engagement doit être donné par écrit qu'il ne servira pas, après la conclusion du voyage pour lequel le passeport est délivré, sur un navire ennemi pendant la durée des hostilités. Aucun engagement n'est à requérir des membres de l'équipage qui sont de nationalité neutre.

Les officiers ou membres de l'équipage refusant de prendre l'engagement requis par le présent article seront détenus comme prisonniers de guerre.

Les lords Commissaires du Trésor de Sa Majesté, les lords Commissaires de l'Amirauté, chacun des principaux secrétaires d'État de Sa Majesté et tous gouverneurs, officiers et autorités qui peuvent être intéressés devront donner les instructions nécessaires en ce qui peut les concerner respectivement.

ALMERIC FITZ ROY.

609

Grande-Bretagne. — Proclamation spécifiant les articles qui doivent être considérés comme contrebande de guerre dans la guerre avec l'Allemagne, en date du 4 aout 1914 (*London Gazette* du 5 août 1914).

1914, n° 1250.

George R. I.

Attendu qu'un état de guerre existe entre nous d'une part et l'Empire allemand d'autre part ;

Et attendu qu'il est nécessaire de spécifier les articles qu'il est dans notre intention de considérer comme contrebande de guerre ;

Maintenant, en conséquence, nous, par la présente, déclarons, par et avec l'avis de notre Conseil privé, que, pendant la continuation de la guerre ou jusqu'à ce que nous donnions un avis public ultérieur, les articles ici énumérés dans le tableau I devront être traités comme contrebande absolue et que les articles ici énumérés dans le tableau II devront être traités comme contrebande conditionnelle.

Tableau I

Les articles suivants doivent être traités comme contrebande absolue :

1° Armes de toute nature, y compris les armes de chasse et les pièces détachées caractérisées.

2° Projectiles, gargousses et cartouches de toute nature et les pièces détachées caractérisées ;

3° Poudres et explosifs spécialement affectés à la guerre ;

4° Affûts, caissons, avant-trains, fourgons, forges de campagne et les pièces détachées caractérisées ;

5° Effets d'habillement et d'équipement militaire caractérisés ;

6° Harnachements militaires caractérisés de toute nature ;

7° Animaux de selle, de trait et de bât, utilisables pour la guerre ;

8° Matériel de campement et les pièces détachées caractérisées ;

9° Plaques de blindage ;

10° Bâtiments et embarcations de guerre et les pièces détachées spécialement caractérisées comme ne pouvant être utilisées que sur un navire de guerre ;

11° Aéroplanes, navires aériens, ballons et appareils aériens de toutes sortes, les pièces détachées caractérisées, ainsi que les accessoires, objets et matériaux caractérisés comme devant servir à l'aérostation ou à l'aviation ;

12° Instruments et appareils exclusivement faits pour la fabrication de munitions de guerre, pour la fabrication et la réparation des armes et du matériel militaire, terrestre ou naval.

Tableau II

Les articles suivants doivent être traités comme contrebande conditionnelle :

1° Vivres ;

2° Fourrages et graines propres à la nourriture des animaux ;

3° Vêtements et tissus d'habillement, chaussures propres à des usages militaires ;

4° Or et argent monnayés et en lingots, papiers représentatifs de la monnaie ;

5° Véhicules de toute nature, pouvant servir à la guerre, ainsi que les pièces détachées ;

6° Navires, bateaux et embarcations de tout genre, docks flottants, parties de bassins, ainsi que les pièces détachées ;

7° Matériel fixe ou roulant des chemins de fer, matériel des télégraphes, radio-télégraphes et téléphones ;

8° Combustibles, matières lubrifiantes ;

9° Poudres et explosifs qui ne sont pas spécialement affectés à la guerre ;

10° Fils de fer barbelés, ainsi que les instruments servant à les fixer ou à les couper ;

11° Fers à cheval et matériel de maréchalerie ;

12° Objets de harnachement et de sellerie ;

13° Jumelles, télescopes, chronomètres et les divers instruments nautiques.

Fait à notre Cour, au Palais de Buckingham, le 4e jour d'août de l'année de Notre Seigneur 1914 et la 5e année de notre règne.

Dieu protège le Roi.

610

Grande-Bretagne. — PROCLAMATION DÉFENDANT AUX VAISSEAUX BRITANNIQUES, A RAISON DE L'ÉTAT DE GUERRE AVEC L'ALLEMAGNE, DE TRANSPORTER DE LA CONTREBANDE DE GUERRE D'UN PORT ÉTRANGER A UN AUTRE PORT ÉTRANGER, EN DATE DU 5 AOUT 1914 (*London Gazette* du 5 août 1914).

1914, n° 1251.

George R. I.

Attendu qu'un état de guerre existe entre nous d'une part et l'Empire allemand d'autre part ;

Et attendu que nous avons par une proclamation (1) fait savoir à toutes personnes résidant, faisant des affaires, ou se trouvant dans nos possessions, qu'il est contraire au droit qu'elles aient quelque rapport commercial avec toute personne résidant, faisant des affaires, ou se trouvant dans ledit Empire, ou qu'elles fassent le commerce dans cet Empire ou transportent des effets, des denrées ou des marchandises destinés pour ledit Empire ou en venant ou pour ou de quelque personne résidant, faisant des affaires ou s'y trouvant ;

Maintenant, par la présente, nous avertissons jusqu'à nouvel ordre tous nos sujets que, conformément à cette prohibition, il est défendu de transporter dans des vaisseaux britanniques de quelque port étranger à quelque autre port étranger tout article compris dans la liste de contrebande de guerre publiée par nous, à moins que les armateurs ne se soient eux-mêmes d'abord assurés que les articles ne sont pas destinés à être employés ultérieurement dans le pays ennemi. Tout vaisseau britannique qui agira en contravention avec la présente proclamation sera susceptible de capture par nos forces navales et sera déféré à nos tribunaux de prises pour adjudication, et chacun de nos sujets qui contreviendra à cette proclamation sera passible des peines prescrites par la loi.

Fait à notre Cour, au Palais de Buckingham, le 5e jour d'août de l'année de Notre-Seigneur 1914 et la 5e de notre règne.

Dieu protège le Roi.

(1) V. le texte qui suit.

611

Grande-Bretagne. — Proclamation relative au commerce avec l'Empire allemand, en date du 5 aout 1914 (*London Gazette* du 5 août 1914).

1914, n° 1252.

George R. I.

Attendu qu'un état de guerre existe entre nous et l'Empereur allemand ;

Attendu qu'il est contraire à la loi que toute personne résidant, faisant des affaires ou se trouvant dans nos possessions commerce ou ait quelque relation commerciale avec toute personne résidant, faisant des affaires ou se trouvant dans l'Empire d'Allemagne sans notre permission ;

Attendu qu'il est en conséquence convenable et nécessaire d'avertir toutes les personnes résidant, faisant des affaires ou se trouvant dans nos possessions de leurs devoirs et de leurs obligations envers nous, notre Couronne et le gouvernement ;

Maintenant nous avons donc décidé, par et avec l'avis de notre Conseil privé, de publier cette proclamation royale, et, par la présente, nous faisons savoir à toutes les personnes résidant, faisant des affaires ou se trouvant dans nos possessions :

Qu'elles ne doivent ni fournir audit Empire ou en obtenir aucuns effets, denrées ou marchandises, ni de même fournir ou obtenir aucuns effets, denrées ou marchandises à ou de quelque personne résidant, faisant des affaires ou se trouvant dans ledit Empire, ni fournir ou obtenir aucuns effets, denrées ou marchandises à ou de quelque personne pour ledit Empire ou par la voie dudit Empire ou pour ou par la voie de quelque personne résidant, faisant des affaires ou se trouvant dans cet Empire, ni y trafiquer ou transporter des effets, denrées ou marchandises destinés à ou venant dudit Empire ou destinés à ou venant de quelque personne y résidant, y faisant des affaires ou s'y trouvant ;

Qu'il n'est permis à aucun navire britannique de partir pour quelque port ou place dudit Empire, d'y entrer ou de communiquer avec lui ;

Qu'elles ne doivent faire ou engager de nouvelles assurances maritimes, sur la vie et contre l'incendie, ou d'autres polices ou contrats d'assurances, avec ou pour le bénéfice de quelque personne résidant, faisant des affaires ou se trouvant dans ledit Empire, ni, s'il existe quelque police ou contrat d'assurance, de faire quelque payement à une telle personne ou pour le bénéfice d'une telle personne, à propos de pertes dues à des actions belligérantes des forces de Sa Majesté ou de celles des alliés de Sa Majesté ;

Qu'elles ne doivent engager aucun contrat ou obligation commercial, financier ou autre avec ou pour le bénéfice de quelque personne résidant, faisant des affaires ou se trouvant dans ledit Empire.

En outre, nous faisons savoir, par la présente, à toute personne quelconque qui commettrait une contravention à cette loi, aiderait ou contribuerait à commettre quelqu'un des actes sus-mentionnés qu'elle serait passible des peines édictées par la loi.

Nous déclarons par la présente que toutes transactions avec ou au bénéfice de quelque personne résidant, faisant des affaires ou se trouvant dans ledit Empire, qui n'ont pas un caractère de trahison et qui n'ont pas été pour l'instant expressément défendues par nous soit en vertu de cette proclamation, soit autrement, et qui, malgré l'existence de l'état de guerre mentionné, seraient légales, sont permises par la présente.

Nous déclarons par la présente que l'expression « personne » dans cette proclamation doit comprendre tout groupe de personnes incorporées ou non incorporées, et que au cas où quelque personne possède des maisons ou des succursales d'affaires ou a un intérêt dans des maisons ou des succursales d'affaires dans quelque autre pays aussi bien que dans nos possessions, ou dans ledit Empire allemand (si ce cas peut se présenter), cette proclamation ne doit pas s'appliquer au commerce ou aux relations commerciales pratiqués par une telle personne seulement avec ces maisons ou succursales dans l'autre pays.

Fait à notre Cour, au Palais de Buckingham, le 5e jour d'août, dans l'année de Notre-Seigneur 1914 et la 5e année de notre règne.

Dieu protège le Roi.

612

Grande-Bretagne. — Proclamation en date du 5 aout 1914, notifiant que les sujets britanniques contribuant a un emprunt contracté en faveur de l'Empereur d'Allemagne ou avec le gouvernement allemand seront coupables de haute trahison comme faisant cause commune avec les ennemis du Roi (*London Gazette* du 5 août 1914).

1914, n° 1253.

Geo rge R. I.

Attendu qu'un état de guerre existe entre nous et l'Empereur d'Allemagne ;

Et attendu qu'il y aurait connivence avec nos ennemis de la part de n'importe lequel de nos sujets ou personnes résidant ou se trouvant dans nos possessions, pendant la durée de l'état de guerre, s'il contribuait, participait ou aidait à la réalisation d'un emprunt lancé en faveur du dit Empereur, lui avançait de l'argent, participait à un contrat ou à des transactions quelconques avec le dit Empereur ou son gouvernement (sauf sur notre ordre), ou aidait, favorisait ou assistait autrement le dit Empereur ou gouvernement ;

Maintenant, en conséquence, Nous, par la présente, faisons savoir à tous nos sujets et à toutes personnes résidant ou se trouvant dans nos possessions qui peuvent être trouvés commettant ou tentant de commettre les actes de trahison précédemment décrits, qu'ils seront sujets à être arrêtés et traités comme traîtres, et qu'il sera procédé contre eux avec les dernières rigueurs de la loi.

Fait en notre Cour, au Palais de Buckingham, le 5 août 1914 et la 5e année de notre règne.

Dieu protège le Roi.

613

Grande-Bretagne. — Ordre en Conseil autorisant les Commissaires faisant fonction de lord haut amiral a requérir la constitution d'une Cour des prises (1), a raison de l'état de guerre avec l'Allemagne, en date du 5 aout 1914 (*London Gazette* du 7 août 1914).

1914, n° 1262.

En la Cour, Palais de Buckingham, le 5 août 1914.

Sa Majesté le Roi présente en Conseil.

Attendu qu'un état de guerre existe entre ce pays et l'Empire allemand, de sorte que

(1) Les règles de la procédure à suivre devant la Cour des prises ont été établies par un ordre en Conseil du 5 août 1914, amendé notamment par des ordres de septembre et novembre 1914 (Pulling, *op. cit.*, p. 256-364-366 et 2e supplément, p. 176 et 178).

les flottes et navires de Sa Majesté peuvent saisir légalement tous navires, vaisseaux et marchandises appartenant à l'Empire allemand, ou aux citoyens et sujets de celui-ci, ou à d'autres personnes habitant les contrées, territoires ou possessions dudit Empire allemand, et les amener en jugement dans les Cours d'amirauté dans les Etats, possessions ou colonies de Sa Majesté, qui seront régulièrement commissionnées pour en prendre connaissance.

Il plaît en conséquence à Sa Majesté, par et avec l'avis de son Conseil privé, d'ordonner, et il est par le présent ordonné qu'une commission dans la forme du décret annexé au présent sera donnée sous le grand sceau du Royaume-Uni autorisant les Commissaires faisant fonction de lord haut amiral de solliciter et requérir la Haute Cour de Justice de Sa Majesté et les juges de cette Cour de prendre connaissance et procéder judiciairement sur toutes et sur toutes manières de captures, saisies, prises et reprises de tous navires, vaisseaux et marchandises qui sont ou seront pris, d'entendre et de décider ; et, en conformité avec les règles de l'Amirauté, le droit des gens, les statuts, règles et règlements en vigueur en ce moment, d'adjuger et condamner tous ces navires, vaisseaux et marchandises qui appartiendront à l'Empire allemand, ou aux citoyens ou sujets de celui-ci, ou à toutes autres personnes habitant n'importe quels contrées, territoires ou possessions dudit Empire allemand.

ALMERIC FITZ ROY.

614

Etats-Unis d'Amérique. — DÉPÊCHE DU SECRÉTAIRE D'ÉTAT A L'AMBASSADEUR DES ÉTATS-UNIS A LONDRES A FIN DE CONNAITRE SI LA GRANDE-BRETAGNE A L'INTENTION D'OBSERVER LES PRESCRIPTIONS DE LA DÉCLARATION DE LONDRES DU 26 FÉVRIER 1909 RELATIVE A LA GUERRE NAVALE, EN DATE DU 6 AOUT 1914 (1).

Département d'État. — Washington, 6 août 1914, 1 p. m.

M. Bryan enjoint à M. Page de s'informer si le gouvernement britannique est disposé à admettre que les lois de la guerre navale telles qu'elles ont été indiquées par la déclaration de Londres de 1909 seront appliquées à la guerre maritime durant le présent conflit européen, pourvu que les gouvernements avec lesquels la Grande Bretagne est ou peut être en guerre acceptent aussi une telle application. M. Bryan charge M. Page de déclarer que le gouvernement des États-Unis croit qu'une acceptation de ces lois par les gouvernements serait de nature à empêcher de graves désaccords qui pourraient s'élever dans les relations entre les puissances neutres et les belligérants. M. Bryan ajoute qu'il espère ardemment que cette demande sera reçue avec faveur.

(1) Une dépêche semblable a été envoyée aux représentants des États-Unis en Russie, en France, en Allemagne, en Autriche-Hongrie et en Belgique.

615

Grande-Bretagne. — Notification du secrétaire d'État pour les affaires étrangères sur le traitement accordé aux navires marchands britanniques et a leurs cargaisons dans les ports allemands, en date du 7 aout 1914 (*London Gazette* du 8 août 1914).

Dans la nuit du 4 août 1914, le secrétaire d'État a reçu la Note suivante de l'ambassadeur allemand : « Le gouvernement impérial retiendra les vaisseaux marchands portant le pavillon britannique se trouvant dans les ports allemands, mais il les libérera si le gouvernement impérial reçoit avis d'une conduite contraire du gouvernement britannique dans les quarante-huit heures ».

Le 5 août, une copie de l'ordre en Conseil publié le 4 août sur le traitement des vaisseaux marchands ennemis dans les ports britanniques à la date de l'ouverture des hostilités (1) a été communiquée à l'ambassadeur des États-Unis à Londres, chargé des intérêts allemands dans ce pays, avec la demande de vouloir bien s'enquérir auprès du gouvernement allemand si les termes des articles 3 à 8 de l'ordre en Conseil constituent la conduite requise par lui pour qu'il consente à libérer les vaisseaux marchands portant pavillon britannique qui se trouvent dans les ports allemands.

Le 7 août, l'ambassadeur des États-Unis a communiqué que le ministre des États-Unis à Stockholm avait envoyé le télégramme suivant signé par l'ambassadeur des États-Unis à Berlin : « Veuillez dire si l'Angleterre a publié une proclamation permettant aux navires ennemis de quitter les ports britanniques jusqu'à minuit, 14 août. S'il en est ainsi, l'Allemagne donnera des ordres correspondants. Répondre par la légation allemande, Stockholm ».

L'ambassade des États-Unis a ajouté qu'elle ne pensait pas que ce télégramme fût une réponse au message qui avait été transmis à Berlin.

On s'est informé rapidement avant minuit à l'ambassade des États-Unis s'il était certain qu'aucune communication ultérieure n'avait été reçue de Berlin.

Le secrétaire d'État pour les affaires étrangères est en conséquence sans information quant au traitement accordé aux navires marchands britanniques et à leurs cargaisons dans les ports allemands, et il a dès lors adressé la notification ci-dessous mentionnée aux lords Commissaires de la Trésorerie et aux lords Commissaires de l'Amirauté :

Foreign Office, S. W. Minuit, 7 août 1914.

Milords, J'ai l'honneur de vous dire qu'aucune information ne m'est parvenue que le traitement accordé aux navires marchands britanniques et à leurs cargaisons dans les ports allemands à la date de l'ouverture des hostilités ou qui y seraient entrés subséquemment n'est pas moins favorable que celui accordé aux navires marchands ennemis par les articles 3 à 8 de l'ordre en Conseil publié le 4 août 1914 relatif aux navires ennemis se trouvant dans les ports britanniques à l'ouverture des hostilités ou y étant entrés subséquemment. Les articles III à VIII dudit Ordre en Conseil ne doivent pas en conséquence venir à effet.

Je suis, etc.

E. Grey.

(1) V. le texte de cet ordre ci-dessus, p. 303.

616

Grande-Bretagne. — Proclamation du 12 aout 1914 étendant a l'Autriche-Hongrie certaines proclamations relatives a l'assistance financière donnée a l'ennemi, au commerce avec l'ennemi, a la contrebande de guerre et l'ordre en Conseil touchant les jours de grace accordés aux navires ennemis (*London Gazette* du 13 août 1914).

1914, n° 1254.

George R. I.

Attendu que le 4 août 1914 un état de guerre a commencé d'exister entre nous et l'Empire allemand ;

Attendu que, à cette date et le 5 août 1914, nous avons rendu des proclamations et ordres en Conseil se rapportant à cet état de guerre (1) ;

Attendu que maintenant un état de guerre existe entre nous et la Monarchie d'Autriche-Hongrie ;

Attendu qu'il est dès lors désirable d'étendre l'application des dits proclamations et ordres en Conseil ;

Nous, par et avec l'avis de notre Conseil privé, avons rendu une proclamation royale déclarant ce qui suit :

1. La proclamation avertissant tous nos sujets et toutes personnes résidant ou se trouvant dans nos possessions qu'ils ne doivent pas contribuer, participer ou aider à la réalisation d'un emprunt lancé en faveur du gouvernement allemand, avancer de l'argent à ce gouvernement, participer à tous contrats ou transactions quelconques avec le dit gouvernement, aider autrement, encourager ou assister le dit gouvernement, doit, à partir de cette date, être appliquée à tous emprunts lancés en faveur du gouvernement austro-hongrois, à tous contrats ou transactions faits avec ce gouvernement, à toute aide, à tout encouragement ou à toute assistance donné audit gouvernement.

2. La proclamation sur le commerce avec l'ennemi doit être appliquée à partir de cette date de manière que seront prohibées avec la Monarchie d'Autriche-Hongrie toutes les relations commerciales qui, en vertu de ladite proclamation, sont interdites avec l'Empire allemand. En conséquence, dans cette proclamation, aux mots : « l'Empire allemand » devront être substitués les mots : « l'Empire allemand et la Monarchie d'Autriche-Hongrie ».

3. 1) Dans l'ordre en Conseil relatif au départ de nos ports des navires ennemis qui se trouvaient dans ces ports à l'ouverture des hostilités ou qui y seraient entrés postérieurement, le mot « ennemi », en tant qu'il s'applique au navire ou à la cargaison, doit être considéré à partir de cette date comprendre les navires et les cargaisons austro-hongrois.

2) Pour l'application des dispositions de cet ordre en Conseil aux navires austro-hongrois, la date du « samedi 15 août » doit être substituée à la date mentionnée dans l'article 2 dudit ordre en Conseil, et la date de « samedi 22 août » doit être substituée à la date mentionnée dans l'article 3 dudit ordre en Conseil.

4. La proclamation spécifiant les articles qui, dans notre intention, doivent être traités comme contrebande de guerre pendant la durée de la guerre avec l'Allemagne doit être appliquée pour la spécification des articles que nous avons l'intention de considérer comme contrebande de guerre dans la guerre avec l'Autriche-Hongrie.

5. Dans la proclamation interdisant ce transport dans les vaisseaux britanniques d'un port étranger à un autre port étranger de quelque article compris dans la liste de contrebande de guerre établie par nous, à moins que les armateurs n'aient eux-mêmes déclaré

(1) V. ci-dessus, p. 303 et suiv.

que dans leur intention les articles ne doivent pas être préalablement employés à l'usage du pays ennemi, les mots « pays ennemi » doivent être considérés à partir de cette date comprendre la Monarchie d'Autriche-Hongrie.

Fait en notre Cour, au Palais de Buckingham, le 12e jour d'août de l'année de Notre-Seigneur 1914 et de la 5e année de notre règne.

617

Grande-Bretagne. — Déclaration officielle expliquant la proclamation du 5 aout 1914 contre le commerce avec l'ennemi, en date du 22 aout 1914.

Quelques doutes s'étant élevés sur le sens et l'application de la proclamation contre le commerce avec l'ennemi (1), le gouvernement autorise la publication de l'explication suivante :

1° Pour décider si des transactions avec des commerçants étrangers sont permises, l'important est de considérer où le commerçant étranger réside et fait des affaires, et non pas la nationalité du commerçant étranger.

2° En conséquence, il n'y a en règle aucune objection à ce qu'une maison de commerce britannique commerce avec des maisons allemandes ou autrichiennes établies dans un territoire neutre ou britannique. Ce qui est prohibé, c'est le commerce avec des maisons établies en territoire ennemi.

3° Si une maison de commerce a son siège social en territoire ennemi et une succursale en territoire neutre ou britannique, le commerce avec la succursale (sauf les prohibitions dans des cas particuliers) est permis, en tant que le commerce avec cette succursale est fait de bonne foi et n'implique pas une transaction avec l'office central.

4° Les contrats commerciaux engagés avant la guerre et qui sont rompus vis-à-vis des maisons établies en territoire ennemi ne peuvent recevoir leur exécution pendant la guerre, et les payements y relatifs ne devront pas être faits à ces maisons pendant la guerre. Si toutefois il ne reste à faire des payements que pour des marchandises déjà livrées ou pour des services déjà rendus, il n'y a pas d'objection à ce que les payements soient faits. La question de savoir si des contrats engagés avant la guerre sont suspendus ou finis est une question de droit qui peut dépendre des circonstances, et en cas de doute les maisons britanniques doivent consulter leurs propres conseillers légaux.

Cette explication est publiée en vue d'assurer la confiance et la régularité dans les transactions commerciales britanniques. Mais il doit être entendu que, en cas de besoin, le gouvernement entend toujours rester libre d'imposer des règles plus strictes ou des prohibitions spéciales dans l'intérêt national.

(1) V. ci-dessus, p. 308.

618

Grande-Bretagne. — Ordre révoquant les exequatur ou autres reconnaissances donnés aux sujets allemands ou austro-hongrois pour l'exercice, dans les possessions de Sa Majesté, les protectorats britanniques et lieux soumis a l'occupation ou aux contrôles britanniques, des fonctions de consuls d'une tierce puissance, en date du 13 aout 1914 (*London Gazette* du 25 août 1914).

George R. I.

Attendu que nous, et aussi feue Sa Majesté la Reine Victoria d'heureuse mémoire, et feu Sa Majesté le Roi Edouard VII d'heureuse mémoire, avons de temps en temps, par l'octroi d'exequatur, ou autrement, reconnu et admis diverses personnes, sujets de l'Empire allemand ou de la Monarchie dualiste d'Autriche-Hongrie, comme consuls d'autres puissances étrangères dans nos possessions ou protectorats ou dans des localités soumises à notre occupation ou à notre contrôle ;

Attendu qu'un état de guerre existe entre nous et l'Empire allemand et aussi entre nous et la Monarchie dualiste d'Autriche-Hongrie ;

Et attendu que, pour diverses bonnes raisons et considérations, nous avons estimé convenable de ne pas reconnaître plus longtemps de telles personnes comme consuls ainsi qu'il a été dit et en outre de retirer tous les exequatur autrefois accordés à chacune de ces personnes ;

Nous faisons savoir que, par le présent, nous déclarons, ordonnons et réglons que toute personne, étant sujet de l'Empire allemand ou de la Monarchie dualiste d'Autriche-Hongrie et se trouvant maintenant consul de quelque autre puissance étrangère dans nos possessions ou protectorats ou dans des localités soumises à notre occupation ou à notre contrôle, ne devra pas désormais être reconnue plus longtemps en qualité de consul et autorisée à accomplir quelques devoirs ou actes se rapportant à la qualité de représentant consulaire dans nos possessions ou protectorats ou dans des localités soumises à notre occupation ou à notre contrôle, et que, par le présent, nous retirons en conséquence tous et chacun des exequatur autrefois accordés à de telles personnes.

Fait à notre Cour de Saint-James, le 13e jour d'août de l'année de Notre-Seigneur 1914 et dans la 5e année de notre règne.

Par ordre de Sa Majesté,

E. Grey.

619

Grande-Bretagne. — Notification du secrétaire d'État pour les affaires étrangères sur le traitement accordé aux navires marchands britanniques et a leurs cargaisons dans les ports autro-hongrois, en date du 15 aout 1914 (*London Gazette* du 16 août 1914).

Le secrétaire d'État pour les affaires étrangères a reçu l'information, de nature à le satisfaire, que le traitement accordé aux navires marchands britanniques ou à leurs cargaisons dans les ports austro-hongrois n'est pas moins favorable que celui accordé aux navires marchands austro-hongrois et à leurs cargaisons dans les ports britanniques, et il a en conséquence adressé la notification ci-dessous mentionnée aux lords Commissaires de la Trésorerie et aux lords Commissaires de l'Amirauté :

Foreign-Office, S. W. 15 août 1914.

Milords. J'ai l'honneur de vous dire que l'information m'est parvenue, de nature à me satisfaire, que le traitement accordé aux navires marchands britanniques et à leurs cargaisons qui étaient dans les ports austro-hongrois à la date de l'ouverture des hostilités, ou qui y sont entrés subséquemment, n'est pas moins favorable que celui accordé par les articles 3 à 8 de l'ordre en Conseil publié le 4 août 1914 sur les navires ennemis se trouvant dans les ports britanniques à l'ouverture des hostilités ou entrés subséquemment, dont l'application a été étendue aux navires marchands austro-hongrois par la proclamation de Sa Majesté publiée le 12 août 1914 (1).

Les articles 3 à 8 dudit ordre en Conseil, étendus par la proclamation datée du 12 août 1914, doivent en conséquence entrer en pleine force et en plein effet au regard des navires marchands austro-hongrois.

Je suis, etc.

E. Grey.

620

Grande-Bretagne. — Ordre en Conseil adoptant, durant les hostilités actuelles les dispositions de la convention connue sous le titre de déclaration de Londres, avec additions et modifications, en date du 20 août 1914 (*London Gazette* du 22 août 1914).

1914, n° 1260.

A la Cour, au Palais de Buckingham, le 20 août 1914.

Sa Majesté le Roi présente en Conseil ;

Attendu que durant les hostilités actuelles les forces navales de Sa Majesté doivent coopérer avec les forces navales françaises et russes ; et

Attendu qu'il est désirable que les opérations navales des forces alliées, en tant qu'elles affectent les navires et le commerce neutres, doivent être conduites d'après des principes similaires ; et

Attendu que les gouvernements de France et de Russie ont informé le gouvernement de Sa Majesté que, durant les hostilités actuelles, il est dans leur intention d'agir en accord avec les dispositions de la convention connue sous le titre de déclaration de Londres signée le 26 février 1909, en tant que cela peut être fait ;

Maintenant, en conséquence, nous, par et avec l'avis de notre Conseil privé, il nous plaît d'ordonner, et il est ordonné par le présent, que durant les hostilités actuelles la convention connue sous le titre de déclaration de Londres devra, sous les additions et les modifications qui suivent, être adoptée et mise en vigueur par le gouvernement de Sa Majesté comme si elle avait été ratifiée par Sa Majesté.

Les additions et les modifications sont les suivantes :

1° Les listes de contrebande absolue et conditionnelle indiquées dans la proclamation du 4 août 1914 (2) sont substituées à celles contenues aux articles 22 et 24 de la déclaration.

(1) V. ces textes, ci-dessus, p. 303 et 312.
(2) V. ci-dessus, p. 306.

2° Un navire neutre qui a réussi à transporter de la contrebande à l'ennemi avec des papiers faux peut être saisi pour avoir effectué ce transport, s'il est rencontré avant d'avoir achevé son voyage de retour.

3° La destination visée à l'article 33 de la déclaration peut être induite de toute preuve suffisante et (outre la présomption posée à l'article 34) sera présumée si la marchandise est consignée à, ou pour compte de, un agent de l'État ennemi, ou à, ou pour compte de, un commerçant ou toute autre personne agissant sous le contrôle des autorités de l'État ennemi.

4° L'existence d'un blocus sera présumée connue :

a) de tous navires partant de, ou touchant à un port ennemi dans un délai suffisant, après la notification du blocus aux autorités locales, pour avoir permis au gouvernement ennemi de faire connaître l'existence du blocus ;

b) de tous navires qui sont partis de, ou ont touché à un port britannique ou allié, après la publication de la déclaration de blocus.

5° Nonobstant la disposition de l'article 35 de la déclaration, la contrebande conditionnelle, s'il est établi qu'elle a la destination visée à l'article 33, est sujette à capture, quels que soient le port de destination du navire et le port où la cargaison doit être déchargée.

6° Le rapport général du Comité de rédaction touchant ladite déclaration présenté à la Conférence navale et adopté par la Conférence à la onzième séance plénière du 25 février 1909 sera considéré par tous les tribunaux de prises comme un exposé authentique des intentions et de la pensée de la déclaration, et les tribunaux de prises devront entendre et interpréter les dispositions de cette déclaration en s'éclairant du commentaire donné par ce rapport.

Les lords Commissaires du Trésor de Sa Majesté, les lords Commissaires de l'Amirauté, et chacun des principaux secrétaires d'État de Sa Majesté, le Président de la division de la Preuve, du Divorce et de l'Amirauté à la Haute Cour de justice, tous autres juges des tribunaux de prises de Sa Majesté et tous gouverneurs, officiers et autorités qui peuvent être intéressés, devront donner les instructions nécessaires en ce qui peut les concerner respectivement.

ALMERIC FITZ ROY.

621

Grande-Bretagne. — ORDRE EN CONSEIL AUTORISANT LES COMMISSAIRES FAISANT FONCTION DE LORD HAUT AMIRAL DE REQUÉRIR LA CONSTITUTION D'UNE COUR DE PRISES, A RAISON DE L'ÉTAT DE GUERRE AVEC L'AUTRICHE-HONGRIE, EN DATE DU 20 AOUT 1914 (*London Gazette* du 20 août 1914).

1914, n° 1263.

En la Cour, Palais de Buckingham, le 20 août 1914.

Sa Majesté le Roi présente en Conseil.

Attendu que le 4 août 1914 un état de guerre a commencé d'exister entre ce pays et l'Empire allemand ;

Attendu que par ordre en Conseil du 5 août 1914 (1) il a été ordonné qu'une commission serait donnée aux Commissaires faisant fonction de lord haut amiral pour requérir la Haute Cour de justice de Sa Majesté de prendre connaissance des affaires de prises soulevées à l'occasion de ladite guerre ;

Et attendu qu'un état de guerre existe maintenant aussi entre ce pays et la Monarchie

(1) V. ci-dessus, p. 309.

dualiste d'Autriche-Hongrie, de sorte que les flottes et navires de Sa Majesté peuvent saisir légalement tous navires, vaisseaux et marchandises appartenant à ladite Monarchie dualiste, ou aux citoyens et sujets de celle-ci, ou à d'autres personnes habitant les contrées, territoires ou possessions de la dite Monarchie dualiste, et de les amener en jugement dans les Cours d'amirauté, dans les États, possessions ou colonies de Sa Majesté, qui seront régulièrement commissionnées pour en prendre connaissance ;

Il plait en conséquence à Sa Majesté, par et avec l'avis de son Conseil privé, d'ordonner, et il est par le présent ordonné, qu'une commission sera donnée sous le grand sceau du Royaume-Uni autorisant les Commissaires faisant fonction de lord haut amiral à solliciter et requérir la Haute Cour de justice de Sa Majesté et les juges de cette Cour de prendre connaissance et procéder judiciairement sur toutes et sur toutes manières de captures, saisies, prises et reprises de tous navires, vaisseaux et marchandises qui sont ou seront pris, d'entendre et de décider ; et, en conformité avec les règles de l'Amirauté, le droit des gens, les statuts, règles et réglements en vigueur en ce moment, d'adjuger et condamner tous ces navires, vaisseaux et marchandises qui appartiendront à la Monarchie dualiste d'Autriche-Hongrie, ou aux citoyens ou sujets de celle-ci, ou à toutes autres personnes habitant n'importe quels contrées, territoires ou possessions de la dite Monarchie dualiste, aussi bien que les navires, vaisseaux et marchandises appartenant à l'Empire allemand, aux citoyens ou sujets de celui-ci, ou à toutes autres personnes habitant n'importe quels contrées, territoires ou possessions dudit Empire allemand.

ALMERIC FITZ ROY.

622

Grande-Bretagne. — MEMORANDUM DU GOUVERNEMENT BRITANNIQUE SUR L'APPLICATION DE LA DÉCLARATION NAVALE DE LONDRES, EN RÉPONSE A LA DEMANDE DES ÉTATS-UNIS D'AMÉRIQUE (1), EN DATE DU 22 AOUT 1914.

Foreign Office, Londres, 22 août 1914.

1. Les listes de contrebande déjà publiées par Sa Majesté (2) sont substituées à celles contenues dans les articles 22 et 24 de la déclaration de Londres. Des listes semblables à celles publiées par Sa Majesté ont été rendues par le gouvernement français (3).

2. Le gouvernement de Sa Majesté ne se sent pas en état d'accepter entièrement la règle édictée par l'article 38 de la déclaration. C'est une pratique de la marine britannique de considérer comme passible de capture un navire qui a chargé de la contrebande de guerre avec de faux papiers s'il est rencontré dans son voyage de retour, et le gouvernement de Sa Majesté croit nécessaire de rester attaché à cette pratique qui constitue une exception à la règle de l'article 38.

3. Les conditions particulières dans la présente guerre dues au fait que des ports neutres comme le port de Rotterdam ouvrent les principaux accès d'une grande partie de l'Allemagne et que des mesures exceptionnelles ont été prises en pays ennemi pour le contrôle par le gouvernement de l'entier approvisionnement de denrées alimentaires, ont convaincu le gouvernement de Sa Majesté que des modifications doivent être apportées à l'application des articles 34 et 35 de la déclaration. Ces modifications sont indiquées dans les paragraphes 3 et 5 de l'ordre en Conseil du 20 août 1914 (4).

(1) V. ci-dessus, p. 310.
(2) V. ci-dessus, p. 306.
(3) V. ce *Recueil*, t. I, p. 82.
(4) V. ci-dessus, p. 315.

4. L'article 15 de la déclaration contient une disposition sur la présomption de connaissance du blocus dans certains cas où le navire a quitté un port neutre. Il n'est fait dans cette disposition aucune mention aux ports britanniques, alliés ou ennemis. Ces omissions ont été réparées par l'article 4 de l'ordre en Conseil.

5. L'ordre en Conseil stipule aussi qu'il accepte comme un commentaire de très grande valeur de la déclaration ce qui est inséré dans le rapport général rédigé par M. Renault.

623

Grande-Bretagne. — Ordre en Conseil sur les restrictions a la situation des étrangers (comprenant les divers ordres rendus sur la matière), en date du 9 septembre 1914 (*London Gazette* du 9 septembre 1914) (1).

1914, n° 1874.

A la Cour, au Palais de Buckingham, le 9 septembre 1914.

Sa Majesté le Roi présente en Conseil.

Attendu que, par l'Act sur la restriction à la situation des étrangers, 1914 (2), pouvoir a été conféré à Sa Majesté, en temps de guerre, en cas de danger national imminent ou en cas de grande urgence, d'imposer par ordre en Conseil des restrictions à la situation des étrangers, et de prendre les dispositions nécessaires ou convenables pour amener à effet ces restrictions ;

Attendu qu'un état de guerre existe à présent entre la Grande-Bretagne et l'Allemagne et aussi entre la Grande-Bretagne et l'Autriche-Hongrie ;

Et attendu que par des ordres en Conseil datés respectivement des 5, 10, 12 et 20 du mois d'août de la présente année (3), il a plu à Sa Majesté de prendre des dispositions variées au sujet du dit Act, et qu'il est désirable de réunir les dits ordres en Conseil avec leurs amendements :

Partie I. — Restrictions a la situation des étrangers entrant dans le Royaume-Uni ou en sortant.

Ports autorisés et ports prohibés.

1. 1) Pour l'objet du présent ordre, les ports suivants sont des ports autorisés, à savoir : Aberdeen, Dundee, Newcastle-sur-Tyne, West Hartlepool, Hull, Londres, Folkestone, Falmouth, Bristol, Holyhead, Liverpool, Glasgow, Dublin (4). Chacun des autres ports ou localités dans le Royaume-Uni est, pour l'objet du présent ordre, un port prohibé.

2) Pour l'objet du présent ordre, les limites des ports autorisés sont celles spécifiées dans le premier tableau annexé à cet ordre, et chaque partie d'un port autorisé située

(1) Un ordre en Conseil du 30 septembre 1914, modifié le 10 novembre 1914, a étendu à l'île de Man l'ordre du 9 septembre 1914 (Pulling, *op. cit.*, p. 180 et 2ᵉ supplément, p. 148).

(2) V. le texte de cet Act du 5 août 1914 dans Pulling, *op. cit.*, p. 6. Les contraventions aux ordres en Conseil rendus en vertu de cet Act sont, par ledit Act, punies d'une amende ne pouvant excéder cent livres ou un emprisonnement, avec ou sans « hard Labour », ne pouvant excéder six mois.

(3) V. ces textes dans Pulling, *op. cit.*, p. 48, 63, 65 et 67.

(4) Par ordre du 23 octobre 1914, à partir du 26 octobre le port de Southampton a été ajouté comme port autorisé (*London Gazette* du 23 octobre 1914 ; Pulling, *op. cit.*, 2ᵉ supplément, p. 85).

en dehors de ces limites doit être traitée comme si elle était une partie d un port prohibé.

3) Un secrétaire d'État peut, par un ordre, après avoir consulté le Conseil de l'Amirauté et de l'Armée, ajouter quelque port à la liste des ports autorisés ou retirer quelque port de cette liste, et prescrire ou modifier les limites de quelque port autorisé ; cet ordre à cet égard doit avoir effet en conséquence.

Etrangers entrant dans le Royaume-Uni.

2. 1) Un étranger ne doit pas débarquer au Royaume-Uni dans un port prohibé.

Toutefois : *a*) Dans le cas où un secrétaire d'État est convaincu qu'un étranger ami est arrivé dans un port prohibé dans l'ignorance des prescriptions du présent ordre ou dans quelque autre circonstance lui donnant droit à une considération particulière, et qu'il peut en toute sécurité lui être permis de débarquer, le secrétaire d'Etat peut accorder une permission à l'étranger. *b*) La prohibition qui précède, prévue par les dispositions de cet ordre, ne doit pas non plus, à moins que dans un cas particulier un officier du service des étrangers le décide ainsi, être appliquée à un étranger ami qui est le patron ou un membre de l'équipage d'un vaisseau arrivant dans un port prohibé, si, tandis qu'il est à terre, il observe les conditions (s'il y en a) qui peuvent être imposées à lui-même ou bien aux patrons des navires et aux marins en général par un officier du service des étrangers dans le port.

Un étranger ami qui a débarqué conformément à cette disposition ou qui, s'il a été débarqué conditionnellement, a accompli les conditions, ne doit être soumis à aucune pénalité pour débarquement dans le port en question.

3. Un étranger ennemi ne doit pas débarquer au Royaume-Uni dans un port autorisé sans la permission d'un secrétaire d'État.

4. Un étranger arrivant dans un port autorisé peut, si un secrétaire d'État le décide ainsi ou si un officier du service des étrangers dans ce port est convaincu qu'il ne peut être permis en sécurité de débarquer au Royaume-Uni, être traité comme si le port était un port prohibé.

5. Un étranger débarquant en contravention au présent ordre, ou arrivant dans un port dans des circonstances où il est défendu de débarquer, peut, jusqu'à ce que la question soit décidée en vertu des règles de cet ordre, être détenu de telle manière qu'un secrétaire d'État indiquera, et pendant qu'il sera ainsi détenu il devra être considéré comme étant en détention légale.

6. Un étranger ne peut débarquer dans quelque port du Royaume-Uni s'il a en sa possession : *a*) des armes à feu ou d'autres armes, des munitions de guerre ou des explosifs ; *b*) de l'esprit de pétrole, du naphte, du benzol, du pétrole, ou un autre liquide inflammable en quantités excédant trois gallons (1) ; *c*) des appareils ou inventions destinés à ou capables de servir comme engins de signaux, visuels ou autres ; *d*) des pigeons voyageurs ou domestiques ; *e*) une automobile, une motocyclette ou une machine aérienne ; ou *f*) un code chiffré ou d'autres moyens de mener une correspondance secrète.

Dans le cas où un étranger débarquerait avec de tels objets en sa possession, il devra être privé de ces objets et il devra être considéré comme les ayant importés en contravention aux dispositions de l'Act de consolidation douanier de 1876, quoique les objets en question soient compris dans le tableau des prohibitions et des restrictions indiqué à la section 42 de cet Act.

Dans le cas où un officier du service des étrangers considère qu'un étranger ami arrivant dans un port peut en sécurité être autorisé à débarquer avec quelqu'un des objets ci-dessus mentionnés en sa possession, il peut lui permettre de débarquer dans ce port, et les dispositions précédentes du présent article ne devront pas être appliquées.

7. Un étranger débarqué conditionnellement sur les indications d'un officier du service des étrangers afin qu'il soit procédé à une enquête ou à un examen ne doit pas, pour l'objet du présent ordre, être considéré comme débarqué tant que les conditions n'ont pas été remplies.

(1) *Note.* — Un gallon correspond à 4 litres 543.

Etrangers sortant du Royaume-Uni.

8. Un étranger ne peut pas, sauf en conséquence d'un ordre de déportation d'après le présent ordre, être embarqué au Royaume-Uni dans un port prohibé.

Toutefois : *a*) Dans le cas où un secrétaire d'Etat est convaincu qu'un étranger ami qui désire être embarqué dans un port prohibé peut en sécurité être autorisé, le secrétaire peut accorder une permission à l'étranger. *b*) La prohibition qui précède, prévue par les dispositions de cet ordre, ne doit pas non plus, à moins que dans un cas particulier un officier du service des étrangers le décide ainsi, être appliquée à un étranger ami qui est le patron ou un membre de l'équipage d'un vaisseau sortant d'un port prohibé.

Un étranger ami qui a embarqué conformément à cette disposition ne doit être soumis à aucune pénalité pour embarquement dans le port en question.

9. Dans le cas où un étranger ennemi est sur le point de quitter un port à bord d'un vaisseau sur lequel il est arrivé dans le port, il peut, pour l'objet du présent ordre, si un secrétaire d'État le décide ainsi ou si cela paraît nécessaire à un officier du service des étrangers dans l'intérêt de la sécurité publique, être traité comme s'il avait embarqué dans le port en contravention au présent ordre, mais il ne devra être soumis à aucune amende ou à aucun emprisonnement pour s'être ainsi embarqué.

10. Un étranger ennemi ne peut, sauf en conséquence d'un ordre de déportation d'après le présent ordre, être embarqué au Royaume-Uni dans un port autorisé, à moins que la permission ne lui en ait été donnée par un secrétaire d'État.

Il est stipulé qu'un étranger ennemi sur le point de s'embarquer au Royaume-Uni dans un port autorisé, même quand il en a eu permission comme il a été dit, peut, si un secrétaire d'État le décide ainsi, ou si dans l'opinion d'un officier du service des étrangers la sécurité publique s'oppose à l'embarquement, être traité comme si le port était un port prohibé.

11. Un étranger s'embarquant ou sur le point de s'embarquer au Royaume-Uni en contravention au dit ordre peut, jusqu'à ce que la question soit réglée en vertu de cet ordre, être détenu de telle manière qu'un secrétaire d'État indiquera, et pendant qu'il sera ainsi détenu il devra être considéré comme étant en détention légale.

12. 1) Un secrétaire d'État peut ordonner la déportation d'un étranger, et l'étranger, en exécution d'un tel ordre, devra incontinent quitter le Royaume-Uni et en conséquence demeurer en dehors de ce Royaume.

2) Dans le cas où un étranger a été soumis à la déportation d'après le présent ordre, il peut, avant d'être déporté, sur l'opinion du secrétaire d'État, être d'une manière convenable conduit et placé à bord d'un navire sur le point de quitter le Royaume-Uni et, tant qu'il restera à bord en attendant que le navire quitte d'une manière définitive le Royaume-Uni, il sera détenu de telle manière que le secrétaire d'État indiquera, et pendant qu'il sera ainsi détenu, il devra être considéré comme étant en état de détention légale.

Obligations des patrons de vaisseaux.

13. 1) Le patron de tout vaisseau, anglais ou étranger, arrivant dans un port du Royaume-Uni ou en sortant, doit, immédiatement à l'arrivée du vaisseau dans le port, ou, suivant les cas, pas plus de 24 heures avant de quitter ce port, fournir au service des étrangers dans le port, en ce qui concerne toutes personnes à bord du navire ou ayant l'intention de s'y embarquer, tous les renseignements que le secrétaire d'État pourra ordonner de fournir, et il prendra par ailleurs toutes mesures en son pouvoir propres à assurer l'exécution du présent ordre.

2) Le patron d'un vaisseau arrivant dans un port ou en sortant ne doit permettre à aucune personne de débarquer ou d'embarquer sans la permission d'un officier du service des étrangers dans le port.

3) Dans le cas où une personne a débarqué ou a embarqué dans un port en contravention au présent ordre, le patron du vaisseau où s'est produit le débarquement ou

l'embarquement doit, à moins qu'il ne prouve le contraire, être considéré comme ayant aidé ou excité à commettre une infraction.

14. Le patron d'un vaisseau sur le point de passer dans un port doit, s'il en est requis par un secrétaire d'État ou un officier du service des étrangers, recevoir un étranger et ceux qui sont sous sa dépendance, s'il en existe, à bord de son navire, et lui accorder ou leur accorder un passage vers ce port, des commodités convenables et des moyens de subsistance pendant la traversée, et si le navire est le même que le navire sur lequel l'étranger est arrivé au Royaume-Uni ou appartient au même propriétaire, le patron du navire devra, s'il en est requis comme il est dit précédemment, assurer un passage, des commodités et des moyens de subsistance libres de tous frais.

Officiers du service des étrangers.

15. 1) Les personnes suivantes, c'est-à-dire : *a*) tous officiers d'immigration indiqués dans l'Aliens Act de 1905, et *b*) toutes personnes désignées à cette fin par un secrétaire d'État, seront officiers du service des étrangers pour l'exécution du présent ordre dans les divers ports du Royaume-Uni. Ces officiers devront dans l'exercice de leurs pouvoirs agir sur des instructions générales ou spéciales du secrétaire d'État, et, soumis à ces instructions, ils auront pouvoir de pénétrer à bord de tout vaisseau, de détenir et d'examiner toutes personnes arrivant dans un port du Royaume-Uni ou en sortant, de requérir la production de tous documents par ces personnes, et généralement de faire les démarches indiquées par le présent ordre ou qui peuvent être nécessaire pour donner effet à celui-ci.

Exceptions.

16. La Partie I de l'ordre n'est pas applicable : *a*) aux prisonniers de guerre, ou *b*) aux enfants qu'un officier du service des étrangers jugera n'avoir pas 14 ans.

Partie II. — Restrictions a la situation des étrangers résidant dans le Royaume-Uni.

Résidence et enregistrement des étrangers.

17. Un secrétaire d'État peut par un ordre obliger un étranger ennemi à résider et à continuer de résider dans quelque localité ou district spécifié dans l'ordre, et l'étranger doit obéir à l'ordre.

18. 1) Un étranger ennemi n'entrera, ne résidera ou ne continuera de résider, soit temporairement, soit d'une manière permanente, dans quelqu'une des régions spécifiées dans le tableau III du présent ordre en Conseil (dans cet ordre en Conseil on se réfère aux régions prohibées), que s'il est muni d'une permission régulière accordée par l'officier d'enregistrement du district, conformément aux instructions générales et spéciales d'un secrétaire d'État.

2) Un secrétaire d'État peut, par un ordre, après avoir consulté le Conseil de l'Amirauté et de l'Armée, ajouter quelque région sur la liste des régions prohibées dans ledit tableau, ou retirer de cette liste une région ou la partie d'une région ; et en conséquence cet ordre devra à cet égard produire effet (1).

19. 1) Un étranger résidant dans une région prohibée, et un étranger ennemi partout où il réside, doit se soumettre aux règles suivantes, quant à l'enregistrement :

a) Il doit, aussitôt qu'il le peut, fournir à l'officier chargé de l'enregistrement dans le district où il réside, les indications mentionnées dans le tableau III du présent ordre ;

b) Il doit, s'il est sur le point de changer de résidence, indiquer, à l'officier chargé de l'enregistrement dans le district où il réside, la date du changement de sa résidence et l'endroit où il a l'intention de résider. En effectuant semblable changement de résidence, il se présentera à l'officier d'enregistrement du district dans lequel il arrive ;

(1) Des ordres subséquents, notamment des 23 octobre et 11 novembre 1914, ont ainsi apporté des modifications à la liste des régions prohibées (*London Gazette* des 27 octobre et 13 novembre 1914 ; Pulling, *op. cit.*, 2e supplément, p. 36 et 44).

c) Il doit indiquer à l'officier chargé de l'enregistrement dans le district où il réside toute circonstance affectant de quelque manière les renseignements antérieurement fournis par lui pour l'objet de l'enregistrement 48 heures après que la circonstance s'est produite.

2) Dans le cas où un étranger demeure ou vit avec une autre personne comme un membre de sa famille, cette personne a comme lui le devoir de fournir en ce qui concerne l'étranger les indications ci-dessus mentionnées, ou d'aviser de la présence de l'étranger dans sa famille l'officier d'enregistrement.

3) Dans le cas où l'étranger a une famille, il doit fournir les indications mentionnées non seulement pour lui-même, mais en ce qui concerne chaque étranger vivant comme membre de sa famille.

20. 1) Pour l'objet du présent ordre, l'officier de police chef du district de police sera l'officier de l'enregistrement, et le district de police sera le district d'enregistrement.

Dans le cas où la région prohibée comprend plus de la totalité ou d'une partie du district de police, des arrangements peuvent être faits par un secrétaire d'État pour faire de la région prohibée un seul district d'enregistrement et pour la fixation d'un officier d'enregistrement pour ce district.

2) L'officier d'enregistrement doit : *a*) tenir pour son district d'enregistrement un registre en ce qui concerne l'objet de cet Act ; *b*) inscrire sur le registre tous les étrangers résidant dans le district avec les indications fournies à leur sujet ; *c*) inscrire sur le registre toutes les autres indications fournies en rapport avec le présent ordre en ce qui concerne tout étranger enregistré ; *d*) si un étranger enregistré cesse de résider dans le district, mentionner le fait sur le registre.

3) L'obligation pour l'officier d'enregistrement d'inscrire les indications sur le registre ne peut être affectée par le fait que les indications n'ont pas été fournies dans le délai requis par le présent ordre, sans préjudice toutefois de la responsabilité de l'étranger pour n'avoir pas fourni les indications dans ce délai.

4) Chaque étranger doit fournir à l'officier d'enregistrement, en plus des indications ci-dessus mentionnées, toute indication qui peut raisonnablement être exigée pour l'objet de l'enregistrement de l'étranger ou pour maintenir l'exactitude des indications inscrites sur le registre.

21. Un étranger ennemi ne peut circuler au delà de 5 milles du lieu où il a été enregistré, à moins d'un permis de l'officier d'enregistrement du district d'enregistrement où est le lieu de la résidence ; ce permis ne peut comprendre une période de temps supérieure à 24 heures à compter du moment où il a été donné, et il doit être retourné à l'officier d'enregistrement à la fin de cette période.

Il est décidé que : *a*) tout permis peut, si à raison de circonstances spéciales l'officier d'enregistrement le décide ainsi, comprendre une période de temps supérieure à 24 heures, sans pouvoir dépasser 4 jours depuis le moment où il a été donné ; le possesseur est toutefois soumis à la condition que chaque jour, pendant la durée du permis, il devra se présenter lui-même à l'officier d'enregistrement du district dans lequel il se trouve alors et se soumettre aussi à toutes les autres conditions indiquées par l'officier d'enregistrement qui aura octroyé le permis ; *b*) dans le cas où un permis a été délivré à une personne en vue de quitter un district d'enregistrement et d'aller résider dans un autre, le permis doit, à la fin de la période pour laquelle il a été donné, être remis à l'officier d'enregistrement du nouveau district au lieu d'être retourné à l'officier d'enregistrement qui l'a délivré ; *c*) dans le cas où un étranger ennemi a de bonne foi le lieu de ses affaires à plus de 5 milles du lieu enregistré de sa résidence, l'officier d'enregistrement peut, s'il le juge à propos, délivrer un permis autorisant à circuler vers ou du lieu des affaires, qui devra être renouvelé de temps en temps comme et quand l'officier d'enregistrement le décidera.

Possession d'armes à feu, etc., par des étrangers ennemis.

22. 1) Un étranger ennemi ne peut, à moins d'une permission écrite de l'officier d'enregistrement du district où il réside, être en possession : *a*) d'armes à feu ou autres

armes, de munitions de guerre ou d'explosifs, ou de matières destinées à servir à la fabrication d'explosifs ; *b*) d'esprit de pétrole, de naphte, de benzol, de pétrole ou d'un autre liquide inflammable en quantités excédant trois gallons ; *c*) d'appareils ou d'inventions destinés ou propres à être utilisés comme engins de signaux, par la vue ou autrement ; *d*) de pigeons voyageurs ou domestiques ; *e*) de voitures à moteur, motocyclettes, bateaux à moteur, yachts ou appareils aériens ; *f*) de code chiffré ou d'autres moyens de procéder à une correspondance secrète ; *g*) d'une installation téléphonique ; *h*) d'une chambre noire ou d'un autre appareil photographique ; *i*) de manuels et de cartes militaires ou navales, de cartes marines.

2) Si un juge de paix est convaincu par « information sous serment » qu'il y a un motif raisonnable de soupçonner une contravention aux dispositions précédentes, il pourra délivrer un ordre de recherche autorisant les fonctionnaires de police y désignés à pénétrer à n'importe quel moment dans n'importe quels bâtiments ou emplacements désignés dans l'ordre, par la force au besoin, de fouiller les bâtiments ou emplacements ainsi que toute personne qui s'y trouverait et de saisir tous articles conservés dans ces bâtiments ou emplacements en contravention du présent article.

Dans le cas où il apparaît à un superintendant ou inspecteur de police, ou à quelque officier de police d'ordre supérieur, que le cas est de grande urgence et que dans l'intérêt de l'État une action immédiate est nécessaire, celui-ci peut par un ordre écrit de sa main donner à un agent de police la même autorité que le présent article prévoit pouvoir être accordée par une autorisation de justice.

Restriction à la circulation des journaux.

23. 1) La circulation parmi les étrangers ennemis de tout journal, entièrement ou pour la plus grande partie imprimé dans la langue d'un État, ou d'une partie d'un État, en guerre avec Sa Majesté, est défendue, à moins qu'une permission écrite d'un secrétaire d'État ait été d'abord obtenue et que les conditions pouvant avoir été prescrites par le secrétaire d'État aient été accomplies.

2) Toute personne publiant quelque journal pour le faire circuler en contravention au présent ordre doit être considérée comme ayant agi en contravention à cet ordre. Dans le cas où un secrétaire d'État apprend qu'un journal a été ou est sur le point d'être publié pour circuler en contravention au présent ordre, il peut autoriser toute personne qu'il croit bon à entrer, au besoin par la force, dans n'importe quels locaux, d'y saisir toute copie du journal qui y serait trouvée comme aussi tous signes typographiques ou autres planches employés ou susceptibles d'être employés à l'impression ou à l'émission du journal, et aussi de se comporter envers ces objets ainsi saisis de la façon que le secrétaire d'État indiquera.

3) Dans le présent article, l'expression « journal » comprend la publication périodique.

Continuation des affaires de banque.

24. 1) Un étranger ennemi ne peut continuer aucune affaire de banque ou s'y engager à moins d'une permission écrite du secrétaire d'État, dans la mesure, sous les conditions et sous la surveillance que le secrétaire d'État peut régler, et un étranger ennemi qui a continué une affaire de banque ou s'y est engagé ne doit pas, sauf avec la même permission, se défaire de tout argent ou de tous effets dans la banque avec laquelle il a continué ou engagé des affaires, et il doit, s'il en est ainsi requis, déposer l'argent ou les effets sous telle garde que le secrétaire d'État peut indiquer.

2) Tout agent de la police, s'il est autorisé par un inspecteur de police ou un officier de rang plus élevé, peut, pour assurer l'application des dispositions du présent article, entrer, par la force s'il est nécessaire, et faire des recherches dans ou occuper tous bâtiments dans lesquels les affaires de banque ont été conduites par un étranger ennemi.

3) Pour l'objet du présent article, toute personne qui est membre d'une maison ou directeur d'une Compagnie faisant des affaires de banque dans le Royaume-Uni doit être considérée comme faisant des affaires de banque.

Dispositions relatives aux clubs fréquentés par des étrangers ennemis.

25. 1) Un officier chef de police, s'il y est autorisé par un ordre général ou spécial du secrétaire d'État, peut décider que tous bâtiments sous sa juridiction qui, dans son opinion, sont employés pour l'objet d'un club qui est habituellement fréquenté par des étrangers ennemis, devront être fermés, soit tout à fait, soit durant telles heures qu'il pourra être exigé par lui ; et, dans le cas où un ordre semblable serait donné en ce qui concerne ces bâtiments, aucun étranger ne pourra pénétrer ou demeurer dans lesdits bâtiments à n'importe quel moment pendant tout le temps de fermeture des locaux.

2) Tout agent de police, s'il est autorisé par l'officier chef de police, peut, pour assurer l'application des dispositions du présent article, entrer, par la force s'il est nécessaire, et faire des recherches dans ou occuper tous bâtiments auxquels se rapporte un ordre dont parle le présent article.

PARTIE III. — GÉNÉRALITÉS.

26. Toute personne qui agit en contravention à quelque disposition du présent ordre ou néglige d'accomplir quelqu'une de ses dispositions est soumise à une amende ne pouvant dépasser cent livres ou à un emprisonnement avec ou sans « hard labour » d'une durée ne pouvant pas excéder six mois. La Cour devant laquelle elle est déclarée coupable peut, soit en addition, soit à la place d'une telle punition, exiger que cette personne s'engage, avec ou sans garanties, à accomplir les dispositions du présent ordre ou telles dispositions à ce sujet que la Cour peut indiquer.

Si une personne néglige d'accomplir un ordre de la Cour exigeant pareil engagement, la Cour ou quelque Cour de juridiction sommaire tenant audience au même lieu peut en ordonner l'emprisonnement avec ou sans « hard labour » pour un temps n'excédant pas six mois.

27. 1) Doit être considéré comme ayant agi en contravention au présent ordre un étranger patron d'un navire, ou toute autre personne arrivant dans un port ou le quittant qui débarque ou embarque sans la permission d'un officier du service des étrangers, ou refuse de répondre à toute question raisonnable posée par un officier du service des étrangers, fait ou donne lieu de faire une fausse réponse, un faux exposé ou une fausse représentation à un officier du service des étrangers, ou refuse de produire quelque document en sa possession dont un officier du service des étrangers lui réclame la production, ou fait obstacle ou apporte des empêchements à l'exercice des pouvoirs et des droits touchant le présent ordre d'un officier du service des étrangers.

2) Doit être également considérée comme ayant agi en contravention au présent ordre toute personne qui fournit ou donne lieu de fournir à un officier d'enregistrement de fausses indications, ou qui, afin d'obtenir un permis ou une permission conformément au présent ordre, fait ou donne lieu de faire quelque faux exposé ou quelque fausse représentation.

28. On doit considérer comme ayant agi en contravention au présent ordre celui qui aide ou excite à aider une personne à contrevenir à cet ordre ou qui sciemment donne asile à une personne qu'on sait ou qu'on a des motifs raisonnables de croire s'être rendue coupable d'une contravention audit ordre.

29. Toute personne qui a agi en contravention au présent ordre, qu'il est raisonnable de suspecter comme ayant agi ainsi, ou qui est sur le point d'agir de la sorte, peut être mise en prison sans mandat d'arrêt par un officier du service des étrangers ou par un agent de justice.

30. 1) Un secrétaire d'État peut, s'il le juge nécessaire aux intérêts de la sûreté publique, décider que quelqu'une des dispositions du présent ordre en ce qui concerne les étrangers ennemis devra dans des cas particuliers être appliquée à d'autres étrangers, et alors les dispositions devront être appliquées en conséquence.

2) Un secrétaire d'Etat peut, s'il le juge ainsi, décider que les pouvoirs ou les droits accordés par le présent ordre aux officiers du service des étrangers ou aux officiers d'en-

registrement devront appartenir à d'autres personnes déléguées à cette fin par le secrétaire d'Etat.

3) Le secrétaire d'Etat, en vue de donner plein effet au présent ordre, peut décider que les passagers de navires entrant dans un port du Royaume-Uni ou en sortant seront soumis à tels restrictions, contrôle et examen qu'il peut paraître nécessaire ou convenable et imposer des conditions générales à l'égard des navires entrant dans un tel port ou en sortant ; il sera du devoir de toutes personnes d'accomplir chacune de ces décisions.

31. Pour l'objet du présent ordre :

L'expression « district de police » doit s'entendre de tout district où il existe une force de police séparée ; l'expression « officier chef de la police » s'entendra du Commissaire de police, de l'agent de police en chef, ou d'un autre officier, quel que soit son nom, ayant le commandement en chef de la force de police dans le district.

L'expression « étranger ami » doit s'entendre d'un étranger dont le Souverain ou l'Etat est en paix avec Sa Majesté ; l'expression « étranger ennemi » s'entendra d'un étranger dont le Souverain ou l'État est en guerre avec Sa Majesté.

Les références au débarquement ou à l'embarquement doivent, à moins que le contexte ne l'accuse autrement, être considérées comme comprenant les références aux essais de débarquement ou d'embarquement.

32. 1) Dans l'application du présent ordre à l'Ecosse :

Les expressions « la Cour » et « une Cour de juridiction sommaire » s'entendent du « sheriff ».

Les expressions « s'engager avec ou sans garanties » et « s'engager » doivent s'entendre de la « livraison d'une caution ».

2) Dans l'application du présent ordre à l'Irlande :

L'expression « district de police » doit s'entendre du district de police de la métropole de Dublin et de tout Comté ou autre région pour laquelle est constitué un inspecteur de Comté de la police royale irlandaise ou un officier ayant rang d'inspecteur de Comté ; l'expression « officier chef de la police » s'entendra, à l'égard du district de police de la métropole de Dublin, du Commissaire en chef de la police métropolitaine de Dublin et, pour les autres districts de police, de l'inspecteur de Comté de la police royale irlandaise ou d'un officier ayant rang d'inspecteur de Comté.

L'expression « superintendant de police » comprend dans le cas de la police royale irlandaise un sergent ou quelque officier de rang plus élevé.

33. Rien dans le présent ordre ne doit être interprété comme imposant quelque restriction ou incapacité à un ambassadeur étranger ou à quelque autre ministre public dûment autorisé, ni à tous serviteurs attachés actuellement à cet ambassadeur ou à ce ministre public.

34. 1) Le présent ordre devra être cité ainsi : « The Aliens Restriction (Consolidation) Order, 1914 ».

2) L'Act d'interprétation de 1889 doit être appliqué pour l'interprétation du présent ordre de la même manière que s'il s'agissait de l'interprétation d'un Act du Parlement.

3) Les ordres en Conseil des 5, 10, 12 et 20 août dernier, imposant des restrictions à la situation des étrangers, sont révoqués par le présent.

Mais la révocation de chacun de ces ordres ne doit pas : *a*) affecter l'effet antérieur de l'ordre révoqué en quoi que ce soit qui ait été fait ou permis sous l'empire de l'ordre ainsi révoqué ; *b*) affecter quelque droit, privilège, obligation ou responsabilité acquis sous l'empire de l'ordre révoqué ou en résultant ; *c*) affecter quelque peine, confiscation ou punition encourue à l'occasion de quelque faute commise contre l'ordre révoqué ; *d*) affecter les procès-verbaux ou actes relatifs à des droits, privilèges, obligations, responsabilités, peines, confiscations ou punitions ci-dessus mentionnées. Tout permis ou toute direction donné, tout ordre ou toute demande adressé, et toute autre action faite sous l'empire d'un ordre révoqué doivent être considérés comme donnés, adressés ou faits sous l'empire de la disposition correspondante du présent ordre.

Almeric Fitz Roy.

TABLEAUX ANNEXES.

TABLEAU I. — *Indication des ports autorisés.*

TABLEAU II. — *Régions prohibées.*

TABLEAU III. — *Faits à l'égard desquels des indications doivent être fournies* (nom, nationalité, profession, sexe, âge, etc.).

624

Grande-Bretagne. — PROCLAMATION N° 2 SUR LE COMMERCE AVEC L'ENNEMI, EN DATE DU 9 SEPTEMBRE 1914 (*London Gazette* du 9 septembre 1914).

1914, n° 1376.

George R. I.

Attendu qu'un état de guerre existe entre nous et l'Empire allemand depuis le 4 août 1914, 11 heures du soir, et qu'un état de guerre existe entre nous et la Monarchie dualiste d'Autriche-Hongrie depuis le 12 août 1914, minuit ;

Attendu qu'il est contraire à la loi que quelque personne résidant, faisant des affaires ou se trouvant dans nos possessions commerce ou fasse des transactions commerciales ou financières avec quelque personne résidant ou faisant des affaires dans l'Empire allemand ou en Autriche-Hongrie sans notre permission ;

Attendu que par notre proclamation du 5 août 1914 relative au commerce avec l'ennemi, certaines espèces de transactions avec l'Empire allemand ont été prohibées ;

Attendu que, par le paragraphe 2 de notre proclamation du 12 août 1914, ladite proclamation du 5 août 1914 a été déclarée applicable à l'Autriche-Hongrie ;

Attendu qu'il est désirable de maintenir et d'étendre les prohibitions contenues dans les dernières proclamations et à cette fin de révoquer la proclamation du 5 août 1914 et le paragraphe 2 de la proclamation du 12 août 1914, et d'y substituer la présente proclamation (1) ;

En conséquence, comme il est convenable et nécessaire de faire connaître à toutes les personnes résidant, faisant des affaires ou se trouvant dans nos possessions leurs devoirs et leurs obligations vis-à-vis de nous, de notre Couronne et du gouvernement ;

Nous, par la présente, avons décidé, par et avec l'avis de notre Conseil privé, de publier cette royale proclamation par laquelle il est déclaré ce qui suit :

1. La proclamation mentionnée du 5 août 1914, relative au commerce avec l'ennemi, et le paragraphe 2 de la proclamation mentionnée du 12 août 1914, ainsi que la déclaration officielle publiée pour explication de la première (2), sont, par la présente, et à compter de sa date, abrogées, et de et après cette date, la présente proclamation leur est substituée en conséquence.

2. L'expression « pays ennemi », dans cette proclamation, s'entend des territoires de l'Empire allemand et de la Monarchie dualiste d'Autriche-Hongrie, en même temps que de toutes leurs colonies et dépendances.

3. L'expression « ennemi », dans cette proclamation, s'entend de toute personne ou de tout groupe de personnes de quelque nationalité que ce soit qui réside ou fait des affaires

(1) V. ci-dessus, p. 308 et 312.
(2) V. cette déclaration explicative, en date du 22 août 1914, ci-dessus, p. 318.

dans un pays ennemi, mais elle ne doit pas comprendre les personnes de nationalité ennemie qui ne résident pas ou ne font pas d'affaires dans un pays ennemi. Dans le cas de groupes incorporés, le caractère ennemi est attaché seulement aux groupes incorporés dans un pays ennemi.

4. L'expression « ouverture de la guerre », dans cette proclamation, s'entend de l'heure de 11 heures du soir, le 4 août 1914, pour l'Empire allemand, ses colonies et dépendances, et de l'heure de minuit, le 12 août 1914, pour l'Autriche-Hongrie, ses colonies et dépendances.

5. De et après la date de cette proclamation les prohibitions suivantes doivent avoir effet (sauf si des licences sont accordées comme il sera par la suite décidé) (1) ; et par la présente, en conséquence, nous faisons savoir à toutes personnes résidant, faisant des affaires ou se trouvant dans nos possessions :

1° Qu'elles ne doivent payer aucune somme d'argent à un ennemi ou pour le bénéfice de celui-ci ;

2° Qu'elles ne doivent pas faire de compromis ou donner une sûreté pour le payement de quelque dette ou autre somme d'argent avec un ennemi ou pour le bénéfice de celui-ci ;

3° Qu'elles ne doivent pas, au profit d'un ennemi, tirer, recevoir, payer, présenter pour acceptation ou payement, négocier ou trafiquer autrement avec un titre négociable ;

4° Qu'elles ne doivent accepter, payer ou trafiquer autrement avec un titre négociable qui est tenu par un ennemi ou à son profit ; mais cette prohibition ne doit pas être considérée comme enfreinte par une personne, si celle-ci n'a pas un motif raisonnable de croire que l'instrument est tenu par ou au profit d'un ennemi ;

5° Qu'elles ne doivent engager aucune transaction nouvelle ou compléter quelque transaction déjà engagée avec un ennemi ni au sujet de marchandises, actions ou autres valeurs ;

6° Qu'elles ne doivent faire ou engager aucun nouveau contrat d'assurance maritime, sur la vie et contre l'incendie ou autre police ou contrat d'assurance avec ou pour le bénéfice d'un ennemi, accepter quelque assurance de celui-ci ou lui donner effet, donner acceptation ou effet à quelque risque provenant d'une police ou d'un contrat d'assurance (y compris la réassurance) fait ou engagé avec un ennemi ou pour son bénéfice avant l'ouverture de la guerre ;

7° Qu'elles ne doivent directement ou indirectement fournir à un pays ennemi ou à un ennemi ou pour son usage ou son bénéfice, ou en obtenir, des effets, denrées ou marchandises, ni directement ou indirectement fournir à quelque personne ou pour son usage ou son bénéfice, ou en obtenir, pour les transmettre à un pays ennemi ou à un ennemi ou en les recevant d'un pays ennemi ou d'un ennemi, des effets, denrées ou marchandises, ni directement ou indirectement faire le commerce ou le transport de tous effets, denrées ou marchandises destinés à un pays ennemi ou à un ennemi ou en provenant ;

8° Qu'il n'est permis à aucun navire britannique de partir pour quelque port ou place d'un pays ennemi, d'y entrer ou de communiquer avec lui ;

9° Qu'elles ne doivent engager aucun contrat ou obligation commercial ou financier ou autre contrat ou obligation avec ou pour le bénéfice d'un ennemi ;

10° Qu'elles ne doivent engager aucunes transactions avec un ennemi si et quand elles sont prohibées par un ordre en Conseil fait et publié sur la recommandation d'un secrétaire d'État, même si elles étaient autrement permises par la loi ou par la présente ou une autre proclamation ;

Et, par la présente, nous faisons savoir en outre à toutes personnes quelconques qui commettraient une contravention à la loi, aideraient ou exciteraient à commettre quelqu'un des actes sus-mentionnés qu'elles se rendent coupables d'un crime et seront passibles de punition et de peines en conséquence.

(1) Des licences concernant certains actes ont été notamment consenties par le secrétaire d'Etat le 22 septembre 1914 et par le Bureau du commerce (*Board of Trade*) les 23 et 25 septembre 1914 (*London Gazette* des 25 et 26 septembre 1914. V. aussi Pulling, *op. cit.*, p. 381 et 383).

6. Il est admis que, au cas où un ennemi aurait une succursale située dans un territoire britannique, allié ou neutre, n'étant pas un territoire neutre en Europe, les transactions faites par ou avec une telle succursale ne doivent pas être traitées comme des transactions faites par ou avec un ennemi.

7. Rien dans cette proclamation ne doit permettre de penser que sont prohibés les payements faits par ou à cause de personnes ennemies à des personnes résidant, faisant des affaires ou se trouvant dans nos possessions, si de tels payements proviennent de transactions engagées avant l'ouverture de la guerre ou autrement permises.

8. Rien dans cette proclamation ne doit faire prohiber quoi que ce soit qui aura été permis expressément par notre licence ou par la licence donnée en notre nom par un secrétaire d'État, ou par le Bureau du commerce (*Board of Trade*), que les licences aient été spécialement délivrées à des individus ou déclarées applicables à des classes de personnes.

9. La présente proclamation doit être appelée Proclamation n° 2 sur le commerce avec l'ennemi.

Fait à notre Cour, au Palais du Buckingham, le 9e jour de septembre dans l'année de Notre-Seigneur 1914 et dans la 5e année de notre règne.

Dieu protège le Roi.

625

Grande-Bretagne. — Proclamation spécifiant certains articles additionnels qui doivent être traités comme contrebande de guerre, en date du 21 septembre 1914 (*London Gazette* du 21 septembre 1914).

George R. I.

Attendu que le 4 août dernier nous avons rendu notre proclamation royale (1) spécifiant les articles qu'il était dans notre intention de traiter comme contrebande de guerre durant la guerre entre nous et l'Empereur allemand ;

Attendu que le 12 août dernier nous avons par notre proclamation royale de cette date étendu notre proclamation mentionnée ci-dessus à la guerre entre nous et l'Empereur d'Autriche, Roi de Hongrie (2) ;

Attendu que par un ordre en Conseil du 20 août 1914 il a été ordonné que durant les présentes hostilités la convention connue sous le nom de déclaration de Londres sera, sauf certaines additions et modifications spécifiées dans cet ordre, adoptée et aura pleine force comme si elle avait été ratifiée par nous (3) ;

Attendu qu'il est désirable de faire des additions sur la liste des articles qui doivent être traités comme contrebande de guerre durant la présente guerre ;

Et attendu qu'il convient d'introduire en outre certaines modifications à la déclaration de Londres telle qu'elle est adoptée et entrée en vigueur ;

Maintenant, en conséquence, nous avons par la présente déclaré, par et avec l'avis de notre Conseil privé, que, durant la continuation de la guerre, et jusqu'à ce que nous donnions une notice publique ultérieure, les articles énumérés dans la liste ci-dessous devront, malgré qu'ils ne soient pas compris dans l'article 28 de la déclaration de Londres, être traités comme contrebande conditionnelle.

(1) V. ci-dessus, p. 306.
(2) V. ci-dessus, p. 312.
(3) V. ci-dessus, p. 315.

Liste.

Cuivre brut; plomb en lingots, en feuilles ou en tuyaux; glycérine; ferrochrome; minerai de fer hématique (*Hæmatite Iron Ore*); minerai de fer magnétique (*Magnetic Iron Ore*); caoutchouc (*Rubber*); cuirs et peaux, brutes ou tannées (mais non compris les cuirs préparés) (*Hides and Skins, raw or rough tanned (but not including dressed leather)*.

Fait à notre Cour, Palais de Buckingham, le 21e jour de septembre dans l'année de Notre-Seigneur 1914 et dans la 5e année de notre règne.

Dieu protège le Roi.

626

Grande-Bretagne. — Proclamation étendant les prohibitions contenues dans la proclamation du 9 septembre 1914 relative au commerce avec l'ennemi, en date du 30 septembre 1914 (*London Gazette* du 30 septembre 1914).

1914, n° 1447.

George R. I.

Attendu que l'état de guerre entre nous et l'Empire allemand et l'état de guerre entre nous et la Monarchie dualiste d'Autriche-Hongrie, auxquels il est référé dans notre proclamation du 9 septembre 1914 (1), continuent toujours d'exister;

Et attendu qu'il est désirable d'étendre les prohibitions contenues dans notre dite proclamation;

Nous, en conséquence, nous avons décidé, par et avec l'avis de notre Conseil privé, de publier cette proclamation royale, et il est, par la présente, déclaré ce qui suit:

1° De et après la date de cette proclamation:

1) L'importation du sucre comme il est ci-après mentionné est prohibée;

2) Les prohibitions suivantes doivent recevoir effet (sauf si des licences sont accordées comme il est ci-après décidé) en addition des prohibitions indiquées dans notre dite proclamation; et, en conséquence, par la présente, nous faisons savoir à toutes personnes résidant, faisant des affaires, ou se trouvant dans nos possessions: *a*) qu'elles ne doivent directement ou indirectement procéder à l'importation, ni donner lieu à l'importation ou procurer pour l'importation, ni rien faire qui ait rapport avec l'importation dans quelque partie de nos possessions ou de quelque autre pays ou place par ou de quelque port d'Europe, du sucre brut ou raffiné fait ou produit par un ennemi ou dans un pays ennemi, ou du sucre raffiné (partout où il est fait ou produit) fait ou produit avec du sucre brut fait ou produit par un ennemi ou dans un pays ennemi; *b*) qu'elles ne doivent directement ou indirectement trafiquer au sujet du sucre susmentionné.

2° Nous faisons savoir, en outre, par la présente, à toutes personnes quelconques qui commettraient une contravention à la loi, aideraient ou exciteraient à commettre quelqu'un des actes sus-mentionnés qu'elles se rendent coupables d'un crime et seront passibles de punitions et de peines en conséquence.

3° Rien dans cette proclamation ne doit faire prohiber quoi que ce soit qui aura été permis expressément par notre licence, ou par la licence donnée en notre nom par un secrétaire d'État ou par le Bureau du commerce (*Board of Trade*), que les licences aient été spécialement délivrées à des individus ou déclarées applicables à des classes de personnes.

(1) V. ci-dessus, p. 326.

4° Les mots « ennemi », « pays ennemi » et « personne » doivent avoir le même sens dans cette proclamation que dans celle du 9 septembre 1914.

Fait à notre Cour, au Palais de Buckingham, le 30e jour de septembre, dans l'année de Notre-Seigneur 1914 et dans la 5e année de notre règne.

Dieu protège le Roi.

627

Grande-Bretagne. — Proclamation amendant la proclamation n° 2 relative au commerce avec l'ennemi, en date du 8 octobre 1914 (*London Gazette* du 8 octobre 1914).

1914, n° 1479.

George R. I.

Attendu qu'il est désirable d'amender notre proclamation du 9 septembre 1914, appelée : « Proclamation n° 2 relative au commerce avec l'ennemi » (1) ;

Nous avons en conséquence, par et avec l'avis de notre Conseil privé, publié cette proclamation royale déclarant ce qui suit :

1. Le paragraphe 5, n° 6, de la proclamation n° 2 relative au commerce avec l'ennemi est abrogé, et au lieu de ce numéro doit être inséré dans ledit paragraphe 5, à compter de la date de la présente, le numéro suivant :

« 6° Qu'elles ne doivent faire ou engager aucun nouveau contrat d'assurance maritime, sur la vie et contre l'incendie ou autre police ou contrat d'assurance (y compris la réassurance) avec ou pour le bénéfice d'un ennemi, accepter quelque assurance de celui-ci ou lui donner effet, donner acceptation ou effet à quelque risque provenant d'une police ou d'un contrat d'assurance (y compris la réassurance) fait ou engagé avec un ennemi ou pour son bénéfice avant l'ouverture de la guerre ; et, en particulier, en ce qui concerne les traités ou contrats de réassurance courant à l'ouverture de la guerre auxquels un ennemi est partie ou dans lesquels un ennemi est intéressé, qu'elles ne doivent céder à l'ennemi ou accepter de l'ennemi aucun traité ou contrat ou quelque risque provenant d'une police ou d'un contrat d'assurance (y compris la réassurance) fait ou engagé après l'ouverture de la guerre, ou quelque part dans un tel risque ».

2. 1) Les mots : « ordre en Conseil fait et publié sur la recommandation d'un secrétaire d'Etat », du paragraphe 5, n° 10, de la proclamation n° 2 relative au commerce avec l'ennemi, doivent, en ce qui concerne des personnes résidant, faisant des affaires ou se trouvant dans nos possessions au delà des mers, s'entendre d'un ordre du gouverneur en Conseil publié dans la *Gazette officielle*.

2) L'expression « gouverneur en Conseil » dans ce paragraphe s'entend en ce qui concerne le Canada du gouverneur général du Canada en Conseil, en ce qui concerne l'Inde du gouverneur général de l'Inde en Conseil, en ce qui concerne l'Australie du gouverneur général de l'Australie en Conseil, en ce qui concerne la Nouvelle-Zélande du gouverneur de la Nouvelle-Zélande en Conseil, en ce qui concerne l'Union Sud-africaine du gouverneur de l'Union Sud-africaine en Conseil, en ce qui concerne Terre-Neuve du gouverneur de Terre-Neuve en Conseil, et en ce qui concerne les autres possessions britanniques du gouverneur de ces possessions en Conseil.

3. Le pouvoir de délivrer des licences en notre nom donné par le paragraphe 8 de la proclamation n° 2 relative au commerce avec l'ennemi à un secrétaire d'Etat peut être exercé au Canada, dans l'Inde, en Australie et dans l'Union Sud-africaine par le gouver-

(1) V. ci-dessus, p. 326.

neur général, et dans toute possession britannique non comprise dans les limites du Canada, de l'Inde, de l'Australie ou de l'Afrique du Sud par le gouverneur.

4. Dans la présente proclamation, l'expression « gouverneur général » comprend toute personne ayant pour un temps les pouvoirs du gouverneur général ; et l'expression « gouverneur » comprend l'officier qui pour un temps administre le gouvernement.

5. Malgré ce qui est dit dans le paragraphe 6 de la proclamation n° 2 relative au commerce avec l'ennemi, au cas où un ennemi a une succursale située dans un territoire britannique, allié ou neutre, qui fait des affaires d'assurance ou de réassurance de toute nature, les transactions faites par ou avec cette succursale en ce qui concerne les affaires d'assurance ou de réassurance doivent être considérées comme des transactions faites par ou avec un ennemi.

6. La présente proclamation doit être considérée comme ne faisant qu'un avec la proclamation n° 2 relative au commerce avec l'ennemi.

Fait à notre Cour, au Palais de Buckingham, le 8e jour d'octobre dans l'année de Notre-Seigneur 1914 et dans la 5e année de notre règne.

Dieu protège le Roi.

628

Grande-Bretagne. — NOTE DU GOUVERNEMENT BRITANNIQUE CONCERNANT LES NAVIRES ENNEMIS DANS LE CANAL DE SUEZ, EN DATE DU 23 OCTOBRE 1914, REMISE AUX REPRÉSENTANTS DES PUISSANCES MARITIMES ÉTRANGÈRES A LONDRES, AVEC PRIÈRE DE LA COMMUNIQUER A LEURS GOUVERNEMENTS (*London Gazette* du 27 octobre 1914).

Depuis l'ouverture de la guerre, un certain nombre de navires des pays ennemis sont demeurés dans le canal de Suez.

Quelques-uns de ces navires ont été retenus par le gouvernement égyptien en raison d'actes hostiles commis dans le canal ; quelques autres parce qu'il y avait des raisons de craindre d'eux des actes hostiles ; d'autres, quoiqu'absolument libres, ont refusé de quitter le canal, malgré l'offre d'un sauf-conduit, découvrant ainsi leur intention de se servir des ports du canal simplement comme de ports de refuge, emploi qui n'est pas visé dans la convention sur le canal de Suez.

Le gouvernement de Sa Majesté ne peut pas admettre que le droit conventionnel d'accès libre et d'usage du canal dont jouissent les navires marchands implique un droit de se servir du canal et de ses ports d'accès pour un temps indéfini en vue d'échapper à la capture, car le résultat évident d'une telle manière de faire doit être de gêner grandement et même d'empêcher l'usage des ports et du canal par les autres navires. Il est en conséquence d'avis que le gouvernement égyptien est entièrement justifié dans les mesures qu'il prend pour éloigner du canal tous les navires ennemis qui ont été suffisamment longtemps dans les ports du canal pour montrer clairement qu'ils n'avaient pas l'intention de partir dans les conditions ordinaires, et qu'ils se servent du canal et de ses ports d'une manière qui n'est pas conforme à l'usage du canal dans les conditions normales par d'autres navires.

Foreign Office, 23 octobre 1914.

629

Grande-Bretagne. — Notification du secrétaire d'État aux affaires étrangères au sujet de la détention pendant la guerre ou de la réquisition moyennant indemnité de navires marchands austro-hongrois qui ont quitté leur dernier port avant la déclaration de guerre et ont été capturés après le commencement des hostilités, en date du 31 octobre 1914 (*London Gazette* du 31 octobre 1914) (1).

Le secrétaire d'État aux affaires étrangères a été avisé, de façon à la satisfaire, que des navires marchands anglais qui avaient quitté leur dernier port avant l'ouverture des hostilités avec l'Autriche-Hongrie, et qui ont été ou ont pu être rencontrés en mer par des navires de guerre austro-hongrois après l'ouverture des hostilités, doivent être détenus pendant la guerre ou réquisitionnés au lieu d'être condamnés comme prises ; en conséquence, il a adressé la notification ci-dessous aux lords Commissaires de l'Amirauté :

Foreign office, 31 octobre 1914.

Sir Edward Grey aux lords Commissaires de l'Amirauté.

Foreign Office, 31 octobre 1914.

Milords,

J'ai l'honneur de déclarer que j'ai été avisé, de façon à me satisfaire, que des navires marchands anglais qui ont quitté leur dernier port avant l'ouverture des hostilités avec l'Autriche-Hongrie, mais qui ont été ou ont pu être rencontrés en mer par des navires de guerre austro-hongrois après l'ouverture des dites hostilités, doivent être détenus pendant la guerre ou réquisitionnés au lieu d'être condamnés comme prises.

En conséquence, les navires marchands autro-hongrois qui ont quitté leur dernier port avant la déclaration de guerre et ont été capturés après l'ouverture des hostilités avec l'Autriche-Hongrie et amenés devant les Cours de prises britanniques en vue d'une adjudication, seront détenus pendant la guerre ou réquisitionnés moyennant indemnité.

J'ai l'honneur, etc...

E. Grey.

630

Grande-Bretagne. — Note concernant l'arrestation des réservistes ennemis, en date du 1er novembre 1914 (*London Gazette* du 3 novembre 1914).

Etant donné que les forces allemandes en Belgique et en France ont emmené, comme prisonniers de guerre, toutes les personnes qui sont sujettes à un service militaire, le gouvernement de Sa Majesté a donné comme instructions que tous les réservistes ennemis à bord de navires neutres devront être faits prisonniers de guerre.

Foreign Office, 1er novembre 1914.

(1) Publiée en vertu de l'article 10 de l'ordre en Conseil du 4 août 1914, rapporté ci-dessus, p. 305.

631

Grande-Bretagne. — Proclamation étendant les prohibitions contenues dans la proclamation n° 2 relative au commerce avec l'ennemi, en date du 26 octobre 1914 (*London Gazette* du 26 octobre 1914).

1914, n° 1569.

George R. I.

Attendu que par notre proclamation du 9 septembre 1914, appelée Proclamation n° 2 relative au commerce avec l'ennemi (1), certaines prohibitions, qui y sont spécialement indiquées, ont été imposées à toutes les personnes sus-mentionnées ;

Attendu que par notre proclamation du 30 septembre 1914 (2), les prohibitions contenues dans la proclamation n° 2 relative au commerce avec l'ennemi ont été étendues, et que l'importation du sucre a été prohibée comme il y a été indiqué ;

Attendu que par notre proclamation du 8 octobre 1914 (3), cette proclamation du 9 septembre 1914, appelée Proclamation n° 2 relative au commerce avec l'ennemi, a été amendée ;

Et attendu qu'il est désirable d'abroger cette proclamation du 30 septembre 1914 ;

Nous avons en conséquence, par et avec l'avis de notre Conseil privé, publié la présente proclamation royale déclarant ce qui suit :

1. La proclamation mentionnée du 30 septembre 1914 est par la présente abrogée à compter de la date ici indiquée, et à partir de cette date la présente proclamation lui est substituée.

2. L'importation dans le Royaume-Uni de tout sucre est interdite. Mais la prohibition ci-dessus ne sera pas appliquée au sucre (qui n'est pas du sucre brut ou raffiné, fait ou produit par un ennemi ou dans un pays ennemi, ou du sucre raffiné fait ou produit avec du sucre brut fait ou produit par un ennemi ou dans un pays ennemi) : *a*) sorti du port de chargement pour ce pays avant le 26 octobre 1914 ; *b*) importé en vertu d'un contrat fait avant le 4 août 1914.

3. Rien dans cette proclamation ne doit faire prohiber quoi que ce soit qui aura été permis expressément par notre licence, ou par la licence donnée en notre nom par un secrétaire d'État ou par le Bureau du commerce (*Board of Trade*), que les licences aient été spécialement délivrées à des individus ou déclarées applicables à des classes de personnes.

4. Les mots « ennemi », « pays ennemi » et « personne » doivent avoir le même sens dans la présente proclamation que dans celle du 9 septembre 1914.

Fait à notre Cour, au Palais de Buckingham, le 26e jour d'octobre dans l'année de Notre-Seigneur 1914 et dans la 5e année de notre règne.

Dieu protège le Roi.

(1) V. ci-dessus, p. 326.
(2) V. ci-dessus, p. 329.
(3) V. ci-dessus, p. 330.

632

Grande-Bretagne. — PROCLAMATION PORTANT RÉVISION DE LA LISTE DE CONTREBANDE DE GUERRE, EN DATE DU 29 OCTOBRE 1914 (*London Gazette* du 29 octobre 1914).

1914, n° 1613.

George R. I.

Attendu que, le 4 août 1914, nous avons publié notre proclamation royale spécifiant les articles que nous avions l'intention de considérer comme contrebande de guerre pendant la guerre entre nous et l'Empereur allemand (1) ;

Attendu que, le 12 août 1914, nous avons par notre proclamation royale de cette date (2) étendu notre proclamation ci-dessus mentionnée à la guerre entre nous et l'Empereur d'Autriche, Roi de Hongrie ;

Attendu que, le 21 septembre 1914, nous avons par notre proclamation royale de cette date (3) fait certaines additions à la liste des articles qui doivent être traités comme contrebande de guerre ;

Et attendu qu'il est convenable de consolider la dite liste et de faire à son sujet certaines additions ;

En conséquence, nous déclarons par la présente, par et avec l'avis de notre Conseil privé, que les listes de contrebande indiquées dans les tableaux de nos proclamations royales des 4 août et 21 septembre ci-dessus mentionnées sont abrogées et qu'à leur place, durant la continuation de la guerre et jusqu'à ce que nous rendions une notice publique ultérieure, les articles énumérés ici dans le tableau I devront être traités comme contrebande absolue, et les articles énumérés ici dans le tableau II comme contrebande conditionnelle.

Tableau I.

1. Armes de toute nature, y compris les armes de chasse et de sport, ainsi que leurs pièces détachées caractérisées ;
2. Projectiles, gargousses et cartouches de toute nature, et les pièces détachées caractérisées ;
3. Poudres et explosifs spécialement affectés à la guerre ;
4. Acide sulfurique ;
5. Affûts, caissons, avant-trains, fourgons, forges de campagne et les pièces détachées caractérisées ;
6. Télémètres et leurs pièces détachées caractérisées ;
7. Effets d'habillement et d'équipement militaires caractérisés, de toute nature
8. Animaux de selle, de trait et de bât utilisables pour la guerre;
9. Harnachements militaires de toute nature, caractérisés ;
10. Matériel de campement et les pièces détachées caractérisées ;
11. Plaques de blindage ;
12. Minerais et gueuses de fer hématite ;
13. Pyrites de fer ;
14. Mineral de nickel et nickel ;
15. Ferro-chrome et mineral de chrome ;
16 Cuivre brut ;
17. Plomb en lingot, en feuilles ou en tuyaux ;

(1) V. ci-dessus, p. 306.
(2) V. ci-dessus, p. 312.
(3) V. ci-dessus, p. 328.

18. Aluminium ;
19. Ferro-silicate ;
20. Fils de fer barbelés et instruments employés à les poser ou à les couper ;
21. Bâtiments de guerre, y compris les embarcations et les pièces détachées spécialement caractérisées comme ne pouvant être utilisées que sur un navire de guerre ;
22. Aéroplanes, aérostats, ballons et aéronefs de toute nature, leurs pièces détachées, ainsi que les accessoires, objets et matériaux caractérisés comme devant servir à l'aérostation ou à l'aviation ;
23. Automobiles de toute nature et leurs pièces détachées ;
24. Pneumatiques, caoutchouc ;
25. Huiles minérales et essences à moteur, excepté les huiles lubrifiantes ;
26. Instruments et appareils exclusivement faits pour la fabrication des munitions de guerre, pour la fabrication ou la réparation des armes ou du matériel militaire, terrestre ou naval.

Tableau II.

1. Vivres ;
2. Fourrages et matières propres à la nourriture des animaux ;
3. Vêtements, tissus d'habillement, chaussures propres à des usages militaires ;
4. Or et argent monnayés et en lingots ; papiers représentatifs de la monnaie ;
5. Véhicules de toute nature, autres que les automobiles et pouvant servir à la guerre, ainsi que les pièces détachées ;
6. Navires, bateaux et embarcations de tout genre, docks flottants, parties de bassins, ainsi que les pièces détachées ;
7. Matériel fixe ou roulant des chemins de fer, matériel des télégraphes, radiotélégraphes et téléphones ;
8. Combustibles, autres que les huiles minérales ; matières lubrifiantes ;
9. Poudres et explosifs qui ne sont pas spécialement affectés à la guerre ;
10. Soufre ;
11. Glycérine ;
12. Fers à cheval et matériel de maréchalerie ;
13. Objets de harnachement et de sellerie ;
14. Peaux de toute nature, séchées ou fraîches, peau du porc, brute ou manufacturée, cuir manufacturé ou non, propre à la confection des selles, des harnachements et des bottes à usage militaire ;
15. Jumelles, télescopes, chronomètres et divers instruments nautiques.

Fait à notre Cour, au Palais de Buckingham, le 29e jour d'octobre dans l'année de Notre-Seigneur 1914 et la 5e année de notre règne.

Dieu protège le Roi.

633

Grande-Bretagne. — ORDRE EN CONSEIL Nº 2, SUR LES MODIFICATIONS AUX DISPOSITIONS DE LA DÉCLARATION DE LONDRES, EN DATE DU 29 OCTOBRE 1914 (*London Gazette* du 29 octobre 1914).

1914, nº 1614.

A la Cour, au Palais de Buckingham, le 29 octobre 1914.

Sa Majesté le Roi présente en Conseil.

Attendu que, par un ordre en Conseil daté du 20 août 1914 (1), il a plu à Sa Majesté de

(1) V. ci-dessus, p. 315.

déclarer que, durant les hostilités actuelles, la convention connue sous le nom de déclaration de Londres devrait, sous certaines additions et modifications y spécifiées, être adoptée et être mise en vigueur par le gouvernement de Sa Majesté ;

Attendu que les dites additions et modifications étaient rendues nécessaires par les conditions spéciales de la présente guerre ;

Et attendu qu'il est désirable et possible maintenant d'ordonner de nouveau la mise en vigueur dudit ordre en Conseil avec des amendements afin de diminuer, autant que possible, les obstacles au commerce neutre innocent occasionnés par la guerre ;

Maintenant, en conséquence, il a plu à Sa Majesté, par et avec l'avis de son Conseil privé, d'ordonner, et il est ordonné par le présent ce qui suit :

I. Durant les hostilités actuelles, les dispositions de la convention connue sous le nom de déclaration de Londres seront, à l'exclusion des listes de contrebande et de non-contrebande et des modifications ci-après indiquées, adoptées et mises en vigueur par le gouvernement de Sa Majesté.

Les modifications sont les suivantes :

1) Un navire neutre, dont les papiers indiquent une destination neutre, qui, malgré la destination indiquée sur ses papiers, se rend dans un port ennemi, sera soumis à capture et à condamnation, s'il est rencontré avant d'avoir achevé son voyage suivant.

2) La destination visée à l'article 33 de la déclaration doit (outre les présomptions posées à l'article 34) être présumée exister si les marchandises sont consignées à ou pour un agent de l'État ennemi.

3) Nonobstant les dispositions de l'article 35 de la dite déclaration, la contrebande conditionnelle est sujette à capture lorsqu'elle est trouvée à bord d'un navire à destination d'un pays neutre, si les marchandises sont consignées « à ordre », ou si les papiers du navire n'indiquent pas le consignataire des marchandises, ou s'ils indiquent un consignataire des marchandises dans un pays ennemi ou occupé par l'ennemi.

4) Dans les cas visés par le précédent paragraphe 3, il appartient aux propriétaires des marchandises de prouver que la destination de celles-ci était innocente.

II. Lorsqu'il est démontré à l'un des principaux secrétaires d'État de Sa Majesté qu'un gouvernement ennemi tire d'un pays neutre ou à travers un pays neutre des approvisionnements pour ses forces armées, il peut être prescrit qu'au regard des navires à destination d'un port de ce pays neutre, l'article 35 de la dite déclaration ne sera pas applicable. Cette prescription sera publiée dans la *Gazette de Londres* et elle restera en vigueur jusqu'à ce qu'elle soit révoquée. Tant qu'elle sera en vigueur, un navire transportant de la contrebande conditionnelle à un port dudit pays neutre ne sera pas exempt de capture.

III. L'ordre en Conseil du 20 août 1914, relatif à l'adoption et à la mise en vigueur durant les présentes hostilités de la convention connue sous le nom de déclaration de Londres, avec les additions et modifications y spécifiées, est abrogé.

IV. Le présent ordre peut être cité sous ce titre : « Déclaration de Londres, ordre en Conseil n° 2, 1914 ».

Les lords Commissaires du Trésor de Sa Majesté, les lords Commissaires de l'Amirauté, et chacun des principaux secrétaires d'État de Sa Majesté, le Président de la division de la Preuve, du Divorce et de l'Amirauté à la Haute Cour de justice, tous autres juges des tribunaux de prise de Sa Majesté et tous gouverneurs, officiers et autorités qui peuvent être intéressés devront donner des instructions nécessaires en ce qui peut les concerner respectivement.

ALMERIC FITZ ROY.

634

Grande-Bretagne. — Proclamation du 5 novembre 1914 étendant a la guerre avec la Turquie les proclamations et ordres en Conseil (autres que l'ordre en Conseil du 4 août 1914, concernant les navires ennemis) relatifs a la guerre (*London Gazette* du 5 novembre 1914).

1914, n° 1628.

George R. I.

Attendu que, les actes hostiles ayant été commis par des forces ottomanes sous les ordres d'officiers allemands, un état de guerre existe maintenant entre nous et le Sultan de Turquie ;

Attendu que, le 4 août 1914, un état de guerre a commencé d'exister entre nous et l'Empereur allemand ;

Attendu qu'à cette date et à certaines autres dates postérieures nous avons publié des proclamations et ordres en Conseil se rapportant à cet état de guerre ;

Attendu que, le 1 août 1914, un état de guerre a commencé d'exister entre nous et l'Empereur d'Autriche, Roi de Hongrie ;

Attendu que certains des proclamations et ordres en Conseil susdits ont depuis été étendus autant que l'exigeait l'état de guerre entre nous et l'Empereur d'Autriche, Roi de Hongrie (1) ;

Attendu qu'il est maintenant désirable de pourvoir à l'état de guerre entre nous et le Sultan de Turquie ;

Et attendu que la convention, relative au régime des navires de commerce ennemis au début des hostilités, signée à la Haye le 18 octobre 1907, n'a pas été ratifiée par le Sultan de Turquie, et qu'en conséquence nous ne pouvons pas étendre aux navires ottomans l'ordre en Conseil publié le 4 août 1914 concernant le départ de nos ports des navires ennemis qui au début des hostilités s'y trouveraient ou qui y entreraient postérieurement (2) ;

Nous avons jugé, par et avec l'avis de notre Conseil privé, décidé de publier une proclamation royale ordonnant ce qui suit :

1. Les proclamations et ordres en Conseil publiés en ce qui concerne l'état de guerre entre nous et l'Empereur allemand ou l'état de guerre entre nous, l'Empereur allemand et l'Empereur d'Autriche, Roi de Hongrie, autres que l'ordre en Conseil publié le 4 août 1914 sur le départ de nos ports des navires ennemis qui au début des hostilités se trouveraient dans ces ports ou y entreraient postérieurement, devront, s'ils sont restés en vigueur, être appliqués à l'état de guerre entre nous et le Sultan de Turquie à partir du 5 novembre 1914.

2. La proclamation publiée le 5 août 1914 (3) défendant à tous les sujets et à toutes les personnes résidant ou se trouvant dans nos possessions de contribuer ou participer ou d'aider à la réalisation d'un emprunt lancé en faveur du gouvernement allemand, de lui avancer de l'argent, de participer à tous contrats ou transactions quelconques avec ledit gouvernement ou de l'aider, favoriser ou assister autrement, sera considérée à partir du 5 novembre 1914 comme applicable à tous emprunts lancés en faveur du gouvernement ottoman ou aux contrats et transactions faits par lui ainsi qu'aux actes aidant, favorisant ou assistant ledit gouvernement.

3. Les mots « pays ennemi », se trouvant dans les proclamations ou ordres en Conseil

(1) V. les textes rapportés précédemment.
(2 et 3) V. ci-dessus, p. 303 et 309.

dont il est parlé à l'article 1er de la présente proclamation, doivent comprendre les possessions de Sa Majesté impériale le Sultan de Turquie autres que l'Egypte, Chypre, et tout territoire occupé par nous ou nos alliés.

Fait en notre Cour, au Palais de Buckingham, le 5e jour de novembre dans l'année de Notre-Seigneur 1914 et dans la 5e année de notre règne.

Dieu protège le Roi.

635

Grande-Bretagne. — Ordre en Conseil portant annexion de Chypre, en date du 5 novembre 1914 (*London Gazette* du 5 novembre 1914).

1914, n° 1629.

A la Cour, au Palais de Buckingham, le 5 novembre 1914.

Sa Majesté le Roi présente en Conseil.

Attendu qu'en vertu de la convention d'alliance défensive entre Sa Majesté la Reine Victoria et Sa Majesté impériale le Sultan, signée le 4 juin 1878, de l'annexe à cette convention signée le 1er juillet 1878 et de l'arrangement signé au nom de Sa Majesté et de Sa Majesté impériale le Sultan le 14 août 1878, Sa Majesté impériale le Sultan a décidé que l'île de Chypre serait occupée et administrée par l'Angleterre dans les termes et conditions spécifiés dans les dits convention, annexe et arrangement;

Attendu que, par suite de la déclaration de guerre entre Sa Majesté et Sa Majesté le Sultan, les dits convention, annexe et arrangement ont été annulés et ne peuvent avoir plus longtemps force ou effet;

Et attendu que pour ces raisons il a paru convenable à Sa Majesté que la dite île soit annexée et devienne une partie des possessions de Sa Majesté, afin que des stipulations puissent être prises pour le gouvernement et la protection de cette île;

Il a plu en conséquence à Sa Majesté, par et avec l'avis de son Conseil privé, d'ordonner ce qui suit :

1. A partir de la date ci-dessus indiquée, l'île de Chypre sera annexée et formera une partie des possessions de Sa Majesté; elle est en conséquence annexée.

2. Rien dans le présent ordre ne doit affecter la validité des Instructions publiées par Sa Majesté sous la signature royale et avec le sceau du Haut-Commissaire et du commandant en chef de Chypre, de tous ordres en Conseil concernant Chypre, de toute loi ou proclamation faite ou publiée, en vertu de ces instructions ou ordres, ou de tout acte ou écrit fait d'après ces instructions, ordres, lois ou proclamations, à moins que quelque disposition d'un ordre en Conseil, d'une loi ou d'une proclamation ne soit contraire aux dispositions d'un Act du Parlement qui, à raison de l'annexion ici décrétée, deviendraient applicables à Chypre ou à un ordre ou à un règlement fait en exécution de cet Act et ayant par celui-ci force et effet à Chypre.

3. Sa Majesté pourra de temps en temps révoquer, modifier, amender le présent ordre ou y ajouter.

4. Le présent ordre sera cité ainsi : Chypre (Annexion) ordre en Conseil, 1914.

Le très honorable Lewis Harcourt, un des principaux secrétaires d'État de Sa Majesté, donnera en conséquence les instructions nécessaires.

Almeric Fitz Roy.

636

Grande-Bretagne. — Ordre en Conseil sur les restrictions à la situation des étrangers (réfugiés belges), en date du 28 novembre 1914 (*London Gazette* du 1er décembre 1914).

1914, n° 1700.

A la Cour, au Palais de Buckingham, le 28 novembre 1914.

Sa Majesté le Roi présente en Conseil.

Attendu que, par l'ordre en Conseil sur les restrictions à la situation des étrangers (consolidation) de 1914 (1) (auquel on se réfère désormais comme étant l'ordre principal), il a plu à Sa Majesté d'imposer des restrictions aux étrangers et de faire certaines dispositions pour mener à effet ces restrictions ;

Attendu que le gouvernement belge a représenté au gouvernement de Sa Majesté qu'il était désirable que des dispositions fussent rendues pour la surveillance et l'enregistrement des Belges réfugiés dans le Royaume-Uni et pour la réunion des renseignements à leur égard ;

Et attendu que, pour donner effet à cette représentation, il est désirable d'étendre l'ordre en Conseil principal d'une manière désormais apparente ;

Il a plu en conséquence à Sa Majesté, par et avec l'avis de son Conseil privé, d'ordonner, et il a été ordonné ce qui suit :

1. L'officier général de l'état civil (*Registrar general*) devra tenir un registre central de tous les réfugiés belges dans le Royaume-Uni et devra y porter toutes les indications y relatives qui, conformément à cet ordre, lui sont fournies comme officier d'enregistrement du district de la police métropolitaine ou auront été fournies à d'autres officiers d'enregistrement qui les lui auront communiquées.

2. 1) Un réfugié belge, partout où il résidera, se soumettra aux exigences suivantes relativement à l'enregistrement :

a) Il devra, aussitôt qu'il le peut, donner à l'officier d'enregistrement du district d'enregistrement où il réside les indications sur les points suivants : nom, adresse actuelle, précédente adresse en Belgique, nationalité et lieu de naissance, commerce ou profession, sexe, âge, est-il marié ou non, s'il est accompagné par des membres de sa famille, leurs noms, âges et leurs degrés de parenté, a-t-il servi dans l'armée belge, et tous autres points que l'officier d'enregistrement jugera raisonnable d'exiger. *b*) Il devra, s'il est sur le point de changer de résidence, fournir à l'officier d'enregistrement du district d'enregistrement où il est actuellement résident les indications sur la date à laquelle il doit changer de résidence et sur le lieu où il a l'intention de transporter sa résidence ; lorsqu'il effectuera un changement de résidence d'un district d'enregistrement dans un autre, il devra encore dès son arrivée dans le nouveau district en prévenir immédiatement l'officier d'enregistrement de ce district.

2) Dans le cas où un réfugié belge loge ou vit comme membre de la famille d'une autre personne, il est du devoir de cette personne de faire le nécessaire pour assurer l'accomplissement des prescriptions du présent ordre relatives aux réfugiés.

3) Si un réfugié belge a fourni les indications exigées par le présent ordre ou (avant la mise en vigueur de celui-ci) par l'article 19 de l'ordre principal, ou si avant la mise en vigueur du présent ordre il a été enregistré par l'officier général de l'état civil, il ne sera pas nécessaire pour lui de fournir de nouveau les indications en exécution du présent ordre, pourvu qu'il se soit conformé ou se conforme aux prescriptions du paragraphe *b* de la sous-section 1 du présent article.

(1) V. ci-dessus, p. 318.

3. L'officier d'enregistrement pour l'enregistrement des Belges réfugiés dans le distric de la police métropolitaine et dans la ville de Londres sera l'officier général de l'état civil, et ailleurs il sera le même que celui indiqué dans l'ordre principal, c'est-à-dire l'officier ou chef de la police.

Il est entendu que le secrétaire d'État, ou en Ecosse le secrétaire pour l'Ecosse, peut, dans des circonstances spéciales, substituer quelque autre personne ou quelque corps de personnes à l'officier ou chef de la police comme officier d'enregistrement des Belges réfugiés dans une région d'enregistrement.

4. Un Belge réfugié ne doit pas, après la mise en vigueur du présent ordre, venir résider temporairement ou d'une manière permanente dans une région prohibée jusqu'à ce qu'un permis ait été publié par l'officier d'enregistrement du district, conformément aux instructions générales ou spéciales du secrétaire d'État.

5. Pour l'application du présent ordre, l'expression « Belge réfugié » doit s'entendre d'une personne qui, étant soit un sujet belge, soit un étranger résidant récemment en Belgique, est arrivée dans le Royaume-Uni depuis le commencement de la guerre.

L'expression « officier général de l'état civil » doit s'entendre de l'officier général de l'état civil pour les naissances, décès et mariages en Angleterre.

6. 1) Le présent ordre doit être cité ainsi : « Ordre sur les restrictions à la situation des étrangers (Belges réfugiés), 1914 ».

2) Le présent ordre doit avoir effet malgré ce qui est indiqué dans la partie II de l'ordre principal ; cet ordre aura effet en conséquence.

3) Le présent ordre commencera à entrer en vigueur le 7 décembre 1914.

ALMERIC FITZ ROY.

637

Grande-Bretagne. — MEMORANDUM DE SIR EDWARD GREY A L'AMBASSADEUR DES ÉTATS UNIS D'AMÉRIQUE A LONDRES SUR LE TRAITEMENT DES INTERNÉS CIVILS ET DES PRISONNIERS DE GUERRE EN ANGLETERRE, EN DATE DU 14 DÉCEMBRE 1914.

I. *Logement.* — Quelques-uns sont logés à bord de navires, quelques-uns dans des casernes, d'autres dans de grandes constructions qui ont été faites à cette fin, d'autres enfin dans des cabanes qui ont été construites.

Il a été donné aux civils internés le moyen d'être mieux logés et nourris à leurs propres frais. Ceux qui n'en usent pas sont divisés en classes sociales dans différents endroits d'internement. Ils ont tous le même logement et la même nourriture, mais peuvent fréquenter ceux de leur propre classe.

II. *Rations.* — Les rations données sont les mêmes que pour les prisonniers allemands des armées de terre et de mer et sont données gratuitement.

Elles consistent en : Pain, 1 livre 8 onces, ou biscuit, 1 livre ;
Viande fraiche ou congelée, 8 onces, ou pressée, 4 onces ;
Thé, 1/2 once, ou café, 1 once ;
Sel, 1/2 once ;
Sucre, 2 onces ;
Lait condensé, 1/20 *tin* (1 livre) ;
Légumes frais, 8 onces ;
Poivre, 1/72 once ;
2 onces de fromage, offerts comme alternative avec 1 once de beurre et de margarine ;
2 onces de pois, haricots, lentilles ou riz.

III. — Des cantines sont établies pour l'achat du tabac, de petits extra et d'autres objets dont les prisonniers peuvent avoir besoin.

IV. *Conditions sanitaires.* — Les arrangements sanitaires diffèrent nécessairement dans chaque camp. Ils sont sous le contrôle de l'officier médical en fonction, qui est en fréquent contact avec le médecin de la localité. Deux officiers experts en questions sanitaires visitent constamment les différents camps en vue d'en rendre les conditions aussi voisines de la perfection que possible. Le succès de ces efforts est montré à l'évidence par le fait que le nombre des morts provenant de causes naturelles jusqu'au commencement de décembre dans tous les endroits d'internement, s'est élevé à cinq, savoir un cas de maladie de cœur valvulaire, deux cas d'anévrisme de l'aorte, un cas d'hydropisie et un cas de fièvre typhoïde contractée avant l'arrivée au camp.

Un officier médical résident fait partie de l'État-major de chaque lieu d'internement, et dans chacun de ces lieux il y a un hôpital où les petits cas de maladie peuvent être traités. Les malades plus sérieux sont transportés dans les hôpitaux locaux et dans quelques cas à l'hôpital allemand de Londres. Les prisonniers de guerre, soldats et marins, qui désirent être traités à l'hôpital sont admis dans les hôpitaux militaires et sont traités exactement de la même façon que les soldats et marins anglais. Les officiers sont dans des locaux spéciaux.

V. *Occupation.* — Tout le possible est fait pour fournir aux prisonniers des récréations mentales et corporelles, et dans chaque lieu d'internement on forme un Comité parmi les prisonniers (militaires ou civils) pour organiser des amusements et pour donner des idées pour occuper les prisonniers d'une façon intellectuelle ou athlétique. Les autorités militaires sont aidées en ceci par des personnes ou des sociétés philanthropiques. Dans certains cas, des prisonniers militaires ou civils ont été employés à faire des routes, bâtir des cabanes pour eux-mêmes, niveler et nettoyer le terrain. Les civils ne sont employés à ce travail que s'ils se présentent volontairement ; mais ceux qui le font volontairement sont payés au même taux que les soldats, c'est-à-dire qu'on leur donne ce qui est payé à nos propres soldats dans ce pays pour le travail similaire.

Tous les prisonniers font leur propre cuisine et généralement veillent à la propreté et au bon ordre du camp. Des livres sont fournis dans chaque lieu d'internement.

VI. *Vêtements.* — Une ample provision de vêtements de première qualité comprenant : pardessus, bottines, chemises, vêtements de dessous, aussi bien qu'essuie-mains, savon, etc., est en réserve dans chaque camp, et l'on en fournit gratuitement à ceux qui peuvent en avoir besoin. On a signalé plusieurs cas dans lesquels des étrangers ont employé comme enjeux les vêtements qui leur avaient été donnés, et ont par suite souffert du froid jusqu'à ce qu'on leur en ait fourni une seconde fois.

VII. *Monnaie.* — Toute monnaie trouvée sur un prisonnier lors de l'internement est, au-dessus d'une petite somme (par exemple 1 livre), prise en charge par le commandant du camp et l'on donne un reçu au prisonnier qui peut en retirer des mains du comman dant les sommes qu'il veut, et quand il le désire, suivant ce que le commandant juge raisonnable. De même, la monnaie envoyée au prisonnier, si c'est une grosse somme, est prise en charge par le commandant dans les mêmes conditions que l'argent pris sur lui lors de l'internement. Pour toute somme payée ou reçue, de part et d'autre, on donne toujours un reçu. Sous ces réserves, la somme que le prisonnier peut recevoir est illimitée.

VIII. — Les dons, venant de pays neutres ou d'autres sources, sont permis et soumis seulement à l'inspection par les autorités du camp avant la remise au destinataire.

IX. *Correspondance.* — On permet à tout prisonnier interné d'écrire deux lettres par semaine, consistant, chacune, en deux pages de papier à lettre, réglé. Il n'est pas permis d'écrire entre les lignes. Ces lettres sont expédiées deux fois par semaine après avoir été soumises à la censure. Dans des cas particuliers, quand un homme peut en démontrer la nécessité, le nombre et la longueur de ses lettres sont illimités. Il n'y a pas de limitations pour le nombre des lettres qu'un homme peut recevoir.

Les lettres envoyées par les prisonniers ou reçues par eux peuvent être écrites en allemand ou en anglais. Mais quand elles sont écrites en allemand, le délai pour la censure est plus grand.

X. *Lavage*. — Des dispositions sont prises dans chaque camp pour le lavage des vêtements, qui est fait individuellement par chaque intéressé, et pour celui des personnes. Dans la plupart des cas il y a des douches chaudes, et il faut espérer qu'elles seront bientôt établies partout.

638

Grande-Bretagne. — Proclamation du 23 décembre 1914 portant révision de la liste de contrebande de guerre (*London Gazette* du 23 décembre 1914).

1914, n° 1775.

George R. I.

Attendu que, le 4 août 1914 (1), nous avons rendu notre proclamation royale spécifiant les articles que nous avions l'intention de traiter comme contrebande de guerre durant la guerre entre nous et l'Empereur d'Allemagne ;

Attendu que, le 12 août 1914, nous avons par notre proclamation royale de cette date (2) étendu notre proclamation ci-dessus mentionnée à la guerre entre nous et l'Empereur d'Autriche, Roi de Hongrie ;

Attendu que, le 21 septembre 1914, nous avons par notre proclamation royale de cette date (3) fait certaines additions à la liste des articles qui doivent être traités comme contrebande de guerre ;

Attendu que, le 29 octobre 1914, nous avons par notre proclamation royale de cette date (4) supprimé ladite liste de contrebande et lui avons substitué les listes contenues dans les tableaux de ladite proclamation ;

Et attendu qu'il est utile de faire certaines modifications et additions aux dites listes ;

En conséquence, nous déclarons par la présente, par et avec l'avis de notre Conseil privé, que les listes de contrebande indiquées dans les tableaux de notre proclamation royale du 29 octobre ci-dessus mentionnée sont abrogées, et qu'à leur place, durant la continuation de la guerre et jusqu'à ce que nous rendions une notice publique ultérieure, les articles énumérés ici dans le tableau I devront être traités comme contrebande absolue et les articles énumérés ici dans le tableau II comme contrebande conditionnelle.

Tableau I.

1. Armes de toute nature, y compris les armes de chasse et de sport ainsi que leurs pièces détachées caractérisées ;
2. Projectiles, gargousses et cartouches de toute nature et leurs pièces détachées caractérisées ;
3. Poudres et explosifs spécialement affectés à la guerre ;
4. Matières premières des explosifs, savoir : acide nitrique, acide sulfurique, glycérine, acétone, acétate de calcium et tous autres acétates métalliques, soufre, nitrate de potassium, produits de la distillation du goudron compris entre le benzol et le crésol inclusivement, aniline, méthylaniline, perchlorate d'ammonium, perchlorate de sodium, chlorate de sodium, chlorate de barium, nitrate d'ammonium, cyanamide, chlorate de potassium, nitrate de calcium, mercure ;
5. Produits résineux, camphre et térébenthine (huile et essence) ;
6. Affûts, caissons, avant-trains, fourgons, forges de campagne et leurs pièces détachées caractérisées ;
7. Télémètres et leurs pièces détachées caractérisées ;

(1 à 4) V. ci-dessus, p. 306, 312, 328 et 334.

8. Effets d'habillement et d'équipement militaires caractérisés de toute nature ;
9. Animaux de selle, de trait et de bât utilisables pour la guerre ;
10. Harnachements militaires de toute nature caractérisés ;
11. Matériel de campement et les pièces détachées caractérisées ;
12. Plaques de blindage ;
13. Alliages de fer, y compris le ferro-tungstène, le ferro-molybdenum, le ferro-manganèse, le ferro-vanadium, le ferro-chrome ;
14. Métaux suivants : tungstène, molybdenum, vanadium, nickel, selenium, cobalt, gueuses de fer hématite, manganèse ;
15. Minerais suivants : wolframite, schéelite, molybdenite, minerai de manganèse, de nickel, de fer hématite, de zinc, de plomb, bauxite ;
16. Aluminium, alumine et sels d'alumine ;
17. Antimoine, ainsi que les sulfites et oxydes d'antimoine ;
18. Cuivre non travaillé ou partiellement travaillé, et fils de cuivre ;
19. Plomb en lingots, en feuilles ou en tuyaux ;
20. Fils de fer barbelés et instruments employés à les fixer et à les couper ;
21. Bâtiments de guerre, y compris les embarcations et les pièces détachées spécialement caractérisées comme ne pouvant être utilisées que sur un bâtiment de guerre ;
22. Appareils de signaux phoniques sous-marins ;
23. Aéroplanes, aérostats, ballons et aéronefs de toute nature, leurs pièces détachées, ainsi que les accessoires, objets et matériaux caractérisés comme devant servir à l'aérostation ou à l'aviation ;
24. Automobiles de toute nature et leurs pièces détachées ;
25. Pneumatiques et bandages pour automobiles et pour bicyclettes, ainsi que les articles ou matériaux spécialement propres à être employés pour leur fabrication ou leur réparation ;
26. Caoutchouc (y compris le caoutchouc brut, usagé et récupéré), ainsi que les objets entièrement composés de caoutchouc ;
27. Pyrites de fer ;
28. Huiles minérales et essences à moteur, excepté les huiles lubrifiantes ;
29. Instruments et appareils exclusivement faits pour la fabrication des munitions de guerre, pour la fabrication ou la réparation des armes ou du matériel militaire terrestre ou naval.

Tableau II.

1. Vivres ;
2. Fourrages et matières propres à la nourriture des animaux ;
3. Vêtements, tissus d'habillement, chaussures propres à des usages militaires ;
4. Or et argent monnayés et en lingots ; papiers représentatifs de la monnaie ;
5. Véhicules de toute nature, autres que les automobiles, et pouvant servir à la guerre, ainsi que les pièces détachées ;
6. Navires, bateaux et embarcations de tout genre, docks flottants, parties de bassins ainsi que les pièces détachées ;
7. Matériel fixe ou roulant des chemins de fer, matériel des télégraphes, radiotélégraphes et téléphones ;
8. Combustibles autres que les huiles minérales, matières lubrifiantes ;
9. Poudres et explosifs qui ne sont pas spécialement affectés à la guerre ;
10. Fers à cheval et matériel de maréchalerie ;
11. Objets de harnachement et de sellerie ;
12. Peaux de toute nature, séchées ou fraîches ; peaux de porc brutes ou manufacturées ; cuir manufacturé ou non propre à la confection des selles, des harnachements ou des bottes à usage militaire ;
13. Jumelles, télescopes, chronomètres et les divers instruments nautiques.

Fait à notre Cour, au Palais de Buckingham, le 23e jour de décembre dans l'année de Notre Seigneur 1914 et la 5e année de notre règne.

Dieu protège le Roi.

639

Grande-Bretagne. — Proclamation étendant la proclamation n° 2 relative au commerce avec l'ennemi et la proclamation du 8 octobre 1914 amendant celle-ci en date du 7 janvier 1915 (*London Gazette* du 7 janvier 1915) (1).

1915, n° 3.

George R. I.

Attendu que, par notre proclamation du 9 septembre 1914, appelée Proclamation n° 2 relative au commerce avec l'ennemi (2), certaines prohibitions qui y sont spécialement indiquées ont été imposées à toutes les personnes y mentionnées ;

Attendu que, par notre proclamation du 8 octobre 1914 (3), la proclamation n° 2 sur le commerce avec l'ennemi a été amendée ;

Attendu que, par notre proclamation du 5 novembre 1914 (4), il a été déclaré que les proclamations précédentes, entre autres, devraient être appliquées à l'état de guerre existant entre nous et le Sultan de Turquie ;

Et attendu qu'il est désirable d'étendre la portée des prohibitions contenues dans les proclamations précédentes de la manière ici indiquée ;

Nous avons en conséquence, par et avec l'avis de notre Conseil privé, publié cette proclamation royale déclarant ce qui suit :

1. Malgré ce qui est dit dans le paragraphe 6 de la proclamation n° 2 sur le commerce avec l'ennemi, les transactions faites par la suite par des personnes, firmes ou Compagnies résidentes, faisant des affaires ou se trouvant dans le Royaume-Uni : *a*) au sujet d'affaires de banques avec une succursale d'une personne, d'une firme ou d'une Compagnie ennemie, établie en dehors du Royaume-Uni, ou *b*) au sujet de tout genre d'affaires avec une succursale d'une banque ennemie, établie en dehors du Royaume-Uni, doivent être considérées comme des transactions avec un ennemi.

Mais une acceptation de payement ou autre façon d'agir avec un instrument négociable qui a été créé avant la date de la présente proclamation ne doit pas, si sa légalité existe sous d'autres rapports, être regardée comme une transaction au sens de ce paragraphe.

2. Le pouvoir d'accorder des licences en notre nom, accordé par le paragraphe 3 de la proclamation n° 2 sur le commerce avec l'ennemi au secrétaire d'État ou au Bureau du commerce (*Board of Trade*), peut aussi être exercé par les lords Commissaires de notre Trésor.

3. Si le gouverneur en Conseil de quelque possession britannique voulait rendre une proclamation étendant les dispositions de la présente proclamation aux transactions faites par des personnes, firmes ou Compagnies résidentes, faisant des affaires ou étant dans ladite possession, une pareille proclamation devrait avoir effet comme si elle était une partie de la présente proclamation.

4. La présente proclamation doit être censée faire corps avec la proclamation n° 2 sur le commerce avec l'ennemi et avec notre proclamation du 8 octobre amendant celle-ci.

Fait à notre Cour, au Palais de Buckingham, le 7e jour de janvier dans l'année de Notre Seigneur 1915, et dans la 5e année de notre règne.

Dieu protège le Roi.

(1) En vertu d'une proclamation du gouverneur général de l'Union de l'Afrique du Sud du 19 mai 1915 (*Gazette du gouvernement* du 28 mai 1915), les dispositions de la clause 1 de la proclamation royale du 7 janvier 1915 doivent, avec certaines modifications, être appliquées à l'Union.
(2) V. ci-dessus, p. 326.
(3) V. ci-dessus, p. 330.
(4) V. ci-dessus, p. 337.

640

Grande-Bretagne. — Proclamation du 16 février 1915 sur le commerce avec l'ennemi en territoire occupé (*London Gazette* du 16 février 1915).

1915, n° 140.

George R. I.

Attendu que, comme résultat de la présente guerre, un certain territoire formant une partie du territoire d'un pays ennemi ou du territoire d'un État neutre (il est fait allusion à ce cas dans la présente proclamation par l'appellation de « territoire occupé d'une manière amicale ») est ou peut être soumis à une occupation militaire effective de nous-mêmes ou de nos alliés, et qu'un certain territoire formant une partie de notre territoire, de celui d'un allié ou de celui d'un État neutre est ou peut être soumis à une occupation militaire effective d'un ennemi (dans cette proclamation, il est fait allusion à ce cas par l'expression de « territoire occupé d'une manière hostile ») ;

Et attendu qu'il convient, dans notre intérêt et dans celui de nos alliés, que les proclamations relatives au commerce avec l'ennemi soient appliquées au territoire occupé d'une manière amicale comme elles le sont à notre propre territoire et à celui de nos alliés, et qu'elles soient appliquées au territoire occupé d'une manière hostile comme elles le sont à un pays ennemi ;

Nous avons, en conséquence, par et avec l'avis de notre Conseil privé, publié cette proclamation royale déclarant ce qui suit :

1. Les proclamations qui se trouvent en vigueur en ce qui concerne le commerce avec l'ennemi s'appliqueront au territoire occupé d'une manière amicale comme elles s'appliquent à notre propre territoire ou à celui de nos alliés, et au territoire occupé d'une manière hostile comme elles s'appliquent à un pays ennemi.

2. Toutes références faites, dans une proclamation quelconque, au commencement de la guerre doivent s'entendre, à l'égard du territoire occupé d'une manière amicale ou d'une manière hostile, du temps où le territoire a commencé à être occupé d'une manière amicale ou d'une manière hostile.

3. Le certificat qu'un territoire est occupé d'une manière amicale ou hostile au sens de la présente proclamation ou qu'un territoire a commencé à être occupé amicalement ou hostilement ou a cessé de l'être, certificat délivré par une personne autorisée à cette fin par un secrétaire d'État, doit, pour l'objet de ladite proclamation, être définitif et concluant.

4. Rien dans la présente proclamation ne doit être regardé comme prohibant quelque chose pouvant être expressément permise par notre licence ou par une licence donnée en notre nom par un secrétaire d'État, par le Bureau du commerce (*Board of Trade*) ou par les lords Commissaires de notre Trésor, que ces licences soient spécialement délivrées à des individus ou applicables à des catégories de personnes, ou comme prohibant quelque arrangement spécial pouvant être fait par une telle licence ou autrement avec notre autorisation pour un traitement spécial d'un territoire occupé ou de personnes dans un tel territoire occupé soumis à un pareil traitement spécial.

5. La présente proclamation sera appelée : « Proclamation 1915 sur le commerce avec l'ennemi (territoire occupé) ».

Fait à notre Cour, au Palais de Buckingham, le 16e jour de février dans l'année de Notre-Seigneur 1915, et dans la 5e année de notre règne.

Dieu protège le Roi.

641

Grande-Bretagne. — Proclamation ajoutant certains articles a la liste des articles de contrebande de guerre, en date du 11 mars 1915 (*London Gazette* du 12 mars 1915).

1915, n° 205.

George R. I.

Attendu que, le 23 décembre 1914 (1), nous avons rendu notre proclamation royale spécifiant les articles que nous avions l'intention de considérer comme contrebande de guerre pendant la continuation des hostilités ou jusqu'à la publication d'une notification ultérieure ;

Et attendu qu'il est utile de faire certaines additions aux listes indiquées dans ladite proclamation ;

En conséquence, nous déclarons par la présente, par et avec l'avis de notre Conseil privé, que, pendant la continuation de la guerre ou jusqu'à ce qu'une autre notification ait été publiée, les articles suivants devront être traités comme contrebande absolue en addition de ceux mentionnés dans notre proclamation royale ci-dessus indiquée :

Laine brute, laines peignées ou cardées, fils de laine peignés ou cardés, déchets de laine.

Etain, chlorure d'étain et minerai d'étain.

Huile de ricin.

Cire de paraffine.

Cuivre iodique.

Matières lubrifiantes.

Peaux de bétail, de buffles et de chevaux ; peaux de veaux, de porcs, de moutons, de chèvres et de daims ; cuir, manufacturé ou non, propre à la confection des selles, des harnachements, des chaussures ou des vêtements militaires.

Ammoniaque et ses sels, simples ou composés ; ammoniaque liquide ; urée, aniline, et leurs composés.

Nous déclarons, d'autre part, que les articles suivants devront être traités comme contrebande conditionnelle en addition de ceux indiqués dans notre proclamation royale précitée :

Matières tannantes de toutes sortes (y compris les extraits servant au tannage).

Il est spécifié en outre que sous les termes de « vivres » et de « fourrages et matières propres à la nourriture des animaux », qui figurent sur la liste de contrebande conditionnelle indiquée dans notre proclamation royale sus-mentionnée, doivent être compris les graines, noix et amandes oléagineuses, les huiles et graisses animales et végétales (autres que l'huile de lin) pouvant servir à la fabrication de la margarine, ainsi que les tourteaux et farines de graines, noix et amandes oléagineuses.

Fait à notre Cour, au Palais de Buckingham, le 11e jour de mars dans l'année de Notre-Seigneur 1915 et la 5e de notre règne.

Dieu protège le Roi.

(1) V. ci-dessus, p. 342.

642

Grande-Bretagne. — Ordre en Conseil édictant, a titre de représailles, des restrictions nouvelles au commerce de l'Allemagne, en date du 11 mars 1915 (*London Gazette* du 15 mars 1915, deuxième supplément de la *Gazette* du 12 mars).

1915, n° 206.

A la Cour, au Palais de Buckingham, le 11 mars 1915.

Sa Majesté le Roi présente en Conseil.

Attendu que le gouvernement allemand a publié certaines ordonnances qui, en violation des usages de la guerre, tendent à déclarer les eaux entourant le Royaume-Uni zone militaire, dans laquelle tous les navires marchands britanniques et alliés seraient détruits sans égard pour la vie des passagers et des équipages, et dans laquelle la navigation neutre serait exposée au même danger en raison des incertitudes de la guerre navale (1) ;

Attendu que, dans un Memorandum accompagnant desdites ordonnances, les neutres sont avertis de ne pas embarquer des équipages, des passagers ou des marchandises sur des navires britanniques ou alliés (2) ;

Attendu que de semblables prétentions de la part de l'ennemi donnent à Sa Majesté un incontestable droit de représailles ;

Attendu que Sa Majesté a dès lors décidé d'adopter de nouvelles mesures dans le but de faire obstacle à tout commerce à destination ou en provenance de l'Allemagne, sans que toutefois l'application de telles mesures doive comporter des risques pour les navires neutres ou pour la vie des personnes neutres ou non combattantes, et être contraire à la stricte observation des lois de l'humanité ;

Et, attendu que les alliés de Sa Majesté se sont associés à elle dans la détermination de proclamer des restrictions nouvelles au commerce de l'Allemagne ;

Il a plu en conséquence à Sa Majesté, par et avec l'avis de son Conseil privé, d'ordonner, et il est par le présent ordonné ce qui suit :

I. Aucun navire marchand ayant quitté son port de départ après le 1er mars 1915 ne sera admis à poursuivre son voyage vers un port allemand.

A moins que le navire ait reçu un laissez-passer lui permettant de se rendre à quelque port neutre ou allié, qui sera indiqué dans le laissez-passer, les marchandises à bord du navire devront être déchargées dans un port britannique et placées sous la garde du Commissaire (*Marshal*) de la Cour des prises. Les marchandises ainsi déchargées, qui ne sont pas de la contrebande de guerre, seront, si elles n'ont pas été réquisitionnées pour l'usage de Sa Majesté, restituées par ordre de la Cour, dans les délais que les circonstances feront considérer comme justes à la Cour, à la personne qualifiée à cette fin.

II. Aucun navire marchand ayant quitté un port allemand après le 1er mars 1915 ne sera admis à poursuivre son voyage avec des marchandises à son bord qui auraient été prises dans ce port.

Toutes les marchandises prises dans un tel port devront être déchargées dans un port britannique ou allié. Les marchandises ainsi déchargées dans un port britannique seront placées sous la garde du Commissaire (*Marshal*) de la Cour des prises, et, si elles n'ont pas été réquisitionnées pour l'usage de Sa Majesté, elles seront détenues ou vendues sur l'ordre de la Cour des prises. Le produit des marchandises vendues sera versé à la Cour, et on agira avec lui de la manière que la Cour jugera juste d'après les circonstances.

(1) V. ci-dessus, p. 20.
(2) V. ci-dessus, p. 21.

Toutefois, aucun produit de la vente de telles marchandise ne devra être payé par la Cour jusqu'à la conclusion de la paix, sauf sur la demande de l'officier particulier de la Couronne, à moins qu'il ne soit établi que les marchandises soient devenues propriété neutre avant la publication du présent ordre.

Rien, dans les présentes dispositions, ne doit empêcher la libération de la propriété neutre chargée dans un port ennemi sur la demande de l'officier particulier de la Couronne.

III. Tout navire marchand qui a quitté son port de départ après le 1er mars 1915, en route pour un port autre qu'un port allemand, chargé de marchandises ayant une destination ennemie, ou qui sont propriété ennemie, peut être requis de décharger de telles marchandises dans un port britannique ou allié. Les marchandises ainsi déchargées dans un port britannique seront placées sous la garde du Commissaire (*Marshal*) de la Cour des prises, et, à moins qu'elles ne soient de la contrebande de guerre, elles seront, si elles n'ont pas été réquisitionnées pour l'usage de Sa Majesté, restituées par ordre de la Cour, dans les délais que celle-ci jugera justes d'après les circonstances, à la personne qualifiée à cette fin.

Toutefois le présent article ne doit pas être appliqué dans les cas tombant sous l'application des articles II ou IV du présent ordre.

IV. Tout navire marchand qui a quitté un port autre qu'un port allemand après le 1er mars 1915, ayant à bord des marchandises qui sont d'origine ennemie ou propriété ennemie, peut être requis de décharger de telles marchandises dans un port britannique ou allié. Les marchandises ainsi déchargées dans un port britannique seront placées sous la garde du Commissaire (*Marshal*) de la Cour des prises, et, si elles n'ont pas été réquisitionnées pour l'usage de Sa Majesté, elles seront détenues ou vendues sur l'ordre de la Cour des prises. Le produit des marchandises vendues sera versé à la Cour, et on agira avec lui de la manière que la Cour jugera juste d'après les circonstances.

Toutefois, aucun produit de la vente de telles marchandises ne devra être payé par la Cour jusqu'à la conclusion de la paix, sauf sur la demande de l'officier particulier de la Couronne, à moins qu'il ne soit établi que les marchandises soient devenues propriété neutre avant la publication du présent ordre.

Rien, dans les présentes dispositions, ne doit empêcher la libération de la propriété neutre d'origine ennemie sur la demande de l'officier particulier de la Couronne.

V. 1) Toute personne se prétendant intéressée ou ayant quelque prétention au sujet de toutes marchandises (n'étant pas contrebande de guerre), placées sous la garde du Commissaire (*Marshal*) de la Cour des prises d'après le présent ordre, ou au sujet du produit de semblables marchandises, peut immédiatement envoyer une assignation à la Cour des prises contre l'officier particulier de la Couronne, et demander qu'il soit ordonné que les marchandises lui soient restituées ou que leur produit lui soit payé, ou que soit prise toute autre mesure commandée par les circonstances ;

2) Les usages et la procédure de la Cour des prises devront, autant qu'ils seront applicables, être suivis *mutatis mutandis* dans toute poursuite relative au présent ordre.

VI. Un navire marchand qui justifie avoir quitté un port britannique ou allié à destination d'un port neutre, ou à qui il a été permis de passer parce que sa destination ostensible était un port neutre, et qui se rend dans un port ennemi, sera, s'il est capturé dans un subséquent voyage, passible de condamnation.

VII. Rien dans le présent ordre ne doit être regardé comme empêchant la capture ou la condamnation d'un navire ou de marchandises en dehors des dispositions dudit ordre.

VIII. Rien dans le présent ordre ne doit empêcher le relâchement de ses dispositions au regard des navires marchands d'un pays quelconque qui déclare qu'aucun commerce à destination ou en provenance de l'Allemagne ou concernant des sujets allemand ne jouira de la protection de son pavillon.

ALMERIC FITZ ROY.

643

Grande-Bretagne. — PROCLAMATION DU 27 MAI 1915 FAISANT DES ADDITIONS A LA LISTE DES OBJETS QUI DOIVENT ÊTRE TRAITÉS COMME CONTREBANDE DE GUERRE (*London Gazette* du 27 mai 1915).

1915, nº 507.

George R. I.

Attendu que, le 23 décembre 1914 (1), nous avons rendu notre proclamation royale spécifiant les articles que nous avions l'intention de considérer comme contrebande durant la continuation des hostilités ou jusqu'à la publication d'une notification ultérieure ;

Attendu que, le 11 mars 1915 (2), nous avons, par notre proclamation royale de cette date, fait certaines additions à la liste des articles devant être traités comme contrebande de guerre ;

Et attendu qu'il est utile de faire des additions et d'apporter des amendements à la dite liste ;

En conséquence, nous déclarons par la présente, par et avec l'avis de notre Conseil privé, que durant la continuation de la guerre ou jusqu'à ce que nous fassions une notification publique ultérieure, les articles suivants devront être traités comme contrebande absolue en addition de ceux qui ont été mentionnés dans nos proclamations royales ci-dessus indiquées :

Toluol et mélanges de toluol, dérivés du goudron, du pétrole ou de toute autre source ;

Tours et autres machines ou machines-outils pouvant servir à la fabrication des munitions de guerre ;

Cartes et plans de toute partie du territoire des pays belligérants ou compris dans la zone des opérations militaires, à une échelle de 4 milles à 1 pouce ou à une échelle plus grande, ainsi que les reproductions à toute échelle de ces cartes ou plans par la photographie ou tout autre procédé.

Et nous déclarons ici que le paragraphe 4 du tableau I de notre proclamation royale du 23 décembre ci-dessus mentionnée doit être modifié, à compter de la présente date, par la suppression des mots : « et tous autres acétates métalliques » après les mots : « acétate de calcium ».

Nous déclarons que, dans notre proclamation royale du 11 mars 1915 ci-dessus indiquée, la phrase : « autres que l'huile de lin » doit être supprimée, et que l'article suivant doit, à partir de la présente date, être traité comme contrebande conditionnelle :

Huile de lin.

Fait à notre Cour, au Palais de Buckingham, le 27e jour de mai dans l'année de Notre-Seigneur 1915, et la 6e année de notre règne.

Dieu protège le Roi.

(1) V. ci-dessus, p. 342.
(2) V. ci-dessus, p. 346.

464

Grande-Bretagne. — Proclamation sur le commerce avec l'ennemi (Siam, Chine, Perse et Maroc), en date du 25 juin 1915 (*London Gazette* du 25 juin 1915).

1915, n° 609.

George R. I.

Attendu qu'il est utile que les transactions entre des sujets britanniques et des personnes de nationalité ennemie résidant ou faisant des affaires en Chine, au Siam, en Perse et au Maroc, soient restreintes de la manière prévue par la présente proclamation ;

Nous avons, en conséquence, par et avec l'avis de notre Conseil privé, rendu cette proclamation royale déclarant ce qui suit :

1. Les proclamations qui se trouvent en vigueur en ce qui concerne le commerce avec l'ennemi doivent, à partir du 26 juillet 1915, être appliquées à toute personne ou à toute corporation de personnes de nationalité ennemie résidant ou faisant des affaires en Chine, au Siam, en Perse ou au Maroc, de la même manière qu'elles sont appliquées aux personnes ou aux corporations de personnes résidant ou faisant des affaires dans un pays ennemi.

Là où un ennemi a une succursale locale située en Chine, au Siam, en Perse ou au Maroc, rien dans l'article 6 de la proclamation n° 2 sur le commerce avec l'ennemi (1) ne doit être interprété de façon à empêcher qu'une transaction faite par ou avec cette succursale soit considérée comme une transaction faite par ou avec l'ennemi.

2. Rien dans la présente proclamation ne doit faire obstacle à ce qui peut être spécialement permis par une licence donnée par nous ou en notre nom par un secrétaire d'État, le bureau du commerce (*Board of Trade*) ou par les lords commissaires de notre Trésor.

3. La présente proclamation sera appelée : « Proclamation 1915 sur le commerce avec l'ennemi (Chine, Siam, Perse et Maroc) ».

Fait à notre Cour, au Palais de Buckingham, le 25e jour de juin dans l'année de Notre-Seigneur 1915, et dans la 6e année de notre règne.

Dieu protège le Roi.

645

Grande-Bretagne. — Ordre en Conseil sur les restrictions à la situation des étrangers (marins), en date du 28 juillet 1915 (*London Gazette* du 28 juillet 1915).

1915, n° 717.

A la Cour, au Palais de Buckingham, le 28 juillet 1915.

Sa Majesté le Roi présente en Conseil ;

Attendu que, par l'Acte sur les restrictions à la situation des étrangers (consolidation) de 1914 (2) (auquel on se réfère désormais comme étant l'ordre principal), il a plu à

(1) V. ci-dessus, p. 326.
(2) V. ci-dessus, p. 318.

Sa Majesté d'imposer des restrictions aux étrangers, et de faire certaines dispositions pour mener à effet ces restrictions;

Et attendu qu'il convient d'amender l'ordre principal de la manière ci-après indiquée;

Il a plu en conséquence à Sa Majesté, par et avec l'avis de son Conseil privé, d'ordonner, et il est par le présent ordonné ce qui suit :

1. 1) Un étranger, patron ou membre de l'équipage d'un navire arrivant dans un port auquel le présent article est appliqué par un ordre du secrétaire d'État, ne devra pas débarquer dans ce port à moins qu'il n'ait en sa possession un passeport à lui délivré moins de deux années auparavant par ou au nom du gouvernement du pays dont il est sujet ou citoyen, ou quelque autre document établissant d'une façon satisfaisante sa nationalité ou son identité, passeport ou document sur lequel doit être fixée une photographie de l'étranger auquel il se rapporte.

2) Dans le cas où il est interdit à un étranger, d'après les dispositions du présent article, de débarquer dans un port, un officier du service des étrangers dans ce port peut toutefois lui accorder une permission temporaire d'y débarquer pour tel but et à telles conditions que le secrétaire d'Etat peut de temps en temps prescrire, soit d'une manière générale, soit en ce qui concerne un port ou un navire particulier.

3) Le présent article aura effet comme s'il était contenu dans la Partie I de l'ordre principal, et cet ordre aura effet en conséquence.

2. 1) Lorsqu'un navire reste 24 heures ou plus dans un port auquel le présent article est appliqué par un ordre du secrétaire d'État, un étranger, patron ou membre de l'équipage du navire doit, pour l'application de l'article 9 de l'ordre principal, être considéré comme résidant dans le rayon dans lequel le port est situé, et il doit en conséquence se soumettre aux exigences de cet article en ce qui concerne l'enregistrement; et, dans le cas où l'étranger est un membre de l'équipage, le patron du navire doit, aussitôt qu'il le peut, indiquer sa présence à bord du navire à l'officier d'enregistrement.

2) Le présent article aura effet comme s'il était contenu dans la Partie II de l'ordre principal, et cet ordre aura effet en conséquence.

3. Les dispositions du présent ordre constitueront une addition et non pas une dérogation à toutes autres dispositions imposant des devoirs ou des restrictions à la situation des étrangers ou conférant des pouvoirs à des officiers étrangers.

4. Le présent ordre sera cité ainsi : « Ordre sur les restrictions à la situation des étrangers (marins), 1915 ».

ALMERIC FITZ ROY.

646

Grande-Bretagne. — PROCLAMATION DU 20 AOUT 1915, SPÉCIFIANT LES DIVERSES ESPÈCES DE COTON QUI DOIVENT ÊTRE TRAITÉES COMME CONTREBANDE DE GUERRE ABSOLUE (*London Gazette* du 21 août 1915).

1915, n° 801.

George R. I.

Attendu que, le 23 décembre 1914 (1), nous avons rendu notre proclamation royale spécifiant les articles que nous avions l'intention de traiter comme contrebande durant la continuation des hostilités ou jusqu'à la publication d'une notification ultérieure;

Attendu que le 11 mars et le 27 mai 1915 (2) nous avons, par nos proclamations roya-

(1) V. ci-dessus, p. 342.
(2) V. ci-dessus, p. 346 et 349.

les de ces dates, fait certaines additions à la liste des articles devant être traités comme contrebande de guerre ;

Et attendu qu'il est utile d'introduire de nouvelles additions aux dites listes ;

En conséquence, nous déclarons ici, par et avec l'avis de notre Conseil privé, que, durant la continuation de la guerre ou jusqu'à ce que nous fassions une notification publique ultérieure, les articles suivants devront être traités comme contrebande absolue en addition de ceux indiqués dans nos proclamations royales ci-dessus mentionnées :

Coton brut, linters, déchets de coton et coton filé.

Et nous déclarons ici que notre présente proclamation royale devra avoir effet à partir de la date de sa publication dans la *Gazette de Londres*.

Fait à notre Cour, au Palais de Buckingham, le 20e jour d'août dans l'année de Notre-Seigneur 1915 et la 6e année de notre règne.

Dieu protège le Roi.

647

Grande-Bretagne. — Proclamation du 14 octobre 1915, portant révision de la liste des objets devant être traités comme contrebande de guerre (*London Gazette* du 14 octobre 1915).

1915, no 994.

George R. I.

Attendu que, le 23 décembre 1914 (1), nous avons rendu notre proclamation royale spécifiant les objets que nous avions l'intention de traiter comme contrebande durant la continuation des hostilités ou jusqu'à la publication d'une notification ultérieure ;

Attendu que, les 11 mars, 27 mai et 20 août 1915 (2), nous avons, par nos proclamations royales de ces dates, fait certaines additions aux listes des objets devant être traités comme contrebande de guerre ;

Et attendu qu'il est utile de faire de nouvelles additions et modifications aux dites listes ;

En conséquence, nous déclarons ici, par et avec l'avis de notre Conseil privé, que les listes de contrebande indiquées dans les tableaux de notre proclamation royale du 23 décembre 1914, et subséquemment amendées par nos proclamations des 11 mars, 27 mai et 20 août ci-dessus mentionnées, sont abrogées et qu'à leur place, durant la continuation de la guerre et jusqu'à ce que nous fassions une notification publique ultérieure, les objets énumérés dans le Tableau I devront être traités comme contrebande absolue, et ceux énumérés dans le Tableau II comme contrebande conditionnelle.

Tableau I.

1. Armes de toute nature, y compris les armes de chasse et de sport, ainsi que leurs pièces détachées.

2. Instruments et appareils exclusivement propres à la fabrication des munitions de guerre ou à la fabrication ou à la réparation des armes ou du matériel de guerre, terrestre ou naval.

3. Tours et autres machines ou machines-outils pouvant servir à la fabrication des munitions de guerre.

4. Emeri, corindon naturel et artificiel (alundum) et carborundum, sous toutes leurs formes.

(1) V. ci-dessus, p. 342.
(2) V. ci-dessus, p. 346, 349 et 351.

5. Projectiles, gargousses et cartouches de toute nature et leurs pièces détachées.

6. Cire de paraffine.

7. Poudres et explosifs spécialement affectés à la guerre.

8. Matières employées à la confection des explosifs, y compris : acide nitrique et nitrates de toute nature, acide sulfurique, acide sulfurique fumant (oléum), acide acétique et acétates, chlorate et perchlorate de baryum, acétate, nitrate et carbure de calcium, sels de potassium et potasse caustique, sels d'ammonium et ammoniaque (solution), soude caustique, chlorate et perchlorate de sodium, mercure, benzol, toluol, xylol, naphte (employé comme dissolvant), phénol (acide phénique), crésol, naphtaline, ainsi que leurs mélanges et leurs dérivés ; aniline et ses dérivés ; glycérine ; acétone ; éther acétique ; alcool éthylique ; alcool méthylique ; éther ; soufre ; urée ; cyanamide ; celluloïd.

9. Bioxyde de manganèse ; acide chlorhydrique ; brome ; phosphore ; sulfure de carbone ; arsenic et ses composés ; chlore ; phosgène (chlorure de carbonyle) ; anhydride sulfureux ; prussiate de soude ; cyanure de sodium ; iode et ses composés.

10. Piment et poivre.

11. Affûts, caissons, avant-trains, fourgons, forges de campagne et leurs pièces détachées, matériel de campement et ses pièces détachées.

12. Fils de fer barbelés et instruments employés à les fixer ou à les couper.

13. Télémètres et leurs pièces détachées ; projecteurs et leurs pièces détachées.

14. Effets d'habillement et d'équipement ayant un caractère militaire.

15. Animaux de selle, de trait et de bât, utilisables pour la guerre ou susceptibles de le devenir.

16. Toutes espèces de harnachements ayant un caractère militaire.

17. Peaux de bétail, de buffles et de chevaux ; peaux de veaux, de porcs, de moutons, de chèvres et de daims ; ainsi que cuir manufacturé ou non, propre à la sellerie, aux harnachements, chaussures ou effets militaires ; courroies de cuir, cuirs imperméables et cuirs de pompe.

18. Matières tannantes de toutes sortes, y compris bois de quebracho et extraits servant au tannage.

19. Laine, brute, peignée ou cardée ; déchets de laine et résidus de toute nature ; fils de laine ; crins et poils d'animaux de toute espèce ainsi que leurs filés et leurs déchets.

20. Coton brut, linters, déchets de coton, filés de coton, tissus de coton et autres produits tirés du coton susceptibles d'être employés à la fabrication des explosifs.

21. Lin, chanvre, ramie, kapok.

22. Bâtiments de guerre, y compris embarcations et les pièces détachées ne pouvant être utilisées que sur un bâtiment de guerre.

23. Appareils de signaux phoniques sous-marins.

24. Plaques de blindage.

25. Appareils aériens de toute espèce, y compris aéroplanes, aéronefs, ballons et aérostats de toute nature, leurs pièces détachées, ainsi que les accessoires, objets et matériaux propres à servir à l'aérostation ou à l'aviation.

26. Automobiles de toute nature et leurs pièces détachées.

27. Pneumatiques et bandages pour automobiles et bicyclettes, ainsi que les articles ou matériaux propres à être employés pour leur fabrication ou leur réparation.

28. Huiles minérales, y compris benzine et essences à moteur.

29. Produits résineux, camphre et térébenthine (huile et essence) ; goudrons et essence de goudron de bois.

30. Caoutchouc (y compris caoutchouc brut, usagé et récupéré, solutions et pâtes contenant du caoutchouc et toutes autres préparations contenant du caoutchouc, balata, gutta-percha, ainsi que les variétés suivantes de caoutchouc, savoir : Bornéo, Guayulé, Jelutong, Palembang, Pontianac, et toutes autres substances contenant du caoutchouc), ainsi que les objets faits, en tout ou en partie, en caoutchouc.

31. Rotin.

32. Matières lubrifiantes et notamment huile de ricin.

33. Métaux suivants : tungstène, molybdène, vanadium, sodium, nickel, selenium, cobalt, fonte hématite, manganèse, fer électrolytique et acier contenant du tungstène ou du molybdène.

34. Amiante.

35. Aluminium, alumine et sels d'aluminium.

36. Antimoine, ainsi que les sulfures et oxydes d'antimoine.

37. Cuivre, non travaillé ou mi-ouvré ; fils de cuivre ; alliages ou composés de cuivre.

38. Plomb en lingots, en feuilles ou en tuyaux.

39. Etain, chlorure d'étain et minerai d'étain.

40. Alliages de fer, y compris ferro-tungstène, ferro-molybdène, ferro-manganèse, ferro-vanadium et ferro-chrome.

41. Minerais suivants : wolframite, scheelite, molybdénite, minerais de manganèse, nickel, chrome, hématite, pyrites de fer, pyrites de cuivre et autres minerais de cuivre, minerais de zinc, de plomb, d'arsenic, et bauxite.

42. Cartes et plans de toute partie du territoire des pays belligérants ou de la zone des opérations militaires, à l'échelle de 4 milles à 1 pouce ou à une échelle plus grande, ainsi que les reproductions, à toute échelle, de ces cartes ou plans, par la photographie ou tout autre procédé.

Tableau II

1. Vivres.

2. Fourrages et matières propres à la nourriture des animaux.

3. Graines oléagineuses, noix et cosses.

4. Huiles et graisses d'animaux, de poissons ou de végétaux, autres que celles susceptibles d'être employées comme lubrifiants et ne comprenant pas les huiles essentielles.

5. Combustibles, autres que les huiles minérales.

6. Poudres et explosifs qui ne sont pas spécialement préparés pour un usage de guerre.

7. Fers à cheval et matériaux de maréchalerie.

8. Harnachements et sellerie.

9. Les articles suivants, s'ils sont utilisables pour la guerre : vêtements, articles fabriqués pour le vêtement, peaux et fourrures, chaussures et bottes.

10. Véhicules de toute nature, autres que les automobiles et pouvant servir à la guerre, ainsi que leurs pièces détachées.

11. Matériel, fixe ou roulant, des chemins de fer ; matériel des télégraphes, radiotélégraphes et téléphones.

12. Navires, bateaux et embarcations de tous genres ; docks flottants et leurs pièces détachées ; parties de bassins.

13. Jumelles, télescopes, chronomètres et toutes espèces d'instruments nautiques.

14. Or et argent monnayé et en lingots ; papiers représentatifs de la monnaie.

Fait à notre Cour, au Palais de Buckingham, le 14e jour d'octobre dans l'année de Notre-Seigneur 1915, et la 6e année de notre règne.

Dieu protège le Roi.

648

Grande-Bretagne. — Ordre en Conseil concernant le caractère neutre ou ennemi du navire (art. 57 de la déclaration de Londres du 26 février 1909), en date du 20 octobre 1915 (second supplément à la *London Gazette* du 22 octobre 1915).

A la Cour, au Palais de Buckingham, le 20 octobre 1915.

Sa Majesté le Roi présente en Conseil ;

Attendu que, par l'ordre en Conseil sur la déclaration de Londres, n° 2, 1914 (1), il a plu à Sa Majesté de déclarer que, durant les hostilités actuelles, les dispositions de ladite déclaration de Londres seraient, sous certaines exceptions et modifications y spécifiées, adoptées et mises en vigueur par le gouvernement de Sa Majesté ;

Attendu que, par l'article 57 de ladite déclaration, il est disposé que le caractère neutre ou ennemi du navire est déterminé par le pavillon qu'il a le droit de porter ;

Et attendu qu'il ne convient pas d'admettre plus longtemps la disposition de cet article ;

Il a plu en conséquence à Sa Majesté, par et avec l'avis de son Conseil privé, d'ordonner, et il est par le présent ordonné, que, depuis et après la présente date, l'article 57 de la déclaration de Londres cessera d'être admis et d'être en vigueur.

Au lieu dudit article, les Cours de prise britanniques appliqueront les règles et principes anciennement observés dans ces Cours.

Le présent ordre peut être cité sous ce titre : « Déclaration de Londres, ordre en Conseil, 1915 ».

Les lords Commissaires du Trésor de Sa Majesté, les lords Commissaires de l'Amirauté, et chacun des principaux secrétaires d'État de Sa Majesté, le Président de la division de la Preuve, du Divorce et de l'Amirauté à la Haute Cour de justice, tous autres juges des tribunaux de prise de Sa Majesté et tous gouverneurs, officiers et autorités qui peuvent être intéressés devront donner les instructions nécessaires en ce qui peut les concerner respectivement.

J.-C. Ledlie

649

Grande-Bretagne. — Proclamation du 27 janvier 1916, portant révision de la liste des objets devant être traités comme contrebande de guerre (*London Gazette* du 27 janvier 1916, supplément).

George R. I.

Attendu que, le 14 octobre 1915 (2), nous avons rendu notre proclamation royale spécifiant les objets que nous avions l'intention de traiter comme contrebande durant la continuation des hostilités ou jusqu'à la publication d'une notification ultérieure ;

Et attendu qu'il est utile de faire de nouvelles additions et modifications à la dite liste ;

En conséquence, nous déclarons ici, par et avec l'avis de notre Conseil privé, que,

(1) V. ci-dessus, p. 335.
(2) V. ci-dessus, p. 352.

durant la continuation des hostilités ou jusqu'à la publication d'une notification ultérieure, les articles suivants seront traités comme contrebande absolue en addition de ceux indiqués dans le Tableau I de notre proclamation royale ci-dessus mentionnée :

Liège, y compris le liège en poudre.

Os sous toutes leurs formes, entiers ou concassés, et os calcinés.

Savon.

Fibres végétales et leurs filés.

Nous déclarons en outre qu'à compter de la présente date les modifications suivantes seront faites au Tableau I de notre dite proclamation royale :

Au paragraphe 8, à : « acétone », substituer : « acétones et matières premières brutes ou raffinées pouvant servir à leur préparation ».

Au paragraphe 9, à : « phosphore » substituer : « phosphore et ses composés ».

Au paragraphe 26, après les mots : « pièces détachées », ajouter les mots : « et accessoires ».

Au paragraphe 38, le terme plus général : « plomb » doit être substitué aux mots : « plomb en lingots, en feuilles ou en tuyaux ».

Nous déclarons, d'autre part, que les articles suivants devront à partir de la présente date être traités comme contrebande conditionnelle en addition de ceux indiqués dans le Tableau II de notre proclamation royale plus haut mentionnée :

Caséine.

Vessies, boyaux, enveloppes et peaux à saucisses.

Fait à notre Cour, au Palais de Buckingham, le 27e jour de janvier dans l'année de Notre-Seigneur 1916, et la 6e année de notre règne.

Dieu protège le Roi.

650

Grande-Bretagne. — Ordre en Conseil sur les modifications aux dispositions de la déclaration de Londres, en date du 30 mars 1916 (*London Gazette* du 30 mars 1916).

A la Cour, au Palais de Buckingham, le 30 mars 1916.

Sa Majesté le Roi présente en Conseil ;

Attendu que, par l'ordre en Conseil sur la déclaration de Londres, no 2, 1914 (1), il a plu à Sa Majesté de déclarer que, durant les hostilités actuelles, les dispositions de la convention connue sous le nom de déclaration de Londres devraient, sous certaines omissions et modifications, être adoptées et être mises en vigueur par le gouvernement de Sa Majesté ; et

Attendu que des doutes se sont élevés sur l'effet de l'article I (3) dudit ordre en Conseil en ce qui concerne le droit de capturer de la contrebande conditionnelle trouvée à bord d'un navire à destination d'un port neutre ; et

Attendu qu'il est désirable d'enlever tous doutes à ce sujet et d'amender en conséquence le dit ordre en Conseil de manière que cela apparaisse ; et

Attendu que par l'article 19 de la dite déclaration il est stipulé que, quelle que soit la destination ultérieure du navire ou de son chargement, il ne pourra pas être capturé pour violation d'un port bloqué ; et

Attendu qu'il ne convient pas plus longtemps d'adopter la règle de l'article 19 de la déclaration précitée ;

(1) V. ci-dessus, p. 335.

Maintenant, en conséquence, il a plu à Sa Majesté, par et avec l'avis de son Conseil privé, d'ordonner, et il est ordonné par le présent ce qui suit :

I. Les dispositions de l'ordre en Conseil sur la déclaration de Londres, n° 2, 1914, ne doivent pas être regardées comme limitant ou ayant limité d'une manière quelconque le droit de Sa Majesté, conformément au droit international, de capturer des marchandises sous le prétexte qu'elles constituent de la contrebande conditionnelle, ni comme affectant ou ayant affecté la possibilité de capturer la contrebande de guerre conditionnelle, soit que le transport des marchandises à leur destination soit direct, soit qu'il impose un transbordement ou un transport subséquent par terre.

II. Les dispositions de l'article I (2) et (3) du dit ordre en Conseil seront appliquées à la contrebande absolue aussi bien qu'à la contrebande conditionnelle.

III. Les destinations auxquelles se réfèrent les articles 30 et 33 de la dite déclaration doivent (en dehors des présomptions indiquées dans ledit ordre en Conseil) être présumées exister, si les marchandises sont consignées à ou pour une personne qui, au cours de la présente guerre, a expédié des articles de contrebande en pays ennemi ou occupé par l'ennemi.

IV. Dans les cas prévus par les articles II et III du présent ordre, il appartiendra au propriétaire des marchandises de prouver que leur destination est innocente.

V. Depuis et après la date du présent ordre, l'article 19 de la déclaration de Londres cessera d'être applicable. Aucun navire ni aucun chargement ne seront exempts de capture pour violation de blocus par le seul motif qu'ils seraient, au moment de la visite, en route pour un port non bloqué.

VI. Le présent ordre sera cité sous ce titre : « Déclaration de Londres, ordre en Conseil 1916 ».

Les lords Commissaires du Trésor de Sa Majesté, les lords Commissaires de l'Amirauté, chacun des principaux secrétaires d'Etat de Sa Majesté, le Président de la division de la Preuve, du Divorce et de l'Amirauté à la Haute Cour de Justice, tous autres juges des tribunaux de prises de Sa Majesté et tous gouverneurs, officiers et autorités qui peuvent être intéressés, devront donner les instructions nécessaires en ce qui peut les concerner respectivement.

651

Grande-Bretagne. — Proclamation du 12 avril 1916, portant révision de la liste des objets devant être traités comme contrebande de guerre (second supplément à la *London Gazette* du 11 avril 1916).

George R. I.

Attendu que, le 14 octobre 1915 (1), nous avons rendu notre proclamation royale spécifiant les objets que nous avions l'intention de traiter comme contrebande durant la continuation des hostilités ou jusqu'à la publication d'une notification ultérieure ;

Attendu que, le 27 janvier 1916 (2), nous avons, par notre proclamation royale de cette date, fait certaines additions et modifications à la liste des articles devant être traités comme contrebande ;

Et attendu qu'il est utile de faire de nouvelles additions et modifications à ladite liste ;

En conséquence, nous déclarons ici, par et avec l'avis de notre Conseil privé, que,

(1) V. ci-dessus, p. 352.
(2) V. ci-dessus, p. 355.

durant la continuation des hostilités ou jusqu'à la publication d'une notification ultérieure, les articles suivants seront traités comme contrebande absolue en addition de ceux indiqués dans nos proclamations royales ci-dessus mentionnées :

Or, argent, papier-monnaie et tous instruments de crédit négociables et titres réalisables.

Chlorures métalliques, à l'exception du chlorure de sodium ; chlorures métalloïdiques ; composés analogues du carbone.

Amidon.

Borax, acide borique, et autres composés du bore.

Graines de sabadelles et préparations qui en dérivent.

Nous déclarons, en outre, que, depuis et après la présente date, les modifications suivantes seront faites dans le Tableau I de notre proclamation royale ci-dessus indiquée :

Au paragraphe 8, le paragraphe suivant sera substitué au paragraphe existant :

« Tours, machines et outils pouvant servir à la fabrication des munitions de guerre ».

Au paragraphe 8, au mot : « éther », substituer les mots : « éther acétique, éther formique, éther sulfurique ».

Nous déclarons, d'autre part, que l'or, l'argent ou le papier-monnaie capturés après la présente date ne doivent pas être traités comme contrebande conditionnelle, et que, à l'exception de ce qui concerne les captures déjà faites, le paragraphe 14 doit, à partir de la présente date, être supprimé du Tableau II de notre proclamation royale ci-dessus indiquée.

Fait à notre Cour, au Palais de Buckingham, le 12e jour d'avril dans l'année de Notre-Seigneur 1916, et la 6e année de notre règne.

Dieu protège le Roi.

652

Grande-Bretagne. — Note du ministre des affaires étrangères déclarant que la distinction entre les deux catégories de contrebande de guerre, absolue et conditionnelle, a cessé d'avoir de valeur et indiquant par ordre alphabétique les articles de contrebande de guerre déclarés tels par les proclamations en vigueur, en date du 13 avril 1916.

Les articles déclarés contrebande de guerre dans les proclamations actuellement en vigueur ont été distribués suivant un ordre alphabétique dans la liste qui accompagne cette Note. On espère que cela sera utile à toutes les parties intéressées.

La liste comprend les articles qui ont été déclarés contrebande absolue aussi bien que ceux qui ont été déclarés contrebande conditionnelle. Les circonstances de la guerre sont si particulières que le gouvernement de Sa Majesté considère que pratiquement la distinction entre les deux classes de contrebande a cessé d'avoir quelque valeur. La proportion des habitants du pays ennemi qui prennent part à la guerre, directement ou indirectement, est si grande qu'aucune distinction ne peut être réellement faite maintenant entre les forces armées et la population civile. Pareillement, le gouvernement ennemi a, par une série de décrets et d'ordonnances, pris pratiquement le contrôle de tous les articles figurant sur la liste de contrebande conditionnelle, en sorte que maintenant ces articles servent à un usage gouvernemental. Tant que dureront ces conditions exceptionnelles, nos droits de belligérant à l'égard des deux espèces de contrebande doivent être les mêmes et le traitement que nous leur appliquons doit être identique.

Foreign Office, 13 avril 1916.

Liste des articles.

(Suit, par ordre alphabétique, la liste des articles déclarés contrebande de guerre, absolue ou conditionnelle, par les proclamations précédemment rendues et actuellement en vigueur) (1).

653

France. — Loi relative a l'extension de la compétence a fin de poursuite des crimes ou délits commis en territoire envahi, en date du 23 juillet 1916 (*Journal officiel de la République française* du 25 juillet 1916, p. 6615).

Le Sénat et la Chambre des députés ont adopté,

Le Président de la République promulgue la loi dont la teneur suit :

Article unique. — Jusqu'à la signature du traité de paix, toute personne victime d'un crime ou d'un délit commis dans des territoires occupés par l'ennemi, qui se trouve dans l'impossibilité de saisir de ce crime ou de ce délit la juridiction compétente, aux termes de l'article 63 du code d'instruction criminelle, peut saisir de la connaissance de ce crime ou de ce délit le procureur de la République ou le juge d'instruction du siège de sa résidence.

Le procureur de la République et le juge d'instruction, saisis aux termes du paragraphe 1er du présent article, sont compétents pour requérir ou ordonner toutes mesures nécessaires à l'effet de rassembler les preuves du crime ou du délit et pour en déférer les auteurs ou les complices aux tribunaux chargés de les punir.

La présente loi, délibérée et adoptée par le Sénat et par la Chambre des députés, sera exécutée comme loi de l'État.

Fait à Paris, le 23 juillet 1916.

R. POINCARÉ.

Par le Président de la République : *Le garde des sceaux, ministre de la justice,* René Viviani.

654

France. — Loi tendant a faciliter le mariage des enfants dont les ascendants sont demeurés en territoire envahi, en date du 23 juillet 1916 (*Journal officiel de la République française* du 25 juillet 1916, p. 6616).

Le Sénat et la Chambre des députés ont adopté,

Le Président de la République promulgue la loi dont la teneur suit :

Article unique. — Jusqu'à la fin des hostilités et lorsque l'impossibilité de procéder à la notification prescrite par les articles 151 et 154 du code civil sera établie, une ordonnance du président du tribunal civil de l'arrondissement dans lequel le mariage doit être célébré, rendue sur requête du procureur de la République ou de la partie, pourra dispenser de cette notification.

(1) V. le texte de ces proclamations, ci-dessus.

L'ordonnance sur requête sera visée pour timbre et enregistrée gratuitement.
Elle pourra être exécutoire sur minute avant enregistrement, s'il en est ainsi ordonné.
La présente loi, délibérée et adoptée par le Sénat et par la Chambre des députés, sera exécutée comme loi de l'État.

Fait à Paris, le 23 juillet 1916.

R. POINCARÉ.

Par le Président de la République : *Le garde des sceaux, ministre de la justice*, RENÉ VIVIANI.

655

France. — NOTIFICATION DU BLOCUS DE CAVALLA, DÉCLARÉ LE 16 SEPTEMBRE 1916 (*Journal officiel de la République française* du 20 septembre 1916, p. 8303).

A la date du 16 septembre 1916, le commandant en chef de l'armée navale en Méditerranée, agissant en vertu des pouvoirs qui lui sont conférés par le gouvernement de la République, a, vu l'état de guerre avec la Bulgarie et l'occupation de Cavalla par les forces armées bulgares, déclaré en état de blocus la côte de Macédoine depuis l'embouchure de la Strouma (40° 46" latitude Nord, 23° 53" longitude Est, Greenwich), jusqu'à la frontière gréco-bulgare (40° 51" latitude Nord, 24° 50" longitude Est, Greenwich).
Le blocus est déclaré effectif à dater du 16 septembre 1916.
Les navires neutres pourront, jusqu'au 21 septembre 1916, à huit heures du matin (heure de l'Europe orientale), quitter les lieux bloqués.
Notification de ladite déclaration a été adressée aux autorités locales.

656

France. — NOTIFICATION RELATIVE A LA CONTREBANDE DE GUERRE, EN DATE DU 13 OCTOBRE 1916 (*Journal officiel de la République française* du 13 octobre 1916, p. 8979).

Conformément à la disposition de l'article 2 du décret du 6 novembre 1914, il est notifié que les modifications et additions suivantes sont apportées aux listes de contrebande de guerre publiées au *Journal officiel* du 14 octobre 1915 et modifiées le 27 janvier, le 13 avril et le 28 juin 1916 (1).

Contrebande absolue.

Modifications : Le paragraphe 6 est remplacé par le suivant :
Les cires de toutes sortes.
Additions : Paragraphe 54 : les matières isolantes, brutes et ouvrées.
Paragraphe 55 : les acides gras.
Paragraphe 56 : le cadmium, alliages de cadmium et minerais de cadmium.
Paragraphe 57 : l'albumine.

Contrebande conditionnelle.

Addition : Paragraphe 16 : les levures.

(1) V. ce *Recueil*, t. I, p. 110 et 337 et ci-dessus, p. 105, 110 et 157.

657

Belgique. — Note du gouvernement belge aux puissances alliées et neutres protestant contre le travail forcé et la déportation auxquels l'autorité allemande soumet la population belge, en date du 10 novembre 1916.

Le gouvernement belge a déjà, à plusieurs reprises, dénoncé aux puissances neutres les violations du droit des gens et des principes d'humanité dont les autorités allemandes, en Belgique, s'étaient rendues coupables.

Les dernières informations parvenues de la Belgique occupée confirment des faits nouveaux, auxquels le gouvernement du Roi se refusait à croire. Ils révolteront la conscience publique dans tous les pays où le culte du droit est en honneur.

Un arrêté du grand quartier général allemand du 8 octobre dernier a soumis au travail forcé tous les Belges capables de travailler, qui, par suite du manque d'ouvrage ou pour tout autre motif, seraient tombés à la charge de l'assistance d'autrui. Les individus auxquels cette disposition s'applique peuvent être obligés de travailler hors de leur résidence, c'est-à-dire déportés en Allemagne dans un état de quasi-esclavage.

La grande difficulté des communications avec la partie occupée de la Belgique a empêché le gouvernement du Roi de recevoir tous les renseignements qu'il était anxieux d'obtenir sur la façon dont est appliqué cet arrêté du 8 octobre.

Il sait cependant de source certaine que l'on procède à la déportation en masse de la population valide. Riches ou pauvres, s'ils sont inoccupés ou sans travail, sont pris inexorablement. Le 24 octobre dernier, plus de 15.000 hommes avaient été déjà enlevés dans les Flandres seulement. Des trains entiers, remplis de ces malheureux, ont été vus, se dirigeant vers l'Allemagne. D'autres ont été expédiés vers les départements français envahis. Les hommes, entassés dans des wagons découverts, étaient exposés à toutes les intempéries dans l'état le plus misérable. Leur moral, malgré le froid et les privations, ne se laissait point abattre, et c'est en entonnant des chants patriotiques qu'ils subissaient cette nouvelle forme d'oppression.

Des rafles ont eu lieu à Courtrai, Alost, Termonde, Bruges, Gand, Mons et dans de nombreuses communes rurales et industrielles. Les hommes étaient rassemblés, examinés comme du bétail, et les valides expédiés vers des destinations inconnues.

A Bruges, le bourgmestre, un vieillard octogénaire, qui, depuis le commencement de l'occupation, donnait l'exemple du plus noble patriotisme, a été révoqué pour avoir refusé d'aider l'administration militaire allemande dans sa révoltante besogne ; la ville fut condamnée à 100.000 marks d'amende par jour de retard dans l'enrôlement des victimes.

Jusqu'à la date du 24 octobre, la déportation s'était exercée surtout dans la région des étapes. Dans le reste du pays, le gouvernement civil a sans doute hésité à prendre une mesure qui viole non seulement l'esprit et le texte de la convention de la Haye, mais aussi la promesse solennelle, faite à la population par voie d'affiches le 25 juillet 1915, qu'aucune prestation contraire à ses sentiments patriotiques ne serait exigée d'elle.

Cependant, le gouvernement du Roi, ayant appris que le recensement des chômeurs s'exerce maintenant sur tout le territoire occupé, a lieu de craindre que les horreurs de la déportation ne s'étendent bientôt à toutes les provinces.

La *Gazette de Cologne*, dans un article dont les journaux paraissant en Belgique ont reçu l'ordre de publier la traduction, essaye de justifier la mesure inique prise à l'égard des Belges ; elle expose complaisamment les dangers de l'oisiveté où se trouvent beaucoup d'ouvriers et rejette la responsabilité du chômage sur l'Angleterre, qui empêche l'importation des matières premières en Belgique. L'organe du gouvernement allemand prétend légitimer aussi le travail forcé, en assurant que les Belges ne seront employés qu'aux carrières, fours à chaux et autres industries similaires n'ayant pas de rapport avec la guerre.

Ce dernier argument n'a aucune valeur, car on sait le rôle important que jouent pour la consolidation des tranchées et des fortifications actuelles le béton et les autres produits des fours à chaux et des carrières.

A la prétention de l'Allemagne de répudier toute responsabilité de l'état lamentable de la classe ouvrière belge, nous répondons que le travail ne manquerait pas à cette dernière, si l'envahisseur, d'ailleurs responsable de cette situation par le fait de son agression, n'avait pas désorganisé l'industrie, enlevé des matières premières, des huiles et les métaux qu'elle emploie, réquisitionné une foule de machines et d'outils, en attendant qu'il rafle peut-être les courroies de transmission, dont il a exigé la déclaration en détail. L'occupant s'est même juré de consommer la ruine de l'industrie métallurgique et verrière belge au profit de la concurrence allemande par des droits prohibitifs sur les produits exportés en Hollande, seul marché qui leur reste encore ouvert.

L'ouvrier belge s'est toujours distingué par son activité laborieuse. Si depuis deux ans il a chômé souvent, c'est qu'il n'avait d'autre travail en perspective que celui offert par l'ennemi. Son patriotisme lui interdisait de l'accepter, parce qu'il aurait aidé ainsi indirectement à la guerre contre sa patrie.

L'envahisseur, au moyen du système barbare des déportations en masse, poursuit un double but :

D'abord terroriser la population en portant le désespoir dans les familles et forcer ainsi les travailleurs à prêter leur concours à l'occupation allemande.

Cette manœuvre est encore facilitée par l'annonce que tous ceux qui recevront des secours pour leur subsistance seront soumis au travail forcé. L'ouvrier qui, par dévouement à sa patrie, refuserait de servir l'ennemi saura qu'il s'expose à l'exil et à un véritable esclavage.

La déportation est donc un moyen coercitif pour contraindre l'ouvrier à accepter contre sa conscience des offres de travail qu'il repoussait.

Le second but de l'autorité allemande est de remplacer par des Belges les ouvriers allemands qui, devenus ainsi disponibles, iront sur le front combler les vides de ses armées ; car il lui faut des hommes à tout prix. S'il en était autrement, si elle ne se proposait que de combattre l'oisiveté de nos ouvriers, pourquoi n'employait-elle pas leurs bras sur place dans des travaux d'utilité publique, à proximité de leurs familles et de leurs demeures ? Non seulement elle ne l'a pas fait, mais il résulte d'informations de source sûre qu'elle a plusieurs fois déporté des travailleurs ou même réduit à dessein au chômage des ouvriers qui n'avaient jamais cessé de travailler, cela afin d'avoir un prétexte de s'approprier leur travail.

D'après les journaux allemands eux-mêmes, on leur offre l'appât d'un salaire assez élevé s'ils consentent à se transformer en ouvriers volontaires, et dans ce cas, toute espèce d'ouvrage peut être imposée. On veut donc amener ces malheureux, par l'espoir d'une amélioration de leur sort, à exécuter des travaux pouvant aider directement à la guerre. Le déporté belge a le choix entre la famine et la trahison.

Le gouvernement du Roi dénonce à toutes les nations civilisées ces procédés indignes qui font litière des lois d'humanité aussi bien que des règles conventionnelles de la guerre dans leurs dispositions relatives au pouvoir de l'occupant.

Il proteste avec la dernière énergie contre l'application d'un système que les vaines explications de l'ennemi n'empêcheront pas de désigner et de flétrir comme la traite des blancs une honte qui achève de déshonorer l'occupation allemande si soucieuse, à ce qu'elle prétend, de veiller en Flandre sur les droits légitimes de la population.

658

France. — Notification relative a la contrebande de guerre, en date du 23 novembre 1916 (*Journal officiel de la République française* du 23 novembre 1916, p. 10173).

Il est notifié que les modifications et additions suivantes sont apportées aux listes de contrebande de guerre publiées au *Journal officiel* du 14 octobre 1915 et modifiées le 27 janvier, le 13 avril, le 28 juin et le 13 octobre 1916 (1).

Contrebande absolue.

Modifications : Le paragraphe 4 est remplacé par le suivant :

« L'émeri, le corindon, le carborundum sous toutes ses formes, et toutes autres substances abrasives, naturelles ou artificielles, ainsi que les produits fabriqués avec ces matières ».

Le paragraphe 50 est remplacé par le suivant :

« L'or, l'argent, les papiers représentatifs de la monnaie, les titres, les effets négociables, les chèques, les traites, les mandats, les coupons, les lettres de crédit, de délégation ou d'avis, les avis de crédit et de débit, ou autres documents qui, soit par eux-mêmes, soit une fois complétés ou mis en usage par le destinataire, autorisent, confirment ou rendent effectif le transfert de fonds, de crédits ou de titres ».

Additions : Au paragraphe 45 : le bois de Panama (écorce de quillaia).

Au paragraphe 58 : zirconium, cérium, thorium, ainsi que tous alliages et composés ; zircon et sable monazité.

Au paragraphe 59 : soie sous toutes ses formes et articles manufacturés : cocons à soie, soie artificielle et articles manufacturés.

Contrebande conditionnelle.

Additions : Paragraphe 17 : les éponges brutes et préparées.

Paragraphe 18 : les colles, gélatines et substances servant à leur fabrication.

Paragraphe 19 : les barriques et tonneaux vides de toutes sortes et leurs parties constitutives.

659

France, Grande-Bretagne, Italie et Russie. — Protestation des États alliés contre la déportation en masse des civils belges en Allemagne, publiée le 6 décembre 1916.

Le gouvernement belge a solennellement protesté auprès du monde civilisé contre les actes barbares des autorités allemandes en Belgique (2).

Les gouvernements alliés de la Belgique s'associent à cette protestation.

Déjà au mois d'avril dernier, dans les départements français envahis, les autorités

(1) V. ce *Recueil*, t. I, p. 337 et ci-dessus, p. 105, 110, 157 et 360.
(2) V. ci-dessus, p. 361.

occupantes ont organisé la déportation et le travail forcé de plus de 20.000 habitants de Lille, Roubaix et Tourcoing, et ce fait a été porté à la connaissance des gouvernements des puissances neutres par la Note du gouvernement français du 25 juillet 1916 (1). Le gouvernement allemand, tout en prenant l'engagement de faire réintégrer, dans un certain délai, ces déportés dans leurs foyers, a soutenu officiellement que ces mesures étaient conformes au droit international. Il n'hésite plus aujourd'hui à les appliquer, en grand, aux malheureuses populations de la Belgique.

Les puissances alliées, désireuses de marquer publiquement qu'elles ont conscience de la dette contractée par elles vis-à-vis de la Belgique, s'unissent pour faire la déclaration suivante qui établira aux yeux du monde civilisé que les actes de l'autorité allemande à l'égard des personnes et des biens belges sont contraires, non seulement aux principes les plus élémentaires du droit international et aux conventions signées par l'Allemagne avant la guerre, mais encore aux engagements pris récemment, notamment aux assurances données lors de l'institution du Comité de ravitaillement neutre en Belgique.

Pour expliquer les déportations et le travail forcé imposé aux civils habitant les territoires qu'elle occupe, l'Allemagne a invoqué l'article 43 de la convention de la Haye du 18 octobre 1907.

Or il est aujourd'hui établi que ces déportations, qui séparent les familles, violent l'article 46 de la convention. Les forçant à des travaux de fabrication de munitions, d'aménagement de routes ou de chemin de fer militaires, elle viole l'article 23.

Les Allemands ont soutenu que ces mesures ont été prises pour obvier au chômage et à la misère.

Les gouvernements alliés laissent aux puissances neutres le soin de déterminer à quel groupe de belligérants incombe la responsabilité de la situation malheureuse de la Belgique.

Les Allemands, après avoir promis de respecter la liberté du travail, ont, prétextant le chômage qu'ils avaient eux-mêmes provoqué, organisé et établi l'esclavage qu'ils s'étaient engagés solennellement par la convention de Bruxelles de 1890 à abolir en Afrique.

Les procédés allemands prennent donc une nouvelle forme que les Alliés doivent dénoncer au monde civilisé. Plus leur propre situation deviendra difficile, plus les Empires centraux violeront les engagements relatifs au fonctionnement de la Commission de ravitaillement ; ils vont sans ménagement utiliser les vivres et la main-d'œuvre belge pour réparer et soutenir leurs propres forces. L'œuvre de secours que les neutres ont édifiée depuis deux ans est mise en péril et risque de s'écrouler.

Les Alliés n'ont pas l'intention de changer de politique, ni d'abandonner en ce moment la population opprimée de la Belgique et ils s'engagent solennellement, pour leur part, à continuer, comme ils l'ont toujours fait, à ne pas chercher à tirer avantage du fonctionnement de la Commission de ravitaillement, exclusivement neutre.

En prenant cet engagement, ils considèrent de leur devoir de faire un pressant appel au monde civilisé, non pour eux-mêmes, mais pour les populations innocentes qui ne peuvent se protéger elles-mêmes.

En Belgique comme dans le Nord de la France et dans tous les territoires occupés par les Empires centraux, des hommes et des femmes souffrent, malgré l'aide que les puissances alliées leur ont donnée, quelque conséquence que puisse avoir cette attitude pour elles-mêmes. Ils souffrent dans l'esclavage, du fait d'une occupation barbare que n'arrêtent aucune considération de droit ou d'humanité, aucune promesse, aucun engagement.

Les Alliés doivent dénoncer ces faits à l'opinion publique du monde entier et en appeler à la conscience universelle.

(1) V. ci-dessus, p. 179.

660

France. — Notification du blocus de la Grèce, en date du 7 décembre 1916 (*Journal officiel de la République française* du 8 décembre 1916, p. 10591).

Le gouvernement de la République française, étant d'accord avec ses alliés pour déclarer le blocus de la Grèce, notifie par la présente les conditions dans lesquelles il y sera procédé.

Le blocus est déclaré effectif à dater du 8 décembre 1916, huit heures du matin.

Le blocus s'étend aux côtes de la Grèce, y compris les îles d'Eubée, Zante et Sainte-Maure, depuis un point situé par 39°20 Nord, 20°20' Est de Greenwich jusqu'à un point situé par 39°50' Nord et 22°50' Est de Greenwich, ainsi qu'aux autres îles actuellement sous la dépendance ou l'occupation des autorités royales helléniques.

Les navires des tierces puissances se trouvant dans les ports bloqués pourront librement en sortir jusqu'au 10 décembre, huit heures du matin.

L'ordre a été donné au commandant en chef des forces navales effectuant le blocus de procéder auprès des autorités locales à la notification de la présente déclaration.

Paris, le 7 décembre 1916.

661

République argentine. — Note du gouvernement argentin a la Grande-Bretagne au sujet de la capture par un croiseur britannique du navire *Presidente Mitre* portant pavillon argentin, en date du 30 novembre 1915, envoyée au ministre de la République argentine a Londres pour être remise au secrétaire d'État britannique des affaires étrangères (Republica argentina, ministerio de relaciones exteriores y culto. *El apresamiento del vapor « Presidente Mitre »*. Documentos oficiales, n° 13).

Buenos-Aires, 30 novembre 1915.

J'ai l'honneur de communiquer à Votre Excellence que le 29 du présent mois l'escadre anglaise de l'Atlantique a capturé le vapeur *Presidente Mitre* qui faisait le voyage des ports de la Patagonie. Ce vapeur est depuis huit années immatriculé sur nos registres et arbore en conséquence le pavillon national. Il n'y a pas à présumer qu'il ait adopté le drapeau argentin pour se soustraire aux conséquences de la guerre et que comme navire neutre il ait eu de mauvaises intentions, car toujours, avant comme depuis la rupture des hostilités, il a fait le service régulier de la navigation entre la capitale de la République et les ports du littoral maritime sans aucune escale en pays étranger. Quoique les conditions de la mer, sur sa route habituelle, l'obligent à s'écarter fréquemment des eaux juridictionnelles, il réalise un service purement côtier suivant la loi du cabotage. Son capitaine et ses trois premiers officiers sont citoyens argentins. Des 81 personnes qui forment l'équipage, 36 sont citoyens argentins, 28 sont espagnoles et 11 sont allemandes. Dans son voyage actuel, le vapeur transportait une correspondance et un chargement qui, à raison de son itinéraire, ne pouvaient être suspects d'enfreindre aucune disposition sur la contrebande de guerre.

Le *Presidente Mitre*, avec les autres vapeurs de la Compagnie *Hamburgo Sud-Americana*, qui font un même parcours, constituent depuis de nombreuses années l'unique moyen de transport régulier entre les ports argentins de l'Atlantique. La paralysie d'un tel service représente pour notre pays un grave préjudice, qui ne pouvait entrer dans les prévisions de mon gouvernement, puisque ce service se faisait par des navires dont le caractère neutre était assuré par les règles universellement admises du droit international malgré la nationalité allemande de la Compagnie propriétaire.

Dans ces conditions, la capture du *Presidente Mitre* et la menace qu'elle comporte pour les autres vapeurs de la même ligne ont causé une douloureuse surprise au gouvernement argentin, attendu que l'escadre britannique a méconnu la protection du pavillon national, arboré sur un navire qui fait un service de caractère uniquement local, qui est immatriculé dans les registres du pays et qui ne peut d'aucune manière affecter les intérêts de la navigation ou du commerce entre les pays belligérants.

Le gouvernement argentin n'oublie pas la disposition édictée par Sa Majesté britannique à la date du 20 octobre dernier (1), aux termes de laquelle l'article 57 de la déclaration de Londres a été abrogé et ont été mis en vigueur à sa place les principes antérieurement observés devant les tribunaux de prises britanniques. Mais, sans porter un jugement sur le bien-fondé de cette mesure qui est venue modifier au cours des opérations militaires les devoirs réciproques des belligérants et des neutres, le gouvernement argentin a la conviction que la portée de la disposition britannique ne saurait aller jusqu'à blesser directement dans leurs intérêts les pays éloignés de la lutte et mettre en question les attributs essentiels de leur souveraineté comme ceux qui résultent de la protection du drapeau national.

Au milieu des perturbations causées par la guerre, les relations des pays belligérants avec les pays neutres ont pu se développer dans une cordiale harmonie, grâce aux règles qui déterminent les droits et les obligations des uns et des autres, adoptées par le consentement de tous dans les sereines délibérations des Congrès internationaux.

Je me permets d'appeler l'attention de Son Excellence sur les dangers que doit entraîner la suppression soudaine de ces règles, en laissant dans la plus complète incertitude la situation des pays neutres vis-à-vis des belligérants et en prolongeant à leur préjudice les effets occasionnés par la guerre.

Le gouvernement argentin n'a pas manqué de prendre les mesures nécessaires pour l'observation des devoirs que sa neutralité lui impose et pour l'affirmation dans les limites de sa juridiction du respect dû aux droits et aux intérêts des pays amis engagés dans la lutte. A cette fin, il a observé, comme règle inflexible de sa conduite, les principes admis du droit international, alors même qu'en des cas nombreux il devait en résulter un préjudice pour ses propres convenances, et il a la conviction que l'esprit de justice des gouvernements belligérants assurera en sa faveur une stricte réciprocité de traitement.

Cette conviction n'a pas été modifiée par la capture du vapeur *Presidente Mitre* : le gouvernement argentin attribue cet acte à une erreur d'interprétation du commandant de la flotte britannique, et il espère que l'esprit d'équité de Votre Excellence et de son gouvernement lui en accordera réparation. Etant donné la cordialité des relations qui existe heureusement entre nos deux pays et l'ampleur des intérêts réciproques qui les lient, mon gouvernement ne peut croire que le gouvernement de Sa Majesté britannique ait voulu sans motif lui infliger une offense, en s'attaquant par la force au pavillon d'un navire du matricule argentin et en faisant obstacle à un service de navigation exclusivement national, établi sur la base des principes internationaux en vigueur depuis de nombreuses années avant les nouvelles dispositions de l'ordre en Conseil britannique.

En conséquence, et suivant les instructions expresses de mon gouvernement, je sollicite de Votre Excellence qu'il laisse sans effet les mesures de violence prises contre le

(1) V. ci-dessus, p. 355.

vapeur *Presidente Mitre* et qu'il donne des ordres à l'escadre britannique de l'Atlantique pour qu'elle n'empêche par le service régulier de la navigation des autres navires entre les ports argentins de la côte. MURATURE.

662

Grande-Bretagne. — NOTE DU SECRÉTAIRE D'ÉTAT DES AFFAIRES ÉTRANGÈRES DE LA GRANDE-BRETAGNE AU GOUVERNEMENT DE LA RÉPUBLIQUE ARGENTINE, AU SUJET DE LA CAPTURE DU NAVIRE *PRESIDENTE MITRE* PAR UN CROISEUR BRITANNIQUE, EN DATE DU 21 DÉCEMBRE 1915 (Republica argentina, ministerio de relaciones exteriores y culto. *El apresamiento del vapor « Presidente Mitre »*. Documentos oficiales, nº 40).

Le gouvernement de Sa Majesté a examiné avec la plus sérieuse considération votre Note reçue le 1er décembre (1) relative à la capture du vapeur *Presidente Mitre*, ainsi que les autres Notes que vous m'avez adressées à ce sujet. La constitution de la Compagnie à laquelle appartient ce navire donnait au gouvernement de Sa Majesté des motifs fondés pour croire que ledit navire, en totalité ou en grande partie, était propriété ennemie et en conséquence sujet à condamnation conformément aux règles et aux principes observés en de tels cas par les tribunaux de prises britanniques. Dans ces circonstances, il ne peut être admis que la capture du navire ne soit pas entièrement justifiée. Le gouvernement de Sa Majesté, toutefois, prend en plus sympathique considération la demande du gouvernement argentin et serait tout à fait désolé de devoir causer quelque dommage à l'important commerce côtier de la République argentine. Ayant égard au caractère purement local de ce service et au fait que les règlements pour son fonctionnement sont anciens et datent d'une époque antérieure à la guerre, il est donc disposé à proposer une solution qui, sans préjudicier aux droits belligérants de l'Angleterre, donnerait en même temps satisfaction aux désirs du gouvernement argentin. Le gouvernement de Sa Majesté est prêt en conséquence à ordonner la liberté et la restitution du vapeur *Presidente Mitre* si le gouvernement argentin accepte de ne pas préjuger la question générale et abandonne pour lui-même ou pour les propriétaires du navire ou de la cargaison toute réclamation à raison des dommages moraux ou matériels résultant de la capture. Il est entendu aussi que le vapeur, une fois mis en liberté, ne devra pas changer son genre de voyages, c'est-à-dire devra continuer à faire un service côtier ; sinon il serait susceptible de capture. Le gouvernement de Sa Majesté espère que le gouvernement argentin appréciera les motifs qui l'ont porté à abandonner les droits incontestables qui lui appartenaient et la justesse des conditions imposées pour la restitution du navire. Dès que le gouvernement argentin lui aura communiqué son acceptation, le gouvernement de Sa Majesté donnera des ordres pour la mise en liberté immédiate du *Presidente Mitre* et pour que ne soient pas capturés les autres navires de la ligne Hamburgo Sud-Americana naviguant avec le pavillon argentin. En ce qui concerne la cargaison du navire, le gouvernement argentin est prévenu qu'afin d'éviter d'inutiles inconvénients à ses propriétaires, le gouvernement de Sa Majesté se propose d'en faire le déchargement à Montevideo et il croit savoir que cette décision ne sera pas désapprouvée par le gouvernement argentin. Les animaux à bord ont dû toutefois être débarqués à cause du manque de fourrage pour les nourrir, et les passagers ont été aussi débarqués.

(1) V. ci-dessus, p. 365.

663

République argentine. — Note du gouvernement argentin du 23 décembre 1915 acceptant les propositions de la Grande-Bretagne pour le règlement de la capture du *Presidente Mitre* (Republica argentina, ministerio de relaciones exteriores y culto. *El apresamiento del vapor « Presidente Mitre »*. Documentos oficiales, n° 41).

Le gouvernement argentin, partageant les sentiments amicaux qui ont inspiré le gouvernement de Sa Majesté britannique et nonobstant les dommages qu'a causés la capture du navire, s'abstient de toute discussion sur la question générale et accepte les conditions proposées dans la Note du gouvernement de Sa Majesté (1).

664

République argentine. — Mémoire du gouvernement argentin a la Chambre des députés au sujet de la capture du navire *Presidente Mitre* par un croiseur britannique, en date du 6 décembre 1915 (Republica argentina, ministerio de relaciones exteriores y culto. *El apresamiento del vapor « Presidente Mitre »*. Documentos oficiales, n° 28).

Buenos-Aires, 6 décembre 1915.

La capture du vapeur national *Presidente Mitre* s'est produite le 28 novembre à 12 milles à l'Est-Nord-Ouest de Punta Médanos, tandis que le navire naviguait vers Puerto San Antonio, arborant le pavillon argentin dont par son immatriculation il avait le droit d'user. Le croiseur britannique *Orama* lui intima l'ordre de s'arrêter ; cet ordre ayant été obéi, deux officiers avec neuf hommes armés prirent possession du navire, enlevèrent le pavillon et dirigèrent le voyage vers le Nord ; on mouilla à 15 milles de Ponton Faro Recalada. Le jour suivant, le vapeur dut suivre l'*Orama* et se dirigea en sa compagnie à un nouveau mouillage, à 10 milles au Sud-Sud-Ouest de la rade de Montevideo. Là furent transbordés sur un vaisseau qui croisait les passagers et l'équipage pour être conduits dans le port de Montevideo, où ils furent débarqués. L'*Orama* et le *Mitre* à ses côtés levèrent de nouveau leurs ancres, et tous deux allèrent mouiller à 23 milles, plus ou moins, au Sud-Est de l'île de Flores. Après avoir passé un jour en cet endroit, l'*Orama* embarqua les matelots qui étaient encore restés à bord du *Mitre* et il les transporta vers Montevideo, dans la rade de laquelle il les transmit au remorqueur *Ondina* pour qu'il les mit à terre. Tel est, en résumé, l'exposé des faits tel, qu'ils résultent des déclarations formulées par le commandant du vapeur devant le consul général argentin dans la République orientale de l'Uruguay.

Aussitôt que ces différents actes furent venus à sa connaissance, le Pouvoir exécutif s'est occupé de faire le nécessaire pour obtenir la réparation à laquelle en justice il pouvait prétendre. Son premier soin a été d'examiner en détail les circonstances particulières du cas par rapport aux règles admises du droit international qui déterminent les devoirs réciproques des belligérants et des neutres sur l'exercice du droit de prise.

La Chambre n'ignore pas que les nécessités ou les convenances de la guerre ont

(1) V. ci-dessus, p. 367.

provoqué, de la part des belligérants, une série de réformes fondamentales touchant le régime conventionnel adopté pour le développement des opérations militaires. Quelques-unes de ces réformes se sont traduites par des mesures de fait, sans avertissement préalable, et d'autres ont été imposées par le commandement exclusif de quelqu'un des gouvernements en guerre, au moyen d'actes unilatéraux, publiés avant leur application, pour la connaissance de tous les intéressés.

Au sujet des mesures de violence accomplies par un croiseur de la flotte britannique contre un vapeur appartenant à l'immatriculation nationale, le gouvernement argentin, particulièrement intéressé, a pris en considération les problèmes complexes que le cas faisait naître, pour établir la distinction nécessaire entre les deux significations que l'acte pouvait revêtir. Avant tout, il devait rechercher s'il s'agissait d'un procédé particulier employé au détriment de nos droits et de nos intérêts ou d'une règle générale appliquée sans distinction de nationalités à des situations prévues et édictées d'avance. La portée de la différence n'est pas sans importance. Dans la première hypothèse, l'acte constituerait un fait de violence qui serait une offense à la dignité argentine et méconnaîtrait les privilèges de sa souveraineté. Dans la seconde, il apparaîtrait comme un problème de nature juridique sur la légitimité et l'extension des droits que peuvent s'attribuer les gouvernements belligérants pour réglementer leurs relations avec les neutres. Après avoir approfondi ce point, le Pouvoir exécutif est arrivé à la conclusion que le cas devait sans équivoque rentrer dans la seconde des formules indiquées. Tout en estimant que le gouvernement britannique avait par des mesures de ce genre outrepassé la sphère des attributions reconnues aux belligérants par le droit international, il croit que la controverse doit être placée sur le terrain qu'établissent les circonstances, à savoir un éclaircissement des droits et obligations corrélatifs où ne seraient pas compromis les devoirs suprêmes inhérents à la sauvegarde de la dignité nationale.

Les principes acceptés par la pratique des nations en ce qui concerne la guerre maritime, et en particulier en ce qui concerne le régime de la propriété, sont familiers à la Chambre. Néanmoins, il convient ici de faire une brève récapitulation des règles connexes au cas en question et des mesures que le gouvernement argentin a jusqu'à cette heure assujetties à ses préceptes.

Le dissentiment qui s'était maintenu pendant longtemps entre quelques-unes des grandes puissances européennes touchant les éléments qui déterminent le caractère belligérant ou neutre des navires et de leurs cargaisons a été résolu par l'accord qui sortit de la Conférence de Londres en 1909. Les représentants de dix Etats formulèrent à la date du 26 février une déclaration qui condensa en règles concrètes les procédés à suivre en cas de guerre par les belligérants et les neutres. Dès lors, disparurent les divergences de grande importance qui avaient divisé l'opinion des chancelleries et on put compter avec un corps de doctrine pour empêcher les excès et modérer les alarmes d'un conflit armé. Sans doute, la déclaration n'a pas été ratifiée, et ainsi elle ne saurait être invoquée comme une obligation impérieuse, même dans les rapports des pays signataires. Mais il n'en est pas moins certain que ses stipulations, si elles n'ont pas constitué comme un pacte compromissoire, ont été considérées comme une reconnaissance de règles et de principes sanctionnés par l'expérience, avec le consentement des pays les plus autorisés pour les proclamer. En effet, la disposition préliminaire de la déclaration dit textuellement ce qui suit : « Les puissances signataires sont d'accord pour constater que les règles contenues dans les chapitres suivants répondent, en substance, aux principes généralement reconnus du droit international ». Cette clause démontre bien que, encore qu'elle n'ait pas la force d'un traité, la déclaration de Londres a une valeur doctrinale incontestable comme règle imposée pour le développement des opérations navales et pour la détermination des procédés entre les gouvernements belligérants et neutres. Dans la guerre actuelle, cette valeur a apparu tout entière par le fait que le gouvernement britannique a édicté l'ordre en Conseil n° 2 de 1914 (1) qui a

(1) V. ci-dessus, p. 315.

mis en vigueur les dispositions de la déclaration de Londres, sous quelques modifications expressément spécifiées, d'ailleurs étrangères au cas en question.

D'accord avec ces précédents, le Pouvoir exécutif s'est efforcé, dès le commencement de la guerre, d'ajuster strictement sa conduite aux règles de droit international consacrées par la déclaration de Londres, de manière à garder soigneusement sa neutralité sans favoriser ou préjudicier sous une forme quelconque aux droits des belligérants. Afin d'éviter des simulations malicieuses qui pourraient mettre en question la protection du pavillon national sur des navires marchands, une résolution du 26 décembre 1914 a décidé que « le transfert de pavillon ne sera autorisé que sous la réserve qu'il sera fait sur la base d'une absolue bonne foi, et qu'en conséquence le gouvernement argentin refusera toute intervention en faveur des intéressés s'il est ensuite établi qu'ils n'ont pas rempli cette condition ». Ainsi se trouvait évitée la possibilité que les intérêts particuliers suscitent des complications au gouvernement par de fâcheuses contraventions à la règle édictée par l'article 56 de la déclaration de Londres. Quant aux navires de matricule national qui avaient été immatriculés avant la guerre, leur droit de jouir de la franchise ne pouvait être douteux, que ces navires appartiennent à des sujets neutres ou à des sujets étrangers, attendu que, d'après l'article 57, « le caractère neutre ou ennemi du navire est déterminé par le pavillon qu'il a le droit de porter ».

Sous la protection de cette règle, les vapeurs appartenant à la Compagnie Hamburgo Sud-Americana, qui sont chargés depuis quinze années du service de navigation de la côte Sud, purent continuer leur trafic sans empêchement, leur caractère neutre se trouvant garanti par l'usage légitime du pavillon argentin.

Mais, à l'improviste, la situation légale dans laquelle se trouvait le gouvernement britannique fut modifiée par l'ordre en Conseil du 20 octobre de la présente année (1), qui déclara abrogé l'article 57 de la déclaration de Londres et adopta les règles et principes observés antérieurement dans les tribunaux de prises britanniques. Tout semble indiquer que c'est en vertu de cette nouvelle disposition, appliquée avec un zèle excessif par la flotte anglaise de l'Atlantique, que se produisit la capture du vapeur national *Presidente Mitre*.

Par ces indications, le Pouvoir exécutif n'entend ni justifier la capture, ni accepter l'exercice du droit de prise comme un effet des faits produits. Il croit seulement devoir rapporter avec loyauté les circonstances relatives au cas qui s'est présenté et expliquer le jugement qu'il s'est formé au sujet de l'incident, en considérant celui-ci comme un problème juridique et diplomatique susceptible d'être soumis à un débat raisonné, sans diminution pour l'honneur de la nation.

Le Pouvoir exécutif n'est pas à même d'informer la Chambre si les mesures de force adoptées contre le vapeur *Presidente Mitre* ont été appliquées par la flotte de l'Atlantique en exécution de l'ordre général mentionné plus haut ou si elles ont été le résultat d'instructions expresses et, dans ce dernier cas, si en procédant ainsi le gouvernement britannique a eu une notion complète des conditions dans lesquelles les vapeurs de la côte Sud effectuaient leurs services.

En réalité, le gouvernement argentin ne peut admettre logiquement, même depuis l'abrogation de l'article 57 de la déclaration de Londres, que la flotte britannique étende son action jusqu'à agir contre les navires sous pavillon argentin qui relient la capitale de la République aux ports de Patagonie.

Ces navires réalisent une navigation définitivement locale, suivant une route côtière sans escales dans des ports étrangers. Même lorsque les contingences de la navigation ne leur permettent pas de se maintenir habituellement dans le rayon des eaux juridictionnelles, le fait qu'ils s'éloignent de quelques milles de la côte ne modifie pas le caractère interne du service qu'ils effectuent. Depuis une quinzaine d'années les navires de la même Compagnie ont fait régulièrement ce service, conformément à notre loi sur le cabotage, et les hostilités n'ont pas du tout altéré les conditions dans lesquelles ils agis-

(1) V. ci-dessus, p. 355.

saient auparavant. Il n'est pas exact, comme on l'a affirmé d'une manière générale, que l'équipage du *Presidente Mitre* était formé en majorité de sujets allemands naturalisés en Argentine. Il figure sur le rôle d'équipage onze Allemands non naturalisés. Le reste du total de quatre-vingts était composé d'Argentins ou de sujets appartenant à des nationalités neutres. Toutes ces circonstances démontrent qu'aucun intérêt en rapport avec les opérations militaires n'était en question, et que seulement la nationalité allemande de la Compagnie propriétaire pouvait être invoquée comme un motif d'attribuer au navire un caractère belligérant. Le gouvernement britannique a par hasard ignoré la continuité non interrompue avec laquelle ces vapeurs ont fait un service purement national et le lien qui ainsi les rattachait aux intérêts de la navigation et du commerce argentins. On peut assurer sans hésitation que le pavillon qu'ils portaient n'était pas une circonstance caractéristique de la nationalité, déterminée par des convenances transitoires, mais constituait une adaptation permanente à la vie fonctionnelle du pays réalisée dans le terme de beaucoup d'années, antérieurement aux éventualités de la guerre. Et s'il n'est pas possible de négliger de tenir compte de la nationalité allemande de la Compagnie propriétaire, on ne doit pas non plus oublier les autres facteurs qui justifient l'usage du pavillon sur des navires comme le *Presidente Mitre*, affectés exclusivement à la navigation locale entre des ports argentins.

Quelle que soit la violence avec laquelle se déroulent les hostilités entre les pays en guerre et quels que soient les droits qu'ils invoquent pour la justifier, cela n'exclut pas la considération qui est due aux pays neutres amis quand, comme dans le cas présent, leurs intérêts apparaissent compromis directement ou indirectement avec ceux des sujets belligérants. Cet aspect de la question accentue le côté diplomatique des divergences comme celles qu'a fait naître la capture du *Presidente Mitre*. En supposant même que le droit de procéder à la capture soit indiscutable et indiscuté, on comprend qu'on se demande si en exerçant ce droit sur une ligne de navigation intérieure, protégée par l'usage légitime du pavillon marchand, le gouvernement britannique n'a pas causé une injure morale au pays où le navire a été immatriculé plus grave que le dommage matériel occasionné aux propriétaires du navire. Jusqu'à quel point est-il possible de procéder à la réparation de semblables actes entre pays qui cultivent une amitié cordiale, affirmée dans le respect que se doivent tous les États souverains, qu'ils soient forts ou faibles ? Jusqu'où vont la stricte notion des droits corrélatifs et la conception abstraite de l'harmonie réciproque dans les actes qui, sans affecter le cours des opérations militaires, effleurent les intérêts respectables des pays neutres ? Voilà d'autres questions subsidiaires qui découlent naturellement du point principal et qui ne paraissent pas destinées à sortir de l'incertitude tant qu'existent les égarements de la lutte actuelle.

On aperçoit facilement la grandeur et la complexité des problèmes que la guerre a fait naître non seulement sur le terrain du droit international, mais aussi dans tous les ordres de l'activité politique et diplomatique. L'intense répercussion de la secousse a opéré ses effets douloureux sur l'ensemble des principes doctrinaux ou conventionnels qui règlent les relations de la vie entre les peuples et a fait disparaître les règles plus ou moins précises qui fixaient aux belligérants et aux neutres la limite de leurs droits et l'étendue de leurs devoirs. La capture du vapeur *Presidente Mitre*, comme d'autres incidents analogues, met de nouveau en relief l'insécurité des règles juridiques internationales et motive les réflexions les plus sérieuses sur la défense des intérêts publics au milieu du formidable bouleversement de l'époque historique actuelle.

Etant donné ces idées, qu'il espère voir partagées par la Chambre, le Pouvoir exécutif a agi vis-à-vis du gouvernement britannique pour que celui-ci répare les conséquences de la mesure prise contre le vapeur *Presidente Mitre* par la flotte de l'Atlantique.

Le Pouvoir exécutif espère que le gouvernement de Sa Majesté britannique, obéissant à la cordialité traditionnelle de ses relations avec l'Argentine, fera à l'incident l'application de l'esprit de justice qu'il a toujours proclamé comme règle de sa conduite à l'endroit des pays neutres ; mais on ne peut encore rien affirmer, sans préjuger ses intentions, ni sur l'idée qui lui a dicté ses mesures de violence, ni sur le fondement légal qu'il leur attribue.

Par tous les indices que nous connaissons, il y a lieu de supposer que le cas actuel aura la signification générale d'un précédent pour tous les pays neutres, qui retiendra l'attention beaucoup plus que les dommages dont ont souffert par l'effet de la lutte armée actuelle les pays les plus éloignés du théâtre de la guerre.

V. DE LA PLAZA.

JOSÉ LUIS MURATURE.

665

République argentine. — NOUVEAU MÉMOIRE A LA CHAMBRE DES DÉPUTÉS AU SUJET DE LA CAPTURE DU NAVIRE *PRESIDENTE MITRE* PAR LA FLOTTE BRITANNIQUE, EN DATE DU 3 JANVIER 1916 (Republica argentina, ministerio de relaciones exteriores y culto. *El apresamiento del vapor « Presidente Mitre »*. Documentos oficiales, n° 45).

Buenos-Aires, 3 janvier 1916.

On ne doit pas cacher à la Chambre des députés les faces multiples que l'incident a présentées à l'attention du Pouvoir exécutif et la complexité des problèmes que chacune d'elles a posés. En ce qui concerne le régime international de la guerre maritime, les règles édictées par la déclaration de Londres ont, par des solutions conventionnelles, fait disparaître beaucoup d'incertitudes qui existaient auparavant sur les droits des belligérants et des neutres. Mais, la convention de Londres ayant été abrogée dans quelques-unes de ses dispositions fondamentales par les puissances en guerre, les anciennes difficultés se sont reproduites et se sont même accentuées par les objections que pouvait présenter la déclaration de caducité de la convention formulée par un acte unilatéral des puissances au préjudice de situations juridiques déjà établies et au mépris d'intérêts respectables créés sous son empire.

Indépendamment des règles applicables à la navigation internationale, le cas du *Presidente Mitre* a soulevé une question du plus grand intérêt : celle du droit qu'ont les pays neutres de régler en vertu de leur souveraineté la navigation de cabotage, maintenue exclusivement dans les limites de leur propre juridiction. Si les belligérants peuvent prendre sur la mer libre les précautions qu'ils jugent indispensables pour se préserver des embûches hostiles, leur droit à cet égard est limité par les mesures de nécessité qui le justifient. Spécialement, en ce qui touche le commerce intérieur d'un pays neutre, complètement étranger aux éventualités de la guerre, il ne semble pas que ses opérations puissent être légitimement gênées par les forces belligérantes, tandis qu'il se conforme aux exigences de la loi nationale et ne touche en rien au développement de la lutte militaire.

On ne peut guère citer de précédents aux diverses questions qu'a fait naître la capture du *Presidente Mitre*, car la situation très spéciale dans laquelle se trouvaient les navires de la Compagnie Hamburgo Sud-Americana au service du cabotage argentin échappait aux pratiques courantes en ce genre de navigation. Le Pouvoir exécutif n'a trouvé aucun cas analogue antérieur, dont la solution puisse fournir des bases juridiques, même approximatives, pour l'étude de la difficulté. La question de droit, telle que les événements l'ont posée, revêt un caractère entièrement nouveau qui, soustrait aux sanctions précises de la jurisprudence, est soumis seulement aux enseignements, toujours confus sur ce terrain, de la doctrine générale.

Le Pouvoir exécutif n'a pas cru, dès le premier moment, que la négociation diplomatique devait faire naître un débat strictement légal des droits compromis dans l'incident. Dans les moments où les exaltations d'un conflit armé obscurcissent l'empire des règles internationales consacrées par l'évolution du droit public, les incidents nés de la guerre ont une plus grande signification par leur valeur politique que par leur nature juridique. Les doctrines du droit international sont éclipsées par les nécessités militaires, et il est nécessaire de tenir compte des circonstances pour pouvoir, avec quelque efficacité pratique, défendre les intérêts pouvant être atteints par le développement de la guerre.

Dans cet esprit, le Pouvoir exécutif a considéré que la négociation provoquée par la capture du vapeur *Mitre* devait invoquer en premier lieu les raisons de caractère diplomatique ou politique qui militaient en faveur des intérêts argentins, en laissant à plus tard la controverse juridique, si le gouvernement britannique insistait pour soutenir la validité de sa procédure. La capture des navires qui servent à notre commerce de la côte Sud ne répond à aucune convenance appréciable de la Grande-Bretagne, alors qu'elle cause une profonde lésion des droits de la République touchant la réglementation du cabotage et des importants intérêts qu'affectent ces services de navigation. Il n'était pas à présumer que le gouvernement britannique insisterait pour maintenir la mesure de violence qu'il avait exercée contre un navire portant pavillon argentin une fois qu'il aurait convenu qu'en procédant ainsi il causait plus de dommages aux intérêts d'un pays ami qu'à la propriété de son adversaire. Étant donné l'état des relations existantes entre les deux pays, le Pouvoir exécutif devait espérer logiquement que le gouvernement britannique comprendrait la grandeur de l'attaque qui avait lésé les intérêts argentins. Par bonheur, cet espoir n'a pas été vain, et le résultat de la négociation a démontré que le Pouvoir exécutif avait bien interprété l'esprit qui préside aux relations traditionnellement amicales entre la République et la Grande-Bretagne.

L'incident du *Presidente Mitre* ayant soulevé des susceptibilités patriotiques aussi respectables que véhémentes, le Pouvoir exécutif a estimé nécessaire de développer ses explications pour établir d'une manière non équivoque son attitude et pour rectifier des erreurs sensibles de fait et de droit auxquelles a donné lieu le début public de la question. La manière d'agir du Pouvoir exécutif a entraîné des discussions, même avant qu'elle fût connue, et il ne serait pas juste que persistent les préventions du sentiment national sans qu'on puisse démontrer leur peu de consistance. Puisque le Pouvoir exécutif a jugé complètement équivoques quelques-unes des idées indiquées touchant la direction de ses négociations, il doit exprimer, devant la Chambre et le pays, la raison de son dissentiment avec ces idées. Il ne prétend pas assurément avoir la possession exclusive de la vérité ; il veut uniquement fournir les éléments pour que le jugement public puisse se former par lui-même une appréciation consciente des faits et des allégations auxquelles ils ont donné lieu.

L'examen du cas international que faisait naître la capture du vapeur *Presidente Mitre* a aussitôt appelé l'attention du Pouvoir exécutif sur la convention n° XI de la Haye, relative, comme son titre l'indique, « à certaines restrictions à l'exercice du droit de capture dans la guerre maritime ». L'article 3 de cette convention, signée par 41 États, au nombre desquels figurent la Grande-Bretagne et la République argentine, déclare que « les bateaux exclusivement effectés à la pêche côtière ou à des services de petite navigation locale sont exempts de capture, ainsi que leurs engins, agrès, apparaux et chargement ».

Même si la simple lecture de l'article devait suffire pour accuser la différence qui existe entre les bateaux de « petite navigation locale » exempts de capture et les navires de haut bord affectés à la navigation nationale comme le *Presidente Mitre*, il n'est pas sans intérêt de fixer le sens précis de la franchise parce que celui-ci pourra fournir une base solide aux réclamations argentines d'après lesquelles elle devrait s'appliquer en général aux navires de cabotage. Il n'a pas été nécessaire au Pouvoir exécutif de se prêter à un examen et à une analyse approfondis ni même de forcer à l'extrême l'interprétation de l'article, pour se convaincre de la possibilité d'invoquer rationnellement ce texte pour la défense de ses intérêts. Les négociateurs de la Haye ont établi l'exception à la capture, au seul profit d'une classe de personnes nécessiteuses, exposées sans défense aux contingences de la guerre, et à aucun moment ils n'ont songé ni à lui donner une plus grande portée ni à modifier le critérium purement humanitaire et bienveillant qui l'a motivée ; à cet égard, les preuves sont nombreuses et incontestables.

Depuis les temps anciens, les pratiques maritimes de l'Europe ont exclu de toute hostilité les équipages des bateaux de pêche, en expliquant cette solution par le caractère inoffensif de leurs occupations et la situation précaire de leurs moyens d'existence. Cette exception a été mentionnée dans les ordres expédiés par le Roi Henri IV d'Angleterre à l'Amirauté en 1403, et elle réapparaît ensuite dans le traité de Calais conclu par Charles V et François Ier le 2 octobre 1521, sous les auspices du Saint-Siège et de l'Angleterre. Plus tard, la France la consigna dans ses édits de 1543 et de 1584, autorisant l'Amirauté à accorder une trêve aux pêcheurs ennemis à charge de réciprocité. Durant le règne de Louis XIV la règle fut supprimée, mais Louis XVI la rétablit aussitôt, et depuis lors les tribunaux français ne cessèrent jamais de l'appliquer. Dans sa décision du 9 thermidor an IX, le Conseil des prises reconnut l'universalité du principe qui protège les pêcheurs et en conséquence ordonna la liberté du bateau *Nossa Senhora da Piedade* capturé par le corsaire *Carmagnole*. Pendant les guerres de Crimée, d'Italie et de Prusse, le gouvernement français suivit la même ligne de conduite. Lors de la guerre entre l'Espagne et les États-Unis, la Cour suprême de ce dernier pays rendit une sentence qui mérite une mention spéciale parce qu'elle constitue l'étude la plus complète qui ait encore été faite sur les précédents et la portée de la franchise accordée aux pêcheurs. L'escadre Nord-américaine avait pris deux bateaux espagnols, le *Paquete Habana* de 25 tonneaux et trois hommes d'équipage, et le *Lola*, de 35 tonneaux et six marins. Soumise à la Cour de district, la prise fut déclarée valide. Mais la Cour suprême réforma la sentence, et dans ses motifs le juge Gray étudia la question à fond sans omettre aucun des antécédents historiques et doctrinaux qui pouvaient l'illustrer. Après des considérants étendus et nourris, le tribunal résuma ses conclusions dans les termes suivants : « Actuellement, du consentement unanime de toutes les nations civilisées et indépendamment de tout traité exprès ou d'un autre acte public, c'est une règle admise par le droit international que les bateaux de pêche côtière avec leurs instruments et leurs provisions, leur chargement et leur équipage, sans armes et poursuivant honnêtement leur profession pacifique de recueillir et de transporter du poisson frais, sont exempts de capture comme prise de guerre ». Et plus bas il ajouta : « C'est là une règle établie en droit international, fondée sur des considérations d'humanité envers une classe d'hommes pauvres et industrieux, à la convenance réciproque des États belligérants » (*Rapports de la Cour suprême des États-Unis*, t. 175, p. 677 et suivantes).

Cette brève mention des précédents a paru indispensable au Pouvoir exécutif pour l'intelligence précise des débats qui se sont déroulés à la Conférence de la Haye quand il s'est agi de concrétiser dans un accord international la règle admise en faveur des pêcheurs et constituée par la coutume.

L'article 3 de la convention n° XI qui consacre ce principe a son origine dans deux propositions distinctes, présentées l'une par la délégation portugaise et l'autre par la délégation austro-hongroise.

La proposition portugaise déclarait : « L'exercice de l'industrie de la pêche côtière au moyen d'attirails ou de bateaux propres à cet usage sera permis aux ressortissants d'un État belligérant dans les eaux territoriales et dans la zone habituelle de pêche des côtes du pays auquel ils appartiennent ». « Les bateaux employés à la grande pêche... seront considérés pour tous les effets comme navires de commerce ennemi ». La proposition austro-hongroise étendait l'exception dans les termes suivants : « A l'égard des bateaux de pêche côtière sont exemptés de capture les bateaux et barques affectés dans les eaux territoriales de quelques pays au service de l'économie rurale ou à celui du petit trafic local » (*Actes de la Conférence*, t. III, p. 1177).

Ces deux projets furent fondus en un seul par l'auteur de la proposition portugaise, le capitaine de vaisseau Ivens Ferraz, et restèrent ainsi soumis conjointement aux délibérations de la IVe Commission.

A l'appui de sa proposition, le délégué austro-hongrois, le contre-amiral Haus, dit : « Cette proposition ne vise que les bateaux et barques de petites dimensions et destinés au transport de produits agricoles ou de personnes le long de côtes accores, ou entre la côte et des îles situées au devant, ou dans les archipels, ou enfin dans les canaux des côtes plates. Sans porter, d'une part, un préjudice quelque peu sensible au commerce ou aux ressources de l'État ennemi, et sans rapporter, d'autre part, au capteur un bénéfice pouvant pour lui entrer en ligne de compte, la capture de ces embarcations ne ferait, en réalité, que compromettre l'existence de marins, d'insulaires ou d'habitants du littoral se trouvant tous dans une situation de fortune des plus précaires, réduits qu'ils sont au maigre produit de leur métier. Il semble donc s'imposer, dans l'intérêt de l'humanité, d'interdire la capture des bateaux et barques en question, excepté les cas d'exigences militaires » (*Actes*, séance XII, de la IVe Commission, t. III, p. 910).

Les deux projets une fois fondus en un seul, le capitaine de vaisseau Ivens Ferraz en expliqua le fondement en ces termes : « La proposition portugaise n'a pas en vue une protection particulière apportée à l'industrie de la pêche, mais uniquement un but humanitaire, celui de protéger une classe pauvre qui mérite l'intérêt de la Conférence et que l'on ne doit pas priver de ses seuls moyens de subsistance »... « Les mots « ou *la petite navigation* » correspondent à ceux qui sont employés dans la proposition du contre-amiral Haus, ils visent les bateaux qui font le transport du poisson » (*Actes*, Comité d'examen de la IVe Commission, t. III, p. 968).

Sur la base du nouveau projet, le Comité d'examen discuta largement la question. Diverses modifications furent proposées pour fixer un maximum de tonnage aux navires exempts de capture, pour établir la distance à laquelle ils pouvaient s'éloigner de la côte, ou pour établir des caractéristiques de construction. A un certain moment des débats, le délégué allemand, contre-amiral Siegel, demanda ce qu'il fallait entendre par « navigation de pêche » : Est-ce le cabotage ? dit-il. Et le capitaine de vaisseau Ivens Ferraz répondit que la « navigation de pêche » « ne comprend pas le cabotage, mais les bateaux qui transportent les produits de la pêche et ceux que vise la proposition du contre-amiral Haus » (*Actes*, t. III, p. 970).

Comme conséquence de la discussion, on résolut de charger le rapporteur, M. Fromageot, de tenir compte, en formulant le texte définitif, des observations qui avaient été faites (*Actes*, t. III, p. 974). Ainsi naquit l'article qui plus tard fut approuvé par la Conférence sous la forme de la convention actuelle.

Après qu'il eut été accepté par la Commission, le projet passa à la Conférence, et, en expliquant les fondements, le rapporteur, M. Fromageot, dit au sujet de la petite navigation locale : « Conformément à la proposition de l'Autriche-Hongrie, le texte étend, dans les mêmes conditions (qu'en ce qui concerne les bateaux de pêche), l'immunité à la petite navigation locale, c'est-à-dire aux bateaux et barques de petite dimension transportant des produits agricoles et se livrant à un modeste trafic local, par exemple entre la côte et les îles ou îlots voisins » (*Actes*, t. I, p. 271).

Cette déclaration, faite à la VIIe séance plénière, n'a donné lieu à aucune observation, et la Conférence approuva le projet à l'unanimité des voix (*Actes*, t. I, p. 237).

Comme cela résulte de ces extraits et de tout le cours de la discussion, que par motif de brièveté nous ne reproduisons pas ici, la Conférence de la Haye a sanctionné l'exemption de capture au profit des travailleurs modestes qui font un trafic peu important auprès de la côte, et l'auteur même du projet a déclaré expressément qu'il n'entendait pas en faire profiter le commerce de cabotage. La Chambre pourra juger de l'application qui doit être faite de cette règle au *Presidente Mitre*, qui était un vapeur de 2.800 tonneaux et dont la valeur était estimée par ses agents à la somme de 75.000 livres sterling. Pour sa part, le Pouvoir exécutif n'a pu à aucun moment penser, devant la précision des textes décisifs ci-dessus transcrits, que la Conférence de la Haye avait appelé petite navigation locale le commerce de cabotage, en opposition avec la navigation de long cours ou navigation internationale.

Il ne saurait y avoir non plus d'équivoque, d'après le Pouvoir exécutif, sur le sens de la mention consignée dans le livre intitulé « Lois de l'Angleterre » (*Law of England*), t. XXIII, p. 275. Dans cet ouvrage, l'auteur expose méthodiquement, dans des chapitres affectés à chaque matière, les dispositions législatives et conventionnelles de la Grande-Bretagne, en indiquant les sources au bas de chaque paragraphe. Au volume et à l'endroit cités ci-dessus, on lit ce qui suit : « La capture d'un navire ennemi ou de marchandises ennemies est toujours légale, à moins qu'il ne s'agisse d'un navire employé exclusivement à la pêche cotière ou d'un petit bateau employé au commerce local (*a small boat employed in local trade*) ». A cet endroit du paragraphe se trouve l'appel d'une note ; et la note à laquelle il est ainsi renvoyé porte : « Convention relative à certaines restrictions à l'exercice du droit de capture dans la guerre maritime, 1907, art. 3 ». Il y a donc là simplement une transcription de l'article tant de fois cité, et dont la portée et le sens ont apparu avec une entière clarté par les développements qui ont été donnés plus haut.

Le cas du vapeur *Pax* présenté comme un précédent de la prise du *Presidente Mitre* n'offrait, au jugement du Pouvoir exécutif, aucun intérêt qui dût le faire prendre en considération dans les négociations. Ce navire avait été capturé par la flotte britannique de l'Atlantique et il fut plus tard déclaré de bonne prise sans que le Pouvoir exécutif ait cru devoir faire la moindre démarche en sa faveur malgré qu'il eût été inscrit sur la matricule argentine. En procédant ainsi, le Pouvoir exécutif avait des raisons qui ne doivent pas être cachées à la Chambre et qu'il estime opportun d'indiquer ici.

On sait que les puissances signataires de la déclaration de Londres ont convenu de déterminer le caractère neutre ou ennemi des navires par le pavillon qu'ils ont le droit de porter. Comme complément logique de cette disposition, elles devaient empêcher les changements malicieux de pavillon, de manière à éviter qu'en cas de guerre les navires ennemis se fissent inscrire sur une matricule neutre et ainsi pussent se prévaloir d'immunités contre toute hostilité possible. En conséquence, elles proclamèrent la nullité des transports effectués depuis l'ouverture des hostilités, sauf le cas où est prouvée la bonne foi de l'opération. Aucun pays ne pouvait méconnaître le bien fondé de cette disposition, à moins de s'arroger le droit d'annuler, par l'octroi de son pavillon, l'action des belligérants contre les navires ennemis.

Le Pouvoir exécutif ne pouvait que se rappeler ces règles lorsque les propriétaires du vapeur allemand *Impland* sollicitèrent l'inscription de ce vapeur sur la matricule argentine sous le nom de *Pax* en octobre 1914, c'est-à-dire trois mois après la déclaration de guerre. D'un côté, il ne convenait pas aux intérêts publics d'empêcher l'inscription sur la matricule nationale pour les transferts qui avaient lieu de bonne foi et qui pouvaient contribuer légitimement au développement de la marine marchande. Mais, d'un autre côté, le gouvernement argentin ne pouvait admettre, étant donné la position de neutre qu'il avait adoptée, qu'il se prêtât à des manœuvres trompeuses qui l'obligeassent à intervenir dans le choc d'intérêts purement belligérants. Afin de concilier ces deux situations extrêmes, le Pouvoir exécutif a édicté une résolution déclarant que les transferts de pavillon seraient concédés à la condition d'être pratiqués avec une absolue bonne foi et le gouvernement déclinerait toute responsabilité à cet égard. On conçoit qu'il n'y avait pas d'autre moyen d'agir devant la possibilité que des navires belligérants solliciteraient le pavillon argentin à seule fin de compter sur la protection d'un gouvernement neutre en cas de capture. C'est dans ces conditions que fut accordée l'inscription du vapeur *Pax*. Et les propriétaires de ce vapeur ont été si bien informés de la situation dans laquelle ils se trouvaient vis-à-vis du gouvernement argentin, qu'à aucun moment ils ne demandèrent son appui pour réclamer contre la prise de leur bâtiment.

Un autre point qui doit être soumis à la Chambre est celui qui a trait à l'entrée du vapeur *Presidente Mitre* dans le port de Montevideo peu de jours après qu'il eut été capturé.

On a dit que le représentant de Sa Majesté britannique dans la capitale voisine avait considéré le navire capturé comme un croiseur auxiliaire de l'escadre britannique ; et cette appréciation prétendue du représentant britannique a donné lieu à d'énergiques protestations, car elle impliquait une atteinte aux privilèges de la souveraineté argentine. Le navire n'ayant pas été déféré à un tribunal de prises, la légalité de la capture est toujours en question, et il n'est pas possible de déclarer le navire incorporé à l'escadre anglaise tant que le jugement demeure en suspens. Toutes ces considérations qui ont été formulées à ce sujet manquent en réalité par leur base même, car le fait qui les a motivées était inexact. La légation britannique à Montevideo n'a nullement déclaré que le *Presidente Mitre* fut un croiseur auxiliaire de l'escadre, et il n'y a eu de la part du gouvernement argentin aucune négociation pour protester contre une prétendue atteinte portée à ses droits.

De même, le Pouvoir exécutif n'a pas eu d'observations à formuler contre les errements suivis dans la circonstance par le gouvernement de la République orientale de l'Uruguay, qui s'est conformé d'une manière irréprochable aux principes des conventions internationales en vigueur et de ses propres règlements intérieurs. Le vapeur *Présidente Mitre* avait à son bord des animaux sur pied, qui devaient être déchargés dans certains ports du Sud. La quantité de fourrage qu'il transportait était proportionnée à la durée présumée du voyage qui devait être de peu de jours. La capture du navire réalisée, la provision de fourrage commença à s'épuiser. Il y avait alors à opter entre ces solutions : laisser périr les animaux, avec toutes les conséquences préjudiciables qui en résulteraient pour leurs propriétaires, ou entrer dans un port pour les débarquer, car leur transbordement sur mer était rien moins que possible. Dans ces circonstances, la légation britannique à Montevideo a sollicité l'autorisation d'entrer en correspondance avec le gouvernement uruguayen pour faire pénétrer le navire dans un port de l'Uruguay. Dans le même temps, la légation britannique à Buenos-Aires obtenait le consentement du gouvernement argentin, celui-ci se limitant à désirer qu'il ne soit procédé à aucune ingérence dans les mouvements du navire capturé tant qu'on discuterait la question générale. L'autorisation une fois accordée par le gouvernement uruguayen, le *Presidente Mitre* entra à Montevideo et il y demeura quelques heures jusqu'à ce qu'il eut déchargé les animaux qu'il transportait pour les remettre à leurs maîtres.

En autorisant l'entrée du navire dans un de ses ports, le gouvernement uruguayen avait suivi la règle établie par la convention n° XIII de la Haye, dont l'article 21 déclare : « Une prise ne peut être amenée dans un port neutre que pour cause d'innavigabilité, de mauvais état de la mer, de manque de combustible ou de provisions. Elle doit repartir aussitôt que la cause qui en a justifié l'entrée a cessé ». Le cas du manque de provisions qui a nécessité la présence du navire dans le port pendant les quelques heures nécessaires au déchargement des animaux était ainsi expressément prévu dans l'article 21. Mais il y a plus. La même convention n° XIII de la Haye établit dans son article 9 que « une puissance neutre doit appliquer également aux deux belligérants les conditions, restrictions ou interdictions édictées par elle pour ce qui concerne l'admission dans des ports, rades ou eaux territoriales, des navires de guerre belligérants ou de leurs prises ». Cela veut dire qu'on reconnaît aux pays neutres le droit de faire des réglementations intérieures pour rendre effectifs dans leur application pratique les principes généraux de la convention. En vertu de cette faculté, le gouvernement uruguayen a rendu un décret le 7 août 1914 (1), dont l'article 11, § 2, dispose qu'on observera pour les prises les mêmes règles que pour les navires de guerre belligérants, et que les premières pourront en conséquence être autorisées à entrer pour un temps limité dans les ports de la République.

Par ces motifs, le Pouvoir exécutif n'a aucune raison de considérer que le gouvernement uruguayen a manqué à l'exact accomplissement de ses devoirs internationaux et aux relations de cordiale amitié qui lient les deux pays.

Le Pouvoir exécutif ne pense pas qu'il ait été commis une injure au pavillon de la République par la manière dont les officiers de la flotte britannique l'ont enlevé du vapeur *Presidente Mitre*. Monté à bord, l'officier commandant le détachement a notifié

(1) V. ce *Recueil*, t. 1, p. 300.

au capitaine argentin qu'il capturait le navire parce qu'il considérait celui-ci comme propriété ennemie et en conséquence l'a invité à faire retirer le pavillon. Le capitaine du *Mitre* donna l'ordre à un des matelots, de nationalité argentine, et ce fut lui qui retira le pavillon. Le navire avait arboré son pavillon en vertu de la loi argentine qui, à raison de son inscription sur la matricule argentine, le considérait comme national ; la capture avait été opérée en vertu de la loi britannique qui en raison de la nationalité de ses propriétaires regardait le navire comme ennemi. Il y avait donc un conflit de législations sur la mer libre qui, tranché d'une manière péremptoire par les officiers de la flotte britannique, touchait aux intérêts argentins, mais n'entraînait pas un acte offensant pour l'honneur de la République. Ce qui avait été méconnu, ce n'était pas le respect dû au pavillon, mais le droit du navire de poursuivre sa route avec son pavillon arboré. C'est pourquoi dans son précédent Mémoire (1), le Pouvoir exécutif a dit que la controverse devait être résolue, à son avis, sur le terrain où les circonstances l'avaient placée, comme une élucidation des droits et des obligations corrélatifs, ne compromettant pas les devoirs suprêmes inhérents à la sauvegarde de la dignité nationale.

Cette appréciation se trouve aujourd'hui confirmée par l'attitude observée par le gouvernement britannique devant les démarches du gouvernement argentin, et par la solution conciliante qui a terminé l'incident.

Il ne faut pas négliger d'ajouter que depuis le commencement de la guerre jusqu'à aujourd'hui les navires de guerre belligérants n'ont molesté en aucune façon les navires neutres, au moyen de visites ou autres procédures, à l'entrée ou à la sortie du Rio de la Plata. Pour corroborer à nouveau les renseignements qu'il a reçus à cet égard, le Pouvoir exécutif a chargé la préfecture générale des ports de se livrer à une investigation approfondie et faisant foi en justice sur les actes accomplis par les navires de guerre à proximité des côtes argentines. A cette fin on a consulté tous les agents des vapeurs qui se trouvent actuellement dans la capitale fédérale, et il a été établi par leurs témoignages que depuis le mois d'août 1914 aucun navire marchand, parmi ceux qui se livrent au commerce international de la République par le port de Buenos-Aires, n'a été visité ni soumis à une mesure quelconque autour du Rio de la Plata ou dans ses eaux.

Le Pouvoir exécutif regrette de s'être vu dans la nécessité d'appeler l'attention de la Chambre sur cet exposé, d'une longueur peut-être excessive pour son objet ; mais il a cru indispensable de prévenir les erreurs que pourrait occasionner dans l'opinion publique la diffusion de conceptions fausses et de versions inexactes sur le déplorable incident dont il est heureux d'annoncer le dénouement à la Chambre.

V. DE LA PLAZA.

JOSÉ LUIS MURATURE.

666

Italie. — DÉCRET ROYAL CONSIDÉRANT COMME FAISANT PARTIE DU PATRIMOINE DE L'ÉTAT ITALIEN LE PALAIS DE VENISE A ROME, SIÈGE DE L'AMBASSADE D'AUTRICHE-HONGRIE AUPRÈS DU SAINT-SIÈGE, EN DATE DU 25 AOUT 1916 (*Gazzetta ufficiale* du 29 août 1916, p. 4365).

Considérant le caractère italien du Palais de Venise à Rome, lequel apparaît historiquement comme le témoignage de l'accession inséparable de Venise au Royaume ;

Considérant les innombrables et abominables violations du droit des gens commises par l'Empire austro-hongrois dans la guerre actuelle et les dévastations accomplies en dehors de tout motif militaire contre les monuments et les bâtiments de Venise ;

(1) V. ci-dessus, p. 368.

A titre de revendication et de justes représailles,

Nous avons décrété et décrétons :

Le Palais de Venise à Rome fera partie du patrimoine du Royaume à dater de la publication du présent décret.

Notre ministre des finances, d'accord avec nos ministres des affaires étrangères, de l'intérieur, de la justice et de l'instruction publique, en assurera l'occupation, après avoir accordé un délai pour permettre au représentant des intérêts de l'Autriche-Hongrie de transporter ailleurs tous les documents, archives et objets mobiliers appartenant à l'ambassade d'Autriche-Hongrie auprès du Saint-Siège. Ce délai ne pourra pas dépasser le 31 octobre 1916.

Fait à Rome, le 25 août 1916.

VICTOR-EMMANUEL.

667

Italie. — NOTE COMMUNIQUÉE A LA PRESSE AU SUJET DE LA RÉPONSE DU GOUVERNEMENT ITALIEN A LA PROTESTATION AUSTRO-HONGROISE A PROPOS DE LA SAISIE DU PALAIS DE VENISE PAR L'ITALIE, EN DATE DU 12 SEPTEMBRE 1916.

Le gouvernement austro-hongrois ayant envoyé au gouvernement italien, par l'intermédiaire du représentant de la puissance neutre qui est chargée des intérêts austro-hongrois en Italie, une protestation contre le décret du 25 août concernant le Palais de Venise (1), le ministère des affaires étrangères italien a restitué simplement le document qui, rédigé en termes vulgaires et injurieux, ne méritait aucune autre réponse.

668

Saint-Siège. — PROTESTATION DU SAINT-SIÈGE CONTRE LA SAISIE PAR L'ITALIE DU PALAIS DE VENISE, A ROME, PROPRIÉTÉ DE L'AUTRICHE-HONGRIE, QUI SERVAIT DE RÉSIDENCE A L'AMBASSADEUR AUSTRO-HONGROIS PRÈS DU VATICAN, ADRESSÉE PAR LE CARDINAL SECRÉTAIRE D'ÉTAT, MGR GASPARRI, AU NOM DU PAPE, AUX REPRÉSENTANTS DIPLOMATIQUES AUPRÈS DU SAINT-SIÈGE, EN DATE DU 25 SEPTEMBRE 1916.

Le soussigné, secrétaire d'État de Sa Sainteté, se permet d'appeler l'attention de Votre Excellence sur le décret par lequel le gouvernement royal italien a décidé qu'à la date de la publication du décret en date du 25 août 1916 (2) le Palais de Venise, à Rome, deviendrait propriété de l'État.

La polémique qui avait été engagée à ce sujet les jours précédents dans la presse, d'accord avec le gouvernement, avait laissé prévoir cette grave mesure ; car elle n'avait pas été interdite, bien que le gouvernement eût été à même de le faire.

C'est seulement le 26 août, environ à 10 heures, que le Saint-Père, sur mandat donné par le gouvernement italien, a été renseigné à ce sujet, et il n'a pas négligé d'exprimer sa désapprobation pour le fait désormais accompli.

Le Saint-Siège n'a pas l'intention d'examiner actuellement si les motifs indiqués dans

(1 et 2) V. ci-dessus, p. 378.

le décret sont suffisants pour justifier la prise de possession du Palais de Venise, soit en ce qui concerne la loi morale, soit en ce qui concerne le droit international.

Le Saint-Siège s'abstient de considérer si la dite prise de possession a été prudente, puisqu'elle peut provoquer de graves représailles de la part de l'adversaire, et si elle est à considérer comme un acte politique de nature à accroître ou diminuer la bonne renommée et le prestige de l'Italie auprès des hommes pacifiques et impartiaux de tous les pays et devant l'Histoire.

Le Saint-Siège ne peut pas cependant manquer de faire ressortir la violation de ses droits les plus sacrés qui a résulté de cette mesure.

En effet le Palais de Venise est la résidence habituelle de l'ambassadeur de Sa Majesté apostolique auprès du Saint-Siège. Son absence actuelle n'enlève pas au Palais ce caractère, puisqu'elle est seulement transitoire et causée simplement par les circonstances anormales déterminées par la guerre pour les représentants des Empires centraux.

Le gouvernement italien lui-même considère le représentant austro-hongrois auprès du Saint-Siège comme étant encore en possession et en exercice effectif de sa mission diplomatique puisque — comme il est connu — il a déclaré explicitement que le susdit ambassadeur et les ministres de Bavière et de Prusse pouvaient rester à Rome libres et en sûreté, et il a décliné toute responsabilité pour leur absence temporaire, laquelle, suivant l'avis du gouvernement italien, devait être attribuée exclusivement à la volonté de leurs gouvernements respectifs.

Cette prise de possession de la résidence d'un représentant d'une puissance étrangère auprès du Saint-Siège implique maintenant d'elle-même une offense au Saint-Siège et une violation du droit de représentation qui lui appartient et qui lui fut reconnu aussi par la loi du 13 mai 1871.

Contre cet acte qui lui donne une nouvelle preuve de la condition anormale du Saint-Siège, le cardinal soussigné, sur mandat et au nom de Sa Sainteté, doit élever une protestation formelle et solennelle et vous prier de la porter à la connaissance de votre gouvernement, dans l'espoir qu'il voudra attirer l'attention du gouvernement italien sur l'irrégularité de sa conduite et sur l'opportunité de ne pas insister dans la voie dans laquelle il s'est engagé.

669

Italie. — Note officieuse de l'Agence Stefani en réponse à la protestation du Saint-Siège au sujet du décret italien du 25 aout 1916 revendiquant le Palais de Venise, a Rome, propriété de l'Autriche-Hongrie, en date du 2 octobre 1916.

La protestation du Saint-Siège, si même elle existe, ne trouve aucune justification dans les dispositions du décret du 25 août 1916 (1), puisqu'il ne touche d'aucune façon aux prérogatives et aux droits du Saint-Siège.

Le décret ne peut être considéré que comme une mesure de guerre frappant un immeuble qui est la propriété d'un État ennemi.

Les privilèges diplomatiques que la loi des garanties accorde aux envoyés des gouvernements étrangers auprès du Saint-Siège n'ont rien à voir avec l'expropriation du Palais ; même si ces privilèges subsistaient encore du fait que le Palais avait servi spécialement de siège à l'ambassade austro-hongroise auprès du Saint-Siège (on sait qu'il servait aussi à des buts différents), les dispositions adoptées les sauvegarderaient amplement.

Même si ces privilèges subsistaient encore, car la continuité de l'exercice effectif de la mission confiée à ce représentant austro-hongrois n'a pas empêché que le Palais avait désormais cessé d'être sa résidence, puisque depuis le commencement de la guerre il

(1) V. ci-dessus, p. 378.

réside notoirement en Suisse. La gestion du Palais de Venise, avec tous les objets qui s'y trouvent, de même que celle de quelques églises, instituti ms et patronages austro-hongrois, a été assumée par l'ambassadeur d'Espagne auprès du Saint-Siège, ainsi qu'il résulte d'une communication officielle faite au gouvernement italien par l'ambassadeur d'Espagne.

Dans le Palais, il n'était resté que les archives et le mobilier de l'ambassade, que le décret du 25 août respecte en fixant un délai opportun pour les transporter ailleurs.

Même si l'ambassadeur y était resté, le Palais aurait sans doute pu devenir également la propriété de l'État, l'immunité personnelle dont il jouissait aurait seulement exigé des égards plus grands que ceux relatifs à l'immunité des archives.

Il résulte des déclarations explicites faites au moment opportun que les plus scrupuleux égards ont été employés à l'égard du Saint-Siège au sujet de la pleine liberté du séjour des représentants étrangers auprès du Saint-Siège : la communication du décret au Pape, à laquelle la protestation fait allusion, en est un témoignage.

670

France. — NOTIFICATION RELATIVE A LA CONTREBANDE DE GUERRE, EN DATE DU 3 JANVIER 1917 (*Journal officiel de la République française* du 3 janvier 1917, p. 81).

Il est notifié que les modifications et additions suivantes sont apportées aux listes de contrebande de guerre publiées au *Journal officiel* du 14 octobre 1915 et modifiées le 27 janvier, le 13 avril, le 28 juin, le 13 octobre et le 23 novembre 1916 (1).

CONTREBANDE ABSOLUE.

Modifications.

Au paragraphe 8 : remplacer « l'alcool éthylique et l'alcool méthylique » par « les alcools, y compris l'huile de fusel, l'esprit de bois, leurs dérivés et leurs préparations ».

Au paragraphe 41 : remplacer « la wolframite, la scheelite, la molybdenite » par les « minerais de tungstène, de molybdène de vanadium, de titane et d'uranium ».

Additions.

Au paragraphe 8, après le soufre, ajouter le sulfate de baryte (barytine).

Au paragraphe 9, l'acide oxalique et les oxalates, l'acide formique et les formiates, les phénates, les sulfites et hyposulfites métalliques, la chaux sodée et le chlorure de chaux, les sels de strontium et de lithium et leurs composés.

Au paragraphe 33, après le « vanadium », ajouter « le titane, l'uranium » ; après le « nickel », ajouter le « zinc » ; après « l'acier contenant du tungstène ou du molybdène », ajouter « ou du titane et de l'uranium ».

Au paragraphe 35, les alliages d'aluminium.

Au paragraphe 40, le ferro-titane et le ferro-uranium.

Au paragraphe 41, les minerais de strontium et de lithium.

Au paragraphe 41, après « les os calcinés », ajouter « le noir animal ».

Paragraphe 60, les diamants bruts utilisables pour des emplois industriels.

Paragraphe 61, le platine (minerai, métal et sels) et métaux de la mine de platine (iri-

(1) V. ce *Recueil*, t. I, p. 837, et ci-dessus, p. 105, 110, 157, 360 et 383.

dium, osmium, ruthenium, rhodium, palladium, etc.) et leurs sels, ainsi que les alliages de tous ces métaux.

CONTREBANDE CONDITIONNELLE.

Addition.

Au paragraphe 5, après « les combustibles autres que les huiles minérales », ajouter les mots : « y compris le charbon de bois ».

ADDENDA

Le recueil officiel des États-Unis d'Amérique, intitulé : *Department of State. Diplomatic Correspondence with belligerent Governments relating to neutral Rights and Duties*, vol. I et suiv., d'où sont tirés les textes qui au sujet de la guerre de 1914 intéressent les États-Unis, a reproduit en deux endroits différents le Memorandum du gouvernement allemand relatif à l'état des vaisseaux armés transmis le 15 octobre 1914 au gouvernement américain. Le texte, donné d'abord au vol. II, p. 45, et qui se trouve imprimé dans le présent recueil, ci-dessus, p. 82, n° 420, a supprimé un certain nombre de mots dans une phrase du Memorandum. Les mots ainsi omis, et remplacés par un blanc, ont été rétablis dans le texte publié au vol. III, p. 171, comme Annexe d'un Memorandum allemand en date du 8 février 1916. La phrase, dans sa teneur complète, doit être lue de la manière suivante (les mots en italiques sont ceux qui avaient été omis) :

« La présence d'artillerie à bord de navires marchands britanniques a pour but de faire une résistance armée aux croiseurs allemands. Une résistance de cette sorte est contraire au droit international, parce que au sens militaire il n'est pas permis à un navire marchand de se défendre lui-même contre un vaisseau de guerre, un acte de résistance donnant au navire de guerre *le droit d'envoyer le navire marchand au fond de la mer* avec équipage et passagers ».

TABLES DES MATIÈRES

(DOCUMENTS 380 À 670)

I

TABLE GÉOGRAPHIQUE ET CHRONOLOGIQUE

ALLEMAGNE

Nos — Pages

576. — **1914.** *Août* 18. — Demande du gouvernement allemand, adressée par l'intermédiaire des États-Unis d'Amérique à M. Davignon, ministre des affaires étrangères de Belgique, pour la protection des bâtiments allemands en Belgique. . 271

568. — *Août* 23. — Lettre du sous-secrétaire d'État à l'Office allemand des affaires étrangères à l'ambassadeur des États-Unis à Berlin au sujet de la neutralisation des territoires belligérants en Afrique 260

568. — *Septembre* 15. — Lettre du sous-secrétaire d'État à l'Office allemand des affaires étrangères à l'ambassadeur des États-Unis à Berlin au sujet de la neutralisation des territoires belligérants en Afrique. 261

579. — *Septembre* 26. — Note du gouverneur général allemand en Belgique au ministre des États-Unis d'Amérique en Belgique priant celui-ci de se plaindre au gouvernement belge du traitement auquel est soumis à Anvers un officier allemand. 274

420. — *Octobre* 15. — Memorandum du gouvernement allemand relatif à l'état des vaisseaux marchands armés, transmis télégraphiquement au gouvernement des États-Unis par l'ambassadeur américain à Berlin . . . . . 82 et *Addenda*, p. 382

586. — *Novembre* 8. — Réponse du gouvernement allemand à la protestation de la Belgique concernant le prétendu emploi d'indigènes contre le Congo belge par l'Allemagne 280

593. — *Novembre* 30. — Note verbale du gouvernement allemand aux puissances étrangères sur la reconnaissance des consuls étrangers dans les territoires occupés par les armées allemandes. 293

597. — **1915.** *Janvier* 3. — Réponse du gouvernement allemand à la protestation du gouvernement belge au sujet de l'annulation de l'exequatur des consuls en Belgique 294

517. — *Janvier* 12. — Mémoire du gouvernement impérial allemand touchant le personnel sanitaire tombé entre les mains de l'ennemi et retenu par lui, envoyé aux gouvernements français, anglais et russe 195

427. — *Janvier* 19. — Note de l'ambassadeur d'Allemagne aux États-Unis d'Amérique au secrétaire d'État américain sur le caractère de contrebande de guerre des hydroaéroplanes. 94

Nos Pages

384. — *Février* 4. — Memorandum du gouvernement impérial allemand sur les mesures de représailles rendues nécessaires par les moyens employés par la Grande-Bretagne pour empêcher le commerce maritime neutre avec l'Allemagne, contrairement au droit international. 21

383. — *Février* 4. — Proclamation de l'Amirauté allemande sur les règles qu'elle compte suivre dans la guerre sur mer, et spécialement sur la constitution d'une zone de guerre 20

430. — *Février* 14. — Note de la légation allemande à la Haye sur les règles que l'Allemagne compte suivre dans la guerre sur mer (1). 98

516. — *Février* 16. — Ordonnance du ministère de la guerre allemand sur la communication des renseignements concernant les prisonniers de guerre. 194

388. — *Février* 16. — Réponse du gouvernement allemand à la Note des États-Unis d'Amérique du 10 février 1915 sur l'attitude de l'Allemagne dans la guerre sur mer. 26

391. — *Février* 23. — Communiqué précisant les limites de la zone de guerre allemande autour de la Grande-Bretagne. 33

581. — *Février* 28. — Note de l'Auswartiges Amt remise au gouvernement belge par l'intermédiaire de l'Espagne sur la situation des Belges en Allemagne . . 276

392. — *Février* 28. — Réponse de l'Allemagne à la Note des États-Unis d'Amérique du 20 février 1915 sur le traitement des navires et du commerce neutres. 33

601. — *Mars* 9. — Note du gouvernement allemand en réponse à la Note des États-Unis reçue le 25 janvier 1915 au sujet de la situation des consuls étrangers en Belgique. 297

568. — *Mars* 25. — Mémoire de l'Office allemand des colonies sur l'origine de la guerre en Afrique, publié dans la *Gazette de l'Allemagne du Nord* et autres journaux allemands. 256

511. — *Avril* 4. — Arrêté du gouverneur général allemand de la Belgique Baron von Bissing, portant dissolution du Comité central de la Croix-Rouge de Belgique. 188

423. — *Avril* 4. — Memorandum de l'Allemagne aux États-Unis d'Amérique en ce qui concerne le commerce germano-américain et la question de la fourniture d'armes, remis par l'ambassadeur d'Allemagne à Washington 84

515. — *Avril* 17. — Protestation de la Croix-Rouge allemande au Comité international de la Croix-Rouge à Genève, sur la saisie par la flotte britannique du navire-hôpital allemand *Ophelia*. 192

407. — *Avril* 22. — Avertissement publié par l'ambassadeur d'Allemagne aux États-Unis que les voyageurs s'embarquant sur des navires des ennemis de l'Allemagne le feront à leurs risques et périls. . . . . 65, note

405. — *Mai* 10. — Note du ministère des affaires étrangères d'Allemagne à l'ambassadeur allemand à Washington, pour être remise au Département d'État des États-Unis d'Amérique, à l'occasion du torpillage du *Lusitania*. 62

406. — *Mai* 12. — Déclaration du gouvernement allemand sur sa conduite vis-à-vis des navires américains et neutres rencontrés par des sous-marins allemands dans la zone navale de guerre autour des îles Britanniques et dans la mer du Nord, remise à l'ambassadeur des États-Unis à Berlin et envoyée par celui-ci au secrétaire d'État des États-Unis. 63

(1) Les ambassadeurs d'Allemagne ont remis à tous les gouvernements neutres des Notes identiques à celle remise à la Hollande et avertissant les bâtiments neutres de ne pas pénétrer dans la zone de guerre telle que l'Amirauté allemande l'a définie.

Nos Pages

408. — *Mai* 28. — Note du gouvernement allemand en réponse à la Note des États-Unis du 13 mai 1915, remise à l'ambassadeur américain à Berlin pour être envoyée au gouvernement des États-Unis d'Amérique, au sujet des intérêts américains lésés par la guerre sous marine allemande. 67

409. — *Juin* 1er. — Note du gouvernement allemand au sujet des dommages causés aux navires américains *Gulflight* et *Cushing*, remise à l'ambassadeur américain à Berlin pour être adressée au gouvernement des États-Unis d'Amérique. 69

546. — *Juin* 5. — Accord avec la France sur les lésions permettant le rapatriement des grands blessés. 228

411. — *Juillet* 8. — Réponse de l'Allemagne à la Note américaine du 9 juin 1915, adressée à l'ambassadeur des États-Unis à Berlin pour être remise au gouvernement américain, relativement aux procédés allemands dans la guerre sous-marine, et spécialement à la destruction du *Lusitania*. 73

412. — *Juillet* 12. — Memorandum du gouvernement allemand relatif au dommage causé au vapeur américain *Nebraska* par un sous-marin allemand, remis à l'ambassadeur américain à Berlin pour être adressé au gouvernement des États-Unis d'Amérique 76

414. — *Août* 24. — Instructions du gouvernement allemand au sujet de l'*Arabic*, communiquées par le Comte Bernstorff, ambassadeur d'Allemagne, au Département d'État des États-Unis. 78

415. — *Septembre* 1er. — Lettre du Comte Bernstorff, ambassadeur d'Allemagne aux États-Unis, à M. Lansing, secrétaire d'État des affaires étrangères des États-Unis, à propos du torpillage du *Lusitania*. 79

416. — *Septembre* 7. — Notification du gouvernement allemand à l'ambassadeur des États-Unis à Berlin pour être remise au gouvernement américain, au sujet de l'attaque de l'*Arabic* par un sous-marin allemand 79

417. — *Septembre* 9. — Memorandum du gouvernement allemand au gouvernement des États-Unis en réponse aux Notes américaines des 27 juillet et 1er septembre 1915, au sujet de l'attaque par un sous-marin allemand du paquebot britannique *Orduna*. 80

418. — *Septembre* 15. — Lettre du Comte Bernstorff, ambassadeur d'Allemagne aux États-Unis, à M. Lansing, secrétaire d'État des États-Unis, sur les couleurs nationales peintes sur les flancs des navires. 81

419. — *Octobre* 5. — Lettre du Comte Bernstorff, ambassadeur d'Allemagne aux État -Unis, à M. Lansing, secrétaire d'État des affaires étrangères des États-Unis, désavouant au nom de son gouvernement le torpillage de l'*Arabic*. . . 81

543. — *Novembre* 16. — Note de la Croix-Rouge allemande au Comité international de la Croix-Rouge à Genève touchant la situation des médecins militaires tombés entre les mains de l'ennemi. 225

547. — *Décembre* 1er. — Résolutions adoptées par la Conférence des Sociétés de la Croix-Rouge d'Allemagne, d'Autriche-Hongrie et de Russie réunie à Stockholm, sur l'amélioration du sort des prisonniers de guerre 229

536. — *Décembre* 14. — Rapport du commandement impérial des forces allemandes en Serbie en réponse à une protestation du 17 octobre 1915 de la Croix-Rouge serbe concernant le bombardement de la maison centrale de la Croix-Rouge et des hôpitaux à Belgrade. 221

555. **1916**. — Liste, dressée en accord avec la France, des maladies et des lésions consécutives à des blessures et pouvant déterminer l'internement en Suisse des blessés et malades prisonniers de guerre 246

Nos Pages

501. — *Janvier* 24. — Réponse de l'autorité militaire allemande aux affirmations du gouvernement français concernant de prétendus mauvais traitements, contraires au droit des gens et aux devoirs d'humanité, dont la population civile des territoires français aurait été victime, adressée à l'ambassade des États-Unis pour être transmise au gouvernement français. 174

548. — *Février* 1er. — Lettre de la Croix-Rouge allemande au Comité international de la Croix-Rouge à Genève en réponse à la lettre de la Croix-Rouge anglaise du 7 août 1915 sur le cas du navire *Ophelia* 236

493. — *Mars* 9. — Déclaration du gouvernement allemand remise le 9 mars 1916 au ministre du Portugal à Berlin, et à Lisbonne, pour signifier qu'il se considère en état de guerre avec le gouvernement portugais à partir du 9 mars 1916, à dix heures du soir 120

502. — *Mars* 22. — Note verbale du gouvernement allemand sur l'obligation au travail imposée aux internés civils en France, envoyée à l'ambassade d'Espagne pour être remise au gouvernement français, en réponse à la Note verbale du 25 janvier 1916. 175

504. — *Avril.* — Avis du commandant d'étapes allemand précisant les conditions dans lesquelles aura lieu l'enlèvement d'une partie de la population de la région du Nord occupée. 177

503. — *Avril.* — Proclamation du commandant militaire allemand de Lille, annonçant l'enlèvement de femmes et d'hommes. 176

564. — *Août* 28. — Note du gouvernement allemand annonçant la déclaration de guerre de l'Allemagne à la Roumanie 253

RÉPUBLIQUE ARGENTINE

661. — **1915.** *Novembre* 30. — Note du gouvernement argentin à la Grande-Bretagne au sujet de la capture par un croiseur britannique du navire *Presidente Mitre* portant pavillon argentin, envoyée au ministre de la République argentine de Londres pour être remise au secrétaire d'Etat britannique des affaires étrangères. 365

664. — *Décembre* 6. — Mémoire du gouvernement argentin à la Chambre des députés au sujet de la capture du navire *Presidente Mitre* par un croiseur britannique. 368

663. — *Décembre* 23. — Note du gouvernement argentin acceptant les propositions de la Grande-Bretagne pour le règlement de la capture du *Presidente Mitre* 368

665. — **1916.** *Janvier* 3. — Nouveau Mémoire à la Chambre des députés au sujet de la capture du navire *Presidente Mitre* par la flotte britannique 372

AUTRICHE-HONGRIE

593. — **1915.** *Février* 6. — Note du gouvernement austro-hongrois adressée à la Belgique par l'intermédiaire de l'Espagne, au sujet d'une entente préalable anglo-belge et de l'envoi par l'Autriche-Hongrie de batteries de canons en Belgique avant la déclaration de guerre 290

425. — *Juin* 29. — Note du ministre des affaires étrangères d'Autriche-Hongrie demandant aux États-Unis d'Amérique d'interdire le commerce d'exportation des munitions de guerre. 88

530. — *Août* 23. — Note du gouvernement austro-hongrois touchant le personnel sanitaire tombé entre les mains de l'ennemi et retenu par lui 213

Nos Pages

527. — *Septembre* 29. — Protestation de la Croix-Rouge autrichienne contre le bombardement de l'hôpital de Goertz par l'armée italienne. 204

547. — *Décembre* 1er. — Résolutions adoptées par la Conférence des Sociétés de la Croix-Rouge d'Allemagne, d'Autriche-Hongrie et de Russie, réunie à Stockholm, sur l'amélioration du sort des prisonniers de guerre. 229

549. — **1916.** *Janvier* 27. — Réponse du commandement en chef de l'armée autrichienne aux accusations de l'Italie sur des violations du droit des gens et des infractions à la convention de Genève. 239

550. — *Mars* 20-30. — Protestation des Croix-Rouges autrichienne et hongroise contre le torpillage du navire-hôpital *Elektra* 242

BELGIQUE

568. — **1914.** *Août* 7. — Lettre adressée par M. Davignon, ministre des affaires étrangères, aux ministres du Roi des Belges à Paris et à Londres, au sujet de la neutralisation des territoires belligérants en Afrique. 257

568. — *Août* 7. — Télégramme adressé par M. Davignon, ministre des affaires étrangères, aux ministres du Roi des Belges à Paris et à Londres, au sujet de la neutralisation des territoires belligérants en Afrique. 256

568. — *Août* 8. — Lettre adressée par le ministre du Roi des Belges à Paris à M. Davignon, ministre des affaires étrangères, au sujet de la neutralisation des territoires belligérants en Afrique 257

568. — *Août* 9. — Télégramme adressé par le ministre du Roi des Belges à Paris à M. Davignon, ministre des affaires étrangères, au sujet de la neutralisation des territoires belligérants en Afrique. 257

577. — *Août* 12. — Lettre de M. Davignon, ministre des affaires étrangères, aux ministres du Roi des Belges à Londres, Paris et Madrid, protestant contre les violations du droit des gens alléguées par l'Allemagne à l'encontre des habitants de Liège 272

575. — *Août* 12. — Protestation de la Banque nationale de Belgique sur la saisie illégale par les troupes allemandes de l'encaisse de son Agence à Hasselt, envoyée au ministre des affaires étrangères de Belgique et adressée par celui-ci au gouvernement allemand par l'intermédiaire de l'Espagne. 271

568. — *Août* 16. — Lettre adressée par le ministre du Roi des Belges à Paris à M. Davignon, ministre des affaires étrangères, au sujet de la neutralisation des territoires belligérants en Afrique 258

568. — *Août* 17. — Lettre adressée par le ministre du Roi des Belges à Londres à M. Davignon, ministre des affaires étrangères, au sujet de la neutralisation des territoires belligérants en Afrique 258

574. — *Août* 18. — Note du gouvernement belge adressée à l'Allemagne par l'intermédiaire de l'Espagne, protestant contre les accusations allemandes au sujet de l'attitude de la population civile belge et contre les atrocités des troupes allemandes en Belgique. 269

577. — *Août* 23. — Réponse du gouvernement belge à la demande de l'Allemagne relative à la protection des bâtiments allemands en Belgique, adressée au ministre des États-Unis d'Amérique en Belgique, M. Brand Whitlock 272

573. — *Août* 25. — Rapport du Procureur du Roi des Belges à Anvers sur l'attitude de la population belge à l'égard des sujets allemands et autrichiens résidant à Anvers au début de la guerre 268

Nos — Pages

578. — *Août* 26. — Note du gouvernement belge aux représentants des puissances étrangères en Belgique au sujet du bombardement de la ville d'Anvers par un ballon dirigeable allemand 273

573. — *Septembre* 4. — Lettre adressée par le ministre des affaires étrangères de Belgique aux chefs de mission dans tous les pays entretenant avec la Belgique des rapports diplomatiques pour protester contre les bruits tendancieux de la presse allemande et autrichienne au sujet de l'attitude de la population belge à l'égard des sujets allemands et autrichiens résidant en Belgique au début de la guerre. 267

580. — *Octobre* 2. — Lettre du ministre belge des affaires étrangères au ministre des États-Unis d'Amérique en Belgique au sujet du traitement auquel est soumis à Anvers un officier allemand et protestant contre le transfert en Allemagne de la population civile belge non belligérante 275

583. — *Octobre* 10. — Memorandum du gouvernement belge protestant contre l'emploi de balles dum-dum par les troupes allemandes 279

587. — *Octobre* 12. — Protestation du gouvernement belge au sujet des médecins militaires belges faits prisonniers et envoyés en Allemagne en violation de la convention de Genève. 281

585. — *Octobre* 12. — Télégramme du gouvernement belge protestant contre l'emploi par l'Allemagne de troupes nègres non disciplinées et non encadrées . . 280

592. — *Octobre* 20. — Déclaration du gouvernement belge adressée à l'Autriche-Hongri par l'intermédiaire de l'Espagne, au sujet de l'envoi par l'Autriche-Hongrie de batteries de canons en Belgique avant la déclaration de guerre . . 290

570. — *Octobre* 21. — Réponse du gouvernement belge au télégramme du consulat d'Amérique à Anvers au sujet de la demande de l'Allemagne touchant la neutralisation des territoires belligérants en Afrique, transmise au gouvernement allemand par l'entremise du gouvernement espagnol 265

435. — *Novembre* 9. — Note de M. Davignon, ministre des affaires étrangères de Belgique, à tous les chefs de mission à l'étranger, pour leur annoncer la rupture des relations diplomatiques entre la Belgique et la Turquie 101

589. — *Décembre* 4. — Note du gouvernement belge démentant la prétendue entente militaire préalable anglo-belge alléguée par l'Allemagne 284

572. — *Décembre* 5. — Réponse du gouvernement belge à la communication du ministre des États-Unis d'Amérique à Bruxelles au sujet de la demande de l'Allemagne touchant le neutralisation des territoires belligérants en Afrique . 267

587. — *Décembre* 14. — Rapport du médecin français Sevaux au directeur du service de santé de l'armée belge au sujet des médecins militaires belges faits prisonniers et envoyés en Allemagne en violation de la convention de Genève. 283

587. — *Décembre* 15. — Protestation du gouvernement belge au sujet des médecins militaires belges faits prisonniers et envoyés en Allemagne en violation de la convention de Genève. 281

587. — *Décembre* 18. — Protestation du gouvernement belge au sujet des médecins militaires belges faits prisonniers et envoyés en Allemagne en violation de la convention de Genève 282

596. — *Décembre* 24. — Protestation du gouvernement belge adressée au gouvernement allemand par l'intermédiaire de l'Espagne sur la situation des consuls accrédités en Belgique par les puissances neutres 293

545. — **1915**. — Protestation adressée par les médecins de l'ambulance d'Anvers au ministre de la guerre de Belgique sur la situation faite par le gouvernement allemand au personnel sanitaire de l'armée belge resté en Belgique pour y soigner les soldats blessés et malades, après l'évacuation du pays . . 226

Nos Pages

587. — *Janvier* 9. — Protestation du gouvernement belge au sujet des médecins militaires belges faits prisonniers et envoyés en Allemagne en violation de la convention de Genève. 282

590. — *Janvier* 13. — Communiqué du gouvernement belge sur la prétendue entente militaire préalable anglo-belge alléguée par l'Allemagne 286

599. — *Janvier* 22. — Réplique du gouvernement belge à la Note allemande du 3 janvier 1915 sur l'annulation de l'exequatur des consuls en Belgique 296

588. — *Janvier* 25. — Lettre du ministre de Belgique en Suisse annonçant au ministre des affaires étrangères de Belgique la libération par l'Allemagne des médecins militaires belges. 283

602. — *Janvier* 28. — Note du gouvernement belge démentant qu'aucune troupe française ou anglaise ait pénétré en Belgique avant le 5 août 1914. 298

600. — *Février* 1er. — Lettre du ministre belge des affaires étrangères aux chefs de mission à l'étranger faisant connaître l'avis du gouvernement des États-Unis d'Amérique sur l'annulation de l'exequatur des consuls en Belgique. . . 297

604. — *Février* 13. — Lettre du ministre belge des affaires étrangères aux chefs de mission à l'étranger protestant contre l'enlèvement par les autorités allemandes en Belgique des machines appartenant à des usines privées 300

591. — *Mars* 4. — Communiqué du gouvernement belge sur la prétendue entente militaire préalable anglo-belge alléguée par l'Allemagne 287

582. — *Mars* 30. — Note du gouvernement belge, adressée au gouvernement allemand par l'intermédiaire de l'Espagne, protestant contre l'enlèvement systématique en Belgique et la déportation en Allemagne de civils innocents de toute participation à la guerre. 276

584. — *Mars* 31. — Note du gouvernement belge protestant contre l'emploi par les troupes coloniales allemandes de balles dum-dum 279

605. — *Avril* 6. — Protestation du gouvernement belge sur la création de tribunaux d'exception par l'autorité allemande en Belgique. 301

594. — *Avril* 20. — Réponse du gouvernement belge à la Note de l'Autriche-Hongrie du 6 février 1915, au sujet d'une entente préalable anglo-belge. 291

512. — *Mai*. — Note du gouvernement belge au gouvernement allemand protestant contre la dissolution, par le gouverneur général allemand de la Belgique von Bissing, du Comité central de la Croix-Rouge de Belgique 189

443. — **1916**, *Janvier* 29. — Déclaration des gouvernements belge et français relative à la juridiction pénale militaire. 106

447. — *Mars* 28. — Résolutions votées à l'unanimité par la Conférence des Alliés tenue à Paris au ministère des affaires étrangères de France. 108

488. — *Juin* 17. — Résolutions adoptées le 17 juin 1916 par la Conférence économique des gouvernements alliés tenue à Paris. 153

637. — *Novembre* 10. — Note du gouvernement belge aux puissances alliées et neutres protestant contre le travail forcé et la déportation auxquels l'autorité allemande soumet la population belge. 361

BULGARIE

468. — **1915**. *Octobre* 14. — Constatation de l'état de guerre entre la Bulgarie et la Serbie à la date du 14 octobre 1915. 135

469. — *Octobre* 16. — Constatation de l'état de guerre entre la Bulgarie et la France à la date du 16 octobre 1915. 135

Nos Pages

470. — *Octobre* 16. — Constatation de l'état de guerre entre la Bulgarie et la Grande-Bretagne à la date du 16 octobre 1915. 136

472. — *Octobre* 19. — Constatation de l'état de guerre entre la Bulgarie et l'Italie à la date du 19 octobre 1915. 136

537. — *Novembre* 11. — Télégramme de la Croix-Rouge bulgare adressé au Comité international de la Croix-Rouge à Genève pour protester contre le bombardement d'ambulances par les troupes françaises 222

567. — **1916**. *Septembre* 1er. — Manifeste de guerre à la nation bulgare affiché dès la rupture des relations entre la Bulgarie et la Roumanie. 255

566. — *Septembre* 1er. — Note remise le 1er septembre 1916, au matin, par le Président du Conseil de Bulgarie, M. Radoslavoff, au ministre de Roumanie à Sofia, pour lui notifier la déclaration de guerre de la Bulgarie à la Roumanie. 254

ESPAGNE

568. — **1914**. *Novembre* 8. — Note verbale de l'ambassade d'Espagne à Berlin à l'Office allemand des affaires étrangères au sujet de la neutralisation des territoires belligérants en Afrique 263

ÉTATS-UNIS D'AMÉRIQUE

614. — **1914**. *Août* 6. — Dépêche du secrétaire d'Etat à l'ambassadeur des Etats-Unis à Londres afin de connaître si la Grande-Bretagne a l'intention d'observer les prescriptions de la déclaration de Londres du 26 février 1909 relative à la guerre navale. 310

568. — *Août* 31. — Lettre de l'ambassadeur des États-Unis à Berlin au sous-secrétaire d'Etat à l'Office allemand des affaires étrangères au sujet de la neutralisation des territoires belligérants en Afrique. 261

569. — *Septembre* 24. — Télégramme du secrétaire d'État des États-Unis du 24 septembre 1914 communiqué le 25 par le consulat d'Amérique à Anvers au ministère belge des affaires étrangères, transmettant une demande de l'Allemagne au sujet de la neutralisation des colonies des États belligérants dans le bassin conventionnel du Congo 265

568. — *Septembre* 26. — Lettre de l'ambassadeur des États-Unis à Berlin au sous-secrétaire d'État à l'Office allemand des affaires étrangères au sujet de la neutralisation des territoires belligérants en Afrique. 262

568. — *Octobre* 7. — Note verbale de l'ambassade des États-Unis à Berlin à l'Office allemand des affaires étrangères au sujet de la neutralisation des territoires belligérants en Afrique. 262

421. — *Novembre* 7. — Note du gouvernement des États-Unis au gouvernement allemand sur l'état des vaisseaux marchands armés 83

571. — *Novembre* 16. — Communication du ministre des États-Unis d'Amérique à Bruxelles au ministre des affaires étrangères de Belgique, transmettant à celui-ci une demande de l'Allemagne au sujet de la neutralisation des colonies des États belligérants dans le bassin conventionnel du Congo 266

568. — *Novembre* 28. — Lettre de l'ambassadeur des Etats-Unis à Berlin au sous-secrétaire d'État à l'Office allemand des affaires étrangères au sujet de la neutralisation des territoires belligérants en Afrique 263

380. — *Décembre* 26. — Note du gouvernement américain au sujet du commerce américain avec les neutres, remise le 28 à l'ambassadeur des États-Unis à Londres pour être communiquée au gouvernement britannique. 1

Nos | Pages

598. — **1915.** *Janvier* 21. — Note du gouvernement américain adressée à l'ambassadeur des États-Unis à Berlin pour être remise au gouvernement allemand au sujet de la situation des consuls étrangers en Belgique. 295

428. — *Janvier* 29. — Réponse du secrétaire d'État des États-Unis à l'ambassadeur d'Allemagne à Washington au sujet du caractère de contrebande de guerre des hydroaéroplanes 95

386. — *Février* 10. — Note du gouvernement des États-Unis envoyée à l'ambassadeur des États-Unis à Londres pour être remise à la Grande-Bretagne, sur l'usage de pavillons neutres par les navires de commerce britanniques. . . . 23

387. — *Février* 10. — Note du gouvernement des États-Unis remise à l'Allemagne en réponse à son Memorandum du 4 février 1915 sur les règles qu'elle compte suivre dans la guerre sur mer. 25

390. — *Février* 20. — Note identique adressée à l'Allemagne et à la Grande-Bretagne sur le traitement des navires et du commerce des neutres par les belligérants. 31

422. — *Mars* 4. — Résolution du Congrès donnant au Président le pouvoir de mieux assurer et maintenir la neutralité des États-Unis. 84

394. — *Mars* 5. — Réponse du gouvernement des États-Unis à la Note de la France et de la Grande-Bretagne du 1er mars 1915, au sujet des mesures prises à l'égard du commerce allemand, remise les 7 et 8 mars aux gouvernements intéressés. 36

398. — *Mars* 30. — Note du gouvernement des États-Unis au gouvernement britannique en réponse aux Notes de ce gouvernement des 13 et 15 mars 1915, au sujet des mesures prises à l'égard du commerce allemand 45

424. — *Avril* 21. — Réponse du gouvernement des États-Unis au Memorandum de l'Allemagne du 4 avril 1915, remise à l'ambassadeur d'Allemagne aux États-Unis 86

407. — *Mai* 13. — Note du gouvernement des États-Unis, adressée à l'ambassadeur américain à Berlin, pour être remise au gouvernement allemand, à l'occasion du torpillage du *Lusitania* 64

451. — *Mai* 24. — Proclamation de neutralité rendue par le Président des États-Unis d'Amérique à l'occasion de la guerre entre l'Italie et l'Autriche-Hongrie. 112

410. — *Juin* 9. — Réponse du gouvernement américain aux Notes allemandes des 28 mai et 1er juin 1915, envoyée à l'ambassadeur américain à Berlin pour être remise au gouvernement allemand. 70

400. — *Juillet* 14. — Note du gouvernement des États-Unis au gouvernement britannique au sujet des principes de droit applicables devant les Cours de prises anglaises, communiquée par l'entremise de l'ambassadeur des États-Unis à Londres. 53

403. — *Juillet* 15. — Note du secrétaire d'État des États-Unis envoyée à l'ambassadeur américain à Londres au sujet de la saisie de la cargaison du *Neches*. . 60

413. — *Juillet* 21. — Note des États-Unis en réponse à la Note allemande du 8 juillet 1915, envoyée à l'ambassadeur des États-Unis à Berlin pour être remise au gouvernement allemand, relative aux procédés de la guerre maritime. 76

426. — *Août* 12. — Réponse des États-Unis à la Note de l'Autriche-Hongrie du 29 juin 1915, relative à l'exportation des munitions de guerre 90

FRANCE

Nos — Pages

452. — **1914**. *Août* 4. — Décret retirant l'exequatur des consuls d'Allemagne à raison de l'état de guerre avec l'Allemagne. 116

434. — *Août* 19. — Memorandum adressé par la France aux puissances pour protester contre l'accusation allemande d'avoir organisé la participation à la guerre de la population civile 100

454. — *Septembre* 27. — Décret relatif aux contrats d'assurance, de capitalisation et d'épargne 117

455. — *Octobre* 17. — Décret conférant aux médecins-vétérinaires belges les droits et prérogatives attribués aux vétérinaires français (1) 117

453. — *Décembre* 30. — Démenti de M. le Baron d'Anthouard, représentant de la Croix-Rouge française, aux assertions tendancieuses du général allemand von Bissing sur le traitement des prisonniers allemands en France. 116

456. — **1915**. *Janvier* 5. — Décret accordant la franchise postale concernant les correspondances du Président de la Chambre des représentants belges. . . . 117

603. — *Février* 16. — Note de M. Millerand, ministre de la guerre, à M. Delcassé, ministre des affaires étrangères, démentant l'accusation allemande d'un débarquement de troupes françaises en Belgique avant la déclaration de guerre . . 299

393. — *Mars* 1er. — Déclaration conjointe avec le gouvernement britannique annonçant les mesures prises pour arrêter les marchandises appartenant à des sujets de l'Empire d'Allemagne ou venant d'Allemagne ou expédiées sur l'Allemagne, en réponse aux tentatives de l'Allemagne pour empêcher le ravitaillement de la France et de la Grande-Bretagne, notifiée aux puissances neutres. 35

397. — *Mars* 14. — Réponse du gouvernement français à la communication des États-Unis du 5 mars 1915 au sujet des mesures prises à l'égard du commerce allemand, adressée à Son Excellence M. Sharp, ambassadeur des États-Unis à Paris. 43

457. — *Mars* 24. — Décret déterminant la composition de la Commission supérieure chargée de la revision générale des évaluations des dommages matériels résultant de faits de guerre 118

464. — *Avril* 4. — Loi permettant en temps de guerre le mariage par procuration des militaires et marins présents sous les drapeaux . . . . 130, note

458. — *Avril* 22. — Décret portant modification du décret du 24 mars 1915, qui a déterminé la composition de la Commission supérieure chargée de la révision générale des évaluations des dommages matériels résultant des faits de guerre. 119

546. — *Juin* 5. — Accord avec l'Allemagne sur les lésions permettant le rapatriement des grands blessés. 228

498. — *Juin* 19. — Lettre de M. Charles Delesalle, maire de Lille, au gouverneur général allemand protestant contre l'obligation imposée aux Lillois par les autorités allemandes de confectionner des sacs à terre pour l'usage des troupes allemandes . . . . 170, note

(1) Une circulaire du ministre de l'intérieur du 14 novembre 1914 (*Bulletin officiel du ministre de l'intérieur*, 1914, p. 584) a autorisé les médecins belges à exercer leur profession en France. Une circulaire du ministre de l'intérieur du 19 février 1915 (*Bulletin officiel du ministère de l'intérieur*, 1915, p. 79) a fait de même en ce qui concerne les pharmaciens et les dentistes belges.

Nos Pages

498. — *Juillet.* — Lettre de M. Charles Delesalle, maire de Lille, au gouverneur général allemand, protestant contre la prétention des autorités allemandes d'obliger les Lillois à confectionner des sacs à terre et la ville de Lille à verser à l'intendance allemande une certaine somme d'argent pour la confection de ces sacs . . . . 170, note

461. — *Juillet* 2. — Loi complétant, en ce qui concerne les actes de décès de militaires ou civils tués à l'ennemi ou morts dans des circonstances se rapportant à la guerre, les articles du code civil sur les actes de l'état civil 128

524. — *Juillet* 16. — Lettre de M Delcassé, ministre des affaires étrangères, à la Croix-Rouge française, en réponse à la protestation du Comité central du Croissant-Rouge ottoman concernant le bombardement d'hôpitaux par les armées anglo-françaises. 201

498. — *Juillet* 17. — Protestation du gouvernement français contre l'arrestation à Roubaix, par les autorités allemandes, de cent trente citoyens français, sous prétexte que des industriels auraient refusé d'ouvrir et de faire travailler leurs usines pour les besoins de l'armée allemande. 170

459. — *Juillet* 20. — Décret portant règlement d'administration publique relatif à la constatation et à l'évaluation des dommages résultant des faits de guerre . 120

531. — *Août* 9. — Protestation de la Croix-Rouge française au Comité international de la Croix-Rouge à Genève concernant les camps de représailles établis par l'Allemagne pour les prisonniers de guerre 213

460. — *Août* 12. — Décret réglant les conditions d'application dans la ville de Paris et le département de la Seine du décret du 20 juillet 1915, relatif à la constatation et à l'évaluation des dommages résultant des faits de guerre. . . 126

462. — *Août* 16. — Loi relative aux engagements depuis le 1er août 1914, dans l'armée française, au titre de la Légion étrangère, des sujets non naturalisés appartenant a des nations en état de guerre avec la France et ses alliés . . . 129

525. — *Août* 16. — Rapport du général Bailloud, commandant provisoirement le corps expéditionnaire d'Orient, à M. le ministre de la guerre, concernant les prétendus bombardements d'hôpitaux ottomans par les armées anglo-françaises. 203

463. — *Août* 17. — Loi soumettant les marchandises d'origine ou de provenance allemande ou austro-hongroise aux dispositions pénales des lois de douane concernant les marchandises prohibées 130

464. — *Août* 19. — Loi étendant aux militaires et marins prisonniers de guerre les dispositions de la loi du 4 avril 1915 sur le mariage par procuration des militaires et marins présents sous les drapeaux. 130

499. — *Août* 22. — Protestation du gouvernement français envoyée télégraphiquement à l'ambassadeur de France à Berne, pour être remise au gouvernement allemand par l'ambassadeur d'Espagne à Berlin et l'ambassadeur des États-Unis d'Amérique à Paris, contre les travaux auxquels sont soumis les habitants des régions françaises occupées par les armées allemandes. 171

500. — *Août* 31. — Note du gouvernement français relative au travail des civils en territoire français envahi, portée à la connaissance des puissances neutres. 172

466. — *Septembre* 30. — Décret portant organisation de la procédure de constatation et d'évaluation des dommages causés par la guerre aux colonies. . . . 132

465. — *Septembre* 30. — Loi relative à la rectification administrative des actes de décès des militaires et marins dressés aux armées pendant la durée de la guerre. 131

Nos | Pages

469. — *Octobre* 16. — Constatation de l'état de guerre entre la France et la Bulgarie à la date du 16 octobre 1915 135

471. — *Octobre* 16. — Notification de la déclaration du blocus des côtes de Bulgarie faite le 16 octobre 1915 136

467. — *Octobre* 18. — Loi modifiant l'application de l'article 8, § 3, du code civil à l'égard des enfants nés en France de parents belges pendant la durée de la guerre et dans l'année qui suivra la cessation des hostilités 135

473. — *Novembre* 7. — Décret portant interdiction d'entretenir des relations d'ordre économique avec les sujets de la Bulgarie ou les personnes y résidant. 137

474. — *Novembre* 11. — Loi concernant la vente des navires de mer à des étrangers pendant la durée des hostilités 138

540. — *Novembre* 13. — Réponse du ministre des affaires étrangères à la protestation de la Croix-Rouge ottomane du 7 octobre 1915 223

475. — *Décembre* 3. — Loi relative aux actes de décès des personnes présumées victimes d'opérations de guerre 138

544. — *Décembre* 14. — Note de la Commission des prisonniers de guerre de la Croix-Rouge française au Comité international de la Croix-Rouge à Genève en réponse à la Note du 16 novembre 1915 de la Croix-Rouge allemande sur la situation des médecins militaires tombés entre les mains de l'ennemi. 226

440. — *Décembre* 15. — Déclaration franco-britannique relative à la compétence pénale militaire. 104

477. — *Décembre* 22. — Décret portant interdiction du transport des pigeons vivants de toutes espèces à l'intérieur du territoire français 143

476. — *Décembre* 28. — Décret relatif aux loyers, spécialement aux loyers des ressortissants des pays alliés et neutres, des Alsaciens-Lorrains, des Polonais et des Tchèques autorisés à résider en France. 139

478. — *Décembre* 29. — Loi concernant les lieux de sépulture à établir pour les soldats des armées françaises et alliées décédés pendant la durée de la guerre. 143

555. — **1916**. — Liste, dressée en accord avec l'Allemagne, des maladies et des lésions consécutives à des blessures et pouvant déterminer l'internement en Suisse des blessés et malades prisonniers de guerre 246

551. — *Janvier*. — Rapport du général Bailloud en réponse à la protestation de la Croix-Rouge bulgare au sujet du bombardement du village de Kosturino. . 243

441. — *Janvier* 12. — Notification relative au blocus de la côte du Cameroun (côte Ouest d'Afrique) par les forces navales alliées. 105

479. — *Janvier* 22. — Loi relative à la déclaration des biens des sujets de puissances ennemies 144

442. — *Janvier* 27. — Notification relative à la contrebande de guerre 105

443. — *Janvier* 29. — Déclaration des gouvernements belge et français relative à la juridiction pénale militaire 106

552. — *Janvier* 29. — Réponse du ministre des affaires étrangères à la protestation de la Croix-Rouge ottomane du 18 décembre 1915 au sujet du bombardement de l'hôpital de Yalova. 244

486. — *Février* 5. — Décret appliquant aux colonies françaises et aux pays de protectorat, autres que la Tunisie et le Maroc, les dispositions des décrets des 3 août et 21 septembre 1914, concernant la franchise postale accordée aux militaires et marins français mobilisés ainsi qu'aux militaires belges en campagne en France. 152

Nos | Pages

444. — *Février* 14. — Déclaration des puissances alliées, garantes de l'indépendance et de la neutralité de la Belgique, garantissant à celle-ci la restauration pleine et entière de son indépendance politique et économique et lui assurant qu'elle serait appelée à participer aux éventuelles négociations de paix 106

497. — *Février* 15. — Memorandum relatif à la correspondance postale sur mer (1) 166

445. — *Février* 28. — Avis du ministère de la marine relatif à la présence de mines sous-marines sur la côte d'Asie Mineure et de Syrie 107

480. — *Février* 28. — Décret concernant l'exécution de la loi du 22 janvier 1916 relative à la déclaration des biens des sujets de puissances ennemies 146

446. — *Mars* 1er. — Notification relative à la levée du blocus établi sur la côte du Cameroun (côte Ouest d'Afrique) 108

495. — *Mars* 9. — Déclaration franco-italienne au sujet de la remise réciproque des insoumis et déserteurs des deux armées française et italienne 164

482. — *Mars* 15. — Loi déterminant le mode d'attribution des prises maritimes . 149

481. — *Mars* 16. — Loi ayant pour objet de suppléer par des actes de notoriété à l'impossibilité de se procurer des expéditions des actes de l'état civil se trouvant en territoire occupé par l'ennemi 148

447. — *Mars* 28. — Résolutions votées à l'unanimité par la Conférence des Alliés tenue à Paris au ministère des affaires étrangères de France 108

505. — *Avril*. — Protestation de M. Charles Delesalle, maire de Lille, au gouverneur allemand contre l'enlèvement en masse et la dispersion par les Allemands des femmes, des jeunes filles et des hommes appartenant à la population lilloise 178

506. — *Avril*. — Protestation de Mgr Charost, évêque de Lille, adressée au général allemand von Graevenitz, contre l'enlèvement en masse et la dispersion par les Allemands des femmes, des jeunes filles et des hommes de Lille, Roubaix et Tourcoing 178

483. — *Avril* 11. — Décret accordant la franchise postale pour les militaires serbes 149

449. — *Avril* 12. — Décret relatif aux règles du droit maritime international applicable pendant la guerre 110

448. — *Avril* 13. — Notification relative à la contrebande de guerre 110

484. — *Avril* 15. — Décret accordant la franchise postale aux militaires russes en France 150

450. — *Avril* 29. — Déclaration des puissances alliées garantissant l'intégrité territoriale du Congo belge 112

485. — *Mai* 6. — Décret portant réorganisation du service de la justice dans la colonie allemande du Cameroun occupée par les armées françaises 151

492. — *Juin* 3. — Décret créant au Cameroun occupé par les troupes françaises un service de l'intendance et une direction du service de santé 161

488. — *Juin* 17. — Résolutions adoptées le 17 juin 1916 par la Conférence économique des gouvernements alliés tenue à Paris 153

487. — *Juin* 22 — Décret appliquant aux colonies françaises et aux pays de protectorat autres que la Tunisie et le Maroc les dispositions des décrets des 11 et 15 avril 1916 relatifs à la franchise postale accordée aux militaires serbes et russes 153

(1) Ce Memorandum a été communiqué antérieurement aux gouvernements alliés.

Nos | Pages

489. — *Juin* 28. — Notification relative à la contrebande de guerre 157

507. — *Juillet* 1er. — Télégramme du gouvernement français à ses représentants à l'étranger, les invitant à appeler l'attention des gouvernements auprès desquels ils sont accrédités sur les traitements dont les populations de Lille, Roubaix et Tourcoing ont été l'objet de la part des autorités allemandes. 179, note

491. — *Juillet* 2. — Loi sur la police maritime 160

490. — *Juillet* 7. — Décret abrogeant les décrets des 6 novembre 1914, 23 octobre 1915 et 12 avril 1916 relatifs à l'application des règles de la déclaration navale de Londres du 26 février 1909 158

490. — *Juillet* 7. — Memorandum déclarant l'intention des gouvernements alliés de renoncer à l'application de la déclaration navale de Londres du 26 février 1909. 159

653. — *Juillet* 23. — Loi relative à l'extension de la compétence à fin de poursuite des crimes ou délits commis en territoire envahi 359

654. — *Juillet* 23. — Loi tendant à faciliter le mariage des enfants dont les ascendants sont demeurés en territoire envahi 359

507. — *Juillet* 25. — Note du gouvernement de la République française sur la conduite des autorités allemandes à l'égard des populations des départements français occupés par l'ennemi, adressée aux agents diplomatiques de la République française pour être remise aux puissances neutres 179

558. — *Août* 22. — Note relative à la ratification par le gouvernement de la République française des résolutions de la Conférence économique des gouvernements alliés 249

655. — *Septembre* 20. — Notification du blocus de Cavalla déclaré le 16 septembre 1916. 360

656. — *Octobre* 13. — Notification relative à la contrebande de guerre 360

658. — *Novembre* 23. — Notification relative à la contrebande de guerre. 363

659. — *Décembre* 6. — Protestation de la France, de la Grande-Bretagne, de l'Italie et de la Russie contre la déportation en masse des civils belges en Allemagne 363

660. — *Décembre* 8. — Notification du blocus de la Grèce en date du 7 décembre 1916. 365

670. — **1917**. *Janvier* 3. — Notification relative à la contrebande de guerre . . 381

GRANDE-BRETAGNE

606. — **1914**. *Août* 1er. — Avis de la Direction des Postes annonçant qu'en raison des circonstances le gouvernement britannique prend le contrôle de la transmission des messages par télégraphie sans fil. 302

606. — *Août* 1er. — Règles édictées par l'Amirauté, déclarées applicables le 1er août 1914 aux navires étrangers, concernant la prohibition de l'emploi de la télégraphie sans fil par des navires marchands dans les eaux territoriales du Royaume-Uni et des îles de la Manche 302

607. — *Août* 2. — Ordre donné par le secrétaire d'État, en conformité des Acts sur la navigation aérienne de 1911 et de 1913. 303

608. — *Août* 4. — Ordre en Conseil relatif à la détention de navires allemands dans les ports britanniques, dans les ports d'un « Native State » des Indes, dans ceux des pays de protectorat de Sa Majesté britannique, dans ceux des États sous la protection de Sa Majesté britannique, ou à Chypre 303

Nos Pages

609. — *Août* 4. — Proclamation spécifiant les articles qui doivent être considérés comme contrebande de guerre dans la guerre avec l'Allemagne. 306

613. — *Août* 5. — Ordre en Conseil autorisant les Commissaires faisant fonction de lord haut amiral à requérir la constitution d'une Cour des prises, à raison de l'état de guerre avec l'Allemagne 309

610. — *Août* 5. — Proclamation défendant aux vaisseaux britanniques, à raison de l'état de guerre avec l'Allemagne, de transporter de la contrebande de guerre d'un port étranger à un autre port étranger 307

612. — *Août* 5. — Proclamation notifiant que les sujets britanniques contribuant à un emprunt contracté en faveur de l'Empereur d'Allemagne ou avec le gouvernement allemand seront coupables de haute trahison comme faisant cause commune avec les ennemis du Roi. 309

611. — *Août* 5. — Proclamation relative au commerce avec l'Empire allemand. . 308

615. — *Août* 7. — Notification du secrétaire d'État pour les affaires étrangères sur le traitement accordé aux navires marchands britanniques et à leurs cargaisons dans les ports allemands 311

616. — *Août* 12. — Proclamation étendant à l'Autriche-Hongrie certaines proclamations relatives à l'assistance financière donnée à l'ennemi, au commerce avec l'ennemi, à la contrebande de guerre et l'ordre en Conseil touchant les jours de grâce accordés aux navires ennemis 312

618. — *Août* 13. — Ordre révoquant les exequatur ou autres reconnaissances donnés aux sujets allemands ou austro-hongrois, pour l'exercice, dans les possessions de Sa Majesté, les protectorats britanniques et lieux soumis à l'occupation ou aux contrôles britanniques, des fonctions de consuls d'une tierce puissance 314

619. — *Août* 15. — Notification du secrétaire d'État pour les affaires étrangères sur le traitement accordé aux navires marchands britanniques et à leurs cargaisons dans les ports austro-hongrois. 314

620. — *Août* 20. — Ordre en Conseil adoptant, durant les hostilités actuelles, les dispositions de la convention connue sous le titre de déclaration de Londres, avec additions et modifications. 315

621. — *Août* 20. — Ordre en Conseil autorisant les Commissaires faisant fonction de lord haut amiral de requérir la constitution d'une Cour de prises, à raison de l'état de guerre avec l'Autriche-Hongrie 316

617. — *Août* 22. — Déclaration officielle expliquant la proclamation du 5 août 1914 contre le commerce avec l'ennemi 313

622. — *Août* 22. — Memorandum du gouvernement britannique sur l'application de la déclaration navale de Londres, en réponse à la demande des États-Unis d'Amérique 317

623. — *Septembre* 9. — Ordre en Conseil sur les restrictions à la situation des étrangers, comprenant les divers ordres rendus sur la matière. 318

624. — *Septembre* 9. — Proclamation n° 2 sur le commerce avec l'ennemi. . . . 326

625. — *Septembre* 21. — Proclamation spécifiant certains articles additionnels qui doivent être traités comme contrebande de guerre. 328

626. — *Septembre* 30. — Proclamation étendant les prohibitions contenues dans la proclamation du 9 septembre 1914 relative au commerce avec l'ennemi . . 329

627. — *Octobre* 8. — Proclamation amendant la proclamation n° 2 relative au commerce avec l'ennemi 330

Nos Pages

628. — *Octobre* 23. — Note du gouvernement britannique concernant les navires ennemis dans le canal de Suez, remise aux représentants des puissances maritimes étrangères à Londres avec prière de la communiquer à leurs gouvernements 331

631. — *Octobre* 26. — Proclamation étendant les prohibitions contenues dans la proclamation nº 2 relative au commerce avec l'ennemi 333

633. — *Octobre* 29. — Ordre en Conseil nº 2, sur les modifications aux dispositions de la déclaration de Londres . . . . 46, note, et 335

632. — *Octobre* 29. — Proclamation portant révision de la liste de contrebande de guerre. 334

629. — *Octobre* 31. — Note du secrétaire d'État aux affaires étrangères au sujet de la détention pendant la guerre ou de la réquisition moyennant indemnité de navires marchands austro-hongrois qui ont quitté leur dernier port avant la déclaration de guerre et ont été capturés après le commencement des hostilités. 332

630. — *Novembre* 1er. — Note concernant l'arrestation des réservistes ennemis. . 332

635. — *Novembre* 5. — Ordre en Conseil portant annexion de Chypre. 338

634. — *Novembre* 5. — Proclamation étendant à la guerre avec la Turquie les proclamations et ordres en Conseil (autres que l'ordre en Conseil du 4 août 1914, concernant les navires ennemis) relatifs à la guerre 337

636. — *Novembre* 28. — Ordre en Conseil sur les restrictions à la situation des étrangers (réfugiés belges). 339

637. — *Décembre* 14. — Memorandum de sir Edward Grey à l'ambassadeur des États-Unis d'Amérique à Londres sur le traitement des internés civils et des prisonniers de guerre en Angleterre. 340

638. — *Décembre* 23. — Proclamation portant révision de la liste de contrebande de guerre 342

639. — **1915.** *Janvier* 7. — Proclamation étendant la proclamation nº 2 relative au commerce avec l'ennemi et la proclamation du 8 octobre 1914 amendant celle-ci 344

381. — *Janvier* 7. — Réponse du gouvernement britannique à la Note des États-Unis d'Amérique du 26 décembre 1914, adressée à l'ambassadeur des États-Unis à Londres pour être communiquée au gouvernement américain, au sujet du commerce américain avec les neutres. 4

385. — *Février* 8. — Communiqué du Foreign Office sur l'emploi du pavillon neutre par les navires marchands ennemis, en réponse au Memorandum allemand du 4 février 1915 23

382. — *Février* 10. — Nouvelle réponse du gouvernement britannique à la Note des États-Unis du 26 décembre 1914, adressée à l'ambassadeur des États-Unis à Londres pour être communiquée au gouvernement américain, au sujet du commerce américain avec les neutres 9

640. — *Février* 16. — Proclamation sur le commerce avec l'ennemi en territoire occupé. 345

389. — *Février* 19. — Memorandum communiqué par sir Edward Grey à l'ambassadeur des États-Unis à Londres en ce qui concerne le fait par le *Lusitania* d'avoir arboré un pavillon neutre. 30

393. — *Mars* 1er. — Déclaration conjointe avec le gouvernement français annonçant les mesures prises pour arrêter les marchandises appartenant à des sujets de l'Empire d'Allemagne ou venant d'Allemagne ou expédiées sur l'Allemagne, en réponse aux tentatives de l'Allemagne pour empêcher le ravitaillement de la France et de la Grande-Bretagne, notifiée aux puissances neutres 35

Nos Pages

396 et 642. — *Mars* 11. — Ordre en Conseil édictant, à titre de représailles, des restrictions nouvelles au commerce de l'Allemagne. . . . . 41 et 347

641. — *Mars* 11. — Proclamation ajoutant certains articles à la liste des articles de contrebande de guerre 346

395. — *Mars* 13. — Memorandum du gouvernement britannique en réponse aux Etats-Unis d'Amérique, au sujet des mesures prises à l'égard du commerce allemand adressé à l'ambassadeur des États-Unis à Londres 37

396. — *Mars* 15. — Réponse du gouvernement britannique à la communication des Etats-Unis du 5 mars 1915 au sujet des mesures prises à l'égard du commerce allemand, adressée à l'ambassadeur des Etats-Unis à Londres. 40

518. — *Mars* 22. — Note du gouvernement anglais en réponse au Mémoire du gouvernement allemand touchant le personnel sanitaire tombé entre les mains de l'ennemi et retenu par lui. 197

643. — *Mai* 27. — Proclamation faisant des additions à la liste des objets qui doivent être traités comme contrebande de guerre 349

399. — *Juin* 17. — Memorandum du gouvernement britannique remis au gouvernement des Etats-Unis d'Amérique sur les mesures prises par la Grande-Bretagne pour diminuer les charges imposees au commerce des neutres, et spécialement à celui des Etats-Unis 49

644. — *Juin* 25. — Proclamation sur le commerce avec l'ennemi (Chine, Siam, Perse et Maroc). 350

401. — *Juillet* 23. — Note du gouvernement britannique au gouvernement des Etats-Unis d'Amérique au sujet des mesures touchant le commerce pacifique résultant de l'emploi de sous-marins allemands, adressée à l'ambassadeur des Etats-Unis à Londres. 54

645. — *Juillet* 28. — Ordre en Conseil sur les restrictions à la situation des étrangers (marins). 350

404. — *Juillet* 31. — Note du gouvernement britannique à l'ambassadeur des États-Unis à Londres pour être remise au gouvernement américain au sujet de la saisie du navire *Neches*. 61

402. — *Juillet* 31. — Note du gouvernement britannique au gouvernement des États-Unis d'Amérique au sujet des principes applicables devant les Cours de prises, remise à l'ambassadeur des États-Unis à Londres 58

557. — *Août* 6. — Note verbale de l'ambassadeur britannique à Washington au secrétaire d'État des États-Unis, au sujet de la saisie du navire *Neches*. . . . 249

526. — *Août* 7. — Lettre de la Croix-Rouge anglaise au Comité international de la Croix-Rouge anglaise en réponse à la protestation de la Croix-Rouge allemande du 17 avril 1915 sur le cas du navire *Ophelia* 204

523. — *Août* 9. — Réponse de la Croix-Rouge anglaise aux protestations du Comité central du Croissant-Rouge ottoman concernant le bombardement d'hôpitaux par les armées anglo-françaises 200

646. — *Août* 20. — Proclamation spécifiant les diverses espèces de coton qui doivent être traitées comme contrebande de guerre absolue 351

647. — *Octobre* 14. — Proclamation portant révision de la liste des objets devant être traités comme contrebande de guerre 352

470. — *Octobre* 16 — Constatation de l'état de guerre entre la Grande-Bretagne et la Bulgarie à la date du 16 octobre 1915. 136

648. — *Octobre* 20. — Ordre en Conseil concernant le caractère neutre ou ennemi du navire (art. 57 de la déclaration de Londres du 26 février 1909). 355

Nos — Pages

440. — *Décembre* 15. — Déclaration franco-britannique relative à la compétence pénale militaire 104

662. — *Décembre* 21. — Note du secrétaire d'État des affaires étrangères de la Grande-Bretagne au gouvernement de la République argentine, au sujet de la capture du navire *Presidente Mitre* par un croiseur britannique 367

441. — **1916.** *Janvier* 12. — Notification relative au blocus de la côte du Cameroun (côte Ouest d'Afrique) par les forces navales alliées 105

649. — *Janvier* 27. — Proclamation portant revision de la liste des objets devant être traités comme contrebande de guerre 355

444. — *Février* 14. — Déclaration des puissances alliées, garantes de l'indépendance et de la neutralité de la Belgique, garantissant à celle-ci la restauration pleine et entière de son indépendance politique et économique et lui assurant qu'elle serait appelée à participer aux éventuelles négociations de paix 106

497. — *Février* 15. — Memorandum relatif à la correspondance postale sur mer (1) 166

553. — *Février* 25. — Réponse de la Croix-Rouge britannique à la protestation de la Croix-Rouge ottomane du 18 décembre 1915 au sujet du bombardement de l'hôpital de Yalova 244

447. — *Mars* 28. — Résolutions votées à l'unanimité par la Conférence des Alliés tenue à Paris au ministère des affaires étrangères de France 108

650. — *Mars* 30. — Ordre en Conseil sur les modifications aux dispositions de la déclaration de Londres 356

651. — *Avril* 12. — Proclamation portant révision de la liste des objets devant être traités comme contrebande de guerre 357

652. — *Avril* 13. — Note du ministre des affaires étrangères déclarant que la distinction entre les deux catégories de contrebande de guerre, absolue et conditionnelle, a cessé d'avoir de valeur, et indiquant par ordre alphabétique les articles de contrebande de guerre déclarés tels par les proclamations en vigueur. 358

450. — *Avril* 29. — Déclaration des puissances alliées garantissant l'intégrité territoriale du Congo belge 112

488. — *Juin* 17. — Résolutions adoptées le 17 juin 1916 par la Conférence économique des gouvernements alliés tenue à Paris 153

659. — *Décembre.* — Protestation de la France, de la Grande-Bretagne, de l'Italie et de la Russie contre la déportation en masse des civils belges en Allemagne. 363

ITALIE

508. — **1915.** *Mai* 30. — Décret royal relatif aux navires de commerce ennemis se trouvant dans les ports du Royaume d'Italie et des colonies 184

509. — *Juin* 17. — Décret royal contenant des règles spéciales sur l'application du décret du 30 mai 1915 relatif au traitement des navires de commerce ennemis dans les ports du Royaume et des colonies 185

510. — *Juin* 24. — Décret royal sur la réparation des dommages causés par l'ennemi à des sujets ou citoyens italiens 187

556. — *Juillet* 15. — Règlement des prises maritimes italien 247

529. — *Août.* — Règlement disciplinaire sur la surveillance sanitaire des prisonniers de guerre 210

(1) Ce Memorandum a été communiqué antérieurement aux gouvernements alliés.

Nos Pages
436. — *Août* 20. — Circulaire adressée par le gouvernement italien aux représentants de l'Italie à l'étranger annonçant la déclaration de guerre de l'Italie à la Turquie 102
437. — *Août* 20. — Notification à la France de la déclaration de guerre par l'Italie à la Turquie 103
528. — *Août* 29. — Règlement sur le traitement des prisonniers de guerre. . . . 205
472. — *Octobre* 19. — Constatation de l'état de guerre entre l'Italie et la Bulgarie à la date du 19 octobre 1915. 136
534. — *Octobre* 22. — Réponse du commandant suprême de l'armée italienne en réponse à la protestation du 29 septembre 1915 de la Croix-Rouge autrichienne concernant le bombardement de l'hôpital de Göritz par l'armée italienne, et relevant à son tour les violations commises par l'armée austro-hongroise . . 217
535. — *Novembre*. — Protestation du commandement suprême de l'armée italienne contre les violations de la convention de Genève commises par l'armée austro-hongroise 220
439. — *Novembre* 30. — Adhésion de l'Italie à la déclaration de Londres du 4 septembre 1914. 104
542. — **1916**. — Modifications apportées au règlement du 29 août 1915 sur le traitement des prisonniers de guerre. 224
444. — *Février* 14. — Communication de l'Italie au sujet de la déclaration des puissances alliées, garantes de l'indépendance et de la neutralité de la Belgique, garantissant à celle-ci la restauration pleine et entière de son indépendance politique et économique et lui assurant qu'elle serait appelée à participer aux éventuelles négociations de paix. 106
495. — *Mars* 9. — Déclaration franco-italienne au sujet de la remise réciproque des insoumis et déserteurs des deux armées française et italienne 164
447. — *Mars* 28. — Résolutions votées à l'unanimité par la Conférence des Alliés tenue à Paris au ministère des affaires étrangères de France. 108
450. — *Avril* 29. — Déclaration des puissances alliées garantissant l'intégrité territoriale du Congo belge 112
488. — *Juin* 17. — Résolutions adoptées le 17 juin 1916 par la Conférence économique des gouvernements alliés tenue à Paris. 153
666. — *Août* 25. — Décret royal considérant comme faisant partie du patrimoine de l'État italien le Palais de Venise à Rome, siège de l'ambassade d'Autriche-Hongrie auprès du Saint-Siège. 378
559. — *Août* 27. — Déclaration du gouvernement italien remise le 27 août 1916 au gouvernement fédéral suisse, par l'intermédiaire du ministre d'Italie à Berne, le priant de porter à la connaissance du gouvernement allemand que l'Italie se considère, à partir du 28 août, en état de guerre avec l'Allemagne 250
560. — *Août* 27. — Notification par l'Italie à la France de l'état de guerre entre l'Italie et l'Allemagne 251
667. — *Septembre* 12. — Note communiquée à la presse au sujet de la réponse du gouvernement italien à la protestation austro-hongroise à propos de la saisie du Palais de Venise par l'Italie 379
669. — *Octobre* 2. — Note officieuse de l'Agence Stefani en réponse à la protestation du Saint-Siège, au sujet du décret italien du 25 août 1916, revendiquant le Palais de Venise, à Rome, propriété de l'Autriche-Hongrie 380
659. — *Décembre* 6. — Protestation de la France, de la Grande-Bretagne, de l'Italie et de la Russie contre la déportation en masse des civils belges en Allemagne. 363

JAPON

Nos Pages

444. — **1916.** *Février* 14. — Communication du Japon au sujet de la déclaration des puissances alliées, garantes de l'indépendance et de la nationalité de la Belgique, garantissant à celle-ci la restauration pleine et entière de son indépendance politique et économique et lui assurant qu'elle serait appelée à participer aux éventuelles négociations de paix 106

447. — *Mars* 28. — Résolutions votées à l'unanimité par la Conférence des Alliés tenue à Paris au ministère des affaires étrangères de France 108

450. — *Avril* 29. — Déclaration des puissances alliées garantissant l'intégrité territoriale du Congo belge 112

488. — *Juin* 17. — Résolutions adoptées le 17 juin 1916 par la Conférence économique des gouvernements alliés tenue à Paris. 153

PAYS-BAS

429. — **1915.** *Février* 12. — Mémoire du gouvernement hollandais en réponse au Mémoire allemand du 4 février 1915 sur la guerre maritime 96

431. — *Février* 15. — Note du gouvernement néerlandais au représentant du gouvernement britannique à la Haye en ce qui concerne l'usage du pavillon néerlandais par les navires marchands britanniques. 98

432. — *Mars* 13. — Note du gouvernement néerlandais interdisant aux navires étrangers de se servir du pavillon hollandais et des marques de nationalité hollandaise. 99

433. — *Mars* 19. — Note du ministre des affaires étrangères du gouvernement néerlandais en réponse à l'ordre en Conseil britannique, publié le 16 mars 1915, sur la guerre maritime 99

PORTUGAL

494. — **1916.** *Mars* 13. — Notification par le gouvernement portugais au gouvernement français de l'état de guerre entre l'Allemagne et le Portugal en date du 9 mars 1916 164

447. — *Mars* 28. Résolutions votées à l'unanimité par la Conférence des Alliés tenue à Paris au ministère des affaires étrangères de France. 108

488. — *Juin* 17. — Résolutions adoptées le 17 juin 1916 par la Conférence économique des gouvernements alliés tenue à Paris 153

ROUMANIE

561. — **1916.** *Août* 27. — Déclaration de guerre de la Roumanie à l'Autriche-Hongrie, remise à Vienne le 27 août 1916 à 9 heures du matin 251

563. — *Août* 27. — Notification par la Roumanie à la France de l'état de guerre entre la Roumanie et l'Autriche-Hongrie. 253

562. — *Août* 28. — Proclamation du Roi de Roumanie, Ferdinand, à la nation roumaine, au sujet de la guerre déclarée par la Roumanie à l'Autriche-Hongrie. 253

RUSSIE

538. — **1915.** *Septembre* 17. — Note de la Russie au Comité international de la Croix-Rouge à Genève, reconnaissant l'emblème du Croissant-Rouge 222

Nos Pages

438. — *Octobre* 4. — Note comminatoire de la Russie à la Bulgarie remise le 4 octobre 1915, à 4 heures du soir, par le ministre de Russie à Sofia, à M. Radoslavoff, Président du Conseil de Bulgarie 103

547. — *Décembre* 1er. — Résolutions adoptées par la Conférence des Sociétés de la Croix-Rouge d'Allemagne, d'Autriche-Hongrie et de Russie, réunie à Stockholm, sur l'amélioration du sort des prisonniers de guerre 229

444. — **1916**. *Février* 14. — Déclaration des puissances alliées, garantes de l'indépendance et de la neutralité de la Belgique, garantissant à celle-ci la restauration pleine et entière de son indépendance politique et économique et lui assurant qu'elle serait appelée à participer aux éventuelles négociations de paix. 106

447. — *Mars* 28. — Résolutions votées à l'unanimité par la Conférence des Alliés tenue à Paris au ministère des affaires étrangères de France 108

554. — *Mars* 30. — Protestation de la Croix-Rouge russe au sujet du torpillage du navire-hôpital *Portugal* 245

450. — *Avril* 29. — Déclaration des puissances alliées garantissant l'intégrité territoriale du Congo belge. 112

488. — *Juin* 17. — Résolutions adoptées le 17 juin 1916 par la Conférence économique des gouvernements alliés tenue à Paris. 153

659. — *Décembre* 6. — Protestation de la France, de la Grande-Bretagne, de l'Italie et de la Russie contre la déportation en masse des civils belges en Allemagne 363

SAINT-SIÈGE

668. — **1916**. *Septembre* 25. — Protestation du Saint-Siège contre la saisie par l'Italie du Palais de Venise, à Rome, propriété de l'Autriche-Hongrie, qui servait de résidence à l'ambassadeur austro-hongrois près du Vatican. 379

SERBIE

468. — **1915**. *Octobre* 14. — Constatation de l'état de guerre entre la Serbie et la Bulgarie à la date du 14 octobre 1915. 135

447. — **1916**. *Mars* 28. — Résolutions votées à l'unanimité par la Conférence des Alliés tenue à Paris au ministère des affaires étrangères de France. 108

488. — *Juin* 17. — Résolutions adoptées le 17 juin 1916 par la Conférence économique des gouvernements alliés tenue à Paris 153

SUISSE

513. — **1915**. *Mai* 8. — Protestation du Comité international de la Croix-Rouge contre la dissolution par le gouverneur général allemand de la Belgique, Baron von Bissing, du Comité central de la Croix-Rouge de Belgique. 190

532. — *Août* 15. — Note du Comité international de la Croix-Rouge adressée à la Croix-Rouge allemande au sujet du régime imposé aux populations des départements du Nord de la France occupés par les armées allemandes. 215

533. — *Octobre* 26. — Lettre ouverte du Comité international de la Croix-Rouge à Genève adressée aux Souverains, chefs d'État et gouvernements des pays belligérants pour demander de courtes et fréquentes suspensions d'armes pour la relève des blessés (1) 216

(1) A cette lettre ont répondu la Russie (5 décembre 1915), l'Autriche-Hongrie (13 jan-

Nos Pages

496. — **1916.** *Juin* 30. — Arrêté du Conseil fédéral concernant les déserteurs et réfractaires étrangers. 165

TURQUIE

514. — **1915.** *Juin* 11. — Protestation du Comité central du Croissant-Rouge ottoman sur le jet, aux Dardanelles, de bombes sur les hôpitaux par des aéroplanes français et anglais 191

519. — *Juillet* 8. — Note du Comité central du Croissant-Rouge ottoman annonçant au Comité international de la Croix-Rouge à Genève que la Russie a fait droit à la protestation touchant le traitement infligé au navire-hôpital *Gul-Nihal* 198

520. — *Juillet* 17. — Protestation du Comité central du Croissant-Ronge ottoman concernant le bombardement de navires-hôpitaux et d'ambulances par des aéroplanes de l'armee anglo-française 198

521. — *Juillet* 31. — Protestation du Comité central du Croissant-Rouge ottoman concernant le bombardement d'une ambulance par des aéroplanes de l'armée anglo-française 199

522. — *Septembre* 1er. — Télégramme du Président du Croissant-Rouge ottoman, ambassadeur de Turquie à Vienne, au Comité international du Croissant-Rouge à Genève, concernant le bombardement d'un hôpital militaire par la flotte anglo-française 200

539. — *Octobre* 7. — Protestation de la Croix-Rouge ottomane au Comité international des Sociétés de la Croix-Rouge à Genève contre le bombardement de l'hôpital d'Adalia par des navires de guerre français. 223

541. — *Décembre* 18. — Protestation de la Croix-Rouge ottomane au Comité international de la Croix-Rouge à Genève contre le bombardement de l'hôpital de Yalova par les forces anglo-françaises 224

565. — **1916.** *Août* 28. — Déclaration de guerre de la Turquie à la Roumanie. . 254

vier 1916), la Grande-Bretagne (janvier 1916), la France (2 février 1916), la Belgique (21 février 1916), l'Allemagne (23 mars 1916). Des réponses des gouvernements, il résulte que ceux-ci, tout en rendant hommage aux motifs élevés et humains de la proposition du Comite international, ne peuvent en entrevoir la réalisation pratique en raison des conditions d'intensite et de durée tout exceptionnelles dans lesquelles se poursuivent les combats dans la guerre actuelle (*Bulletin international des Sociétés de la Croix-Rouge*, 1916, p. 18, 159 et suiv.).

II

TABLE ANALYTIQUE

(Les chiffres renvoient aux pages)

A

Acte de décès. — V. *Etat civil.*
Acte de notoriété. — V. *Etat civil.*
Agent diplomatique. — V. *Privilèges diplomatiques.*
Alliance. — Alliance militaire secrète entre la Belgique et la Grande-Bretagne (Autriche-Hongrie. 290. — Belgique. 284, 286, 287, 291).
Alsaciens-Lorrains. — Condition (France. 139).
Annexion. — Chypre (Grande-Bretagne. 338).
Armée. — V. *Combattants. Compétence pénale. Engagement militaire. Etat civil. Service militaire.*
Armes. — Exportation hors des pays neutres (Allemagne. 84. — Autriche-Hongrie. 88. — Etats-Unis d'Amérique, 86, 90).
V. *Contrebande de guerre.*
Assistance hostile. — Cas (Grande-Bretagne. 309, 312, 337).
Assurance. — Condition des contrats (France. 117).

B

Balle dum-dum. — Usage (Belgique. 279).
Balle explosive. — V. *Balle dum-dum.*
Biens. — Déclaration, sujets ennemis (France. 144, 146).
V. *Propriété privée. Propriété publique.*
Blessés. — Repatriement (Allemagne et France. 228, 246).
Relève (Suisse. 216).
Blocus. — Cameroun (France. 108. — France et Grande-Bretagne. 105).
Cavalla (France. 360).
Côtes de Bulgarie (France. 136).
Grèce (France. 365).
Blocus pacifique. — Grèce (France. 365).
Bombardement. — Bombardement aérien (Belgique. 273. — Turquie. 191, 198, 199).
Bombardement maritime (France. 201, 203, 223, 244. — Grande-Bretagne. 204, 244. — Turquie. 200, 223, 224).
Bombardement terrestre (Allemagne. 221. — Autriche-Hongrie. 204, 239. — Bulgarie. 222. — France. 201, 203, 243. — Grande-Bretagne. 200. — Italie. 217. 220).

C

Cabotage. — Condition des navires faisant le cabotage (République argentine. 365, 368, 372. — Grande-Bretagne. 367).
Camps de représailles. — V. *Prisonniers de guerre.*
Canal de Suez. — Navires ennemis dans le canal de Suez (Grande-Bretagne. 331).
Capitalisation. — Condition des contrats (France. 117).
Chine. — Commerce avec l'ennemi (Grande-Bretagne. 350).
Chypre. — V. *Annexion.*
Combattants. — V. *Etat civil.*
Commerce. — V. *Commerce maritime. Relations commerciales.*
Commerce maritime. — Restrictions (Allemagne. 26, 33, 84. — États-Unis d'Amérique. 1, 31, 36, 45, 60, 86. — France. 43. — France et Grande-Bretagne. 35. — Grande-Bretagne. 4, 9, 37, 40, 49, 54, 61, 249, 308, 312, 313, 326, 329, 330, 333, 337, 344, 345, 347, 350. — Pays-Bas, 96, 99).
V. *Déclaration navale de Londres. Droit international maritime. Relations commerciales.*
Compétence. — V. *Compétence pénale.*
Compétence pénale. — Compétence à fin de poursuite des crimes ou délits en territoire envahi (France. 359).
Compétence pénale militaire (Belgique et France. 106. — France et Grande-Bretagne. 104).
Conférence. — V. *Conférence des Alliés. Conférence des Sociétés de la Croix-Rouge.*
Conférence des Alliés. — Résolutions (Belgique, France, Grande-Bretagne, Italie, Japon, Portugal, Russie et Serbie. 108. 153. — France. 249).
Conférence des Sociétés de la Croix-Rouge. — Conférence de Stockholm sur le sort des prisonniers de guerre (Allemagne, Autriche-Hongrie et Russie. 229).
Conseil des prises. — V. *Cour des prises.*
Consul. — Annulation d'exequatur (Allemagne. 293, 294, 297. — Belgique. 293, 296, 297. — États-Unis d'Amérique. 295).
Retrait d'exequatur (France. 116. — Grande-Bretagne. 314).
Traitement en territoire occupé par l'ennemi (Allemagne. 293, 294, 297. — Belgique. 293, 296, 297. — États-Unis d'Amérique. 295).
Contrebande de guerre. — Détermination (Allemagne. 94. — États-Unis d'Amérique, 95. — France. 105, 110, 157, 360, 363, 381. — Grande-Bretagne. 306, 307, 312, 328, 334, 337, 342, 346, 349, 351, 352, 355, 357, 358).
Vente (Allemagne. 84. — Autriche-Hongrie, 88. — États-Unis d'Amérique. 86, 90).
V. *Armes.*
Correspondance postale. — Correspondance postale sur mer (France et Grande-Bretagne. 166).
Sujets alliés (France. 117).
Sujets alliés [militaires et marins] (France. 149, 150, 152, 153).
Couleurs nationales. — Peinture sur les flancs des navires de commerce neutres (Allemagne. 81. — Pays-Bas. 99).
V. *Pavillon.*
Cour des prises. — Constitution (Grande-Bretagne. 309, 316).
Principes applicables (États-Unis d'Amérique. 53. — Grande-Bretagne. 58).
Crime. — V. *Délit.*
Croissant-Rouge. — Réconnaissance (Russie. 222).
Croix-Rouge. — Convention de Genève: guerre aérienne (France. 201. 203. — Turquie. 191, 198, 199).

Convention de Genève : guerre terrestre (Allemagne. 195, 281. — Autriche-Hongrie. 204, 239. — Belgique. 281, 283. — Bulgarie. 222. — France. 201, 203, 243. — Grande-Bretagne. 197. — Italie. 217, 220).
Convention de la Haye : guerre maritime (Allemagne. 192, 236. — Autriche-Hongrie. 212. — France. 201, 203, 223, 244. — Grande-Bretagne. 204, 244. — Russie. 245. — Turquie. 198, 200, 223, 224).
En territoire occupé (Allemagne. 188. — Belgique. 189. 281. — Suisse. 190).
V. *Blessés. Bombardement. Conférence des Sociétés de la Croix-Rouge. Croissant-Rouge.*

D

Déclaration de guerre. — Actes de guerre avant toute déclaration de guerre (Autriche Hongrie. 290. — Belgique. 290, 291, 298. — France. 299).
Cas : Allemagne et Italie (Italie. 250, 251). — Allemagne et Portugal (Allemagne. 162. — Portugal. 161). — Allemagne et Roumanie (Allemagne. 253). — Autriche-Hongrie et Roumanie (Roumanie. 251, 253). — Bulgarie et France (Bulgarie et France. 135). — Bulgarie et Grande-Bretagne (Bulgarie et Grande-Bretagne. 136). — Bulgarie et Italie (Bulgarie et Italie. 136). — Bulgarie et Roumanie (Bulgarie. 254, 255). — Bulgarie et Russie (Russie. 103). — Bulgarie et Serbie (Bulgarie et Serbie. 135). — Italie et Turquie (Italie. 102, 103). — Roumanie et Turquie (Turquie. 254).
Déclaration de neutralité. — Cas (États-Unis d'Amérique. 112).
Déclaration navale de Londres. — Application (États-Unis d'Amérique. 310, 315, 317, 335, 337. — France. 110, 158. — Grande-Bretagne. 335, 336).
Délit. — Infraction aux lois pénales commises par les troupes (Allemagne. 274. — Belgique. 275).
V. *Compétence pénale.*
Dentiste. — Sujets alliés (France. 117).
Déportation. — V. *Enlèvement. Non combattants.*
Déserteur. — Condition (Suisse. 165).
Remise (France et Italie. 164).
Destruction de navire. — V. *Navire de commerce.*
Dommages de guerre. — Réparation (France. 118, 119, 120, 126, 132. — Italie. 187).
Douane. — Marchandises d'origine ou de provenance ennemie [Allemagne et Autriche-Hongrie] (France. 130).
Droit international maritime. — V. *Blocus. Contrebande de guerre. Correspondance postale. Déclaration navale de Londres. Prises maritimes.*

E

Eaux territoriales. — V. *Navire de commerce.*
Engagement militaire. — Sujets ennemis (France. 129).
Enlèvement. — V. *Non combattants.*
Entente. — V. *Alliance.*
Epargne. — Condition des contrats (France. 117).
Etat civil. — Acte de décès (France. 138).
Acte de décès de militaires, marins ou civils tués à l'ennemi ou à raison de la guerre (France, 128, 131).
Acte de notoriété (France. 148).
Etranger. — Condition (France. 138. — Grande-Bretagne. 318, 339, 350).
V. *Sujets alliés. Sujets ennemis. Sujets neutres.*
Exequatur. — V. *Consul.*
Exportation. — V. *Armes.*

G

Garantie. — Indépendance et neutralité de la Belgique (France, Grande-Bretagne et Russie. 106).
Intégrité du Congo belge (France, Grande-Bretagne, Italie, Japon et Russie. 112).

H

Hydroaéroplane. — Caractère (Allemagne. 94. — États-Unis d'Amérique. 95).

I

Indépendance. — Indépendance de la Belgique (France, Grande-Bretagne et Russie. 106).
Indigènes. — V. *Troupes noires.*
Insoumis. — Remise (France et Italie. 164).
Intégrité. — Intégrité du Congo belge (France, Grande-Bretagne, Italie, Japon et Russie. 112).
Intendance. — En territoire occupé (France. 161).
Internés civils. — V. *Prisonniers de guerre.*

J

Justice. — En territoire occupé (Belgique. 301. — France. 151).
Tribunaux spéciaux en territoire occupé (Belgique. 301).

L

Lois de la guerre. — Violation (Autriche-Hongrie. 239. — Belgique. 271. — Italie. 217, 220, 363).
V. *Bombardement. Blessés. Non combattants. Prisonniers de guerre.*
Loyers. — Alsaciens-Lorrains (France. 139). — Polonais (France. 139). — Sujets alliés (France. 139). — Sujets neutres (France. 139). — Tchèques (France. 139).

M

Malades. — Rapatriement (Allemagne et France. 228, 246).
Mariage. — Enfants dont les ascendants sont en territoire envahi (France. 359).
Marin (France. 130).
Militaire (France. 130).
Prisonniers de guerre (France. 130).
Marin. — Condition (Grande-Bretagne. 350).
Mariage (France. 130).
V. *Correspondance postale. Engagement militaire. Etat civil. Service militaire.*
Maroc. — Commerce avec l'ennemi (Grande-Bretagne. 350).
Médecin. — Sujets alliés (France. 117).
Mer territoriale. — V. *Eaux territoriales.*

Militaire. — Mariage (France, 130).
Sépulture (France. 143).
V. *Correspondance postale. Engagement militaire. Etat civil. Réserviste. Service militaire.*
Mine sous-marine. — Usage : Côtes d'Asie Mineure et de Syrie (France. 107). — Eaux territoriales (Allemagne. 33. — États-Unis d'Amérique. 31). — Pleine mer (Allemagne. 33. — États-Unis d'Amérique. 31).
Munitions de guerre. — V. *Armes.*

N

Nationalité. — Enfant né en France de parents belges pendant la durée de la guerre et dans l'année qui suivra la cessation des hostilités (France. 135).
V. *Couleurs nationales. Pavillon.*
Navigation aérienne. — Interdiction (Grande-Bretagne. 303).
V. *Bombardement. Hydroaéroplane.*
Navire de commerce. — Caractère neutre ou ennemi (République argentine. 365, 368, 372. — Grande-Bretagne. 358, 367).
Condition des navires ancrés dans le canal de Suez (Grande-Bretagne. 331).
Condition des navires de commerce armés (Allemagne. 82, 98. — États-Unis d'Amérique. 83).
Couleurs neutres peintes sur les flancs des navires (Allemagne. 81. — Pays-Bas. 99).
Emploi des pavillons neutres par des navires ennemis (Allemagne. 26, 33, 98. — États-Unis d'Amérique. 23, 25, 31. — Grande-Bretagne. 23, 30. — Pays-Bas. 98, 99).
Régime des navires de commerce ennemis au début des hostilités (Grande-Bretagne. 303, 311, 312, 314, 332).
Régime des navires de commerce ennemis dans les ports et eaux territoriales (Italie. 184, 185).
Torpillage (Allemagne. 62, 63, 69, 73, 76, 78, 79, 80, 81, 98. — États-Unis d'Amérique. 25, 31, 64, 67, 70, 76).
Usage de la télégraphie sans fil (Grande-Bretagne. 302).
V. *Cabotage. Contrebande de guerre. Navire de mer. Réserviste. Télégraphie sans fil.*
Navire de commerce armé. — V. *Navire de commerce.*
Navire de guerre. — V. *Navire de mer.*
Navire de mer. — Vente à un étranger (France. 138).
V. *Navire de commerce. Navire de guerre.*
Navire-hôpital. — V. *Croix-Rouge. Torpillage.*
Négociations diplomatiques ayant précédé la guerre. — Rapports entre Bulgarie et Russie (Russie. 103).
Nègres. — V. *Troupes noires.*
Neutralisation. — Projet : Bassin du Congo (Allemagne. 256. — Belgique. 265, 267. — États-Unis d'Amérique. 265, 266).
Neutralité. — Neutralité de la Belgique (Autriche-Hongrie. 290. — Belgique. 284, 286, 287, 291. — France, Grande-Bretagne et Russie. 106).
V. *Neutres.*
Neutres. — Droits et devoirs (Allemagne. 84. — États-Unis d'Amérique. 84, 86).
V. *Armes. Déclaration de neutralité.*
Non combattants. — Atteintes (Allemagne. 174, 175, 176, 177, 276. — Belgique. 275, 276, 361. — France. 100, 170, 171, 172, 178, 179. — France, Grande-Bretagne, Italie et Russie. 363. — Suisse. 215).
Attitude (Belgique. 267, 269).
Participation à la guerre (France. 100).
V. *Etat civil. Internés civils. Prisonniers civils.*
Numéraire. — Saisie (Belgique. 271).

O

Occupation. — Effets (Allemagne. 174, 176, 177, 188, 293, 294, 297. — Belgique. 189, 293, 296, 297, 300, 301, 361. — États-Unis d'Amérique. 295. — France. 148, 151, 161, 170, 171, 172, 178, 179, 226, 359. — France, Grande-Bretagne, Italie et Russie. 363. — Grande-Bretagne. 345. — Suisse. 190).
V. *Consul. Intendance. Justice. Personnel sanitaire. Santé.*

P

Paix. — Déclaration tendant à ne pas faire de paix séparée (Italie. 104).
Pavillon. — V. *Couleurs nationales. Pavillon neutre.*
Pavillon neutre. — Emploi par les navires de commerce ennemis (Allemagne. 26, 33, 98. — États-Unis d'Amérique. 23, 25, 31. — Grande-Bretagne. 23, 30, 355. — Pays-Bas. 98, 99).
Peine. — Marchandises d'origine ou de provenance ennemie [Allemagne et Autriche-Hongrie] (France. 130).
Perse. — Commerce avec l'ennemi (Grande-Bretagne. 350).
Personnel sanitaire. — En territoire occupé (Belgique. 226, 281).
V. *Croix-Rouge. Prisonniers de guerre.*
Pharmacien. — Sujets alliés (France. 117).
Pigeons. — Usage (France. 143).
Pillage. — Cas (Belgique. 275).
V. *Propriété privée.*
Police. — Police maritime (France. 160).
Police maritime. — V. *Police.*
Polonais. — Condition (France. 139).
Population civile. — V. *Non combattants.*
Port. — V. *Navire de commerce.*
Postes. — V. *Correspondance postale.*
Prises maritimes. — Mode d'attribution (France. 149).
Règles (Italie. 247).
V. *Cour des prises.*
Prisonniers civils. — Traitement (Allemagne. 276. — Belgique. 276. — Grande-Bretagne. 340).
V. *Internés civils. Non combattants.*
Prisonniers de guerre. — Camps de représailles (France. 213).
Mariage (France. 130).
Personnel sanitaire (Allemagne. 195, 225. — Autriche-Hongrie. 213. — Belgique. 226, 281, 283. — France. 226. — Grande-Bretagne. 197).
Renseignements (Allemagne. 194).
Surveillance sanitaire (Italie. 210).
Traitement (Allemagne. 194, 195, 225, 274. — Allemagne, Autriche-Hongrie et Russie. 229. — Autriche-Hongrie. 213. — Belgique. 275. — France. 116, 213, 226. — Grande-Bretagne. 197, 340. — Italie. 205, 210, 224).
V. *Conférence des Sociétés de la Croix-Rouge.*
Privilèges diplomatiques. — Atteintes (Italie. 378, 380. — Saint-Siège. 379).
Propriété privée. — Atteintes (Allemagne. 271. — Belgique. 271, 272, 300).
V. *Biens.*
Propriété publique. — Atteintes (Italie. 378, 379, 380. — Saint-Siège. 379).

R

Relations commerciales. — Interdiction avec les sujets ennemis (Allemagne. 26, 33, 84. — Etats-Unis d'Amérique. 1, 31, 36, 45, 60, 86. — France. 43, 137. — France et Grande-Bretagne. 35. — Grande-Bretagne. 4, 9, 37, 40, 49, 54, 61, 308, 312, 313, 326, 329, 330, 333, 337, 344, 345, 347, 349, 350. — Pays-Bas. 96, 99).

Relations diplomatiques. — Rupture : Belgique et Turquie (Belgique. 101). — Bulgarie et Russie (Russie. 103).

Représailles. — Cas (Allemagne. 21, 26. — France et Grande-Bretagne. 35. — Grande-Bretagne. 347. — Italie. 378).

V. *Camps de représailles.*

Réserviste. — Condition des réservistes ennemis à bord de navires neutres (Grande-Bretagne. 332).

S

Santé. — En territoire occupé (France. 161).

V. *Prisonniers de guerre.*

Sépulture. — Militaires français et alliés (France. 143).

Service militaire. — Sujets ennemis (France. 129).

V. *Marin. Militaire.*

Siam. — Commerce avec l'ennemi (Grande-Bretagne. 350).

Solidarité. — Alliance (Belgique, France, Grande-Bretagne, Italie, Japon, Portugal, Russie et Serbie. 108, 153).

V. *Paix.*

Sous-marin. — Usage (Allemagne. 20, 21, 26, 33, 63, 65 note, 67, 69, 73, 76, 78, 79, 80, 81, 98. — États-Unis d'Amérique. 25, 31, 64, 67, 70, 73, 76. — France et Grande-Bretagne. 35. — Grande-Bretagne. 37, 54. — Pays-Bas. 96).

Suez. — V. *Canal de Suez.*

Sujets alliés. — Condition (France. 117, 139, 143, 149, 150, 152, 153. — Grande-Bretagne. 318, 339).

V. *Nationalité.*

Sujets ennemis. — Condition (France. 129, 144, 146. — Grande-Bretagne. 318).

V. *Blessés. Malades. Non combattants. Prisonniers civils. Prisonniers de guerre. Relations commerciales. Réserviste. Service militaire.*

Sujets neutres. — Condition (France. 139. — Grande-Bretagne. 318).

V. *Neutres.*

Suspension d'armes. — Emploi (Suisse. 216).

T

Tchèques. — Condition (France. 139).

Télégraphie sans fil. — Emploi (Grande-Bretagne. 302).

Torpillage. — Navire de commerce (Allemagne. 20, 21, 26, 33, 63, 65 note, 67, 69, 76, 78, 79, 80, 81, 98. — Etats-Unis d'Amérique. 25, 31, 64, 70, 73, 76. — France et Grande-Bretagne. 35. — Grande-Bretagne. 37. — Pays-Bas. 96).

Navire-hôpital (Autriche-Hongrie. 242. — Russie. 245).

V. *Sous-marin.*

Trahison. — Cas (Grande-Bretagne. 309, 312, 337).

Travail forcé. — V. *Non combattants.*

Tribunaux spéciaux. — V. *Justice.*

Troupes noires. — Usage (Allemagne. 280. — Belgique. 280).

V

Vétérinaire. — Sujets alliés (France. 117).

Z

Zone de guerre. — Constitution : Manche et eaux entourant la Grande-Bretagne et l'Irlande (Allemagne. 20, 21, 26, 33, 98. — États-Unis d'Amérique. 25. — Pays-Bas. 96).
Zone maritime. — V. *Zone de guerre.*
Zone militaire. — V. *Zone de guerre.*

Imp. J. Thevenot, Saint-Dizier (Haute-Marne)

A LA MÊME LIBRAIRIE

Guerre de 1914. — Recueil de documents intéressant le droit international, avec un avant-propos de M. PAUL FAUCHILLE, directeur de la *Revue Générale de droit international public*. Vol. I et II, in-8°. . . . . 20 fr.

L'histoire juridique de la Grande Guerre ne saurait être écrite avec impartialité et d'une manière définitive sitôt après sa terminaison. Il faut donc, dès maintenant, songer à réunir différents documents officiels qui doivent en constituer les principaux éléments. — Disséminés dans les livres diplomatiques, les journaux officiels ou la presse périodique des Etats belligérants et des Etats neutres, ces documents risqueraient, s'ils n'étaient rassemblés, de passer inaperçus, ils seraient, en tout cas, d'une consultation malaisée. — Le *Recueil de Documents* comprendra plusieurs volumes.

Guerre de 1914. — Jurisprudence française en matière de prises maritimes. Recueil de décisions suivi des textes intéressant le droit international maritime publiés par la France pendant la guerre. Précédé d'une introduction par M. PAUL FAUCHILLE. — Prix du premier fascicule publié en 1916 . . . . 10 fr.

Guerre de 1870. — Histoire de la diplomatie du Gouvernement de la défense nationale, par J. VALFREY. 3 vol. in-8° . . . . 22 fr. 50

I. Ferrières. L'Italie et la France. Mission de M. Thiers. Négociations avec l'impératrice. — II. Négociations d'armistice de Versailles. Entrevue du pont de Sèvres. Revision du traité de 1866. Paix possible au 15 décembre 1870. Le séparatisme en Savoie. La France en Orient. Proclamation de l'Empire d'Allemagne à Versailles. — III. Conférence de Londres. Négociations de l'armistice à Versailles. Capitulation de Paris. L'armistice en province. Les préliminaires de la paix et l'assemblée de Bordeaux. Le droit des gens et les armées allemandes.

Guerre de 1870. — Histoire du Traité de Francfort et de la libération du territoire français, par J. VALFREY, 2 vol. in-8° . . . . 15 fr.

Guerre de 1870. — Recueil des traités, conventions, actes, notes, capitulations et pièces diplomatiques concernant la Guerre franco-allemande (*30 juin 1870 au 15 mars 1873*), par le COMTE D'ANGEBERG, 5 vol. in-8° . . . . 62 fr. 50

La Guerre italo-turque au point de vue du droit international, par ETIENNE COQUET, professeur à la Faculté de droit de Poitiers (formant quatre fascicules) . . . . 6 fr.

I. Causes de la guerre et ouverture des hostilités. — II. Théâtre des hostilités. — III. Guerre terrestre. — IV. Guerre sur mer.

La Guerre russo-japonaise au point de vue continental et le droit international, d'après les documents officiels du Grand État-major japonais (Section historique de la guerre de 1904-1906), par le professeur NAGAO-ARIGA. Avec de nombreuses gravures hors texte, 1 vol. gr. in-8°. . . . . 12 fr. 50

Cours de droit diplomatique. — Manuel pratique à l'usage des agents diplomatiques, par P. PRADIER-FODÉRÉ. *Deuxième édition*, 1899, 2 vol. in-8° cartonnés . . . . 25 fr.

Les Grandes Compagnies de navigation et les chantiers de constructions maritimes en Allemagne, par AIMÉ DESSOL, 2 vol. in-8°, avec de très nombreuses gravures, 1908-1912. 40 fr.

Première partie. Les grandes compagnies de navigation. Préface de M. OCTAVE NOEL, administrateur des Messageries maritimes. — *Deuxième partie*. Les chantiers de constructions maritimes et la marine de guerre de l'Allemagne de 1870 à nos jours. Préface de M. LAUBEUF, ancien ingénieur en chef de la marine.

LA REVUE GÉNÉRALE DE DROIT INTERNATIONAL PUBLIC

n'a pas interrompu sa publication régulière depuis le début de la Guerre européenne. — Elle publie tous les Documents français et étrangers relatifs à la guerre qui peuvent intéresser le Droit international.

Imp. J. Thevenot, Saint-Dizier (Haute-Marne).

www.ingramcontent.com/pod-product-compliance
Ingram Content Group UK Ltd.
Pitfield, Milton Keynes, MK11 3LW, UK
UKHW021843190726
13855UKWH00001B/117